Eulberg/Daragan/Riedel

Die Lebensversicherung im Erb- und Erbschafts

Die Lebensversicherung im Erb- und Erbschaftsteuerrecht

von

Birgit Eulberg
Rechtsanwältin in Augsburg

Tassilo Eulberg
Rechtsanwalt in Augsburg

Michael Ott-Eulberg
Rechtsanwalt in Augsburg

Dr. Hanspeter Daragan
Rechtsanwalt und Fachanwalt für Steuerrecht in Bremen

und

Dr. jur. Christopher Riedel LL.M.
Rechtsanwalt und Steuerberater
in Düsseldorf

4. Auflage 2026

C.H.BECK

Zitiervorschlag:
Eulberg/Daragan/Riedel/Bearbeiter Lebensversicherung § ... Rn. ....

beck.de

ISBN PRINT 978 3 406 81252 1

Wilhelmstraße 9, 80801 München
info@beck.de
Druck und Bindung: Beltz Grafische Betriebe GmbH
Am Fliegerhorst 8, 99947 Bad Langensalza
Satz: Druckerei C.H.Beck Nördlingen
(Adresse wie Verlag)
Umschlag: Druckerei C.H.Beck Nördlingen

chbeck.de/nachhaltig
produktsicherheit.beck.de

Gedruckt auf säurefreiem, alterungsbeständigem Papier
(hergestellt aus chlorfrei gebleichtem Zellstoff)

Vorwort

Diese Neuauflage des Buches „Die Lebensversicherung im Erb- und Erbschaftsteuerrecht“ ist wiederum aus zahlreichen Gründen notwendig geworden.

Die umfangreiche Rechtsprechung des Bundesgerichtshofes zur Bewertung von Lebensversicherungen im Bereich der Pflichtteilsergänzung und des Zugriffs des Nachlassinsolvenzverwalters auf Versicherungsleistungen führte dazu, dass die Vorauflage in zahlreichen Positionen komplett umgeschrieben werden musste. Zahlreiche Rechtsstandpunkte, die früher eingenommen worden sind, wurden aufgegeben, so dass die Rechtsansicht der höhergerichtlichen Gerichte in das Buch aufzunehmen war. Zugleich sind sämtliche Gesetzesänderungen berücksichtigt.

Die Änderungen im Bereich der allgemeinen Lebensversicherungsbedingungen wurden berücksichtigt. Da das Buch hoffentlich auch von Seiten der Versicherungswirtschaft zu Rate gezogen wird, sind zum Teil etwas längere Ausführungen zum Erbrecht im Allgemeinen dargestellt, soweit dies notwendig erschien, um die dargestellten Konsequenzen leichter zu verstehen.

Die Mitautoren, Dr. Hanspeter Daragan und Dr. Christopher Riedel, haben die steuerliche Darlegung übernommen. Frau Rechtsanwältin Birgit Eulberg verfasste die Kapitel Testamentsvollstreckung § 9, Nachlassverwaltung § 10, Nachlassinsolvenz § 12 und Nachlasspflegschaft § 11. Herr Rechtsanwalt Tassilo Eulberg übernahm das Kapitel § 6 zu den §§ 2286, 2287 BGB.

Mein Dank gilt außerdem Frau Rechtsanwältin Frederike Hoppe, die mich bei der Erfassung der handschriftlichen Anmerkungen sowie bei der Kommunikation mit dem Verlag und den Mitautoren tatkräftig und zuverlässig unterstützt hat.

Augsburg, im Juni 2026 *Michael Ott-Eulberg*

Inhaltsübersicht

Inhaltsverzeichnis

Literaturverzeichnis

Andres/Leithaus, Insolvenzordnung, 5. Auflage 2025
Balthasar, Beweisverwertungsverbote im Zivilprozess, JuS 2008, 35
Biagosch/Greiner, Rechtliche und steuerliche Behandlung von Lebensversicherungsfonds, DStR 2004, 1365, 1370
Hau/Poseck, BeckOK Kommentar zum Bürgerlichen Gesetzbuch, 75. Edition 2025
Bengel/Reimann/Holtz/Röhl, Handbuch der Testamentsvollstreckung, 8. Auflage
Blomeyer/Rolfs/Otto, BetrAVG, 8. Auflage 2022
Blümich, EStG, KStG, GewStG, Loseblatt-Kommentar, 178. Auflage August 2025
Bonefeld/Kroiß/Tanck, Der Erbprozess – mit Erbscheinsverfahren und Teilungsversteigerung, 6. Auflage 2025
Bonefeld/Wachter, Der Fachanwalt für Erbrecht, 4. Auflage 2023
Brand, Grenzen der vorvertraglichen Anzeigepflichten des Versicherungsnehmers VersR 2009, 715
Braun, Insolvenzordnung (InsO), Kommentar, 10. Auflage 2024
Bunte, AGB-Banken, AGB-Sparkassen, Sonderbedingungen, Kommentar, 6. Auflage 2023
Damrau/Tanck, Praxiskommentar Erbrecht, 4. Auflage 2020
Daragan/Halaczinsky/Riedel, Praxiskommentar ErbStG und BewG, 4. Auflage 2022
Ebenroth, Erbrecht, 1992
Ellenberger/Bunte, Bankrechts-Handbuch, 6. Auflage 2022
Erman, BGB, Kommentar, 17. Auflage 2023
Fischer/Kühne/Warlich, Anwaltformulare Bankvermögen im Erbfall, 2015
Grüneberg, Bürgerliches Gesetzbuch, Kommentar, 85. Auflage 2026
Hetzer/Götzenberger, Lebensversicherungen unter Berücksichtigung des neuen BMF-Schreibens vom 1.10.2009, BB 2010, 223;
Hüffer/van Look, Aktuelle Rechtsfragen zum Bankkonto, 2000;
Jachmann-Michel, Zur Einkünfteerzielungsabsicht bei Einkünften aus Kapitalvermögen, DStR 2017, 1849;
Kamps/Talaska, Anerkennung von Werbungskosten bei vorzeitiger Kündigung einer Kapitallebensversicherung, FR 2009, 207;
Kapp/Ebeling, Erbschaftsteuer- und Schenkungsteuergesetz, Kommentar, Loseblatt, 105. Aktualisierung 2025
Kerscher/Krug/Spanke, Das erbrechtliche Mandat, 6. Auflage 2019
Knappmann, Rechtliche Stellung des arglistigen Versicherungsnehmers, VersR 2011, 724
Kätzschel/Falkner/Döbereiner, Nachlassrecht, 12. Auflage 2022
Kössinger/Najdecki/Zintl, Handbuch der Testamentsgestaltung, 7. Auflage 2024
Lange/Kuchinke, Erbrecht, 5. Auflage 2001
Leipold, Erbrecht, 23. Auflage 2022
Looschelders/Pohlmann, VVG, Kommentar, 4. Auflage 2023
Mandler, Besteuerung von Versicherungsverträgen
Mayer/Bonefeld/Tanck, Testamentsvollstreckung, 5. Auflage 2022
Mayer/Süß/Riedel/Bittler, Handbuch Pflichtteilsrecht, 5. Auflage 2024
Meincke/Hannes/Holtz, Erbschaftsteuer- und Schenkungsteuergesetz, Kommentar, 18. Auflage 2021
Moench/Weinmann, Erbschaft- und Schenkungsteuergesetz, Kommentar, Loseblatt, 107. Aktualisierung 2025
Münchener Anwaltshandbuch Erbrecht, 6. Auflage 2024, hrsg. von Scherer (zitiert: MAH ErbR/Bearbeiter)

Münchener Kommentar zum Bürgerlichen Gesetzbuch, Band 11: Erbrecht, §§ 1922–2385 BGB, §§ 27–35 BeurkG, 9. Auflage 2022 (zitiert: MüKoBGB/Bearbeiter)
Neuhaus/Kloth, Gesundheitsdaten(schutz) im Versicherungsrecht – Der aktuelle Stand, NJW 2009, 1707
NomosKommentar Erbrecht, Band 5, 6. Auflage 2022, hrsg. von Kroiß/Horn (zitiert: NK-BGB/Bearbeiter)
Oberloskamp/Pollack/Band, Vormundschaft, Pflegschaft und Beistandschaft für Minderjährige, 5. Auflage 2023
Präve, Lebensversicherung, Kommentar, 2016
Prölss/Martin, Versicherungsvertragsgesetz, Kommentar, 32. Auflage 2024
Reimann/Bengel/Mayer, Testament und Erbvertrag, 8. Auflage 2024
Rißmann, Die Erbengemeinschaft, 3. Auflage 2019
Ritzrow, Direktversicherungsverträge im Ehegatten-Arbeitsverhältnis, EStB 2010, 180
Römer/Langheid, Versicherungsvertragsgesetz, Kommentar, 7. Auflage 2022
Rössler/Troll, Bewertungsgesetz, Kommentar, 28. Auflage 2018
Sandbichler/Suter, Lebensversicherungen für vermögende Privatpersonen, NWB-EV 2010, 377
Schebesta/Kalkbrenner, Bankprobleme beim Tod eines Kunden, BVR-Bankenreihe, 2008
Schmidt, EStG, Kommentar, 43. Auflage 2024
Soergel, Kommentar zum Bürgerlichen Gesetzbuch mit Einführungsgesetz und Nebengesetzen: BGB, 14. Auflage 2020 ff.
Staudinger, Kommentar zum Bürgerlichen Gesetzbuch, 18. Auflage 2018 ff.
Troll/Gebel/Jülicher/Gottschalk, Erbschaftsteuer- und Schenkungsteuergesetz: ErbStG – mit Bewertungsrecht und Verfahrensrecht, Loseblatt-Kommentar, 69. Aktualisierung 2024
Uricher, NomosFormulare Erbrecht – Testamentsgestaltung, Vertragsgestaltung, Prozessführung, 4. Auflage 2020
Welker, Praktische Handhabung ausländischer fondsgebundener Lebensversicherungsverträge, ErbStB 2015, 15
Werner, Die Verwertung rechtswidrig erlangter Beweise, NJW 1988, 933
Werz, Lebensversicherung im Betriebsvermögen, ErbStB 2011, 100
Winkler, Der Testamentsvollstrecker, 22. Auflage 2016
Zimmermann, Die Testamentsvollstreckung, 6. Auflage 2023
Zöller, ZPO Kommentar, 35. Auflage 2024

§ 1 Grundsätzliches zur Lebens-, Renten- und Risikolebensversicherung

Übersicht

I. Allgemeines

1 Das Interesse eines Erben liegt darin, das Vermögen des Erblassers festzustellen und es im Wege der Universalsukzession dem eigenen Vermögen einzuverleiben, um es anschließend behalten zu können.

2 Dieses Interesse kollidiert zwangsläufig mit Interessen von Pflichtteilsberechtigten, Bezugsberechtigten aus Versicherungsverträgen, Gläubigern des Erblassers und dem Finanzamt. Der Pflichtteilsberechtigte fordert seinen Pflichtteil, der Bezugsberechtigte

aus einem Lebensversicherungsvertrag verlangt die Leistung, Gläubiger fordern zum Nachteil des Aktivnachlasses ihre Forderungen ein, das Finanzamt erhebt die Steuer. Alle wollen an das Geld des Erblassers.

Es gibt nahezu keine Nachlassplanung und keinen Nachlassfall ohne Ansprüche aus Lebensversicherungsverträgen einerseits und Forderungen und Verbindlichkeiten andererseits, die im Wege der Einzel- bzw. Gesamtrechtsnachfolge auf den oder die Erben bzw. Dritte übergehen. Bei jeder Nachlass- und Finanzplanung spielen Lebensversicherungsverträge eine wichtige Rolle. Die Stiftung Warentest hat sich zum Produkt Lebensversicherung im November 2001 wie folgt geäußert: 3

„Wer braucht sie? Niemand braucht sie wirklich, denn die Absicherung der Angehörigen für den Todesfall ist günstiger über eine Risikolebensversicherung möglich. Für die Geldanlage gibt es eine Fülle anderer, flexibler Produkte, die sogar die gleiche Sicherheit bieten können.“[1]

An dieser kritischen Einschätzung hat sich grundsätzlich nichts geändert. Mittlerweile wird davor gewarnt, neue Kapitallebensversicherungsverträge abzuschließen. Ausschlaggebend dafür ist vor allem die aktuelle Leitzinspolitik. Für Neuverträge ergibt sich deshalb ein Garantiezins von 0,9 %, der allerdings nur eine durchschnittliche effektive Beitragsrendite von 0,1 % bietet.[2] Die Verzinsung kann u. U. auch negativ sein.[3] Auch die Hoffnung auf „stattliche Überschussbeteiligungen“ ist unbegründet,[4] nicht zuletzt dadurch, dass die teilweise mit 4 % verzinsten Altverträge weiterhin erfüllt werden müssen. Bereits 2017 ist dies den Versicherern für Verträge mit einem Garantiezins von 2,8 % nur noch mithilfe der Zinszusatzreserve möglich.[5] In einem Gutachten hat die Bundesbank 2014 außerdem festgestellt, dass drei von 85 Lebensversicherern bei konstant niedrigen Zinsen bis 2023 ihre Verpflichtungen nicht erfüllen können.[6] 4

Auch wenn die Aussichten für neue Kapitallebensversicherungsverträge ungünstig sind, so ist die wirtschaftliche und erbrechtliche Relevanz vor allem der Altverträge dadurch unberührt. 5

II. Wirtschaftliche Relevanz

Da Lebens-, Renten- und Risikolebensversicherungsverträge aus dem modernen Gesellschaftsleben nicht mehr wegzudenken sind,[7] müssen bei vielen Nachlassabwicklungen Besonderheiten hinsichtlich Versicherungsverträgen beachtet werden; dies gilt insbesondere für alle Arten von Lebensversicherungsverträgen. Da diese erheblichen Einfluss auf Pflichtteils-, Pflichtteilsergänzungs- und Zugewinnausgleichsansprüche nehmen können, wird die leider oft geübte Grundhaltung, Lebensversicherungen nur außerhalb des Nachlasses zu sehen, in den meisten Fällen zu unrichtigen Ergebnissen bei der Nachlassabwicklung führen. 6

Zwar soll laut einer Studie jede fünfte Erbschaft in Deutschland einen Wert von mehr als 250.000 EUR haben.[8] Allerdings muss insoweit relativiert werden, dass je nach Einschätzung[9] lediglich 0,2 % bis höchstens 10 %[10] aller Nachlassfälle tatsächlich einen Wert von über 250.000 EUR haben. Die durchschnittliche Erbfallsumme wird unter 7

---

[1] Stiftung Warentest, Finanztest Spezial: Versicherungen, November 2001, S. 134.
[2] Krempel Finanztip v. 7.6.2017.
[3] Bund der Versicherten, Infoblatt-Kapitallebensversicherung, S. 5, aktualisiert 25.3.2025.
[4] Faz.net, Finger weg von Kapitallebensversicherungen!, v. 29.9.2016 über eine Reportage des BR.
[5] Krempel Finanztip v. 7.6.2017.
[6] Krempel Finanztip v. 7.6.2017.
[7] Schindel, Die erbrechtliche Stellung des durch Lebensversicherung Begünstigten, S. 1.
[8] Manager magazin, 250.000-Euro-Erbschaft wird zur Normalität, v. 7.6.2017; Toller, Geldregen durch Erbschaft – So vererbt Deutschland, Wirtschaftswoche v. 7.6.2017.
[9] Es sind tatsächlich nur Schätzungen möglich, so auch Handelsblatt, Studie zum Erbvolumen – Deutschland erbt bis zu 400 Mrd. EUR pro Jahr v. 5.7.2017.
[10] 2. Aufl. 2011, § 1 Rn. 2.

Außerachtlassung dieser Fälle weiterhin ca. 80.000 EUR bis 90.000 EUR betragen, während die durchschnittliche Versicherungssumme der Lebensversicherung i. e. S. [11] bei ca. 40.000 EUR liegt. Nicht zuletzt aus diesem Verhältnis und der Tatsache, dass bei nahezu allen Nachlässen über 13.000 EUR eine Sterbegeldversicherung vorhanden ist, ergibt sich die immense Bedeutung von Versicherungsverträgen für die Nachlassabwicklung.

8 Die Bedeutung der Lebensversicherung als Kapitalanlage wird auch nicht dadurch gemindert, dass entgegen der Prognose in der Vorauflage dieses Werkes[12] Betriebs- und vor allem Immobilienvermögen stark gestiegen sind und dass diese Tendenz trotz möglicher Unsicherheiten bezüglich einer Blasenbildung wohl weiter bestätigt werden wird. Am wirtschaftlich sehr großen Anteil der Lebensversicherungsverträge am Nachlass wird sich nicht viel ändern, zumal die Lebensversicherung weiterhin ein wichtiges Instrument zur privaten Altersvorsorge darstellt.

9 Die in Deutschland aktuell genutzte Geldanlage teilt sich wie folgt auf:

- 42 % Sparbücher,
- 41 % Sparen auf Girokonto,
- 34 % Bausparverträge,
- 32 % Lebensversicherungen (Kapitallebensversicherung und Rentenversicherung),
- 20 % Riester-Rente,
- 15 % Aktien,
  und Immobilien
- 26 % Immobilien.

10 Im Vergleich zur Vorauflage[13] (71 % Lebensversicherungen) ist zwar ein gewaltiger prozentualer Rückgang zu verzeichnen. Anhand absoluter Zahlen lässt sich die wirtschaftliche Relevanz allerdings besser ablesen: Im Geschäftsjahr 2016 gab es 85 Mio. Lebensversicherungsverträge mit einer Gesamtversicherungssumme von ca. 3.000 Mrd. EUR. Verglichen zur Lage 1987 mit einer Gesamtversicherungssumme von 13.000 Mrd. DM bei 68 Mio. Lebensversicherungsverträgen[14] ist zwar ein Anstieg an Verträgen, aber ein deutlicher Rückgang bei der Versicherungssumme zu verzeichnen.

11 Auch bei der **prozentualen Aufteilung** der Lebensversicherungen ist ein signifikanter Wandel auszumachen. Während der Bestand an Risikolebensversicherungen[15] seit 1990 konstant zwischen 13 % und 15 % verharrt,[16] hat sich das Verhältnis zwischen Kapitallebensversicherung und Rentenversicherung umgekehrt:

- 1990 waren es 84 % Kapitallebensversicherung und 2 % Rentenversicherung.
- 2000 entfielen 72 % auf die Kapitallebensversicherung und 12 % auf die Rentenversicherung.
- 2013 überflügelte die Rentenversicherung mit 45 % die Kapitallebensversicherung mit 42 %.
- 2016 kommt die Kapitallebensversicherung nur noch auf 37 % und die Rentenversicherung auf 48 %
- 2023 kommt die Kapitallebensversicherung auf 23,9 % und die Rentenversicherung auf 59,2 %, die Risikolebensversicherung erreicht den Höchststand von 16,9 %.

12 Trotz geringfügiger Einbußen sind die **Beitragseinnahmen** für alle laufenden Lebensversicherungen weiterhin konstant hoch. Nachdem sich die gebuchten Brutto-Beiträge von 1990 an (27,4 Mrd. EUR) bis zum Jahr 2000 (61,2 Mrd. EUR) mehr als verdoppelt hatten, stiegen diese in den Folgejahren beinahe ausnahmslos an, bis sie im Jahre 2014

[11] Ohne Pensionskassen und ohne Pensionsfonds.
[12] 2. Aufl. 2011, § 1 Rn. 9.
[13] 2. Aufl. 2011, § 1 Rn. 9.
[14] Zu den Grundarten der Lebensversicherungen siehe Rn. 305 ff.
[15] GDV, Die deutsche Lebensversicherung in Zahlen 2024, S. 16.
[16] GDV, Die deutsche Lebensversicherung in Zahlen 2024, S. 19.

mit 90,3 Mrd. EUR ihren vorläufigen Höhepunkt erreichten.[17] Im Jahr 2016 waren es immerhin noch 86,7 Mrd. EUR. Im Jahr 2023 betrugen die Beitragszahlungen 84,2 Mrd. EUR. Der Höchststand war 2020 mit 101,1 Mrd. EUR und sinkt kontinuierlich. Die Zahl der Riesterverträge ist von 2010 mit 10.318.000 auf 10.000.012 im Jahr 2023 leicht abgefallen. Der Neuabschluss der Riesterverträge geht stark zurück.

Dieses gewaltige Kapital, das die Bürger zur privaten Vorsorge aussparen, dokumentiert ihr Misstrauen gegenüber der staatlichen Sozialversicherung,[18] aber zugleich vor allem das Vertrauen in die Leistungsfähigkeit und Verlässlichkeit einer privaten Vorsorge über die Lebensversicherung. Hierzu gehört auch die langjährige deutliche Tendenz zum Abschluss privater Rentenversicherungsverträge,[19] deren Anzahl mittlerweile die der Kapitallebensversicherungsverträge übersteigt (→ Rn. 9). 13

Das Vertrauen in die private Vorsorge ist hoch angesichts der ca. 73 Mio. klassischen und fondsgebundenen Kapitallebens- und privaten Rentenversicherungsverträge im Jahr 2016 verglichen mit rund 77,6 Mio. Verträgen in mehr als 20 Mio. Haushalten im Jahr 2007.[20] Die Einschätzungen, in den Vorauflagen, dass sich der Sozialstaat in der Krise befindet und er sein Versprechen, die Altersversorgung der in der staatlichen Sozialversicherung Versicherten sowie die wirtschaftliche Absicherung von Hinterbliebenen zu gewährleisten, nicht mehr erfüllen kann,[21] ist herrschend. 14

Schließlich zeigt sich die wirtschaftliche Bedeutung der Lebensversicherung an den hohen **Leistungsauszahlungen** vor allem im Jahr 2016. Sie betrugen 87,7 Mrd. EUR und damit deutlich mehr als in den Jahren davor. Während sich im Jahr 2000 die Versicherungsleistungen auf ca. 50 Mrd. EUR beliefen, waren es 2014 bereits 84,4 Mrd., im Jahr 2023 betrugen die Leistungen 96,6 Mrd. EUR. Die Prognose wird sein, dass die Summe auf 115 Mrd. ansteigen wird. Die Auszahlungen sind nur zum Teil Todesfallleistungen, d. h. ein Teil wird zu Lebenszeiten ausgezahlt. 15

III. Fallgestaltungen und Prüfungsschema

Es wird daher von weiterhin sehr großer Relevanz sein, exakt die **erbrechtlichen Auswirkungen von Lebensversicherungen** zu prüfen, sowohl bei der Nachlassplanung als auch im eingetretenen Erbfall. 16

Im Versterbensfall ist nach folgendem **achtstufigen Prüfungsschema** vorzugehen: 17

Erste Stufe:

Es muss abgeklärt werden, ob es sich um eine

- Rentenversicherung,
- kapitalbildende Lebensversicherung,
- Risikolebensversicherung,
- Riester-Versicherung („Riester-Rente“),
- Rürup-Versicherung („Rürup-Rente“) oder
- Mischform handelt.

Damit ein Lebensversicherungsvertrag in **Abgrenzung zum Sparvertrag** vorliegt, muss ein **Todesfallrisiko** Mitbestandteil der vertraglichen Regelung sein.

---

[17] Vgl. auch Meyer, Trügerische Sicherheit, FAZ v. 4.11.2008, Nr. 258, Verlagsbeilage „Private Vorsorge“, S. B 1. Wie berechtigt dieses Misstrauen ist, zeigen etwa: Klöckner, Die Rentenlüge – Entkommen Sie der Armutsfalle, 3. Aufl. 2011, S. 1 ff. passim, insb. S. 67 ff.; Miegel, Die deformierte Gesellschaft, 2002, S. 195 ff., insb. S. 239 ff.; Beck, Alle reden von Altersvorsorge, nur wenige tun etwas, FAZ v. 6.12.2005, Nr. 284, S. 9.

[18] Vgl. Schareck FAZ v. 17.10.2007, Nr. 241, Verlagsbeilage „Private Vorsorge“, S. B 6; Scherff, Einmal einzahlen, lebenslang kassieren, FAZ-Sonntagszeitung v. 17.5.2009, Nr. 20, S. 44.

[19] GDV, Die deutsche Lebensversicherung in Zahlen 2024, S. 16.

[20] Peters ZErb 2010, 165.

[21] So auch Leitzen RNotZ 2009, 129, 130 mit Hinweis zur Bedeutung des Themas der Vermögenszuwendungen „am Nachlass vorbei“.

Fallbeispiel:
Erblasser E verfügt über ein größeres Depot bei einer Schweizer Bank. Diese Schweizer Bank verfügt über eine Tochter, die Versicherungsverträge verwaltet. Es wird ein Versicherungsvertrag folgenden Inhalts geschlossen:
„Das Versicherungsunternehmen (…) *(Name)*
Anteilsgebundene Lebensversicherung

Vertragsdaten:

Versicherungsnehmer Herr/Frau (…)	geboren am (…)
Versicherte Person Herr/Frau (…)	geboren am (…)
Vertragsbeginn	(…)
Vertragsdauer	Die Police besteht, solange die versicherte Person lebt bzw. eine der versicherten Personen lebt oder bis der Vertrag zurückgekauft wird.
Vertragswährung	(…) CHF

Leistungen:

Bei Totalrückkauf	Der Gegenwert des internen Fonds abzgl. 0,25 % (min. 150 CHF, max. 3.000 CHF).
Im Versicherungsfall	Der Gegenwert des internen Fonds.

Finanzierung:

Einmaleinlage	(…) CHF

Anlagen:

Anlagevariante 1	Fonds und alternative Anlagen (VVF) mit Risikoprofil Capital Gain und Referenzwährung CHF
Anlagevariante 2	Strukturierte Anlagen, Fonds, Direktanlagen und Treuhandanlagen

Begünstigung im Todesfall:
$^1/_5$, (…), geboren am (…). Bei deren Fehlen die übrigen Bezugsberechtigten zu gleichen Teilen.
$^1/_5$, (…), geboren am (…). Bei deren Fehlen ihre Kinder zu gleichen Teilen. Bei deren Fehlen, die übrigen Bezugsberechtigten zu gleichen Teilen.
$^1/_5$, (…), geboren am (…). Bei deren Fehlen ihre Kinder zu gleichen Teilen. Bei deren Fehlen die übrigen Bezugsberechtigten zu gleichen Teilen.
$^1/_5$, (…), geboren am (…). Bei deren Fehlen ihre Kinder zu gleichen Teilen. Bei deren Fehlen die übrigen Bezugsberechtigten zu gleichen Teilen.
$^1/_5$ (…), geboren am (…). Bei dessen Fehlen die übrigen Bezugsberechtigten zu gleichen Teilen.
Bei Fehlen aller Bezugsberechtigten, die Erben der versicherten Person.
Anwendbare Bestimmungen: Versicherungsbedingungen (…) Datum/Ort (…) Versicherungsunternehmen“
E verstirbt. Was sind die Rechtsfolgen?

Lösung:
Es handelt sich **nicht** um einen Lebensversicherungsvertrag, sondern lediglich um einen Vertrag zugunsten Dritter auf den Todesfall. Die Zinsen während des Lebens des Erblassers E sind dem deutschen Fiskus zu melden, sie sind gegebenenfalls nachzuversteuern. Dieses „Modell“ eignet sich lediglich für Schweizer Banken, die nicht bereit sind, Verträge zugunsten Dritter mit Ausländern zu gestalten. Aus diesem Grund wird der Umweg über ein Versicherungsverhältnis gewählt.

Praxistipp:
Ebenfalls kritisch zu sehen sind Vertragsverhältnisse unter der Bezeichnung „Lebensversicherung“, bei welchen in den „Versicherungsmantel“ das Vermögen wie Immobilien usw. eingebracht wird. Derartige Konstrukte sind im Regelfall mit hohen Kosten und mit Risiken im Bereich des Zivil- und Steuerrechts verbunden.

Zweite Stufe:
- War der Erblasser Versicherungsnehmer (VN)?
- War der Erblasser versicherte Person (VP)?
- War der Erblasser Bezugsberechtigter (BZ)?

Dritte Stufe:
In dritter Stufe müssen folgende drei Fallsituationen unterschieden werden:
Fall 1: Erblasser ist Versicherungsnehmer
Wenn der Erblasser **Versicherungsnehmer** war, sind folgende Situationen abzuprüfen:
- Der Erblasser als Versicherungsnehmer ist versicherte Person und nur im Erlebensfall bezugsberechtigt.
- Der Erblasser als Versicherungsnehmer ist versicherte Person und nicht bezugsberechtigt im Todesfall, sondern es besteht ein Bezugsrecht wie folgt:
  - Bezugsrecht aufgrund Allgemeiner Lebensversicherungsbedingungen (ALB)
  - Bezugsrecht aufgrund von Vertragsbestimmungen
  - Bezugsrecht aufgrund namentlicher Nennung
  - Bezugsrecht aufgrund Auslegung
- Der Erblasser war Versicherungsnehmer, war jedoch nicht versicherte Person und bezugsberechtigt im Erlebensfall.
- Der Erblasser war Versicherungsnehmer, war jedoch nicht versicherte Person und bezugsberechtigt im Todesfall.
- Der Erblasser war Versicherungsnehmer, war jedoch nicht versicherte Person; bezugsberechtigt ist der Versicherungsnehmer oder ein Dritter im Erlebensfall.
- Der Erblasser war Versicherungsnehmer, war jedoch nicht versicherte Person; bezugsberechtigt ist ein Dritter im Versterbensfall.

Sonderfall:
- Ist eventuell eine juristische Person bzw. eine Personengesellschaft Versicherungsnehmer, der Erblasser jedoch wirtschaftlich berechtigt?

Fall 2: Erblasser ist Bezugsberechtigter
Wenn der Erblasser **Bezugsberechtigter** war, sind folgende Situationen abzuprüfen:
- Der Erblasser als Bezugsberechtigter war versicherte Person und war jedoch nicht Versicherungsnehmer, wobei der Erblasser die Prämien bezahlt hat.
- Der Erblasser als Bezugsberechtigter war nicht versicherte Person und nicht Versicherungsnehmer, wobei der Erblasser die Prämien bezahlt hat.

Fall 3: Erblasser ist versicherte Person
Wenn der Erblasser **versicherte Person** war, sind folgende Situationen abzuprüfen:
- Der Erblasser als versicherte Person war Versicherungsnehmer, war jedoch nicht bezugsberechtigt, wobei der Erblasser die Prämien bezahlt hat.
- Der Erblasser als versicherte Person war bezugsberechtigt und nicht Versicherungsnehmer, wobei der Erblasser die Prämien bezahlt hat.

Vierte Stufe:
Sodann muss in drei Situationen unterschieden werden, ob ein
- wirksames oder unwirksames Bezugsrecht,
- widerrufliches Bezugsrecht oder
- unwiderrufliches Bezugsrecht vorliegt.

Fünfte Stufe:
Es muss geprüft werden, ob die Zuwendung (Einräumung des Bezugsrechts und die hieraus fließende Versicherungsleistung)
- entgeltlich,
- unentgeltlich oder
- als pflichtteilsergänzungsfeste Altersabsicherung erfolgt.

Sechste Stufe:
Wenn der Erblasser **pflichtteilsberechtigte Personen** hinterlässt, muss zusätzlich zu den vorgenannten Fallkonstellationen Folgendes geprüft werden:
Beim Tod des Versicherungsnehmers, wenn er **versicherte Person** ist:
- Der Bezugsberechtigte ist Erbe und pflichtteilsberechtigt.
- Der Bezugsberechtigte ist Erbe und nicht pflichtteilsberechtigt.
- Der Bezugsberechtigte ist nicht Erbe aber pflichtteilsberechtigt.

Beim Tod des Versicherungsnehmers, wenn er **nicht versicherte Person** ist:
- Der Bezugsberechtigte ist Erbe und pflichtteilsberechtigt.
- Der Bezugsberechtigte ist Erbe und nicht pflichtteilsberechtigt.
- Der Bezugsberechtigte ist nicht Erbe aber pflichtteilsberechtigt.

Siebte Stufe:
Wenn der Erblasser im **Güterstand der Zugewinngemeinschaft** verheiratet war, gibt es folgende Fallkonstellationen zusätzlich zu den vorgenannten:
Beim Tod des Versicherungsnehmers, wenn er **versicherte Person** ist:
- Der Bezugsberechtigte ist Erbe und Ehepartner.
- Der Bezugsberechtigte ist Erbe und nicht Ehepartner.
- Der Bezugsberechtigte ist nicht Erbe und nicht Ehepartner.
- Der Bezugsberechtigte ist nicht Erbe und Ehepartner.

Einräumung des Bezugsrechts mit Wissen und Wollen des Ehepartners. Einräumung des Bezugsrechts ohne Wissen und Wollen des Ehepartners. Beim Tod des Versicherungsnehmers, wenn er **nicht versicherte Person** ist:
- Die versicherte Person ist Erbe.
- Die versicherte Person ist nicht Erbe.

Achte Stufe:
War der Erblasser ein als Versicherungsnehmer ein durch Schlusserbeneinsetzung gebundener Erblasser, der nur „eingeschränkt" daher ein Bezugsrecht einräumen kann (§§ 2286, 2287 BGB).
Das vorgenannte Schema erleichtert die Untersuchung beim Tod des Versicherungsnehmers, der versicherten Person und des Bezugsberechtigten.

IV. Rechtliche und faktische Grundlagen

18 Um die zutreffenden erbrechtlichen Schlüsse ziehen zu können, reicht es nicht aus nur den Versicherungsschein als Grundlage zu nehmen.

1. Rechtsgrundlagen

19 Die allgemeinen Rechtsgrundlagen des Versicherungsvertrages sind
- das Bürgerliche Gesetzbuch (**BGB**),
- das Versicherungsvertragsgesetz (**VVG**),
- die Allgemeinen Bedingungen für die kapitalbildende Lebensversicherung (**ALB**) und
- die Allgemeinen Bedingungen für die Risikolebensversicherung (**ARV**).

20 Die Regelungen über die Lebensversicherung sind im VVG in den **§§ 150–171** enthalten. Das reformierte VVG gilt seit dem 1.1.2008 und findet Anwendung auch auf Altverträge (Art. 1 EGVVG n.F.) mit Ausnahme der Neuregelung zur Berechnung des Rückkaufwertes (Art. 4 EGVVG n.F.).

21 Es gibt wenigstens noch folgende Bedingungen, die bei beck-online in den unterschiedlichsten Varianten und beim GDV abgerufen werden können, hier ein Auszug:
Kapitalbildende Lebensversicherung:
- Allgemeine Bedingungen für die kapitalbildende Lebensversicherung (Stand 10/2017)

- Allgemeine Bedingungen für die kapitalbildende Lebensversicherung (Stand 8/2010) aK
- Allgemeine Bedingungen für die kapitalbildende Lebensversicherung (Stand 5/2008) aK
- Anhang der AVB zur Kündigung und Beitragsfreistellung Ihrer Versicherung (Stand 10/2009) aK

Rentenversicherung:

- Allgemeine Bedingungen für die Rentenversicherung mit aufgeschobener Rentenzahlung (Stand 8/2014)
- Allgemeine Bedingungen für die Rentenversicherung mit aufgeschobener Rentenzahlung (Stand 8/2010) aK
- Allgemeine Bedingungen für die Rentenversicherung gemäß § 10 Abs 1 Nr. 2 Buchstabe b EStG/Basisversorgung
- Anhang der AVB zur Kündigung und Beitragsfreistellung Ihrer BasisRente (Stand 1/2010) aK
- Allgemeine Bedingungen für die Rentenversicherung mit sofort beginnender Rentenzahlung (Stand 8/2014)
- Allgemeine Bedingungen für die Rentenversicherung mit sofort beginnender Rentenzahlung (Stand 8/2010) aK
- Allgemeine Bedingungen für die Fondsgebundene Rentenversicherung (Stand 8/2010) aK
- Allgemeine Bedingungen für die Hinterbliebenenrenten-Zusatzversicherung zur Rentenversicherung
- Allgemeine Bedingungen für die Hinterbliebenenrenten-Zusatzversicherung zur Rentenversicherung
- Allgemeine Bedingungen für die Hinterbliebenenrenten-Zusatzversicherung zur Rentenversicherung/Basisversorgung
- Allgemeine Bedingungen für eine Rentenversicherung mit Auszahlung des Deckungskapitals bei Tod als Altersversorgung
- Allgemeine Bedingungen für eine fondsgebundene Rentenversicherung mit Auszahlung des Deckungskapitals bei Altersvorsorgeverträge-Zertifizierungsgesetzes (Stand 8/2010) aK

Weitere Hauptversicherungen:

- Allgemeine Bedingungen für die Fondsgebundene Lebensversicherung (Stand 8/2010) aK
- Allgemeine Bedingungen für die Risikolebensversicherung (Stand 8/2014)
- Allgemeine Bedingungen für die Risikoversicherung (Stand 8/2010) aK
- Allgemeine Bedingungen für die Restschuldlebensversicherung (Stand 8/2010) aK
- Allgemeine Bedingungen für die Vermögensbildungsversicherung (Stand 8/2010) aK

Aus dem BGB sind für den Versicherungsvertrag vor allem die **§§ 328 ff.** von Bedeutung. Die Auslegungsregelung des § 330 S. 1 BGB ist durch das Gesetz zur Reform des Versicherungsvertragsrechts[22] allerdings nur noch auf Leibrentenverträge anwendbar. Aufgrund der Spezialregelung des § 166 VVG a.F ist nach Ansicht der Bundesregierung die Vorschrift des § 330 S. 1 BGB für den Bereich der Lebensversicherungen ohnehin obsolet gewesen.[23] Nunmehr gelten ausschließlich die Spezialvorschriften des § 159 Abs. 2 und 3 VVG neben den im Übrigen weiterhin anwendbaren §§ 328 ff. BGB, wenn nicht diese durch im Einzelfall anwendbare Allgemeine Versicherungsbedingungen, ALB bzw. ARV, verdrängt werden.[24]

---

[22] V. 23.11.2007 (BGBl. I, 2631).

[23] Reg.-Begr. des Gesetzes zur Reform des Versicherungsvertragsrechts, BT-Drucks 16/3945, S. 120.

[24] So auch Leitzen RNotZ 2009, 129, 131.

2. Allgemeine Versicherungsbedingungen

22 **a) Allgemeine Lebensversicherungsbedingungen (ALB).** Die **Allgemeinen Lebensversicherungsbedingungen (ALB)** konkretisieren neben anderen Regelungen die gegenseitigen Rechte und Pflichten aus dem Lebensversicherungsvertrag. Seit dem Wegfall der Genehmigungspflicht für AVB handelt es sich bei den veröffentlichten Musterbedingungen um unverbindliche Verbandsempfehlungen des GDV,[25] von denen die einzelnen Unternehmen durchaus abweichen können, sodass eine Einzelfallprüfung unerlässlich ist, da die Versicherer im Laufe der Zeit wiederholt neue ALB für das Neugeschäft eingeführt haben. Da jedoch für bestehende Verträge grundsätzlich die für sie vereinbarten früheren ALB weitergelten,[26] kommt insbesondere den ALB 86 immense Bedeutung zu.[27]

23 Als Allgemeine Versicherungsbedingungen unterliegen die ALB in vollem Umfang der **AGB-Kontrolle** nach den §§ 305 ff. BGB.[28]

24 Trotz der zur besseren Markttransparenz möglichst brancheneinheitlich verwendeten ALB und der Möglichkeit der AGB-Kontrolle gibt es immer wieder überraschend anmutende Klauseln, deren Wirksamkeit durchaus umstritten sein kann, wie folgende zwei Beispiele verdeutlichen:

Beispiel 1: Regelung der Empfangsberechtigung

Bestimmen Allgemeine Versicherungsbedingungen, dass der Lebensversicherer nach dem Tod des Versicherungsnehmers den Bezugsberechtigten oder den Inhaber des Versicherungsscheins als bevollmächtigt zum Empfang von Willenserklärungen ansehen kann, so verstößt das weder gegen Vorschriften des VVG noch gegen § 307 BGB.[29] Dies gilt weiterhin auch für die inhaltsgleiche Regelung des § 6 Abs. 19 ALB 2013[30] und mittlerweile auch für die ALB 2016 (Stand: 25.11.2017).

Beispiel 2: Obduktion/Exhumierung

Von besonderer Bedeutung ist § 9 Abs. 3 S. 1 ALB 86 bzw. § 7 Abs. 3 S. 1 ALB 2016:

- *„Zur Klärung unserer Leistungspflicht können wir notwendige weitere Nachweise verlangen und erforderliche Erhebungen selbst anstellen."* (ALB 86)
- *„Wir können weitere Nachweise und Auskünfte verlangen, wenn dies erforderlich ist, um unsere Leistungspflicht zu klären."* (ALB 2016)

Der Unterschied zwischen der Klausel in den ALB 86 und der Klausel in den aktuellen ALB 2016 besteht lediglich darin, dass nunmehr auf die Klarstellung, der Versicherer könne „erforderliche Erhebungen selbst anstellen", verzichtet wird, da sich die Berechtigung (und Verpflichtung) des Versicherers dazu aus der Natur des Versicherungsvertrages gem. § 14 Abs. 1 VVG ergibt.[31]
Unter die „erforderlichen Erhebungen" fällt auch das Verlangen des Versicherers zur Durchführung einer Sektion oder Exhumierung, namentlich wenn der Verdacht auf Selbstmord besteht.[32] Hierzu ist die Einwilligung des Versicherten gem. § 213 Abs. 1 VVG in der Form von § 213 Abs. 2–4 VVG erforderlich. Allein im Abschluss des Versicherungsvertrages unter wirksamer Einbeziehung der Klausel (hier § 9 Abs. 3 S. 1 ALB 86) liegt allerdings keine Einwilligung des Versicherungsnehmers,[33] erst recht nicht des am Vertragsschluss möglicherweise gar nicht beteiligten Versicherten.[34]
Probleme ergeben sich, wenn der Versicherte zu Lebzeiten seine Zustimmung zu einer Datenerhebung, beispielsweise in Form einer Obduktion, nicht erteilt hat. Das Recht zur Freigabe geht nicht auf die Erben oder Bezugsberechtigten über.[35]

---

[25] Gesamtverband der Deutschen Versicherungswirtschaft e.V., Wilhelmstraße 43 / 43 G, 10117 Berlin; www.gdv.de.
[26] Prölss/Martin/Schneider VVG Vor § 150.
[27] Prölss/Martin/Schneider VVG Vor § 150 Rn. 5.
[28] Prölss/Martin/Schneider VVG Vor § 150 Rn. 5.
[29] BGH NJW 1982, 2314–2316.
[30] Präve/Seifert § 6 ALB Rn. 1 u. § 6 ARB Rn. 87.
[31] Prölss/Martin/Reiff/Schneider VVGALB 2016 § 7 Rn. 6.
[32] Prölss/Martin/Reiff/Schneider VVG ALB 2016 § 7 Rn. 6.
[33] BGH VersR 1991, 870.
[34] Prölss/Martin/Reiff/Schneider VVG ALB 2016 § 7 Rn. 6.
[35] OLG Saarbrücken VersR 2009, 1478.

Ob die Zustimmung der zur Totensorge berechtigten Angehörigen nach dem Tod des Versicherten dessen nicht erteilte Zustimmung ersetzen kann,[36] ist zumindest dann wohl zu verneinen, wenn der Versicherte keine entsprechende Befugnis erteilt hatte.[37]
Das im Falle insbesondere einer Exhumierung oder Obduktion betroffene Persönlichkeitsrecht und das Recht auf informationelle Selbstbestimmung des Versicherten sind höchstpersönliche Rechte, die einer Disposition durch Dritte nicht zugänglich sind.[38] Daran ändert auch der Tod des Betroffenen grundsätzlich nichts,[39] da diese Rechte nicht auf die Erben oder Angehörigen übergehen.[40]
Der BGH hat ausdrücklich offengelassen, ob dem Versicherungsnehmer oder dem Bezugsberechtigten unter wirksamer Einbeziehung der ALB eine sanktionsbewährte Obliegenheit aufgegeben werden kann, einer Obduktion des zu Tode gekommenen Versicherten erforderlichenfalls zuzustimmen.[41] Dies scheint wohl dann ausgeschlossen, wenn es an der wirksamen Einwilligung des Betroffenen fehlt,[42] da in einem solchen Fall die Obliegenheit von dem Dritten gar nicht erfüllt werden kann.[43]

Ist eine sanktionsbewährte Obliegenheit des Bezugsberechtigten begründet worden, 25 kann die Verweigerung der Zustimmung zur Obduktion grundsätzlich nicht zur Leistungsfreiheit des Versicherers führen. Etwas anderes kann sich u. U. nur dann ergeben, wenn der Versicherer auf die Obduktion oder Exhumierung angewiesen ist, d. h. diese das letzte noch fehlende Glied in dem vom Versicherer zu führenden Beweis ist.[44]

Weitere Voraussetzung ist, dass die Maßnahme überhaupt zu einem entscheidungs- 26 erheblichen Beweisergebnis führen konnte.

Möglicherweise kann aber der Anspruchserhebende, wenn er nicht in der Lage ist, die 27 Zustimmung selbst zu erteilen, zur Mitwirkung an der Beschaffung der Zustimmung verpflichtet werden, solange dies noch möglich ist.[45]

b) **Problemstellung: Feuerbestattung als Beweisvereitelung?** Die Anzahl der Feuer- 28 bestattungen hat in den letzten Jahren stark zugenommen.

Gemäß § 7 Abs. 2 ALB 2016 muss derjenige, der Ansprüche aus dem Versicherungs- 29 vertrag geltend machen will, folgende Mitteilungen machen:

- Mitteilung des Todes
- amtliche Sterbeurkunde
- Vorlage einer ausführlichen ärztlichen oder amtlichen Bescheinigung über die Todesursache (insbesondere z. B. auch mit Stellungnahme zu Beginn und Verlauf der Krankheit, die zum Tod der versicherten Person geführt hat).

Ob die Vornahme einer Feuerbestattung eine schuldhafte **Beweisvereitelung** darstellt 30 (§§ 30, 31 VVG), ist umstritten. Problematisch ist eine Beurteilung vor allem dann, wenn der Erblasser eine Feuerbestattung angeordnet hat und diese im Sommer innerhalb von sieben Tagen ab dem Versterbenszeitpunkt vorgenommen wird.[46] Die Ausfertigung der Sterbeurkunde und der ausführlichen ärztlichen Bescheinigung nehmen im Regelfall ca. zehn Tage in Anspruch, mit der Folge, dass eine Einäscherung im Sommer zeitlich vor Zugang der Unterlagen beim Versicherer erfolgt sein kann. Aus diesen Unterlagen können sich auch für den Versicherer Anhaltspunkte zu Tatsachen ergeben, aufgrund derer eine Leistungspflicht entfallen würde (z. B. das Verschweigen einer schweren Krankheit bei Vertragsschluss). Auch wenn eine Obduktion zu einem entscheidungserheblichen Beweisergebnis führen würde und von einer wirksamen Einwilligung der versicherten Person gedeckt wäre, so ist sie doch durch die Einäscherung unmöglich geworden. Zwar stellt das „zu späte“ Zusenden der Unterlagen gem. § 7 Abs. 4 ALB 2016 eine Pflichtverletzung dar, die zur Leitungsfreiheit des Versicherers

[36] So nach Hamm VersR 1983, 1131; BGH VersR 1991, 870; ebenso 2. Aufl. 2011, § 1 Rn. 21.
[37] Prölss/Martin/Reiff/Schneider VVG ALB 2016 § 7 Rn. 6.
[38] BVerfG VersR 2006, 1669.
[39] BGHZ 50, 133 (Mephisto); Prölss/Martin/Reiff/Schneider VVG ALB 2016 § 7 Rn. 6.
[40] BGH NJW 1983, 2627.
[41] BHG VersR 1992, 861.
[42] LG Saarbrücken zfs 2007, 580 m. Anm. Rixecker.
[43] Prölss/Martin/Reiff/Schneider VVG ALB 2016 § 7 Rn. 7.
[44] BGH VersR 1992, 861.
[45] Prölss/Martin/Reiff/Schneider VVG ALB 2016 § 7 Rn. 7.
[46] Bei starken Grippewellen im Winter kann die Zeitspanne möglicherweise ca. 20 Tage umfassen.

führen kann. Im Regelfall wird es allerdings am Vertretenmüssen bzw. Verschulden des Anspruchsberechtigten fehlen, sodass die Leistungspflicht des Versicherers zumindest in dieser Hinsicht bestehen bleibt.

3. Faktische Grundlagen

31 a) **Antragstellung.** Eine der wesentlichen Grundlagen für eine Lebensversicherung ist der **Antrag.**

32 Im Antrag müssen Angaben

- zum Antragsteller,
- zur versicherten Person,
- zum Alter der versicherten Person (§ 157 VVG) und
- zum ausgeübten Beruf bei Antragstellung aufgeführt werden.

33 Verstirbt der Versicherungsnehmer, der einen Antrag auf Abschluss einer Lebensversicherung gestellt hat, nach dem im Antrag als Versicherungsbeginn genannten Zeitpunkt, so kommt der Versicherungsvertrag auch dann zustande, wenn der Versicherer den Versicherungsantrag nach dem Tod des Versicherungsnehmers unverändert annimmt und die Annahmeerklärung dessen Erben unmittelbar zugeht.

34 Weiter müssen enthalten sein:

- die Person des Bezugsberechtigten,
- der Versicherungstarif,
- die Versicherungssumme,
- die Versicherungsdauer,
- der Versicherungsbeginn,
- die Dynamik,
- der Beitrag und – ganz entscheidend –
- die Angaben zum Gesundheitszustand.

35 Je nach Versicherungsvertrag kann die Verpflichtung bestehen, massive Risikoveränderungen mitzuteilen, wie z. B. Änderungen bei der Berufsausübung.

b) Anfechtung wegen arglistiger Täuschung

Genereller Leitsatz:
Der Versicherungsnehmer muss nur den Fragenkatalog beantworten und ist nur in Ausnahmefällen verpflichtet, weitere Angaben zu machen.

36 Mit dem Abschluss des Versicherungsvertrages zwischen dem Versicherungsnehmer und der Versicherungsgesellschaft entstehen gegenseitige Verpflichtungen beider am Vertragsschluss Beteiligter, § 1 VVG. Macht der Versicherungsnehmer **unrichtige Angaben,** kann das Versicherungsunternehmen u. U. vom Vertrag zurücktreten (§ 6 Abs. 5 ALB 2016) bzw. den Vertrag anfechten (§ 6 Abs. 17 ALB 2016). In diesem Zusammenhang ist vor allem die Anfechtung wegen arglistiger Täuschung gem. § 123 Abs. 1 Alt. 1 BGB von Bedeutung.

37 **Täuschung** ist das Vorspiegeln falscher Tatsachen zum Zwecke der Erregung oder Aufrechterhaltung eines Irrtums. **Arglist** setzt zumindest bedingten Vorsatz voraus, der eine bewusste und willentliche Einwirkung auf die Entscheidung des Versicherers beinhaltet.

38 Falsche Angaben in einem Versicherungsvertrag allein lassen nicht den Schluss auf eine arglistige Täuschung zu, da kein allgemeiner Erfahrungssatz existiert, nach dem eine bewusst unrichtige Beantwortung einer Antragsfrage immer und nur in der Absicht erfolgt, auf den Willen des Versicherers einzuwirken.[47] Vielmehr ist in subjektiver Hinsicht zu verlangen, dass der Versicherungsnehmer erkennt und billigt, dass der

[47] BGH NJW 2018, 1019 Rn. 28.

Versicherer seinen Antrag bei Kenntnis des wahren Sachverhalts gar nicht oder nur zu anderen Konditionen annehmen werde.[48]

Ob eine Täuschung unter Geltung des VVG 2008 auch in einem **Verschweigen** von Tatsachen (**Unterlassen**) bestehen kann, ist differenziert zu beantworten: 39

Eine Pflicht, Tatsachen mitzuteilen, besteht immer dann, wenn **in zulässiger Weise danach gefragt** worden ist. Die Frage ist nicht zulässig, wenn sie in die Privatsphäre des Vertragspartners eingreift und kein sachlicher Zusammenhang mit dem vorgesehenen Vertrag besteht.[49] Bei Fragen nach spezifischen Gesundheitsdaten vor Abschluss eines Lebensversicherungsvertrages ist wohl stets ein sachlicher Zusammenhang anzunehmen. 40

Umstritten ist allerdings, ob eine arglistige Täuschung auch bei Verschweigen von Tatsachen, nach denen der Versicherer bei Antragsstellung **nicht gefragt** hatte, anzunehmen ist. 41

Das bloße Verschweigen von Tatsachen rechtfertigt nach allgemeinen Grundsätzen des Zivilrechts den Täuschungsvorwurf nur dann, wenn eine Aufklärungspflicht des Versicherungsnehmers bestand.[50] Während sich dies früher für gefahrerhebliche Umstände aus § 16 VVG aF ergab, beinhaltet § 19 Abs. 1 S. 1 VVG 2008 lediglich noch eine vorvertragliche Anzeigepflicht für solche gefahrerheblichen Umstände, nach denen der Versicherer in Textform gefragt hat. 42

Fraglich ist, ob sich – mangels einer speziellen Regelung – aus Trau und Glauben (§ 242 BGB) eine weitergehende Anzeigepflicht für ungefragte Umstände ergibt, wenn diese für die Willensbildung des anderen offensichtlich von ausschlaggebender Bedeutung sind.[51] 43

Die Literatur nimmt vorvertragliche Aufklärung Pflicht des Versicherungsnehmers in Bezug auf Umstände an, nach denen nicht oder nicht wirksam in Textform gefragt worden ist.[52] Umstritten ist, welche Anforderungen an das Bestehen einer solchen Aufklärungspflicht zu stellen sind. 44

Nach einer Ansicht wird eine Aufklärungspflicht bereits dann bejaht, wenn es um Umstände geht, die auch nach Einschätzung des Versicherungsnehmers trotz des Unterbleibens diesbezüglicher Fragen gefahrerheblich sind.[53] 45

Die wohl überwiegende Auffassung schränkt dies dahingehend ein, dass der Versicherungsnehmer nach der gesetzlichen Wertung des § 19 Abs. 1 S. 1 VVG darauf vertrauen dürfe, dass der Fragenkatalog des Versicherers alle gefahrerheblichen Umstände umfasse.[54] 46

Eine darüber hinausgehende Aufklärungspflicht kann danach nur noch ausnahmsweise angenommen werden. 47

Einer Ansicht nach[55] ist es insbesondere bei „Jedermanns-Verträgen“, die weitgehend standardisiert sind, wie in der Lebensversicherung, dem Versicherer zuzumuten, seinen Fragenkatalog abschließend zu formulieren. 48

Nach einer anderen Ansicht[56] besteht eine über die Beantwortung der Antragsfragen hinausgehende Aufklärungspflicht nur in dem Fall, dass der nicht erfragte Umstand einerseits offensichtlich gefahrerheblich, aber andererseits so selten und fernliegend ist, dass es verständlich und ihm nicht vorzuwerfen ist, wenn der Versicherer ihn nicht erfragte. 49

Nach h. M. kann sich eine über die Anzeigepflicht aus § 19 Abs. 1 S. 1 VVG hinausgehende Aufklärungspflicht aus **§ 242 BGB** ergeben. Grundsätzlich muss sich der Versicherungsnehmer darauf verlassen können, dass der Versicherer die aus seiner Sicht 50

[48] BGH VersR 2011, 337 Rn. 19; BGH VersR 2007, 785 Rn. 8.
[49] Vgl. BAG NJW 1985, 645.
[50] Grüneberg/Ellenberger BGB § 123 Rn. 5 ff.
[51] So zumindest außerhalb des Versicherungsrechts Grüneberg/Ellenberger BGB§ 123 Rn. 5, 5b; OLG Celle 9.11.2015 – 8 U 101/15, Rn. 56, r+s 2016, 500.
[52] Prölss/Martin/Armbrüster VVG § 22 Rn. 3.
[53] Prölss/Martin/Armbrüster VVG § 22 Rn. 3 f.
[54] OLG Celle. 9.11.2015 – 8 U 101/15, Rn. 60, r+s 2016, 500.
[55] Brand VersR 2009, 715, 721.
[56] Knappmann VersR 2011, 724, 726.

gefahrerheblichen Umstände erfragt. Versäumt dies der Versicherer, kann es dem Versicherungsnehmer grundsätzlich nicht als Verstoß gegen § 242 BGB angelastet werden, wenn er den Fragebogen als abschließend ansieht und keine weitergehenden Überlegungen dazu anstellt, was den Versicherer u. U. darüber hinaus interessieren könnte. Eine spontane Anzeigepflicht kann somit nur bei Umständen bestehen, die zwar offensichtlich gefahrerheblich, aber so ungewöhnlich sind, dass eine auf sie abzielende Frage nicht erwartet werden kann.[57]

Beispiel 1

„Das Verschweigen eines Suizidversuchs, selbst wenn er nicht ernst gemeint sein sollte, sowie des anschließenden Kuraufenthalts samt psychiatrischer Therapie bei einem Antrag auf Abschluss einer Lebensversicherung begründet für den Versicherer, der nach Krankheiten, Störungen und Beschwerden gefragt hatte, die Täuschungsanfechtung. Dem Antragsteller musste aufgrund der Reaktion der Ärzte auf seinen Suizidversuch bewusst sein, dass von einer ernsthaften psychischen Erkrankung auszugehen war und dass die Fragen des Versicherers vor Vertragsabschluss dazu dienten, das Risiko des Vertrages abzuschätzen."[58] (Leitsatz der Redaktion)

Beispiel 2

Eine Anfechtung wegen arglistiger Täuschung ist berechtigt, wenn der Versicherungsnehmer verschwiegen hat, sechs Monate vor Antragstellung einen Suizidversuch mittels einer Insulininjektion unternommen zu haben und deshalb im Krankenhaus zunächst intensivmedizinisch und dann weiter stationär behandelt worden ist.[59]

51 Im Falle einer wirksamen Anfechtung entfällt der Anspruch auf die Versicherungsleistung. Der Versicherer hat die Prämien abzüglich entstandener Unkosten zurückzuerstatten.

52 c) **Beweisverwertung im Zivilprozess.** Der auf eine arglistige Täuschung durch den Versicherungsnehmer gestützten Anfechtung gem. § 123 BGB und ihrer Berücksichtigung im Rechtsstreit steht nicht entgegen, dass die Beklagte den Arztbericht ohne Entbindung von der ärztlichen Schweigepflicht (§ 203 Abs. 1 Nr. 1 StGB) und damit auf möglicherweise rechtswidrigem, das allgemeine Persönlichkeitsrecht tangierenden Weg erlangt hat.[60]

„Das allgemeine Persönlichkeitsrecht des Versicherungsnehmers ist durch die Verwertung ärztlicher Informationen über den Suizid deshalb betroffen, weil es die Befugnis umfasst, selbst zu bestimmen, welche persönlichen Daten preisgegeben und verwendet werden. Es endet nicht mit dem Tod, ist dann allerdings in seinem Gehalt beschränkt auf die Unantastbarkeit der Menschenwürde gemäß Art. 1 Abs. 1 GG, sodass auch die dem Persönlichkeitsrecht Rechnung tragenden beruflichen Schweigepflichten grundsätzlich fortbestehen."[61]

53 Die Frage, ob **rechtswidrig erlangte Beweise im Zivilprozess erhoben bzw. verwertet** werden dürfen, ist allerdings seit jeher umstritten. Während nach einer Auffassung solche Beweise nie,[62] nach anderer Ansicht im Hinblick auf das Interesse an der Wahrheitsfindung immer verwertet werden dürfen,[63] gehen BGH und BVerfG vermittelnd davon aus, dass die Rechtswidrigkeit der Beschaffung eines Beweismittels nicht stets zu einem Verwertungsverbot führt.[64] Eine Regelung in der ZPO fehlt dahingehend.[65]

54 Das Vorliegen eines **Beweisverwertungsverbots** ist insbesondere anhand des Schutzzwecks der verletzten Norm zu bestimmen.[66] Ein Beweisverwertungsverbot kann

[57] OLG Celle 9.11.2015 – 8 U 101/15, Rn. 63, r+s 2016, 500.
[58] OLG Frankfurt a.M. NVersZ 2002, 500.
[59] OLG Saarbrücken VersR 2009, 1479 ff.
[60] OLG Saarbrücken VersR 2009, 1479 ff.
[61] OLG Saarbrücken VersR 2009, 1479 ff.
[62] LAG Hamm NZA-RR 2002, 464.
[63] Werner NJW 1988, 993, 998 ff.
[64] BGHZ 153, 165 = NJW 2003, 1123, 1124.
[65] BGHZ 153, 165 = NJW 2003, 1123, 1124.
[66] Balthasar JuS 2008, 35.

insbesondere dann angenommen werden, wenn die gerichtliche Verwertung des rechtswidrig erlangten Beweises ein verfassungsrechtlich geschütztes Individualrecht verletzt.[67] Werden Kenntnisse und Beweise, die unter Verstoß gegen das Persönlichkeitsrecht erlangt wurden, gerichtlich verwertet, ist regelmäßig ein Eingriff in das Grundrecht aus Art. 2 iVm Art. 1 Abs. 1 GG zu bejahen.[68] Zur Verwertung von ohne Einwilligung und entgegen § 213 VVG erlangten Informationen bedarf es einer **Güterabwägung im Einzelfall.**[69]

Eine Abwägung ist insbesondere zwischen dem Persönlichkeitsrecht und dem Recht 55 auf informationelle Selbstbestimmung auf der einen Seite und dem hohen Interesse an einer funktionstüchtigen Rechtspflege (vgl. Art. 20 Abs. 3 GG) sowie dem Recht auf richterliches Gehör (Art. 103 Abs. 1 GG) und der Durchsetzbarkeit der durch Art. 14 Abs. 1 GG geschützten Rechte auf der anderen Seite[70] vorzunehmen.

Auch wenn der Gesetzgeber in § 213 VVG die Wichtigkeit des Rechts auf informatio- 56 nelle Selbstbestimmung hervorgehoben hat, so treten die verfassungsmäßig geschützten Rechte des Versicherers doch nicht automatisch zurück.[71] Ein grundsätzliches Verwertungsverbot ergibt sich also, wenn Gesundheitsdaten unter schuldhafter Verletzung des § 213 VVG erlangt worden sind. Dies gilt allerdings nicht im Falle einer arglistigen Täuschung, vor allem wenn Vorerkrankungen arglistig verschwiegen werden.[72]

„Die Bedeutung des Interesses an einer Geheimhaltung medizinischer Daten ist im Versicherungsprozess von vornherein insoweit zu relativieren, als es in der Natur des Versicherungsvertrages liegt, dass dem Versicherer die Überprüfung zu übernehmender Risiken und die Berechtigung beantragter Leistungen ermöglicht werden muss. (...) Der informationelle Selbstschutz des Versicherungsnehmers reduziert sich deshalb im Grundsatz auf die Berechtigung, den Informationsfluss zwischen den Auskunft gebenden Stellen und dem Versicherer zu kontrollieren.“[73]

„In den Fällen, in denen arglistiges Verhalten aufgedeckt wurde, ist das Schutzbedürfnis des Versicherungsnehmers an der Geheimhaltung seiner Daten regelmäßig aufgehoben. Wer für sich oder einen Dritten treuwidrig und unter Verstoß gegen (vor-)vertraglicher Kardinalpflichten Ansprüche zu erschleichen sucht, soll sich nicht darauf berufen können, dass der Versicherungspartner sich die Kenntnis über diese Umstände seinerseits auf rechtswidrige Weise verschafft hat.“[74]

Dem Versicherer ist das Wissen des mit der Erstellung des ärztlichen Zeugnisses 57 beauftragten Arztes, das dieser nicht durch den Antragsteller im Rahmen der „Erklärung vor dem Arzt“, sondern aus früheren Behandlungen erlangt hat, jedenfalls dann nicht zuzurechnen, wenn der Antragsteller bei Beantwortung von Gesundheitsfragen arglistig getäuscht hat.[75]

Wenn der Versicherer jedoch die Versicherungsleistung ausgezahlt hat, richtet sich der 58 Anspruch auf **Rückzahlung der Versicherungssumme** gegen den bezugsberechtigten Erben des Versicherungsnehmers.[76] Wenn der Bezugsberechtigte vom Erben personenverschieden ist, dann hat das Versicherungsunternehmen einen Anspruch gegen den Erben und den Bezugsberechtigten. Wenn der nicht bezugsberechtigte Erbe in Anspruch genommen worden ist, hat dieser einen bereicherungsrechtlichen Anspruch gegenüber dem Bezugsberechtigten, soweit dieser nicht Entreicherung einwenden kann.

[67] BVerfG NJW 2007, 753, 758; BGHZ 162, 1 = NJW 2005, 497, 498 f.
[68] BVerfG NJW 1992, 815, 816; BGH NJW 2005, 497, 499; OLG Karlsruhe NJW 2000,1577, 1578.
[69] St. Rspr. seit BGHZ 27, 284, 290; BVerfG NJW 1992, 815, 816; BVerfG NJW 2002, 3619, 3624.
[70] Balthasar JuS 2008, 35; Neuhaus/Kloth NJW 2009, 1707, 1711.
[71] Neuhaus/Kloth NJW 2009, 1707, 1711.
[72] BGH VersR 2010, 97.
[73] OLG Saarbrücken VersR 2009, 1479 ff.
[74] OLG Saarbrücken VersR 2009, 1479 ff.
[75] BGH 7.3.2001 – IV ZR 254/00, VersR 2001, 620 = NJW-RR 2001, 889; OLG Frankfurt r+s 2001, 261.
[76] OLG Düsseldorf VersR 1970, 738–740.

4. Polisierung/Versicherungsschein

59 a) **Zustandekommen des Versicherungsvertrages.** Dem Versicherungsschein kann – je nach Art des Vertragsschlusses – unterschiedliche Bedeutung zukommen. Das Original sollte sehr gut aufbewahrt werden. Die Versicherung hat die Verpflichtung im Falle des Verlustes einen neuen Versicherungsschein auszustellen.

60 Bei dem **Antragsmodell** geht der Antrag vom Kunden aus. In der Regel wird der Antrag von dem Vermittler ausgefüllt und von dem Kunden gegengezeichnet.[77] Die Annahmeerklärung des Versicherers ist dann in der Übersendung des Versicherungsscheins zu sehen, mit dessen Zugang der Vertrag zustande kommt.

61 Der Versicherer kann die Annahme auch konkludent erklären, z. B. durch Einziehen der Beiträge im Wege des Lastschriftverfahrens vom Konto des Versicherungsnehmers.

62 Das **Invitatio-Modell** hingegen verlangt zunächst eine vom Kunden ausgehende rechtlich unverbindliche Anfrage. Der Kunde füllt ein entsprechendes Formular aus, ohne die nach § 7 VVG geforderten Information erhalten zu haben. In der Praxis unterscheiden sich die Fragen, Erklärungen und Belehrungen des Anfrageformulars inhaltlich kaum von denen des Antragsformulars.[78]

63 Der Antrag auf Abschluss des Vertrages geht dann von dem Versicherer aus, indem er dem Kunden den Versicherungsschein, die nach § 7 VVG notwendigen Informationen und eine vorausgefüllte Annahmeerklärung übersendet. Der Vertrag kommt schließlich mit Zugang der vom Kunden gegengezeichneten und zurückgesendeten Annahmeerklärung beim Versicherer zustande.

64 Nicht mehr von Bedeutung ist das **Policen-Modell,** das vom Gesetzgeber mit der VVG-Reform 2008 abgeschafft wurde.[79] Der Kunde erhielt hierbei die AVB und die zu erteilenden Informationen mit der Police zugesandt. Erfolgte kein Widerspruch vonseiten des Versicherungsnehmers innerhalb der Widerspruchsfrist von 30 Tagen, galt der Vertrag gem. § 5a Abs. 1 S. 1 VVG aF als mit diesem Inhalt abgeschlossen. Hatte der Versicherer – entgegen seiner Verpflichtung – den Kunden nicht über dieses Widerspruchsrecht belehrt, galt der Vertrag dennoch gem. § 5a Abs. 2 S. 4 VVG aF spätestens ein Jahr nach Zahlung der Ersatzprämie als abgeschlossen.[80] Die Abschaffung des Policen-Modells stützte sich damit sowohl auf verbraucherals auch europarechtliche Bedenken.

65 b) **Bedeutung des Versicherungsscheins.** Somit kommt es in der heutigen Vertragspraxis nur auf die beiden erstgenannten Modelle (Antragsmodell, Invitatio-Modell) an. Der entweder im Antrag (Antragsmodell) oder in der Annahme des Versicherers (Invitatio-Modell) enthaltene Versicherungsschein hat unter anderem folgende Auswirkungen:

- Der **Versicherungsschutz** beginnt gem. § 3 ALB mit Vertragsschluss (formeller Versicherungsbeginn), es sei denn, der Beginn des Versicherungsschutzes wird von der Zahlung des Einlösungsbetrags abhängig gemacht (sog. einfache Einlösungsklausel) bzw. im Versicherungsschein wird ein anderer (meistens späterer) Zeitpunkt als Versicherungsbeginn angegeben (materieller Versicherungsbeginn).
- Vor Zugang des Versicherungsscheins besteht ein **vorläufiger Versicherungsschutz** nur dann, wenn eine gesonderte Zusage des Versicherers gem. §§ 49–52 VVG vorliegt, sodass das Todesfallrisiko auch im Zeitraum zwischen Antragstellung und Beginn des Versicherungsschutzes abgesichert ist. Dabei ist die Höhe der Summe im Todesfall in der Regel begrenzt. Zu beachten ist weiterhin, dass der Versicherungsschutz ab Antragstellung (vorläufiger Deckung) i. d. R. in einem rechtlich selbständigen Vertrag geregelt ist, der unabhängig vom Zustandekommen des Hauptvertrages ist.

[77] Präve/Rehberg § 3 ARB Rn. 75.
[78] Präve/Rehberg § 3 ARB Rn. 75.
[79] BT-Drucks 16/3945, S. 60.
[80] Zur fehlenden Richtlinienkonformität EuGH 19.12.2013 – C-209/12, NJW 2014, 452 = VersR 2014, 225.

- ALB 2016: Schuldbefreiende Leistungsmöglichkeit des Versicherers an den Inhaber des Versicherungsscheins trotz ausdrücklicher Bezugsberechtigung. Daher Achtung: Abklärung der Besitzer des Versicherungsscheines. Gelangte der Versicherungsschein mit Wissen und Wollen in den Besitz des Inhabers?
- Der Inhaber des **Versicherungsscheins** ist zum Empfang von Erklärungen seitens des Versicherungsunternehmens bevollmächtigt, wenn kein namentlich bezeichneter Zustellungsbevollmächtigter und kein Bezugsberechtigter vorhanden oder der Aufenthalt des Bezugsberechtigten nicht feststellbar ist.
- Durch die sog. **Inhaberklausel** wird der Versicherungsschein zum **Legitimationspapier** i. S. d. § 4 VVG, § 808 BGB. Der Versicherer wird durch Leistung an den Inhaber des Versicherungsscheins von seiner Leistungspflicht frei.[81]

Fall: Leistungsfreiheit des Versicherers bei Zahlung an den Inhaber der Police:

Das LG Dortmund[82] hatte folgenden Sachverhalt zu entscheiden:
Der Kläger S (Sohn der Erblasserin) ist einer der Erben der am 1.11.2007 verstorbenen Erblasserin, die bei dem beklagten Versicherungsunternehmen zwei Lebensversicherungen abgeschlossen hatte, die bis zu ihrem Tode fortbestanden. Im Versicherungsvertrag war ursprünglich der Kläger als Bezugsberechtigter eingesetzt und auch als solcher im Versicherungsschein namentlich genannt.
Die Erblasserin (Versicherungsnehmerin) teilte dem beklagten Versicherungsunternehmen schriftlich mit, dass das Bezugsrecht zugunsten ihrer Tochter T geändert werden sollte. Diese Bezugsrechtsänderung bestätigte die Beklagte der Erblasserin.
Nach dem Tod der Versicherungsnehmerin überreichte die Tochter T dem beklagten Versicherungsunternehmen eine Sterbeurkunde sowie den Versicherungsschein und bat um Überweisung der fälligen Versicherungssumme auf ihr Konto. Die Beklagte zahlte die Versicherungsleistung an die Tochter.
In der Folgezeit beanspruchte der Kläger S die Versicherungsleistungen für sich. Die Beklagte verwies auf die Änderungen des Bezugsrechts und die Auszahlung an die Schwester des Klägers.
Der Kläger behauptet, das Schreiben, in welchem die Tochter T als Bezugsberechtigte benannt wurde, vom 9.2.2007 sei nicht von der Versicherungsnehmerin, sondern von seiner Schwester, der Tochter T, unterzeichnet worden.
Der Kläger verlangt nun von der Beklagten Auskehrung der Versicherungsleistungen an sich.

Lösung:

Durch die Auszahlung der Versicherungsleistung an den Inhaber des Originalversicherungsscheins ist das beklagte Versicherungsunternehmen von seiner Leistungspflicht befreit worden, ohne dass es darauf ankäme, ob nun die Tochter T infolge einer wirksamen Bezugsrechtsänderung oder der Kläger S infolge der ursprünglichen Einräumung des Bezugsrechts Anspruch auf die Versicherungsleistung hatte. Denn mit der dem Beklagten in § 9 der dem Versicherungsvertrag zugrundeliegenden Versicherungsbedingungen eingeräumten Berechtigung, an den Inhaber des Versicherungsscheins mit befreiender Wirkung zu leisten, wird der **Versicherungsschein** zu einem **qualifizierten Legitimationspapier i. S. d. § 808 BGB.** Die Legitimationswirkung des § 808 Abs. 1 Satz 1 BGB erstreckt sich auf die vertraglich versprochene Leistung. Damit ist die Beklagte durch Leistung an die Tochter T, die Inhaberin des Originalversicherungsscheins leistungsfrei geworden, ohne dass es darauf ankäme, ob das Versicherungsunternehmen dem Inhaber des Versicherungsscheins gegenüber materiell zur Leistung verpflichtet war.[83]
Hier ist allerdings der Fall zu unterscheiden, wenn im Versicherungsschein ein Bezugsberechtigter benannt wurde und dieser personenverschieden vom Inhaber der Police ist (siehe dazu Rn. 72 ff.).

Der Versicherungsschein ist ein qualifiziertes Legitimationspapier iSd § 4 Abs. 1 VVG, 66
§ 808 BGB, § 11 Abs. 1 ALB 86 (bzw. § 8 Abs. 2 ALB 2016).[84] Die Legitimationswirkung erstreckt sich auf alle Leistungen, zu denen der Aussteller nach den vertraglichen und gesetzlichen Bestimmungen verpflichtet ist, und auf die Berechtigung, über

[81] Prölss/Martin/Reiff/Schneider VVG ALB § 8 Rn. 7.
[82] LG Dortmund 22.10.2009 – 2 O 469/08, NJW-RR 2010, 948.
[83] BGH 20.5.2009 – IV ZR 16/08, VersR 2009, 1061 = r+s 2009, 342 = NJW-RR 2009, 1327.
[84] BGH 24.2.1999 – IV ZR 122/98, NJW-RR 1999, 898 = NVersZ 1999, 365 = VersR 1999, 700.

die Rechte aus dem Versicherungsvertrag zu verfügen. Hierzu zählt grundsätzlich auch die Befugnis zum Widerruf des Bezugsrechts.

67 § 11 ALB 86 lautet:

§ 11 Welche Bedeutung hat der Versicherungsschein?

Den Inhaber des Versicherungsscheins können wir als berechtigt ansehen, über die Rechte aus dem Versicherungsvertrag zu verfügen, insbesondere Leistungen in Empfang zu nehmen. Wir können aber verlangen, dass uns der Inhaber des Versicherungsscheins seine Berechtigung nachweist. In den Fällen des § 13 Abs. IV brauchen wir den Nachweis der Berechtigung nur dann anzuerkennen, wenn uns die schriftliche Anzeige des bisherigen Berechtigten vorliegt.

68 § 8 ALB 2016 lautet:

§ 8 Welche Bedeutung hat der Versicherungsschein?

(1) Wir können Ihnen den Versicherungsschein in Textform (z. B. Papierform, E-Mail) übermitteln. Stellen wir diesen als Dokument in Papierform aus, dann liegt eine Urkunde vor. Sie können die Ausstellung als Urkunde verlangen.

(2) Den Inhaber der Urkunde können wir als berechtigt ansehen, über die Rechte aus dem Vertrag zu verfügen, insbesondere Leistungen in Empfang zu nehmen. Wir können aber verlangen, dass uns der Inhaber der Urkunde seine Berechtigung nachweist.

69 c) **Übersicht: Synopse ALB-Fassungen.** Ausdrücklich ist darauf hinzuweisen, dass in jedem Erbfall mit Versicherungsleistungen überprüft werden muss, **welche Fassung der ALB Vertragsgrundlage** war und ob diese überhaupt vereinbart wurde oder individuelle ALB verwendet wurden. Es entsprechen sich folgende Fassungen:

70 **Übersicht: Synopse ALB-Fassungen**

ALB 2021	ALB 2008	ALB 2001	ALB 94	ALB 86	ALB 81	ALB 57
Musterbedingungen des GDV			Musterbedingungen des Verbandes der LVU	VerBAV 1986, 209	VerBAV 1981, 118	VerBAV 1957, 58
§ 1	§ 1	§ 1	§ 1	–	–	–
§ 3	§ 3	§ 3	§ 2	§ 1	§ 1	§ 1
–	–	–	§ 3	–	–	–
§ 10 Abs. 1	§ 7 Abs. 1	§ 7 Abs. 1	§ 4 Abs. 1	§ 2 Abs. 1	§ 2 Abs. 1 S. 1 u. 2 Hs. 1	§ 2 Abs. 1 S. 1 u. 2 Hs. 1
–	–	–	§ 4 Abs. 2	§ 2 Abs. 2	§ 2 Abs. 1 S. 2 Hs. 2	§ 2 Abs. 1 S. 2 Hs. 2
§ 10 Abs. 3 u. 4	§ 7 Abs. 3 u. 4	§ 7 Abs. 3 u. 4	–	–	–	–
§ 10 Abs. 5	§ 7 Abs. 6	§ 7 Abs. 6	§ 4 Abs. 3	§ 2 Abs. 3	§ 2 Abs. 1 S. 3	–
§ 10 Abs. 2	§ 7 Abs. 2	§ 7 Abs. 2	§ 4 Abs. 4	§ 2 Abs. 4	§ 2 Abs. 2 S. 1 u. 2	§ 2 Abs. 2 S. 1 u. 2
–	§ 7 Abs. 5	§ 7 Abs. 5	§ 4 Abs. 5	§ 2 Abs. 5	§ 2 Abs. 2 S. 3	§ 2 Abs. 2 S. 3
§ 11 Abs. 1	§ 8 Abs. 1	§ 8 Abs. 1	§ 5 Abs. 1	§ 3 Abs. 1	§ 3 Abs. 1	§ 3 Abs. 1

ALB 2021	ALB 2008	ALB 2001	ALB 94	ALB 86	ALB 81	ALB 57
Musterbedingungen des GDV			Musterbedingungen des Verbandes der LVU	VerBAV 1986, 209	VerBAV 1981, 118	VerBAV 1957, 58
§ 11 Abs. 2	§ 8 Abs. 2	§ 8 Abs. 2	–	–	–	–
§ 11 Abs. 3	§ 8 Abs. 3	§ 8 Abs. 3	§ 5 Abs. 2	§ 3 Abs. 2	§ 3 Abs. 2 S. 1	§ 3 Abs. 2 S. 1
–	–	–	§ 5 Abs. 3	§ 3 Abs. 3	§ 3 Abs. 2 S. 2	§ 3 Abs. 2 S. 2
§ 12 Abs. 1	§ 9 Abs. 1	§ 9 Abs. 1	§ 6 Abs. 1	§ 4 Abs. 1	§ 4 Abs. 1 S. 1	§ 4 Abs. 1
§ 12 Abs. 1	§ 9 Abs. 2	§ 9 Abs. 2	§ 6 Abs. 2	§ 4 Abs. 2	§ 4 Abs. 1 S. 2	–
§ 12 Abs. 2 u. 3	§ 9 Abs. 3	§ 9 Abs. 3	§ 6 Abs. 3	§ 4 Abs. 3	§ 4 Abs. 1 S. 3	§ 4 Abs. 2 u. 3
–	–	–	–	§ 4 Abs. 4	§ 4 Abs. 1 S. 3	§ 4 Abs. 2a)
§ 13 Abs. 1 u. 2	§ 9 Abs. 7	§ 9 Abs. 4	§ 6 Abs. 4	§ 4 Abs. 5	§ 4 Abs. 2	§ 4 Abs. 2b)
§ 13 Abs. 4	§ 9 Abs. 9	§ 9 Abs. 5	§ 6 Abs. 5	–	–	–
§ 12 Abs. 8	§ 9 Abs. 10	§ 9 Abs. 6	§ 6 Abs. 6	§ 4 Abs. 6	§ 4 Abs. 3	§ 4 Abs. 3
–	–	–	–	§ 5 Abs. 1	§ 5	§ 5
–	–	–	–	§ 5 Abs. 2	–	–
§ 6 Abs. 1	§ 6 Abs. 1	§ 6 Abs. 1	§ 7 Abs. 1	§ 6 Abs. 1	–	–
§ 6 Abs. 2	§ 6 Abs. 2	§ 6 Abs. 2	§ 7 Abs. 2	§ 6 Abs. 2	–	–
§ 6 Abs. 3–16 (neu formuliert)	§ 6 Abs. 3–13 (neu formuliert)	§ 6 Abs. 3 S. 1 u. 2	§ 7 Abs. 3 S. 1 u. 2	§ 6 Abs. 3 S. 1–3	§ 6 Abs. 1	§ 6 Abs. 1
		§ 6 Abs. 3 S. 3 u. 4	§ 7 Abs. 3 S. 4 u. 5	§ 6 Abs. 3 S. 4 u. 5	–	–
§ 6 Abs. 17 S. 1 u. 2	§ 6 Abs. 14 S. 1 u. 2	§ 6 Abs. 4	§ 7 Abs. 4	§ 6 Abs. 4	§ 6 Abs. 2	§ 6 Abs. 2
		–	–	–	§ 6 Abs. 3	§ 6 Abs. 3

ALB 2021	ALB 2008	ALB 2001	ALB 94	ALB 86	ALB 81	ALB 57
Musterbedingungen des GDV			Musterbedingungen des Verbandes der LVU	VerBAV 1986, 209	VerBAV 1981, 118	VerBAV 1957, 58
§ 6 Abs. 18 S. 1	§ 6 Abs. 15 S. 1	§ 6 Abs. 5 S. 1	§ 7 Abs. 5 S. 1	§ 6 Abs. 5	–	–
§ 6 Abs. 18 S. 2	§ 6 Abs. 15 S. 2	§ 6 Abs. 5 S. 2	§ 7 Abs. 5 S. 2	–	–	–
§ 6 Abs. 7 u. Abs. 17 S. 3	§ 6 Abs. 5 u. Abs. 14 S. 3	§ 6 Abs. 6	§ 7 Abs. 6	–	–	–
§ 6 Abs. 19 S. 2 u. 3	§ 6 Abs. 16 S. 2 u. 3	§ 6 Abs. 7	§ 7 Abs. 7	§ 6 Abs. 6 S. 3	§ 11 Abs. 1 S. 3	§ 11 Abs. 1
§ 4 Abs. 1	§ 4 Abs. 1	§ 4 Abs. 1	§ 8 Abs. 1	§ 7 Abs. 1	–	–
§ 4 Abs. 2	§ 4 Abs. 2	§ 4 Abs. 2	§ 8 Abs. 2	§ 7 Abs. 2	§ 7	§ 7
§ 4 Abs. 3	§ 4 Abs. 3	–	–	–	–	–
§ 5 Abs. 1	§ 5 Abs. 1	§ 5 Abs. 1	§ 9 Abs. 1	§ 8 Abs. 1	§ 8	§ 8
§ 5 Abs. 2	§ 5 Abs. 2	§ 5 Abs. 2	§ 9 Abs. 2	§ 8 Abs. 2	–	–
§ 5 Abs. 3	§ 5 Abs. 3	–	–	–	–	–
§ 7 Abs. 1	§ 11 Abs. 1	§ 11 Abs. 1	§ 10 Abs. 1	§ 9 Abs. 1	§ 9 Abs. 1	§ 9 Abs. 1a)
§ 7 Abs. 2	§ 11 Abs. 2	§ 11 Abs. 2	§ 10 Abs. 2	§ 9 Abs. 2	§ 9 Abs. 2	§ 9 Abs. 2
§ 7 Abs. 3 S. 1	§ 11 Abs. 3 S. 1	§ 11 Abs. 3 S. 1	§ 10 Abs. 3	§ 9 Abs. 3	§ 9 Abs. 3	§ 9 Abs. 3
§ 7 Abs. 3 S. 2	§ 11 Abs. 4 S. 2	§ 11 Abs. 3 S. 2	§ 10 Abs. 4	§ 9 Abs. 3	§ 9 Abs. 4	§ 9 Abs. 3
§ 7 Abs. 5	§ 11 Abs. 4	§ 11 Abs. 4	§ 11 Abs. 1	§ 10 Abs. 1	§ 10 Abs. 3	§ 10 S. 2
–	–	–	§ 11 Abs. 2	§ 11 Abs. 2	§ 10 Abs. 1	§ 10 S. 2
–	–	–	–	–	§ 10 Abs. 2	–
§ 8 Abs. 2	§ 12 Abs. 1	§ 12 Abs. 1	§ 12 Abs. 1	§ 11 Abs. 1	§ 11 Abs. 1 S. 1 u. 2	§ 11 Abs. 1 S. 1 u. 2
–	§ 12 Abs. 2	§ 12 Abs. 2	§ 12 Abs. 2	§ 11 Abs. 2	§ 11 Abs. 2	§ 11 Abs. 3

ALB 2021	ALB 2008	ALB 2001	ALB 94	ALB 86	ALB 81	ALB 57
Musterbedingungen des GDV			Musterbedingungen des Verbandes der LVU	VerBAV 1986, 209	VerBAV 1981, 118	VerBAV 1957, 58
–	–	§ 14 Abs. 1	§ 13 Abs. 1	§ 12 Abs. 1	§ 12 Abs. 1	§ 12 Abs. 3
§ 15 Abs. 1 S. 1	§ 14 Abs. 1 S. 1	§ 14 Abs. 2 S. 2	§ 13 Abs. 1	§ 12 Abs. 1	§ 12 Abs. 1	§ 12 Abs. 1
§ 15 Abs. 1 S. 2	§ 14 Abs. 1 S. 2	§ 14 Abs. 3	§ 13 Abs. 3	–	–	–
§ 15 Abs. 2	§ 14 Abs. 2	§ 14 Abs. 3	§ 13 Abs. 3	–	–	–
–	–	–	§ 13 Abs. 4	§ 12 Abs. 3	§ 12 Abs. 2 S. 2	§ 12 Abs. 2
§ 9 Abs. 1 u. 2 (neu formuliert)	§ 13 Abs. 1	§ 13 Abs. 1	§ 14 Abs. 1	§ 13 Abs. 1	§ 13 Abs. 1	§ 13 Abs. 1
§ 9 Abs. 1 u. 2 (neu formuliert)	§ 13 Abs. 2	§ 13 Abs. 2	§ 14 Abs. 2	§ 13 Abs. 2	§ 13 Abs. 2	§ 13 Abs. 2
§ 9 Abs. 3	§ 13 Abs. 3	§ 13 Abs. 3	§ 14 Abs. 3	§ 13 Abs. 3	–	–
§ 9 Abs. 4	§ 13 Abs. 4	§ 13 Abs. 4	§ 14 Abs. 4	§ 13 Abs. 4	§ 13 Abs. 3	§ 13 Abs. 3
§ 14 (neu formuliert)	§ 10 (neu formuliert)	§ 10 (neu formuliert)	§ 15	§ 14	§ 14	§ 14
§ 19	§ 17	§ 17	§ 19	§ 15	§ 15	§ 15
§ 17 (ALB 2012: § 16)	§ 15	§ 15	§ 16	–	–	–
§ 2 Abs. 1 u. 2 (neu formuliert)	§ 2 Abs. 1 (neu formuliert)	§ 2 Abs. 1 (neu formuliert)	§ 17 Abs. 1	§ 16 Abs. 1	§ 16 Hs. 1	§ 16
§ 2 Abs. 3 (neu formuliert)	§ 2 Abs. 2 (neu formuliert)	§ 2 Abs. 2	§ 17 Abs. 2	§ 16 Abs. 2	§ 16 Hs. 2	§ 16
§ 16	–	–	–	–	–	–
–	–	–	–	§ 17	§ 17	–
§ 18 (ALB 2012 § 17)	§ 16	§ 16	§ 18	–	–	–
§ 20[85]	–	–	–	–	–	–

[85] Prölss/Martin/Reiff/Schneider VVG, Vor ALB 445 Rn. 10.

71 **d) Bestimmung des Bezugsberechtigten und leistungsbefreiende Zahlung des Versicherers.** Differenzierung zwischen formularhaft Bezugsberechtigten und namentlich benannten Bezugsberechtigten

Fallbeispiel:

Erblasser E verstirbt. Er hatte im Jahr 1985 eine Kapitallebensversicherung abgeschlossen. Er war Versicherungsnehmer sowie versicherte Person. Er hatte keine bezugsberechtigten Personen bestimmt, sodass die Erben nach
§ 13 (1) ALB 86 bezugsberechtigt waren.
A, welcher im Besitz des Versicherungsscheins ist, verlangt von dem Versicherungsunternehmen V die Auszahlung der Versicherungssumme.
Wie ist die Rechtslage?

Lösung:

Das Versicherungsunternehmen kann schuldbefreiend an A leisten, da kein Fall des § 13 Abs. 4 iVm § 8 Abs. 2 vorliegt. Der Versicherer wird – wie nach § 4 VVG, § 808 BGB – durch Leistung an den Inhaber des Versicherungsscheins von seiner Leistungspflicht frei.
Da der Versicherer durch Zahlung an den materiell nicht berechtigten Inhaber von seiner Leistungspflicht gegenüber dem Bezugsberechtigten nach § 362 BGB iVm § 8 Abs. 2 befreit wird, steht ein Bereicherungsanspruch gegen den nicht berechtigten Zahlungsempfänger nicht dem Versicherer, sondern dem Bezugsberechtigten aus § 816 BGB zu.[86]
Die Erben haben, da sie Bezugsberechtigte sind, einen Anspruch gegenüber A.

72 Die vorgenannte Lösung gilt auch für Verträge gemäß **ALB 94/2008.** Die maßgebliche Regelung lautet:

73 **Wer erhält die Versicherungsleistung?**

Die Leistung aus dem Versicherungsvertrag erbringen wir an Sie als unseren Versicherungsnehmer oder an Ihre Erben, falls Sie uns keine andere Person benannt haben, die bei Eintritt des Versicherungsfalls die Ansprüche aus dem Versicherungsvertrag erwerben soll. Bis zum Eintritt des Versicherungsfalls können Sie das bezugsrecht jederzeit widerrufen.[87]

74 Vorgenannter Beispielsfall hat bei Verträgen, in denen **bezugsberechtigte Personen** nur **formularhaft benannt** werden (z.B.: „der zum Zeitpunkt des Eintritts des Versicherungsfalls mit dem Erblasser in gültiger Ehe Verheirateten"), die Wirkung, dass das Versicherungsunternehmen schuldbefreiend an den Inhaber des Versicherungsscheines zahlen konnte.

75 Ergebnis: Das Versicherungsunternehmen kann bei nur **formularhafter Bennenung** eines Bezugsberechtigten an den Inhaber des Versicherungsscheines schuldbefreiend bezahlen. Nur wenn ein **Bezugsberechtigter namentlich** benannt worden ist, scheidet eine schuldbefreiende Zahlung an den Vorleger es Versicherungsscheines aus.

76 In den ALB 2016 gibt es in § 9 keine formularhafte Bezugsberechtigung mehr. Wenn kein Bezugsberechtigter im Antrag benannt wird, fällt die Versicherungssumme in den Nachlass. Aber auch dann, wenn ausdrücklich ein Bezugsberechtigter benannt ist, kann der Versicherer aufgrund der ALB 2016 schuldbefreiend an den Inhaber des Versicherungsscheins leisten. Anzumerken ist, dass die letzte Anpassung der ALB am 21.7.2025 war.

77 Der Versicherer wird – wie nach § 4 VVG, § 808 BGB – durch Leistung an den Inhaber des Versicherungsscheines von seiner Leistungspflicht frei (§ 362 BGB iVm § 8 Abs. 2 ALB 2016).

78 Weitergehend als § 4 VVG, § 808 BGB bestimmt § 8 Abs. 2 S. 1 ALB 2016, dass auch Verfügungen des Inhabers über die Rechte aus dem Versicherungsvertrag wirksam sind, wenn der Versicherer ihn als berechtigt ansehen kann. Da der Versicherer durch Zahlung an den materiell nicht berechtigten Inhaber von seiner Leistungspflicht gegen-

---

[86] Prölss/Martin/Reiff/Schneider VVG § 8 ALB Rn. 7 OLG Hamm 24.2.1995 – 20 U 319/94, NJW-RR 1995, 1434 = VersR 1996, 615.
[87] Prölss/Martin/Reiff/Schneider VVG Vor ALB 470 § 14 Rn. 3.

über dem Bezugsberechtigten nach § 362 Abs. 1 BGB iVm Abs. 1 befreit wird, steht ein Bereicherungsanspruch gegen den nicht berechtigten Zahlungsempfänger nicht dem Versicherer (aus § 812 Abs. 1 S. 1 Alt. 1 BGB), sondern dem Bezugsberechtigten (aus § 816 Abs. 2 BGB) zu.[88] § 8 Abs. 2

S. 1 VVG ALB 2016 dient – wie §§ 808, 407 BGB – nur dem Schuldnerschutz; der Versicherer kann auf seine Anwendung verzichten.[89] Das gilt – entgegen OLG Hamm NJW-RR 1995, 1434[90] – nicht nur vor, sondern auch nach Leistung; im letzteren Falle kann der Versicherer dann einen Anspruch aus § 812 Abs. 1 79

S. 1 Alt. 1 BGB gegen den materiell nichtberechtigten Inhaber des Versicherungsscheines geltend machen.[91] 80

Der Begünstigte hat nach § 952 Abs. 1 BGB Anspruch auf den Versicherungsschein.[92] Dies gilt auch bei der sog. **Direktversicherung.**[93] Ohne den Versicherungsschein läuft der Bezugsberechtigte Gefahr, dass der Versicherer nach der Inhaberklausel (§ 8 Abs. 2 ALB 2016) aufgrund einer Kündigung des Versicherungsnehmers den Rückkaufswert mit befreiender Wirkung an den Inhaber des Versicherungsscheines auszahlt, wenn dieser eine (nicht erkennbar) gefälschte Vollmacht des Bezugsberechtigten vorlegt.[94] 81

Ein unwiderrufliches Bezugsrecht schlägt den Policenbesitz. 82

Beispiel:

Erblasser E verstirbt. E hatte eine Lebensversicherung abgeschlossen. Unwiderruflich Bezugsberechtigter ist B.
A, welcher im Besitz des Versicherungsscheins ist, verlangt von dem Versicherungsunternehmen V die Auszahlung der Versicherungssumme.
Wie ist die Rechtslage?

Lösung:

Das Versicherungsunternehmen kann nicht schuldbefreiend an A leisten, da ein unwiderruflich Bezugsberechtigter benannt ist.

Merksatz:
Wenn eine bezugsberechtigte Person wirksam benannt wurde, kann nur an diese schuldbefreiend ausgezahlt werden („unwiderrufliches Bezugsrecht schlägt Policenbesitz").

5. Abtretung

a) **Abtretbarkeit, Rechtsfolgen, Abtretungsgläubiger.** Sämtliche Rechte aus einem Versicherungsvertrag sind abtretbar. Durch die **Abtretung einer Versicherungsleistung** erwirbt der Abtretungsgläubiger alle Rechte aus dem Versicherungsvertrag inklusive der Gestaltungsrechte. 83

Abtretungsgläubiger sind in den meisten Fällen Banken und Sparkassen, die zur Absicherung von Darlehen neben der grundbuchmäßigen Absicherung vom Versicherungsnehmer Ansprüche aus einem Lebensversicherungsvertrag in Form einer Abtretung erhalten. 84

[88] OLG Hamm 24.2.1995 – 20 U 319/94, NJW-RR 1995, 1434 = VersR 1996, 615.
[89] Vgl. OLG Düsseldorf 14.6.2005 – I-4 U 109/04, VersR 2006, 1391; OLG München 14.8.2008 – 25 U 2326/08, VersR 2008, 1521.
[90] OLG Hamm 24.2.1995 – 20 U 319/94, NJW-RR 1995, 1434 = VersR 1996, 615.
[91] So BGH NJW 1988, 700 (für § 407 BGB); OLG Düsseldorf 14.6.2005 – I-4 U 109/04, VersR 2006, 1391.
[92] AG Mölln VersR 1978, 131; auch von OLG Hamm 19.11.1996 – 29 U 65/96, VersR 1997, 1386 stillschweigend anerkannt.
[93] BAV VerBAV 1978, 80; vgl. LAG Schleswig-Holstein 8.1.1998 – 4 Sa 360/97, BeckRS 1998, 30818933.
[94] OLG Karlsruhe 18.1.1979 – 12 U 143/78, VersR 1979, 929; vgl. aber OLG Koblenz 29.2.2008 – 10 U 229/07, VersR 2008, 1338.

85 **b) Abtretung der Versicherungsleistung. aa) Rechtsgrundlage. § 9 Abs. 3 ALB 2016** und Aktualisierung Stand 21.7.2025 lautet:

Abtretung und Verpfändung

(3) Sie können das Recht auf die Leistung bis zum Eintritt des Versicherungsfalls grundsätzlich ganz oder teilweise an Dritte abtreten und verpfänden, soweit derartige Verfügungen rechtlich möglich sind.

86 Rechtliche Einschränkungen sind insbesondere im Bereich der Berufsunfähigkeits-Zusatzversicherung (BUZ) zu nennen. Auch wenn für BUZ-Rentenansprüche ein gesetzliches Pfändungs- und Abtretungsverbot besteht (§ 17 VVG, § 850b Abs. 1 Nr. 1 ZPO), können Ansprüche aus einem Lebensversicherungsvertrag, der mit einer BUZ-Versicherung verbunden ist, dennoch grundsätzlich abgetreten werden. Wird eine solche verbundene Versicherung abgetreten, kann die Abtretung in eine unwirksame Abtretung der Ansprüche aus der BUZ-Versicherung und in eine wirksame Abtretung der Ansprüche aus der Lebensversicherung zerlegt werden.[95]

87 **bb) Abtretungserklärung.** Voraussetzung ist zunächst eine Erklärung der Abtretung durch den Berechtigten. Durch Auslegung ist zu ermitteln, ob in der Erklärung eine Abtretung oder eine (unwiderrufliche) Begünstigung zu sehen ist. Heranzuziehen sind dabei alle für den Versicherer erkennbaren Umstände. Die Übergabe des Versicherungsscheins kann u. U. als konkludente Abtretungserklärung aufgefasst werden, ist aber kein klares Indiz dafür. Mit Rücksicht auf die Gefahren, die dem Begünstigten (Zessionar) aufgrund der Legitimationswirkung des Versicherungsscheins entstehen können, ist die Übergabe des Versicherungsscheins in der Praxis allerdings stets zu empfehlen. Bestehen Zweifel, wie die Erklärung auszulegen ist, ist der Versicherer nach § 242 BGB verpflichtet, beim Versicherungsnehmer zur Klärung nachzufragen.[96]

88 **cc) Abtretungsberechtigte.** Die Ansprüche aus dem Vertragsverhältnis kann sowohl der Versicherungsnehmer als auch der unwiderruflich Bezugsberechtigte abtreten. Der unwiderruflich Bezugsberechtigte kann seinen Anspruch aus dem Bezugsrecht abtreten, da er – im Gegensatz zum widerruflich Bezugsberechtigten – ein sofort wirksames Recht auf Leistung besitzt.

89 Zum Zeitpunkt der Abtretung muss der Versicherungsnehmer noch verfügungsbefugt sein. Eine solche Verfügungsbefugnis liegt nicht mehr bei der Einräumung eines unwiderruflichen Bezugsrechts vor.[97] Liegt allerdings lediglich eine widerrufliche Bezugsrechtseinräumung vor, kann der Versicherungsnehmer die Bezugsberechtigung widerrufen und ausschließend die Ansprüche aus dem Versicherungsvertrag abtreten. Die Widerrufserklärung sowie die Abtretungsanzeige können auch verbunden abgegeben werden. Durch Auslegung ist zu ermitteln, ob in der Abtretungsanzeige ein konkludenter Widerruf der Bezugsrechtseinräumung zu sehen ist. Maßgebend für die Auslegung sind vor allem der mit der Abtretung verfolgte Zweck und die Interessenlage der Parteien.[98]

Praxistipp:

Häufig ist in der Abtretungsanzeige ein konkludenter Widerruf der Bezugsberechtigung zu sehen.

90 **c) Sicherungsabtretung, daraus Nachrang des Bezugsrechts.** Etwas anderes gilt im Rahmen der Sicherungsabtretung, die aber auch nur bei einer widerruflichen Bezugsrechtseinräumung möglich ist. Grundsätzlich ist bei einer Sicherungsabtretung lediglich ein eingeschränkter Widerruf des Bezugsrechts anzunehmen.

[95] BGH VersR 2010, 237 u. 375.

[96] Prölss/Martin/Reiff/Schneider VVG § 9 ALB 2021 Rn. 30.

[97] BGH NJW 1966, 1071; BGH 24.2.1999 – IV ZR 122/98, VersR 1999, 700; OLG Frank furt OLGR 2006, 765.

[98] BGH NJW 1983, 1903.

Entgegen den zT in der Praxis verwendeten anders lautenden Formulierungen bei Sicherungsvereinbarungen und Abtretungsanzeigen wird die Auslegung (§§ 133, 157 BGB) idR ergeben, dass die Rechtspositionen des Versicherungsnehmers und des bisherigen Bezugsberechtigten nicht vollständig beseitigt, sondern lediglich in einem solchen Umfang eingeschränkt werden sollen, wie es zur Erreichung des Sicherungszwecks notwendig ist. Folglich wird der Sicherungsnehmer Forderungsinhaber und erstrangiger Bezugsberechtigter für den Fall, dass während der Sicherungsabtretung der Versicherungsfall eintritt, jedenfalls wenn zu diesem Zeitpunkt die gesicherte Forderung mindestens noch in voller Höhe der abgetretenen Versicherungsforderung besteht („Vollvalutierung").[99] 91

Der bisherige Bezugsberechtigte bleibt jedoch weiterhin bezugsberechtigt, allerdings im Nachrang hinter dem erstrangigen Bezugsrecht des Sicherungsnehmers.[100] 92

Beispiel:

E schloss einen Lebensversicherungsvertrag ab. Er war Versicherungsnehmer und versicherte Person. Er setzte als bezugsberechtigte Person seinen Sportverein SV ein. Die Bezugsrechtseinräumung war widerruflich. Die Versicherungssumme betrug 200.000 EUR. Um ein besseres Rating zu bekommen, trat E die Ansprüche iHv 150.000 EUR an die Bank B ab. E verstirbt.

Lösung:

Die Bank B erhält 150.000 EUR, der Sportverein SV den Betrag von 50.000 EUR.

Auch ein anlässlich der Sicherungsabtretung erklärter Widerruf „für die Dauer dieser Abtretung" ist regelmäßig so zu verstehen, dass etwaige Bezugsrechte im Rang hinter das vereinbarte Sicherungsrecht zurücktreten und im Übrigen bestehen bleiben sollen.[101] 93

Der Bezugsberechtigte erhält den ersten Rang zurück, wenn die Sicherungsabtretung ohne Verwertung vor dem Versicherungsfall endet, zB durch Rückabtretung nach Erledigung des Sicherungszwecks.[102] 94

Der Versicherungsnehmer kann das widerrufliche Bezugsrecht eines Dritten bereits bei Abschluss des Versicherungsvertrages so ausgestalten, dass es von vornherein gegenüber einer schon erfolgten oder noch vorzunehmen Sicherungsübereignung nachrangig ist,[103] sodass es zur Begründung des Vorrangs des Sicherungsnehmers keines Widerrufs des Bezugsrechts mehr bedarf. 95

d) Form der Abtretung und Abtretungsanzeige. Die maßgebliche Vorschrift **§ 9 Abs. 4 ALB 2016** und Stand 2025 lautet: 96

Anzeige

(4) Die Einräumung und der Widerruf eines Bezugsrechts (Absatz 2) sowie die Abtretung und die Verpfändung (Absatz 3) sind uns gegenüber nur und erst dann wirksam, wenn sie uns vom bisherigen Berechtigten in Textform (z. B. Papierform, E-Mail) angezeigt worden sind. Der bisherige Berechtigte sind im Regelfall Sie als unser Versicherungsnehmer. Es können aber auch andere Personen sein, sofern Sie bereits zuvor Verfügungen (z. B. unwiderrufliche Bezugsberechtigung, Abtretung, Verpfändung) getroffen haben.

Zwar kann der Abtretungsvertrag formlos geschlossen werden (§ 398 BGB). Allerdings muss die Abtretung gem. § 9 Abs. 4 ALB 2016 durch den bisherigen Verfügungsberechtigten dem Versicherer nunmehr in Textform – in früheren ALB lediglich schriftlich – angezeigt werden. Dies stellt nicht eine bloße Formverschärfung für die deklara- 97

---

[99] Prölls/Martin/Reiff/Schneider VVG § 9 ALB 2021 Rn. 32.

[100] BGH VersR 2010, 1629; BGH VersR 2004, 93; BGH VersR 2002, 218; BGH VersR 2012, 344 Rn. 16; BGH NJW 2018, 1019 Rn. 22; BGH NJW 2011, 307 Rn. 13; BGH 18.10.1989 – IVa ZR 218/88, BGHZ 109, 67 = VersR 1989, 1289; BGH 25.4.2001 – IV ZR 305/00, MDR 2001, 988 f.; OLG Koblenz 1.2.2007 – 2 U 898/05, ZEV 2007, 389 f.

[101] BGH VersR 2012, 344 Rn. 16; BGH 27.10.2010 – IV ZR 22/09, VersR 2010, 1629.

[102] BGH VersR 1993, 553; BGH VersR 1996, 877.

[103] BGH VersR 2001, 883.

torische Abtretungsanzeige gem. § 409 BGB über eine wirksame Abtretung dar, sondern ist als echte Wirksamkeitsvoraussetzung i. S. d. § 399 Alt. 2 BGB anzusehen.[104]

98 Erfolgt keine Abtretungsanzeige, ist entgegen dem Wortlaut („uns gegenüber") die Abtretung nicht nur gegenüber dem Versicherer, sondern allen gegenüber unwirksam.

99 e) **Wirkung der Abtretung.** Das Versicherungsverhältnis selbst wird durch eine Abtretung nicht berührt. Der Versicherungsnehmer bleibt Prämienschuldner gegenüber dem Versicherer; Mahnungen und Kündigungen sind dem Versicherungsnehmer zuzustellen, wobei jedoch der Versicherer in der Praxis den Abtretungsgläubiger über Zahlungsrückstände des Versicherungsnehmers unterrichten wird, sodass dieser in die Lage versetzt wird, rückständige Prämien nachzuentrichten, um Nachteile – Kündigung des Vertrages usw. – zu vermeiden.

Praxistipp:
Beabsichtigte Abtretungen sollten mit vorhandenen Bezugsrechten abgestimmt werden bzw. bei der Bezugsrechtseinräumung sind Abtretungen mit einzukalkulieren.

6. Pfändung, Verpfändung

100 Sämtliche Rechte aus einem Lebensversicherungsvertrag sind **pfändbar** und **verpfändbar,** wobei § 850b Abs. 1 Nr. 4 ZPO eine Ausnahme vorsieht.

§ 850b ZPO Bedingt pfändbare Bezüge

(1) Unpfändbar sind ferner

1.–4. (...)

4. Bezüge aus Witwen-, Waisen-, Hilfs- und Krankenkassen, die ausschließlich oder zu einem wesentlichen Teil zu Unterstützungszwecken gewährt werden, ferner Ansprüche aus Lebensversicherungen, die nur auf den Todesfall des Versicherungsnehmers abgeschlossen sind, wenn die Versicherungssumme 3.579 Euro nicht übersteigt.

(2)–(3) (...)

101 Die Vorschrift des § 850b Abs. 1 Nr. 4 ZPO unterscheidet in ihrer zweiten Variante zwischen reinen **Todesfallversicherungen** und den heute üblicheren **kombinierten Lebensversicherungen,** die auch auf einen Erlebensfall abgeschlossen sind. Diese Differenzierung ist von einem sachlichen Grund hinreichend getragen.[105] Der Gesetzgeber will mit der Pfändungsschutzbestimmung des § 850b Abs. 1 Nr. 4 ZPO nur solche Versicherungen erfassen, mit denen die beim Tode des Versicherungsnehmers anfallenden Ausgaben, vor allem die Bestattungskosten, abgedeckt werden sollten.[106]

„Die Pfändung und Überweisung der Ansprüche des Versicherungsnehmers aus einem Lebensversicherungsvertrag erfasst auch die Befugnis, ein (widerrufliches) Bezugsrecht eines Dritten zu widerrufen.
Die Zustellung des Pfändungs- und Überweisungsbeschlusses und die Anweisung an den Drittschuldner, gepfändete Beträge auf ein von der Klägerin benanntes Konto zu überweisen, genügt für einen Widerruf der Bezugsberechtigung nicht."[107]

102 Bei einer Vollstreckung in eine Lebensversicherung erfassen die Pfändung und Überweisung automatisch auch die Gestaltungsrechte als Nebenrechte mit.[108] Hierzu zählt insbesondere das Recht zum Widerruf einer Bezugsberechtigung.[109]

---

[104] St. Rspr., vgl. OLG Bamberg OLGR 2000, 334; BGH VersR 1999, 565; BGH VersR 1991, 89.
[105] BVerfGE 97, 271, 291 = FamRZ 1998, 811.
[106] BT-Drucks 1/4452, S. 3; OLG Bamberg JurBüro 1985, 1739, 1740; AG Köln VersR 1967, 948.
[107] OLG Dresden 22.2.2007 – 4 U 2106/06, NJOZ 2008, 757.
[108] BGHZ 45, 162, 165 = NJW 1966, 1071; OLG Köln VersR 2002, 1544; Zöller/Herget § 829 ZPO Rn. 33.29; Hasse VersR 2005, 15.
[109] OLG Köln VersR 2002, 1544.

Das Bezugsrecht muss vor Eintritt des Versicherungsfalls nicht widerrufen werden. Es ist nicht erforderlich, dass der Pfändungsgläubiger ausdrücklich die Begriffe „Widerruf" und „Bezugsberechtigung" verwendet.[110] Es genügt, wenn nach allgemeinen Grundsätzen unter Berücksichtigung von Treu und Glauben aus Empfängersicht der Wille des Vollstreckungsgläubigers hinreichend klar zum Ausdruck gebracht wird, dass die Bezugsberechtigung widerrufen werden soll. Die Zustellung eines Pfändungs- und Überweisungsbeschlusses in der Einzelzwangsvollstreckung macht den Widerruf der Bezugsberechtigung entbehrlich. Der pfändende Gläubiger muss das Bezugsrecht widerrufen. Die Überweisung einer Forderung zur Einziehung führt lediglich dazu, dass der Vollstreckungsgläubiger die gepfändete Forderung im eigenen Namen geltend machen und hierzu vom Versicherungsnehmer auch die Herausgabe des Versicherungsscheines verlangen kann. Zugleich kann der Schuldner – obwohl er Forderungsgläubiger bleibt – hierüber nicht mehr zum Nachteil des Gläubigers verfügen.[111] Durch die Überweisung der mit der Versicherungsforderung verbundenen Gestaltungsrechte erhält der Gläubiger die Möglichkeit, die Bezugsberechtigung zu widerrufen.[112] Ob er von dieser Möglichkeit Gebrauch macht, steht zu seiner Disposition. 103

Im Gegensatz zum Insolvenzverwalter muss der Vollstreckungsgläubiger daher den Versicherungsvertrag kündigen, wenn er sich hiervon lösen und etwa den Rückkaufswert geltend machen will.[113] Dies schließt das Recht auf die Versicherungsleistung ebenso ein wie die Kündigung des Vertrages, die Umwandlung in eine beitragsfreie Versicherung, die Bezugsrechtsbezeichnung usw. Der Pfändungsgläubiger muss vor Eintritt des Versicherungsfalls eine bestehende Bezugsberechtigung widerrufen haben, da anderenfalls der Bezugsberechtigte trotz der Pfändung den Anspruch auf die Versicherung unbeschränkt erlangen und frei darüber verfügen kann. 104

Bei einem **unwiderruflichen Bezugsrecht** stellt sich die Rechtslage wie folgt dar: 105

„Bei Einräumung eines unwiderruflichen Bezugsrechts auf den Erlebensfall erwirbt der Bezugsberechtigte die Ansprüche aus dem Versicherungsvertrag grundsätzlich sofort."[114]

Nach § 13 ALB 2008, § 9 Abs. 3 ALB 2016 kann der Versicherungsnehmer über die Ansprüche aus dem Versicherungsvertrag durch Abtretung, Verpfändung und Einräumung eines Bezugsrechts verfügen.[115] Wem in welchem Umfang ein Bezugsrecht und die daraus folgenden Ansprüche auf die Versicherungsleistungen zustehen, bestimmt der Versicherungsnehmer durch eine einseitige, empfangsbedürftige schriftliche Willenserklärung gegenüber dem Versicherer, die Verfügungscharakter hat.[116] Entscheidend für die Zuordnung der Ansprüche ist daher nicht eine theoretische rechtliche Konstruktion, sondern der im rechtlich möglichen Rahmen geäußerte Gestaltungswille des Versicherungsnehmers.[117] 106

Dieser richtet sich bei einem unwiderruflichen Bezugsrecht regelmäßig auf einen sofortigen Rechtserwerb, weil nur so der mit dem Verzicht auf den Widerruf verfolgte Zweck erreicht werden kann, die Ansprüche auf die Versicherungsleistungen aus dem Vermögen des Versicherungsnehmers auszusondern und sie damit dem Zugriff seiner Gläubiger zu entziehen.[118] Da unter diesem Gesichtspunkt eine bloße unwiderrufliche Anwartschaft praktisch wertlos wäre, bildet der **sofortige Rechtserwerb** den eigentlichen Inhalt der unwiderruflichen Bezugsberechtigung.[119] 107

---

110 OLG Köln VersR 2002, 1544.
111 Zöller/Herget § 836 ZPO Rn. 5.
112 Hasse VersR 2005, 15; OLG Dresden NJOZ 2008, 757.
113 Zöller/Herget § 829 ZPO Rn. 33.29.
114 BGH v. 18.6.2003 – IV ZR 59/02, ZErb 2003, 318.
115 § 13 ALB 86; VerBAV 1986, 209, 212 f.; BGH 18.6.2003 – IV ZR 59/02, ZErb 2003, 318.
116 BGH VersR 1988, 1236 (unter 2.); BGH 18.6.2003 – IV ZR 59/02, ZErb 2003, 318.
117 BGH 18.6.2003 – IV ZR 59/02, ZErb 2003, 318–320.
118 BGH 17.2.1966 – II ZR 286/63, BGHZ 45, 162, 165 f. = VersR 1966, 359; BGH ZErb 2003, 318.
119 BGH VersR 1996, 1089 (unter 1.); BGH ZErb 2003, 318.

108 Durch einen Pfändungs- und Überweisungsbeschluss entsteht keine Berechtigung des Gläubigers zur Kündigung des Versicherungsvertrages. Er kann das dem Versicherungsnehmer trotz unwiderruflicher Bezugsrechtseinräumung verbliebene Kündigungsrecht nicht pfänden, da es nicht selbständig, sondern nur zusammen mit dem Recht auf den Rückkaufswert übertragen und gepfändet werden kann.[120] Der durch die – hier nicht ausgesprochene – Kündigung des Versicherungsnehmers bedingte Anspruch auf den Rückkaufswert nach § 176 VVG aF § 4 ALB 86 stand nicht mehr dem Versicherungsnehmer, sondern der Klägerin zu. Die Pfändung des Rückkaufswertes und des Kündigungsrechts geht ins Leere.[121]

109 Die **Verpfändung** des Versicherungsanspruchs enthält keinen Widerruf der bisherigen Bezugsberechtigung; der Bezugsberechtigte erhält nur Nachrang gegenüber dem Pfandgläubiger.[122] Die Versicherungssumme fällt dann in den realen Nachlass, wenn der Pfändungsgläubiger das Bezugsrecht **widerrufen** hat.

7. Kündigungsrecht, Rücktritt

110 Der Versicherungsnehmer hat das Recht, den Vertrag zum Schluss der Versicherungsperiode zu **kündigen (§ 11 Abs. 2 S. 1 VVG)** und hat dann einen Anspruch auf Auszahlung des vorhandenen Rückkaufswertes nach § 169 VVG (§ 176 VVG aF). In § 4 ALB 86/§ 6 ALB 94 sowie § 12 ALB 2016 wird das bereits zwingend gesetzlich vorgesehene Recht zur vorzeitigen Beendigung der Beitragspflicht weiter ausgeführt.

111 § 4 ALB 86/§ 6 ALB 94:

Wann können Sie die Versicherung kündigen oder beitragsfrei stellen?

Kündigung und Auszahlung der Rückvergütung

(1) Sie können Ihre Versicherung ganz oder teilweise schriftlich kündigen

- jederzeit zum Schluss des laufenden Versicherungsjahres,
- bei Vereinbarung von Ratenzahlungen auch innerhalb des Versicherungsjahres mit Frist von einem Monat zum Schluss eines jeden Ratenzahlungsabschnitts, frühestens jedoch zum Schluss des ersten Versicherungsjahres.

(2) Kündigen Sie Ihre Versicherung nur teilweise, so darf die verbleibende beitragspflichtige Versicherungssumme nicht unter den Mindestbetrag sinken, der in unserem aufsichtsbehördlich genehmigten Geschäftsplan festgelegt ist.

(3) Nach Kündigung erhalten Sie – soweit vorhanden – die nach unserem Geschäftsplan berechnete Rückvergütung.

(4) Die Rückvergütung entspricht nicht der Summe der von Ihnen eingezahlten Beiträge, sondern dem Deckungskapital abzüglich eines in unserem Geschäftsplan festgelegten Abschlags.

Umwandlung in eine beitragsfreie Versicherung

(5) Anstelle einer Kündigung nach (1) können Sie unter Beachtung der dort genannten Termine und Fristen schriftlich verlangen, ganz oder teilweise von Ihrer Beitragszahlungspflicht befreit zu werden. In diesem Fall wird die Versicherungssumme entsprechend unserem Geschäftsplan herabgesetzt. Voraussetzung für die Fortführung der Versicherung unter Befreiung von der Beitragspflicht ist allerdings, dass die herabgesetzte Versicherungssumme die geschäftsplanmäßig vorgesehene Mindestsumme nicht unterschreitet.

Beitragszahlung

(6) Die Rückzahlung der Beiträge können Sie nicht verlangen.

112 § 12 ALB 2016 und Stand 2025:

Wann können Sie Ihren Vertrag kündigen und welche Leistungen erbringen wir?

Kündigung

(1) Sie können Ihren Vertrag jederzeit zum Schluss der laufenden Versicherungsperiode (siehe § 10 Absatz 2 Satz 3) in Textform (z. B. Papierform, E-Mail) kündigen.

Sie können Ihren Vertrag auch teilweise kündigen, wenn die verbleibende Versicherungssumme mindestens (…) [Unternehmensindividuell zu ergänzen] beträgt. Bei teilweiser Kündigung gelten die folgenden Regelungen nur für den gekündigten Vertragsteil.

Auszahlungsbetrag

[120] BGH 17.2.1966 – II ZR 286/63, BGHZ 45, 162, 167 f. = VersR 1966, 359; BGH ZErb 2003, 318.
[121] BGH VersR 2002, 334; BGH ZErb 2003, 318.
[122] MüKoBGB/Gottwald § 328 Rn. 149 ff.

(2) Nach Kündigung zahlen wir
- den Rückkaufswert (Absätze 3 und 5),
- vermindert um den Abzug (Absatz 4) sowie
- die Überschussbeteiligung (Absatz 6).

Beitragsrückstände werden von dem Auszahlungsbetrag abgezogen.
(3)–(8) (...)

Der Versicherungsnehmer ist auch bei widerruflicher oder unwiderruflicher Bestimmung eines Dritten als Bezugsberechtigten grundsätzlich kündigungsberechtigt, weil er Vertragspartner bleibt.[123] Dieses Kündigungsrecht geht im Wege der Universalsukzession auf den oder die Erben über. Im Falle einer Erbengemeinschaft kann der Vertrag nur von allen Miterben gemeinsam gekündigt werden. Dies ist allerdings lediglich hypothetischer Natur, denn der Lebensversicherungsvertrag endet meistens spätestens mit dem Tod des Versicherungsnehmers, da in der überwiegenden Anzahl der Versicherungsnehmer auch die versicherte Person ist. 113

In den Fällen, in denen der Versicherungsnehmer verstirbt und **nicht versicherte Person** war, kann eine Kündigung des Vertrages in Betracht kommen, da mangels eines Versicherungsfalls die Versicherung weiterbesteht und das Versicherungsvertragsverhältnis im Rahmen der Universalsukzession auf den oder die Erben übergeht. In einem derartigen Fall sind zur Kündigung die Erben, der Nachlassverwalter und der Nachlassinsolvenzverwalter berechtigt. Nicht kündigungsberechtigt ist dagegen der Bezugsberechtigte (auch nicht bei unwiderruflichem Bezugsrecht)[124] sowie die versicherte Person.[125] 114

Wenn eine **Mehrheit von Erben** vorliegt, dann kann der Versicherer verlangen, dass die Kündigung von allen Miterben ausgesprochen wird, denn über einen Anteil an einem Nachlassgegenstand kann der Miterbe nicht alleine verfügen. 115

Zwar ist eine Kündigung keine Verfügung über einen Nachlassgegenstand, aber auch Gestaltungserklärungen wie Anfechtung (§ 119 BGB), Aufrechnung (§ 388 BGB), Kündigung und Rücktritt (§ 349 BGB) wirken unmittelbar auf ein Recht am Nachlassgegenstand, hier das Versicherungsvertragsverhältnis, ein, und sind daher ebenfalls Verfügungen.[126] Dies bedeutet, die Kündigung ist nur wirksam, wenn sie von allen Miterben unterzeichnet bzw. erklärt wurde. Wenn nun ein Miterbe der Kündigung nicht zustimmen sollte, bleibt nur die Möglichkeit zur Vorbereitung eines Teilungsplanes, diesen Miterben auf Zustimmung zur Kündigung zu verklagen. Es wird darauf hingewiesen, dass diesbezüglich eine höhergerichtliche Rechtsprechung nicht vorliegt. 116

Stirbt der Versicherungsnehmer eines Lebensversicherungsvertrages, so kann der Versicherer nur in der Weise wirksam vom Versicherungsvertrag **zurücktreten** oder diesen Vertrag **anfechten,** wenn seine Erklärung jedem einzelnen Miterben zugeht. Das Risiko, die Erklärung dem „richtigen" Erben gegenüber abzugeben, liegt alleine bei dem Versicherer. In der Praxis sind die Fälle, in welchem der Versicherer zurücktreten will, sehr gering. Der Inhaber des Versicherungsscheins ist zum Empfang dieser Erklärungen allenfalls bevollmächtigt, wenn kein namentlich bezeichneter Zustellungsbevollmächtigter und kein Bezugsberechtigter vorhanden oder der Aufenthalt des Bezugsberechtigten nicht feststellbar ist.[127] 117

8. Vertragsänderungen

Im Bereich der Lebensversicherungen können die Verträge fast in allen Punkten geändert werden, da zahlreiche Optionen vorgegeben sind. Vor allem in den letzten Jahren wurden immer mehr Optionen in Lebensversicherungsverträgen angeboten. Einige Beispiele weit verbreiteter Optionen sind: 118

---

[123] BGHZ 118, 242, 248.
[124] BGH VersR 1992, 1382, 1384.
[125] Prölss/Martin/Reiff VVG § 168 Rn. 7.
[126] Rißmann Erbengemeinschaft/Rißmann § 4 Rn. 20.
[127] LG Düsseldorf MDR 1976, 49–50; OLG Düsseldorf 24.6.1975 – 4 U 262/74, MDR 1976, 49 = VersR 1975, 1020.

- Kapitalwahlrecht
- Policendarlehen
- Nachversicherungsgarantie
- Rentenwahlrecht
- Beitragsfreistellung
- Abrufoption
- Kündigung
- Umtauschoption
- Aufschub-/Verlängerungsoption
- Pflegerentenoption.

119 Die Änderungen müssen dem Versicherungsunternehmen lediglich durch schriftliche Willenserklärung angezeigt werden.

120 Änderungen sind

- Stundung, Ruhevereinbarung, Beitragsfreistellung, Rückkauf
- Herabsetzung der Versicherungssumme
- Beitragsverlängerung
- Vertragsverkürzung
- Änderung der Zahlungsweise
- Wegfall von Zusatzversicherungen
- Verrechnung von Gewinnanteilen
- Umtauschoptionen
- Ablaufoptionen.

121 Ist der Versicherungsnehmer verstorben, ohne dass er versicherte Person war, können vorgenannte Rechte von seinen Erben ausgeübt werden.

9. Laufzeit

122 Lebensversicherungen hatten im Jahr 2000 eine durchschnittliche Laufzeit von 27,9 Jahren, in 2023 waren die Laufzeiten kürzer, da mehr Rentenversicherungen abgeschlossen wurden, die aus der Auszahlung von Lebensversicherungen herrühren. Eine Lebensversicherung kann eine beliebige Laufzeit haben – von wenigen Tagen bis lebenslang.

123 In der Schweiz werden Anlagenmodelle angeboten, die eine lebenslange Laufzeit haben. Die Bezugsberechtigten erhalten die Leistung erst beim Ableben des Versicherungsnehmers bzw. der versicherten Person. Mit diesem Modell soll die laufende Besteuerung von Einnahmen vermieden werden.

124 Kapitalbildende Lebensversicherungen mit mindestens zwölfjähriger Laufzeit waren steuerlich doppelt begünstigt

- durch den Sonderausgabenabzug für die Prämien nach § 10 Abs. 1 Nr. 2 Buchst. b iVm § 10 Abs. 3 EStG bis zu bestimmten Höchstbeträgen und
- durch die Steuerfreiheit der rechnungsmäßigen und außerrechnungsmäßigen Zinsen auf die in den Prämien enthaltenen Sparanteile, § 20 Abs. 1 Nr. 6 S. 2 EStG.

125 Dies gilt aber nur für Verträge, die bis 2005 abgeschlossen waren. (Schreiben des Bundesministeriums der Finanzen vom 1.10.2009 BStBl. I 2009, S. 1172)

„Beantragt ein Versicherungsnehmer die Verlängerung einer Risikolebensversicherung, so muss ihn der Versicherer, der einen ‚neuen' Vertrag abschließen will, auf die damit verbundene – vorübergehende – Senkung des Schutzstandards durch erneute Leistungsausschlüsse beraten. Unterlässt er das, hat er dem Bezugsberechtigten Schadensersatz in Höhe der ‚alten' Versicherungssumme zu leisten, wenn sich der Versicherungsnehmer nach Beginn des neuen Versicherungsschutzes, aber vor dem hypothetischen Ablauf des alten selbst tötet."[128]

[128] BGH NJW-RR 2008, 275.

Treffen Parteien eines Versicherungsvertrages von ihm abweichende Vereinbarungen, so kann es sich um eine **Abänderung** des bestehenden Vertrages oder aber um dessen **Aufhebung** und den Abschluss eines neuen Vertrages handeln. 126

Entscheidend für die Frage, ob das eine oder das andere anzunehmen ist, ist der Wille der Parteien, insbesondere der im Versicherungsantrag zum Ausdruck gekommene Wille des Versicherungsnehmers. Die auf den Vertragsabschluss gerichteten Erklärungen der Parteien sind daher gem. §§ 133, 157 BGB unter Berücksichtigung des objektiven Empfängerhorizonts auszulegen. Dabei kann von dem Abschluss eines neuen Versicherungsvertrages nicht schon deshalb ausgegangen werden, weil ein neuer Versicherungsschein ausgestellt worden ist. 127

„Jedoch kann je nach den Umständen des Einzelfalls dafür sprechen, dass ein vollständig neuer Versicherungsantrag gestellt worden ist oder in ihrer Gesamtheit erhebliche Neuregelungen des versicherten Interesses, der Versicherungssumme, der Prämienhöhe und der Versicherungsdauer vereinbart worden sind. Jedoch muss wegen der weitreichenden Folgen der Ersetzung bestehenden Versicherungsschutzes durch einen neuen, eigenen Versicherungsvertrag ein dahingehender Vertragswille deutlich erkennbar zum Ausdruck kommen. Daher genügt es für die Annahme des Abschlusses eines neuen Vertrags regelmäßig nicht, wenn unter Wahrung der Vertragsidentität lediglich die bisherige Leistungspflicht des Versicherers inhaltlich oder zeitlich erweitert wird.“[129]

10. Rentenzeit, Rentengarantiezeit, Ansparphase

Rentenzeit ist die Zeit, für die der Versicherer die Leistung verspricht. Die Rentenzeit kann lebenslang oder auch zeitlich begrenzt sein. 128

Unter **Rentengarantiezeit** ist der Zeitraum zu verstehen, in welchem sich der Versicherer verpflichtet hat, nach Eintritt in das Rentenalter und Ableben des Rentenberechtigten an den Bezugsberechtigten zu zahlen. 129

Bei der Rentenversicherung muss festgehalten werden, wie lange die **Ansparphase** sein soll, d. h. Beginn des Versicherungsvertrages und Beginn der Rentenzahlung. Die dazwischen liegende Zeit wird **Ansparphase** genannt. Hier stellt sich die Frage nach den zivil- und erbrechtlichen Konsequenzen, wenn der Versicherungsnehmer **während** dieser Zeit verstirbt. Welche Zahlungen werden von dem Versicherer geleistet? Sind es die Prämien, Prämien mit Überschusseinkünften u.a.? Wer erhält diese Leistung? Ist es der Bezugsberechtigte? Fällt die Summe in den Nachlass? 130

11. Prämien

Die Prämie kann durch Einmalzahlung oder auch jährliche bzw. monatliche Zahlung erbracht werden. 131

Die Prämie setzt sich bei einer **kapitalbildenden Lebensversicherung** zusammen aus: 132

- **Risikobeitrag** für die Gefahrtragung und Abdeckung eines vorzeitigen Versicherungsfalls wie des Todesfalles;
- **Sparbeitrag,** aus dem auf der Basis der Verzinsung das Deckungskapital, also das Guthaben, gebildet wird, und der entstehende Überschuss dem Versicherungsnehmer im Rahmen der Überschussbeteiligung gutgeschrieben wird; sowie
- **Kostenanteil.**[130]

Bei einer reinen **Risikolebensversicherung** setzt sich die Prämie zusammen aus: 133

- Risikoanteil
- Kostenanteil.

[129] BGH NJW-RR 2008, 275.

[130] Der Kostenanteil bei Lebensversicherungsverträgen kann bis zu 7 % der Prämienzahlungen betragen.

134 Bei einer **Rentenversicherung** setzt sich die gezahlte Prämie zusammen aus:
- Kostenanteil
- Sparanteil.

12. Rückkaufswert (§ 169 VVG)

135 a) **Sichere Eintrittspflicht des Versicherers.** Voraussetzung für einen Zahlungsanspruch gem. § 169 Abs. 1 VVG ist zunächst die sichere Eintrittspflicht des Versicherers. Im Gegensatz zu § 176 Abs. 1 VVG aF ist § 169 Abs. 1 VVG nicht mehr auf eine Kapitalversicherung auf den Todesfall beschränkt, sondern umfasst auch Rentenversicherungen, sofern diese Leistungen beim Tod des Versicherungsnehmers vor Beginn der Rentenzahlung vorgesehen waren.

136 b) **Kündigung des Versicherungsnehmers oder Rücktritt bzw. Anfechtung des Versicherers. aa) Allgemeines.** Während § 176 Abs. 1 VVG aF den Anspruch auf Zahlung des Rückkaufswertes an eine Aufhebung des Versicherungsvertrages durch Rücktritt, Kündigung oder Anfechtung (sowohl des Versicherungsnehmers als auch des Versicherers) knüpft, ist § 169 Abs. 1 VVG insoweit enger gefasst, als nunmehr lediglich die Kündigung des Versicherungsnehmers oder der Rücktritt bzw. die Anfechtung des Versicherers anspruchsbegründend sind. Der Anspruch auf Zahlung des Rückkaufswertes kann daher nur noch durch Kündigung des Versicherungsnehmers geltend gemacht werden. Wenn diese vom Vertag zurücktritt bzw. diesen anficht, kommt es zur gesetzlichen Rückabwicklung.

137 **bb) Kündigung des Versicherungsnehmers.** Nach § 168 VVG kann der Versicherungsnehmer grundsätzlich den Lebensversicherungsvertrag jederzeit zum Schluss der Versicherungsperiode ordentlich kündigen. Außerordentlich kann er gem. § 314 BGB bei in Vollzug gesetzten Dauerschuldverhältnissen kündigen.

138 Die Kündigung des Versicherungsnehmers hat die vorzeitige Beendigung des Versicherungsvertrages zur Folge.

139 Nach § 169 Abs. 3 S. 1 Hs. 1 VVG wird der **Rückkaufswert** definiert als „das nach anerkannten Regeln der Versicherungsmathematik mit den Rechnungsgrundlagen der Prämienkalkulation zum Schluss der laufenden Versicherungsperiode berechnete Deckungskapital der Versicherung".

140 Der Versicherungsnehmer, der von seinem gesetzlich garantierten Kündigungsrecht Gebrauch macht, soll den durch die Prämienzahlungen angesparten Wert des Vertrages erhalten, ohne dass der Versicherer durch die Kündigung zusätzlich belastet wird oder einen Vorteil aus ihr zieht.

141 Unter dem zentralen Begriff **„Deckungskapital"** versteht man die Summe der verzinslich angesammelten Sparanteile eines konkreten Vertrages bzw. die „Deckungsrückstellung" für einen einzelnen Vortrag (§ 138 Abs. 1 S. 1 VAG).

142 **cc) Anfechtung und Rücktritt des Versicherers.** § 169 Abs. 1 VVG bestimmt, dass der Versicherer im Falle einer von ihm erklärten Anfechtung dem Versicherungsnehmer den Rückkaufswert zu zahlen hat. Im Fall der Irrtumsanfechtung ist der Rückkaufswert freilich immer Null, da der Versicherer dem Versicherungsnehmer nach §§ 142 Abs. 1, 812 ff. BGB alle Prämien zurückzahlen muss.

143 Das Rücktrittsrecht des Versicherers wegen Nichtzahlung der Erstprämie aus § 37 Abs. 1 VVG ist für den Anspruch aus § 169 Abs. 1 VVG allerdings ohne Bedeutung, da mangels Prämienzahlung kein Rückkaufswert entstanden ist.

144 Liegt allerdings der Rücktrittsgrund gem. § 19 Abs. 2 VVG (Verletzung der vorvertraglichen Anzeigepflicht) vor, kann der Versicherer gem. § 39 Abs. 1 S. 2 VVG die Prämien bis zum Wirksamwerden der Rücktrittserklärung beanspruchen. Ein Ausgleich wird dadurch geschaffen, dass der Versicherer dem Versicherungsnehmer gem. § 169 Abs. 1 VVG den Rückkaufswert zu zahlen hat.

145 c) **Anderweitige vorzeitige Beendigung des Versicherungsvertrages und ihre Folgen. aa) Allgemeines.** Während § 169 Abs. 1 VVG lediglich im Falle der Kündigung des

Versicherungsnehmers oder im Falle einer Anfechtung/eines Rücktritts des Versicherers einen Anspruch vorsieht, ist die Vorschrift des § 169 Abs. 3 VVG auch für andere Ansprüche maßgebend, die sich aus der vorzeitigen Beendigung des Versicherungsvertrages ergeben können.

bb) Anfechtung und Rücktritt des Versicherungsnehmers. Die Fälle der Anfechtung 146
oder des Rücktritts durch den Versicherungsnehmer werden von § 169 Abs. 1 VVG nicht mehr erfasst (im Gegensatz dazu § 176 Abs. 1 VVG aF). Ficht der Versicherungsnehmer den Versicherungsvertrag nach §§ 119, 123 BGB an, kann er nach §§ 812 ff. BGB grundsätzlich alle gezahlten Prämien herausverlangen, ggf. mit Zinsen.

Ein gesetzliches Rücktrittsrecht des Versicherungsnehmers existiert nicht. Ein ver- 147
tragliches Rücktrittsrecht wird in der Praxis allerdings wohl nie vereinbart werden. Falls doch, gelten die §§ 346 ff. BGB.

cc) Widerruf des Versicherungsnehmers. Erfolgt ein Widerruf des Versicherungsneh- 148
mers nach § 8 VVG, gilt bei Lebensversicherungen nicht § 9 VVG, sondern davon abweichend § 152 Abs. 2 VVG. Nach § 152 Abs. 2 S. 1 VVG hat der Versicherer außer den auf die Zeit nach dem Widerruf entfallenden Prämienanteilen zusätzlich auch den Rückkaufswert gem. § 169 Abs. 3–7 VVG zu zahlen.

Bei falscher oder fehlender Widerrufsbelehrung (§ 9 Abs. 1 S. 2 VVG) hat der Ver- 149
sicherungsnehmer ein Wahlrecht (§ 152 Abs. 2 S. 2 VVG) zwischen dem Rückkaufswert nach § 169 Abs. 3–7 VVG und der Erstattung der für das erste Jahr gezahlten Prämien. Der Anspruch auf Zahlung des Rückkaufswertes ergibt sich somit aus § 152 Abs. 2 VVG und nicht aus § 169 Abs. 1 VVG. Die Höhe bestimmt sich allerdings nach § 169 Abs. 3–7 VVG.

dd) Umwandlung in prämienfreie Versicherung (§ 165 VVG). Der Versicherungsneh- 150
mer kann nach § 165 Abs. 1 S. 1 VVG jederzeit für den Schluss der laufenden Versicherungsperiode die **Umwandlung der Versicherung in eine prämienfreie Versicherung** verlangen. Durch die Ausübung dieses Gestaltungsrechts wird die Versicherung automatisch in eine prämienfreie Versicherung umgewandelt. Das Umwandlungsverlagen gem. § 165 VVG führt also grds. nicht zur vorzeitigen Beendigung des Versicherungsvertrages. Gleichwohl ist es hier zu erörtern. Zum einen, weil die Versicherung durch das Umwandlungsverlagen manchmal doch vorzeitig beendet wird, nämlich nach § 165 Abs. 1 S. 2 VVG dann, wenn die **vereinbarte Mindestversicherungsleistung nicht erreicht** wird. In diesem Fall muss der Versicherer den **Rückkaufswert zahlen,** und zwar auch dann, wenn § 169 Abs. 1 VVG nicht erfüllt ist. Die Höhe des Rückkaufswertes bestimmt sich nach § 169 Abs. 3–7 VVG. Zum anderen ist auch bei der Umwandlung der Versicherung der Rückkaufswert von Bedeutung, weil der nach § 169 Abs. 3–7 VVG bestimmte Rückkaufswert der Betrag ist, von dem bei der Berechnung der prämienfreien Leistung gem. § 165 Abs. 2 und 3 VVG als Einmalbeitrag auszugehen ist. Bei Nichterreichen der Mindestversicherungssumme folgt also die Verpflichtung zur Zahlung des Rückkaufwertes aus § 165 Abs. 1 S. 2 VVG, die Höhe aus § 169 Abs. 3–7 VVG.

ee) Kündigung des Versicherers. Macht der Versicherer von einem außerordentlichen 151
Kündigungsrecht Gebrauch (ein ordentliches Kündigungsrecht hat der Versicherer nicht), hat dies nicht die vorzeitige Beendigung des Versicherungsvertrages, sondern nach § 166 Abs. 1 S. 1 VVG die Umwandlung in eine prämienfreie Versicherung zur Folge.

§ 169 Abs. 3–7 VVG ist im Falle des § 166 Abs. 1 S. 2 VVG, der sich auf § 165 VVG 152
bezieht (Nichterreichen der vereinbarten Mindestversicherungsleistung), für die Berechnung der Höhe des Rückkaufswertes von Bedeutung.

ff) Tod des Versicherungsnehmers. Da der Tod des Versicherungsnehmers regelmäßig 153
auch der Eintritt des Versicherungsfalls ist, bleibt für den Anspruch auf Zahlung des Rückkaufswertes kein Raum.

154 Auch bei Leistungsfreiheit des Versicherers nach § 162 Abs. 1 VVG (vorsätzliche Tötung der versicherten Person durch den Versicherungsnehmer) erscheint eine Zahlung des Rückkaufswertes unangemessen (sie ist auch nicht in § 162 VVG angeordnet).

155 Bei einer vorsätzlichen Selbsttötung der versicherten Person innerhalb der ersten drei Jahre, die nach § 161 Abs. 1 S. 1 VVG zur Leistungsfreiheit des Versicherers führen kann, ordnet § 161 Abs. 3 VVG an, dass der Versicherer dem Versicherungsnehmer den Rückkaufswert zu zahlen hat, dessen Höhe sich aus § 169 Abs. 3–7 VVG ergibt.

156 Der zeitliche Anwendungsbereich des § 169 VVG weist Besonderheiten auf. Die Vorschrift ist auf Lebensversicherungsverträge anwendbar, die ab dem 1.1.2008 geschlossen wurden (Neuverträge). Für Altverträge, die bis zum 31.12.2007 geschlossen wurden, bestimmt Art. 4 Abs. 2 EGVVG, dass anstatt der Regelung des § 169 VVG die Vorschrift des § 176 VVG aF weiter anzuwenden ist.[131]

157 Der Rückkaufswert als Grundlage für den Verkehrswert ist nach neuester Rechtsprechung[132] nunmehr maßgeblich für die Berechnung pflichtteilsrechtlicher Ansprüche. Über den Rückkaufswert ist gem. § 2 VVG-InfoV zu informieren.

158 Für die fondsgebundenen Lebensversicherungen sowie für andere Versicherungen mit Leistungen, die in § 54b VAG genannt sind, ist der Rückkaufswert nach den anerkannten Regeln der Versicherungsmathematik als Zeitwert der Versicherung zu ermitteln. Diese Regelung ist vor dem Hintergrund zu sehen, dass der Versicherungsnehmer bei der fondsgebundenen Versicherung selbst die Chancen und Risiken der Kapitalanlage trägt, indem er an dem Wert eines Sondervermögens beteiligt ist,[133] sodass der Zeitwert aus dem Wert der Anteile des Versicherungsnehmers am Sondervermögen abgeleitet werden kann.[134]

13. Eintritt des Leistungsfalls und technische Abwicklung

159 Bei der **reinen Risikolebensversicherung** tritt der Leistungsfall beim Tod der versicherten Person ein.

160 Bei der **kapitalbildenden Lebensversicherung** tritt der Leistungsfall entweder am Ende der Vertragslaufzeit oder ebenfalls beim Tod der versicherten Person ein.

161 Bei der **Rentenversicherung** tritt der Leistungsfall bei Erreichen des jeweiligen Rentenalters bzw. bei Rentenversicherungen mit Einmalzahlung und sofortigem Rentenbeginn sofort ein.

162 Im Falle des Todes der versicherten Person ist dem Versicherungsunternehmen unverzüglich **Mitteilung** über den Tod gem. § 7 Abs. 2 ALB 2016 (§ 10 Nr. 2 ALB 94, § 9 ALB 86) und dessen Umstände zu machen. Wird eine Leistung verlangt, sind folgende Unterlagen gem. **§ 7 ALB 2016** Stand 21.7.2025 vorzulegen:
- Versicherungsschein
- Geburtsurkunde der versicherten Person
- Nachweis der letzten Beitragszahlung
- amtliche Sterbeurkunde (mit Alter und Geburtsort)
- ärztliches oder amtliches Zeugnis über die Todesursache[135]
- Nachweis über die Stellung als Bezugsberechtigter.

163 Verstirbt die versicherte Person an den Folgen eines **Unfalls**, so ist dies dem Versicherer möglichst **innerhalb von 48 Stunden** anzuzeigen. Eine rechtzeitige Anzeige wird vom Versicherer verlangt, damit erforderlichenfalls eine Obduktion veranlasst werden

[131] Prölss/Martin/Reiff VVG § 169 Rn. 24.
[132] BGH 28.4.2010 – IV ZR/08, BGHZ, 185, 252 = NJW 2010, 8.
[133] Vgl. § 1 GDV-Musterbedingungen zur fondsgebundenen Lebensversicherung (Stand: 21.7.2025).
[134] Schick/Franz VW 2007, 764, 765, die darauf hinweisen, dass hier grundsätzlich auch der Wert mit einem prospektiven Verfahren zu ermitteln ist.
[135] Beim Tod des Versicherten durch Krankheit sollte das ärztliche Attest Beginn und Verlauf der Krankheit umfassen. Beim Tod des Versicherten durch Unfall sind Zeit, Ort und Geschehensablauf mit aufzunehmen.

kann. Zu den mit dieser Regelung verknüpften Problemen siehe wird auf die Ausführungen in → Rn. 32 ff. verwiesen.

Ein Unfall liegt vor, wenn der Versicherte durch ein plötzlich von außen auf den Körper einwirkendes Ereignis unfreiwillig eine Gesundheitsbeschädigung erleidet. 164

Der Anspruchsteller, somit der Bezugsberechtigte, hat nach Eintritt des Versicherungsfalls nach den allgemeinen Grundsätzen des Vertragsrechts die Tatsachen, die seinen Anspruch begründen, darzulegen und zu beweisen. 165

14. Leistungsfreiheit bei Selbsttötung (§ 161 VVG)

Problematisch sind die Versicherungsfälle bei **Selbsttötung** der versicherten Person. Die Vorschrift des § 161 VVG gilt nur für den Fall, dass der Versicherungsnehmer zugleich die versicherte Person ist oder der Versicherte sich selbst tötet.[136] 166

Derjenige, der Rechte aus einer Lebensversicherung herleitet, hat bei einem Versicherungsfall durch Selbsttötung des Versicherungsnehmers bzw. der versicherten Person den Beweis zu erbringen, dass die Selbsttötung außerhalb des vereinbarten Ausschlusszeitraumes erfolgt ist.[137] 167

Die **Dreijahresfrist** (§ 161 Abs. 1 S. 1 Hs. 2 VVG) beginnt mit dem Abschluss des Versicherungsvertrages, also mit Zugang der Annahmeerklärung des Versicherers beim Versicherungsnehmer.[138] Nach den den meisten Verträgen zugrunde liegenden Versicherungsbedingungen verpflichtet sich die Versicherungswirtschaft in teilweiser Abweichung von § 161 VVG, auch im Fall einer Selbsttötung des Versicherungsnehmers zu leisten. Eine Verkürzung der Ausschlussfrist sowie ein gänzlicher Verzicht sind uneingeschränkt zulässig, da sie eine Besserstellung des Versicherungsnehmers bewirken.[139] 168

Die Rechtslage vor dem novellierten VVG 2008 sah vor, dass die Dreijahresfrist bei Vorliegen einer Einzugsermächtigung beginnt, frühestens mit Vertragsbeginn ab dem ersten Fälligkeitstermin bzw. mit Zahlung des Einlösungsbetrages gem. 169

§ 3 ALB 2016. Der Beginn der Wartezeit fällt mit dem Beginn des materiellen Versicherungsschutzes zusammen.[140] § 3 ALB 2016 bestimmt, dass der Versicherungsschutz beginnt, wenn der Einlösungsbetrag bezahlt und der Antrag angenommen worden ist. Wenn die Parteien vereinbart haben, dass die Haftung des Versicherers früher beginnen soll, beginnt die Wartezeit nicht mit diesem Zeitpunkt, sondern mit Zahlung des ersten Betrages.[141] 170

§ 9 ALB 94/§ 8 ALB 86 lauten auszugsweise wie folgt: 171

(1) Bei Selbsttötung leisten wir, wenn seit Zahlung des Einlösebeitrags oder seit Wiederherstellung der Versicherung drei Jahre vergangen sind.
(2) Bei Selbsttötung vor Ablauf der 3-Jahres-Frist besteht Versicherungsschutz nur dann, wenn uns nachgewiesen wird, dass die Tat in einem die freie Willensbestimmung ausschließenden Zustand krankhafter Störung der Geistestätigkeit begangen worden ist. Andernfalls zahlen wir die eingezahlten Beiträge unverzinst zurück.

§ 5 ALB 2016 lautet: 172

§ 5 Was gilt bei Selbsttötung der versicherten Person?

(1) Bei vorsätzlicher Selbsttötung erbringen wir eine für den Todesfall vereinbarte Leistung, wenn seit Abschluss des Vertrages drei Jahre vergangen sind.
(2) Bei vorsätzlicher Selbsttötung vor Ablauf der Dreijahresfrist besteht kein Versicherungsschutz. In diesem Fall zahlen wir den für den Todestag berechneten Rückkaufswert Ihres Vertrages (siehe § 12 Absätze 3 bis 6), ohne den dort vorgesehenen Abzug.

---

136 Prölss/Martin/Schneider VVG § 161 Rn. 1.
137 LG Berlin VersR 1986, 282–283.
138 Prölss/Martin/Schneider VVG § 161 Rn. 6.
139 Looschelders/Pohlmann/Peters VVG § 161 Rn. 8.
140 OLG Saarbrücken VersR 1989, 390.
141 BGH VersR 1991, 574 = NJW-RR 1991, 797.

Wenn uns nachgewiesen wird, dass sich die versicherte Person (das ist die Person, auf deren Leben die Versicherung abgeschlossen ist) in einem die freie Willensbestimmung ausschließenden Zustand krankhafter Störung der Geistestätigkeit selbst getötet hat, besteht Versicherungsschutz
(3) Wenn unsere Leistungspflicht durch eine Änderung des Vertrages erweitert wird oder der Vertrag wiederhergestellt wird, beginnt die Dreijahresfrist bezüglich des geänderten oder wiederhergestellten Teils neu.

173 Bei Selbsttötung in den ersten drei Versicherungsjahren fordern die Versicherer die behördliche Ermittlungsakte an. Der Anspruchsteller hat fachärztlich nachzuweisen, dass die Selbsttötung in einem Zustand krankhafter Störung der Geistestätigkeit begangen wurde, damit das Versicherungsunternehmen leisten muss.

174 Selbsttötung ist jede Handlung der versicherten Person, die in der Absicht ausgeführt wird, sich den Tod zu geben.[142] Keine Selbsttötung, die zur Leistungsfreiheit des Versicherers führt, liegt vor, wenn § 161 S. 2 VVG gegeben ist, d.h., wenn die Selbsttötung in einem die freie Willensbestimmung ausschließenden Zustand begangen worden ist. Ein **Ausschluss der freien Willensbestimmung** liegt vor, wenn jemand nicht imstande ist, seinen Willen frei und unbeeinflusst von der vorliegenden Geistesstörung zu bilden und nach zutreffend gewonnenen Einsichten zu handeln. Abzustellen ist dabei darauf, ob eine freie Entscheidung nach Abwägung des Für und Wider bei sachlicher Prüfung der in Betracht kommenden Gesichtspunkte möglich ist oder ob umgekehrt von einer freien Willensbildung nicht mehr gesprochen werden kann, etwa weil infolge der Geistesstörung äußere Einflüsse den Willen übermäßig beherrschen.[143] Als krankhafte Störung der Geistestätigkeit iSv § 161 VVG können alle Störungen der Verstandestätigkeit sowie des Willens, des Gefühls und des Trieblebens in Betracht kommen.[144] Das Vorliegen einer Geisteskrankheit ist nicht erforderlich.[145] Voraussetzung ist nur, dass eine freie Entscheidung aufgrund einer nachvollziehbaren Abwägung von Für und Wider ausgeschlossen ist und eine sachliche Prüfung der in Betracht kommenden Gesichtspunkte nicht möglich ist.[146] Dafür kommt es vornehmlich darauf an, ob der Versicherte imstande war, seinen Willen unbeeinflusst von der vorliegenden Störung zu bilden, ob ihm also eine freie Willensentscheidung möglich war oder ob umgekehrt von einer freien Willensbildung nicht mehr gesprochen werden kann, etwa weil die Willensbestimmung von unkontrollierten Trieben und Vorstellungen gesteuert worden ist.[147]

175 Allein die Tatsache, dass ein Selbstmörder „nicht normal" ist, reicht für den Nachweis der Unzurechnungsfähigkeit nicht aus. Es lässt sich nicht von vornherein sagen, dass jeder, der sich das Leben nimmt, krankhaft in seiner Geistestätigkeit gestört gewesen sein muss. Dass die Tat unerklärlich scheint, dass ein bestimmter und ausreichender Beweggrund nicht dargetan werden kann, reicht allein ebenfalls nicht aus.[148]

176 Folgende Einzelfälle wurden entschieden:
- Spielsucht ist kein Zustand iSv § 161 Abs. 1 S. 2 VVG.[149]
- Nachfühlbarer Bilanzselbstmord ist kein Zustand iSv § 161 Abs. 1 S. 2 VVG.[150]
- Alkoholvollrausch ist Zustand iSv § 161 Abs. 1 S. 2 VVG.[151]
- 1,18 ‰ sind kein Zustand iSv § 161 Abs. 1 S. 2 VVG.[152]
- 2,38 ‰ reichen ebenfalls noch nicht aus.[153]

[142] Prölss/Martin/Prölss VVG § 161 Rn. 3.
[143] BGH WM 1996, 104; BGH NJW 1970, 1680, 1681; BGH WM 1984, 1063, 1064.
[144] BGH NJW 1960, 1393.
[145] OLG Hamm VersR 1977, 928; OLG Stuttgart VersR 1989, 794.
[146] BGH NJW 1970, 1680; BGH NJW 53, 1342; KG VersR 2000, 86.
[147] BGH VersR 1994, 162.
[148] OLG Köln OLGR 2002, 25; OLG München VersR 1955, 610.
[149] Presser VersR 1989, 186.
[150] OLG Stuttgart VersR 1989, 790.
[151] Prölss/Martin/Schneider VVG § 161 Rn. 13.
[152] LG Saarbrücken 7.11.1978 – 4 O 256/75, VersR 1979, 1050.
[153] OLG Hamburg VersR 1986, 878.

- Psychopathen sind selbst in schweren Fällen nicht als krankhaft gestört iSd § 161 Abs. 1 S. 2 VVG anzusehen.[154]
- Selbsttötung durch Entfernen des lebenserhaltenden Maßnahmekatalogs im Rahmen einer Patientenverfügung ist noch nicht gerichtlich entschieden worden. Nach Ansicht des Autors führt dies nicht zur Leistungsfreiheit des Versicherers.

Ausschluss der Versicherungsleistung bejaht: 177

- depressiver Zustand;[155]
- wenn der Versicherte sich bewusst in einen Rausch versetzt hat, um die Tat zu begehen;[156]
- wenn der Versicherte nach Flucht vor Polizeibeamten und vorausgegangenem Schusswechsel sich selbst tötet.[157]

Fallbeispiel:

Das Erhängen von einem Balken ist eine Todesart, bei welcher der Schluss auf eine Selbsttötung besonders nahe liegt.[158] Wer solch ein Geschehen in Gang setzt, handelt sehr wahrscheinlich final und nicht lediglich in Demonstrationsabsicht. Eine Demonstrationsabsicht liegt aber offenkundig vor, wenn der Versicherungsnehmer zB einen Gürtel an der Türklinke festmacht und sich im Sitzen erhängt (was darauf schließen lässt, dass er glaubte, das Geschehen jederzeit abbrechen zu können), wobei er wusste, dass sich seine Ehefrau im Nebenzimmer befindet, mit welcher er zuvor kommuniziert hatte und der gegenüber er seine Strangulierungsabsicht mehrfach bekundete.[159]

Lösung:

Wenn also der Versicherungsnehmer sich innerhalb von drei Jahren mit finaler Tötungsabsicht erhängt, ist die Versicherung leistungsfrei. Wenn der Versicherungsnehmer jedoch bei einem inszenierten, nicht gewollt tödlichen Erhängungsszenario doch ums Leben kommt, ist der Versicherungsfall eingetreten.

Dies gilt es zu beweisen. 178

„Im Rahmen der Selbsttötungsklausel (§ 161 VVG, § 7 ALB 2016) sind an das Beweismaß für den Nachweis eines Zustands krankhafter Störung der Geistestätigkeit keine zu strengen Anforderungen zu stellen.“[160]

Die **Beweislast** für das Vorliegen eines derartigen Zustands im Zeitpunkt der Tat trifft 179
den Anspruchsteller.[161]

Der Tatrichter hat sich mit Einwendungen einer Partei gegen ärztliche Gutachten auch 180
eines gerichtlich bestellten Sachverständigen sorgfältig auseinanderzusetzen.

Das gilt erst recht, wenn die Partei sich auf ein von ihr vorgelegtes ärztliches Pri- 181
vatgutachten stützt, das im Gegensatz zu den Erkenntnissen des gerichtlichen Sachverständigen steht.[162]

Das dem Tatrichter bei der Würdigung widerstreitender Gutachten eingeräumte 182
Ermessen hat Grenzen: Der Streit der Sachverständigen darf vom Gericht nicht dadurch entschieden werden, dass es ohne einleuchtende und logisch nachvollziehende Begründung einem von ihnen den Vorzug gibt.[163] Weitere Aufklärungsmöglichkeiten müssen deshalb genutzt werden, wenn sie sich anbieten und Erfolg versprechen. Dazu zählt – gerade auch dann, wenn eine Partei ihre Einwände aus einem von ihr vorgelegten Privatgutachten herleitet – auch die mündliche Anhörung des gerichtlichen Sachver-

---

154 Prölss/Martin/Schneider VVG § 161 Rn. 14.
155 LG Berlin JR 34, 30.
156 Prölss/Martin/Schneider VVG § 161 Rn. 13.
157 LG Osnabrück 19.12.1979 – 2 O 494/78, VersR 1980, 474.
158 BGH VersR 1987, 503.
159 BGH VersR 1989, 690.
160 OLG Karlsruhe 20.2.2003 – 12 U 205/02, VersR 2003, 977.
161 OLG Karlsruhe 16.12.1993 – 12 U 24/93, r+s 1995, 79; BGH VersR 1994, 162; Langheid/Rixecker/Grote VVG § 161 Rn. 15.
162 BGH 10.12.1991 – VI ZR 234/90, VersR 1992, 722; BGH 11.5.1993 – VI ZR 243/92, VersR 1993, 899, jew. mwN.
163 BGH 4.3.1980 – VI ZR 6/79, LM ZPO § 412 Nr. 2 = VersR 1980, 533; BGH 23.9.1986 – VI ZR 261/85, VersR 1987, 179, 180 (unter II. 2a); BGH 11.5.1993 – VI ZR 243/92, VersR 1993, 899.

ständigen gem. § 411 Abs. 3 ZPO.[164] Ein Antrag der beweispflichtigen Partei ist dazu nicht erforderlich.

15. Risikoaufklärung

183 Unterlässt es der Vermittler einer mit dem Lebensversicherer zusammenarbeitenden Anlagevermittlungsgesellschaft, bei Abschluss einer fremdfinanzierten Lebensversicherung den Versicherungsnehmer über die mit dem aufzunehmenden Bankkredit verbundenen Risiken einer möglichen negativen Zinsentwicklung hinreichend aufzuklären, so haftet der Lebensversicherer für das hieraus dem Versicherungsnehmer entstehende Verlustgeschäft.

16. Leistungsablehnung und Verjährung

184 Die Verjährung von Ansprüchen aus dem Versicherungsvertrag richten sich nach den §§ 195 ff. BGB iVm § 15 VVG. Die Ansprüche des Versicherungsnehmers verjähren innerhalb von **drei Jahren.**

V. Versicherungsnehmer, versicherte Person, Bezugsberechtigter

1. Versicherungsnehmer

185 Versicherungsnehmer kann eine natürliche oder juristische Person sein. Es können auch mehrere Personen Versicherungsnehmer sein. Der Versicherungsnehmer hat alle vertraglichen Obliegenheiten zu erfüllen. Der Versicherungsnehmer hat alle Pflichten und Rechte aus dem Vertragsverhältnis, zB Benennung eines Bezugsberechtigten, Abtretung und Verpfändung. Wie erwähnt, kann auch eine Personenmehrheit Versicherungsnehmer sein, was gerade für eine optimierte Vermögensverteilung im Erbfall empfehlenswert ist.

186 Bei mittelständischen Unternehmen werden Lebensversicherungen zur Finanzierung eingesetzt. Finanzierungszweck kann einerseits die Finanzierung betrieblicher Investitionen, aber auch das Ausscheiden eines Gesellschafters durch Ableben sein. Die erbrechtliche Relevanz dieser Vorgehensweise erschließt sich jedoch nicht auf den ersten Blick. Die Personengesellschaft ist Versicherungsnehmer, versicherte Person ist der Gesellschafter, Bezugsberechtigter sind die verbleibenden Gesellschafter, die berechtigt sind, im Rahmen einer Eintrittsklausel den Gesellschaftsanteil zu übernehmen.

187 Eine Variante ist die **Teilhaberversicherung.** Versicherungsnehmer einer derartigen Versicherung ist die Gesellschaft, der auch das Bezugsrecht zusteht. Teilhaberversicherungen werden dann dazu verwendet, Liquiditätsschwierigkeiten zu vermeiden, die durch Ausscheiden von Gesellschaftern entstehen können (siehe dazu ausführlich Rn. 335).

2. Versicherte Person (§ 150 VVG)

188 Versicherte Person ist die Person, auf die das Risiko (Todesfall ua) entfällt. Diese kann der Versicherungsnehmer selbst oder eine andere natürliche Person sein (vgl. § 150 Abs. 1 VVG).

189 Wenn das versicherte Risiko eine Leistung vorsieht, die höher ist als die gewöhnlichen Beerdigungskosten, muss die versicherte Person ihre Zustimmung zur Benennung als versicherte Person erteilen (§ 150 Abs. 2 S. 1 VVG), um Spekulationen mit dem Leben anderer zu unterbinden.[165] Zur Wirksamkeit ist die **schriftliche Einwilligung** der versicherten Person erforderlich. Übersteigt bei Eintritt des Todes der Gefahrsperson die seitens des Versicherers zu erbringende Leistung nicht den für eine Bestattung gewöhn-

[164] BGH 10.12.1991 – VI ZR 234/90, VersR 1992, 722.
[165] Prölss/Martin/Schneider VVG § 150 Rn. 4.

lich aufzubringenden Betrag, bedarf es im Hinblick auf die als geringfügig einzuschätzende Gefahr für das versicherte Leben der Einwilligung nach § 150 Abs. 2 S. 1 VVG nicht. Die BaFin kann einen hierfür maßgeblichen Höchstsatz festlegen (§ 150 Abs. 4 VVG); derzeit beträgt er 8.000 EUR.[166]

3. Versicherer

Der Versicherer ist als Wirtschaftsunternehmer an einer möglichst umfassenden Information hinsichtlich der versicherten Personen interessiert. Es ist jeweils zu unterscheiden, ob es sich um einen in- oder ausländischen Versicherer handelt. 190

4. Bezugsberechtigter (§ 159 VVG)

Bezugsberechtigter ist derjenige, der die Versicherungsleistung erhält. Bezugsberechtigter kann jede natürliche oder juristische Person sein, jedoch auch eine Personengesellschaft. 191

VI. Die Lebensversicherung als echter Vertrag zugunsten Dritter auf den Todesfall

1. Merkmale des Vertrages zugunsten Dritter

„Der Vertrag zugunsten Dritter ist als solcher kein besonderer Vertragstyp; vielmehr kann im Prinzip jeder schuldrechtliche Vertrag durch eine entsprechende Abrede zwischen den Vertragsteilen als Vertrag zugunsten Dritter ausgestaltet werden. Es gibt Verträge zugunsten Dritter nicht nur bei der Lebensversicherung, sondern auch bei Bank-, Wertpapierdepot- und Bausparverträgen sowie bei Altenteilverträgen“.[167]

Es sind folgende natürliche bzw. juristische Personen an diesem Vertragsverhältnis beteiligt: 192

- der Versicherungsnehmer = Versprechensempfänger
- das Versicherungsunternehmen = Versprechender
- der Bezugsberechtigte = Begünstigter.

Räumt der Versicherungsnehmer den Anspruch auf die Versicherungsleistung aus dem Vertrag einer anderen Person ein, so handelt es sich um einen **Vertrag zugunsten Dritter** (§§ 328, 330, 331 BGB). Schuldrechtliche Verträge entfalten Rechtswirkung zwischen den vertragschließenden Parteien (§ 241 BGB). Die wichtigste Ausnahme ist der Vertrag zugunsten Dritter (§§ 328 f. BGB), der eine **Dreierbeziehung** entstehen lässt. Durch den Vertrag zugunsten Dritter können die Vertragsparteien vereinbaren, dass der Schuldner (Versicherer) eine Leistung an einen vom Gläubiger (Versicherungsnehmer) personenverschiedenen Dritten (Bezugsberechtigter) zu erbringen hat. 193

Bei Abschluss des Lebensversicherungsvertrages hat der Versicherungsnehmer die Möglichkeit, 194

- einer bestimmten Person das Bezugsrecht auf den Todesfall der versicherten Person aus dem Versicherungsvertrag einzuräumen[168] bzw.
- die maßgebliche Regelung der jeweiligen ALB zum Bezugsrecht zu übernehmen (§ 13 Abs. 1 ALB 2008; § 14 ALB 94; ALB 86; ALB 81; ALB 57).

In den **ALB 2016** ist kein festgelegtes Bezugsrecht vorhanden. 195

In den **ARV** (Allgemeine Bedingungen für die Risikolebensversicherung) lautet § 9 Abs. 1 wie folgt: 196

---

[166] Looschelders/Pohlmann/Peters VVG § 150 Rn. 13.
[167] Peters ZErb 2010, 168.
[168] Blum FF 6+7/2005, 245.

§ 9 ARV Wer erhält die Leistung?

(1) Als unser Versicherungsnehmer können Sie bestimmen, wer die Leistung erhält. Wenn Sie keine Bestimmung treffen, leisten wir an Sie; sind Sie versicherte Person, leisten wir bei Ihrem Tod an Ihre Erben.

197 In den ARG (Allgemeine Bedingungen für die Rentenversicherung mit aufgeschobener Rentenzahlung) lautet § 9 Abs. 1 wie folgt:

§ 9 ARG Wer erhält die Leistung?

(1) Als unser Versicherungsnehmer können Sie bestimmen, wer die Leistung erhält. Wenn Sie keine Bestimmung treffen, leisten wir an Sie.

198 In den ARB-S (Allgemeine Geschäftsbedingungen für die Rentenversicherung mit sofortiger Rentenzahlung) ist in § 6 Abs. 1 Folgendes geregelt:

§ 6 ARB-S Wer erhält die Leistung?

(1) Als unser Versicherungsnehmer können Sie bestimmen, wer die Leistung erhält. Wenn Sie keine Bestimmung treffen, leisten wir an Sie.

199 Dann muss geprüft werden, ob das **Bezugsrecht wirksam eingeräumt** wurde.

„Wenn die Versicherungsbedingungen einer Lebensversicherung die Klausel enthalten: Willenserklärungen gegenüber dem Versicherer bedürfen der Schriftform', dann ist eine Änderung der Bezugsberechtigung auf einem Vordruck des Versicherers, in dem der Versicherungsnehmer zwar in der Rubrik, Name und Anschrift' seinen Namen mit Druckbuchstaben angegeben hat, jedoch den Vordruck nicht an der angegebenen Stelle mit seiner Unterschrift versehen hat, unwirksam."[169]

200 Das Bezugsrecht hängt allein von den dafür im Versicherungsvertrag vereinbarten Bedingungen ab.[170] Die Versicherungsbedingungen sehen vor, dass Willenserklärungen und Anzeigen gegenüber dem Versicherungsunternehmen Beklagten der **Schriftform** bedürfen, § 12 Abs. 3 ALV. Die in den Allgemeinen Versicherungsbedingungen für die Lebensversicherungen vereinbarte Schriftform meint dabei eine eigenhändige Unterschrift iSd §§ 127, 126 BGB.[171] Bei Formmangel ist eine entsprechende Willenserklärung, somit die Bezugsrechtseinräumung, im Zweifel unwirksam, § 125 S. 2 BGB.

201 Durch die Variante **„Vertrag zugunsten Dritter auf den Todesfall"** kann der Versicherungsnehmer bestimmen, dass der Begünstigte das Forderungsrecht nicht sofort, sondern erst mit dem Tod der versicherten Person erlangen soll.

202 Der Vertrag zugunsten Dritter lässt **drei unterschiedliche Rechtsbeziehungen** entstehen, wobei im Bereich der Lebensversicherungen nicht ausschließlich auf den Tod des Versprechensempfänger, d. h. des Versicherungsnehmers, sondern auch auf das Ableben der versicherten Person abgestellt wird. Diese drei Rechtsbeziehungen sind:

203 1. Deckungsverhältnis (→ Rn. 203 ff.),
2. Valutaverhältnis (→ Rn. 206 ff.),
3. tatsächliches Zuwendungsverhältnis bzw. Dritt- oder auch Vollzugsverhältnis (→ Rn. 222 ff.).

2. Deckungsverhältnis

204 Der Vertrag zwischen Versprechendem (Versicherungsunternehmen) und Versprechensempfänger (Versicherungsnehmer) wird als **Deckungsverhältnis** bezeichnet. Der Versicherer verspricht dem Versicherungsnehmer, dass der Bezugsberechtigte das Recht erwirbt, die Versicherungsleistung vom Versicherer zu fordern. Der Versicherungsnehmer verspricht, die Prämien zu bezahlen.

205 Es handelt sich hierbei um einen echten Vertrag zugunsten Dritter, weil der Begünstigte (Bezugsberechtigte) durch den Vertrag einen eigenen Anspruch gegen den Versicherer erwerben soll. Der Versicherungsnehmer will durch den Vertrag mit dem

[169] LG Essen 13.11.2007 – 1 O 270/06.
[170] BGH 30.11.1994 – IV ZR 290/93, BGHZ 128, 125 = NJW 1995, 1082.
[171] Prölss/Martin/Reiff/Schneider VVG § 12 ALB 86 Rn. 2.

Versicherer dem Bezugsberechtigten ein **eigenes Forderungsrecht** einräumen. Durch den Vertrag zugunsten Dritter (§ 328 BGB) wird dem Begünstigten das Recht eingeräumt, die Leistung vom Versicherer zu fordern.

3. Valutaverhältnis

Die Rechtsbeziehung zwischen dem Versicherungsnehmer und dem Bezugsberechtigten wird als **Valutaverhältnis** bezeichnet, aus dem sich der Rechtsgrund für die Leistung des Versicherers an den Dritten ergibt und der darüber entscheidet, ob der Dritte diese Leistung auch **behalten darf.**[172] 206

Das Valutaverhältnis zwischen dem Versicherungsnehmer und dem Bezugsberechtigten entscheidet demgegenüber ausschließlich darüber, ob der Bezugsberechtigte die ihm durch den Lebensversicherungsvertrag zugewendeten Rechte im Verhältnis zum Versicherungsnehmer (oder dessen Erben) auf Dauer behalten darf.[173] Das Valutaverhältnis kann ein Schuldverhältnis verschiedener Art sein.[174] 207

Für das Behaltendürfen der Leistung ist allein das Valutaverhältnis maßgeblich.[175] Die Zuwendung ist nach der Rechtsprechung des BGH[176] zur Lebensversicherung durch die Bezugsberechtigung allein nicht endgültig. Der Rechtsgrund für das Bezugsrecht und den durch dieses vermittelten Erwerb kann entfallen, wenn das Valutaverhältnis zwischen dem Versicherungsnehmer und dem Bezugsberechtigten gestört wird.[177] Ein Rechtsgrund im Valutaverhältnis (Schenker = Versicherungsnehmer und Beschenkter = Bezugsberechtigter) ist zwar nicht unbedingt notwendig für die Rechtswirksamkeit der Zuwendung,[178] wohl aber für ihren Bestand[179], Rechtsgründe unter Rn. 210. 208

Fehlt es an einem **Rechtsgrund,** ist beim Vertrag zugunsten Dritter auf den Todesfall des Versprechensempfängers bzw. der versicherten Person der dem ursprünglich Begünstigten zugeflossene Beitrag an die Erben als ungerechtfertigte Bereicherung **herauszugeben.**[180] 209

Es sind folgende Fälle zu unterscheiden: 210

- Der Bezugsberechtigte war vom Versicherungsnehmer nicht über das Bezugsrecht informiert worden.
- Der Bezugsberechtigte war vom Versicherungsnehmer über das Bezugsrecht informiert worden.

Je nachdem, ob der Bezugsberechtigte informiert worden ist oder nicht, liegt entweder eine lebzeitigte oder eine postmortale Einigung über den Rechtsgrund vor. 211

Es gilt somit Folgendes:

Die Zuwendung des Bezugsrechts aus einem Vertrag zugunsten Dritter auf den Todesfall des Versicherungsnehmers (der gleichzeitig versicherte Person ist) bzw. der versicherten Person wird nicht als Verfügung von Todes wegen, sondern als **Rechtsgeschäft unter Lebenden** qualifiziert.[181] Die Frage, ob der Bezugsberechtigte den erlangten Anspruch gegen den Versprechenden behalten darf oder gem. § 812 Abs. 1 S. 1 Alt. 1 BGB an die Erben herausgeben muss, ist nicht nach Erbrecht, sondern nach Schuldrecht zu beurteilen.[182] Die teilweise geäußerte Rechtsauffassung, dass der Vertrag zugunsten 212

---

[172] Peters MDR 1995, 661.

[173] St. Rsp., vgl. RG 128, 187; BGH VersR 1975, 706; BGH VersR 1987, 659; BGH VersR 1996, 1089; BGH VersR 2008, 1054; BGH VersR 2013, 1121 = NJW 2013, 3488; BGH VersR 2015, 1148.

[174] Prölss/Martin/Schneider VVG § 159 Rn. 26.

[175] Grüneberg/Grüneberg BGB Einf. v. § 328 Rn. 4; BGHZ 91, 288 = VersR 1984, 845, BGH VersR 2008, 1054, 1055 = NJW 2008, 2702.

[176] BGHZ 128, 125; BGH NJW 1987, 3131; BGH NJW 1975, 382, 383.

[177] Tappmeier DNotZ 1987, 715, 725; Völkel VersR 1992, 539, 543 ff.

[178] Wolf FamRZ 2002, 147.

[179] BGH 21.5.2008 – IV ZR 238/06, VersR 2008, 1054 = VersR 2009, 41.

[180] Reimann/Bengel/Mayer Testament-HdB/Reimann § 2301 Rn. 62.

[181] Grüneberg/Ellenberger Überbl. v. § 104 Rn. 14; Grüneberg/Grüneberg BGB § 331 Rn. 5; Grüneberg/Weidlich BGB § 1922 Rn. 39; Hasse VersR 2009, 41.

[182] BGH NJW 1984, 480, 481; Reimann/Bengel/Mayer Testament-HdB/Reimann § 2301 Rn. 62.

Dritter als Vermächtnis zu qualifizieren ist, wird diesseits vollumfänglich abgelehnt. Der Versicherungsnehmer als Versprechensempfänger muss mit der Zuwendung eine vertragliche oder gesetzliche Verpflichtung gegenüber dem Begünstigten erfüllen oder dem Begünstigten eine Schenkung machen wollen.

213 Der **Rechtsgrund** des Erwerbes des Begünstigten kann verschiedener Art sein. In den allermeisten Fällen wird eine Schenkung den Rechtsgrund bilden, aber auch andere Rechtsgründe sind denkbar, wie beispielsweise die Bezahlung für erbrachte Dienste. **Mängel** des Valutaverhältnisses lassen die Wirksamkeit des Vertrages zugunsten Dritter unberührt, das Versicherungsunternehmen kann schuldbefreiend leisten. Eine ungerechtfertigte Bereicherung muss dann vom Bezugsberechtigten dem Erben herausgegeben werden. Die Begünstigung kann auch der Sicherstellung eines Darlehens oder einer Pensionszusage dienen.[183]

214 Fälle für die Erfüllung vertraglicher Verpflichtungen können sein:

- Bezahlung von Pflegeleistungen: Die derzeit vorliegende Rechtslage nach § 2057a BGB zur Berücksichtigung von Pflegeleistungen ist ungenügend und realitätsfern konzipiert worden. Aus diesem Grund empfiehlt es sich, die Pflegeleistung vertraglich festzuhalten. Die Zahlung kann aufschiebend bedingt auf den Tod festgelegt werden, abgesichert durch Einräumung eines Bezugsrechts. Es sollte zwischen dem Begünstigten und dem Versicherungsnehmer eine entsprechende Vereinbarung getroffen werden; es sind hierbei aber auch einkommensteuerliche bzw. sozialversicherungsrechtliche Gesichtspunkte zu beachten. (Achtung: erbschaftsteuerliche und sozialversicherungsrechtliche Auswirkungen berücksichtigen)
- Bezahlung verauslagter Pflegeheimkosten;
- Abgeltung von Zugewinnausgleichsansprüchen;
- rückständige Unterhaltskosten;
- Darlehensrückzahlung.

215 Eine **postmortale Ausstattung** wird nunmehr abgelehnt.

216 Bei einer unentgeltlichen Begünstigung kommt als Rechtsgrund nach Ansicht des BGH[184] im Allgemeinen nur eine **Schenkung** und keine Ausstattung in Betracht. Es bedarf einer Einigung des Begünstigten (Bezugsberechtigter) mit dem Schenker (Versicherungsnehmer) über die Unentgeltlichkeit der Zuwendung gem. § 516 BGB, wobei es allerdings ausreicht, wenn diese erst nach dem Tod des Schenkers zustande kommt (§§ 130 Abs. 2, 153, 151 S. 1 BGB).[185]

217 Ist der Dritte widerruflich als Bezugsberechtigter benannt und ist der Schenkungsvertrag zwischen ihm und dem Versprechensempfänger bereits vor dem Eintritt des Versicherungsfalls für die Todesfallleistung – wenn auch vorerst formnichtig (§§ 518 Abs. 1 S. 1, 125 S. 1 BGB)[186] – zustande gekommen, etwa indem der Bezugsberechtigte bereits Kenntnis von der für ihn bestimmten Schenkungsofferte hatte und diese – auch ggf. ohne Erklärung (§ 151 S. 1 BGB) – angenommen hat,[187] so bewirkt der Eintritt des Versicherungsfalls, dass die Bestimmung des Bezugsberechtigten im Versicherungsvertrag unwiderruflich[188] und das zunächst formnichtige Schenkungsversprechen durch Vollzug der Schenkung wirksam wird, wodurch der Formmangel geheilt ist (§§ 516 Abs. 1, 518 Abs. 2 BGB).[189] Damit ist im Valutaverhältnis ein Rechtsgrund für die Zuwendung zustande gekommen.[190]

---

[183] Heilmann VersR 1972, 999.

[184] BGH NJW 1984, 480, 481 = MDR 1984, 296.

[185] Grüneberg/Grüneberg BGB Einf. v. § 328 Rn. 4, § 331 Rn. 4, 5; Grüneberg/Weidlich § 1922 Rn. 39; MüKoBGB/Musielak § 2301 Rn. 23, 32; OLG Naumburg WM 2004, 830, 831.

[186] Grüneberg/Weidenkaff BGB § 518 Rn. 2, 7; BGH NJW 1975, 1360.

[187] Grüneberg/Weidenkaff BGB § 518 Rn. 2.

[188] OLG Koblenz VersR 1999, 830.

[189] BeckOK BGB/Litzenburger BGB § 2301 Rn. 18; Grüneberg/Weidlich BGB § 2301 Rn. 19; BGHZ 91, 288, 291.

[190] Hasse VersR 2009, 41 lehnt dies entgegen der BGH-Rspr. ab.

Hiervon ist der Fall zu unterscheiden, dass der Bezugsberechtigte zu Lebzeiten des Versicherungsnehmers über das Bezugsrecht **nicht informiert** war.[191] Hat der Versicherungsnehmer zu seinen Lebzeiten alle Handlungen ausgeführt, die erforderlich sind, damit der Leistungserfolg eintreten kann, sind jedoch die entsprechenden Willenserklärungen erst nach seinem Tod dem Beschenkten des Bezugsberechtigten zugegangen und von diesem angenommen worden, liegt kein Vollzug der Schenkung gem. § 518 Abs. 2 BGB vor. Der Bedachte hat im Zeitpunkt des Erbfalls wegen der Widerrufsmöglichkeit der Willenserklärung (§ 130 Abs. 1 S. 2 BGB) noch keine gesicherte Rechtsposition im Sinne eines Anwartschaftsrechts erworben.[192] Denn die von einem Verstorbenen zu Lebzeiten begründete Bezugsberechtigung für die Todesfallleistung aus einer Lebensversicherung verschafft dem Begünstigten im Versicherungsfall eine im Deckungsverhältnis insoweit unentziehbare Rechtsstellung, als die Erben des Versicherungsnehmers die Bezugsberechtigung nicht mehr ändern oder widerrufen können.[193] Behalten darf der Begünstigte das Bezugsrecht den Erben gegenüber dann, wenn der Schenkungsvertrag wirksam zustande kommt, und zwar nach dem Tod des Versicherungsnehmers. 218

Dieser Schenkungsvertrag zwischen dem Versicherungsnehmer (Erblasser) und dem Beschenkten (Bezugsberechtigten) kommt auf folgende Art und Weise zustande:[194] Mit dem Abschluss des Lebensversicherungsvertrages beauftragt (§§ 662 ff. BGB) der Versicherungsnehmer den Versicherer stillschweigend, eine Offerte auf Abschluss des Schenkungsvertrages nach seinem Tod dem bezugsberechtigten Dritten zu übermitteln. Da dieses Angebot auch postmortal noch wirksam ist (§ 130 Abs. 2 BGB), kann es der Bezugsberechtigte noch annehmen (§ 153 BGB),[195] was in der Regel ohne besondere Erklärung gegenüber den in die Rechtsstellung des Versicherungsnehmers eingerückten Erben geschieht (§ 151 S. 1 BGB). 219

Entscheidend ist das Zusammenspiel von § 130 BGB und § 153 BGB: Gemäß § 130 Abs. 2 BGB ist es für die Wirksamkeit eines Antrags ohne Bedeutung, wenn der Antragende nach Abgabe, aber vor Zugang seiner Willenserklärung stirbt.[196] An diese Regelung schließt § 153 BGB an und statuiert, dass der Antrag grundsätzlich auch dann noch wirksam akzeptiert werden kann, wenn der Antragende vor der Annahme stirbt, es sei denn, „dass ein anderer Wille des Antragenden anzunehmen ist“. Dies birgt für den Bezugsberechtigten allerdings die Gefahr, dass Erben, wenn sie schnell handeln, das postmortale Zustandekommen des Schenkungsvertrages – gleichsam in letzter Minute – noch vereiteln.[197] In derartigen Fällen kann es folglich zu einem „Wettlauf“[198] zwischen den Erben und dem begünstigten Dritten kommen. 220

Grundsatz:

Die Erben sollten oftmals in einem „Rundumschlag“ den Widerruf sowohl gegenüber Versicherungen als auch möglichen Begünstigten erklären.

Die Erben haben das Recht, solange die Schenkungsofferte dem Dritten noch nicht wirksam zugegangen ist (§ 130 Abs. 1 S. 1 BGB) und dieser sie daher noch nicht annehmen konnte, sowohl dem Dritten gegenüber die Offerte zu widerrufen als auch dem Versicherer gegenüber den Auftrag zur Weiterleitung der Offerte an den Dritten zu stornieren (§§ 130 Abs. 1 S. 2, 671 Abs. 1 BGB),[199] ohne dass der Erblasser ihnen das 221

[191] MüKoBGB/Musielak § 2301 Rn. 38 bezeichnet diese Fälle als „heimliche Schenkung“; siehe dazu auch bereits Peters MDR 1995, 659, 662 f.
[192] MAH ErbR/Schenker § 32 Rn. 47.
[193] BGH VersR 2008, 1054, 1055; BGH VersR 1993, 1219.
[194] Siehe Peters MDR 1995, 659, 662 f.
[195] OLG Hamm NJW-RR 1987, 342.
[196] Grüneberg/Ellenberger BGB § 130 Rn. 12.
[197] MüKoBGB/Musielak § 2301 Rn. 23.
[198] Hasse VersR 2008, 590 (592, 595 f., 612).
[199] Grüneberg/Grüneberg BGB § 331 Rn. 4, 5.

hätte untersagen können, da das Widerrufsrecht nicht höchstpersönlich ist.[200] Der Bezugsberechtigte hat zwar vorläufig das Bezugsrecht aus der Lebensversicherung, kann aber nach Widerruf nicht mehr die zur Absicherung nach dieser Konstruktion erforderliche Schenkung durch die Annahme der Offerte zustande bringen; er muss vielmehr das Bezugsrecht bzw. die aufgrund dessen erlangte Versicherungsleistung nach § 812 Abs. 1 S. 1 Alt. 1 BGB an die Erben abtreten.[201]

„Erlangt der Dritte nach dem Tode des Versicherungsnehmers Kenntnis von seiner Bezugsberechtigung und fordert er deshalb vom Versicherer die Todesfallleistung, so wird ihm ein Schenkungsangebot des Versicherungsnehmers nicht schon dadurch übermittelt, dass der Versicherer Unterlagen zur Prüfung des Sachverhalts (hier die Übersendung des Versicherungsscheins und einer Sterbeurkunde) anfordert.“[202]

„Ein insoweit mit Botendiensten beauftragter Versicherer erfüllt diesen Auftrag in der Regel durch Auszahlung der Versicherungssumme an den Begünstigten, weil darin konkludent das Schenkungsangebot des verstorbenen Versicherungsnehmers zum Ausdruck kommt. Dieses Angebot kann der Begünstigte durch Annahme des Geldes konkludent annehmen.“[203]

222 Wenn der Versicherer weder die Versicherungssumme ausgezahlt noch anderweitig eine Erklärung des Versicherungsnehmers übermittelt hat, sondern lediglich Belege zur Prüfung des seitens des Bezugsberechtigten erhobenen Anspruchs (Versicherungspolice, Sterbeurkunde) angefordert hat, hat er damit zum Ausdruck gebracht, dass er erst nach Prüfung der Sachlage bereit war, weitere Erklärungen zu übermitteln.[204]

4. Tatsächliches Zuwendungsverhältnis (Vollzugsverhältnis)

223 Die Beziehung zwischen Versicherungsunternehmen und Bezugsberechtigtem ist kein vertragliches Rechtsverhältnis. Für den Bezugsberechtigten entsteht lediglich das ihm aus dem Vertrag zugunsten Dritter erwachsende Forderungsrecht (→ Rn. 205) und für das Versicherungsunternehmen eine entsprechende Verpflichtung.

224 Der Anspruch des Bezugsberechtigten, die aus § 328 BGB bedungene Leistung zu fordern, entsteht ohne dessen Mitwirkung allein aufgrund des Vertrages zu seinen Gunsten. Der Dritte wird im Falle des Vertrages zugunsten Dritter auf den Todesfall – mit Ausnahme der Rentenversicherung – mit dem Tod des Versicherungsnehmers Forderungsinhaber gegenüber dem Versicherungsunternehmen, ohne dass er etwas von diesem Vertrag wissen muss. Der **Rechtserwerb** vollzieht sich **von selbst** und ohne eigenes Zutun. Dem Begünstigten steht jedoch – wiederum vergleichbar dem Ausschlagungsrecht des Erben – ein Zurückweisungsrecht nach § 333 BGB zu, da niemand gegen seinen Willen bereichert werden kann. Mit dem Vertrag zugunsten Dritter auf den Todesfall wird einem Dritten außerhalb des Erbgangs eine Versicherungsleistung zugewendet.

225 Besondere **Formvorschriften** bestehen für den Vertrag zugunsten Dritter auf den Todesfall nicht.

226 Wenn der Bezugsberechtigte gegen den Versicherer erwerben kann und damit Gläubiger wird, darf er die Versicherungsleistung gegenüber den Erben erst dann endgültig behalten, wenn dafür ein Rechtsgrund besteht (Valutaverhältnis). Das **Valutaverhältnis** betrifft die Frage, ob der Bezugsberechtigte im Verhältnis zu den Erben berechtigt ist, die durch den Vertrag zu seinen Gunsten erlangten Forderungen zu behalten.

227 Ob das Valutaverhältnis zwischen Versicherungsnehmer und Bezugsberechtigtem fehlerhaft ist, dh, ob dem Begünstigten die Forderungen, die das Versicherungsunternehmen einräumt, auch zustehen, ist für das Versicherungsunternehmen grundsätzlich

[200] BGH NJW 1975, 382, 383.
[201] Siehe hierzu z. B. auch Hasse VersR 2009, 41.
[202] BGH WM 2008, 170.
[203] BGH WM 2008, 170.
[204] Vgl. BGH 14.7.1976 – IV ZR 123/75, WM 1976, 1130 (unter II 3.).

unerheblich. Für sie ist das Deckungsverhältnis maßgeblich. Wenn das **Deckungsverhältnis** stimmt, kann das Versicherungsunternehmen schuldbefreiend leisten.

5. Widerrufsmöglichkeiten

Es gibt für die Erben des Versicherungsnehmers zwei unterschiedliche Widerrufsmöglichkeiten: 228

- gegenüber dem Versicherer,
- gegenüber dem Bezugsberechtigten.

Es gibt prinzipiell **drei Arten**, wie formularmäßig die **Bezugsrechtseinräumung** vorgenommen werden kann: 229

- Der Versicherungsnehmer teilt einseitig dem Versicherungsunternehmen den Bezugsberechtigten mit (= eine Unterschrift des Versicherungsnehmers) – **Fall A.**
- Der Versicherungsnehmer vereinbart mit dem Versicherer das Bezugsrecht (= zwei Unterschriften: vom Versicherungsnehmer und dem Versicherer) – **Fall B.**
- Versicherungsnehmer, Versicherer und Bezugsberechtigter vereinbaren gemeinsam das Bezugsrecht (= drei Unterschriften: vom Versicherungsnehmer, dem Versicherer und dem Bezugsberechtigten) – **Fall C.**

Wenn die Einigung über die unentgeltliche Zuwendung erst nach dem Tod des Versicherungsnehmers zustande kommt, taucht die Frage auf, inwieweit Erben des Versicherungsnehmers diese Einigung möglicherweise noch verhindern können. 230

Es kommt in Betracht, dass die Erben den dem Versicherungsunternehmen erteilten Auftrag zur Übermittlung des Schenkungsangebots des zwischenzeitlich verstorbenen Versicherungsnehmers an den Begünstigen widerrufen, **Fall A** (soweit dieser noch nicht ausgeführt worden ist), und zudem (rein sicherheitshalber) das Schenkungsangebot selbst mit der Folge widerrufen, dass die Einigung über die unentgeltliche Zuwendung nicht mehr zustande kommen kann, da das Schenkungsangebot nicht mehr übermittelt werden kann. 231

Der Widerruf der „Überbringung des Schenkungsangebots“ hat gegenüber dem Versicherungsunternehmen zu erfolgen. Der Widerruf der Schenkung hat gegenüber dem Bezugsberechtigten zu erfolgen. 232

Die Erben können als Gesamtrechtsnachfolger des Versicherungsnehmers dessen Schenkungsangebot grundsätzlich noch solange widerrufen, wie der Bezugsberechtigte dieses noch nicht angenommen hat, **Fall B.** Wenn der Widerruf vor Annahme des Schenkungsversprechens durch den Begünstigten erfolgt, wobei der Erbe den Zugang des Widerrufsschreibens beim Begünstigten nachweisen muss, entfällt der Rechtsgrund jedoch nur bei Schenkung für die Zuwendung, sodass der Begünstigte die Versicherungsleistung als ungerechtfertigte Bereicherung herausgeben muss. Der Begünstigte ist in diesem Fall den Erben trotz Rechtserwerbs durch den Vertrag zu seinen Gunsten wegen fehlenden Rechtsgrundes kondiktionsrechtlich zur Herausgabe des Erlangten – dh der Versicherungssumme und nicht etwa nur der vom Erblasser gezahlten Prämien – verpflichtet (§§ 812 ff. BGB).[205] 233

Die Widerrufsmöglichkeiten der Erben werden ausgeschlossen, wenn der Bezugsberechtigte bereits zu Lebzeiten des Versicherungsnehmers am Vertrag zwischen Versicherer und Versicherungsnehmer beteiligt wird, wodurch er das dem Vertrag zugunsten Dritter auf den Todesfall zugrunde liegende Schenkungsangebot des Versicherungsnehmers bereits zu Lebzeiten des Versicherungsnehmers annimmt, **Fall C.** Stirbt der Versicherungsnehmer bei dieser Fallgestaltung, erwirbt der Bezugsberechtigte die in dem Versicherungsvertrag genannten Leistungen mit Rechtsgrund. Die Einigung über die unentgeltliche Zuwendung ist bereits zu Lebzeiten des Versicherungsnehmers zustande gekommen. Die Erben können Ansprüche nach den §§ 812 ff. BGB gegen ihn nicht wegen „Widerrufs“ geltend machen. Durch die Mitwirkung des Begünstigten wird faktisch das Widerrufsrecht der Erben ausgeschlossen. Unberührt bleiben allerdings 234

[205] OLG Hamm 3.12.2004 – 20 U 132/04, VersR 2005, 819 = NJW-Spezial 2005, 110.

andere mögliche Ansprüche der Erben, wie zB Wegfall der Geschäftsgrundlage, Unwirksamkeit ua Die Mitwirkung des Bezugsberechtigten zu Lebzeiten des Versicherungsnehmers muss aus Beweisgründen festgehalten werden. Am sichersten erscheint eine Mitunterzeichnung des Bezugsberechtigten auf dem Vertragsformular. Trotz Mitwirkung des Bezugsberechtigten kann der Versicherungsnehmer den Vertrag beim widerruflichen Bezugsrecht noch jederzeit ohne dessen Zustimmung durch schriftliche Erklärung zu seinen Lebzeiten gegenüber dem Versicherer widerrufen.

6. Bezugsrecht

235 Der Versicherungsnehmer kann festlegen, ob das Bezugsrecht für die
- Erlebensfallleistung,
- Todesfallleistung (§ 159 Abs. 2 VVG) oder
- Erlebensfall- und Todesfallleistung gelten soll.

236 Ebenso ist es möglich, das Bezugsrecht nach der Art des Leistungsanspruchs zu spalten (**gespaltenes Bezugsrecht**).

Beispiele:
- Versicherungssumme bzw. garantierte Rente,
- Überschussanteile.

237 Das Bezugsrecht kann widerruflich oder unwiderruflich sein. Der Versicherungsnehmer muss zudem berechtigt sein, das Bezugsrecht einzuräumen bzw. abzuändern. Dies kann auch vom Güterstand abhängen.

Beispiel: Einräumung eines Bezugsrechts und Gütergemeinschaft

Die Klägerin lebte mit ihrem inzwischen verstorbenen Ehemann B, dessen vertragliche Alleinerbin sie ist, im Güterstand der Gütergemeinschaft mit gemeinsamer Verwaltung des Gesamtgutes. Der Ehevertrag war nicht im Güterrechtsregister eingetragen. B hatte 1966 einen Lebensversicherungsvertrag abgeschlossen und als Bezugsberechtigte die Klägerin benannt. Im September 1979 bestimmte er anstelle der Klägerin – ohne deren Kenntnis – die Beklagte zur Bezugsberechtigten. Diese erhielt nach seinem Tode die Versicherungssumme.

Die Klägerin verlangte von der Beklagten 130.474,70 DM mit der Begründung, die Beklagte sei um die Versicherungsleistung ungerechtfertigt bereichert. Die Änderung der Bezugsberechtigung sei eine Schenkung, die wegen Verstoßes gegen die sich aus der Gütergemeinschaft ergebenden Verfügungsbeschränkungen nichtig sei.

Lösung:

Das Gericht ist zutreffend davon ausgegangen, dass die Ansprüche aus einer Lebensversicherung einschließlich des Rechts auf Bestimmung eines Bezugsberechtigten Teil des Gesamtgutes waren und – mangels abweichender Bestimmung im Ehevertrag – der gemeinschaftlichen Verwaltung der Ehegatten unterlagen (§§ 1415, 1416 Abs. 1, 1421 S. 2, 1450 Abs. 1 S. 1 BGB).

Die Vorinstanzen haben der Klage iHv 126.565,80 DM stattgegeben. Die Revision der Beklagten blieb ohne Erfolg.[206]

238 Ist ein Dritter, zu dessen Gunsten ein Ehegatte über einen zum Gesamtgut gehörenden Gegenstand als Nichtberechtigter unentgeltlich verfügt hat, nach § 1412 BGB geschützt, so ist der Verfügungsempfänger nach § 816 Abs. 1 S. 2 BGB zur Herausgabe des Erlangten verpflichtet.[207]

239 Bezugsrechtseinräumungen können auch unwirksam sein, weil eine **Verfügungsbeschränkung** entweder nach dem Betriebsrentengesetz (BetrAVG) oder aufgrund des Versicherungsvertrages vorliegen kann. Wenn in einem derartigen Fall der Versicherungsnehmer eine unzutreffende Bezugsrechtseinräumung vornimmt, kann sich das Versicherungsunternehmen schadensersatzpflichtig machen.[208]

240 Bei einer Lebensversicherung mit geteilter Begünstigung für den Todes- und Erlebensfall steht der Anspruch auf den Rückkaufswert dem für den Todesfall unwiderruflich

[206] BGH NJW 1984, 2156.
[207] BGH 29.5.1984 – IX ZR 86/82, BGHZ 91, 288 = VersR 1984, 845 = NJW 1984, 2156.
[208] OLG Frankfurt 20.5.2010 – 7 U 241/08, VuR 2010, 398.

Bezugsberechtigten bis zum Eintritt des Erlebensfalls zu. Hat der Versicherungsnehmer ein unwiderrufliches Bezugsrecht dahingehend eingeschränkt, dass er sich die Beleihung der Versicherung mit Zustimmung des Bezugsberechtigten vorbehalten hat, steht dieses eingeschränkt unwiderrufliche Bezugsrecht einem uneingeschränkten Bezugsrecht rechtlich gleich, solange die Voraussetzungen des Vorbehalts nicht erfüllt sind.

Bei jeder Bezugsrechtseinräumung ist auch an §§ 2286, 2287 BGB zu denken. 241

Mit dem Tode des Versicherungsnehmers erwirbt der Bezugsberechtigte ein unentziehbares Recht auf die Versicherungssumme, das nicht nachträglich durch Zugang einer Änderungsverfügung entfallen kann.[209] 242

„Die Wirksamkeit und insbesondere die Rechtzeitigkeit des Zugangs von Änderungen der Bezugsberechtigung beim Versicherer ist häufig ein neuralgischer Punkt.“[210]

7. Bezugsberechtigter (§ 159 VVG)

a) **Bestimmung eines Bezugsberechtigten, Unterschied Kapital vs. Rentenversicherung.** Bezugsberechtigter ist die natürliche oder juristische Person, die im Versicherungsfall die Leistung erhalten soll. Teil der vertraglichen Vereinbarung ist eine **Begünstigungserklärung.** Der Versicherungsnehmer bestimmt den Bezugsberechtigten. Bezugsberechtigt ist derjenige, der im Versicherungsvertrag als derjenige bezeichnet wurde, der bei Eintritt des Versicherungsfalls die Leistung der Versicherung verlangen kann (**Bezugsrecht**). 243

Bei einer Kapitallebensversicherung kann der Versicherungsnehmer gem. § 159 Abs. 1 VVG einen Bezugsberechtigten benennen oder einen Benannten gegen einen anderen auswechseln. Eine neue Begünstigungserklärung ändert den Versicherungsvertrag ab und muss deshalb dem Versicherer schriftlich zugehen. Es reicht nicht aus, den Versicherungsvertreter zu informieren. Die schriftliche Mitteilung an einen Versicherungsmakler ist ebenfalls nicht ausreichend. 244

Die Bestimmung des Bezugsberechtigten kann unwirksam sein oder werden. Dies ist in jedem Einzelfall zu prüfen. Für das Versicherungsunternehmen besteht keine Pflicht, die Unterschrift des Versicherungsnehmers, der das Bezugsrecht ändert, ohne hinreichende Verdachtsmomente zu überprüfen; es kann daher schuldbefreiend auszahlen.[211] 245

Die Bestimmung **ist unwirksam,** wenn der Bezugsberechtigte nicht bestimmbar ist. Die Beweislast für die Unbestimmbarkeit hat derjenige, der stattdessen den Anspruch gegenüber dem Versicherer geltend macht. 246

Die Bestimmung **kann unwirksam werden,** wenn zB der Begünstigte vor Eintritt des Versicherungsfalls verstirbt und kein **Ersatzbegünstigter** benannt ist. Es sollte daher immer ein Ersatzbegünstigter benannt werden. Es reicht nicht aus, eine bestehende Begünstigung im Testament zu widerrufen und eine neue Begünstigung zu benennen. 247

Die Benennung oder Änderung des Bezugsberechtigten bei **Rentenversicherungen** ist besonders zu prüfen. Bei einer Rentenversicherung muss das Recht der **einseitigen** Benennung des Begünstigten ausdrücklich vertraglich vereinbart werden,[212] da ansonsten der Bezugsberechtigte der Benennung und jeder sonstigen Änderung zustimmen muss. Die Benennung des Bezugsberechtigten kann nur in den seltensten Fällen durch einseitige Erklärung erfolgen. Bei einer Lebensversicherung ist dies nicht der Fall. 248

Praxistipp:

Bei der Einbeziehung von Rentenversicherungen im Rahmen des „Estate Planing“ ist immer die schriftliche Bestätigung des Versicherungsunternehmens hinsichtlich der Bezugsberechtigung anzufordern, um zu erkennen, ob die gewünschte Bezugsberechtigung auch vollzogen wird.

---

[209] BGH VersR 1993, 1219; OLG Hamm VersR 1980, 739.
[210] Grams FD-VersR 2008, 256881.
[211] OLG Koblenz NJOZ 2008, 2874.
[212] Hoffmann FamRZ 1977, 222, 224.

249 Im Regelfall wird eine Person als Bezugsberechtigter eingesetzt. Die **Vordrucke** der Versicherungswirtschaft sehen zur Eintragung des Bezugsberechtigten entsprechende Felder vor. Um eine streit- und kostenvermeidende Wirkung zu erreichen, muss der Bezugsberechtigte mit Namen, Vornamen, Geburtsdatum und derzeitiger Anschrift bezeichnet werden. Die praktische Schwierigkeit liegt oftmals darin, dass in den von der Versicherungswirtschaft verwendeten Formularen für diese Angaben schlichtweg kein Raum vorgegeben wird. Auch sehen die Formulare der Versicherungswirtschaft in den meisten Fällen nicht die Annahme durch den Bezugsberechtigten vor, im Gegensatz zur Praxis, bei der Banken und Sparkassen nahezu generell den Begünstigten unterschreiben lassen.

250 Bezugsberechtigte können **natürliche und juristische Personen,** aber auch Personengesellschaften sein; so ist zB die Bezugsberechtigung für eine Familienstiftung wirksam. Eine solche Familienstiftung hat eine eigene Rechtspersönlichkeit ist in Deutschland als rechtsfähig anerkannt.

251 Stirbt der Bezugsberechtigte vor dem Versicherungsnehmer, taucht die Frage auf, was nach seinem Tod mit dem Guthaben geschieht, das ihm zugewendet werden sollte. Diese Frage kann ausdrücklich geregelt sein. Die Vordrucke der Versicherungswirtschaft sehen dazu leider die Benennung eines **Ersatzbegünstigten** nicht vor. Stirbt der Bezugsberechtigte, wird der Vertrag gegenstandslos. Die Erben des vorverstorbenen Bezugsberechtigten gehen leer aus, es kommen dann ggf. die jeweiligen Regelungen der Allgemeinen Versicherungsbedingungen für die verschiedenen Vertragstypen in Betracht, wonach die **Erben des Versicherungsnehmers** bezugsberechtigt sind.

252 In der Regel benennt der Versicherungsnehmer sich selbst für den Erlebensfall und für den Todesfall einen Dritten als Bezugsberechtigten. Es kommen jedoch zusätzliche Varianten in Betracht.

253 Es ist rechtlich möglich, dass **mehrere Personen** als Bezugsberechtigte bestimmt werden. Die einschlägigen Vordrucke der Versicherungswirtschaft sehen diese Fallgestaltung zwar nicht vor. Dies schließt allerdings nicht aus, dass **mehrere Begünstigte** eingesetzt werden können. Dabei sind jedoch Besonderheiten zu beachten. Zunächst ist festzulegen, zu welchen **Anteilen** die Begünstigten eingesetzt werden sollen (**Zuwendungsanteil**). Es ist eine bestimmte Prozentzahl oder ein bestimmter Bruchteil anzugeben. Wird keine Angabe gemacht, ist im Zweifel von einer Beteiligung nach Kopfteilen auszugehen, § 160 Abs. 1 S. 1 VVG. Jeder Bezugsberechtigte ist Einzelgläubiger.[213] Jeder Einzelgläubiger kann daher unabhängig von den anderen Bezugsberechtigten seinen Anteil von dem Versicherer verlangen, ohne auf die anderen warten zu müssen. Er muss allerdings in der Lage sein, die zur Auszahlung notwendigen Unterlagen bei dem Versicherer einzureichen. Wenn einer der benannten Bezugsberechtigten seinen Anteil, gleich aus welchem Grund, nicht erwirbt, wächst sein Anteil den übrigen Bezugsberechtigten zu, § 160 Abs. 1 S. 2 VVG.[214]

254 Die Bestimmung des Bezugsberechtigten, wenn dieser **nicht namentlich benannt** ist, ist oftmals schwierig, sofern der Versicherungsnehmer den Bezugsberechtigten lediglich vage definiert hat. Es ist daher im Wege der Auslegung zu ermitteln, wen der Versicherungsnehmer meinte. Dabei sind der Versorgungszweck der Lebensversicherung und die allgemeine Lebenserfahrung zu berücksichtigen.[215]

255 Für die neueren Verträge bzw. die Altverträge, für die die neuen ALB akzeptiert wurden, regelt § 9 Abs. 1 ALB, Stand 21.7.2025, die formularhafte Bezugsrechtseinräumung dahingehend, dass der Versicherungsnehmer dieses erhält und die Versicherungssumme nach seinem Ableben in den Nachlass fällt. Achtung: entscheidender Systemwechsel bei der formularhaften Anwendung der ALB

256 Hinweis 1: Absolut wichtig hier exakt zu prüfen

257 Hinweis 2: vollkommen veränderte Rechtslage zur Verauflage

[213] Prölss/Martin/Schneider VVG § 160 Rn. 3; BGH NJW 1954, 1115.
[214] OLG Saarbrücken ZEV 2008, 46.
[215] MüKoBGB/Gottwald § 328 Rn. 138.

b) **„Die Erben" als Bezugsberechtigte.** Die historische Bezugsrechtseinräumung als Ersatzbezugsberechtigung besteht so nicht mehr. 258

In § 14 Abs. 1 ALB 94 heißt es: 259

„Die Leistung aus dem Versicherungsvertrag erbringen wir an Sie als unseren Versicherungsnehmer oder an Ihre Erben, falls Sie keine andere Person benannt haben, die bei Eintritt des Versicherungsfalls die Ansprüche aus dem Versicherungsvertrag erwerben soll (Bezugsberechtigte)."

(§ 14 Abs. 1 ALB 94 entspricht § 13 Abs. 1 ALB 86.) 260

Aufgrund dieser ALB kam es somit nahezu immer zu einer Bezugsberechtigung. Eine solche Regelung fehlt allerdings in den ALB 2016. 261

Versicherungsnehmer verwenden oftmals bei der Benennung von Bezugsberechtigten Begriffe wie **„die Erben"**, „meine Erben", „meine gesetzlichen Erben". 262

Nach hM fällt die Versicherungssumme einer Kapitallebensversicherung gemäß der Auslegungsregelung des § 160 Abs. 2 VVG dann nicht in den Nachlass, wenn der oder die Erben als Empfänger benannt sind. Hier ist im Zweifel anzunehmen, dass die Erben der Höhe ihrer Erbanteile entsprechend bezugsberechtigt sind. Es gilt nicht eine Quotelung nach Kopfanteilen; Miterben werden Bruchteilsgläubiger im Verhältnis ihrer Erbteile, nicht Gesamtgläubiger.[216] Es sind die **testamentarischen Erben** gemeint. 263

Eine Erbausschlagung nach § 2306 BGB hat nicht den Verlust des Bezugsrechts zur Folge (§§ 2167 Abs. 2, 160 Abs. 2 S. 2 VVG). Wenn der Versicherungsnehmer **Vor- und Nacherbschaft** angeordnet hat, so ist der Vorerbe als alleiniger Erbe im Zeitpunkt des Todesfalls auch der alleinige Bezugsberechtigte.[217] Dies hat zur Konsequenz, dass der Vorerbe über die Versicherungssumme frei verfügen kann und nicht den Beschränkungen der Vorerbschaft unterliegt. 264

Wenn es dagegen heißt: „Bezugsberechtigt sind die gesetzlichen Erben" bzw. wenn es heißt: „Es soll gesetzliche Erbfolge gelten", dann sind die gesetzlichen Erben bezugsberechtigt und nicht die Testamentserben.[218] 265

Hat der Erblasser seine Erben als Bezugsberechtigte seiner Kapitallebensversicherung bestimmt, in seinem Testament aber Vor- und Nacherbschaft angeordnet, so darf der eingesetzte Vorerbe die Bestimmung der „Erben als Bezugsberechtigte" als uneingeschränktes Schenkungsangebot an ihn verstehen. Denn bezogen auf den Erbfall ist allein er Erbe, während das Erbrecht der Nacherben zeitlich erst mit dem Tode des Vorerben eintritt. Kapitallebensversicherungsbeträge fallen aber nach der Zweifelsregelung des § 160 Abs. 2 S. 1 VVG nicht in den Nachlass, sondern werden vom Bezugsberechtigten direkt und nicht kraft Erbrechts erworben. 266

Fazit:
Auch wenn „Erbe" draufsteht, ist nicht Erbschaftserwerb drin.[219]

Bei der Bewertung des Gegenstandswertes einer Beschwerde im Erbscheinsverfahren ist zu berücksichtigen, dass die Versicherungssumme aus einer Lebensversicherung nicht in den Nachlass fällt, selbst wenn dem Versicherungsunternehmen gegenüber der Erbe als Bezugsberechtigter benannt ist.[220] 267

Die **Risikolebensversicherung** stellt einen besonderen Fall der Lebensversicherung dar. Bei der Lebensversicherung erbringt der Versicherer die Versicherungsleistung gem. § 13 ALB 86, falls kein Bezugsberechtigter benannt ist, an den Versicherungsnehmer selbst oder, wenn dieser nicht mehr lebt, an dessen Erben. Demnach ist es auch bei der 268

[216] BGH 8.5.1954 – II ZR 20/53, BGHZ 13, 226, 240 f. = NJW 1954, 1115.
[217] BGH ZEV 1995, 415.
[218] LG Waldshut VersR 1954, 76.
[219] J. Mayer DNotZ 2000, 911.
[220] BayObLG ZEV 1995, 193–194.

Risikolebensversicherung möglich, keinen Bezugsberechtigten zu benennen. Der Unterschied zur Kapitallebensversicherung besteht alleine darin, dass bei der Risikolebensversicherung eine Auszahlung an den Versicherungsnehmer selbst nicht erfolgen kann, weil diese an den Tod des Versicherungsnehmers geknüpft ist. Die Auszahlung an die Erben, wie sie in § 13 ALB 86 vorgesehen ist, ist eine Ausprägung des allgemeinen Grundsatzes, dass der Erbe als Gesamtrechtsnachfolger rechtlich an die Stelle des Erblassers tritt. Bei der Risikolebensversicherung galt bereits ab 1986, dass die Versicherung an die Erben fällt. Der Vorschrift ist hingegen nicht zu entnehmen, dass bei fehlender Benennung eines Bezugsberechtigten die Erben als Bezugsberechtigte gelten. So lässt der Wortlaut der Vorschrift „an Sie ... oder an Ihre Erben, falls Sie uns keine andere Person benannt haben" erkennen, dass die Erben bei der Abwicklung des Versicherungsfalls die Stelle des Versicherungsnehmers einnehmen, nicht aber als Bezugsberechtigte.[221]

269 c) **„Die Hinterbliebenen" als Bezugsberechtigte.** Hat der Versicherungsnehmer **„die Hinterbliebenen"** als Bezugsberechtigte benannt, so werden im Zweifel der Ehegatte und die Kinder als Bezugsberechtigte in Frage kommen.[222] Der Bezugsberechtigte kann seine Stellung durch Heirats-, Geburts- oder Adoptionsurkunde nachweisen. Bei einer derartigen Formulierung wird wohl nach Kopfteilen aufzuteilen sein.

270 Schwieriger ist die Beurteilung, wenn als bezugsberechtigt der Ehepartner und die Eltern bzw. Ehepartner, Geschwister und die Verwandten und Verschwägerten benannt sind. Hier ist auf jeden Fall der Wille des Versicherungsnehmers zu erforschen. Wenn eine Ermittlung des mutmaßlichen Willens nicht möglich ist, sind die gesetzlichen Erben bezugsberechtigt.

271 d) **„Die Ehefrau/der Ehemann oder die Kinder" als Bezugsberechtigte.** Hat der Versicherungsnehmer **„die Ehefrau oder die Kinder"** als Bezugsberechtigte benannt, so ist zunächst die Ehefrau allein begünstigt und erst nach deren Tod die Kinder.[223] Die Ehefrau kann über das Versicherungsguthaben frei verfügen.

272 Wenn der Versicherungsnehmer allerdings die Formulierung gewählt hätte: „Die Ehefrau **und** die Kinder", dann wäre die Ehefrau neben den Kindern nach Kopfteilen und nicht nach Erbquote bezugsberechtigt.

273 e) **„Der Ehegatte mit Namenszusatz" als Bezugsberechtigter.** Hat der Versicherungsnehmer **„den Ehegatten mit Namenszusatz"** als Bezugsberechtigten benannt, ist diese Bezugsberechtigung **nicht auflösend bedingt** durch eine Scheidung der Ehe.[224] Dies gilt auch, wenn der Versicherungsnehmer wie folgt formuliert hat: „Mein Ehepartner meine Frau Manuela Müller".

„Die Bezugsrechtsbenennung durch den Versicherungsnehmer ist freilich – wie jede Willenserklärung – der Auslegung gemäß §§ 133, 157 BGB zugänglich. Ist die Ehefrau des Versicherten als Bezugsberechtigte namentlich benannt und sei es auch unter ausdrücklicher Hinzufügung des Zusatzes „Ehefrau", dann ist die Benennung jedoch im Zweifel, wenn nämlich keine weiteren Umstände hinzutreten, aus der Sicht des Versicherers dahin zu verstehen, dass die Bezugsberechtigung auch bei einer etwaigen Scheidung der Ehe nicht automatisch unwirksam wird."[225]

274 Mit der **Scheidung** kann aber die Geschäftsgrundlage für den Erwerb im Valutaverhältnis entfallen und der Bezugsberechtigte dem Erben zur Herausgabe der erlangten Versicherungssumme verpflichtet sein.[226] Der bezugsberechtigte Ehegatte bedarf im Verhältnis zum Versicherten eines Rechtsgrundes, um die Versicherungssumme behalten

[221] BGH NZI 2008, 501.
[222] BayObLG SeuffA 56 Nr. 248.
[223] LG Saarbrücken NJW 1983, 180.
[224] BGH LM VVG § 166 Nr. 6.
[225] BGH FamRZ 1987, 806.
[226] BGH NJW 1987, 3131, 3132; so auch BGH 1.4.1987 – IVa ZR 26/86, VersR 1987, 659 = NJW 1987, 3131 (§ 2077 BGB ist im Bereich der Lebensversicherung nicht entsprechend anzuwenden).

zu dürfen. Mit dem Scheitern der Ehe kann die Geschäftsgrundlage im Valutaverhältnis wegfallen. Es ist jedoch immer eine Einzelfallprüfung vorzunehmen. Diese Rechtsauffassung wird auch vom 4. Zivilsenat des BGH in der Entscheidung vom 30.11.1994[227] geteilt: Im Rahmen der §§ 2077, 1933 BGB sind die Voraussetzungen für die Scheidung einer Ehe nach Maßgabe der §§ 1565 ff. BGB bezogen auf den Zeitpunkt des Erbfalls zu prüfen. Hat der überlebende Ehegatte der Scheidung nur in einer Unterhaltsvereinbarung, nicht aber gegenüber dem Familiengericht im Scheidungsverfahren zugestimmt, können die Voraussetzungen des § 1566 Abs. 1 BGB nicht bejaht werden. Dass die Ehegatten vor dem Erbfall länger als ein Jahr getrennt gelebt haben, ist zwar bei der Prüfung des § 1565 Abs. 1 BGB zu berücksichtigen. Darüber hinaus begründet die einjährige Trennung allein jedoch keine tatsächliche Vermutung für das Scheitern der Ehe.

„Der BGH hat mehrfach entschieden, dass die Benennung des Ehegatten des Versicherungsnehmers als Bezugsberechtigten einer Versicherungsleistung ohne Hinzutreten besonderer Anhaltspunkte nicht auflösend bedingt ist durch eine Scheidung der Ehe vor Eintritt des Versicherungsfalls. Denn bei der Verwendung des Begriffs „Ehegatte" bzw. „Ehefrau" ist – ohne Rücksicht auf einen den bezugsberechtigten Ehegatten näher kennzeichnenden Namenszusatz – nach der Lebenserfahrung regelmäßig nicht anzunehmen, dass das Bezugsrecht nur für den Fall eingeräumt sein soll, dass die Ehe zum Zeitpunkt des Versicherungsfalls noch besteht. Abgesehen davon, dass das BerGer. im vorliegenden Fall zu Recht jeden konkreten Anhaltspunkt dafür verneint hat, dass E eine solche auflösend bedingte Einsetzung ihres ersten Ehegatten als – widerruflich – Bezugsberechtigten gewollt hat, würde die Rechtsstellung des Kl. durch den Eintritt der Bedingung infolge Scheidung der ersten Ehe nicht zu der eines Bezugsberechtigten. Bei Eintritt der Bedingung würde das Recht auf die Versicherungsleistung in das Vermögen des Versicherungsnehmers gehören, hier also in das der E.
Auch eine entsprechende Anwendung von § 2077 Abs. 3 BGB, wonach eine letztwillige Verfügung, durch die der Erblasser seinen Ehegatten bedacht hat, im Falle der Auflösung der Ehe vor dem Tode des Erblassers dann nicht unwirksam ist, wenn anzunehmen ist, dass der Erblasser sie auch für einen solchen Fall getroffen haben würde, kommt nicht in Betracht. Denn die für die Auslegung einer letztwilligen Verfügung gebotene Prüfung des hypothetischen Erblasserwillens nach § 2077 Abs. 3 BGB widerspricht der Rechtsnatur der Bezugsrechtsbenennung als einseitiger, empfangsbedürftiger Willenserklärung. Bei einer Erklärung im Rahmen einer vertraglichen Vereinbarung ist im Interesse des Vertragspartners, hier des Versicherers, weitgehend auf deren Wortlaut und darauf abzustellen, wie die Erklärung aus dessen Sicht zu verstehen ist. Außerdem soll der Versicherer im Interesse einer schnellen und reibungslosen Abwicklung des Versicherungsfalls nicht – mitunter schwierige – Auslegungsfragen entscheiden müssen, die sich aus einer entsprechenden Anwendung von § 2077 BGB ergeben können. Damit blieb der frühere Ehegatte der E auch nach deren Tod aus der bei der Bekl. genommenen Rentenversicherung bezugsberechtigt."[228]

Der Rechtsgrund zum Behaltendürfen der Versicherungssumme kann aber entfallen, 275
wenn die Erben des Versicherungsnehmers das zwischen diesem und dem Bezugsberechtigten bestehende Valutaverhältnis **rückabwickeln** können.[229]

Ein Wegfall der Geschäftsgrundlage der Bezugsberechtigung aus einer Lebensversi- 276
cherung durch die Ehescheidung liegt dann nicht vor, wenn sich aus den Umständen ergibt, dass die Lebensversicherung ausschließlich der Absicherung des geschiedenen Ehegatten diente. Die Bezugsberechtigung bleibt bei Vorhandensein von Kindern, dem Erfordernis einer Kreditabsicherung, dem Weiterbestehen von Zahlungsverpflichtungen aus einem gemeinsamen Kredit oder der Schmälerung des Unterhaltungsanspruchs wegen dieser Rückzahlungsverpflichtung über die Ehescheidung hinaus bestehen.

[227] BGH 30.11.1994 – IV ZR 290/93, BGHZ 128, 125 = VersR 1995, 282.
[228] BGH 14.2.2007 – IV ZR 150/05, VersR 2007, 784 = ZEV 2007, 387.
[229] BGH 30.11.1994 – IV ZR 290/93, BGHZ 128, 125–135 = VersR 1995, 282.

Praxistipp:

So ist auch im Bereich der vorsorgenden Beratung darauf hinzuweisen, dass der Versicherungsnehmer die Scheidung als auflösende Bedingung ausdrücklich vereinbaren kann und dies aus Klarstellungsgründen auch tun sollte. Weiter wird darauf abzustellen sein, ob das Bezugsrecht widerruflich oder unwiderruflich besteht. Das unwiderrufliche Bezugsrecht dient zumeist der Altersabsicherung des Bezugsberechtigten, ohne dass es auf den Bestand der Ehe ankommt.

Merksatz:

- Scheidung und widerrufliches Bezugsrecht führen zur Rückzahlung der Versicherungssumme.
- Scheidung und unwiderrufliches Bezugsrecht führen zum Behaltendürfen der Versicherungssumme.
- Wer einen **Bereicherungsanspruch** gegen den Bezugsberechtigten geltend macht, ist hierfür beweispflichtig. Es wird nicht mehr regelmäßig davon ausgegangen, dass mit der Scheidung die Geschäftsgrundlage im Valutaverhältnis wegfällt.

277 f) **„Die Ehefrau/der Ehemann ohne Namenszusatz" als Bezugsberechtigte.** Hat der Versicherungsnehmer **„die Ehefrau; den Ehemann"** als Bezugsberechtigten benannt, ist die/der **bei Eintritt des Versicherungsfalls** mit dem Versicherungsnehmer verheiratete Frau/Mann bezugsberechtigt.[230] Gegenteilig zu dieser BGH-Entscheidung hat der 12. Zivilsenat des OLG Karlsruhe mit Urteil vom 20.3.1997[231] die Rechtsansicht vertreten, dass die Bestimmung der „Ehefrau" als Bezugsberechtigte einer Lebensversicherung aus der Sicht des Versicherers dahin zu verstehen ist, dass die Bezugsberechtigung für die bei Abschluss des Versicherungsvertrages mit dem Versicherungsnehmer verheiratete Ehefrau begründet und auch bei einer etwaigen Scheidung der Ehe nicht automatisch unwirksam werden soll.

278 Zahlt der Versicherer die Lebensversicherungssumme in Unkenntnis der Scheidung an die zweite Ehefrau aus, so kann er die Leistung bei bestehender Bezugsberechtigung der ersten Ehefrau zurückverlangen, wenn die zweite Ehefrau keinen Rechtsgrund darlegen kann, aus dem sich ihre Bezugsberechtigung, dh ihre Anspruchsinhaberschaft ergibt.[232] Für das Versicherungsunternehmen stellt sich dann die Frage, an wen schuldbefreiend gezahlt werden kann, wenn der Versicherungsnehmer zum Zeitpunkt des Versicherungsfalls geschieden und in neuer Ehe verheiratet war.

Praxistipp:

Dem Versicherer wird bei Kenntnis einer Scheidung mit vorangegangener Bezugsberechtigung und erneuter Verheiratung anzuraten sein, die Leistungssumme zu **hinterlegen.**

279 g) **„Der Inhaber der Police" als Bezugsberechtigter.** Hat der Versicherungsnehmer **„den Inhaber der Police"** als Bezugsberechtigten benannt, so ist nur derjenige Inhaber begünstig, der den Besitz des Versicherungsscheins **mit Wissen und Wollen** des Versicherungsnehmers erlangt hat. Wenn der Inhaber der Police dies nicht nachweisen kann, fällt der Anspruch zurück an den Versicherungsnehmer bzw. in den Nachlass.[233]

280 Das Versicherungsunternehmen muss nicht nachprüfen, ob der Inhaber der Versicherungspolice **rechtmäßig** in den Besitz der Versicherungspolice gelangt ist. Das Versicherungsunternehmen kann in diesem Fall schuldbefreiend an den Inhaber der Police leisten.

[230] BGH 29.1.1981 – IVa ZR 80/80, BGHZ 79, 295, 298 = VersR 1981, 326.
[231] OLG Karlsruhe 20.3.1997 – 12 U 299/96.
[232] OLG Karlsruhe NJWE-VHR 1997, 242–243; OLG Karlsruhe FamRZ 1998, 990–991.
[233] RGZ 66, 158, 163.

h) **Mehrere Personen als Bezugsberechtigte.** Hat der Versicherungsnehmer **mehrere Personen** ohne Bestimmung ihrer Anteile als Bezugsberechtigte benannt, so stehen ihnen gleiche Anteile zu, § 160 Abs. 1 S. 1 VVG.[234] Der Versicherungsnehmer hat jedoch das Recht und die Möglichkeit, die Anteile anders zu bestimmen. Jeder hat einen Bruchteilsanspruch. Mehrere Bezugsberechtigte sind nicht Gesamtgläubiger. 281

i) **Wegfall des Bezugsrechts.** Die Bezugsberechtigung aus einer Lebensversicherung entfällt gem. § 162 Abs. 2 VVG, wenn der Berechtigte den Versicherungsnehmer **ermordet** hat. Der Anspruch fällt dann in den Nachlass, auch wenn der Berechtigte Miterbe ist.[235] Damit der Mörder nicht über den Umweg „Nachlass" an der Versicherungssumme partizipiert, haben die gesetzlichen Erben bzw. testamentarischen Miterben gegen den Mörder **Erbunwürdigkeitsklage** zu erheben. Nach anderer Ansicht ist § 162 Abs. 2 VVG in einem solchen Fall dahingehend erweiternd auszulegen, dass er weder als Bezugsberechtigter noch als Erbe einen Anspruch auf die Versicherungssumme hat,[236] sodass es einer Erbunwürdigkeitsklage grundsätzlich nicht bedürfe. Sie zu erheben, ist den Miterben allerdings zu empfehlen. 282

j) **Zusammenfassung.** Der Versicherungsnehmer ist in jedem Fall darüber zu beraten, dass ein **Ersatzbezugsberechtigter** benannt werden sollte. 283

Rechtsprechung und Literatur sind sich darin einig, dass wegen der in § 160 VVG enthaltenen Auslegungsregel die Versicherungssumme, für die ein Dritter bezugsberechtigt ist, auch dann **nicht** in den Nachlass fällt, wenn der Versicherungsfall der Todesfall ist. Dies gilt gleichermaßen, wenn der Dritte auch Erbe ist.[237] Ist die Lebensversicherung auf die Person des Versicherungsnehmers abgeschlossen (Versicherungsnehmer ist auch versicherte Person) und hat der Versicherungsnehmer einen Dritten als Bezugsberechtigten bezeichnet, so entsteht der Anspruch auf die Versicherungssumme als Vermögensvorteil beim Ableben des Versicherungsnehmers unmittelbar in der Person des Bezugsberechtigten. Erblasserschulden können nur vom Erben, auf den sie durch den Erbfall übergehen, nicht aber von anderen Erwerbern als Nachlassverbindlichkeit abgezogen werden. Dies gilt auch dann, wenn sich der Erwerber, der jedoch nicht Erbe ist, aus moralischen Gründen zur Schuldentilgung verpflichtet fühlt.[238] 284

In **Gruppenversicherungsverträgen** kann es vorkommen, dass die Angehörigen des Versicherungsnehmers in der Reihenfolge **„erst Ehepartner, dann Kinder"** als Bezugsberechtigte fest benannt sind und dass das Bezugsrecht unwiderruflich ist. 285

VII. Unterschiede beim widerruflichen und unwiderruflichen Bezugsrecht

Das Bezugsrecht zugunsten der anderen Person kann widerruflich oder unwiderruflich eingeräumt werden. 286

1. Widerrufliches Bezugsrecht

Bei einer kapitalbildenden Lebensversicherung kann der Versicherungsnehmer einen bereits bei Vertragsschluss oder später bestimmten Bezugsberechtigten jederzeit einseitig **abändern,** § 159 Abs. 1 S. 2 VVG (§ 9 Abs. 2 S. 3 ALB 2016; § 13 Abs. 1 S. 3 ALB 86). 287

Das **widerrufliche Bezugsrecht** wird durch einseitige, empfangsbedürftige, rechtsgestaltende Willenserklärung eingeräumt. In § 9 Abs. 4 ALB 2016 bzw. § 13 Abs. 4 ALB 86 ist zulässigerweise bestimmt, dass die Erklärung in Bezug auf das Bezugsrecht durch schriftliche Anzeige an den Versicherer zu erfolgen hat (bei ALB 2016: in Textform). 288

Der **Widerruf** ist eine einseitige, empfangsbedürftige Willenserklärung gegenüber dem Versicherer und muss ihm grundsätzlich **vor** Eintritt des Versicherungsfalls zugehen (§ 9 Abs. 4 ALB Fassung v. 21.7.2025; § 13 Abs. 4 ALB 86); durch § 13 Abs. 4 ALB 86 wird 289

[234] MüKoBGB/Gottwald § 328 Rn. 141.
[235] OLG Hamm NJW-RR 1987, 1170, 1172.
[236] Prölss/Martin/Schneider VVG § 162 Rn. 7.
[237] BGHZ 32, 44; Prölss/Martin/Reiff/Schneider VVG § 167 Anm. 1.
[238] FG Rheinland-Pfalz 15.9.1997 – 4 K 2795/96.

§ 332 BGB abbedungen. Für den Zugang nach dem Tod des Versicherungsnehmers genügt aber § 130 Abs. 2 BGB. Der **Zugang** der Willenserklärung beim Versicherer ist Wirksamkeitsvoraussetzung. Der Begünstigte hat bis zum Versicherungsfall noch **keine Rechte** aus dem Versicherungsvertrag erworben. Gleiches gilt für § 9 Abs. 4 ALB 2016.

290 Auch die Erben können das widerrufliche Bezugsrecht noch abändern, solange das Versicherungsunternehmen dem Bezugsberechtigten noch keine Mitteilung über sein Bezugsrecht gemacht hat. Widerruflich ist ein Bezugsrecht, wenn der Versicherungsnehmer ohne Zustimmung des Bezugsberechtigten die Bezugsberechtigung ändern, aufheben oder neu gestalten kann.

2. Unwiderrufliches Bezugsrecht

291 Bei Einräumung eines **unwiderruflichen Bezugsrechts** auf den Erlebensfall erwirbt der Bezugsberechtigte die Ansprüche aus dem Versicherungsvertrag grundsätzlich sofort.

„Die Vereinbarung eines unwiderruflichen Bezugsrechts hat dingliche Wirkung.“[239]

292 Kasten: Wenn dem Versicherer die eingeschränkte Unwiderruflichkeit des Bezugsrechts mitgeteilt wurde, ist die Beleihung der Versicherung gegenüber dem Bezugsberechtigten unwirksam, wenn dessen Zustimmung zur Beleihung fehlt.

„Der Widerruf einer einmal begründeten Bezugsberechtigung hat ebenso wie die anschließende Benennung eines Bezugsberechtigten als Ausübung rechtsändernder Gestaltungsrechte Verfügungscharakter. Ein Vermögenspfleger kann aber über eine Forderung nicht ohne betreuungsgerichtliche (vormundschaftsgerichtliche) Genehmigung verfügen.“[240]

293 Die Begünstigungserklärung ist in der Regel so zu verstehen, dass das Recht des Bezugsberechtigten sämtliche aus dem Versicherungsvertrag fällig werdenden Ansprüche umfassen soll, somit auch den Rückkaufswert.

„Eine Änderung des Bezugsrechts ist ohne Mitwirkung des Dritten nicht möglich. Ein Rückgriff auf die Zweifelsregelung in § 331 BGB scheidet aus. Eine im Verhältnis zum Dritten liegende Einflussnahme auf das Bezugsrecht setzt mithin dessen Zustimmung voraus. Daher kommt auch eine einvernehmliche Aufhebung des Bezugsrechts ohne Mitwirkung des Berechtigten nicht in Betracht. Natürlich bleibt dem Dritten auch bei einem unwiderruflichen Bezugsrecht eine Zurückweisung nach § 333 BGB möglich. Ursprung der dinglichen Wirkung ist § 9 Abs. 2 ALB 2016 bzw. § 13 Abs. 2 ALB 86 und § 159 Abs. 3 VVG. Danach kann der Versicherungsnehmer ausdrücklich bestimmen, dass der Berechtigte die Ansprüche aus dem Versicherungsvertrag sofort und unwiderruflich erwerben soll. Danach kann die Berechtigung nur mit Zustimmung des Benannten aufgehoben werden.“[241]

294 Nach § 9 ALB 2016 bzw. § 13 ALB 86 kann der Versicherungsnehmer über die Ansprüche aus dem Versicherungsvertrag durch Einräumung eines Bezugsrechts verfügen. Wem und in welchem Umfang ein Bezugsrecht und die daraus folgenden Ansprüche auf die Versicherungsleistungen zustehen, bestimmt der Versicherungsnehmer durch eine einseitie, empfangsbedürftige und schriftliche Willenserklärung gegenüber dem Versicherer, die Verfügungscharakter hat. Entscheidend für die Zuordnung der Ansprüche ist daher nicht eine theoretische rechtliche Konstruktion, sondern der im rechtlich möglichen Rahmen geäußerte Gestaltungswille des Versicherungsnehmers. Dieser richtet sich beim unwiderruflichen Bezugsrecht regelmäßig auf den sofortigen Rechtserwerb, weil nur so der mit dem Verzicht auf den Widerruf verfolgte Zweck die Ansprüche auf die Versicherungsleistungen aus dem Vermögen des Versicherungsnehmers auszusondern und sie damit dem Zugriff seiner Gläubiger zu entziehen, erreicht werden kann.

---

[239] Bredemeyer ZEV 2010, 288, 290.
[240] BGH NJW-RR 1989, 21 f.
[241] Bredemeyer ZEV 2010, 288, 290.

Merksatz:
Unwiderrufliches Bezugsrecht bezieht sich auf die Versicherungsleistung, die Prämienrückgewähr und den Rückkaufswert.

Ausnahme: Der Versicherungsnehmer kann über die Ansprüche aus dem Versicherungsvertrag im Rahmen seiner Gestaltungsfreiheit unterschiedlich verfügen, insbesondere auch das unwiderrufliche Bezugsrecht **gegenständlich und zeitlich beschränken.** Er könnte beispielsweise den Rückkaufswert vom unwiderruflichen Bezugsrecht auf den Erlebensfall ausnehmen und bestimmen, dass ihm der Rückkaufswert nach Kündigung vor Ablauf der Versicherung verbleibt oder der Rückkaufswert dem für den Todesfall eingesetzten Bezugsberechtigten oder einem beliebigen Dritten zustehen solle. 295

Ohne Einsicht in die kompletten Versicherungsunterlagen ist eine Beurteilung bzw. Einschätzung nicht möglich. Der Bezugsberechtigte hat gegenüber den Erben nach § 952 BGB einen Anspruch auf Herausgabe des Versicherungsscheines. 296

Auf Antrag des Versicherungsnehmers kann dem Bezugsberechtigten durch schriftliche Bestätigung des Versicherers mitgeteilt werden, dass der Widerruf des Bezugsrechts durch den Versicherungsnehmer ausgeschlossen ist und das Recht auf die Versicherungsleistung sofort und unwiderruflich zugewandt wird, § 13 Abs. 2 ALB 86 bzw. § 9 Abs. 2 ALB 2016. „Dies kann auch im Rahmen einer Kreditfinanzierung erfolgen, wonach die Bank in Höhe des offenen Kreditsaldos als unwiderruflicher Bezugsberechtigter eingesetzt werden kann.“[242] Diese **Einräumungsklausel** ist gem. § 13 Abs. 4 ALB 86 schriftlich an die Versicherung zu richten, wobei das Bezugsrecht erst dann unwiderruflich wird, wenn gem. § 13 Abs. 2 ALB 86 die Bestätigung des Versicherers dem Versicherungsnehmer zugegangen ist § 9 Abs. 4 ALB 2016. 297

Praxistipp:
Hier ergibt sich für den Bezugsberechtigten ein **Beweisproblem,** wenn die Erben diesen Zugang negieren und der Versicherungsschein nicht vorliegt. Es ist durch die Erben dann zu überprüfen, ob überhaupt ein **wirksames unwiderrufliches** Bezugsrecht vorliegt, d. h. ein nachweisbarer Zugang der Bestätigung der Versicherung über das unwiderrufliche Bezugsrecht.

Der Bezugsberechtigte erwirbt das Bezugsrecht erst dann unwiderruflich, wenn die **schriftliche Bestätigung über die Unwiderruflichkeit beim Versicherungsnehmer eingeht.** Der Bezugsberechtigte muss daher den Zugang beim Versicherungsunternehmen nachweisen, was in der Praxis oftmals zu massiven Zeitverzögerungen führen kann. Es genügt also nicht die Absendung der Bestätigung des Versicherungsunternehmens. Der Eingang der Mitteilung beim Versicherungsnehmer bestimmt die Unwiderruflichkeit. Das unwiderrufliche Bezugsrecht gibt dem Bezugsberechtigten bereits eine **Anwartschaft.** Dieses Bezugsrecht kann nur mit Zustimmung des Bezugsberechtigten geändert werden. Der Versicherungsnehmer kann den Anspruch auf die Versicherungssumme nicht mehr verpfänden oder abtreten. Der Versicherungsnehmer kann allerdings die Versicherung **kündigen** (§ 168 Abs. 1 VVG), die Versicherung in eine **prämienfreie** Versicherung umwandeln (§ 165 Abs. 1 VVG) oder den Versicherungsvertrag **anfechten.** Nach Kündigung des Versicherungsvertrages durch den Versicherungsnehmer steht in den meisten Fällen dem Bezugsberechtigten ein Anspruch auf Auszahlung des Rückkaufswertes zu, es sei denn, es wäre etwas anderes vereinbart worden. 298

[242] LG Düsseldorf 6.8.2009 – 11 O 387/08, BeckRS 2009, 23734.

3. Wirksamkeit der Bezugsrechtseinräumung bzw. -änderung

299 Bei einer Rentenversicherung wird die Leistungspflicht des Versicherungsunternehmens durch das versicherte Risiko bestimmt, welches in der Person des Versicherungsnehmers begründet ist, aber auch durch die Person des Bezugsberechtigten (Lebenserwartung). Die Bezugsberechtigung kann daher **vor Eintritt des Versicherungsfalls** nur durch vertragliche Vereinbarung zwischen dem Versicherungsnehmer und dem Versicherungsunternehmen **aufgehoben** oder **abgeändert** werden.

300 Die Unterscheidung in unwiderrufliches und widerrufliches Bezugsrecht hat **weitreichende erbrechtliche Auswirkungen** (siehe dazu ausführlich → § 7 Rn. 1 ff. und → § 8 Rn. 1 ff.) und unterscheidet sich massiv von der Begünstigung durch Vertrag zugunsten Dritter im Kontenbereich.

VIII. Versicherungsschutz

301 Die **materielle Deckung** (Beginn des Versicherungsschutzes) ist zu unterscheiden vom **formellen Versicherungsbeginn** (Zeitpunkt des Vertragsabschlusses).

302 Versicherungsschutz setzte nach § 1 ALB 86 den formellen Abschluss des Versicherungsvertrages voraus und erforderte die Zahlung des sog. Einlösungsbetrages. Soll der Versicherungsschutz bereits mit Antragstellung **(vorläufige Deckung)** beginnen, setzt dies eine besondere Zusage des Versicherers voraus.

303 § 1 ALB 96 lautet:

§ 1 Wann beginnt Ihr Versicherungsschutz?

Ihr Versicherungsschutz beginnt, wenn Sie den ersten oder einmaligen Beitrag (Einlösungsbetrag) gezahlt und wir die Annahme Ihres Antrags schriftlich oder durch Aushändigung des Versicherungsscheins bestätigt haben. Vor dem im Versicherungsschein angegebenen Beginn der Versicherung besteht jedoch noch kein Versicherungsschutz.

304 § 3 ALB 2016 verlangt nicht mehr die Zahlung des Einlösungsbeitrages als Voraussetzung für den Beginn des materiellen Versicherungsschutzes. Die Klausel lautet:

§ 3 Wann beginnt Ihr Versicherungsschutz?

Ihr Versicherungsschutz beginnt, wenn Sie den Vertrag mit uns abgeschlossen haben. Jedoch besteht vor dem im Versicherungsschein angegebenen Versicherungsbeginn kein Versicherungsschutz. Allerdings kann unsere Leistungspflicht entfallen, wenn Sie den Beitrag nicht rechtzeitig zahlen (siehe § 10 Absätze 2 und 3 und § 11).

IX. Versicherungsleistung

305 Der Bezugsberechtigte erhält im Versicherungsfall den im Versicherungsvertrag vereinbarten Kapitalbetrag, die **Versicherungssumme.**

306 Neben der Versicherungssumme werden/sollten **Überschussanteile** gezahlt werden. Diese setzen sich aus außerrechnungsmäßigen Zinsen, Dividenden und Gewinnanteilen zusammen. Der Bezugsberechtigte hat dabei die ALB zu beachten.

307 In § 9 ALB 86 wird normiert, was bei **Fälligkeit** der Versicherungsleistung zu beachten ist.

§ 9 Was ist bei Fälligkeit der Versicherungsleistung zu beachten?

I. Leistungen aus dem Versicherungsvertrag erbringen wir gegen Vorlage des Versicherungsscheins. Zusätzlich können wir auch den Nachweis der letzten Beitragszahlung verlangen.

J. Der Tod des Versicherten ist uns unverzüglich anzuzeigen. Außer den in Abs. 1 genannten Unterlagen sind uns einzureichen
   - eine amtliche, Alter und Geburtsort enthaltene Sterbeurkunde,
   - ein ausführliches ärztliches oder amtliches Zeugnis über die Todesursache sowie über Beginn und Verlauf der Krankheit, die zum Tode des Versicherten geführt hat.

K. Zur Klärung unserer Leistungspflicht können wir notwendige weitere Nachweise verlangen und erforderliche Erhebungen selbst anstellen. Wir werden die erforderlichen Erhebungen nur auf die

Zeit von der Antragsannahme, die nächsten drei Jahre danach und das Jahr vor dem Tode des Versicherten erstrecken.

L. Die mit den Nachweisen verbundenen Kosten trägt derjenige, der die Versicherungsleistung beansprucht.

§ 7 ALB 2016 lautet: 308

§ 7 Was ist zu beachten, wenn eine Leistung verlangt wird?

(1) Wird eine Leistung aus dem Vertrag beansprucht, können wir verlangen, dass uns der Versicherungsschein und ein Zeugnis über den Tag der Geburt der versicherten Person (das ist die Person, auf deren Leben die Versicherung abgeschlossen ist) sowie die Auskunft nach § 16 vorgelegt werden.
(2) Der Tod der versicherten Person muss uns unverzüglich (d. h. ohne schuldhaftes Zögern) mitgeteilt werden. Außerdem muss uns eine amtliche Sterbeurkunde mit Angaben von Alter und Geburtsort vorgelegt werden. Zusätzlich muss uns eine ausführliche ärztliche oder amtliche Bescheinigung über die Todesursache vorgelegt werden. Aus der Bescheinigung müssen sich Beginn und Verlauf der Krankheit, die zum Tod der versicherten Person geführt hat, ergeben.
(3) Wir können weitere Nachweise und Auskünfte verlangen, wenn dies erforderlich ist, um unsere Leistungspflicht zu klären. Die Kosten hierfür muss diejenige Person tragen, die die Leistung beansprucht.
(4) Unsere Leistungen werden fällig, nachdem wir die Erhebungen abgeschlossen haben, die zur Feststellung des Versicherungsfalls und des Umfangs unserer Leistungspflicht notwendig sind. Wenn eine der in den Absätzen 1 bis 3 genannten Pflichten nicht erfüllt wird, kann dies zur Folge haben, dass wir nicht feststellen können, ob oder in welchem Umfang wir leistungspflichtig sind. Eine solche Pflichtverletzung kann somit dazu führen, dass unsere Leistung nicht fällig wird.
(5) Bei Überweisung von Leistungen in Ländern außerhalb des Europäischen Wirtschaftsraumes trägt die empfangsberechtigte Person die damit verbundene Gefahr.

Praxistipp:

Wenn der Versicherungsschein nicht vorliegt, kann es zu erheblichen Verzögerungen bei der Auszahlung der Versicherungssumme kommen. Das Versicherungsunternehmen könnte dann das **Aufgebotsverfahren** durchführen.

Auf die Vorlage eines ausführlichen ärztlichen Attests wird oftmals verzichtet.

X. Grundarten der Lebensversicherung

1. Allgemeines

309 Auf dem Versicherungsmarkt hat sich insbesondere seit 1994 im Zuge der **Deregulierung** eine Vielzahl von Versicherungstarifen herausgebildet. Diese erstrecken sich von den Risikoversicherungen, die ausschließlich im Todesfall Kapitalleistungen vorsehen, über die gemischte Lebensversicherung mit Leistungen im Todesund Erlebensfall bis hin zu wiederkehrenden Leistungen im Rahmen der Rentenversicherung.[243]

310 Nachfolgend werden die zzt. gängigen **Versicherungstarife** dargestellt, welche eine erbrechtliche Relevanz haben, wobei hier ein ständiger Wandel zu verzeichnen ist.

2. Risikolebensversicherung

311 a) **Versicherte Leistung.** Die Risikolebensversicherung sichert das Todesfallrisiko ab. Im Todesfall wird die vereinbarte Versicherungssumme gezahlt. Die Todesfallleistung kann dem Bedarf entsprechend als gleichbleibende, fallende oder steigende Summe gewählt werden.

312 Die Versicherungssumme wird nur fällig, wenn der Versicherte **während** der Vertragsdauer stirbt. Erlebt er das Ende der Vertragsdauer, ist eine Leistung des Versicherers nicht zu erbringen.

313 Die **Höchstversicherungsdauer** für Risikolebensversicherungen liegt im Regelfall zwischen 25 und 36 Jahre. Die **Mindestdauer** beträgt zumeist drei bis fünf Jahre.

314 Die **Mindestversicherungssumme** liegt zumeist bei 2.500 EUR.

[243] Kühlmann/Blumenstein/Dietrich, Die Lebensversicherung zur Altersvorsorge, 2. Aufl. 1998, S. 33.

315 Im **Ausland** wird auch eine lebenslängliche Risikolebensversicherung angeboten.

316 b) **Temporäre Risikolebensversicherung.** Die temporäre Risikoversicherung ist eine **zeitlich befristete** Todesfallversicherung. Die Vertragslaufzeit liegt meistens zwischen 5 und 25 Jahren. Verstirbt die versicherte Person innerhalb dieses Zeitraums, wird die Versicherungsleistung fällig. Erlebt die versicherte Person das Ende der Vertragslaufzeit, wird keine Kapitalleistung fällig.

317 Gerade Risikoversicherungen werden in Verbindung mit der Aufnahme von Darlehen zur Sicherung der Kredittilgung im Todesfall abgeschlossen. Die meisten Bausparkassen verlangen zwingend den Abschluss einer Risikolebensversicherung. Diese Art der Lebensversicherung ist von **steigender erbrechtlicher Relevanz,** da immer mehr Immobilienfinanzierungen mit Lebensversicherungsverträgen kombiniert werden, sei es aus Gründen der Absicherung durch eine Risikolebensversicherung oder der Tilgung des Darlehens durch kapitalbildende Lebensversicherungen.

318 c) **Risikolebensversicherung mit Umtauschrecht.** Die Versicherungswirtschaft bietet oftmals an, eine Risikolebensversicherung ohne erneute Gesundheitsprüfung in eine gemischte Lebensversicherung umzuwandeln. Die Frist für die Umwandlung von der reinen Risikolebensversicherung in eine gemischte Lebensversicherung beträgt durchschnittlich 10 Jahre.

319 Die reine Risikoversicherung, sei sie temporär oder lebenslänglich, kann auch mit einem Umtauschrecht ausgestattet sein. Innerhalb einer im Versicherungsvertrag festgelegten Frist kann der Vertrag in eine Kapitallebensversicherung umgewandelt werden. Vorteil hierbei ist, dass die Versicherung bei der Umwandlung auf eine erneute Gesundheitsprüfung verzichtet.

320 d) **Lebenslängliche Risikolebensversicherung mit Kapitalbildung.** Der Versicherungsnehmer zahlt bis zu seinem Ableben die Versicherungsprämien. Bei seinem Ableben tritt der Versicherungsfall ein. Diese Art der Lebensversicherung empfiehlt sich gerade bei sehr hoher Einkommensteuerbelastung des Versicherungsnehmers. Durch das Einbringen seines zinsbringenden Kapitals in eine Lebensversicherung erreicht er, dass die während der Laufzeit anfallenden Zinsen nicht der Steuer unterworfen sind und deren Auszahlung dann einkommensteuerneutral erfolgt.

321 e) **Sterbegeldversicherung.** Die oftmals bei Erbfällen relevante Sterbegeldversicherung ist eine lebenslängliche Todesfallversicherung mit sehr niedriger Versicherungssumme und niedrigen Beiträgen. Diese Versicherung wird angeboten, um die Verbindlichkeiten aus der Bestattung und den damit zusammenhängenden Kosten abzudecken. Die Versicherungssumme liegt zwischen 2.000 EUR und 7.500 EUR.

322 Der Abschluss einer lebenslänglichen Todesfallversicherung in jungen Jahren führt oftmals dazu, dass weitaus mehr Beiträge in die Versicherung einbezahlt werden, als später an die Hinterbliebenen ausbezahlt wird. Generell ist festzuhalten, dass eine versicherte Person, die das 75. Lebensjahr überschreitet, mehr in die Sterbegeldversicherung eingezahlt hat als die Summe, die als Versicherungsleistung ausgezahlt werden wird. Hier muss im Rahmen einer Vorsorgeberatung überprüft werden, ob und in welchem Umfang derartige Versicherungen **beitragsfrei** gestellt werden können. Einige Versicherungen stellen ihre Versicherungsnehmer mit Erreichen des 70. Lebensjahres von sich aus beitragsfrei.

323 f) **Erbschaftsteuerversicherung.** Zu unterscheiden ist zwischen der „echten“ Erbschaftsteuerversicherung und der „unechten“ Erbschaftsteuerversicherung.

324 Die „echte“ Erbschaftsteuerversicherung mit besonderen steuerlichen Vergünstigungen wird seit 1974 nicht mehr angeboten. Die steuerliche Vergünstigung bestand darin, dass die Versicherungsleistung nicht zum erbschaftsteuerlichen Nachlass gezählt wurde, sofern sie die Erbschaftsteuerschuld nicht überstieg. Lediglich der darüber hinausgehende Betrag unterlag der Erbschaftsteuer.

325 Bei der „unechten“ Erbschaftsteuerversicherung schließt der voraussichtlich Erbberechtigte eine Risikolebensversicherung auf das Leben des künftigen Erblassers ab. Der

zukünftige Erblasser muss allerdings sein schriftliches Einverständnis geben. Liegt diese Vertragsgestaltung vor und der voraussichtliche Erbberechtigte bezahlt die Prämien aus seinem eigenen Vermögen, unterliegt die Versicherungssumme im Erbfall nicht der Erbschaft- und Einkommensteuer. Die Versicherungssumme orientiert sich an der Höhe der anfallenden Erbschaftsteuer. In der Praxis wird jedoch der Erblasser die Prämien bezahlen, sodass sich hier sowohl pflichtteilsergänzungsrechtliche als auch erbschaftsteuerrechtliche Konsequenzen ergeben können. Die Prämien liegen in der Regel wegen des Alters der versicherten Person im oberen Bereich, sodass hier genau abzuwägen ist, ob diese Art der Versicherung sinnvoll ist. Es sollte eine exakte Liquiditätsberechnung erfolgen.

3. Kapitalbildende Lebensversicherung

a) **Versicherte Leistung.** Diese Art der Versicherung erbringt sowohl im Erlebensfall 326
als auch im Versterbensfall Versicherungsleistungen, sie ist sozusagen ein **„Sparbuch mit Risikoschutz“.** Die Kapitallebensversicherung kann als „Risikolebensversicherung in Verbindung mit einem Sparvertrag“ bezeichnet werden. Über den Sparanteil wird der Versicherungsnehmer am Gewinn des Versicherungsunternehmens beteiligt.

Bei zahlreichen Versicherungsverträgen ist die Todesfallsumme gleich der Erlebens- 327
fallsumme. Diese Versorgungsform dient gleichzeitig der Alters- und Hinterbliebenenabsicherung. Sie eignet sich insbesondere auch zur Tilgung und Sicherung von Hypotheken und Darlehen. Zahlreiche Immobilienfinanzierungen aus den 1990er Jahren sahen die Tilgung von Darlehen durch Lebensversicherungen vor.

Nahezu jährlich bringt die Versicherungswirtschaft immer neue Arten von Lebens- 328
versicherungsverträgen auf den Markt. Die **kapitalbildende Lebensversicherung** gibt es in zahlreichen Varianten. Nachfolgend werden einige dargestellt.

b) **Kapitalaufbau-Versicherung mit Umwandlungsrecht.** Die Kapitalaufbau-Versiche- 329
rung hat im Gegensatz zur Standardversicherung anfangs einen geringen Todesfallschutz, der sich jedoch jedes Jahr erhöht. Der Vorteil besteht darin, dass der Versicherte während der Laufzeit das Recht hat, ohne Überprüfung des Gesundheitszustands bei Heirat oder Geburt von Kindern die Todesfallsumme um 50.000 EUR zu erhöhen.

c) **Vorleistungsversicherung (Todes- und Erlebensfallversicherung mit Teilauszahlun- 330
gen).** Eine Lebensversicherung mit Teilauszahlungen wird auch als sog. Vorleistungsversicherung bezeichnet. Bei dieser Versicherungsvariante werden zu einem festgelegten Termin Teilauszahlungen fällig. Es können auch mehrere Termine und Teilauszahlungen vereinbart werden. Die erste Teilleistung findet in den meisten Fällen nach der steuerlichen Sperrfrist von 12 Jahren statt.

d) **Lebensversicherung mit abgekürzter Beitragszahlung und Depot.** Diese Versiche- 331
rung wird auch als „Depotlebensversicherung“, „Beitragsdepot“ oder „Depotsafe“ bezeichnet. Die Beitragszahlung erfolgt durch eine Einmalzahlung des Versicherungsnehmers auf das Beitragsdepot der Lebensversicherung. Nach Einzahlung werden fünf gleich hohe Jahresraten für die Versicherungsbeiträge zur Kapitalversicherung erbracht. Die Zinssätze der Versicherungswirtschaft für die Einlage (Depot) der Versicherungsnehmer gelten als günstig. Wenn es sich um festverzinsliche Anlagen handelt, ist ein Risiko ausgeschlossen. Zu Beginn des fünften Jahres ist mit der Abbuchung des letzten Jahresbeitrages der Kontostand des Depots auf Null abgesunken.

e) **Todes- und Erlebensfallversicherung auf zwei verbundene Leben.** Bei dieser Art der 332
Versicherung wird das Todesfallrisiko von **zwei** Personen in **einem** Vertrag versichert. Die Versicherungsleistung erfolgt nur einmal beim Tod des Erstversterbenden.

In der Praxis sind in nahezu allen Fällen die Versicherungsnehmer (Ehe-)Partner und 333
beide als bezugsberechtigte Personen benannt. Der Vorteil bei dieser Vertragsgestaltung ist, dass das **höhere Eintrittsalter** gemäß der nachfolgenden Tabelle verringert wird. Wenn es sich bei einer der **versicherten Personen** (nicht Versicherungsnehmer) um eine

Frau handelt, so ist vor Anwendung der Tabelle das Eintrittsalter der Frau um 5 Jahre zu verringern.

Altersunterschied in Jahren	das höhere Eintrittsalter ist zu verringern um … Jahre
0 bis 1	0
2 bis 3	1
4 bis 5	2
6 bis 8	3
9 bis 12	4
13 bis 18	5
19 bis 29	6
30 und mehr	7

Beispiel:

Der Ehemann ist 50 Jahre alt, die Ehefrau ist 40 Jahre alt. Die Ehefrau zählt mit 35 Jahren (40 Jahre – 5 Jahre). Dies ergibt einen Altersunterschied zwischen Ehemann und Versicherungsalter der Ehefrau von 15 Jahren. Das Eintrittsalter des Ehemannes in den Vertrag wird also mit 50 - 5 = 45 Jahren angenommen. Hiermit wird der zu zahlenden Prämienbetrag günstiger.

334 Diese Versicherung wird oft als **Ehegattenversicherung** eingesetzt. Beim Tod einer der Versicherten wird die Todesfallsumme fällig und der Vertrag endet. Für den Fall, dass beide Versicherte gleichzeitig versterben, wird die Versicherungssumme nur einmal ausbezahlt. Der Versicherungsbeitrag ist **höher** als bei anderen Tarifen, bezogen auf das Eintrittsalter. Es ergeben sich hier jedoch erbrechtliche Vorteile dadurch, dass nur 50 % der Leistung erbrechtliche Auswirkungen haben.

335 Diese Art der Versicherung ist **nicht** mit der gekreuzten Lebensversicherung zu verwechseln, bei welcher 50 % der Versicherungssumme im ersten Versterbensfall bzw. Erreichen des Fälligkeitsdatum und 50 % beim zweiten Versterbensfall bzw. Erreichen des Fälligkeitsdatums.

336 f) **Todes- und Erlebensfallversicherung auf zwei verbundene Leben mit vorgezogener Leistung.** Bei dieser relativ unbedeutenden Fallvariante endet der Versicherungsvertrag bereits in dem Jahr, in dem die Versicherungssumme erreicht wird, und nicht nach Ablauf der vereinbarten Laufzeit.

337 g) **Versicherungen mit festem Auszahlungszeitpunkt (Terminfixversicherung).** Die **Terminfixversicherung** wird verwendet als **Ausbildungs-, Heirats- oder Aussteuerversicherung.** Die Auszahlung der Versicherungssumme wird zum vereinbarten Zeitpunkt vorgenommen, der oft vom Eintritt einer Bedingung abhängig ist. Bei dieser Versicherung ist es unbedeutend, ob die versicherte Person während der Vertragslaufzeit verstirbt. In diesem Fall wird der Vertrag beitragsfrei weitergeführt.

Beispiel:

Der Versicherungsnehmer schließt eine Ausbildungsversicherung ab, wonach sein Kind zu Ausbildungszwecken nach Erreichen des 18. Lebensjahres einen Betrag iHv 50.000 EUR bekommen soll. Wenn der Versicherungsnehmer (meistens ein Elternteil) vor dem 18. Lebensjahr des Kindes verstirbt, läuft der Vertrag bis zum Ende der vereinbarten Laufzeit beitragsfrei weiter. Die Versicherungssumme wird dann zum 18. Lebensjahr des Kindes ausgezahlt. Verstirbt hingegen das Kind, werden lediglich die eingezahlten Beiträge verzinst an den Versicherungsnehmer zurückerstattet.

338 h) **Teilhaberversicherung.** Die Teilhaberversicherung ist eine spezielle Vertragsform für Unternehmen. Sie wird von einem Unternehmen auf das Leben eines oder mehrerer Gesellschafter abgeschlossen. Ein Vertragsabschluss ist nur bei Personengesellschaften wie Rechtsanwalts-, Steuerberater- oder Ärztesozietäten möglich. Voraussetzung ist, dass die Gesellschafter im steuerlichen Sinne Mitunternehmer sind. Versicherungsnehmer, Beitragszahler und Begünstigter ist das Unternehmen. Der Versicherte, der selbst keine Ansprüche aus dem Vertragsabschluss herleiten kann, muss aber sein Einver-

ständnis mit dem Vertragsabschluss erklären und sich einer Gesundheitsprüfung unterziehen.

Diese Beitragsform wird zB für den Fall des Ausscheidens eines Gesellschafters wegen Erreichens der Altersgrenze oder der Möglichkeit des vorzeitigen Ablebens gewählt, um bei Auseinandersetzungen mit den Teilhabern oder dessen Erben den eventuellen Kapitalbedarf beispielsweise für Abfindungszahlungen leisten zu können. Die Vermögenssubstanz oder die Kreditreserven des Unternehmens müssen dann nicht angegriffen werden. Scheidet ein Gesellschafter auf eigenen Wunsch aus dem Unternehmen aus, steht der Rückkaufswert der Versicherung für die Auszahlung zur Verfügung. 339

i) **Fondsgebundene Lebensversicherungen.** Die fondsgebundene Lebensversicherung ist eine besondere Form der gemischten Lebensversicherung, bei der die Vermögensanlage durch eine unmittelbare Beteiligung des Versicherungsnehmers an einem Sondervermögen erfolgt. Der Versicherungsnehmer wird unmittelbar an der Wert- und Ertragsentwicklung eines Sonderfonds (Immobilien, Aktien, Renten oder gemischte Fonds) beteiligt. Fondsgebundene Lebensversicherungen bieten dem Versicherungsnehmer **Chancen** bei Kurssteigerungen der Anteilswerte, jedoch auch gleichermaßen ein **Risiko** bei fallenden Kursen. 340

Die bis 1994 genehmigungspflichtigen und marktüblichen Bedingungsgrundlagen „Allgemeine Versicherungsbedingung für die **fondsgebundene Lebensversicherung**" (FLV) sind durch unternehmensindividuelle Allgemeine Bedingungen für die fondsgebundene Lebensversicherung iVm Tarifbedingungen und besondere Bedingungen für die Dynamik oder Anpassungsversicherung ersetzt worden. 341

Bei der **Fondsrentenversicherung** (FRV) sind die Allgemeinen Versicherungsbedingungen (ARV) iVm den Produktbedingungen für die fondsgebundene Rentenversicherung einschlägig. Hinzu kommen Merkblätter, aus denen Informationen über den erhaltenen Versicherungsschutz, die Beitragsverwendung, die Versicherungsleistungen, Überschussbeteiligungen, Unterrichtsmodus und steuerliche Vorschriften zur Fondsanlage ersichtlich sind. Auf diese Unterlagen hat der Bezugsberechtigte einen Anspruch gegenüber den Erben. Diese Unterlagen müssen für die Bearbeitung beigezogen werden. 342

In den zurückliegenden Jahren hat sich eine größere **Tarifvielfalt** entwickelt. Auf dem deutschen Versicherungsmarkt werden Fondslebensversicherungen bereits seit Beginn der 70er Jahre angeboten. Die Fondslebensversicherung ist eine Spezialform der Lebensversicherung, die einen bestimmten Todesfallschutz mit der Beteiligung an einem Sondervermögen wie Immobilienfonds, Rentenfonds, Aktienfonds oder gemischten Fonds bietet. 343

Im Gegensatz zur herkömmlichen Lebensversicherung geht das Anlagerisiko bei der Fondslebensversicherung/Fondsrentenversicherung ganz auf den einzelnen Versicherungsnehmer über, sodass sie vom Grundsatz her nicht direkt mit einer herkömmlichen Lebensversicherung vergleichbar ist. Charakteristisch für die Fondslebensversicherung ist daher der vollkommen ungewisse Verlauf des Deckungskapitals. Der Verlauf der Börse bestimmt den Wert der Fondsanteile und damit die zu erwartende Erlebensfallleistung sowie die Leistung im möglichen Todesfall. 344

Bei der Fondslebensversicherung erfolgt die Anlage der Sparbeiträge gem. § 54b VGA in Anteilen an 345

- einem Investmentfonds, hierbei wahlweise in Publikumsfonds wie Aktienfonds, Rentenfonds, gemischte Fonds oder Immobilienfonds; oder
- einem sog. Managed-Fonds, also einem Fonds, der wiederum andere Fonds finanziert und in diese investiert, weil Letztere von einem Fondsmanagement betreut werden; oder
- Sonderkonstruktionen wie Regionalfonds, Ethikfonds, Ökologiefonds, Dachfonds; oder
- internen Fonds.

Es wird eine **Festlaufzeit** bestimmt. Als **Versicherungsschutz** können als Todesfallschutz 50, 100 oder 200 % der während der Laufzeit zu zahlenden Beiträge gewählt 346 werden. Durch einen niedrigen Todesfallschutz kann beispielsweise die Sparkomponente, dh der Sparanteil bei gegebenem Betrag aufgestockt und zum Kauf weiterer Investmentzertifikate eingesetzt werden.

347 Bei Ablauf der Versicherung erhält der Versicherungsnehmer den Gegenwert seiner angesparten Fondszertifikate ausbezahlt. Sollte das Kursniveau der Zertifikate zum Ablaufzeitpunkt ungünstig sein, so kann er sich die Zertifikate auch aushändigen lassen und zu einem späteren Zeitpunkt veräußern. Im Todesfall erhalten die Hinterbliebenen den **aktuellen Gegenwert** der erworbenen Zertifikate und die Leistung aus der **Risikosumme.** Die Risikosumme ist generell definiert als die Differenz zwischen der vertraglich vereinbarten Mindesttodesfallsumme und dem Zeitwert der Zertifikate. Die Todesfallsumme ist eine vertraglich garantierte Mindestgröße.

348 Von zahlreichen Versicherungen wird die Mindesttodesfallsumme häufig als die Summe aller Beiträge festgelegt, die im Erlebensfall bis zum Ablauf zu entrichten wären.

349 Als Variante der fondsgebundenen Lebensversicherung wird die **variable fondsgebundene Lebensversicherung** angeboten, bei welcher ein Todesfallschutz in Höhe des 10fachen Jahresbeitrages als Mindestsumme angeboten wird. Gerade in sehr jungen Jahren kann hier ein Versicherungsschutz erreicht werden, der 30 Mal höher ist als der 10fache Jahresbeitrag.

Beispiel:

Der Jahresbeitrag beträgt 2.400 EUR, das Minimum des Todesfallschutzes 24.000 EUR, der Höchstbetrag des Todesfallschutzes beträgt 720.000 EUR.

350 Je älter der Versicherungsnehmer wird, desto geringer wird der Todesfallschutz. Diese Versicherungsvariante ist gerade zur Absicherung junger Familien mit hoher Verschuldung ein denkbares Modell.

351 j) **Depotbeitragsversicherung.** Die Beitragszahlung einer Lebensversicherung kann statt durch eine laufende auch durch eine zeitlich abgekürzte Beitragszahlung erfolgen. Je kürzer die Beitragszahlungsdauer, desto höher die jeweiligen Beiträge. Einmalbeträge sind in diesem Kontext nicht sinnvoll, da hier ein Steuervorteil der Lebensversicherung entfallen würde. Als kürzeste steuerunschädliche Beitragszahlungsdauer werden 5 Jahre angesehen.

352 Um dem Versicherungsnehmer trotzdem die Zahlung eines Einmalbeitrages zu ermöglichen, besteht die Möglichkeit eines **Beitragsdepots.** Diesem Depot entnimmt der Versicherer die jährlich fälligen Beiträge. Die anfallenden Depotzinsen sind grundsätzlich steuerpflichtig. Da das Depotguthaben sich von Jahr zu Jahr verringert, sind die Depotzinsen zu Beginn am höchsten. Durch die hohen Fünfjahresbeiträge ergibt sich bereits in den ersten Jahren ein wesentlich höherer Rückkaufswert als bei allen anderen Tarifen.

353 Die Vertragsform wird oft als **5+7-Plan** angeboten. Hierfür stehen sowohl Tarifformen der Lebensversicherungen als auch der Rentenversicherungen zu Wahl.

354 Man unterscheidet das Beitragsdepot beim Versicherer nach vollem oder stark reduziertem Todesfallschutz und das individuell abgewickelte Beitragsdepot mit einem Rentenfonds auf der Depotseite und niedrigem Todesfallschutz auf der versicherungstechnischen Seite.

355 Die Höhe des Depotzinssatzes ist von Versicherer zu Versicherer extrem unterschiedlich. Der Depotzins kann variabel oder für die gesamte Laufzeit, also für fünf Jahre festgeschrieben werden. Während der gesamten Vertragsdauer bleibt der Versicherungsnehmer in seinen Dispositionen flexibel. Bei vorzeitiger Kündigung der Lebensversicherung erhält er den nicht verbrauchten Teil des Depots, den garantierten Rückkaufswert plus der bis dahin erwirtschafteten Gewinnguthaben zurückgezahlt. Nur bei Vertragsauflösung während der ersten zwölf Jahre sind die rechnungsmäßigen und außerrechnungsmäßigen Zinsen kapitalertragssteuerpflichtig. Darüber hinaus wird voller Versicherungsschutz ab dem ersten Tag gewährt. Stirbt die versicherte Person in den ersten Jahren der Depotbeitragszahlungen, wird die Versicherungssumme zzgl. vorhandener Gewinnanteile und dem nicht verbrauchten Teil des Depots ausgezahlt.

XI. Rentenversicherung

1. Allgemeines

Die **Leibrentenversicherung** ist die derzeit gebräuchlichste Form der privaten Rentenversicherung. In der Praxis wird die Leibrentenversicherung einfach schlicht als **„Rentenversicherung“** bezeichnet, sodass nachfolgend ebenfalls statt des Begriffs „Leibrentenversicherung“ die Bezeichnung „Rentenversicherung“ verwendet wird. 356

Es gibt im Wesentlichen folgende zwei Rentenarten: 357
- Leibrenten
- Zeitrenten.

Die **Leibrenten** gibt es wiederum in zwei Unterformen: 358
- als **abgekürzte Leibrente:** Die Rente ist zahlbar, solange der Berechtigte lebt, maximal aber x Jahre. Gezahlt wird lebenslänglich, jedoch **höchstens** 15 Jahre.
- als **verlängerte Leibrente:** Die Rente ist zahlbar, solange der Berechtigte lebt, mindestens aber x Jahre. Gezahlt wird lebenslänglich, **mindestens** jedoch 15 Jahre.

Die **Zeitrente** ist x Jahre lang zahlbar, unabhängig davon, ob der Berechtigte lebt oder innerhalb des Zeitraums verstirbt. 359

Die **abgekürzte Leibrente** wurde in der Vergangenheit selten angeboten, sie hat eine niedrigere Prämie als die verlängerte Leibrente. 360

Die **verlängerte Leibrente** ist die derzeit gängigste Versicherungsform. Für den Fall, dass der Rentenberechtigte rasch nach Eintritt des Rentenalters verstirbt, wird die Rentenleistung weiter für einen begrenzten Zeitraum an einen Begünstigten gezahlt **(Rentengarantiezeit).** 361

Die **aufgeschobene Rentenversicherung mit laufender Beitragszahlung und Kapitalwahlrecht** beinhaltet im Gegensatz zur Risiko-Lebensversicherung keinen Todesfallschutz mit Ausnahme der Beitragsrückgewähr im vereinbarten Rahmen. Da die Rentenversicherung eine typische Erlebensfallversicherung ist, entfällt bei der Rentenversicherung das Todesfallrisiko. Gegen Beitragszahlung[244] erwirbt der Versicherte zu einem festgelegten Termin das Recht auf eine ggf. lebenslange Rentenzahlung.[245] Die Form der Beitragszahlung ist frei vereinbar, sodass auch Einmalzahlungen möglich sind. Die Rendite ist höher als bei der kapitalbildenden Lebensversicherung,[246] da keine Rücklagen für den Risikoanteil zu bilden sind. Die Rentenversicherung gewinnt sowohl in der Anzahl der abgeschlossenen Verträge als auch hinsichtlich des Beitragsaufkommens immer größere Bedeutung.[247] Der Übergang der Rente auf die Witwe bzw. den Witwer kann über eine Witwen- bzw. Witwerrenten-Zusatzversicherung vereinbart werden. 362

Die Versicherungsleistung wird **fällig,** wenn der Versicherte den Beginn der Rentenzahlung erlebt. Die Rente wird bis zum Tode des Versicherten, mindestens jedoch 5 Jahre **(Rentengarantie),** gezahlt. Bei Tod des Versicherten vor Rentenbeginn werden die Beiträge zurückgewährt. 363

Bei einer aufgeschobenen Rentenversicherung kann das Versicherungsunternehmen mit der Klausel: 364

„Beim Tod des Versicherten vor Rentenbeginn werden die Beiträge zurückgewährt.“

---

[244] Bei einer lebenslangen Rentenzahlung sind die Beiträge für Frauen aufgrund der höheren Lebenserwartung deutlich höher.

[245] Bei der Rentenversicherung ist bei Eintritt des Versicherungsfalls (Rentenbeginn) ein höheres Kapital vorhanden als bei einer gemischten Lebensversicherung.

[246] Die höhere Verzinsung ist möglich, da einerseits die Abschlussprovision generell niedriger ist als bei einer kapitalbildenden Lebensversicherung und der Risikoanteil meistens ganz entfällt.

[247] Der Anteil der abgeschlossenen Rentenversicherungsverträge an allen Lebens-/Risiko-/Rentenversicherungsverträgen lag 1990 bei 2,5 %; 1997 bereits bei 12,9 %; die Beitragszahlung lag schon bei rund 27 %.

365 eine Versicherungsleistung versprechen, sodass der Bezugsberechtigte die Leistung erhält. Bei Abschluss eines Vertrages über eine aufgeschobene Rentenversicherung geht der Versicherungsnehmer davon aus, dass er an den Versicherer Beiträge zu leisten hat, um als Gegenleistung bei Verwirklichung bestimmter Risiken Versicherungsschutz zu erlangen.

366 Mit einem Rückfluss der von ihm aufgebrachten und vom Versicherer angesammelten Mittel rechnet der Versicherungsnehmer, wenn sich das versicherte Risiko (das Erreichen des Rentenalters) verwirklicht hat. Schon deshalb legt die Formulierung in der Tarifbeschreibung, wonach der Versicherer bei Tod des Versicherten vor Rentenbeginn die Beiträge *„zurückgewährt"*, auch nach dem Verständnis eines durchschnittlichen Versicherungsnehmers noch nicht nahe, dass unter der hier geregelten Voraussetzung eine Rückabwicklung des Versicherungsverhältnisses erfolgen soll. Vielmehr wird das Verständnis des Versicherungsnehmers dadurch geprägt, dass er die von ihm erbrachten Beitragsleistungen als „verloren" betrachtet, wenn sich ein versichertes Risiko nicht mehr verwirklichen kann, so also auch dann, wenn im Rahmen einer aufgeschobenen Rentenversicherung der Versicherte den vereinbarten Zeitpunkt des Rentenbeginns nicht erlebt. Schon vor diesem Hintergrund wird der Versicherungsnehmer die zugesagte Beitragsrückgewähr *„bei Tod des Versicherten vor Rentenbeginn"* nicht als Folge einer Rückabwicklung des Versicherungsvertrages begreifen. Sie wird sich ihm vielmehr als weitere Leistung des Versicherers neben der versprochenen Rente im Erlebensfall darstellen, wobei die Leistungspflicht des Versicherers hier an den Tod des Versicherten anknüpft. Ein solches Verständnis wird dadurch bestätigt, dass auch bei Tod des Versicherten vor Ablauf von fünf Jahren nach Rentenbeginn (Rentengarantiezeit) dessen Hinterbliebene begünstigt werden. Der Umstand, dass in der Tarifbeschreibung hinsichtlich der versprochenen Rentenleistung die Formulierung *„Die Versicherungsleistung wird fällig …"* gebraucht wird, stellt dieses Verständnis nicht in Frage. Bei einer Rentenversicherung geht es zunächst und in erster Linie um die auf Erbringung einer Rente gerichtete Leistungspflicht des Versicherers. Wenn deshalb nur in diesem Zusammenhang von einer „Versicherungsleistung" die Rede ist, kann dem noch nicht entnommen werden, dass der Versicherer deshalb an andere Voraussetzungen geknüpfte Versicherungsleistungen nicht versprechen will. Das gilt umso mehr, als es nur bei der angesprochenen Rentenleistungspflicht einer Bestimmung der Fälligkeit dieser Versicherungssumme bedurfte. Eine Leistungspflicht im Todesfall dagegen wird ohnehin durch den Tod des Versicherten ausgelöst. Die Tarifbeschreibung ermöglicht daher dem Versicherungsnehmer ein Verständnis der mit ihm getroffene Regelungen dahin, dass auch für den Fall des Todes in der Aufschubzeit eine Versicherungsleistung in Höhe der bis dahin geleisteten Beiträge – also eine **Todesfallleistung** – versprochen wird und keine Beitragsrückgewähr.

367 Wenn die im Versicherungsschein enthaltene „Tarifbeschreibung" wie folgt lautet:

„Aufgeschobene Rentenversicherung mit laufender Beitragszahlung und Kapitalwahlrecht.
Die Versicherungsleistung wird fällig, wenn der Versicherte den Beginn der Rentenzahlung erlebt. Die Rente wird bis zum Tode des Versicherten, mindestens jedoch für 5 Jahre (Rentengarantie) gezahlt. Bei Tod des Versicherten vor Rentenbeginn werden die Beiträge zurückgewährt.",

368 beinhaltet dies eine Versicherungsleistung, die einem Bezugsberechtigten zusteht, wenn er benannt ist, und stellt keinen Anspruch des Erben auf Rückgewähr der Prämien dar.

2. Begrifflichkeiten

369 a) **Aufschubzeit. Aufschubzeit** ist die Vertragslaufzeit bis zum Beginn der Rentenzahlungen. Aufgeschobene Rentenversicherungen können zusätzlich mit ganz unterschiedlichen Leistungen[248] für den Todesfall der versicherten Person vor Erreichen des Rentenalters abgeschlossen werden wie:

---

[248] Je geringer die Todesfallleistung ist, desto höher ist die Verzinsung der Beiträge und damit die Höhe der Rentenzahlungen.

- keine Leistung
- Beitragsrückgewähr
- Überschussguthaben
- Beitragsrückgewähr und Überschussguthaben
- Kapitalabfindung zuzüglich Gewinnanteil
- Rentengarantiezeit.

Die **Rentengarantiezeit** ist die Leistungsdauer der Rentenzahlungen unabhängig davon, ob der Versicherte lebt oder verstorben ist, die Mindestlaufzeit der monatlichen oder jährlichen Zahlungen also unabhängig davon, ob der Versicherungsnehmer diesen Zeitpunkt erlebt hat oder nicht. 370

b) **Kapitalwahlrecht.** Kapitalwahlrecht bedeutet, dass der Versicherungsnehmer das Recht auf eine einmalige Kapitalabfindung statt einen Anspruch auf laufende Rentenzahlungen hat. 371

c) **Aufgeschobene Rentenversicherung.** Bei der **aufgeschobenen** Rentenversicherung wird das Kapital bis zum Rentenbeginn angespart. **Vor** Eintritt des Versicherungsfalls (Rentenbeginn) kann der Versicherungsnehmer wählen, ob er Rentenzahlungen wünscht oder sich das gesamte Kapital auszahlen lassen will. Durch dieses Kapitalwahlrecht hat der Versicherungsnehmer dieselben Möglichkeiten wie bei der gemischten Lebensversicherung. 372

Praxistipp:
Für Personen, die wegen Vorerkrankungen keine Lebensversicherung abschließen können, stellt die Rentenversicherung wegen ihrer steuerlichen Vorteile eine Alternative dar.

3. Formen der Rentenversicherung

Ebenso wie bei der Risiko- bzw. kapitalbildenden Lebensversicherung gibt es auch bei der Rentenversicherung zahlreiche unterschiedliche Versicherungstarife, die im Erbfall jeweils unterschiedliche Auswirkungen haben können. 373

a) **Rentenversicherung mit Todesfallleistung iHv 10 % der Kapitalabfindung.** Bei dieser Variante wird keine Beitragsrückgewähr vereinbart. Das hat zur Folge, dass die Versicherung nur 10 % der garantierten Kapitalabfindung zuzüglich der bis zu diesem Zeitpunkt angefallenen Gewinnanteile an den oder die Erben des Versicherungsnehmers auszuzahlen hat, wenn der Versicherte während der Aufschubzeit verstirbt und kein Bezugsberechtigter benannt ist. Hintergrund dafür ist, dass dann die Rentenzahlung höher sei. 374

b) **Rentenversicherung mit zwei verbundenen Leben und Hinterbliebenenrente.** Wie bei der Lebensversicherung kann auch bei der Rentenversicherung ein Tarif gewählt werden, der zwei versicherte Personen in einem Vertrag zulässt. Statt der Kapitalabfindung wird im Todesfall einer der versicherten Personen eine Hinterbliebenenrente bezahlt. 375

Es wird der ältere Versicherte für die Berechnung des Rentenbeginns zugrunde gelegt. Wenn dieser das vereinbarte Rentenalter erreicht hat, erhält er die Rente ausgezahlt. Verstirbt er während der Rentengarantiezeit, erhält der zweite Versicherungsnehmer eine Hinterbliebenenrente, deren Laufzeit sich unabhängig nach den Vertragsbedingungen richtet. 376

c) **Rentenversicherung mit abgekürzter Beitragszahlung.** Die Aufschubzeit bei dieser Variante beträgt in den meisten Fällen 12 Jahre und die Beitragszahlungsdauer fünf Jahre. Gerade bei Zahlung eines Einmalbetrages kann eine **außerordentlich hohe Rendite** erzielt werden. Wie bei einer kapitalbildenden Lebensversicherung kann auch bei einer Rentenversicherung eine Einmalzahlung in ein Depot vorgenommen werden. 377

Wird keine Vereinbarung einer Versicherungsleistung im Todesfall getroffen, kann eine der höchsten Renditen überhaupt erzielt werden.

378 d) **Rentenversicherung mit sofort beginnender Rentenzahlung und Rentengarantiezeit.** Bei der sofort beginnenden Rentenversicherung wird im unmittelbaren Anschluss an die Beitragszahlung die Rente abschnittsweise vom Versicherungsunternehmen zur Auszahlung gebracht. Die Beitragszahlung erfolgt durch Zahlung eines Einmalbetrages. Nachdem nunmehr zahlreiche kapitalbildende Lebensversicherungen zur Auszahlung kommen, wird oftmals dieser ausgezahlte Betrag aus unzutreffenden steuerlichen Erwägungen in eine Rentenversicherung eingezahlt. Die Versicherungswirtschaft bietet daher an, bei Fälligkeit einer kapitalbildenden Versicherung diese direkt in eine Rentenversicherung umzuwandeln. Dies sei günstiger als der Abschluss einer neuen Versicherung. Der Versicherungsnehmer hat hier kein Kapitalwahlrecht.

379 Bei der Sofortrente lautet das Bezugsrecht auf die fälligen Rentenansprüche auf den Versicherungsnehmer. Die Rentengarantie ist meistens für fünf bis zehn Jahre vereinbart. Die Rentenzeit kann zeitlich befristet oder lebenslänglich sein.

380 Die Rentenzahlung kann zeitlich befristet oder lebenslänglich gewählt werden. Die Anlage in Rentenversicherungen ergibt oftmals eine sehr bescheidene Rendite.

381 e) **Aufgeschobene Rentenversicherung ohne Prämienrückgewähr und ohne Rentengarantie.** Diese Versicherungsform ist in der Praxis bei Singles anzutreffen, da sie ganz auf den Erlebensfall der versicherten Person ausgerichtet ist. Wenn die versicherte Person den Versicherungsfall nicht erlebt oder die versicherte Person kurz nach Rentenbeginn verstirbt, ist das eingezahlte Kapital verloren. Der Vorteil ist die niedrige monatliche Prämie bei hoher Versicherungsleistung.

382 Wenn der Single sich verheiratet und die Rentenversicherung der Versorgung hinterbliebener Angehöriger dienen soll, muss der Vertrag dahingehend geändert werden, dass eine Prämienrückgewähr und eine Rentengarantiezeit vereinbart werden.

§ 2 Realer Nachlass und kapitalbildende Lebensversicherung

Übersicht

I. Standardfälle

1 In **Fall A (Erblasser war Versicherungsnehmer)** sind folgende fünf Varianten (absteigend nach Relevanz) zu unterscheiden:

- Der Erblasser war Versicherungsnehmer einer kapitalbildenden Lebensversicherung und versicherte Person, ohne ein Bezugsrecht verfügt zu haben. (Fall 1)
- Der Erblasser war Versicherungsnehmer einer kapitalbildenden Lebensversicherung und versicherte Person mit Bezugsrecht für einen Dritten. (Fall 2)
- Der Erblasser war Versicherungsnehmer einer kapitalbildenden Lebensversicherung und ist Bezugsberechtigter (jedoch nicht versicherte Person). (Fall 3)
- Der Erblasser war Versicherungsnehmer einer kapitalbildenden Lebensversicherung und ist weder versicherte Person noch Bezugsberechtigter. (Fall 4)
- Der Erblasser war Versicherungsnehmer einer kapitalbildenden Lebensversicherung und er war nicht versicherte Person. Die versicherte Person ist prämienzahlend und bezugsberechtigt. (Fall 5)

2 In **Fall B (Erblasser war versicherte Person)** sind folgende Unterfälle zu unterscheiden:

- Der Erblasser war versicherte Peron und war nicht prämienzahlend. (Fall 6)
- Der Erblasser war versicherte Person und war prämienzahlend. (Fall 7)

3 In **Fall C (Erblasser war Bezugsberechtigter)** sind folgende Unterfälle zu unterscheiden:

- Der Erblasser war Bezugsberechtigter und war prämienzahlend. (Fall 8)
- Der Erblasser war Bezugsberechtigter und war nicht prämienzahlend. (Fall 9)

II. Der Erblasser war Versicherungsnehmer (Fall A)

1. Erblasser war Versicherungsnehmer einer kapitalbildenden Lebensversicherung und versicherte Person, ohne ein Bezugsrecht verfügt zu haben (Fall 1)

4 **Fall 1:**

Erblasser E ist Versicherungsnehmer einer kapitalbildenden Lebensversicherung und versicherte Person. Er hat keinen Bezugsberechtigten benannt und auch die ALB sehen keinen Standardbezugsberechtigten vor.

Lösung:

Mangels Verfügung eines Bezugsrechts fällt die Lebensversicherungsleistung des Erblassers in den Nachlass und erhöht diesen. Derjenige oder diejenigen, der/die in den Genuss der Lebensversicherung gelangen will/wollen, muss/müssen Erbe bzw. Miterbe sein. Bei gesetzlicher Erbfolge sind es die gesetzlichen Erben. Bei testamentarischer Erbfolge sind dies die testamentarischen Erben.

Begründung:

Wenn der prämienzahlende Versicherungsnehmer einer kapitalbildenden Lebensversicherung verstirbt, hat dies unterschiedliche erbrechtliche Auswirkungen. Da im Wege der Universalsukzession alle Rechte und Pflichten auf den oder die Erben übergehen, sind bei der Feststellung des Nachlassbestands diejenigen Vermögenspositionen nicht zu berücksichtigen, die unvererblich sind oder außerhalb des Nachlasses auf Dritte übergehen, wie zB die Lebensversicherung, wenn ein Bezugsberechtigter benannt ist. Es ist also festzustellen, ob die Ansprüche aus dem Lebensversicherungsvertrag, den der Versicherungsnehmer abgeschlossen hat, in den Nachlass fallen oder nicht. Wenn kein Bezugsrecht verfügt wurde, fallen diese in den Nachlass. Dieser Fall wird in Zukunft aufgrund der geänderten Versicherungsbedingungen eine größere Relevanz haben.

Exkurs: Teilungsanordnung

Der Erblasser E errichtet eine letztwillige Verfügung, in der er ausschließlich seine beiden Abkömmlinge bedenkt wie folgt: Mein Sohn erbt die Wohnanlage. Meine Tochter erbt die Tiefgaragenanlage.

Der Erblasser verfügt über eine Wohnanlage im Wert von 4 Mio. EUR und einer Tiefgaragenanlage im Wert von 2 Mio. EUR. Sonstige wesentliche Nachlassgegenstände sind mit Ausnahme einer Lebensversicherung von 300.000 EUR nicht vorhanden.

Das Nachlassgericht kam zu dem Ergebnis, dass der Sohn, dem die Wohnanlage zugedacht worden ist, Erbe zu $^2/_3$ sei, während die Tochter, der die Tiefgaragenanlage zugedacht wurde, Erbin zu $^1/_3$ ist. Das Nachlassgericht ist von einer Erbeinsetzung nach Bruchteilen mit gleichlaufender Teilungsanordnung ausgegangen.

Wenn jedoch der Erblasser kein Bezugsrecht bestimmt hatte, dann fällt die Lebensversicherung in diesem Fall als untergeordneter Bestandteil in den Nachlass und wird somit nach Erbquoten aufgeteilt.

Dies bedeutet, dass der Sohn $^2/_3$ aus 300.000 EUR d. h. 200.000 EUR erhält, während die Tochter $^1/_3$ aus 300.000 EUR somit 100.000 EUR bekommt.

Wenn jedoch der Erblasser ein Bezugsrecht je zu $^1/_2$ verfügt hatte, dann bekommen seine Abkömmlinge die Lebensversicherung je zur Hälfte.

Exkurs: Übertragungen

Erblasser E hat seine Abkömmlinge je zu $^1/_2$ als Erben eingesetzt.

Der Sohn möchte seinen Anteil an der Versicherungssumme ohne Zustimmung seiner Schwester auf eines seiner Kinder übertragen.

Da der Erblasser jedoch kein Bezugsrecht verfügt haben sollte, fällt die Versicherungsleistung in den Nachlass, sodass die Übertragung der Ansprüche aus dem Versicherungsvertrag eine Teilerbauseinandersetzung darstellt und somit der Zustimmung der Schwester bedarf.
Wenn nunmehr der Erblasser ein Bezugsrecht verfügt hatte, erwirbt der Sohn im Rahmen der Singularsukzession einen 1/2 Anteil an der Forderung gegenüber der Versicherung auf Auszahlung der Versicherungsleistung und kann diesen Anspruch ohne Zustimmung seiner Schwester einem seiner Abkömmlinge übertragen.

Exkurs: taktische Ausschlagung aus erbschaftsteuerlichen Gesichtspunkten

Unterschied bei Einräumung eines Bezugsrechts und bei Nichteinräumung eines Bezugsrechts.
Bei der Beratung des Versicherungsnehmers, d. h. des zukünftigen Erblassers, müssen die Folgen der Bezugsrechtseinräumung im Vorfeld besprochen und im Einzelnen dargelegt werden.
Dies soll an folgendem Beispiel gezeigt werden:
Der verwitwete Erblasser, dessen Ehepartner ohne Hinterlassung einer letztwilligen Verfügung verstorben ist, sodass keinerlei Bindungswirkung im Hinblick auf eine Schlusserbeneinsetzung vorliegt, ist Versicherungsnehmer einer Lebensversicherung. Er ist zusätzlich versicherte Person.
Der Erblasser hat zwei Abkömmlinge, einen Sohn und eine Tochter, jeder hat wiederum drei Abkömmlinge.
Der Erblasser setzt testamentarisch seinen Sohn und seine Tochter zu gleichen Teilen ein, der Wert des Nachlasses, eine Immobilie, ist 800.000 EUR.
Er hat in seinem Antrag seinen Sohn und seine Tochter als Bezugsberechtigte benannt, der Wert der Lebensversicherung ist 1,2 Mio. EUR.
Es müssen die Rechtsfolge dargestellt werden, wie wenn kein Bezugsrecht bestimmt worden wäre, sondern wie wenn die Versicherung mangels Anordnung eines Bezugsrechts in den Nachlass gefallen wäre.
Bei einer Überschreibung der Steuerfreibeträge in dieser Konstellation ist es sinnvoller, die LV in den Nachlass fallen zu lassen. Der 1/2 Nachlass ist dann 1. Mio. EUR. Jedes der Kinder schlägt aus und erhält für die Ausschlagung je 1/2 der Immobilie. Somit ist der Erbfall steuerfrei. Wenn dasselbe Ergebnis bei Einräumung eines Bezugsrechts erzielt werden soll, müssten Ersatzbezugsberechtigte bei Zurückweisung des Bezugsrechts benannt werden.

Exkurs: Annahme der Erbschaft

Sind Erklärungen, wie zB die Anforderung der Versicherungsleistung, gegenüber dem Versicherungsunternehmen eine Annahme der Erbschaft?
Der Anfall der Erbschaft kann innerhalb einer Frist von sechs Wochen ab Kenntnis des Ablebens der Erblasser bei gesetzlicher Erbfolge ausgeschlagen werden, bei testamentarischer Erbfolge innerhalb von sechs Wochen ab Testamentseröffnung.
Eine Ausschlagung ist nicht mehr möglich nach Annahme der Erbschaft; es verbleibt dann beim überschuldeten Nachlass nur noch die Möglichkeit der Anfechtung der Annahme wegen Versäumung der Ausschlagungsfrist.
Die Erbenerklärung wird von den Versicherungen denjenigen zugesandt, die in derartigen Fällen die Leistungen aus der Lebensversicherung beanspruchen. Die Zurücksendung dieser Erbenerklärung stellt eine Annahme dar.
Die **Annahme** einer Erbschaft kann **konkludent** durch Erklärungen gegenüber dem Versicherungsunternehmen erfolgen. Soweit der „vorläufige" Erbe rechtsgeschäftliche Verfügungen vorgenommen oder vorbereitet hat, sind solche Maßnahmen nur dann nicht als Bestätigung des erbrechtlichen Annahmewillens anzusehen, wenn sie der Fürsorge für den Nachlass dienen. Es geht aber über Sicherungsmaßnahmen hinaus, wenn ein Erbe nach Ableben eines Erblassers, der Versicherungsnehmer einer Lebensversicherung war, unter Hinweis auf das Testament oder seine gesetzliche Alleinerbenstellung nunmehr als Versicherungsnehmer eine rechtsgeschäftliche Erklärung

abgibt. In dieser Handlung liegt dann die Annahme der Erbschaft.[1] Nach § 1943 BGB kann der Erbe die Erbschaft nicht mehr ausschlagen, wenn er sie angenommen hat. Die Annahme der Erbschaft ist in der Erbenerklärung zu sehen, die dem Lebensversicherer zugegangen ist.

Praxistipp:

Eine zu unüberlegte Anforderung der Lebensversicherungssumme kann somit kontraproduktiv sein.
Im Regelfall verlangen die Versicherungen – gleichfalls wie Banken – eine erbrechtliche Legitimation (Erbschein). Somit ist das Zusenden der Erbenerklärung gegenüber der Versicherung ohne Erbschein nicht zielführend, sondern eine übereilte, ineffektive Maßnahme.

Zusammenfassung:

- Der reale Nachlass wird um die Lebensversicherungsleistung erhöht.
- Die Annahme einer Erbschaft kann durch Erklärungen gegenüber einem Versicherungsunternehmen konkludent erfolgt sein.

2. Erblasser war Versicherungsnehmer einer kapitalbildenden Lebensversicherung und versicherte Person mit Bezugsrecht für einen Dritten (Fall 2)

5 a) **Sachverhalt.** Die Konstellation von Fall 2 ist in der Praxis am häufigsten anzutreffen. Sie hat Auswirkungen auf den fiktiven Nachlass.

Fall 2:

Erblasser E ist Versicherungsnehmer und versicherte Person. Er hat einen Bezugsberechtigten benannt durch Individualbestimmung bzw. aufgrund alter Allgemeiner Lebensversicherungsbedingungen, die oftmals automatisch einen Bezugsberechtigten vorgesehen haben.

Lösung:

Die Versicherungsleistung hat keinen Einfluss auf den realen Nachlass. Durch die Einräumung des Bezugsrechts findet der Vermögensübergang am realen Nachlass vorbei statt.
Dies trifft allerdings nur dann zu, wenn der Nachlass nicht überschuldet ist und auch keine Anfechtung durch Nachlassgläubiger bzw. des Nachlassinsolvenzverwalters erfolgt ist und wenn sämtliche Vorfragen (§ 1 Rn. 16 ff.) abgeklärt sind.

6 b) **Vorfragen.** Es sind folgende Vorfragen zu klären:
- Besteht ein Bezugsrecht (ja/nein)?
- Hat der Bezugsberechtigte im Valutaverhältnis zum Versicherungsnehmer oder zu seinen Erben einen Rechtsgrund für das Behaltendürfen?[2]

7 Wenn eine dieser beiden Fragen mit „nein“ beantwortet wird, fällt die Versicherungsleistung in den Nachlass.

8 Abzuklären ist daher, ob im Versicherungsvertrag ein Bezugsberechtigter vermerkt ist. Nur dann, wenn sich ein Bezugsberechtigter feststellen lässt, kann von einem Bezugsrecht ausgegangen werden. Rechtsprechung und Schrifttum sind sich darin einig, dass wegen der in § 160 VVG enthaltenen Auslegungsregel die Versicherungssumme, für die ein Dritter widerruflich bezugsberechtigt ist, auch dann nicht in den Nachlass fällt, wenn der Versicherungsfall der Todesfall ist.[3]

[1] OLG Koblenz 24.11.1999 – 5 U 689/99, ZEV 2001, 440.
[2] J. Mayer DNotZ 2000, 906.
[3] Klingelhöffer ZEV 1995, 180.

c) **Bezugsrecht (ja/nein)?** Nicht bei jedem Versicherungsvertrag besteht auch ein Bezugsrecht auf den Todesfall; ein solcher Grundsatz kann nicht aufgestellt werden. 9

Ist der namentlich benannte Bezugsberechtigte verstorben, ist zu prüfen, ob ein **Ersatzbezugsberechtigter** bezeichnet wurde oder nach den ALB bzw. den besonderen Vertragsbedingungen ein Ersatzbezugsberechtigter ermittelt werden kann. 10

d) **Vermutung des § 330 BGB, § 160 VVG.** Nach § 330 S. 1 BGB kann derjenige, der in einem Lebensversicherungs- oder einem Leibrentenvertrag als Bezugsberechtigter benannt ist, die Leistung fordern. 11

§ 330 S. 1 BGB stellt die Vermutung auf, dass im Zweifel ein echter Vertrag zugunsten Dritter vorliegt. 12

Die Vermutung des § 330 BGB gilt für jede Art der Lebensversicherung – für Kapital- und Rentenversicherungen, für Versicherungen auf den Todesfall oder auf den Erlebensfall, für die gemischte Versicherung mit Eigenberechtigung für den Erlebensfall und Drittberechtigung im Todesfall[4] – sowie für Sonderformen, wie zB Ausstattungs- und Ausbildungsversicherungen und die ehemalige Erbschaftsteuerversicherung. 13

In den Nachlass fällt die Versicherungssumme, wenn der Bezugsberechtigte bzw. ein ggf. vorhandener Ersatzbezugsberechtigter die Annahme der Leistung verweigert oder kein Bezugsberechtigter zu ermitteln ist. Wurde kein Bezugsberechtigter eingesetzt, so fällt die Versicherungsleistung in den Nachlass des Versicherungsnehmers.[5] 14

Unterfall 2a:

Erblasser E, der Versicherungsnehmer und versicherte Person ist, hat „Frau Müller" als Bezugsberechtigte benannt. Wer Frau Müller ist, lässt sich nicht ermitteln.

Lösung:

Da ein Bezugsberechtigter nicht feststellbar ist, fällt die Versicherungssumme in den Nachlass und erhöht diesen. Die Nachlassgläubiger haben in vollem Umfang Zugriff auf die Versicherungssumme, da diese in den Nachlass fällt, weil ein Bezugsberechtigter nicht zu ermitteln ist. Ein Pflichtteilsberechtigter hat einen Anspruch aus dem Nachlass, erhöht um die Versicherungssumme.

Unterfall 2b:

Erblasser E, der Versicherungsnehmer und versicherte Person ist, hat B als Bezugsberechtigte benannt. B weist die Auszahlung zurück.

Lösung:

Das Recht auf die Leistungen des Versicherers wird von dem als bezugsberechtigt Benannten nicht erworben, wenn der Bezugsberechtigte das Recht zurückweist (§ 333 BGB) oder aus irgendeinem anderen Grunde nicht erwirbt. Macht der Bezugsberechtigte von diesem Zurückweisungsrecht Gebrauch oder erwirbt er aus einem anderen Grunde den Anspruch auf Leistungen aus dem Lebensversicherungsvertrag nicht, so steht bei noch lebzeitigem Bezugsrecht die Leistung aus dem Versicherungsvertrag dem Versicherungsnehmer zu bzw. fällt diese in dessen Nachlass, wenn die Versicherungsleistung auf dem Todesfall fällig wird.

Die Zurückweisung eines Rechts durch den Dritten gem. § 333 BGB ist ein einseitiges, empfangsbedürftiges Rechtsgeschäft. Der Wille zur Zurückweisung ist ggf. durch Auslegung (§§ 333, 157 BGB) zu ermitteln. Wenn jedoch ein unwiderrufliches Bezugsrecht zwischen dem Versicherungsnehmer und dem Bezugsberechtigten vereinbart worden ist, ist eine Zurückweisung nicht mehr möglich.

Eine Zurückweisung kann aus mehreren Gründen sinnvoll sein, beispielsweise wenn zugunsten eines überschuldeten Vorerbens ein Bezugsrecht verfügt wurde. In diesem Fall ist es vorteilhaft, dass die Lebensversicherungsleistung in den Nachlass fällt, um den Zugriff der Gläubiger zu vermeiden.

---

[4] Ehrenberg JherJb. 41 (1900), 341, 368 f.

[5] BGH 8.2.1960 – II ZR 136/58, BGHZ 32, 44 = NJW 1960, 912; BGH NJW 1962, 958; Prölss/Martin/Schneider VVG § 159 Rn. 1.

Unterfall 2c:

Erblasser E ist Versicherungsnehmer und versicherte Person einer kapitalbildenden Lebensversicherung. B wird von E als Bezugsberechtigter für den Todesfall eingesetzt. E meint irrtümlich, B sei sein nichtehelicher Sohn und er müsse diesbezüglich „etwas gutmachen". B ist jedoch mit E nicht verwandt.

Lösung:

Die Erben des E können die gesamte Bezugsberechtigung anfechten. Ist ein Bezugsrecht vorgesehen, fällt die Lebensversicherungssumme in den Nachlass, wenn der Bezugsberechtigte die Versicherungsleistung nicht behalten darf, weil hierfür kein Rechtsgrund vorliegt.

Unterfall 2d:

Erblasser E, der Versicherungsnehmer und versicherte Person ist, hat B als Bezugsberechtigten benannt. Es war ein widerrufliches Bezugsrecht in den Antragsunterlagen vermerkt.
Die Erben K1 und K2 haben B aufgefordert, die Versicherungsleistung herauszugeben, da sie als Erben die Schenkung wirksam widerrufen haben.
Die Erben K1 und K2 haben nach dem Ableben von E am 1.3. sowohl das Versicherungsunternehmen als auch den Bezugsberechtigten jeweils am 21.3. angeschrieben und bei der Versicherung den Widerruf erklärt in Bezug auf die Übermittlung des Schenkungsangebots und gegenüber dem Bezugsberechtigten der Widerruf der Schenkung erklärt. Am 25.3. erfolgte der Auftrag des Versicherers, die Überweisung auszuführen.

Lösung:

Die Versicherungsleistung fällt in den Nachlass, da sowohl die Schenkung als auch der vom Erblasser beruhende Auftrag, das Schenkungsangebot zu übermitteln, gegenüber der Versicherung widerrufen wurde.

Unterfall 2d – Abwandlung 1:

Der Zeitablauf war folgender:

- Ableben des E am 1.3.
- Übermittlung der Sterbeurkunde am 21.3. von B an die Versicherung.
- Am 24.3. Widerruf der Schenkung durch K1 und K2 gegenüber B persönlich (mit Nachweis).
- Am 25.3. Auftrag der Versicherer, die Überweisung auszuführen.
- Am 26.3. Eingang des Schreibens der Erben K1 und K2 beim Versicherungsunternehmen, wegen des Widerrufs des Auftrages zur Übermittlung des Schenkungsangebots.

Lösung:

Auch bei diesem Zeitablauf fällt die Versicherungssumme in den Nachlass, da der Widerruf der Schenkung rechtzeitig erfolgte.

Unterfall 2d – Abwandlung 2:

Der Erblasser E hatte ein Vermögen von 200.000 EUR, die Versicherungsleistung betrug 100.000 EUR.
In diesem Fall ging das Schreiben der Erben nicht am 26.3. beim Versicherungsunternehmen ein, sondern bereits am 24.3. Die Versicherung zahlt trotzdem die Versicherungsleistung an den Bezugsberechtigten am 25.3.
Am 26.3. ging das Widerrufsschreiben bei dem Bezugsberechtigten ein. Frage: Wie hoch ist der Nachlass?
Die beiden Erben erheben Klage gegen die Versicherung auf Schadensersatz, da ihnen 100.000 EUR fehlen würden.

Lösung:
Die Klage gegen die Versicherung ist die falsche Vorgehensweise. Durch den Widerruf des Auftrags (Übertragung des Schenkungsangebots) zahlte die Lebensversicherung ohne Rechtsgrund aus. B erhielt den Geldbetrag ohne Rechtsgrund und ist daher verpflichtet, die Versicherungsleistung herauszugeben. Daher fällt die Versicherungssumme in den Nachlass.

e) **Rechtsgrund (ja/nein)?** Nach der Rechtsprechung des BGH darf der Begünstigte das ihm Zugewendete nur dann behalten, wenn im Verhältnis zum Erblasser ein **rechtlicher Grund** für die Vermögensverschiebung besteht. Anderenfalls ist der Begünstigte Kondiktionsansprüchen ausgesetzt.[6] Für den Begünstigten aus einer Lebensversicherung gilt dies selbstverständlich auch. Der Begünstigte muss nachweisen, dass ein Rechtsgrund für sein Behaltendürfen besteht (Schenkung, Anstandsschenkung, Pflichtschenkung, Ausstattung, Unterhalt ua), damit er die Versicherungsleistung behalten darf; anderenfalls haben die Erben einen Rückabwicklungsanspruch.[7] Für den Fall, dass der Bezugsberechtigte die Leistung schon erhalten hat, ist der Erbe beweisverpflichtet für den Rückforderungsanspruch. 15

Die Einräumung des Bezugsrechts einer Lebensversicherung erfolgt in den meisten Fällen im Rahmen einer **Schenkung.** Die Besonderheit bei dieser Zuwendung besteht sowohl bei der Lebensversicherung als auch bei sonstigen Verträgen zugunsten Dritter allerdings darin, dass dieser Schenkungsvertrag oftmals zu Lebzeiten des Erblassers (Versicherungsnehmer) noch nicht zustande gekommen ist.[8] Wenn der Bezugsberechtigte die Annahme auf den Versicherungsantrag erklärt hat, liegt aber noch kein wirksamer Schenkungsvertrag vor, da die notarielle Form fehlt. Dieser Formmangel wird geheilt, wenn auch das Versicherungsunternehmen sich verpflichtet hat die Leistung zu erbringen. 16

Es muss also zunächst einmal festgestellt werden, ob eine Schenkung iSd § 516 BGB vorliegt. Für das Vorliegen einer Schenkung sind folgende Voraussetzungen maßgebend: 17
- objektive Bereicherung des Dritten,
- Einigsein zwischen Schenker und Beschenkten über die objektive Unentgeltlichkeit der Zuwendung,
- Entreicherung des Schenkers
- Einhaltung der Formvorschriften bzw. Sofortvollzug.

Nicht die Höhe des Vermögensabflusses ist entscheidend, sondern das Maß der beim Zuwendungsempfänger bewirkten Bereicherung. Es gilt der Grundsatz: Bereicherung muss nicht gleich Entreicherung sein, damit eine Schenkung gegeben ist. 18

Der Schenkungsvertrag muss abgeschlossen sein. Oftmals erfolgt erst eine **„postmortale Einigung“** hinsichtlich des schuldrechtlichen Grundgeschäfts.[9] 19
- In der Einräumung der Bezugsberechtigung liegt ein Schenkungsangebot des Versicherungsnehmers an den Drittbegünstigten.
- Dieses Angebot geht dem Bezugsberechtigten nach dem Tod des Versicherungsnehmers zu,
- und zwar regelmäßig aufgrund eines entsprechenden Auftrags an die Versicherungsgesellschaft.
- Dieses Angebot kann vom Bezugsberechtigten gerade typischerweise auch noch nach dem Tod des Versicherungsnehmers ausdrücklich, aber auch stillschweigend angenommen werden (§§ 130 Abs. 2, 151, 153 BGB).
- Die fehlende Form für das Schenkungsversprechen wird durch den Erwerb des Leistungsanspruchs nach § 331 BGB gegen den Versprechenden geheilt, § 518 Abs. 2 BGB.

[6] BGH NJW 1984, 480.
[7] BGH NJW 1987, 3131.
[8] J. Mayer DNotZ 2000, 916.
[9] J. Mayer DNotZ 2000, 916.

f) Zusammenfassung:

20 – Wenn kein Bezugsrecht eingeräumt wurde, fällt die Versicherungsleistung in den Nachlass.
– Wenn ein Bezugsrecht vom Versicherungsnehmer eingeräumt wurde und der Bezugsberechtigte einen Rechtsgrund nachweisen kann, fällt die Leistung aus der Lebensversicherung nicht in den Nachlass.
– Wenn ein Bezugsberechtigter bestimmt wurde, der Bezugsberechtigte bekannt ist, der Bezugsberechtigte die Versicherungsleistung nicht zurückgewiesen hat und der Nachlass nicht überschuldet ist, dann hat die Auszahlung der Lebensversicherung auf den Nachlass keinen Einfluss. Einen indirekten Einfluss auf den Nachlass kann die Versicherungsleistung gleichwohl haben, wenn es sich um eine Ausstattungsleistung handelt. Gerade bei den Ausbildungslebensversicherungen kann dies der Fall sein. Gerichtliche Entscheidungen zu dieser Situation liegen nach wie vor nicht vor.

3. Erblasser war Versicherungsnehmer einer kapitalbildenden Lebensversicherung und ist Bezugsberechtigter (jedoch nicht versicherte Person) (Fall 3)

21 **Fall 3:**

Erblasser E (verheiratet mit EP im Güterstand der Zugewinngemeinschaft; aus dieser Ehe stammen die Kinder K1 und K2) ist Versicherungsnehmer einer kapitalbildenden Lebensversicherung und Bezugsberechtigter, nicht jedoch versicherte Person. Versicherte Person ist EP. Der Erblasser E bezahlte auch die Prämien.
E hinterlässt 100.000 EUR in bar. In die Lebensversicherungen waren 60.000 EUR Prämien eingezahlt worden. Der Rückkaufswert beträgt 50.000 EUR, der Verkehrswert 70.000 EUR. E hat K1 zum Alleinerben eingesetzt.
EP macht den Zugewinn und Pflichtteilsansprüche, K2 macht Pflichtteilsansprüche geltend.

Lösung:

In diesem Fall ist nicht die versicherte Person verstorben, sondern der Versicherungsnehmer. Der Versicherungsfall ist daher nicht eingetreten. Der Versicherungsfall tritt ein beim Ableben der versicherten Person bzw. am Ende der Vertragslaufzeit. Es kommt daher nicht zur Auszahlung der Versicherungssumme.
Auswirkungen auf den realen Nachlass und dessen Höhe haben Versicherungsverträge, wenn diese in den Nachlass fallen.
Es kann zu folgenden Konstellationen kommen, die nacheinander zu prüfen sind:

a) Der Versicherungsvertrag fällt in den Nachlass des Versicherungsnehmers und erhöht diesen.
b) Es fällt der Verkehrswert/Rückkaufswert (der jeweils höhere Wert) in den fiktiven Nachlass, wenn ein Vertrag zugunsten Dritter für den Fall vereinbart war, dass der Versicherungsnehmer vor der versicherten Person verstirbt. Es wird somit nicht der reale, sondern der fiktive Nachlass tangiert.
c) Es liegt kein irgendwie geartetes Bezugsrecht vor. In einem solchen Fall wird der Nachlass um den Wert des Versicherungsvertrages erhöht. Die Frage der Bewertung der Versicherung – und somit der Höhe, wie sie in die Aktiva einzustellen ist – kann sich ausschließlich am Verkehrswert orientieren. Dieser äußerst unpraktische Lösungsansatz – jedoch pflichtteilsrechtlich konsequente – ist der einzig rechtlich zutreffende Lösungsansatz.
Vorliegend ist somit der Wert von 70.000 EUR anzusetzen. Die Nachlassaktiva betragen somit 170.000 EUR. Dieser Wert ist maßgeblich für die Berechnung von Zugewinn- und Pflichtteilsansprüchen.

4. Erblasser war Versicherungsnehmer einer kapitalbildenden Lebensversicherung und war weder versicherte Person noch Bezugsberechtigter. Er ist vor diesen verstorben (Fall 4)

22 **Fall 4:**

Erblasser E ist Versicherungsnehmer einer kapitalbildenden Lebensversicherung. Der Ehepartner EP ist versicherte Person. E ist nur im Erlebensfall bezugsberechtigt, im Todesfall sind die Kinder K1 und K2 bezugsberechtigt. E hat EP zum Alleinerben eingesetzt, die Kinder K1 und K2 sind enterbt. E

verstirbt vor EP. Die Eheleute sind im Güterstand der Zugewinngemeinschaft verheiratet. E hat die Prämien seit 20 Jahren bezahlt. Der Verkehrswert des Versicherungsvertrages ist 70.000 EUR, festgestellt durch Gutachten.
Hat das Auswirkungen auf den realen Nachlass?

Lösung:
EP tritt als Alleinerbe von E in den Versicherungsvertrag ein. Dieser fällt in den Nachlass und zwar mit dem **Verkehrswert.** Der Verkehrswert einer Versicherung ist durch ein Gutachten zu ermitteln. In der Praxis sind die Gutachten in den meisten Fällen nur versicherungsmathematisch berechnet, ohne den Markt für Versicherungen als Geldanlage zu berücksichtigen.
Stirbt der Versicherungsnehmer, so tritt an seine Stelle sein Erbe, wenn nicht ein Übergang dieser Rechtsstellung auf eine andere Person vereinbart ist. Wenn nun nichts vereinbart ist, wird der Nachlass um den Verkehrswert erhöht. Die Erben können die Versicherung kündigen bzw. fortführen, diese ggf. auch veräußern.
Die Frage der Bewertung der Versicherung – und somit der Höhe, wie sie in die Aktiva einzustellen ist – kann sich ausschließlich am Verkehrswert orientieren. Vorliegend ist somit der Wert von 70.000 EUR anzusetzen.

Sofern eine Vereinbarung vorliegt, dass zB die versicherte Person bzw. der Bezugs- 23
berechtigte in die Position des Versicherungsnehmers eintritt, dann kann das bislang eingezahlte Guthaben im Wege des Vertrages zugunsten Dritter außerhalb des Nachlasses auf die versicherte Person übergehen.

Zusammenfassung:
- Wenn nichts geregelt ist, wird der Nachlass um den Verkehrswert des Versicherungsvertrages erhöht. Die Erben werden die Versicherungsnehmer mit allen Rechten und Pflichten.
- War der Erblasser in Gütergemeinschaft verheiratet, stehen nur 50 % im Nachlass des Erblassers.

5. Erblasser war Versicherungsnehmer einer kapitalbildenden Lebensversicherung und war nicht versicherte Person. Die versicherte Person ist prämienzahlend und bezugsberechtigt (Fall 5)

Aus unterschiedlichen Gründen kann es notwendig bzw. günstig sein, dass nicht 24
derjenige der Prämienzahlende ist, der Versicherungsnehmer ist, sondern derjenige, der im Endeffekt wirtschaftlich begünstigt wird. Eltern richten für ihre Abkömmlinge bei der Geburt Lebensversicherungsverträge ein, bei welchen sie Versicherungsnehmer sind und anfänglich auch die Prämien bezahlen. Später, wenn die Abkömmlinge selbst über Einkommen verfügen, vereinbaren die Abkömmlinge, dass die Prämien jetzt von ihnen gezahlt werden. Statt eines Versicherungsnehmerwechsels wird dann diese – in der Abwicklung vordergründig einfachere – Variante gewählt.

Fall 5:
Erblasser E ist verheiratet und lebt mit EP im Güterstand der Zugewinngemeinschaft. Aus der Ehe sind die Kinder K1 und K2 hervorgegangen. E setzt EP zum Alleinerben ein.
E ist Versicherungsnehmer einer kapitalbildenden Lebensversicherung, K1 ist versicherte Person. K1 ist außerdem prämienzahlender Bezugsberechtigter auf den Erlebensfall. E verstirbt vor K1.
Wie wirkt sich eine derartige Konstellation auf den Nachlass des Erblassers E aus? Wie hoch ist die Bemessungsgrundlage für den Pflichtteilsanspruch von K2?

Lösung:
Da E vor K1 verstirbt, ist der Versicherungsfall nicht eingetreten. Der Nachlass des E wird erhöht um den Wert des Versicherungsvertrages (Verkehrswert) und nicht nur um den Rückkaufswert bei den Aktiva.
Wie sind die von K1 erbrachten Prämienzahlungen zu berücksichtigen, wenn kein Eintrittsrecht (in Form eines Vertrages zugunsten Dritter) für die versicherte Person vorgegeben ist?

Bei derartigen Konstellationen ist es notwendig, eine detaillierte Abrede zu treffen. Es kommt entscheidend darauf an, was vereinbart wurde. Wenn beispielsweise K1 nachweisen könnte, dass der Erblasser nur treuhänderisch Versicherungsnehmer war, fallen der Versicherungsvertrag und das Guthaben bzw. der Rückkaufswert nicht in den Nachlass, er bleibt neutral. Nach Offenlegung der Treuhandvereinbarung kann dann K1 den Versicherungsvertrag fortführen. In der Praxis wird dies jedoch oftmals nicht zutreffend dokumentiert, somit kann sich erhebliches Streitpotenzial daraus ergeben. K1 trifft die Beweislast für die Treuhandvereinbarung.

III. Der Erblasser war versicherte Person (Fall B)

25 Es ist zu unterscheiden, ob die versicherte Person prämienzahlend war oder nicht.

1. Erblasser war versicherte Person und war nicht prämienzahlend (Fall 6)

26 In einer derartigen Konstellation tritt der Versicherungsfall ein. Diese Konstellation hat jedoch keinen Einfluss auf den realen Nachlass der versicherten Person, da die Zustimmung zur Verfügungsstellung als versicherte Person keinen Vermögenswert hat.

2. Erblasser war versicherte Person und war prämienzahlend (Fall 7)

27 Wenn der Erblasser prämienzahlende versicherte Person war und auch nicht Versicherungsnehmer, fällt die Versicherungsleistung nicht in den Nachlass der prämienzahlenden versicherten Person. Die Versicherungssumme ist neutral für den realen Nachlass.

28 Wenn die prämienzahlende versicherte Person verstirbt, tritt der Versicherungsfall ein; insoweit besteht keine Änderung gegenüber Fall 6.

29 Die Versicherungsleistung erhöht den Nachlass nicht. Die Prämienzahlungen und deren Rückforderung konnten den Nachlass erhöhen, wenn sie rechtsgrundlos gezahlt wurden und noch nicht verjährt sind.

30 Die Erben können jedoch gegenüber dem Versicherungsnehmer einen Anspruch auf Zahlung der vom Erblasser (versicherte Person) geleisteten Prämien haben, je aus welchem Rechtsgrund die versicherte Person die Prämien geleistet hat.

IV. Der Erblasser war Bezugsberechtigter (Fall C)

31 Es ist zu unterscheiden, ob der Bezugsberechtigte die Prämien bezahlt hat oder nicht.

1. Erblasser war Bezugsberechtigter und war prämienzahlend (Fall 8)

32 Durch den Tod des Bezugsberechtigten ist der Versicherungsfall nicht eingetreten. Es stellt sich für die Erben des Bezugsberechtigten die Frage, ob sie aus dem Umstand der Prämienzahlung Rechte herleiten können, die Auswirkungen auf den Nachlass haben.

33 Es muss abgeklärt werden, ob ein nachweisbares Treuhandverhältnis vorliegt. Derartige Vorgehensweisen wurden gewählt, wenn zB die Person des Bezugsberechtigten aus verschiedenen Gründen nicht Versicherungsnehmer sein kann (schlechte Finanzlage, drohende Pfändungen etc.). Es ist somit vereinbart, dass der Versicherungsnehmer nur nach außen hin die Versicherung innehat, während im Innenverhältnis der Bezugsberechtigte Inhaber der Versicherung ist. Wenn nachgewiesen werden kann, dass ein derartiges Treuhandverhältnis vorliegt, wird der Nachlass durch den Wert des Versicherungsvertrages erhöht.

34 Gelingt der Nachweis nicht, könnte entweder ein Rückforderungsanspruch der gezahlten Prämien (Wegfall der Geschäftsgrundlage) den realen Nachlass erhöhen bzw. die Prämienzahlungen könnten Schenkungen darstellen, wobei dies dann keine Auswirkungen auf den realen Nachlass hätte.

2. Erblasser war Bezugsberechtigter und war nicht prämienzahlend (Fall 9)

Da der Versicherungsfall nicht eingetreten ist, ergeben sich keine Auswirkungen auf den Nachlass. Das Bezugsrecht kann von den Gläubigern der Erben des Bezugsberechtigten gepfändet werden; das ist jedoch nur effektiv, wenn es sich um ein unwiderrufliches Bezugsrecht handelt. Das widerrufliche Bezugsrecht kann, solange der Versicherungsfall nicht eingetreten ist, jederzeit abgeändert werden, sodass die Pfändung dann in Leere geht. 35

§ 3 Realer Nachlass und Rentenversicherung

Übersicht

I. Allgemeines

1 Im Zusammenhang mit der Rentenversicherung ist primär festzustellen, ob der Versicherungsnehmer vor oder nach Eintritt in das Rentenalter verstorben ist. Im Wesentlichen sind dabei folgende zwei Hauptfälle zu unterscheiden:

- Versicherungsnehmer ist versicherte Person und verstirbt **vor** Eintritt in das Rentenalter.
- Versicherungsnehmer ist versicherte Person und verstirbt **nach** Eintritt in das Rentenalter.

II. Standardfälle

2 In **Fall A (Erblasser war Versicherungsnehmer)** sind folgende fünf Varianten zu unterscheiden:

- Der Erblasser war Versicherungsnehmer einer Rentenversicherung und versicherte Person, ohne ein Bezugsrecht verfügt zu haben. (Fall 1)

- Der Erblasser war Versicherungsnehmer einer Rentenversicherung und versicherte Person mit Bezugsrecht für einen Dritten. (Fall 2)
- Der Erblasser war Versicherungsnehmer einer Rentenversicherung und ist Bezugsberechtigter. (Fall 3)
- Der Erblasser war Versicherungsnehmer einer Rentenversicherung und war Bezugsberechtigter. (Fall 4)
- Der Erblasser war Versicherungsnehmer einer Rentenversicherung und er war nicht versicherte Person. Die versicherte Person ist prämienzahlend und bezugsberechtigt. (Fall 5)

In **Fall B (Erblasser war versicherte Person)** sind folgende Unterfälle zu unterscheiden: 3

- Der Erblasser war versicherte Peron und war nicht prämienzahlend. (Fall 6)
- Der Erblasser war versicherte Person und war prämienzahlend. (Fall 7)

In **Fall C (Erblasser war Bezugsberechtigter)** sind folgende Unterfälle zu unterscheiden: 4

- Der Erblasser war Bezugsberechtigter und war prämienzahlend. (Fall 8)
- Der Erblasser war Bezugsberechtigter und war nicht prämienzahlend. (Fall 9)

III. Der Erblasser war Versicherungsnehmer (Fall A)

1. Erblasser war Versicherungsnehmer einer Rentenversicherung und versicherte Person, ohne ein Bezugsrecht verfügt zu haben (Fall 1)

Fall 1: 5

Erblasser E ist Versicherungsnehmer einer Rentenversicherung und versicherte Person. Er hat keinen Bezugsberechtigten für den Todesfall benannt. Er verstarb vor Eintritt in das Rentenalter.

Lösung:

Der Nachlass wird um den Wert der Rentenversicherung erhöht. Es kann diesbezüglich auf die Lösung zur kapitalbildenden Lebensversicherung Bezug genommen werden (→ § 2 Rn. 4).
Bei einer derartigen Konstellation besteht vordergründig kein Unterschied zwischen einer kapitalbildenden Lebensversicherung und einer Rentenversicherung. Bei der Rentenversicherung sind allerdings die besonderen Wertansätze zu beachten. Der Wert kann aus der Summe der Prämienzahlung bestehen bzw. aus den Prämien und Zinsen, abzüglich latente Steuern (bei Pflichtteilsanspruch) aber auch ggf. Null betragen, je nach Vertragsbedingungen.

2. Erblasser war Versicherungsnehmer einer Rentenversicherung und versicherte Person mit Bezugsrecht für einen Dritten (Fall 2)

In diesem Fall 2 ist die Rentenversicherung ohne Auswirkung für den realen Nachlass. 6
Es besteht kein Unterschied zu einer kapitalbildenden Lebensversicherung. Dies gilt allerdings nur für den realen Nachlass. Auf die Ausführungen zur kapitalbildenden Lebensversicherung wird insoweit verwiesen (→ § 2 Rn. 9 ff.).

3. Erblasser war Versicherungsnehmer einer Rentenversicherung und ist Bezugsberechtigter (er war nicht versicherte Person und ist vor der versicherten Person verstorben) (Fall 3)

Fall 3: 7

Erblasser E (verheiratet mit EP im Güterstand der Zugewinngemeinschaft; aus dieser Ehe stammen die Kinder K1 und K2) hinterlässt 100.000 EUR in bar. In die Rentenversicherung waren 60.000 EUR Prämien eingezahlt worden. Der Verkehrswert beträgt 70.000 EUR.
E hat K1 zum Alleinerben eingesetzt.
EP macht den Zugewinn und Pflichtteilsansprüche, K2 macht Pflichtteilsansprüche geltend.

Lösung:

In diesem Fall ist nicht die versicherte Person verstorben, sondern der Versicherungsnehmer. Der Versicherungsfall ist daher nicht eingetreten.

Es liegt kein irgendwie geartetes Bezugsrecht vor. In einem solchen Fall wird der Nachlass um den Wert des Versicherungsvertrages erhöht. Die Frage der Bewertung der Versicherung – und somit der Höhe, wie sie in die Aktiva einzustellen ist – kann sich ausschließlich am Verkehrswert orientieren. Der Verkehrswert ist somit mit dem Wert von 70.000 EUR anzusetzen. Die Nachlassaktiva betragen damit 170.000 EUR. Dieser Wert ist maßgeblich für die Berechnung von Zugewinn- und Pflichtteilsansprüchen.

4. Erblasser war Versicherungsnehmer einer Rentenversicherung und nur im Erlebensfall bezugsberechtigt (Fall 4)

8 **Fall 4:**

Erblasser E ist Versicherungsnehmer einer Rentenversicherung. Der Ehepartner EP ist versicherte Person. E ist nur im Erlebensfall bezugsberechtigt, im Todesfall vor Erreichen des Rentenalters von EP sind die Kinder K1 und K2 bezugsberechtigt. E hat EP zum Alleinerben eingesetzt, die Kinder K1 und K2 sind enterbt. E verstirbt vor EP. Die Eheleute sind im Güterstand der Zugewinngemeinschaft verheiratet. E hat die Prämien seit 20 Jahren bezahlt.

Hat das Auswirkungen auf den relativen realen Nachlass? Der Verkehrswert des Versicherungsvertrages beträgt 70.000 EUR

Lösung:

EP tritt als Alleinerbe von E in den Versicherungsvertrag ein. Dieser fällt in den Nachlass und zwar mit dem **Verkehrswert.** Der Verkehrswert einer Versicherung ist durch ein Gutachten zu ermitteln. In der Praxis sind die Gutachten in den meisten Fällen nur versicherungsmathematisch berechnet, ohne den Markt für Versicherungen als Geldanlage zu berücksichtigen.

Stirbt der Versicherungsnehmer, so tritt an seine Stelle sein Erbe, wenn nicht ein Übergang dieser Rechtsstellung auf eine andere Person vereinbart ist.[1] Wenn nun nichts vereinbart ist, wird der Nachlass um den Verkehrswert erhöht. Die Erben können die Versicherung kündigen bzw. fortführen, diese ggf. auch veräußern.

Es liegt kein irgendwie geartetes Bezugsrecht vor. In diesem Fall wird der Nachlass erhöht. Die Frage der Bewertung der Versicherung – und somit der Höhe, wie sie in die Aktiva einzustellen ist – kann sich ausschließlich am Verkehrswert orientieren. Vorliegend ist somit der Wert von 70.000 EUR anzusetzen.

9 Sofern eine Vereinbarung vorliegt, dass zB die versicherte Person bzw. der Bezugsberechtigte in die Position des Versicherungsnehmers eintritt, dann kann das bislang eingezahlte Guthaben im Wege des Vertrages zugunsten Dritter außerhalb des Nachlasses auf die versicherte Person übergehen.

Zusammenfassung:

- Wenn nichts geregelt ist, wird der Nachlass um den Verkehrswert des Versicherungsvertrages erhöht.
- Die Erben werden die Versicherungsnehmer mit allen Rechten und Pflichten.

5. Erblasser war Versicherungsnehmer einer Rentenversicherung und war nicht versicherte Person. Die versicherte Person ist bezugsberechtigt bei Eintritt in das Rentenalter und zahlt die Prämien (Fall 5)

10 Aus unterschiedlichen Gründen heraus kann es notwendig bzw. günstig sein, dass nicht derjenige der Prämienzahlende ist, der Versicherungsnehmer ist, sondern derjenige, der im Endeffekt wirtschaftlich begünstigt wird. Eltern richten für ihre Abkömmlinge bei der Geburt Rentenversicherungsverträge ein, bei welchen sie Versicherungsnehmer sind und anfänglich auch die Prämien bezahlen. Später, wenn die Abkömmlinge selbst über Einkommen verfügen, vereinbaren die Abkömmlinge, dass die Prämien jetzt

[1] Prölss/Martin/Schneider VVG § 159 Rn. 1.

von ihnen gezahlt werden. Statt eines Versicherungsnehmerwechsels wird dann diese – in der Abwicklung vordergründig einfachere – Variante gewählt.

Fall 5:

Erblasser E ist verheiratet und lebt mit EP im Güterstand der Zugewinngemeinschaft. Aus der Ehe sind die zwei Kinder K1 und K2 hervorgegangen. E setzt EP zum Alleinerben ein.
E ist Versicherungsnehmer einer Rentenversicherung, K1 ist versicherte Person. K1 ist außerdem prämienzahlender Bezugsberechtigter auf den Erlebensfall. E verstirbt vor K1.
Wie wirkt sich eine derartige Konstellation auf den Nachlass des Erblassers E aus? Wie hoch ist die Bemessungsgrundlage für den Pflichtteilsanspruch von K2?

Lösung

In dieser Konstellation gibt es keinen Unterschied zur kapitalbildenden Lebensversicherung. Daher wird auf die dortigen Ausführungen verwiesen (→ § 2 Rn. 33).

IV. Der Erblasser war versicherte Person (Fall B)

1. Erblasser war versicherte Person und war nicht prämienzahlend (Fall 6)

Lösung von Fall 6: wie → § 2 Rn. 35. 11

2. Erblasser war versicherte Person und war prämienzahlend (Fall 7)

Lösung von Fall 7: wie → § 2 Rn. 36. 12

V. Der Erblasser war Bezugsberechtigter (Fall C)

1. Erblasser war Bezugsberechtigter und war prämienzahlend (Fall 8)

Lösung von Fall 8: Wie bei der kapitalbildenden Lebensversicherung (→ § 2 Rn. 41). 13

2. Erblasser war Bezugsberechtigter und war nicht prämienzahlend (Fall 9)

Lösung von Fall 9: Wie bei der kapitalbildenden Lebensversicherung (→ § 2 Rn. 44). 14

VI. Besondere Fallgestaltungen

1. Nachlass des prämienzahlenden Versicherungsnehmers einer Rentenversicherung bei Ableben vor Eintritt in das Rentenalter

a) Aufgeschobene Rentenversicherung ohne Prämienrückgewähr und ohne Rentengarantie

Fall: 15

Erblasser E hat als Versicherungsnehmer und versicherte Person eine Rentenversicherung abgeschlossen. Im Erlebensfall ab dem 60. Lebensjahr war ihm als Bezugsberechtigtem eine Rente versprochen. Für den Fall, dass E vor Erreichen des Rentenalters versterben sollte, war vereinbart, dass keine Prämienrückzahlung erfolgen sollte. E verstirbt mit 58 Jahren.

Lösung:

Der Nachlass wird mangels Leistung nicht erhöht. Da eine Rentenversicherung ohne Beitragsrückgewähr vereinbart war, fällt nichts in den Nachlass,[2] wenn der Versicherungsnehmer verstirbt.

Solche Verträge werden oftmals an Singles vermittelt, die auf Optimierung des Rententarifs aus sind, da eine Angehörigenabsicherung nicht notwendig ist. Die Versicherung kann dadurch höhere Rentenleistungen versprechen. Auch bei einer Rentenversicherung mit abgekürzter Beitragsdauer ist oftmals vereinbart, dass die Beiträge zuzüglich Gewinnanteile im Todesfall beim Versicherungsunternehmen verbleiben.

Es stellt sich allerdings die Frage nach einer Bewertungsreserve. Deren Umfang ist von der Versicherung offenzulegen.[3]

b) Aufgeschobene Rentenversicherung mit Prämienrückgewähr

16 **Fall:**

E hat als Versicherungsnehmer eine Rentenversicherung abgeschlossen. Ab dem 60. Lebensjahr war ihm eine Rente versprochen. Für den Fall des Versterbens vor Rentenbeginn war Beitragsrückgewähr vereinbart.

Lösung:

Wenn der Versicherungsnehmer, der auch versicherte Person ist, vor Eintritt des Versicherungsfalls (vereinbarter Zeitpunkt des Beginns der Rentenzahlungen) verstirbt, erhalten die Erben die eingezahlten Prämien zurückerstattet, wenn kein Bezugsberechtigter benannt wurde. Der Nachlass wird somit um diese Summe erhöht.

17 Bei Abschluss der Versicherung ist darauf zu achten, wer die Leistung in einem solchen Fall erhalten soll. Die Praxis zeigt, dass diese Frage in den meisten Fällen nicht einmal ansatzweise angesprochen wird.

c) Nachlass des prämienzahlenden Versicherungsnehmers einer aufgeschobenen Rentenversicherung mit Rentengarantiezeit ohne feststellbares Bezugsrecht

18 **Fall 1:**

Erblasser E ist Versicherungsnehmer und versicherte Person einer Rentenversicherung. Er verstirbt ein Jahr nach Erreichen des Renteneintrittsalters. Im Versicherungsvertrag wurde eine Rentengarantiezeit von fünf Jahren vereinbart. Es war kein Bezugsberechtigter feststellbar.

Lösung:

Wenn der Versicherungsnehmer während der Rentengarantiezeit verstirbt, fließt den Erben die restliche Anzahl der nicht verbrauchten Renten zu. Sie erhalten somit während der restlichen vereinbarten Mindestdauer die Rentenzahlungen, wenn diesbezüglich kein anderer Bezugsberechtigter benannt ist.

Fall 2:

Erblasser E ist Versicherungsnehmer und versicherte Person einer Rentenversicherung und verstirbt zwei Jahre nach Erreichen des Renteneintrittsalters. Im Versicherungsvertrag wurde eine Rentengarantiezeit von fünf Jahren mit Kapitalwahlrecht vereinbart. Es konnte kein Bezugsberechtigter festgestellt werden. E hat eine Stiftung als Alleinerben eingesetzt. E hinterlässt Kind K als einzigen Verwandten.

Lösung:

Der Aktivnachlass wird um die Kapitalabfindung bei Ausübung des Kapitalwahlrechts bzw. den abgezinsten Betrag der Rentenleistung erhöht.

---

[2] Derartige Versicherungen werden abgeschlossen, wenn der Hinterbliebenenschutz vernachlässigt werden kann.

[3] BGH 1.6.2016 – IV ZR 507/15, VersR 2016, 1236 = FamRZ 2016, 1765, 1767.

19 d) **Rentenversicherung mit sofort beginnender Rentenzahlung und Rentengarantiezeit.** Hier gilt dasselbe wie oben (→ Rn. 20).

20 e) **Abgrenzung zur Versorgungsleistung.** Die Rentenversicherung ist als Anlageform für diejenigen interessant, die bereits auf andere Art und Weise für die Erben bzw. nahen Angehörige gesorgt haben und im fortgeschrittenen Alter Anlagen für ihre Altersvorsorge tätigen wollen. Anders als bei privaten Rentenversicherungen sind folgende **Versorgungsbezüge** erbrechtlich nicht relevant:

- Witwen-/Witwerrenten, Waisenrenten aus der gesetzlichen Rentenversicherung (dies gilt auch für entsprechende Bezüge aufgrund freiwilliger Weiter- oder Höherversicherung in der gesetzlichen Rentenversicherung)
- Hinterbliebenenbezüge aus der Beamtenversorgung
- Hinterbliebenenbezüge aus berufsständischem Versorgungswesen
- Hinterbliebenenbezüge aufgrund eines Arbeits- oder Dienstverhältnisses. Hierzu gehören auch Hinterbliebenenbezüge, soweit der Gesellschafter/Geschäftsführer nicht beherrschend war.

21 Ein Abzug der Prämie als Betriebsausgabe bei der Gesellschaft wird nur dann anerkannt, wenn die Versicherung im Rahmen eines Anstellungsverhältnisses abgeschlossen wurde und die Prämie hinsichtlich der dem Arbeitnehmer/Gesellschafter für seine Tätigkeit gewährten Vergütung nicht unangemessen ist.

22 Versorgungsbezüge erhöhen den Nachlass nicht.

23 f) **Nachlass des prämienzahlenden Bezugsberechtigten bei einer Rentenversicherung.** Aus steuerlichen, versicherungsrechtlichen (Gruppentarif) und pflichtteilsergänzungsrechtlichen Erwägungen heraus wird oftmals die Variante gewählt, dass der Bezugsberechtigte und nicht der Versicherungsnehmer die Versicherungsprämien bezahlt. Diese Verträge werden überwiegend mit der Planung abgeschlossen, dass der prämienzahlende Bezugsberechtigte die Versicherungsleistung zu Lebzeiten erhält.

24 Wenn die bezugsberechtigte Person und der Versicherungsnehmer nicht identisch sind, kann die Situation eintreten, dass der Bezugsberechtigte vor dem Versicherungsnehmer verstirbt. Besonders kritisch ist die Situation, wenn der prämienzahlende Bezugsberechtigte zugleich versicherte Person ist und kein Ersatzbezugsberechtigter benannt wurde.

Fall 1:
Die versicherte Person ist bezugsberechtigte Person und verstirbt vor dem Versicherungsnehmer.

Lösung:
In derartigen Fällen zahlte der Bezugsberechtigte die Prämien, um später in den Genuss der Versicherungsleistung zu gelangen. Wenn er verstirbt, erhalten die dafür vorgegebenen Personen während der Rentengarantiezeit die Versicherungsleistung, der Nachlass wird nicht erhöht. Zwischen dem Versicherungsnehmer und dem Bezugsberechtigten bestand die vertragliche Vereinbarung der Prämienzahlung durch den Bezugsberechtigten. Im Nachlass des prämienzahlenden Bezugsberechtigten, wenn dieser vor dem Versicherungsnehmer verstirbt und keine anderen Bezugsberechtigten feststellbar sind, befindet sich zumindest eine Forderung gegenüber dem Versicherungsnehmer auf Erstattung der eingezahlten Prämien, da diese dann rechtsgrundlos gezahlt wurden, maximal bis zur Höhe des Wertes der Versicherungsleistungen in der Rentengarantiezeit, sofern die Treuhandvereinbarung nicht nachgewiesen werden kann. Je nach getroffener Vereinbarung zwischen Versicherungsnehmer und der versicherten bezugsberechtigten Person könnten die Erben der versicherten bezugsberechtigten Person Anspruch auf die Versicherungsleistung haben.
Wenn allerdings die versicherte bezugsberechtigte Person einen oder mehrere Bezugsberechtigte für die Rentengarantiezeit benannt hat, waren die Zahlungen der versicherten bezugsberechtigten Person nicht „umsonst“, sodass die Erben keine Ansprüche gegen den Versicherungsnehmer geltend machen können.

Fall 2:
Der Versicherungsnehmer ist nicht versicherte Person und nicht Bezugsberechtigter eines unwiderruflichen Bezugsrechts. Der Bezugsberechtigte verstirbt vor der versicherten Person.

Lösung:

In diesem Fall kann der Versicherungsnehmer die Bezugsberechtigten neu bestimmen.
Die Erben des prämienzahlenden Bezugsberechtigten können damit einen Anspruch auf Rückgewähr der eingezahlten Prämien haben. Bei der Planung ist darauf zu achten, dass der prämienzahlende Bezugsberechtigte unwiderruflich als Bezugsberechtigter mit unwiderruflichen Ersatzbezugsberechtigten benannt wird.

Fall 3:

Der Versicherungsnehmer ist versicherte Person und nicht bezugsberechtigt. Der Bezugsberechtigte verstirbt vor der versicherten Person.

Lösung:

Dieser Fall ist gleich Fall 2 zu behandeln (→ Rn. 28).

Zusammenfassung:

- Wenn der prämienzahlende Bezugsberechtigte sichergehen will, muss das Bezugsrecht unwiderruflich ausgestaltet und es müssen Ersatzbezugsberechtigte benannt sein.
- Es muss zudem eine klare vertragliche Regelung erfolgen, um zu verhindern, dass im Falle von Zwangsvollstreckungsmaßnahmen in das Vermögen des Versicherungsnehmers der Anspruch des Bezugsberechtigten vereitelt wird bzw. im Falle des Todes des Versicherungsnehmers Streit mit dessen Erben entsteht. Im Falle der Kündigung des Versicherungsvertrages durch den Versicherungsnehmer muss sichergestellt werden, dass der Rückkaufswert an den Bezugsberechtigten geht.

2. Nachlass bei Vorliegen einer Teilhaberversicherung

25 Für den Abschluss von Teilhaberversicherungen kommen nur Personengesellschaften (GbR, OHG, KG) und Sozietäten (Bürogemeinschaften) in Betracht. Die „Gesellschafter" müssen Unternehmer im steuerlichen Sinne sein. Es ist zwischen echten und unechten Teilhaberversicherungen zu unterscheiden.

26 Die **echte Teilhaberversicherung** ist an eine Reihe von Voraussetzungen gebunden:

- Sie darf keine private, sondern muss stets eine Firmenversicherung sein.
- Es müssen alle Gesellschafter mit dem Abschluss einer solchen Versicherung einverstanden sein.
- Nur die Gesellschaft als solche darf bezugsberechtigt sein.
- Es muss eine wirtschaftliche Notwendigkeit für die Versicherung bestehen, dh, der ausscheidende Teilhaber bzw. seine Erben können eine Auszahlung des Auseinandersetzungsguthabens aufgrund eines Vertrages oder kraft handelsrechtlicher Bestimmungen verlangen.

27 Die Höhe der Versicherungssumme wird durch die voraussichtliche Höhe des Auseinandersetzungsguthabens bestimmt. Die zu zahlenden Beiträge gelten als gewinnmindernde Betriebsausgaben, die Versicherungsleistung ist allerdings gewinnerhöhend. Das Deckungskapital ist beleihungsfähig, muss allerdings bei der Firma aktiviert werden, sodass gegen Ende der Versicherung, wenn der jährliche Deckungskapitalzuwachs den Jahresbeitrag übersteigt, eine steuerliche Mehrbelastung entsteht.

28 Bei Vorliegen einer echten Teilhaberversicherung erfolgt keine Erhöhung des Nachlasses bei einem positiven Gesellschaftsanteil, da die Auszahlungssumme nur den verbleibenden Gesellschaftern zugutekommt.

29 Unter **unechten Teilhaberversicherungen** versteht man den Abschluss von privaten Abfindungsversicherungen, die ein Teilhaber auf das Leben eines anderen Teilhabers abschließt. Die Beiträge sind private Vorsorgeaufwendungen. Die fällige Leistung fließt der versicherten Person zu, sodass sie in voller Höhe zur Abdeckung der Verpflichtungen

zur Verfügung steht (zB Auszahlung der Erben des verstorbenen Teilhabers). Bei mehreren Gesellschaftern ist es notwendig, dass alle einer solchen Regelung zustimmen.

Das Bundesministerium für Finanzen (BMF) hat in seinem Schreiben vom 31.7.1991 30 festgestellt, dass Versicherungen auf den Lebens- oder Todesfall oder Risikolebensversicherungen, die eine Kapitalgesellschaft für ihre Gesellschafter abschließt, um Abfindungsansprüche der Gesellschafter zu versichern, grundsätzlich nicht betrieblich veranlasst, sondern durch das Gesellschaftsverhältnis begründet sind. Die Aufwendungen für derartige Versicherungen sind daher **verdeckte Gewinnausschüttungen,** wenn es sich um Gesellschafter einer Kapitalgesellschaft handelt und die Beiträge vom Firmenkonto bezahlt werden.

Im Falle des Todes des Gesellschafters als versicherte Person wird die Versicherungs- 31 leistung an die bezugsberechtigte Gesellschaft ausgezahlt. Da jedoch die Prämienzahlungen aus dem Vermögen der versicherten Person geflossen sind, können die Erben **Pflichtteilsergänzungsansprüche** aus der Summe der anteiligen Prämienzahlung haben (Versicherungsnehmer war die Kapitalgesellschaft, versicherte Person der Gesellschafter, bezugsberechtigt die Gesellschaft). Mit der Versicherungsleistung sollen die übrigen Gesellschafter in die Lage versetzt werden, die Erben hinsichtlich der Gesellschaftsanteile auszahlen zu können.

Die pflichtteilsberechtigten Personen eines Gesellschafters einer Personengesellschaft 32 haben somit Anspruch auf Pflichtteilsergänzung aus dem Rückkaufswert. Da die Versicherungsleistung wiederum geschmälert wird durch Pflichtteilsergänzungsansprüche, ist der Versicherungsvertrag so abzuschließen, dass Abfindungs- *und* Pflichtteilsergänzungsansprüche bezahlt werden können.

§ 4 Realer Nachlass und Risikolebensversicherung

Übersicht

I. Allgemeines

1 Es kann weitestgehend auf die Ausführungen zur kapitalbildenden Lebensversicherung verwiesen werden (→ § 2 Rn. 1 ff.). Vorliegend werden nur die praxisrelevanten Abweichungen dargestellt.

II. Standardfälle

1. Überblick

2
- Der Erblasser war Versicherungsnehmer einer Risikolebensversicherung und versicherte Person, ohne ein Bezugsrecht verfügt zu haben (Fall 1).
- Der Erblasser war Versicherungsnehmer einer Risikolebensversicherung und versicherte Person mit Bezugsrecht für einen Dritten (Fall 2).
- Der Erblasser war Versicherungsnehmer einer Risikolebensversicherung und ist Bezugsberechtigter (jedoch nicht versicherte Person) (Fall 3).
- Der Erblasser war Versicherungsnehmer einer Risikolebensversicherung und ist weder versicherte Person noch Bezugsberechtigter (Fall 4).

2. Erblasser war Versicherungsnehmer einer Risikolebensversicherung und versicherte Person, ohne ein Bezugsrecht verfügt zu haben (Fall 1)

3 **Fall 1:**

Erblasser E ist Versicherungsnehmer einer Risikolebensversicherung und versicherte Person. Er hat keinen Bezugsberechtigten benannt. Die Versicherungsleistung beträgt 100.000 EUR, die Prämien betragen lediglich 20.000 EUR.

Lösung:

Der Nachlass wird um die Versicherungssumme erhöht, somit um 100.000 EUR. Es kann diesbezüglich auf die Lösung zur kapitalbildenden Lebensversicherung Bezug genommen werden (→ § 2 Rn. 4). Bei einer derartigen Konstellation besteht kein Unterschied zwischen einer kapitalbildenden Lebensversicherung und einer Risikolebensversicherung.

3. Erblasser war Versicherungsnehmer einer Risikolebensversicherung und versicherte Person mit Bezugsrecht für einen Dritten (Fall 2)

In diesem Fall 2 ist die Risikolebensversicherung für den realen Nachlass ohne Auswirkung. Es besteht kein Unterschied zu einer kapitalbildenden Lebensversicherung. Dies gilt allerdings nur für den realen Nachlass. Auf die Ausführungen zur kapitalbildenden Lebensversicherung wird insoweit verwiesen (→ § 2 Rn. 10 ff.). 4

4. Erblasser war Versicherungsnehmer einer Risikolebensversicherung und ist Bezugsberechtigter (jedoch nicht versicherte Person) (Fall 3)

Fall 3: 5

Erblasser E (verheiratet mit EP im Güterstand der Zugewinngemeinschaft; aus dieser Ehe stammen die Kinder K1 und K2) ist Versicherungsnehmer einer Risikolebensversicherung mit einer Versicherungssumme von 500.000 EUR und Bezugsberechtigter, nicht jedoch versicherte Person. Versicherte Person ist EP (gut verdienender bzw. alleinverdienender EP). Der Erblasser E bezahlte auch die Prämien.
E hinterlässt 100.000 EUR in bar. In die Risikolebensversicherung waren 60.000 EUR Prämien eingezahlt worden. Der Rückkaufswert beträgt 0 EUR, der Verkehrswert ebenfalls 0 EUR.
E hat K1 zum Alleinerben eingesetzt.
EP macht den Zugewinn und Pflichtteilsansprüche, K2 macht Pflichtteilsansprüche geltend.

Lösung:
In diesem Fall ist nicht die versicherte Person verstorben, sondern der Versicherungsnehmer. Der Versicherungsfall ist daher nicht eingetreten. Der Versicherungsfall tritt ein beim Ableben der versicherten Person bzw. am Ende der Vertragslaufzeit. Es kommt daher nicht zur Auszahlung der Versicherungssumme.
Auswirkungen auf den Nachlass und dessen Höhe entstehen nicht durch die Versicherungssumme, sondern nur durch die Rechtsstellung des Erblassers als Versicherungsnehmer und der damit verbundenen wirtschaftlichen/finanziellen Situation, also den Wert des Versicherungsvertrages.
Die Frage der Bewertung der Versicherung – und somit der Höhe, wie sie in die Aktiva einzustellen ist – kann sich ausschließlich am Verkehrswert orientieren. Dieser ist Null, es besteht somit ein erheblicher Unterschied zur kapitalbildenden Lebensversicherung. Die Nachlassaktiva betragen somit 100.000 EUR. Dieser Wert ist maßgeblich für die Berechnung von Zugewinn- und Pflichtteilsansprüchen. In diesem Fall hat die Risikolebensversicherung keine Auswirkung auf den Nachlass.

5. Erblasser war Versicherungsnehmer einer Risikolebensversicherung und ist weder versicherte Person noch Bezugsberechtigter (Fall 4)

Fall 4: 6

Erblasser E ist Versicherungsnehmer einer Risikolebensversicherung. Er ist Prämienzahlender. Der Ehepartner EP ist versicherte Person. Im Todesfall von EP sind die Kinder K1 und K2 bezugsberechtigt. E hat EP zum Alleinerben eingesetzt, die Kinder K1 und K2 sind enterbt. E verstirbt vor EP. Die Eheleute sind im Güterstand der Zugewinngemeinschaft verheiratet. Erblasser E hat die Prämien seit 20 Jahre bezahlt.
Hat das Auswirkungen auf den realen Nachlass?

Lösung:
EP tritt als Alleinerbe von E in den Versicherungsvertrag ein. Dieser fällt in den Nachlass und zwar mit dem **Verkehrswert.** Ob sich ein Verkehrswert ergeben wird, ist durch Gutachten festzustellen. Anhaltspunkt für den Verkehrswert ist der Rückkaufswert, der bei den Risikolebensversicherungsverträgen meistens Null ist. Im Regelfall hat somit die Risikolebensversicherung keine Auswirkung auf die Nachlasshöhe.

III. Besondere Fallgestaltungen

1. Nachlass des prämienzahlenden Versicherungsnehmers einer reinen Risikoversicherung (Sterbegeldversicherung), wenn dieser auch versicherte Person ist

7 Wenn die Versicherungsleistung in den Nachlass fällt, weil kein Bezugsberechtigter benannt ist oder keine wirksame Bezugsbenennung vorliegt, ergeben sich keine Unterschiede zu einer kapitalbildenden Lebensversicherung (→ § 2 Rn. 4).

Sterbegeldversicherung

Die oftmals vorhandene Sterbegeldversicherung fällt in den Nachlass und ist bei Nachlassverzeichnissen gem. § 2314 Abs. 1 BGB auf der Aktivseite anzugeben. In den Altfällen und in den neueren Verträgen ist kein Bezugsberechtigter benannt. Ansonsten ergeben sich keine Unterschiede zum Nachlass des Versicherungsnehmers einer kapitalbildenden Lebensversicherung.

Sterbegeldversicherung mit Bezugsrecht

Eine Sterbegeldversicherung muss auch nicht von einem Bezugsberechtigten für die Bestattung verwendet werden, wie oftmals unzutreffend angenommen wird. Eine Sterbegeldversicherung stellt lediglich eine besondere Art der Risikoversicherung dar ohne Gesundheitsprüfung und nur für kleinere Summen, meistens 3.000 EUR bis 5.000 EUR. Beim Ableben in den ersten drei Jahren erfolgt meistens eine Beitragsrückgewähr in einem definierten Umfang, ab dem vierten Jahr wird meistens die Versicherungssumme ausgezahlt, die keine Pflichtteilsergänzungsansprüche auslöst.

2. Sparvertrag mit Risikolebensversicherung

8 Es gibt Risikolebensversicherungen, die in Kombination mit Ratensparverträgen abgeschlossen werden. Ziel ist ein Vermögensaufbau. Nach dem **Ratensparvertrag** ist der Sparer verpflichtet, Sparraten an die Bank zu entrichten. Mit Ablauf der Vertragszeit und vollständiger Zahlung der Sparraten steht dem Sparer ein Anspruch auf die im Ratensparvertrag der Höhe nach festgelegte Sparsumme zu.

9 Verstirbt der Sparer vor Ablauf der Sparzeit, geht mit dem Tod des Sparers die Verpflichtung aus dem Ratensparvertrag zu weiteren periodischen Sparratenzahlungen auf den oder die Erben über. Um die Erben nicht zu belasten, kann der Erblasser eine entsprechende Versicherung abschließen. Die restlichen Raten werden dann bei diesem **Kombivertrag** sofort fällig. Die restliche Ratensumme entspricht dem Umfang der Lebensversicherungsleistung, sodass diese die Zahlung der weiteren Sparraten ersetzt. Der Anspruch auf die gesamte vertragliche Leistung, dh die volle Sparsumme fällt somit in den Nachlass, wenn kein Vertrag zugunsten Dritter besteht.

10 Es wurde die Frage aufgeworfen, ob auf die Einzelpositionen Sparguthaben und Versicherung abzustellen sei und nicht auf den Anspruch auf die gesamte Sparsumme. Die Rechtsprechung hat diese Konstellation noch nicht entschieden. Auf eine einheitliche oder getrennte Betrachtungsweise kommt es aber nicht an. Mit beiden Ansätzen kommt man zum gleichen Ergebnis. Behandelt man nämlich den Anfall des Anspruchs auf die Lebensversicherungsleistung als besonders vereinbarte Zahlung der mit dem Tod des Erblassers sofort fällig werdenden Sparraten erfüllungshalber gem. § 364 Abs. 2 BGB, steht dem Nachlass schon im Zeitpunkt des Erbfalls, dh am Stichtag des § 2311 Abs. 1 S. 1 BGB, der Anspruch auf die gesamte Sparsumme zu. Auch bei Trennung ergibt sich nichts anderes. Der Erbe ist Inhaber des Sparguthabens geworden. Bezüglich des fehlenden Versicherungsanteils hat er einen Anspruch aus der angefallenen Lebensversicherungsleistung. Der Anspruch knüpft an die offenstehenden Sparraten an. Der durch diese Zahlung zu erzielende Kapital- und Zinsgewinn steht dem Nachlass nach der vertraglichen Vereinbarung als Gegenleistung zur Erfüllung der Sparprämien bereits

im Zeitpunkt des Erbfalls zu. Letztlich findet auf beiden Wegen die gesamte Sparsumme gem. § 2311 BGB Eingang in den Nachlass.

3. Nachlass des prämienzahlenden Versicherungsnehmers einer reinen Risikolebensversicherung, wenn dieser nicht versicherte Person ist

In diesem Fall treten die Erben des verstorbenen Versicherungsnehmers in den Vertrag 11
ein. Bei einer reinen Risikolebensversicherung wurde jedoch kein Sparanteil gebildet, sodass der Nachlass nicht erhöht wird. Die Erben können die Versicherung zum nächstmöglichen Zeitpunkt kündigen.

§ 5 Betriebliche Altersvorsorge

Übersicht

I. Zweck der betrieblichen Altersvorsorge

1 Im unternehmerischen Bereich sind im Wesentlichen zwei Lebensversicherungssituationen zu betrachten: Einerseits schließen Einzelunternehmen bzw. Kapitalgesellschaften Lebensversicherungsverträge ab, um ggf. im Notfall die Tilgung betrieblicher Verbindlichkeiten zu gewährleisten, wenn entweder der Betriebsinhaber schwerkrank, dh arbeitsunfähig ist, oder wenn er verstirbt. Andererseits soll die Absicherung der Angehörigen des Firmeninhabers bzw. seiner Angestellten erreicht werden.

II. Arten der betrieblichen Altersvorsorge

1. Ausgangsfall

2 **Fall:**

Erblasser E ist Alleingesellschafter einer GmbH. Er stellt Überlegungen an, seine Ehefrau EP abzusichern, und beschließt, eine betriebliche Altersvorsorge einzurichten. Die Gesellschaft bildet jedes Jahr eine Rückstellung für die Versorgungszusage, bei welcher E mit Erreichen des Rentenalters eine monatliche Rente bekommt. Zudem wurde vereinbart, dass im Falle des Ablebens von E vor EP diese 60 % der zugesagten Rente erhält.

Abwandlung:

Zur Absicherung der Pensionszusage schloss die GmbH eine Rentenversicherung ab, die der **Pensionszusage** entsprach.
Die Rentenzusage betrug 5.000 EUR, die Rentenzusage für EP (Ableben von E vorausgesetzt) betrug 3.000 EUR.
E setzt EP zur Alleinerbin ein. E hat einen Abkömmling K.
Als E verstirbt, hinterlässt er

- Geldvermögen: 500.000 EUR
- eine Immobilie: 500.000 EUR

eine GmbH-Beteiligung, deren Bilanz sich (verkürzt) wie folgt darstellt:

Aktiva		Passiva	
Geldvermögen	500.000 EUR	Kapital	50.000 EUR
		Rückstellung für Pension	450.000 EUR
Summe:	500.000 EUR	Summe:	500.000 EUR

Die GmbH ist nicht mehr tätig. Abkömmling K erscheint zur Beratung.

Lösung:
K ist pflichtteilsberechtigt zu 1/4.
Aus dem Geldvermögen und der Immobilie heraus erhält K einen Betrag von 250.000 EUR.
Wie errechnen sich die Ansprüche aus

- der GmbH-Beteiligung und
- der Pensionszusage?

Durch die Rückstellung beträgt der Wert der GmbH-Beteiligung 50.000 EUR, sodass sich hieraus ein Pflichtteilsanspruch iHv 12.500 EUR aus dem Bereich des realen Nachlasses (ohne Berücksichtigung einer latenten Steuerlast) ergibt.
Als E verstirbt, ist EP

a) 50 Jahre,
b) 60 Jahre,
c) 70 Jahre alt.

Der Kapitalwert errechnet sich wie folgt:

a)	bei 50 Jahren:	3.000 EUR × 12 × 15,69 = 564.840 EUR
b)	bei 60 Jahren:	3.000 EUR × 12 × 13,83 = 497.880 EUR
c)	bei 70 Jahren:	3.000 EUR × 12 × 11,08 = 398.880 EUR

Nach diesseitiger Rechtsauffassung steht K ein Anspruch von 1/4 aus den obigen Beträgen zu, soweit keine Ehegattenschenkung aus Altersabsicherungsgründen vorliegt.
Es stellt sich die Frage nach der Bemessungsgrundlage. Diese kann maximal das Kapital der Gesellschaft sein.
Der Betrag für Pflichtteilsergänzungsansprüche beträgt 1/4 aus 450.000 EUR, somit 112.500 EUR in den Fällen a) und b) und 1/4 aus 398.880 = **99.720 EUR.**

2. Riester-Rente

3 Ungeklärt ist die Rechtslage bei der Riester-Rente. Bei dieser Rentenform werden die Versicherungsprämien staatlich bezuschusst. Der Arbeitnehmer (Erblasser) ist selbst Versicherungsnehmer. Die staatlichen Förderleistungen werden für Rechnung des Arbeitnehmers = Versicherungsnehmers (Erblasser) unmittelbar an die Lebensversicherungsgesellschaft geleistet und erhöhen die Prämienzahlung und somit auch die Versicherungsleistung.

4 Nimmt das Versicherungsunternehmen an andere Personen als den Bezugsberechtigten (Zulageberechtigter), dh den Arbeitnehmer, Zahlungen vor, so handelt es sich grundsätzlich um eine schädliche Verwendung iSd § 93 EStG, die eine Rückzahlungsverpflichtung hinsichtlich der Zulagen auslöst, § 93 Abs. 1 S. 1 und 2 **EStG.**[1] Der überlebende Ehepartner ist von dieser Zurückzahlungsverpflichtung allerdings ausgenommen.

5 Wird der überlebende Ehepartner beim Riester-Vertrag als Bezugsberechtigter für den Todesfall des Versicherungsnehmers (Arbeitnehmer) eingesetzt, kommt es nicht zur Rückzahlungsverpflichtung nach § 93 Abs. 1 S. 1 und 2 EStG. Vielmehr ist die Rückzahlung gem. § 93 Abs. 1 S. 3 EStG ausgeschlossen. Vor diesem Hintergrund soll der Riester-Versicherungsnehmer (Arbeitnehmer und zukünftiger Erblasser) daher prinzipiell den Ehegatten entweder zum Bezugsberechtigten bestimmen oder zum Alleinerben einsetzen. Bei Vorliegen einer Erbengemeinschaft soll das Riester-Guthaben als Vorausvermächtnis dem Ehepartner zugewendet werden.[2]

6 Wenn nunmehr der Ehepartner Bezugsberechtigter ist, stellt sich die Frage, ob diese Versicherungsleistung in den fiktiven Nachlass hineinzurechnen ist, sodass pflichtteilsberechtigte Personen hieraus gem. § 2325 BGB **Pflichtteilsergänzungsansprüche** geltend machen können. Höhergerichtliche Entscheidungen fehlen diesbezüglich, wobei nunmehr die Rechtsauffassung des BGH vom 23.10.2003[3] auch diesbezüglich anwendbar ist.

[1] Lindberg EStR 2001, 2099, 2103.
[2] Frieser FF 2004, 208, 213.
[3] BGH 23.10.2003 – IX ZR, IX 252/01, NJW 2004, 214.

7 Wenn nämlich ein Bezugsrecht nicht gegeben ist und die Versicherungssumme in den Nachlass fällt und der Ehepartner Alleinerbe ist, dann erhöht die gesamte Versicherungsleistung den Nachlass. Somit können Pflichtteilsberechtigte aus der kompletten Auszahlungssumme Pflichtteilsansprüche geltend machen.

3. Direktversicherung

8 a) **Hinterbliebenenversorgung.** Eine Direktversicherung im Sinne des Betriebsrentengesetz (BetrAVG) umfasst in den allermeisten Fällen auch eine Absicherung der Hinterbliebenen, wenn der Arbeitnehmer vor Erreichen des Renteneintrittsalters verstirbt. Dazu muss in dem entsprechenden Versicherungsantrag eine Bezugsrechtseinräumung zugunsten der Hinterbliebenen enthalten sein, da anderenfalls der Arbeitgeber als Versicherungsnehmer bezugsberechtigt wäre.[4] Bei einer Direktversicherung ist nämlich der Arbeitgeber als Person bzw., wenn es sich um eine Kapitalgesellschaft handelt, die Kapitalgesellschaft der Versicherungsnehmer. Versicherte Person ist der Arbeitnehmer und diese müsste, wenn eine Hinterbliebenenversorgung angestrebt ist, im Versterbensfall des Arbeitnehmers als bezugsberechtigte Person benannt sein.

9 b) **Prämienzahlung.** Bei der Direktversicherung werden die Prämien nicht vom Arbeitnehmer, sondern vom Arbeitgeber bezahlt. Es stellt sich daher die Frage, ob und inwieweit diese Prämienzahlung pflichtteilsergänzungsrechtliche Folgen auslösen kann. Zugleich ist mitzubetrachten, dass Direktversicherungen in den allermeisten Fällen auf einer **Entgeltumwandlung** iSd § 1a Abs. 1 BetrAVG.

10 Im Endeffekt ist bei wirtschaftlicher Betrachtungsweise davon auszugehen, dass die Zahlungen von der versicherten Person erbracht werden. Wenn nunmehr die versicherte Person Erblasser ist und Bezugsrechteinräumungen vorliegen, dann ist der Verkehrswert der Versicherung die maßgebliche Summe für Pflichtteilsergänzungsansprüche sein.

11 c) **Zivilrechtliche Behandlung.** In zivilrechtlicher Hinsicht sind Direktversicherungen, auch wenn sie auf einer Entgeltumwandlung iSd § 1a Abs. 1 BetrAVG beruhen, nicht anders zu behandeln, als wenn es sich um eine vom Arbeitsverhältnis losgelöste Lebensversicherung handelt.

[4] Blomeyer/Rolfs/Otto BetrAVG Anhang zu § 1 BetrVG Rn. 713.

§ 6 § 2287 BGB und dessen Auswirkungen auf Lebensversicherungen

Ist der Versicherungsnehmer durch Erbvertrag oder gemeinschaftliches wechselbezügliches Testament in der Testierfreiheit beschränkt, beispielsweise durch eine bindende Schlusserbeneinsetzung, so ist eine unentgeltliche Zuwendung an einen Dritten durch Einräumung eines Bezugsrechts nicht aus dem Gesichtspunkt der Umgehung der Vertragsbindung unwirksam. Der gebundene Erblasser kann wirksam ein Bezugsrecht verfügen. Dem benachteiligten Vertragserben oder Schlusserben kann ein **Bereicherungsanspruch** gem. § 2287 BGB zustehen. Die Vorschrift lautet: 1

§ 2287 BGB Den Vertragserben beeinträchtigende Schenkungen

(1) Hat der Erblasser in der Absicht, den Vertragserben zu beeinträchtigen, eine Schenkung gemacht, so kann der Vertragserbe, nachdem ihm die Erbschaft angefallen ist, von dem Beschenkten die Herausgabe des Geschenks nach den Vorschriften über die Herausgabe einer ungerechtfertigten Bereicherung fordern.
(2) Die Verjährungsfrist des Anspruchs beginnt mit dem Erbfall.

Der Anspruch nach § 2287 Abs. 1 BGB besteht in folgenden Fällen: 2

Selbst bei Einräumung eines **unwiderruflichen Bezugsrechts** durch den Erblasser ist 3 der Begünstigte verpflichtet, die Versicherungsleistung herauszugeben, dh ein Herausgabeanspruch besteht.

Dasselbe gilt beim Vorliegen eines **widerruflichen Bezugsrechts,** bei dessen Einräu- 4 mung der Begünstigte durch Unterzeichnung **mitgewirkt** hat. Ein solches Mitwirken hat zur Folge, dass die Erben auch bei einem widerruflich eingeräumten Bezugsrecht dieses zwar nicht auf der Ebene des Versicherungsvertrages widerrufen können, sodass ihnen lediglich ein Anspruch aus § 2287 BGB gegen den Begünstigten verbleibt.

Hat der Begünstigte bei der Einräumung eines widerruflichen Bezugsrechts **nicht** 5 **mitgewirkt,** sodass die Erben grundsätzlich ihren Widerruf erklären könnten, und ist allerdings ein solcher aber nicht erfolgt, können sie dennoch weiterhin einen Anspruch aus § 2287 BGB geltend machen. Es muss von Seiten des Erblassers keine Beeinträchtigungsabsicht vorliegen, vielmehr reicht bereits eine objektiv feststellbare Vermögensminderung aus.

Für eine **Schenkung,** dh eine bestehenbleibende Zuwendung, muss ein lebzeitiges 6 **Eigeninteresse des Erblassers** bestehen, damit der Bezugsberechtigte die Versicherungsleistung behalten darf. Dabei ist festzuhalten, dass es zahlreiche höhergerichtliche Entscheidungen zur Problematik des § 2287 BGB gibt. Diese fehlen jedoch hinsichtlich der Problematik der Zuwendung (Schenkung) auf den Tod.

Fraglich ist, ob ein lebzeitiges Eigeninteresse durch eine auf das Ableben des Schenkers 7 vorzunehmende Schenkung (hier: durch Einräumung eines Bezugsrechts auf den Todesfall) gerechtfertigt werden kann. Dies ist nicht höhergerichtlich entschieden. Es wird hier die Rechtsauffassung vertreten, dass zu unterscheiden ist zwischen unwiderruflichem und widerruflichem Bezugsrecht. Bei einem unwiderruflichem Bezugsrecht kann das lebzeitige Eigeninteresse gegeben sein um sich die zukünftige Pflege zusichern. Durch das unwiderrufliche Bezugsrecht wird der Verkehrswert der Versicherung zugewendet.

Beispiel 1:

Ein lebzeitiges Eigeninteresse liegt nach höchstrichterlicher Rechtsprechung[1] unproblematisch dann vor, wenn der spätere Erblasser seiner ihn pflegenden Freundin 5.000 EUR schenkt mit der Bitte, ihn bis zu seinem Tode zu pflegen.
Bei widerruflichem Bezugsrecht wird die Schenkung realisiert beim Ableben, sodass kein lebzeitiges Eigeninteresse mehr gegeben ist.

[1] BGH Beschl. 26.10.2011 – IV ZR 72/11, DNot I-Repot 2012, 5, 5 f.

Beispiel 2:
Nicht höchstrichterlich entschieden ist hingegen, ob ein lebzeitiges Eigeninteresse vorliegt, wenn die Schenkung des Erblassers an seine ihn pflegende Freundin als Einräumung eines widerruflichem Bezugsrechts auf den Todesfall ausgestaltet ist.

Fall:

E und EP setzen sich gegenseitig auf den Tod des Erstversterbenden zu Alleinerben und die Kinder K1 und K2 zu Schlusserben ein. E verstirbt. EP schließt eine Lebensversicherung ab, bei welcher EP Versicherungsnehmer und versicherte Person ist und Freundin F bezugsberechtigte Person ist. Anschließend verstirbt EP. Die Summe der Prämienzahlungen betrug 50.000 EUR. Der Rückkaufswert zum Zeitpunkt des Ablebens betrug 40.000 EUR. Die Versicherungssumme betrug 60.000 EUR. Das Bezugsrecht wurde postmortal nicht widerrufen.
Welche Ansprüche haben K1 und K2 bzgl. der Lebensversicherung?

Lösung:
Es ist insbesondere die Höhe eines bereicherungsrechtlichen Anspruchs abzuklären. Im Rahmen der Rückforderungsrechte unterliegen alle Schenkungen des zweitversterbenden Erblassers der Rückforderung durch die Schlusserben, § 2287 BGB.
Dem Schenkungsbegriff in § 2287 BGB ist derjenige des § 516 BGB zugrunde zu legen. In Anlehnung an die Rechtsprechung des BGH zur Bewertung von Lebensversicherungen im Bereich der Pflichtteilsergänzung[2] ist vom Rückkaufswert bzw. von einem höher festgestellten Verkehrswert auszugehen.
Ist dem Beschenkten zu Lasten des Vertragserben das Bezugsrecht einer Lebensversicherung zugewandt worden, ist der Anspruch aus § 2287 BGB nicht auf Basis der in die Lebensversicherung eingezahlten Prämien[3], sondern auf Basis der Versicherungssumme zu berechnen. Der Rückkaufs- bzw. Verkehrswert ist hierbei nicht maßgeblich, da ein objektiver Vermögensvergleich vorzunehmen ist. Wie wäre das Vermögen von K1 und K2 ohne Bezugsrecht gewesen? Das Vermögen wäre um die Versicherungsteigerung höher gewesen, somit ist dies die Bemessungsgrundlage.

---

[2] Vgl. BGH 28.4.2010 – IV ZR/08, NJW 2010, 3232.
[3] So aber noch die frühere Meinung Funk jurisPR-FamR 8/2009 Anm. 6 zu OLG Köln 26.11.2008 – 2 U 8/08.

§ 7 Bezugsrecht bei Lebens- und Rentenversicherungen und dessen Auswirkungen auf den Pflichtteilsanspruch (realer Nachlass)

Übersicht

I. Bezugsrecht bei der kapitalbildenden Lebensversicherung und dessen Auswirkungen auf den Pflichtteilsanspruch (realer Nachlass)

1. Lebensversicherung fällt in den Nachlass

1 Wenn die Lebensversicherungssumme in den Nachlass fällt, beeinflusst dies die Nettonachlasshöhe. Gemäß § 9 Abs. 1 ALB, Fassung v. 21.7.2025 ist dies nunmehr auf Grund der ALB der Regelfall, außer es wurde ein Bezugsberechtigter namentlich benannt.

2 Es ist jeweils zu prüfen, welche ALB-Fassung vereinbart wurden. Bis zu den ALB 2012 (Stand 7.5.2013) war über die ALB vorgesehen, dass ein Bezugsberechtigter aufgrund der ALB vorgegeben war, sodass die Lebensversicherung nicht in den Nachlass fiel. Ab dem 7.5.2013 fehlt es an einer generell von der Versicherungswirtschaft vorgesehenen Bezugsberechtigung in den ALB.

3 Bei vor dem 7.5.2013 abgeschlossenem kapitalbildenden Lebensversicherungen war eine fehlende Bezugsberechtigung selten aufgetreten, da eine formularmäßige Bezugsrechtseinräumung vorgesehen war, entweder der Ehepartner oder die Erben. Bei den neuen Vertragsabschlüssen fällt die Versicherungssumme häufig in den Nachlass. Dies ist genauestens abzuklären. Es wird ausdrücklich darauf hingewiesen, dass es zahlreiche abweichende ALB gibt, die jeweils abzuklären sind. Die Mandanten sollen aufgefordert werden, sämtliche Schreiben beizubringen, bzw. den Versicherer unmittelbar anschreiben.

Fall 1:

Der Versicherungsnehmer (Erblasser) hat keinen Bezugsberechtigten benannt.

Lösung:

In diesem Fall ist er selbst derjenige, dem der Anspruch auf die Versicherungssumme zusteht. Mit seinem Tod tritt der Versicherungsfall ein, sodass ein Anspruch auf Auszahlung der Versicherungssumme in den Nachlass fällt, § 9 Abs. 1 ALB, Fassung v. 21.7.2025. Das Gleiche gilt, wenn die Bezugsberechtigung nicht wirksam ist bzw. auch die Schenkung wirksam widerrufen wurde. Die Versicherungsleistung erhöht den Aktivnachlass. Für den Fall, dass Pflichtteilsansprüche gegen den oder die Erben geltend gemacht werden, ist die ausgezahlte Versicherungssumme und nicht die Summe der gezahlten Prämien mit in die Bemessungsgrundlage einzubeziehen, wobei jedoch die latente Steuerlast in Abzug zu bringen ist.

2. Anrechnung der Lebensversicherung gem. § 2315 BGB

4 Wenn eine Anrechnung auf den Pflichtteil bei einer Schenkung abgeordnet wurde, reduziert sich der Pflichtteil aus dem realen Nachlass. Kann dies mit einem Bezugsrecht, welcher Schenkungsweise angeordnet wurde erreicht werden?

5 Es ist zu unterscheiden zwischen der Einräumung eines **widerruflichen** und unwiderruflichen Bezugsrechts bei der kapitalbildenden Lebensversicherung mit einer Regelung Anrechnung auf den Pflichtteil.

6 a) **Widerrufliches Bezugsrecht – ist eine Anrechnung möglich?** Ist ein Bezugsberechtigter benannt, fällt die Lebensversicherungssumme, wie ausgeführt (→ § 8 Rn. 8), nicht in den Nachlass. Die Lebensversicherung ist **pflichtteilsneutral** (zum Pflichtteilsergänzungsanspruch → § 8 Rn. 1 ff.). Diese Geldleistung, mag sie auch noch so groß sein, wird nicht kraft Gesetzes auf den Pflichtteil angerechnet.[1] Nur wenn eine Pflichtteilsanrechnungsbestimmung getroffen worden ist, ergeben sich Auswirkungen. Bei Immobilienschenkungen wird in der Praxis oftmals eine Anrechnung auf den Pflichtteil vereinbart. Ein Pflichtteilsberechtigter muss sich eine Zuwendung des Erblassers auf den Pflichtteil nur anrechnen lassen, wenn der Erblasser die Zuwendung mit dieser Bestimmung getroffen hat.[2] Die Kernfrage ist: „Wurde eine Anrechnung nach § 2315 BGB bei Einräumung des Bezugsrechts bestimmt?"

7 § 2315 BGB lautet:

§ 2315 BGB Anrechnung von Zuwendungen auf den Pflichtteil

(1) Der Pflichtteilsberechtigte hat sich auf den Pflichtteil anrechnen zu lassen, was ihm von dem Erblasser durch Rechtsgeschäft unter Lebenden mit der Bestimmung zugewendet worden ist, dass es auf den Pflichtteil angerechnet werden soll.
(2) Der Wert der Zuwendung wird bei der Bestimmung des Pflichtteils dem Nachlass hinzugerechnet. Der Wert bestimmt sich nach der Zeit, zu welcher die Zuwendung erfolgt ist.
(3) Ist der Pflichtteilsberechtigte ein Abkömmling des Erblassers, so findet die Vorschrift des § 2051 Abs. 1 entsprechende Anwendung.

8 Es ist abzuprüfen, ob die Anrechnungsregelung zu Lebzeiten fixiert worden ist oder ob der Begünstigte erst postmortal von der Pflichtteilsanrechnung informiert wird.

Fall 2:

Erblasser E ist Versicherungsnehmer (verheiratet mit EP; zwei Kinder K1 und K2) und versicherte Person einer kapitalbildenden Lebensversicherung. Er setzt sein Kind K1 widerruflich als Bezugsberechtigten mit der Bestimmung ein, dass K1 sich die Lebensversicherungsleistung auf seinen Pflichtteil anrechnen lassen muss. Dies wurde separat vereinbart bevor die Bezugsrechtseinräumung erfolgte. E setzt K2 zum Alleinerben ein.
Der Nettonachlass beträgt 2.000.000 EUR. Die Lebensversicherung hatte eine Todesfallleistung von 160.000 EUR und einen Rückkaufswert von 120.000 EUR gleich Verkehrswert zum Zeitpunkt der Bezugsrechtseinräumung. Die Summe der Prämienzahlungen beträgt insgesamt 70.000 EUR vor der Bezugsrechtseinräumung.

Lösung:

EP und K1 sind enterbt. EP hat einen Pflichtteil von $1/8$ und K1 einen Pflichtteil von $3/16$. Aufgrund der Enterbung hat K1 einen Pflichtteilsanspruch von $3/16$ aus 1.800.000 EUR, somit 337.500 EUR.
Gemäß § 2315 Abs. 1 BGB hat sich K1 als Pflichtteilsberechtigter dasjenige auf seinen Pflichtteil anrechnen zu lassen, was der Erblasser durch Rechtsgeschäft unter Lebenden mit der Bestimmung zugewandt hat, dass es auf seinen Pflichtteil angerechnet werden soll, somit entweder die Lebensver-

[1] J. Mayer DNotZ 2000, 925.
[2] Die Anrechnungsbestimmung auf den Pflichtteil kann nicht in der letztwilligen Verfügung wirksam angeordnet werden. Auch eine nachträgliche privatschriftliche Vereinbarung, wonach die Schenkung auf den Pflichtteil anzurechnen ist, ist unwirksam; sie bedarf der notariellen Beurkundung.

sicherungsleistung, alternativ der Rückkaufswert, alternativ ein nachgewiesener Verkehrswert zum Zeitpunkt der Bezugsrechtseinräumung bzw. Todestag oder die Prämien.
Zur Höhe der Anrechnung → Rn. 17, zuvor muss abgeklärt werden, ob denn wirksam eine Anrechnungsbestimmung vereinbart wurde.

Thema: Anrechnungsbestimmung 9
Ist eine Anrechnungsbestimmung gemäß § 2315 BGB mit einem Vertrag zugunsten Dritter gemäß § 328 BGB überhaupt möglich? Um zu diesem Ergebnis zu gelangen, müssen folgende Voraussetzungen vorliegen:

- Enterbung eines pflichtteilsberechtigten Erben,
- dieser pflichtteilsberechtigte Erbe muss vom Erblasser beschenkt worden sein,
- es muss sich um eine freigiebige Zuwendung des Erblassers als Versicherungsnehmer handeln,
- wirksame Bezugsberechtigung,
- es muss eine wirksame Anrechnungsbestimmung getroffen worden sein,
- die Höhe der Zuwendung muss für die Anrechnung bestimmt werden.

Rechtliche Grundüberlegungen 10
Die wirksame Bezugsberechtigung ist nach den Grundsätzen der vorangegangenen Kapitel zu prüfen (insb. → § 2 Rn. 11 ff.). Es muss ein wirksames, den Pflichtteilsberechtigten enterbendes Testament vorliegen. Es besteht Einigkeit darüber, dass es nicht zum Begriff der Schenkung iSv § 516 Abs. 1 BGB gehört, dass der konkrete Gegenstand, der als Bereicherung in das Vermögen des Beschenkten gelangt, sich vorher in derselben Gestalt im Vermögen des Schenkers befunden haben muss und wesensgleich übergeht.[3] Damit ist die theoretische Diskussion, ob der Bezugsberechtigte unmittelbar vom Versicherungsnehmer erwerben muss, obsolet. Es spielt für das Ergebnis keine Rolle, ob der Bezugsberechtigte originär die Leistung von der Versicherung erwirbt oder aus dem Vermögen des Versicherungsnehmers.

Auch wenn eine pflichtteilsberechtigte Person als Bezugsberechtigter beim Ableben des Erblassers, der Versicherungsnehmer und versicherte Person war, aufgrund einer Versicherung eine größere Geldleistung erhält, tritt nicht die „wohltuende" pflichtteilsentlastende Wirkung des § 2307 Abs. 1 BGB ein: Da es sich nicht um ein Vermächtnis handelt, ist diese Geldleistung, mag sie auch noch so groß sein, nicht kraft Gesetzes auf den Pflichtteil anzurechnen. Es bedarf bei Versicherungsleistungen aufgrund eines Vertrages zugunsten Dritter somit grundsätzlich einer **„empfangsbedürftigen" Anrechnungsbestimmung** nach § 2315 BGB. Dass die Zuwendung auf einem Vertrag zugunsten Dritter beruht, steht dem nicht entgegen, da es sich im Verhältnis zum Empfänger um eine Leistung des Erblassers handelt. 11

Die Anrechnungsbestimmung zwischen Erblasser und Pflichtteilsberechtigter Person muss vor der Zuwendung erfolgen, sie muss dem beschenkten Pflichtteilsberechtigten zugegangen sein. Wie im Ausgangsfall kann dies in einer separaten Urkunde niedergelegt werden. Was ist, wenn dies nur auf dem Versicherungsantrag vermerkt worden ist. Die Anrechnungsbestimmung ist eine einseitige, empfangsbedürftige Willenserklärung des Erblassers. Sie ist nach dem Wortlaut des Gesetzes („mit der Bestimmung" zugewendet") vor oder mit der Zuwendung zu treffen, um dem Pflichtteilsberechtigten die damit verbundene Pflichtteilsminderung zu verdeutlichen und eine etwaige Zurückweisung der Zuwendung zu ermöglichen.[4] Aber **wann** hat die **Anrechnungserklärung** zu erfolgen? Dies ist spätestens „bei der Zuwendung" zu erfolgen, damit der Empfänger die ihm ungünstige Anrechnung zurückweisen kann. Dies ist zutreffend. Wenn der Erblasser, der zumindest Versicherungsnehmer sein muss, und der Pflichtteilsberechtigte eine Vereinbarung schließen, wonach die Leistung aus der Versicherung auf den Pflichtteil anzurechnen ist, dann ist die Bezugsrechtseinräumung der richtige Zeitpunkt, unabhängig davon, in welchem zeitlichen Abstand vor der Auszahlung der Versicherungsleistung dies erfolgt. Entscheidend ist, dass der Erblasser Versicherungsnehmer 12

[3] BGHZ 112, 40, 46.
[4] DNotI-Report 10/2014 S. 74.

war. Hinweis: Wenn der Erblasser als Versicherungsnehmer eine Pflichtteilsanrechnung erreichen will, sollte eine privatschriftliche Vereinbarung vorgenommen werden. Beim widerruflichen Bezugsrecht reicht dies vor dem Erbfall, beim unwiderruflichen Bezugsrecht muss dies vor Bezugsrechtseinräumung erfolgen, ansonsten in notarieller Form. Es gilt daher was folgt: Noch nicht von der Rechtsprechung entschieden und daher derzeit offen ist die Frage, ob der Versprechensempfänger dem Bezugsberechtigten bereits mit dessen Einsetzung mitteilen muss, dass er ihm die Lebensversicherung zugedacht hat und er sich die Versicherungsleistung auf seinen Pflichtteil anrechnen lassen[5] oder ob er die Anrechnungsbestimmung vornehmen kann, bis der begünstigte Dritte den Anspruch gegen den Versprechenden erwirbt und dabei erfährt, dass die Leistung anzurechnen ist.[6] Ob eine Anrechnungsbestimmung und dessen Annahme postmortal möglich ist, ist umstritten. Ich meine nein aus dem nachfolgenden Gründen:

13 Die **Anrechnungsbestimmung** ist eine Willenserklärung gegenüber dem Empfänger der Zuwendung, die diesem nicht nur zugehen, sondern auch in sein Bewusstsein eingehen muss, weil die Zuwendung durch die Anrechnungsbestimmung eine besondere rechtliche Beschaffenheit erhält. Die Zuwendung ist nur in dem Umfang, den der Erblasser festgelegt hat, auf den Pflichtteil anrechnungspflichtig. Der die Zuwendung Annehmende muss wegen der Tragweite dieser Annahme Kenntnis von der sein Pflichtteilsrecht beeinflussenden Beschaffenheit der Zuwendung erlangen. Nach § 2315 Abs. 1 BGB muss sich der Pflichtteilsberechtigte somit auf den Pflichtteil dasjenige anrechnen lassen, „was ihm vom Erblasser durch Rechtsgeschäft unter Lebenden mit der Bestimmung zugewendet worden ist, dass es auf den Pflichtteil angerechnet werden soll". Die Anrechnungserklärung hat nach den allgemeinen Grundsätzen spätestens „bei der Zuwendung" zu erfolgen, damit der Empfänger die ihm ungünstige Anrechnung zurückweisen kann.

14 In der Praxis erfolgt die Auszahlung nach Übermittlung der Sterbeurkunde. Der Begünstigte weiß nicht, dass eine Anrechnungsbestimmung getroffen wurde.

15 Ergebnis: Es kommt nicht zur Anrechnung auf den Pflichtteil.

16 Aus dem Charakter der Anrechnungsbestimmung als empfangsbedürftiger Willenserklärung folgt, dass die Anrechnungsbestimmung nur durch Geschäft unter Lebenden, nicht in einem Testament getroffen werden darf[7] Wenn jedoch eine Anrechnungsbestimmung getroffen sein sollte, stellt sich dann die Frage, in welcher **Höhe** die Anrechnung zu erfolgen hat. Die Bewertung der Zuwendung erfolgt gem. § 2315 Abs. 2 S. 2 BGB auf den Zeitpunkt, zu dem die Zuwendung erfolgte, also auf den Todeszeitpunkt. Nach diesseitiger Auffassung erfolgt die Anrechnung in Höhe der Versicherungssumme und nicht in der Höhe der Prämienzahlung, oder in Höhe des Verkehrswerts zum Zeitpunkt des Todes. Es kommt dadurch zum Gleichlauf bei der Lebens-, Risiko- und Rentenversicherung. Diesseits wird die Auffassung vertreten, dass Anrechnung auf den Pflichtteil etwas anderes ist als die Bemessungsgrundlage für Pflichtteilsergänzungsansprüche.

17 Wenn man die Grundsätze der BGH-Rechtsprechung zum Pflichtteilsergänzungsanspruch heranzieht,[8] dann ist nicht die Lebensversicherungssumme maßgeblich, sondern der Verkehrswert. Dies bedeutet, dass dann beispielsweise eine Risikolebensversicherung oftmals keinen Verkehrswert hat, sodass dann ein Anrechnungswert nicht gegeben ist. Der Verkehrswert einer kapitalbildenden Lebensversicherung vor der Auszahlung ist wertmäßig die Versicherungssumme. Aus dogmatischen Gründen ist die Basis der Verkehrswert, aus praktischen Gründen ist dies die Versicherungsleistung.

18 Da der widerruflich Bezugsberechtigte das Recht auf die Leistung des Versicherers nach § 159 Abs. 2 VVG erst mit dem Eintritt des Versicherungsfalls erwirbt, erfolgt die Zuwendung des Versicherungsnehmers an den Dritten **genau zur Zeit des Erbfalls.** Der

[5] Kerscher/Riedel/Lenz Pflichtteilsrecht, 3. Aufl. 2022, § 15 Rn. 22.

[6] J. Mayer DNotZ 2000, 905, Dauner-Lieb/Grziwotz/Hohmann-Dennhardt/Herrler/Schmied-Kovarik Pflichtteilsrecht, 2010, § 2315 BGB Rn. 18; Leitzen RNotZ 2009, 129, MüKoBGB/Lange § 2315 Rn. 10; Schlitt/Müller/Engels PflichtteilsR-HdB, 1. Aufl. 2010, § 3 Rn. 116.

[7] Vgl. Klingelhöffer, ZEV 1995, 180.

[8] 2. Aufl. 2011 § 6 Rn. 11.

Anspruch auf die Versicherungssumme ist demnach mit seinem vollen Betrag anzusetzen, mit dem Verkehrswert[9], sodass das Ergebnis gleich ist.

Die Anrechnungsbestimmung ist eine empfangsbedürftige Willenserklärung 19
(→ Rn. 12), somit reicht die Bestimmung im Testament, dass Schenkungen auf den Pflichtteil anzurechnen sind, nicht aus.[10]

Widerrufliches Bezugsrecht: 20

Geht man von der Formbedürftigkeit der Anrechnungsbestimmung aus, so sollte ein etwaiger Formmangel gem. § 518 Abs 2 BGB mit Vollzug der Schenkung geheilt sein [11]. Ob dies auch gilt, wenn die ursprünglich formunwirksame Schenkung erst nach dem Tod des Versprechensempfängers vollzogen wird und der Pflichtteilsanspruch damit bereits entstanden ist, erscheint aber zweifelhaft. Die Frage dürfte sich allerdings beim Erwerb eines Bezugsrechts grundsätzlich nicht stellen, denn der begünstigte Dritte erwirbt den Anspruch gegen die Versicherung mit dem Tod des Erblassers (§ 331 BGB iVm § 159 Abs 2 VVG). Der Anspruch gehörte nie zum Erblasservermögen und lässt sich nicht dem Nachlass zuordnen[12]. (Es handelt sich um keine Schenkung von Todes wegen nach § 2301 BGB, sondern um eine lebzeitige Schenkung (s. oben). Ob ein Rechtsgeschäft unter Lebenden iSv § 2315 BGB vorliegt, dürfte parallel zu den Kriterien des § 2301 BGB zu beantworten sein[13] Die Schenkung ist daher zu Lebzeiten vollzogen und geheilt. Bei einer **Lebensversicherung auf den Todesfall** handelt es sich – wie bei einem Vertrag zugunsten Dritter – um die **„letztmögliche" Schenkung.** Der Versicherungsnehmer kann bereits bei Einsetzung eines Bezugsberechtigten diesem mitteilen, dass er ihm die Lebensversicherung zugedacht hat und dass er sich diese auf seinen Pflichtteil anrechnen lassen muss. Es erhebt sich die Frage der Nachweisbarkeit des Zugangs der Anrechnungsbestimmung.

Thema: Höhe der Anrechnung 21

Wenn der Erblasser den Anforderungen des § 2315 Abs. 1 BGB genügt hat, taucht jedoch sogleich eine weitere Hürde auf.[14] Nach Abs. 2 der Bestimmung wird der Wert der Zuwendung nach der Zeit bestimmt, zu welcher die Zuwendung erfolgt ist. Problematisch ist daher, in welcher Höhe der Bezugsberechtigte sich gem. § 2315 Abs. 2 BGB die Zuwendung anrechnen lassen muss. Klingelhöffer vertritt die Auffassung, dass gemäß der Auslegungsregel des § 330 BGB die Versicherungssumme als der anrechenbare Wert anzusetzen ist, da der Anspruch bereits mit Abschluss des Lebensversicherungsvertrages entsteht.[15] Dies ist praktikabel, und derzeit die Auffassung des Autors jedoch rechtlich nicht unumstritten.[16] Die Auffassung von *Klingelhöffer* ist im Ergebnis zutreffend, wobei die Begründung diesseits nicht geteilt wird. Rechtlich zutreffend ist, den Zeitpunkt der gebilligten Auszahlung als denjenigen anzusehen, der auch für die Anrechnungserklärung maßgeblich ist, da gem. § 333 BGB der Bezugsberechtigte bei Auszahlung des Geldbetrages diesen zurückweisen kann. Dies ist auch insofern richtig, als mangels abweichender Anhaltspunkte bei einer Zurückweisung die Zuwendung an den Versicherungsnehmer oder seine Erben zurückfällt (§§ 168, 180 VVG) oder an einen Ersatzbegünstigten geht, wenn ein solcher bestimmt ist (§ 159 Abs. 1 VVG).[17]

§ 2315 BGB bezweckt, dass sich der Pflichtteilsberechtigte das, was er vom Erblasser 22
schenkungsweise erhalten hat, auf seinen Pflichtteilsanspruch anrechnen lassen muss.

---

[9] Vgl. BGH 28.4.2010 – IV ZR 73/08, ZErb 2010, 189, 192 f.
[10] Elfring ZEV 2004, 305–310.
[11] Klingelhöffer ZEV 1995, 182.
[12] Thubauville MittRhNotK 1992, 289.
[13] BGH NJW 2010, 3232.
[14] BeckOK BGB/J. Mayer § 2315 Rn. 4; Staudinger/Haas § 2301 Rn. 13, Thubauville MittRhNotK 1992, 289).
[15] Klingelhöffer ZEV 1995, 180.
[16] Zum Zeitpunkt der Mitteilung der Bezugsberechtigung und Vereinbarung über die Anrechnung gem. § 2315 BGB hat die Zuwendung für den Pflichtteilsberechtigten keinen Wert, da er zum einen nicht über sie verfügen kann, zum anderen würde der Wert nur im Rückkaufswert bestehen.
[17] J. Mayer DNotZ 2000, 923.

Bezogen auf den Lebensversicherungsvertrag hieße das, dass die Schenkung *nicht* in der Summe der vom Versicherungsnehmer entrichteten Prämien besteht, sondern in der dem Dritten ausbezahlten Versicherungssumme, die der Versicherungsnehmer mit seinen Prämienzahlungen gegenüber dem Versicherer „erkauft" hat. Erbrecht und Zugewinn laufen konform.

23 Die Anrechnung der Versicherungsleistung nach § 2315 BGB entspricht somit noch der Auffassung von *Klingelhöffer* und diesseits der Behandlung der Lebensversicherung im Rahmen der Anrechnungsvorschrift des § 1380 Abs. 1 S. 1 BGB für den Zugewinnausgleich, bei der es sich um eine Parallelbestimmung zu § 2315 Abs. 1 BGB handelt. Nach § 1380 Abs. 1 S. 1 BGB wird auf die Ausgleichsforderung eines Ehegatten dasjenige angerechnet, was ihm vom anderen Ehegatten durch Rechtsgeschäft unter Lebenden mit der Bestimmung zugewendet wurde, dass es auf die Ausgleichsforderung angerechnet werden soll.

24 Der rechtliche Unterschied liegt allerdings darin, dass es sich bei § 1380 BGB um eine Zuwendung unter Lebenden handelt, während bei § 2316 Abs. 1 BGB die Zuwendung erst nach dem Ableben erfolgt, wobei es im Endeffekt zum selben Ergebnis kommt. Es gibt keine rechtliche Differenzierung zwischen den Rechtsansichten.

25 Ein weiterer Unterschied zwischen den beiden Vorschriften besteht darin, dass § 1380 Abs. 1 S. 2 BGB bestimmt, dass Zuwendungen im Zweifel angerechnet werden sollen, wenn ihr Wert den Wert von Gelegenheitsgeschenken übersteigt, die nach den Lebensverhältnissen der Ehegatten üblich sind. Der Gesetzgeber hat bei der Schaffung dieses Tatbestands vor allem die Lebensversicherung im Auge gehabt, die ein Ehegatte zugunsten des anderen abgeschlossen hat. Diese wollte der Gesetzgeber nicht als „übliches Gelegenheitsgeschenk" behandelt wissen. Sie ist daher im Zweifel auf die Ausgleichsforderung anzurechnen.

26 Anrechnungspflichtig sind auch nicht die Prämien, die der eine Ehegatte an den Versicherer gezahlt hat, sondern der Anspruch auf die Versicherungssumme, den er dem anderen Ehegatten dadurch verschafft hat. Dieses Ergebnis ist im Rahmen der Anrechnungsbestimmung des § 1380 BGB unstreitig. Zur ehemaligen juristischen Diskussion wird auf die Vorauflage verwiesen.

Praxistipp:

Eine gerichtliche Entscheidung, ob für die Anrechnung die Versicherungssumme oder der Rückkaufswert/Verkehrswert maßgeblich ist, gibt es nicht. Für diese Betrachtung lässt sich das Urteil des BGH vom 28.4.2010 (NJW 2010, 3232) anführen. Den maßgeblichen Zuwendungsgegenstand bei widerruflichem Bezugsrecht bei einer auf den Todesfall abgeschlossenen Lebensversicherung zugunsten eines Dritten über ein widerrufliches Bezugsrecht sieht der BGH in dem Wert, den der Erblasser durch Verwertung der Rechte aus der Lebensversicherung zuletzt hätte realisieren können. Der IV. Zivilsenat stellt insoweit vor allem darauf ab, dass dem Bezugsberechtigten vor Eintritt des Todesfalls lediglich eine Chance auf den Erwerb zustünde, nicht jedoch eine Anwartschaft begründet werde.
Bei Einräumung eines Bezugsrechts entsteht zunächst eine bloße Erwerbshoffnung, die jedoch gem. § 2315 Abs. 2 BGB nicht anrechenbar ist. Wirtschaftlich erhält der Bezugsberechtigte die Leistung erst, wenn der Versicherungsfall eintritt.

Fall 3:

Erblasser E ist mit EP verheiratet. Aus der Ehe sind zwei Kinder K1 und K2 hervorgegangen. E hat EP zu seiner Alleinerbin eingesetzt. K1 und K2 sind als Bezugsberechtigte je zu $^1/_2$ bezüglich einer Lebensversicherung eingesetzt, bei welcher E Versicherungsnehmer und versicherte Person ist. E hat testamentarisch bestimmt, dass sich K1 und K2 die Leistungen aus der Lebensversicherung auf den Pflichtteil anrechnen lassen müssen.

Lösung:
Vorliegend erfolgt die Zuwendung der Lebensversicherung durch **Geschäft unter Lebenden.** Die Anrechnungsbestimmung ist nicht durch Vereinbarung unter Lebenden, sondern durch letztwillige Verfügung erfolgt. Eine Vereinbarung über die Anrechnung muss jedoch entweder zum Zeitpunkt der Benennung der Bezugsberechtigung oder später, jedoch **zu Lebzeiten,** erfolgen. Da keine Anrechnung vereinbart wurde, sind Versicherungsleistungen nicht auf einen Pflichtteilsanspruch anrechenbar. Dies kann testamentarisch nicht bestimmt werden.

Ergebnis:
keine wirksame Anrechnung

Abwandlung von Fall 3:
Erblasser E hat mit K1 und K2 zu Lebzeiten vereinbart, dass sie sich die Leistungen aus der Lebensversicherung auf ihren Pflichtteilsanspruch anrechnen lassen müssen.

Lösung:
In diesem Fall haben sich K1 und K2 die Versicherungssumme auf ihre Pflichtteilsansprüche anrechnen lassen müssen.

b) **Unwiderrufliches Bezugsrecht.** Bei der Einräumung eines unwiderruflichen Bezugsrechts, unterschreibt der Bezugsberechtigte den Antrag mit dem Versicherungsnehmer und ist daher informiert über die Bestimmung der Anrechnung auf den Pflichtteil. 27

Der unwiderruflich benannte Bezugsberechtigte erwirbt das Recht auf die Leistung des Versicherers sofort. 28

Maßgebend für die Wertberechnung ist der tatsächliche wirtschaftliche Wert der Versicherungsforderung zum Stichtag. Das ist der Wert, den die Versicherungsforderung gehabt hätte, wenn unmittelbar nach der Einräumung des unwiderruflichen Bezugsrechts der Versicherungsfall eingetreten wäre. Dies ist der Wert, der auch für die Pflichtteilsergänzungsansprüche herangezogen wird. Die Literatur und Rechtsprechung halten sich diesbezüglich mit Äußerungen bzw. Entscheidungen sehr zurück. Anders stellt sich die Situation aber dar, wenn dem Begünstigten ein unwiderrufliches Bezugsrecht eingeräumt ist. In diesem Fall erwirbt der Dritte das Recht auf die Versicherungsleistung bereits mit der Bezeichnung als Bezugsberechtigter (vgl. § 159 Abs. 3 VVG). Das spricht dafür, in der Bezugsrechtseinräumung zugleich die maßgebliche Zuwendung iSd § 2315 BGB zu sehen[18]. Dass der begünstigte Dritte gem. § 333 BGB bis zum Tod des Erblassers noch die Möglichkeit hat, das Recht auf die Versicherungsleistung zurückzuweisen, ändert daran uE nichts. Denn bereits mit der Einräumung des Bezugsrechts hat er eine hinreichend gesicherte Rechtsposition erlangt, die ihm der Erblasser durch einseitige Erklärung nicht wieder entziehen kann. Eine nachträgliche Anrechnungsbestimmung dürfte deshalb nicht mehr möglich sein. 29

3. Ergebnis

Die Leistungen aus einer Lebensversicherung sind pflichtteilsneutral (realer Nachlass), wenn ein Bezugsberechtigter benannt ist (ausdrücklich Pflichtteilsergänzungsanspruch berücksichtigen). Ist wirksam eine Anrechnung auf den Pflichtteil vereinbart, ist bei einem widerruflichen Bezugsrecht die ausgezahlte Versicherungssumme (BGB möglicherweise analog der Verkehrswert) der Anrechnungsposten. Die Anrechnungsbestimmung hat auf jeden Fall vor der Auszahlung zu erfolgen. Bei einem wirksam unwiderruflichen Bezugsrecht ist die Versicherungssumme die Anrechnungssumme. 30

---

[18] Vgl. Leitzen, RNotZ 2009, 129; Herrler/Schmied-Kovarik, § 2315 BGB Rn. 18; Elfring, ZEV 2004, 305.

31 Die Schenkung entspricht dem Verkehrswert.

Praxistipp:

Sofern das Beratungsziel die Liquiditätssicherung des Erben ist, dann ist das Bezugsrecht mit einer Anrechnungsbestimmung zu versehen. Die Mitteilung über die Anrechenbarkeit ist per Quittung bzw. eingeschriebenen Brief nachzuweisen. Fraglich ist, ob eine Anrechnungsbestimmung ausreicht, die bei der Bezugsberechtigung vermerkt wird. Dies wird von der Praxis her zu fordern sein. In der praktischen Abwicklung ergeben sich massive Probleme, da von der Versicherungswirtschaft derartige Nebenbestimmungen nicht vorgesehen sind. Die Versicherer wollen nicht die Verpflichtung übernehmen, Bote für derartige Abreden zu sein. Daher in der Beratungspraxis das widerrufbare Bezugsrecht nicht mit einer Anrechnung verknüpfen da die Probleme bereitet. Besser ist es, die Versicherung in den Nachlass fallen zu lassen und dann per Vermächtnis der bedachten Person zukommen zu lassen.
Als Alternative bietet es sich an, sämtliche Bezugsrechte auszuschließen, sodass die Versicherungssumme in den Nachlass fällt[19], und diese Summe sodann dem Begünstigten durch Vermächtnis zuzuwenden. Eine Anrechnungsbestimmung ist insoweit nicht erforderlich. Ferner dürfte es dem Erblasser möglich sein, die Bezugsberechtigung zu widerrufen und vor deren erneuter Einräumung eine Anrechnungsbestimmung gegenüber dem Pflichtteilsberechtigten zu treffen.

II. Bezugsrecht bei der Rentenversicherung und dessen Auswirkungen auf den Pflichtteilsanspruch

1. Rentenversicherung fällt in den Nachlass

32 Fällt die Rentenversicherung in den Nachlass, sind insgesamt mindestens drei Fälle zu unterscheiden:

Fall 1:

Erblasser E ist Versicherungsnehmer einer Rentenversicherung. E verstirbt während der Aufschubzeit. Der Versicherungsnehmer ist versicherte Person und bezugsberechtigt.

Lösung:
Im Todesfall des Versicherungsnehmers vor Erreichen des Rentenalters kann der Rückkaufswert (einbezahlte Beträge zuzüglich Gewinnbeteiligung) in den Nachlass fallen, wenn dies im Versicherungsvertrag vereinbart worden ist. Der Nachlass wird erhöht, wenn kein Bezugsberechtigter benannt ist. Es ist jeweils abzuklären, ob eine Prämienrückgewähr vereinbart wurde. Es kann uU auch vereinbart sein, dass bei Versterben vor Erreichen des Rentenalters nur ein geringer Prozentsatz oder keine Prämien von Seiten der Versicherer zurückgezahlt werden. Die einzelnen auf dem Markt befindlichen Formulare sind nicht einheitlich, sodass jeweils im Einzelfall zu prüfen ist, in welcher Höhe Zahlungen des Versicherungsnehmers zurückerstattet werden. Die Höhe hängt von der vertraglichen Vereinbarung des Versicherungsnehmers mit dem Versicherungsunternehmen ab. Diese Summe ist die Anrechnungssumme.

Fall 2:

Der bezugsberechtigte Versicherungsnehmer verstirbt nach Renteneintritt und innerhalb der Rentengarantiezeit.

Lösung:
Wenn kein Bezugsrecht besteht, fällt die Rentenleistung oder das Kapitalwahlrecht in den Nachlass. In diesem Fall ist die Summe entweder die Summe des Kapitalwahlrechts oder die Summe der noch zu leistenden monatlichen Rentenzahlungen, ggf. abgezinst.

[19] Bengel/Reimann, in: Beck'sches NotarHandbuch, 5. Aufl. 2009, C Rn. 207.

Fall 3:
Der Bezugsberechtigte verstirbt außerhalb der Rentengarantiezeit.

Lösung:
Hier ergeben sich keine Auswirkungen auf den Nachlass, da keine Versicherungsleistungen mehr zu erbringen sind.

2. Anrechnung der Rentenversicherung gem. § 2315 BGB

In der Vergangenheit waren nur vereinzelt Verträge mit einer Anrechnungsbestimmung zur rechtlichen Würdigung angestanden. Aus diesem Grunde fehlen auch entsprechende gerichtliche Entscheidungen. 33

Wenn der Versicherungsnehmer während der Ansparphase verstirbt und er in Bezug auf die Prämienrückgewähr einen Bezugsberechtigten mit Anrechnungsbestimmung auf den Pflichtteil benannt hat, so ist die Leistung der Versicherung – a) Prämienrückgewähr oder b) die komplette Beitragsrückgewähr mit Überschussanteilen – anrechenbar. 34

Wenn der Versicherungsnehmer während der Laufzeit verstirbt, ist entweder der Betrag aus dem Kapitalwahlrecht oder der kapitalisierte Wert der Rentenzahlungen anzurechnen, je nachdem um was für eine Versicherung es sich handelt. 35

Wenn der Versicherungsnehmer nach Ablauf der Rentengarantiezeit, aber während der Rentenzeit verstirbt, ist mangels Versicherungsleistung nichts anrechenbar. 36

III. Risikolebensversicherung und deren Auswirkung auf den Pflichtteilsanspruch

1. Risikolebensversicherung fällt in den Nachlass

Es gilt hier dasselbe wie bei der kapitalbildenden Lebensversicherung, die Versicherungsleistung erhöht den Nachlass. 37

2. Anrechnung der Risikolebensversicherung gem. § 2315 BGB

Es gilt hier dasselbe wie bei der kapitalbildenden Lebensversicherung (→ Rn. 5). 38

3. Ergebnis

Die Leistungen aus einer Risiko-Lebensversicherung sind pflichtteilsneutral, wenn ein Bezugsberechtigter benannt ist. Ist wirksam eine Anrechnung auf den Pflichtteil vereinbart, ist die ausgezahlte Versicherungssumme (der Verkehrswert) der Anrechnungsposten, nicht der Rückkaufswert bzw. die Prämienzahlungen. Die Anrechnungsbestimmung hat auf jeden Fall vor der Auszahlung zu erfolgen. 39

IV. Allgemeine Hinweise

Im Bereich der vorsorgenden Beratung ist darauf hinzuweisen, dass für häusliche Pflege von nahen Angehörigen nicht mit **Anstands- oder Pflichtschenkungen** gearbeitet werden sollte, sondern mit Pflegeverträgen. Dieses Entgelt wird abgegolten durch die Leistungen aus der Lebensversicherung. Es werden damit **Schenkungsteuer** und die Gefahr von Pflichtteilsergänzungsansprüchen und Ansprüchen im Rahmen einer Nachlassinsolvenz vermieden. Der Bezug kann jedoch einkommensteuerpflichtig sein, es sei denn, die Pflege ist zwischen nahen Angehörigen im häuslichen Bereich erfolgt. 40

§ 8 Bezugsrecht bei Lebens- und Rentenversicherungen und dessen Auswirkungen auf Pflichtteilsergänzungsansprüche nach §§ 2325, 2329 BGB

Übersicht

I. Bezugsrecht bei der Lebensversicherung

1. Pflichtteilsergänzungsansprüche und relevante Vorfragen

Wie stellen sich die Rechtspositionen von Erben und pflichtteilsberechtigten Personen dar, wenn der Erblasser als Versicherungsnehmer und versicherte Person einen Dritten als Bezugsberechtigten einsetzte? Dies ist der häufigste Fall. 1

Das folgende Fallbeispiel deckt die meisten in der Praxis vorkommenden Fragestellungen ab. 2

Fall:

Der Versicherungsnehmer E, der Erblasser, war mit EP im Güterstand der Zugewinngemeinschaft verheiratet. Aus dieser Ehe sind zwei Kinder K4 und K5 hervorgegangen, aus erster geschiedener Ehe hat er drei Abkömmlinge K1, K2, K3. Im Vermögen des E befindet sich ein $^1/_2$ Miteigentumsanteil an der gemeinsam mit EP genutzten Wohnimmobilie, wobei der $^1/_2$ Anteil einen Wert von 300.000 EUR hat. Auf den Oderkonten der Eheleute befinden sich 100.000 EUR, sodass bei E 50.000 EUR zu berücksichtigen sind.
An weiterem Vermögen waren im Eigentum von E 60.000 EUR vorhanden. Die Kosten der Bestattung betrugen 10.000 EUR. Der Nettonachlass (realer Nachlass) beträgt daher 400.000 EUR.
E hat als Versicherungsnehmer und versicherte Person EP als Bezugsberechtigte benannt.
Die Lebensversicherung zahlte nach dem Ableben 200.000 EUR an EP aus. An Prämien waren 150.000 EUR eingezahlt worden, der Rückkaufswert zum Zeitpunkt des Ablebens betrug 160.000 EUR, der festgestellte Verkehrswert auch 180.000 EUR.
K1, K2 und K3 machen ihre Rechte aus § 2314 BGB geltend.

Lösung:

Sachverhalt (Zusammenfassung):
- Erblasser E hinterließ pflichtteilsberechtigte Personen, die Kinder K1–K5.
- Erblasser E war Versicherungsnehmer.
- Erblasser E hat die Prämien bezahlt.
- Erblasser E hat wirksam seinen EP als Bezugsberechtigten eingesetzt.
- Dem EP wurde das Bezugsrecht schenkungsweise zugewendet.
- Es lag keine Abtretung und keine Anfechtung vor.
- E hat seine Kinder von der Erbfolge ausgeschlossen und EP als Alleinerben eingesetzt.

Lösung:

1. Es besteht somit ein Pflichtteilsanspruch für die fünf Kinder, K1–K5 gem. § 2303 Abs. 1 BGB (aus dem realen und fiktiven Nachlass in Höhe von $^1/_{20}$). Gesetzliche Erbfolge EP $^1/_4$ + $^1/_4$ = $^1/_2$, K1 – K5 1/5 aus $^1/_2$ = 1/10.
2. Die pflichtteilsberechtigten Kinder K1–K5 haben einen Auskunftsanspruch aus § 2314 BGB gegen EP.
3. EP hat folgendes Nachlassverzeichnis zu erteilen:

Realer Nachlass	hälftiger Hausanteil	300.000 EUR	
	hälftiges Konto	50.000 EUR	
	sonstiges Vermögen	60.000 EUR	
	abzgl. Bestattung	– 10.000 EUR	
Nettonachlass			400.000 EUR
Fiktiver Nachlass	Versicherung		
			180.000 EUR

Gesamtnachlass		580.000 EUR
Pflichtteilsanspruch	1/20 aus 400.000	= 20.000 EUR
Pflichtteilsergänzungsanspruch	1/20 aus 180.000	= 9.000 EUR
Gesamtpflichtteil für jedes Kind		= 29.000 EUR

3 Der Pflichtteilsberechtigte hat gegenüber dem Erben einen Auskunftsanspruch (§ 2314 Abs. 1 S. 1 BGB) und einen Wertermittlungsanspruch (§ 2314 Abs. 1 S. 2 Hs. 2 BGB). Dies bedeutet: Der enterbte Pflichtteilsberechtigte hat gegenüber dem Erben einen Anspruch auf Auskunft dahingehend, ob eine Kapitallebensversicherung besteht und deren Vertragsausgestaltungen und Typus, und einen Anspruch auf Mitteilung des Rückkaufswertes und zudem einen Wertermittlungsanspruch in Bezug auf den Verkehrswert. Die Entscheidung des BGH vom 28.4.2010[1] beinhaltet nach derzeitiger Rechtsauffassung keine Beweislastumkehr.

Merksatz:
Bei kapitalbildenden Lebensversicherungen mit widerruflichem Bezugsrecht bildet der Verkehrswert den fiktiven Nachlass

4 Kapitalbildende Lebensversicherungen sind im Bereich der Pflichtteilsergänzung von hoher Relevanz, da in den meisten Fällen die Einräumung des Bezugsrechts **schenkweise** erfolgt und nur bei einem sehr geringen Anteil die Zuwendung einen entgeltlichen Hintergrund hat. Der Erblasser kann dadurch, dass er sein Vermögen zu Lebzeiten verschenkt, dieses zum Zeitpunkt seines Todes (realer Nachlass) auf Null stellen. Dadurch ergeben sich dann keine Pflichtteilsansprüche mehr. Zahlreiche Vermittler von Versicherungsverträgen empfehlen dies mit der Begründung, dass dann die Versicherungsleistung außerhalb des Nachlasses sei und somit keine Pflichtteilsansprüche bestehen. Dies ist die typische fehlerhafte Beratung. Zahlreiche Mandanten sind daher der festen Überzeugung die Versicherung nicht angeben zu müssen. Dem Verlust von Pflichtteilsansprüchen beugt § 2325 Abs. 1 BGB vor, indem der Wert der pflichtteilsrelevanten Schenkung (also keine Anstands- bzw. Pflichtschenkung) dem realen Nachlass als sog. **fiktiver Nachlass** (Schenkungsnachlass) hinzugerechnet wird. Der **Pflichtteilsergänzungsanspruch** ist ein vom ordentlichen Pflichtteil unabhängiger Anspruch und somit ein **selbstständiger** Pflichtteilsanspruch, der auf Geldzahlung gerichtet ist.

5 Zu unterscheiden ist der Pflichtteilsergänzungsanspruch
- nach **§ 2325 BGB,** der **gegenüber dem Erben** geltend gemacht wird,
- vom Pflichtteilsergänzungsanspruch nach **§ 2329 BGB,** der **gegenüber dem Beschenkten** geltend gemacht wird.

§ 2325 BGB Pflichtteilsergänzungsanspruch bei Schenkungen

(1) Hat der Erblasser einem Dritten eine Schenkung gemacht, so kann der Pflichtteilsberechtigte als Ergänzung des Pflichtteils den Betrag verlangen, um den sich der Pflichtteil erhöht, wenn der verschenkte Gegenstand dem Nachlass hinzugerechnet wird.

(2) Eine verbrauchbare Sache kommt mit dem Werte in Ansatz, den sie zur Zeit der Schenkung hatte. Ein anderer Gegenstand kommt mit dem Werte in Ansatz, den er zur Zeit des Erbfalls hat; hatte er zur Zeit der Schenkung einen geringeren Wert, so wird nur dieser in Ansatz gebracht.

(3) Die Schenkung wird innerhalb des ersten Jahres vor dem Erbfall in vollem Umfang, innerhalb jedes weiteren Jahres vor dem Erbfall um jeweils ein Zehntel weniger berücksichtigt. Sind zehn Jahre seit der Leistung des verschenkten Gegenstandes verstrichen, bleibt die Schenkung unberücksichtigt. Ist die Schenkung an den Ehegatten erfolgt, so beginnt die Frist nicht vor der Auflösung der Ehe.

[1] BGH v. 28.4.2010 – IV ZR 73/08, BGHZ 185, 252 = NJW 2010, 3232.

§ 2329 BGB Anspruch gegen den Beschenkten

(1) Soweit der Erbe zur Ergänzung des Pflichtteils nicht verpflichtet ist, kann der Pflichtteilsberechtigte von dem Beschenkten die Herausgabe des Geschenks zum Zwecke der Befriedigung wegen des fehlenden Betrags nach den Vorschriften über die Herausgabe einer ungerechtfertigten Bereicherung fordern. Ist der Pflichtteilsberechtigte der alleinige Erbe, so steht ihm das gleiche Recht zu.
(2) Der Beschenkte kann die Herausgabe durch Zahlung des fehlenden Betrags abwenden.
(3) Unter mehreren Beschenkten haftet der früher Beschenkte nur insoweit, als der später Beschenkte nicht verpflichtet ist.

Der Pflichtteilsberechtigte kann gegenüber dem Erben einen Pflichtteilsergänzungsanspruch geltend machen, wenn der Erblasser als Versicherungsnehmer einem Dritten durch Einräumung eines Bezugsrechts eine Schenkung zukommen ließ (vgl. § 2325 Abs. 1 BGB). Es sind folgende **Hauptfragen** abzuklären: 6

- Inwieweit werden durch das Einräumen eines Bezugsrechts Pflichtteilsergänzungsansprüche ausgelöst?
- Inwieweit wird die auf den Todesfall ausgezahlte Versicherungssumme bzw. ein sonstiger Wert im Rahmen der Lebensversicherung zur Berechnung eines Pflichtteilsergänzungsanspruchs gem. § 2325 BGB in Ansatz gebracht?
- Inwieweit und mit welchem Wert wird die Versicherungsleistung im Rahmen des § 2327 Abs. 1 BGB berücksichtigt? 7

Dazu sind in einem ersten Schritt folgende **Vorfragen** abzuklären: 8

a) Hinterließ der Erblasser pflichtteilsberechtigte Personen?
b) War der Erblasser alleine oder mit anderen Personen Versicherungsnehmer?
c) Hat der Erblasser die Prämien gezahlt oder hat der Bezugsberechtigte die Prämien gezahlt?
d) Wurde ein Dritter wirksam als Bezugsberechtigter benannt?
e) Wurde das Bezugsrecht dem Dritten wirksam schenkweise zugewandt?
f) Wurden die Ansprüche aus dem Lebensversicherungsvertrag abgetreten?
g) Liegt eine wirksame Anfechtung vor?
h) Liegt ein Widerruf des Bezugsrechts vor?
i) Liegt ein Widerruf der Schenkung vor?
j) Tangiert das Bezugsrecht §§ 2286, 2287 BGB? (Kapitel 6)

Nur wenn die vorstehenden Vorfragen a) bis e) mit „ja“ und die Fragen f) bis j) mit nein beantwortet werden können, kann es zu Pflichtteilsergänzungsansprüchen kommen. Wenn auch nur eine der Fragen von a) bis e) mit „nein“ beantwortet wird, kommt es nicht zu Pflichtteilsergänzungsansprüchen, denn es kann sich bei der Zuwendung des Bezugsrechts auch um 9

- eine Ausstattung,
- die Vergütung langjähriger Dienste,
- die Bezahlung gestundeter Verbindlichkeiten,
- die Abgeltung von Zugewinnausgleichsansprüchen handeln.

Im Einzelnen sollten folgende Abklärungen vorgenommen werden: 10

Zu a)

- Wie viele pflichtteilsberechtigte Personen sind vorhanden?

Auch wenn der Abkömmling vor dem 1.7.1949 unehelich geboren ist, ist er gegenüber dem Vater erb- und somit auch pflichtteilsberechtigt; die in der Vorauflage vertretene Rechtsauffassung wird ausdrücklich aufgegeben.[2] Bei Adoptionen ist zu prüfen, ob ggf. das Erb- bzw. Pflichtteilsrecht ausgeschlossen wurde. Weiter ist zu prüfen, ob ein wirksamer Erb- bzw. Pflichtteilsverzichtsvertrag vorliegt.

Zu b)

- War der Erblasser alleine oder mit anderen Personen Versicherungsnehmer?

[2] 2. Aufl. 2011 § 7 Rn. 4.

- War der Erblasser während der gesamten Laufzeit oder nur während eines Teils der Laufzeit Versicherungsnehmer?

Wenn der Erblasser mit anderen Personen gemeinsam Versicherungsnehmer war, ist bei der Berechnung des Schenkungsnachlasses sein Anteil an der gesamten Prämienzahlung zu ermitteln. Dieses Verhältnis ist dann auf die Bemessungsgrundlage, den Verkehrswert, anzuwenden.

Zu c)

- Hat der Erblasser die Prämien gezahlt oder hat der Bezugsberechtigte die Prämien gezahlt?
- War der Erblasser nur während eines Teils der Laufzeit der Prämienzahlung Versicherungsnehmer, ist zu unterscheiden, ob der Erblasser **vor** dem Versicherungsfall ausgeschieden ist oder ob er **während** der Prämienlaufzeit eingestiegen ist. Bei einem Ausstieg vor Eintritt des Versicherungsfalles war der Erblasser nicht mehr Versicherungsnehmer; somit fällt dies unter die Fallkonstellation „Wechsel des Versicherungsnehmers".
  Ist der Erblasser erst während der Laufzeit des Vertrages eingestiegen, dh, er hat den Vertrag übernommen, muss abgeklärt werden, ob das Bezugsrecht widerruflich oder unwiderruflich vereinbart war. War ein widerrufliches Bezugsrecht vereinbart, ist der spätere Einstieg für die erbrechtlichen Schlussfolgerungen unbeachtlich. War ein unwiderrufliches Bezugsrecht vor Eintritt des Versicherungsnehmers vereinbart, ist lediglich auf die Zeit ab Eintritt des Versicherungsnehmers im pflichtteilsergänzungsrelevanten Zeitraum abzustellen (ggf. quotaler Anteil am Rückkaufswert bzw. am nachzuweisenden höheren Verkehrswert).
- Aus welchem Vermögen oder welchen Einkunftsquellen wurden die Prämien bezahlt? Wurden die Prämien eventuell geschenkt?
- Die Prämienzahlung durch den Versicherungsnehmer als „Bote" des Bezugsberechtigten führt nicht zu Pflichtteilsergänzungsansprüchen, da keine Entreicherung des Erblassers vorliegt.

Zu d)

- Wurde ein Dritter wirksam als Bezugsberechtigter benannt?
- Ist der Bezugsberechtigte feststellbar?

Zu e)

- Wurde das Bezugsrecht dem Dritten wirksam schenkweise zugewandt?
- Liegt eine **Schenkung** vor?

Der Dritte bedarf für das, was er durch Drittbegünstigung erhält, im Verhältnis zum Erblasser und dessen Erben eines wirksamen rechtlichen Grundes, um kondiktionsfest zu sein. In der Regel liegt eine Schenkung als Rechtsgrund vor.[3] Der Schenkungsvertrag kommt jedoch oftmals nicht zu Lebzeiten des Erblassers zustande, die Einigung erfolgt postmortal. In der Einräumung der Bezugsberechtigung liegt zunächst ein Schenkungsangebot des Erblassers an den Drittbegünstigten. Dieses Angebot geht dem Drittbegünstigten nach dem Tod des Erblassers zu, und zwar regelmäßig aufgrund eines entsprechenden Auftrags an den Versprechenden. Die **Annahme** des Angebots kann auch noch nach dem Tod des Erblassers erfolgen und zwar auch stillschweigend, §§ 130 Abs. 2, 151, 153 BGB. Die fehlende notarielle Form wird durch den Sofortvollzug geheilt.

Kein wirksamer Schenkungsvertrag liegt vor, wenn

- der Erblasser keinen Übermittlungsauftrag erteilt hat und der Dritte von der Begünstigung nur zufällig erfährt;[4]
- die Erben das Schenkungsangebot vor dessen Annahme rechtzeitig widerrufen haben;

---

[3] J. Mayer DNotZ 2000, 916.
[4] OLG Hamm NJW-RR 1996, 1328.

- der Erblasser selbst zu Lebzeiten die Begünstigung widerruft und dieser Widerruf dem Begünstigten spätestens gleichzeitig mit der Begünstigungserklärung zugeht;
- der Erblasser die Begünstigung in einer letztwilligen Verfügung widerrufen hat und dieser Widerruf dem Begünstigten zugegangen ist, bevor der Versicherer die Leistung erbracht hat.[5]

Zu f)

- Wurden die Ansprüche aus dem Lebensversicherungsvertrag abgetreten?
  Die Frage der Pflichtteilsergänzung stellt sich im Übrigen erst, wenn feststeht, dass die Lebensversicherungssumme nicht in den Nachlass fällt. Die Lebensversicherung fällt jedoch in den Nachlass, wenn der Erblasser seine Ansprüche aus der Lebensversicherung als Sicherheit an einen Kreditgeber abgetreten hat und damit den Anspruch auf die Versicherungssumme zur Deckung seiner Verbindlichkeiten im Sicherungsfall (Erbfall) verwendet.[6]
  Wenn sich Verbindlichkeiten im Nachlass befinden, ist jeweils zu prüfen, ob und in welcher Höhe die Lebensversicherung abgetreten ist. Wenn die Lebensversicherung abgetreten ist, fällt sie, soweit sie abgetreten ist, in den Nachlass.

Zu g)

- Liegt eine wirksame Anfechtung vor?
  Wenn das Bezugsrecht wirksam angefochten wurde, fällt die Versicherungsleistung in den Nachlass. Steht fest, dass die Versicherungssumme nicht in den Nachlass fällt (falls ja: dann Anwendungen der §§ 2303 ff. BGB) und ist im Verhältnis zu dem Bezugsberechtigten eine Schenkung gegeben, stellt sich die Frage nach dem Umfang des Ergänzungsanspruchs.

2. Auskunftsanspruch des Pflichtteilsberechtigten

Steht nach oben dargestellter Vorprüfung (→ Rn. 9 ff.) fest, dass die Versicherungs- 11
summe nicht in den Nachlass fällt und ist im Verhältnis zum Bezugsberechtigten eine Schenkung gegeben, stellt sich somit die Frage nach dem **Pflichtteilsergänzungsanspruch.**[7] Um diesen ermitteln zu können, hat der Berechtigte einen **Auskunftsanspruch** aus **§ 2314 BGB.** Der Pflichtteilsberechtigte kann gem.

§ 2314 Abs. 1 BGB vom Erben auch Auskunft über den sog. fiktiven Nachlass 12
verlangen, also über Zuwendungen des Erblassers, die einen Pflichtteilsergänzungsanspruch aus § 2325 Abs. 1 BGB begründen können.

§ 2314 BGB Auskunftspflicht des Erben

(1) Ist der Pflichtteilsberechtigte nicht Erbe, so hat ihm der Erbe auf Verlangen über den Bestand des Nachlasses Auskunft zu erteilen. Der Pflichtteilsberechtigte kann verlangen, dass er bei der Aufnahme des ihm nach § 260 vorzulegenden Verzeichnisses der Nachlassgegenstände zugezogen und dass der Wert der Nachlassgegenstände ermittelt wird. Er kann auch verlangen, dass das Verzeichnis durch die zuständige Behörde oder durch einen zuständigen Beamten oder Notar aufgenommen wird.
(2) Die Kosten fallen dem Nachlass zur Last.

Bei der weiteren Darstellung muss an dieser Stelle differenziert werden, ob es sich um 13
ein widerrufliches oder unwiderrufliches Bezugsrecht handelt. Die Ausführungen in den Vorauflagen[8] werden ausdrücklich revidiert.

---

[5] Es ist zu trennen zwischen Deckungsverhältnis und Valutaverhältnis. Der Versicherer kann in diesem Fall schuldbefreiend leisten, da der Widerruf gem. § 13 Abs. 4 ALB Stand 1.2017 ihm gegenüber unwirksam ist.

[6] BGH 8.5.1996 – IV ZR 112/95, DNotZ 1997, 420, ErbPrax 1997, 5; zu diesem Problemkreis auch Kingelhöffer ZEV 1995, 180.

[7] Staudinger/Herzog BGB § 2325 Rn. 120.

[8] Siehe Vorauflagen (2. Auflage 2011, 3. Auflage 2018).

3. Widerrufliches Bezugsrecht bei einer kapitalbildenden Lebensversicherung

14 a) **Pflichtteilsergänzungsrelevanter Zuwendungsgegenstand.** Ob sich der Auskunftsanspruch des Pflichtteilsberechtigten (§ 2314 BGB) auf die Mitteilung der für Lebensversicherungen gezahlten Prämien erstrecken kann, ist fraglich. Wendet der Erblasser die Todesfallleistung aus einem von ihm auf sein eigenes Leben abgeschlossenen Lebensversicherungsvertrag einem Dritten über ein widerrufliches Bezugsrecht schenkungsweise zu, so berechnet sich ein Pflichtteilsergänzungsanspruch weder nach der Versicherungsleistung noch nach der Summe der vom Erblasser gezahlten Prämien, sodass diese nicht Gegenstand eines Auskunftsanspruchs sind. Es kommt vielmehr allein auf den Wert an, den der Erblasser aus den Rechten seiner Lebensversicherung in der letzten – juristischen – Sekunde seines Lebens nach objektiven Kriterien für sein Vermögen hätte umsetzen können, sodass dieses im Rahmen der Auskunft mitzuteilen ist.[9]

15 Im Rahmen der Auskunft sind mitzuteilen

a) Versicherungsgesellschaft
b) Versicherungssumme
c) Versicherungsnehmer
d) versicherte Person
e) Bezugsberechtigter
f) Prämienzahlungen
g) Ablaufleistung
h) Rückkaufswert.

16 Diese Angaben sind zu tätigen, um dem Pflichtteilsberechtigten eine Einschätzung des vorläufigen Wertes zu ermöglichen. Soweit es sich um eine Pflicht- oder Anstandsschenkung (§ 2330 BGB) handelt, kommt eine Pflichtteilsergänzung nicht in Betracht.

17 **Ausflug in die Historie zur Beurteilung von Beratungsfehlern**

18 Umstritten war der pflichtteilsergänzungserhebliche Umfang der **schenkungsweisen Zuwendung des Bezugsrechts.** Über Jahre hinweg herrschte Unsicherheit, ob die Zuwendung

- in den Prämienzahlungen der letzten zehn Jahre vor dem Todesfall (beim Ehepartner: Summe der Prämienzahlungen während der Ehezeit),
- in der Versicherungssumme,
- in dem Rückkaufswert zur Zeit des Erbfalls,
- in den vom Erblasser entrichteten Prämien bis zum Grenzwert der Versicherungssumme (sog. Ist-Wert)

19 liegt. Da der Erblasser aber nicht mehr als die Prämie geopfert hat, erschien es für einen Teil der Literatur aus ergänzungsrechtlicher Sicht vertretbar, nur die Summe der Prämien als Gegenstand der Schenkung anzusehen.[10]

20 Für die Geltendmachung bzw. Abwehr von Schadensersatzansprüchen wegen fehlerhafter Beratung bei der Vermögensplanung bzw. bei der Prozessführung ist die Kenntnis der zeitlichen Abfolge der unterschiedlichen Rechtsansichten von entscheidender Bedeutung:

21 Jahrzehntelang war im *„Palandt"* der unzutreffend wiedergegebene Leitsatz veröffentlicht, wonach die Prämienzahlungen innerhalb der letzten zehn Jahre für die Bildung der Summe der Schenkungen maßgeblich seien.[11] Dem aufmerksamen Leser hätte aber bereits damals auffallen müssen, dass dieser Leitsatz sich überhaupt nicht auf die kapitalbildende Lebensversicherung bezog.

22 bis zum Jahr 2003 war die unzutreffende herrschende Meinung, dass die Bemessungsgrundlage die Prämienzahlungen sein soll. Es wird hier Bezug genommen auf die

[9] BGH 28.4.2010 – IV ZR 230/08, VersR 2010, 1067.
[10] BGH 28.4.2010 – IV ZR 73/08, ZErb 2010, 189.
[11] Siehe zB Palandt/Edenhofer, 52. Auflage 1993, § 2325 Rn. 8.

Entscheidung BGH WM 1976, 523, wobei allerdings die Literatur Grüneberg/Heinrichs BGB § 33 Rn. 6, hier einen unzutreffenden Leitsatz gebildet hat.

Es gab nämlich gar keine Entscheidung, dass bei kapitalbildenden Lebensversicherungen die Prämien die Bemessungsgrundlage sein sollen. 23

Im Jahr 2003 kam es dann zu einer BGH-Entscheidung, BGH NJW 2004, 2014, die sich aber ausschließlich auf den Komplex Lebensversicherung im Insolvenzfall bezog. Dort wurde bereits in die richtige Richtung entschieden, dass es eben nicht auf die Rückgewähr der vom Schuldner geleisteten Prämien ankommt, sondern auf die vom Versicherer geschuldete Versicherungssumme. 24

Trotz dieser Entscheidung vertrat das OLG Stuttgart noch im Jahr 2008 die Auffassung, dass die gezahlten Prämien anzusetzen sind,[12] 25

Der BGH hat in seinen Entscheidungen vom 28.4.2010,[13] entschieden, dass die Lebensversicherung nach dem objektiven Wert zu beurteilen ist. 26

Ausführlich und lesenswert sind hierzu die Ausführungen in Abele/Klinger/Maulbetsch, 3. Aufl., 2023, § 2 Rn. 49–51. 27

Das Landgericht Magdeburg, 9. Zivilkammer, stellte in seinem Urteil vom 11.11.2021, Aktenzeichen 9 O 1328/17, im Hinblick auf den Sachverhalt: Übertragung von Lebensversicherungsverträgen zu Lebzeiten, auf den Wert ab, den die Parteien bei Verwertung erzielt hätten, dh den Verkehrswert. Das Urteil des Landgerichts Magdeburg ist allerdings nicht heranzuziehen für Fälle mit Bezugsrechtseinräumung. 28

Im Jahr 2021 wurde die Ansicht vertreten, dass der Rückkaufswert gem. § 169 VVG der zutreffende Wert sei. Diese Rechtsauffassung war und ist nach diesseitiger Auffassung unzutreffend. Die Rechtsauffassung wurde publiziert von Jürgen Gemmer in EE 2021, 115. 29

Die Diskussion um die relevante Bemessungsgrundlage bei einem eingeräumten Bezugsrecht nimmt aber immer noch erheblichen Raum ein. 30

So auch in § 29 Scherer Münchener Anwaltshandbuch Erbrecht, 6. Auflage 2024, wobei hier die Entscheidung des BGH vom 28.4.2010 – IV ZR 73/08, ZEV 2007, 305, zutreffend gewürdigt wird, indem ausgeführt wird, dass je nach Lage des Einzelfalls ein Veräußerungswert heranzuziehen sei. Es wird dort die Auffassung vertreten, dass der Pflichtteilsberechtigte diesbezüglich darlegungs- und beweisbelastet sei. Die Ausführungen erfolgten von Wendt in ErbR 2011, 196 (206). 31

Ob diese Beweislastverteilung allerdings zutreffend ist, wird diesseits in Frage gestellt. Der Pflichtteilsberechtigte hat gegenüber dem Erben einen Wertermittlungsanspruch. 32

Die Ausführungen von Notarassessor Konstantin Federle in den Anmerkungen zum Urteil des OLG Saarbrücken, Beschluss vom 5.8.2022 – 5 W 48/22, sind zutreffend im Hinblick auf die Wertlosigkeit einer reinen Risikolebensversicherung im Rahmen der Betrachtung von Pflichtteilsergänzungsansprüchen. Bei einer reinen Risikolebensversicherung ist kein Sparanteil dabei und somit ist auch auf dem Zweitmarkt, der für die Darstellung eines Verkehrswerts notwendig ist, kein Marktgeschehen festzustellen. 33

Noch im Jahre 2007 hat das OLG Stuttgart sich für die gezahlten Prämien als Bemessungsgrundlage entschieden.[14] Anfang 2008 hat sich das OLG Düsseldorf für die Versicherungssumme entschieden.[15] 34

„Auch die Landgerichte Göttingen und Paderborn haben entschieden, dass mit Blick auf die Entscheidung des BGH zum Insolvenzrecht auch im Pflichtteilsrecht nicht mehr die Prämien, sondern die Versicherungssumme als Zuwendungsgegenstand zu betrachten sei. Unter ausdrücklicher Anknüpfung an das LG Göttingen hatte sich auch das OLG Düsseldorf dieser Auffassung angeschlossen.“[16]

[12] OLG Stuttgart NJW-RR 2008, 389.
[13] BGH ZEV 2010, 302.
[14] OLG Stuttgart VersR 2008, 2548.
[15] OLG Düsseldorf ZEV 2008, 292.
[16] Schindler ZErb 2008, 332.

35 Die Gegenstimmen in der Literatur[17] sahen sich durch die neue Rechtsprechung zum Insolvenzrecht in ihrer Auffassung bestärkt, dass auf die Versicherungsleistung abzustellen ist.[18]

36 Der vom OLG Colmar[19] ausschließlich zugrunde gelegte Rückkaufswert zur Zeit des Todesfalles ist zutreffend. Dies hat der BGH in seiner Entscheidung vom 28.4.2010[20] modifiziert.

Zentrale Aussage für die Praxis ist nunmehr:
Berechnungsgrundlage ist der Wert, den der Erblasser bei der Verwertung des Entreicherungsgegenstands (dem Lebensversicherungsvertrag) zuletzt selbst noch hätte realisieren können, also der Verkehrswert.

37 Wenn der Erblasser als Versicherungsnehmer[21] dem Bezugsberechtigten den Anspruch auf die Versicherungssumme schenkt, kann der Pflichtteilsberechtigte nach dem Wortlaut des § 2325 Abs. 1 BGB als Ergänzung des Pflichtteils den Betrag verlangen, um den sich der Pflichtteil erhöht, wenn der Anspruch auf die Versicherungssumme dem Nachlass des Versicherungsnehmers hinzugerechnet wird. Bei einer Schenkung des Erblassers ist dem Nachlass der **„verschenkte Gegenstand"** hinzuzurechnen und nicht der Preis, den der Erblasser für den verschenkten Gegenstand bezahlt hat. Diese Sichtweise entspricht auch dem Schutzzweck des Pflichtteilsergänzungsanspruchs. Der BGH vertritt seit 2010[22] im Hinblick auf Leistungen aus Lebensversicherungen die Ansicht, dass es Zweck der Pflichtteilsergänzungsbestimmungen ist, eine Aushöhlung des Pflichtteilsrechts durch lebzeitige Rechtsgeschäfte des Erblassers zu verhindern und dass das Pflichtteilsrecht ohne den Schutz der §§ 2325, 2329 BGB Gefahr liefe, seine materielle Bedeutung weitgehend zu verlieren. Bei der Lebensversicherung ist die Lage wiederherzustellen, die bestehen würde, wenn der Versicherungsnehmer seine Rechte aus dem Versicherungsvertrag ausgeübt hätte.

38 Der Anspruch des Versicherungsnehmers auf die Versicherungsleistung und der Anspruch auf den Rückkaufswert nach Kündigung sind nicht etwa Teile eines einheitlichen Anspruchs, sondern getrennte Ansprüche, über die der Erblasser gesondert verfügen kann.[23] Die Gesamtheit der Rechte aus dem Lebensversicherungsvertrag ist der Entreicherungsgegenstand, der für die Berechnung des Pflichtteilsergänzungsanspruchs die Grundlage bildet. Der Zugang in den Entreicherungskorb (Schenkungen der letzten zehn Jahre, Schenkungen an den Ehepartner, Schenkungen unter Vorbehalt des Nießbrauchs/Wohnungsrechts bzw. Vorbehalt des Bedingungswiderrufsrechts) erfolgt in der letzten juristischen Sekunde.

---

[17] Vgl. etwa J. Mayer DNotZ 2000, 905; Bayer Vertrag zugunsten Dritter S. 315 f.; Schwebler Versicherungswissenschaft/Lorenz S. 355 ff.; Fuchs JuS 1989, 179, 182; Harder FamRZ 1976, 617; ders., Zuwendungen unter Lebenden auf den Todesfall, 1968, S. 128 f. Fn. 36; Thiele, Lebensversicherung und Nachlassgläubiger, 1968, S. 107 und 116; Josef ArchBürgR 42 (1916) 319, 322 ff.; Natter ZBlFG 1907/08, 303, 305 ff.; wohl auch Heilmann VersR 1972, 997, 999 f.

[18] Bamberger/Roth/J. Mayer, 2. Aufl., BGB § 2325 Rn. 9; Prölss/Martin/Kollhosser, VVG, 27. Aufl., § 13 ALB 86 Rn. 48; Hasse VersR 2009, 733; ders. VersR 2008, 590; ders. VersR 2007, 870; ders. VersR 2005, 1176; ders., Lebensversicherung und erbrechtliche Ausgleichsansprüche, 2005, S. 37 ff.; Progl ZErb 2008, 288; ders. ZErb 2004, 187; Schindler ZErb 2008, 331; Sticherling ZErb 2008, 31; ders. ZErb 2008, 245; Dörner NJW 2007, 572; Kuhn/Rohlfing ErbR 2006, 11; Elfring ZEV 2004, 305; ders. NJW 2004, 483; ders., Drittwirkungen der Lebensversicherung, 2003, S. 98; Brox/Walker, Erbrecht, 22. Aufl. 2007, Rn. 769; Belitz, Anrechnungs- und Ausgleichsprobleme im Erb- und Familienrecht bei Lebensversicherungen, 2009, S. 103; Eulberg/Ott-Eulberg/Halaczinsky, Die Lebensversicherung im Erb- und Erbschaftsteuerrecht, 2005, Rn. 218.

[19] OLG Colmar LZ 1913, 876.

[20] BGH 28.4.2010 – IV ZR 73/08, BGHZ 185, 252 = NJW 2010, 8.

[21] Zu Gegenstimmen vgl. ZErb 2010, 189, 190.

[22] BGH 28.4.2010 – IV ZR 230/08, BeckRS 2010, 12347.

[23] BGH ZErb 2010, 189.

Wenn der Erblasser ein widerrufliches Bezugsrecht auf den Todesfall eingeräumt und nicht über seine Rechte aus dem Versicherungsvertrag durch Abtretung verfügt hat, stehen ihm in der letzten Sekunde seines Lebens gleich mehrere Ansprüche aus dem Versicherungsvertrag zu: 39

- der – durch eine Kündigung des Versicherungsvertrags aufschiebend bedingte – Anspruch auf den Rückkaufswert,
- der – durch den Tod des Erblassers aufschiebend bedingte – Anspruch auf die Todesfallleistung,
- der – auf das Erleben des Ablaufdatums aufschiebend bedingte – Anspruch auf die Erlebensfallleistung,
- abzüglich der latenten Steuerlast

Durch die Einräumung des widerruflichen Bezugsrechts hat der Erblasser eine auf den Todesfall aufschiebend bedingte und jederzeit widerrufliche Verfügung getroffen. Er kann – aufschiebend bedingt – von seinem Recht Gebrauch machen, durch einseitige Erklärung den Lebensversicherungsvertrag in einen Vertrag zugunsten Dritter (§§ 328, 331 BGB) umzuwandeln. 40

Mit dem Tod des Erblassers wird diese Verfügung wirksam und unwiderruflich. Der Erblasser wird in dieser Sekunde um seine Ansprüche entreichert und der Bezugsberechtigte um seinen hierdurch entstehenden Anspruch bereichert. Durch die Aufgabe seiner eigenen Rechte „erkauft“ der Erblasser somit den originären Anspruch des Bezugsberechtigten auf die Versicherungsleistung.[24] 41

Die im Valutaverhältnis zwischen dem Erblasser und dem Bezugsberechtigten eventuell vorliegende Schenkung iSd § 516 Abs. 1 BGB hat den gesamten Anspruch auf die Versicherungsleistung zum Gegenstand, es sei denn, dass besondere Regelungen getroffen worden sind. Bei dieser **Schenkung** handelt es sich um eine **mittelbare Zuwendung.** Der Schenkungsgegenstand im Valutaverhältnis ist nicht gleichzeitig auch der auf der Rechtsfolgenseite des § 2325 Abs. 1 BGB für die Berechnung des Pflichtteilsergänzungsanspruchs maßgebliche „verschenkte Gegenstand“. Vielmehr ist in diesem Rahmen darauf abzustellen, auf welchem vom Erblasser aus seinem Vermögen weggegebenen Vermögenswert die Bereicherung des Bezugsberechtigten beruht. Da bei Einräumung eines widerruflichen Bezugsrechts die Wirkung der Zuwendung erst mit dem Tod des Erblassers eintritt, ist dies der Wert, den der Erblasser noch selbst in der letzten juristischen Sekunde seines Lebens durch Verwertung seiner Ansprüche – Einziehung oder Veräußerung – seinem Vermögen hätte erhalten können, den er aber zugunsten der Entstehung des Anspruchs des Bezugsberechtigten untergehen lässt. Nach oben begrenzt ist der Wert durch die Versicherungsleistung selbst. 42

Der Pflichtteilsergänzungsanspruch aus § 2325 Abs. 1 BGB setzt voraus, dass die Rechtsbeziehung im Verhältnis zwischen dem Erblasser und dem Bezugsberechtigten als wirksame Schenkung iSd § 516 Abs. 1 BGB qualifiziert werden kann und nicht etwa die Tilgung bestehender Verbindlichkeiten des Erblassers als Versicherungsnehmer gegenüber dem Bezugsberechtigten. Bei der Zuwendung der Gesamtheit der Rechte aus dem Lebensversicherungsvertrag durch Einräumung eines Bezugsrechts werden zwischen dem Erblasser und dem Bezugsberechtigten keine Vermögenswerte unmittelbar übertragen. 43

Unmittelbare Vermögensverschiebungen finden zu Lebzeiten des Erblassers nur im Deckungsverhältnis statt, wenn dieser – zur Erfüllung seiner Verpflichtung aus dem Versicherungsvertrag – die einzelnen Prämienzahlungen an den Versicherer leistet. 44

Der Bezugsberechtigte eines widerruflichen Bezugsrechts hat vor dem Eintritt des Todes keinen Anspruch, nicht einmal eine Anwartschaft, sondern lediglich eine Erwerbshoffnung, die der Erblasser jederzeit durch eine Änderung der Bezugsberechtigung vernichten kann. 45

In der juristischen Sekunde des Eintritts des Todes erwirbt der Bezugsberechtigte einen Anspruch auf die Versicherungssumme gegenüber dem Versicherer, während die eigenen 46

[24] BGH ZErb 2010, 189, 191 f.

Rechte des Erblassers untergehen. Der Anspruch **entsteht** mit dem Todesfall unmittelbar im Vermögen des Bezugsberechtigten und kann daher weder dem Vermögen des Erblassers – das in dieser juristischen Sekunde ohnehin nicht mehr existiert – noch dem Nachlass zugeordnet werden. Der Gegenstand, um den das Vermögen des Bezugsberechtigten vermehrt wird (**Bereicherungsgegenstand**), gelangt somit erst zu einem Zeitpunkt zur Entstehung, in dem das Vermögen des Erblassers und dieser selbst nicht mehr existieren. Der Gegenstand, um den das Vermögen des Erblassers vermindert wird (**Entreicherungsgegenstand**), ist nicht mit dem Bereicherungsgegenstand identisch. Eine unmittelbare Zuwendung aus dem Vermögen des Erblassers in das Vermögen des Begünstigten findet somit nicht statt.

47 Entreicherung und Bereicherung werden jedoch vermittelt durch die **Einschaltung des Versicherers** und die vertraglichen Absprachen im **Deckungsverhältnis.** Ohne die Leistungen des Erblassers ist der Versicherer nicht verpflichtet, an den Begünstigten zu leisten. Das Dreiecksverhältnis kann zutreffend so beschrieben werden, dass der Erblasser den Anspruch des Bezugsberechtigten durch seine Leistungen an den Versicherer „erkauft".[25]

48 Wenn der Versicherungsnehmer auf die Einsetzung eines Bezugsberechtigten verzichtet hätte, wäre der Anspruch auf die Versicherungssumme in das Vermögen des Versicherungsnehmers gefallen. Mit Eintritt des Versicherungsfalles wäre die Forderung gegen die Versicherung nach § 1922 Abs. 1 BGB in den Nachlass des Versicherungsnehmers gefallen und hätte bei der Berechnung des Pflichtteils nach § 2311 Abs. 1 S. 1 BGB Berücksichtigung gefunden. Die Pflichtteilsberechtigten hätten demnach in vollem Umfang am Anspruch auf die Versicherungssumme partizipiert. Derjenige, der einen Pflichtteilsergänzungsanspruch geltend macht, erhält etwas weniger, da der Rückkaufswert (Verkehrswert) niedriger ist als die Versicherungssumme, dieses Ergebnis ist unzutreffend.

Praxistipp:

Der Schutzzweck des Pflichtteilsergänzungsanspruchs wird dadurch erreicht, dass der **Verkehrswert** nach § 2325 Abs. 1 BGB dem Nachlass des Versicherungsnehmers **hinzugerechnet** wird. Die Versicherungssumme entspricht einerseits nicht der Entreicherung und zudem entsteht der Anspruch auf die Versicherungssumme nicht in der letzten Sekunde des Lebens, sondern in der ersten Sekunde des Todes, dies ist der entscheidende dogmatische Grundsatz, sodass die Versicherungssumme nicht in Ansatz gebracht werden kann.

49 Im Rahmen der Rechtsfolge des § 2325 Abs. 1 BGB ist somit nicht auf den Schenkungsgegenstand im Valutaverhältnis (Bereicherungsgegenstand), sondern auf den Gegenstand abzustellen, um den das Vermögen des Erblassers verringert wird (Entreicherungsgegenstand). Schutzzweck der §§ 2325 ff. BGB ist es, die Aushöhlung des Pflichtteilsrechts durch lebzeitige Rechtsgeschäfte des Erblassers zu verhindern. § 2325 BGB stellt sicher, dass der Erblasser die für den Todesfall festgeschriebene Beteiligung von Pflichtteilsberechtigten an seinem Vermögen der letzten zehn Jahre nicht durch unentgeltliche Weggabe von Vermögenswerten schmälert. Dagegen gewährleistet § 2325 BGB Pflichtteilsberechtigten nicht die Teilhabe an Zugewinnmöglichkeiten im Zeitpunkt des Todes, die der Erblasser durch eine unentgeltliche Zuwendung seinen Erben genommen hat. Für die Pflichtteilsergänzung kommt daher nur ein Gegenstand in Betracht, der im **lebzeitigen Vermögen des Erblassers vorhanden** war: Dies ist nicht der Anspruch auf den Rückkaufswert, sondern der Verkehrswert, der in der Praxis gleichzusetzen ist mit der ausgezahlten Versicherungssumme.

50 **b) Bewertungszeitpunkt.** Maßgebend für die Wertberechnung ist der Zeitpunkt, in dem die **Schenkung vollzogen** wird. Für die Lebensversicherung gelten insoweit die

[25] BGH ZErb 2010, 189, 192 f.

Überlegungen entsprechend, die bereits im Zusammenhang mit der Bewertungsvorschrift des § 2325 Abs. 2 BGB angestellt worden sind. Auf die Ausführungen in → Rn. 44 wird insoweit verwiesen. Es ist dies beim widerruflichen Bezugsrecht der Todestag.

c) **Höhe des Pflichtteilsergänzungsanspruchs.** Beim widerruflichen Bezugsrecht ist der Verkehrswert nach § 2325 Abs. 2 S. 2 Hs. 1 BGB anzusetzen. Die Berechnung des Pflichtteilsergänzungsanspruchs richtet sich allein nach dem Wert, den der Erblasser bei einer Verwertung des Entreicherungsgegenstands zuletzt selbst noch hätte realisieren können (**Liquiditätswert**). Dies ist zunächst der **Rückkaufswert**, den der Erblasser durch eine Kündigung ohne weiteres hätte einziehen können. Wäre durch eine Veräußerung der Rechte ein höherer Preis zu erzielen gewesen, käme es auf diesen an. Soweit ein Zweitmarkt für die Ansprüche besteht, kann danach der auf diesem erzielbare Marktwert zugrunde gelegt werden, dies ist der Verkehrswert. 51

Die entscheidende Problematik ist nunmehr, wie der Verkehrswert in der Praxis ermittelt wird. Prinzipiell muss dieser durch Gutachter ermittelt werden. Dies ist der ausschließlich richtige Weg. Die Vermögenswerte des Erblassers (zB Immobilien, Mobilien, Forderungen) sind – wie beim ordentlichen Pflichtteilsanspruch auch – grundsätzlich mit ihrem objektiven Verkehrswert unter Berücksichtigung einer möglichen latenten Steuerlast, dem gemeinen Wert, anzusetzen. Bei Forderungsrechten kann dies zunächst der Nennwert bzw. der Betrag, der durch Einziehung der Forderung erlangt werden kann, sein. Bei anderen Gegenständen ist der Betrag heranzuziehen, der bei einer entgeltlichen Veräußerung als Preis erzielt werden kann. 52

Bewertungszeitpunkt ist die letzte juristische Sekunde des Lebens des Erblassers. Da es um eine – gedachte – Realisierung der Ansprüche geht, ist ein Liquiditätswert festzustellen, nicht etwa ein Zeitwert, der eine Fortführung des Lebensversicherungsvertrages durch den Erblasser unterstellt.[26] 53

Bedeutsam für den dabei zu erzielenden Preis sind die Vertragsdaten, wie beispielsweise Vertragslaufzeit, Versicherungsleistung, Prämienhöhe, Alter und Geschlecht des Versicherten. Zudem können bestimmte Arten von Lebensversicherungen – etwa fondsgebundene Lebensversicherungen oder (ehemalige) Direktversicherungen – schlechter oder gar nicht verwertet werden. Bei Lebensversicherungsverträgen, bei denen eine Kündigung, Abtretung, Verpfändung ausgeschlossen ist, ist der Verkehrswert nahezu nicht ermittelbar. In einem derartigen Fall, den Wert mit Null festzustellen scheint mir unangemessen. Dann muss die Prämienzahlung bzw. der Rückkaufswert herangezogen werden. Die Relevanz dieser Verträge ist minimal. Was der Erblasser zu Lebzeiten durch eine Veräußerung hätte realisieren können, hängt daher stark von den konkreten Umständen des Einzelfalls ab.[27] 54

Im Regelfall wird der Ergänzungswert in der Zahlung der Versicherungssumme abgebildet, der in den meisten Fällen ohne größeren Aufwand durch eine Auskunft des Versicherers bewiesen werden kann. Hält der Pflichtteilsberechtigte nach den vorgenannten objektiven Kriterien einen höheren Wert für entscheidend, muss er diesen beweisen. Der Wertermittlungsanspruch des Pflichtteilsberechtigten gegenüber dem Erben ist nicht auf die Auskunft des Versicherers beschränkt, sondern erstreckt sich auch auf die Erstellung eines Gutachtens. 55

Als **Wertobergrenze** ist der Wert des Anspruchs des Bezugsberechtigten auf die Versicherungsleistung maßgeblich. Auch insofern kommt zum Tragen, dass der Beschenkte aus dem Vermögen des Erblassers bereichert sein muss. Ist der Entreicherungsgegenstand werthaltiger als der Bereicherungsgegenstand, korrespondiert die Bereicherung in Höhe der Differenz nicht mit der Entreicherung des Erblassers.[28] 56

[26] BGH ZErb 2010, 189 (193).
[27] BGH ZErb 2010, 189 (193).
[28] BGH ZErb 2010, 189 (193 f.).

57 **d) Kapitallebensversicherung als Grundlage für Pflichtteils- und Pflichtteilsergänzungsansprüche. aa) Objektiver Verkehrswert.** Die Bewertung von kapitalbildenden Lebensversicherungen im Rahmen des Pflichtteilsergänzungsanspruchs nach § 2325 BGB stellt ab auf den objektivierbaren Verkehrswert einer Lebensversicherung, insbesondere wenn diese nach dem 31.12.2004 abgeschlossen wurde und die erzielten Erträge daher der Einkommensteuer unterliegen.

58 Der BGH hat klargestellt, dass der maßgebliche Wert der Verkehrswert zum Zeitpunkt der Vollziehung der Schenkung ist, da dieser den Betrag repräsentiert, den der Erblasser in der letzten juristischen Sekunde seines Lebens hätte umsetzen können.

59 Die korrekte Ermittlung des fiktiven Nachlasses erfordert die Ermittlung des Netto-Realisationswerts. Bei Verträgen, die nach 2005 abgeschlossen wurden, ist die anfallende Einkommensteuer gemäß § 20 Abs. 1 Nr. 6 EStG bei der Verkehrswertbestimmung abzuziehen, um dem Grundsatz des objektiv realisierbaren Wertes gerecht zu werden.

60 Die anfallende Einkommensteuer aus der Kapitalanlage ist abzuziehen. Der Maßstab des BGH bestimmt, dass der Pflichtteilsergänzungsanspruch nach dem Wert zu berechnen ist, den der Erblasser aus den Rechten seiner Lebensversicherung in der letzten juristischen Sekunde seines Lebens nach objektiven Kriterien für sein Vermögen hätte umsetzen können.

61 Gemäß dieser Definition ist grundsätzlich auf den Verkehrswert der Versicherung im Zeitpunkt des Erbfalls abzustellen. Der Verkehrswert stellt den Betrag dar, den der Erblasser durch Verkauf hätte realisieren können.

62 Die Rechtsprechung des BGH zu dem objektiv belegbaren, realisierbaren Wert fordert eine Verbindung zur Frage der latenten Steuerlast. Der objektive Marktwert, der einen fiktiven Verkauf zur Grundlage hat, kann nur der Netto-Erlös sein. Ein potenzieller Käufer berücksichtigt zwangsläufig die damit verbundene steuerliche Belastung des Kapitals. Wäre der Brutto-Verkehrswert anzusetzen, würde dies dem Grundsatz des BGH widersprechen, den tatsächlich umsetzbaren Wert zu ermitteln. Die zentrale juristische und ökonomische Auseinandersetzung verlagert sich somit von der Wahl zwischen Prämien und Rückkaufswert hin zur korrekten Definition des Verkehrswerts als Brutto- oder Netto-Realisationswert. Dies muss umgesetzt werden.

63 Verträge über kapitalbildende Lebensversicherungen, die nach dem 31.12.2004 abgeschlossen wurden, sogenannte Neuverträge, unterliegen grundsätzlich der Besteuerung der Kapitalerträge. Besteuert wird dabei der Unterschiedsbetrag zwischen der ausgezahlten Leistung und den gezahlten Prämien, also der erzielte Ertrag.

64 Ein wesentlicher Aspekt bei der Besteuerung dieser Neuverträge ist die Möglichkeit der hälftigen Besteuerung, oft als Halbeinkünfteverfahren bezeichnet, welches die steuerliche Belastung signifikant reduziert. Diese Reduktion tritt nur kumulativ ein, wenn zwei Kriterien erfüllt sind:

a) Die Kapitalleistung wird erst nach einer Mindestlaufzeit von zwölf Jahren ausgezahlt.

b) Der Versicherte hat bei der Auszahlung das 60. Lebensjahr vollendet (bei Verträgen ab 2012 das 62. Lebensjahr)

65 Sind die Voraussetzungen erfüllt, wird nur die Hälfte des Unterschiedsbetrags zur Beteuerung herangezogen. Werden die Voraussetzungen nicht erfüllt (zB: bei einer vorzeitigen Kündigung), unterliegt der gesamte Ertrag der Kapitalertragsteuer (Abgeltungsteuer).

66 Im Gegensatz dazu bleiben sogenannte Altverträge, die vor 2005 abgeschlossen wurden, bei Einhaltung der 12-Jahres-Frist in der Regel steuerfrei.

67 Die Steuerlast auf die stillen Reserven (die bisher unversteuerten Erträge) der Kapitallebensversicherung ist zum Zeitpunkt der Verkehrswertbestimmung latent. Sie ist noch nicht realisiert und stellt daher keine fällige aktuelle Erblasserschuld im Sinne des § 1967 BGB dar.

68 Dennoch ist die Steuerpflicht dem Vermögensgegenstand inhärent. Da der Kapitallebensversicherungsvertrag Gewinne enthält, die bei jeder Form der Verwertung (Kün-

digung durch den Erblasser, Verkauf durch den Erblasser oder spätere Auszahlung an den Bezugsberechtigten, sofern die Voraussetzungen für die Steuerfreiheit nicht vorlagen) zur Realisierung der Kapitalertragsteuer führen, ist die Steuerpflicht unvermeidbar und dem Wert immanent. Die anfallende Ertragsteuer ist eine Einkommensteuer auf den Gewinn, nicht die Erbschaftsteuer auf den Vermögensübergang selbst.

Die steuerliche Behandlung beim Bezugsberechtigten nach dem Tod des Erblassers steht in einem Spannungsverhältnis zum BGH-Grundsatz des objektiven Verkehrswerts. Die Pflichtteilsergänzung bemisst sich nach dem Wert, den der Erblasser hätte realisieren können. Hätte der Erblasser kurz vor seinem Tod den Vertrag gekündigt oder verkauft, wäre er selbst Steuerschuldner geworden. Um den BGH-Grundsatz des realisierbaren Wertes zu erfüllen, muss die latent anfallende Steuer daher fiktiv beim Erblasser angesetzt werden, da sie einen fiktiven Passivposten darstellt, der den Aktivwert des Vertrages mindert. Die Berechnung muss dabei die persönlichen Verhältnisse des E zum Stichtag (Erreichung des 60. Lebensjahres und Einhaltung der 12-Jahres-Frist) berücksichtigen, um den korrekten Steuersatz (voll oder hälftig) anzusetzen. 69

Der Zweck des Verkehrswerts ist es, den objektiven Preis abzubilden, der bei einer Veräußerung im gewöhnlichen Geschäftsverkehr zu erzielen wäre. Die latente Ertragsteuerlast ist zwar keine Nachlassschuld wie tatsächliche Verbindlichkeiten des E. Sie ist aber auch nicht mit der Erbschaftsteuer oder den Passiva bei Pflichtteilsansprüchen gleichzusetzen. Die Ertragsteuer ist vielmehr eine unvermeidliche Minderung des Ertrages, auf der Ebene der Bewertung als Vermögen. 70

Die juristischen Argumentationen für den Abzug der latenten Steuerlast im Erbrecht resultieren aus anderen Rechtsgebieten: 71

a) Zugewinnausgleich: Im Rahmen der Berechnung des Endvermögens beim Zugewinnausgleich wird die latente Steuerlast bei der Bewertung von Vermögensgegenständen (wie Immobilien oder Unternehmensbeteiligungen) regelmäßig abgezogen. Dies gilt, wenn die Veräußerung wahrscheinlich ist oder die Steuerlast aufgrund der Vermögensstruktur unausweichlich anfällt.
b) Unternehmensbewertung: Bei der Bewertung von GmbH-Anteilen oder anderen Unternehmensbeteiligungen zur Ermittlung des gemeinen Werts wird die latente Körperschaft- und Gewerbesteuer auf die stillen Reserven standardmäßig abgezogen, da diese den realisierbaren Wert objektiv mindern.

Diese Analogien bekräftigen den Grundsatz der Netto-Betrachtung: Der Verkehrswert eines steuerbehafteten Gutes kann ökonomisch nur dessen Nettowert darstellen. 72

Der BGH verlangt den Wert, den der E hätte umsetzen können. Ein realistisches Szenario der Verwertung (Kündigung oder Verkauf) würde zwingend die Auflösung der Einkommensteuer auf die stillen Reserven bedeuten. Der wirtschaftlich realisierbare Erlös für den Erblasser wäre somit nur der Nettobetrag nach Steuerabzug. 73

Vermeidung nach Doppelbelastung: Würde der Brutto-Verkehrswert angesetzt, würde der Pflichtteilsberechtigte von einem Wert profitieren, der in dieser Höhe gar nicht existiert, da der Beschenkte die Steuerlast bei der späteren Realisierung tragen muss. Die Ansetzung des Bruttowertes würde den fiktiven Nachlass überhöhen. Die latenten Steuern auf die Kapitallebensversicherungserträge sind, anders als die Erbschaftsteuer, keine Folge des Erbfalls, sondern sind untrennbar mit dem Vermögenszuwachs verbunden, der bereits zu Lebzeiten des Erblassers im Vertrag verursacht wurde. Sie stellen eine unvermeidliche Minderung der Substanz des Vermögensgegenstand dar. 74

bb) Würdigung der Rechtsprechung und aktuelle Tendenz. Es gibt kein explizites höchstrichterliches Urteil, das den Abzug latenter Ertragsteuer bei Kapitallebensversicherungsverträgen im Rahmen von § 2325 BGB bejaht. Dennoch ist der Schluss, den Netto-Realisationswert anzusetzen, zwingend notwendig. Gemäß der BGH-Grundsätze zur Verkehrswertbestimmung ist eine realistische Bewertung sicherzustellen. 75

Die Berechnung der latenten Steuerlast erfordert eine strikte Einhaltung folgender Schritte, um den Wert der Kapitallebensversicherung für den fiktiven Nachlass zu bestimmen: 76

a) Ermittlung des Brutto-Verkehrswerts: Feststellung des Rückkaufswerts oder des objektiv belegbaren Marktwerts (Stichtag: Todestag des E).
b) Ermittlung des steuerpflichtigen Ertrags: Subtraktion der insgesamt gezahlten Prämien vom Brutto-Verkehrswert.
c) Anwendung des korrekten latenten Steuersatzes:
   - Zunächst ist zu prüfen, ob die Voraussetzungen für die hälftige Besteuerung zum Stichtag (Todestag) bereits erfüllt waren (12 Jahre Laufzeit und E hat das 60./62. Lebensjahr vollendet).
   - Waren die Voraussetzungen erfüllt, ist nur die Hälfte des Ertrags mit dem fiktiven individuellen Steuersatz des Erblassers zu belegen (oder hilfsweise dem pauschalen Kapitalertragsteuersatz, ggf. plus Soli, etc).
   - Waren die Voraussetzungen nicht erfüllt (zB bei vorzeitiger Kündigung), unterliegt der gesamte Ertrag der Kapitalertragsteuer (Abgeltungsteuer zzgl. Soli/ggf. Kirchensteuer).
d) Netto-Verkehrswert: Der ermittelte Betrag der latenten Steuerlast ist vom Brutto-Verkehrswert abzuziehen. Dieser Netto-Verkehrswert ist dann die Bemessungsgrundlage für den Pflichtteilsergänzungsanspruch.

77 Der widerruflich Bezugsberechtigte erwirbt das Recht auf die Leistung des Versicherers erst mit Eintritt des Versicherungsfalls, somit erfolgt die Leistung in der ersten Sekunde des Todes. Zwischen dem Vollzug der Schenkung (erste Sekunde des Todes) und dem Erbfall (letzte Sekunde des Lebens) verstreicht also überhaupt keine relevante Zeit. Das hat zur Folge, dass bei einem widerruflichen Bezugsrecht die Zehnjahresfrist des § 2325 Abs. 3 Hs. 1 BGB gar nicht erst in Gang gesetzt wird. Sie ist somit die letztmögliche Schenkung. Die Schenkung des Versicherungsnehmers an den widerruflich Bezugsberechtigten unterliegt, unabhängig vom Zeitpunkt der Bezeichnung des Dritten, der Ergänzungspflicht. Gleichwohl tritt hierdurch keine Endloshaftung der Beteiligten ein, da die Pflichtteilsergänzungsansprüche der Verjährung nach § 2332 BGB unterliegen.

4. Unwiderrufliches Bezugsrecht

78 Es wird eine neue Rechtsauffassung vertreten. Es sind folgende Fälle zu unterscheiden:
- Fall 1: Einräumung des Bezugsrechts mit weiteren Prämienzahlungen (häufig)
- Fall 2: Einräumung Bezugsrecht bei Einmalzahlung (seltener)
- Fall 3: Einräumung Bezugsrecht nach erfolgter und beendeter Prämienzahlung.

79 Bei Fall 1 ist nach nunmehriger Rechtsauffassung der Verkehrswert der Lebensversicherung zum Zeitpunkt der unwiderruflichen Bezugsrechtseinräumung und die jeweilige Zahlung maßgebend. Bei Fall 2 ist der Verkehrswert maßgebend. Bei Fall 3 ist ebenfalls der Verkehrswert maßgebend. Nach der alten Rechtsauffassung bildet bei Vorliegen eines **unwiderruflichen Bezugsrechts** die Summe der Prämienzahlungen der letzten zehn Jahre mit entsprechender Abschmelzung bzw., wenn der Ehepartner des Versicherungsnehmers Bezugsberechtigter ist, die Prämiensumme während der Ehezeit mit entsprechender Hochindexierung, die anzurechnende Summe.[29]

80 Nach § 2325 Abs. 3 Hs. 1 BGB bleibt die Schenkung bei der Pflichtteilsergänzung unberücksichtigt, wenn zur Zeit des Erbfalls seit der Leistung des verschenkten Gegenstands zehn Jahre verstrichen sind. Bei der Lebensversicherung kommt dies zum Tragen, wenn der Versicherungsnehmer dem Begünstigten ein widerrufliches oder ein unwiderrufliches Bezugsrecht eingeräumt hat.

5. Zahlungsverpflichtung des Erben

81 Der **Erbe** kann zur Zahlung von Pflichtteilsergänzungsansprüchen aus der schenkungsweisen Zuwendung des Bezugsrechts an einen Dritten oder auch an den Erben

[29] OLG Düsseldorf 17.6.2011 – 7 U 140/07, ZEV 2012, 105.

selbst verpflichtet sein, § 2325 BGB (siehe dazu ausführlich → Rn. 5). Aus diesem Grund ist bei der Vermögensplanung immer das Bezugsrecht einer Lebensversicherung mit der letztwilligen Verfügung abzustimmen, um die Liquidität des Nachlasses planen zu können. Bezugsrechtseinräumungen können zu einer Gefährdung der Liquidität des Nachlasses führen und soll an folgenden Fällen dargestellt werden.

Fall:

Erblasser E ist mit EP im Güterstand der Zugewinngemeinschaft verheiratet. Er hinterlässt 5 Kinder. Der Nachlass beträgt 100.000 EUR. Es liegt eine letztwillige Verfügung vor, in welcher EP zur Alleinerbin eingesetzt wurde.

Lösung:

Jedem Kind steht ein Pflichtteilsanspruch von 1/20 zu (§ 2303 Abs. 1 BGB), somit 5.000 EUR. Dem Ehepartner EP verbleiben 100.000 EUR minus 5 mal 5.000 EUR, insgesamt 25.000 EUR Pflichtteilsbelastung, somit 75.000 EUR.

Abwandlung: Erblasser E war VN und VP

Erblasser E ist mit EP im Güterstand der Zugewinngemeinschaft verheiratet. Er hinterlässt 5 Kinder. Der Nachlass beträgt 100.000 EUR. Es liegt eine letztwillige Verfügung vor, in welcher EP zur Alleinerbin eingesetzt wurde (wie oben).

E hatte eine kapitalbildende Lebensversicherung mit 150.000 EUR Todesfallleistung. Für die Versicherung fielen monatliche Prämien iHv 500 EUR an.

Die Versicherung läuft länger als zehn Jahre. In die Lebensversicherung wurde von E wie folgt eingezahlt: 20 Jahre mit 12 Monaten zu je 500 EUR, somit insgesamt 120.000 EUR. Der Verkehrswert beträgt 150.000 EUR.

E bestimmte **widerrufliche** Bezugsrechte (**ohne Wissen und Wollen** seines Ehepartners) wie folgt: Kind K1 bekommt die Versicherungsleistung iHv 2/3, Kind K2 bekommt die Versicherungsleistung iHv 1/3.

EP nimmt die Erbschaft an.

Wie hoch sind die Ansprüche von K1, K2, K3, K4 und K5?

Lösung:[30]

Realer Nachlass:	100.000 EUR
./. Pflichtteilsansprüche 5 × 5.000 EUR	−25.000 EUR

Fiktiver Nachlass:
Es liegen Schenkungen vor iHv 150.000 EUR Verkehrswert.
K3, K4 und K5 bekommen von EP je 7.500 EUR (1/20 aus 150.000 EUR) als Pflichtteilsergänzungsanspruch.
K1 und K2 steht kein Pflichtteilsergänzungsanspruch zu, da ihre Eigengeschenke in Abzug (§ 2327 BGB) zu bringen sind:
K1 = 2/3 aus 150.000 EUR = 100.000 EUR als Eigengeschenk K2 = 1/3 aus 150.000 EUR = 50.000 EUR als Eigengeschenk In diesem Fall bleibt EP ein Nachlass wie folgt:
Der Pflichtteilsergänzungsanspruch für jedes der Kinder K3, K4 und K5 beträgt 7.500 EUR (1/20 aus 150.000 EUR).
Es bleibt EP ein Betrag wie folgt:

Nachlass	100.000 EUR
./. Pflichtteilsansprüche 5 × 5.000 EUR	−25.000 EUR
./. Pflichtteilsergänzungsansprüche 3 × 7.500 EUR	−22.500 EUR
Summe	52.500 EUR

30 Ohne Indexierung.

Durch die Einräumung des Bezugsrechts, wobei im Valutaverhältnis eine unentgeltliche Zuwendung gegeben ist, wird somit der Gesamtpflichtteil insgesamt höher; dem Alleinerben verbleibt weniger. Sofern ein derartiges Ergebnis vom Erblasser nicht gewünscht wird, hat der Erblasser mit den Bezugsberechtigten eine Vereinbarung zu treffen, wonach diese verpflichtet sind, etwaige Pflichtteilsergänzungsansprüche anteilig zu tragen.

Ausschlagung der Erbschaft für EP vorteilhafter? Es ist weiter zu prüfen, ob es für EP im vorliegenden Fall nicht günstiger ist, die Erbschaft **auszuschlagen** und den **Zugewinn** sowie den **kleinen Pflichtteil** zu verlangen.

Dazu ist im ersten Schritt der Zugewinnausgleichsanspruch zu bestimmen. Dieser errechnet sich wie folgt:

Realer Nachlass des Erblassers (Hinzurechnung gem. § 1375 Abs. 2 Nr. 1 BGB)	100.000 EUR
Lebensversicherung (hier: 150.000 EUR)	150.000 EUR
Endvermögen	250.00 EUR
./. Anfangsvermögen	0 EUR
Zugewinn E	250.000 EUR

Der Zugewinnausgleichsanspruch von EP beträgt 125.000 EUR.
Dieser stellt eine Nachlassverbindlichkeit dar und ist daher von den Nachlassaktiva abzuziehen.

Nachlassaktiva	100.000 EUR
./. Nachlasspassiva (Zugewinnausgleichsanspruch)	– 125.000
EUR Nettonachlass	– 25.000 EUR
Pflichtteil für EP	0 EUR

Insgesamt stehen EP somit zu:
- 100.000 EUR Zugewinnausgleichsansprüche aus dem Nachlass
- 25.000 EUR Zugewinnausgleichsansprüche gegen den Bezugsberechtigten sowie
- an Pflichtteilsergänzungsansprüchen 1/8 aus 150.000 EUR – 25.000 EUR Nettobetrag der Schenkung 125.000 EUR, somit = 15.625 EUR gegen K1 und K2 im Verhältnis ihrer Anteile.
- EP erhält somit 125.000 EUR und 15.625 EUR, insgesamt 140.625 EUR.

Praxistipp:
Rein rechnerisch ist die Ausschlagung im Fallbeispiel (siehe → Rn. 77) besser als die Annahme der Erbschaft. In der Praxis schlagen die wenigsten Ehepartner aus. Der Berater hat jedoch die Pflicht, die unterschiedlichen wertmäßigen Varianten darzustellen, um nicht Gefahr zu laufen, sich Schadensersatzansprüchen auszusetzen.

Fazit:
Wenn die Bezugsrechtseinräumung mit Wissen und Wollen erfolgt ist, dann wird die Lebensversicherung nicht beim Zugewinnausgleich berücksichtigt. Wenn die Guthaben bei Lebensversicherungen sehr hoch sind, ist immer die **Frage des Zugewinns** und dass die Abklärung mit oder ohne Wissen und Wollen des EP stattfand mit abzuklären.

6. Zahlungsverpflichtung des Bezugsberechtigten wegen Pflichtteilsergänzungsansprüchen bzw. Zugewinnausgleichsansprüchen

82 Vorstehende Berechnung ist nur dann zutreffend, wenn die Einräumung des Bezugsrechts ohne Wissen und Wollen von EP erfolgte. Wenn EP mit der Einräumung des **Bezugsrechts einverstanden** war – was auch konkludent möglich ist – ist die Lebensversicherungssumme nicht dem Endvermögen hinzuzurechnen, sodass die Bezugsbe-

rechtigten nichts im Wege des Zugewinnausgleichs herausgeben müssen. Es verbleibt dann beim Pflichtteilsergänzungsanspruch.

Wenn der Nachlass dürftig ist, haftet der zuletzt Beschenkte nach § 2329 Abs. 3 BGB bei Lebensversicherungen nicht mit dem Rückkaufswert sondern mit der Summe der Lebensversicherungsleistung. 83

Bei mehreren Bezugsberechtigten (als Beschenkte) aus einem oder mehreren zeitgleichen Verträgen haften diese nicht gesamtschuldnerisch, sondern nur quotal. Dies gilt auch dann, wenn das Bezugsrecht aus einem Lebensversicherungsvertrag mehreren Personen zugewandt wurde. Das Gleiche gilt, wenn hinsichtlich mehrerer Versicherungen Bezugsrechte eingeräumt wurden oder Bezugsberechtigte aus Lebensversicherungsverträgen und Begünstigte aus Verträgen zugunsten Dritter auf den Todesfall bezüglich Konten/Depots zusammentreffen. Diese Personen haften dem Pflichtteilsergänzungsberechtigten nur in Höhe ihrer Quote. Jeder Beschenkte kann Entreicherung geltend machen. Es wird die Auffassung vertreten, dass dann diejenigen Beschenkten, die nicht entreichert sind, mit einer höheren Quote haften.[31] 84

Zur **quotalen Haftung** von Beschenkten kommt es dann, wenn mehrere Personen **gleichzeitig** als zuletzt Beschenkte bedacht wurden. 85

Fall:

Erblasser E ist verwitwet und hinterlässt 5 Kinder. Der Nachlass ist Null. Es liegt keine letztwillige Verfügung vor. E hatte zwei Lebensversicherungen mit folgenden Rückkaufswerten (kein höherer Verkehrswert feststellbar): Versicherung A mit 100.000 EUR und Versicherung B mit 50.000 EUR. E errichtet Verträge zugunsten Dritter auf den Todesfall wie folgt:

- Kind K1 bekommt die Versicherung A iHv 130.000 EUR (Rückkaufswert 100.000).
- Kind K2 bekommt die Versicherung B iHv 60.000 EUR (Rückkaufswert 50.000).

Wie hoch sind die Ansprüche von K3, K4, und K5?

Lösung:

Der gesamte fiktive Nachlass beträgt 150.000 EUR aus der Summe der Rückkaufswerte. Die Pflichtteilsquote beträgt je Kind 1/10. Der Pflichtteilsergänzungsanspruch beträgt daher 15.000 EUR.
K3, K4 und K5 bekommen von K1 je 10.000 EUR und von K2 je 5.000 EUR.
K1 und K2 haften nicht als Gesamtschuldner, sondern jeder im Verhältnis der Rückkaufswerte.

Fazit:

Im Fall des § 2329 Abs. 3 BGB haften die Zuletztbeschenkten quotenmäßig in Höhe des jeweiligen Geschenks. Es besteht keine gesamtschuldnerische Haftung.

Insoweit unterscheidet sich die Lösung bezüglich der Pflichtteilsergänzung bei Einräumung von Bezugsrechten von Lebensversicherungen nicht von der Lösung beim Vorliegen von Verträgen zugunsten Dritter auf den Todesfall bei Bankkonten. 86

II. Wechsel in der Person des Versicherungsnehmers und Pflichtteilsergänzungsansprüche

1. Übertragung im Todesfall

Es gibt Situationen, wonach eine ältere Person Versicherungsnehmer und eine jüngere Person versicherte Person ist. Der Versicherungsnehmer ist im Erlebens- und im Todes- 87

[31] Soergel/Dieckmann BGB § 2329 Rn. 27; Staudinger/Herzog BGB § 2329 Rn. 103; Damrau/Lenz-Brendel § 2329 BGB Rn. 19.

fall der versicherten Person Bezugsberechtigter, dies deswegen, da dann die Prämien geringer sind.

88 Verstirbt nicht die versicherte Person, sondern der Versicherungsnehmer während der Laufzeit bzw. vor der versicherten Person, ist in vielen Versicherungsverträgen vorgesehen, dass die versicherte Person den Versicherungsvertrag fortführt. Diese **Fortführungsklausel** ist im Hinblick auf das eingezahlte Guthaben als **Vertrag zugunsten Dritter** anzusehen. Bei einer derartigen Situation ist daher jeder Vertrag daraufhin zu prüfen, ob eine Fortführungsklausel vorliegt.

2. Übertragung unter Lebenden

89 Bei einer lebzeitigen Übertragung von Versicherungsverträgen ist der **Ist-Wert** zum Zeitpunkt der Übertragung Bemessungsgrundlage für Pflichtteilsergänzungsansprüche.

90 Der Ist-Wert ist der Verkehrswert. Dieser müsste durch ein Gutachten festgestellt werden. In der Praxis ist folgendes Berechnungsmodell nahezu richtig: Rückkaufswert zuzüglich 15 %. Bei einer derartigen Vereinbarung besteht kein Schadensersatz.

III. Pflichtteilsergänzungsanspruch und Rentenversicherung

91 Grundlegend kann zunächst auf die Ausführungen zur kapitalbildenden Lebensversicherung verwiesen werden (→ Rn. 23 ff.). Allerdings sind bei der Rentenversicherung zusätzlich drei Fallvarianten zu unterscheiden:

1. Einräumung eines Bezugsrechts hinsichtlich der Prämienrückgewähr

92 Wenn der Versicherungsnehmer einer Rentenversicherung während der **Aufschubzeit** versterben sollte, kann ein Anspruch auf Prämienrückgewähr bestehen, wenn dies vereinbart wurde. Wenn nun der Versicherungsnehmer vor Renteneintritt (während der Aufschubzeit) verstirbt, erhält der Erbe den Anspruch auf Prämienrückgewähr, wenn dies vom Versicherungsnehmer bestimmt wurde. Diese Summe erhöht den realen Nachlass.

93 Wenn der Versicherungsnehmer bezüglich des Anspruchs auf Rückgewähr einem Dritten ein Bezugsrecht eingeräumt hat, ist die Summe der zurückgezahlten Prämien Grundlage bei der Berechnung von Pflichtteilsergänzungsansprüchen.

2. Einräumen eines Bezugsrechts nach Erreichen des Renteneintrittsalters

94 Wenn der Versicherungsnehmer nach Erreichen des Renteneintrittsalters versterben sollte, sind zwei Fälle zu unterscheiden:

- Versterben innerhalb der Rentengarantiezeit
  Von der Versicherung wird zugesichert, dass für die Restlaufzeit der Rentengarantiezeit dem Bezugsberechtigten die monatliche Rentenzahlung zusteht. Alternativ steht dem Bezugsberechtigten das von der Versicherung errechnete Restkapital zu, dies ist dann die Bemessungsgrundlage für die Pflichtteilsergänzungsansprüche.
- Versterben nach Ablauf der Rentengarantiezeit
  Wenn der Versicherungsnehmer nach Erreichen der Rentengarantie versterben sollte, besteht kein Anspruch des Bezugsberechtigten mehr und somit ergeben sich auch keine Pflichtteilsergänzungsansprüche.

3. Pflichtteilsergänzungsfeste Ehegattenschenkung

95 Wenn der Tatbestand der pflichtteilsergänzungsfesten Ehegattenschenkung gegeben ist, bleiben die Leistungen aus den Bezugsrechten unberücksichtigt. Gerade bei Rentenversicherungen wird der Nachweis der pflichtteilsergänzungsfesten Ehegattenschenkung leichter zu führen sein, da die Rentenversicherung der Altersabsicherung dient, dies ist allerdings überholt, da es keine pflichtteilsergänzungsfeste Ehegattenschenkung gibt. Die Einräumung löst Pflichtteilsergänzungsansprüche aus.

IV. Pflichtteilsergänzungsansprüche und Risikolebensversicherung

Bei einer Risikolebensversicherung auf den Todesfall gilt, wenn ein Bezugsberechtigter benannt ist und die Versicherungsleistung schenkungsweise zugewandt wurde, folgendes: 96

Zur Berechnung des fiktiven Nachlasses wird nicht die Versicherungsleistung herangezogen, sondern der Rückkaufswert bzw. der nachzuweisende höhere Verkehrswert. 97

Die Grundsätze, die der BGH in seiner Entscheidung vom 28.4.2010[32] für die pflichtteilsergänzungsrechtliche Behandlung von Bezugsrechten bei Kapitallebensversicherungen entwickelt hat (→ Rn. 23 ff.), lassen sich **nicht** auf die Risikolebensversicherung übertragen, da sich der BGH mit seiner Entscheidungsrichtung auf den Verkehrswert festgelegt hat. Da sich die Abstufung von Kapitallebensversicherungen mit geringer Risikovorsorge bis zu einer reinen Risikoversicherung ohne Erlebensfall darstellen kann, kann der Verkehrswert hoch bzw. auch Null sein. 98

Einen zurückzuerstattenden Rückkaufswert gibt es bei einer reinen Risikolebensversicherung nicht; ein solcher ist nach § 169 Abs. 1 VVG nur zu zahlen, wenn die Versicherung Versicherungsschutz für ein Risiko bietet, bei dem der Eintritt der Verpflichtung des Versicherers gewiss ist, dh bei einem fixen Zeitpunkt, oftmals frühestens nach 12 Jahren. Hieran fehlt es bei der Risikolebensversicherung naturgemäß. Eine typische Risikolebensversicherung ohne Rückkaufswert und ohne Verkehrswert ist die **Sterbegeldversicherung.** 99

Praxistipp:
Fälschlicherweise wird bei der Sterbegeldversicherung oftmals angenommen, dass damit der Bezugsberechtigte die Bestattung zu bezahlen hat. Dies ist unzutreffend. Der Bezugsberechtigte kann über die Versicherungsleistung ohne Zweckbindung frei verfügen.

Einen Veräußerungswert – auf den nach der Entscheidung des BGH vom 28.4.2010[33] abzustellen ist, wenn er höher als der Rückkaufswert ist – hat eine reine Risikolebensversicherung nicht. 100

Fazit:
Aufgrund der Altersrückstellung besteht daher kein Wert.

Diese Situation führt *J. Mayer* in seinen Anmerkungen DNotIReport 2013, 130 präzise aus: 101

„Erst dann, wenn im Einzelfall die Wahrscheinlichkeit, dass der Versicherte alsbald sterben wird, insbesondere aufgrund einer diagnostizierten zum Tod führenden Krankheit, gegenüber dem statistischen Durchschnitt erheblich ansteigt, würde die Risikolebensversicherung einen erheblichen zusätzlichen Wert erlangen, der sich dem Wert der Todesfallleistung entsprechend der zunehmenden Sterbewahrscheinlichkeit annäherte. Für Risikolebensversicherungen gibt es jedoch auch in einer derartigen Situation des Versicherten zumindest in Deutschland – soweit ersichtlich – keinen Zweitmarkt.

Aus Vorstehendem ist der Schluss zu ziehen, dass ein zugewendetes **Bezugsrecht** bei einer Risikolebensversicherung im Rahmen des Pflichtteilsrechts mit **Null** zu bewerten ist.[34] Eine solche Zuwendung würde somit **keine Pflichtteilsergänzungsansprüche** aus- 102

[32] BGH 28.4.2010 – IV ZR 73/08, BGHZ 185, 252 = NJW 2010, 8.
[33] BGH 28.4.2010 – IV ZR 73/08, BGHZ 185, 252 = NJW 2010, 8.
[34] MüKoBGB/Lange § 2325 Rn. 49; J. Mayer DNotZ 2011, 89, 97; Ruby/Schindler ZEV 2010, 545 (547); Papenmeier ZErb 2011, 154 (156); Worm RNotZ 2010, 412 (413).

lösen. Dies dürfte für widerrufliche und unwiderrufliche Bezugsrechte gleichermaßen gelten.

Fall:

Erblasser E ist Versicherungsnehmer und versicherte Person einer Risikolebensversicherung. E verstirbt ohne Testament und hinterlässt als einzigen gesetzlichen Erben sein Kind K1. Bezugsberechtigter aus seiner Risikolebensversicherung ist die Stiftung S. Die Versicherungsleistung betrug 150.000 EUR. E hinterlässt einen Nettonachlass von 10.000 EUR.

Lösung:

K1 hat im Grunde Pflichtteilsergänzungsansprüche iHv 1/2 abzüglich 1/2 Nachlass aus einem Rückkaufswert der Risikolebensversicherung gegenüber der Stiftung S. Da kein Rückkaufswert gegeben ist, ist somit auch der fiktive Nachlass Null, sodass Pflichtteilsergänzungsansprüche ausscheiden.

V. Spezialfälle: Versicherungsnehmer sind Eheleute

1. Verbundene Lebens-/Rentenversicherung

103 Es wird davon ausgegangen, dass bei der verbundenen Lebens-/Rentenversicherung jeder der Ehepartner die Prämien aus seinem eigenen Vermögen bezahlt. Es kann unterstellt werden, dass die Eheleute jeweils 50 % der Prämie aus eigenem Vermögen entrichtet haben. Nur hinsichtlich 50 % des Rückkaufswertes bzw. eines höheren festgestellten Verkehrswertes kann daher eine Schenkung vorliegen.

Fall:

EP1 und EP2 haben eine gekreuzte Lebensversicherung und zwei Abkömmlinge K1 und K2. Auf das Ableben des ersten EP wurde der jeweils überlebende EP als Bezugsberechtigter bestimmt. Welche Ansprüche (PTE) haben K1 und K2? Der Verkehrswert der Lebensversicherung war 200.000 EUR.

Lösung:

K1 und K2 haben jeweils einen Anspruch in Höhe von 1/8 aus 100.00 EUR, aus dem Anteil des erstversterbenden EP.

104 Steht allerdings fest, dass nur einer der beiden Eheleute überwiegend bzw. alleine die Prämien gezahlt hat, obwohl beide Versicherungsnehmer sind, muss differenziert werden:

- Versterben des prämienzahlenden Versicherungsnehmers
  Hier ergeben sich Unterschiede im Bereich der Pflichtteilsergänzung zu einer kapitalbildenden Lebensversicherung, die allein vom Versicherungsnehmer abgeschlossen wurde. Der fiktive Nachlass beträgt 50 % des Verkehrswertes und zusätzlich sind die 50 % der Prämienzahlung jeweils nicht abgeschmolzen, da es sich um eine Zuwendung an den Ehepartner handelt.
- Versterben des nicht prämienzahlenden Versicherungsnehmers Es ergeben sich pflichtteilsergänzungsrechtlichen Folgen, dh aus 50 % des Verkehrswertes.

2. Gekreuzte Lebensversicherung

105 Bei der verbundenen Lebensversicherung ist Grundlage ein gemeinsamer Vertrag mit einer Laufzeit und einer Versicherungssumme für beide EP beim ersten Versterbensfall. Es kommt nur zu einer Auszahlung.

106 Eine gekreuzte Lebensversicherung beinhaltet zwei separate Einzelverträge, bei denen die Eheleute das Leben des anderen versichern und selbst bezugsberechtigt sind.

Bei der gekreuzten Lebensversicherung entstehen keine Pflichtteilsergänzungsansprüche, da der überlebende Ehepartner die Prämien selbst gezahlt hat. 107

Zu beachten ist allerdings, dass das Versicherungsguthaben des Erblassers den Nachlass zumindest um den Rückkaufswert erhöht. 108

Fall:

E und EP sind im Güterstand der Zugewinngemeinschaft verheiratet und haben zwei Kinder K1 und K2. Jeder der beiden Eheleute verfügt über ein Vermögen von 80.000 EUR.
E und EP schließen eine gekreuzte Lebensversicherung ab. Damit liegt folgende Versicherungskonstellation vor:

- E ist Versicherungsnehmer und bezugsberechtigt; EP ist versicherte Person.
- EP ist Versicherungsnehmer und bezugsberechtigt, E ist versicherte Person.
- Der Rückkaufswert ist 60.000 EUR. Die Versicherungsleistung beträgt 120.000 EUR.
- E verstirbt.

Lösung:

Wenn E verstorben ist, wird die Versicherungsleistung aus der Versicherung der EP fällig. Diese hat jedoch den dafür anfallenden Prämienanteil selbst bezahlt, sodass dies keine Auswirkungen auf den Nachlass von E hat.
Die Versicherung des E läuft weiter und erhöht den Nachlass, wenn kein Vertrag zugunsten Dritter vorliegt.

VI. „Pflichtteilsergänzungsfeste" Ehegattenschenkung

Da es den Tatbestand „pflichtteilsergänzungsfeste Ehegattenschenkung" nicht gibt, wird der festgestellte Verkehrswert berücksichtigt. Insoweit wird auf die Ausführungen bei der Rentenversicherung verwiesen. Nachfolgend Demonstration an einem Fall: 109

1. Fall

E hat seine EP testamentarisch als Alleinerbin eingesetzt. Die Eheleute waren im Güterstand der Zugewinngemeinschaft mit gewöhnlichem Aufenthalt in Deutschland verheiratet. Aus der Ehe sind zwei Kinder hervorgegangen, die durch diese Verfügung enterbt wurden und denen daher ein Pflichtteilsanspruch zusteht. Der Aktivnachlass des Erblassers beträgt 300.000 EUR. Zusätzlich besteht eine Kapitallebensversicherung, die E auf sein Leben abgeschlossen und für die EP ein Bezugsrecht im Todesfall eingeräumt hat. Die Versicherungssumme beträgt 500.000 EUR, die bis zum Todeszeitpunkt geleisteten Prämienzahlungen belaufen sich auf 200.000 EUR und der Verkehrswert im Todeszeitpunkt liegt bei 450.000 EUR. Im Zusammenhang mit der Auszahlung der Lebensversicherung ist eine Einkommensteuerlast von 50.000 EUR zu berücksichtigen. 110

2. Fallvariante:

Es wurde den Kindern nach Verheiratung ein unwiderrufliches Bezugsrecht eingeräumt. Der Wert der Versicherung betrug 100.000 EUR, die danach erfolgten Prämien waren 100.000 EUR. 111

3. Bestimmung der gesetzlichen Erb- und Pflichtteilsquoten

Die Berechnung der Ansprüche erfordert die Bestimmung der fiktiven gesetzlichen Erbquote, die als Grundlage für die Pflichtteilsquote dient. Da die Eheleute im Güterstand der Zugewinngemeinschaft verheiratet waren, gilt Folgendes: Im gesetzlichen Güterstand der Zugewinngemeinschaft erhöht sich der gesetzliche Erbteil des überlebenden Ehegatten pauschal um ein Viertel als Ausgleich für den Zugewinn. Neben Erben der ersten Ordnung (Abkömmlinge/Kinder) beträgt der gesetzliche Erbteil des 112

Ehegatten nach § 1931 Abs. 1 BGB ein Viertel. Durch den pauschalen Zugewinnausgleich erhöht sich dieser Anteil auf die Hälfte ($^1/_4 + ^1/_4 = ^1/_2$) des Nachlasses. Der verbleibende Anteil (1/2) steht den Erben der ersten Ordnung zu, wobei die beiden Kinder nach Kopfteilen erben (§ 1924 BGB). Jedes Kind hätte daher gesetzlich Anspruch auf ein Viertel des Nachlasses. Der Pflichtteil beträgt die Hälfte des gesetzlichen Erbteils (§ 2303 Abs. 1 S. 2 BGB).

113 Pflichtteilsquote der Kinder pro Kind: 1/8.

114 Diese Quote wird sowohl für den ordentlichen Pflichtteil aus dem realen Nachlass als auch für den Pflichtteilsergänzungsanspruch aus der Schenkung zugrunde gelegt.

4. Die Rechtsnatur von Zuwendungen im ehelichen Verhältnis und der Lebensversicherung

115 Die rechtliche Einordnung der Zahlungen für die Lebensversicherung während der Ehezeit und/oder der Einräumung des Bezugsrechts ist entscheidend, um festzustellen, ob eine ergänzungspflichtige Schenkung im Sinne des § 2325 BGB vorliegt, dh Einräumung des Bezugsrechts bzw. bei der Fallvariante die Bezahlung der Prämien nach unwiderruflicher Einräumung des Bezugsrechts.

116 Es ist zunächst zu prüfen, ob die Zuwendung der Todesfallleistung unentgeltlich erfolgte oder ob sie einer rechtlichen oder sittlichen Verpflichtung, oder einfach Beitrag aus der ehelichen Verpflichtung zur Rechnung der Lebenskosten wegen Kindererziehung aus der Ehe entsprang.

117 a) **Qualifikation als Schenkung vs. Ehepflicht.** E war EP zur ehelichen Lebensgemeinschaft, Beistand und Fürsorge verpflichtet, § 1353 Abs 1 S. 2 BGB. Diese Verpflichtungen umfassen auch den gegenseitigen Unterhalt und die Vorsorge.

118 *Klingelhöffer* vertritt die Auffassung, dass die Einräumung eines Bezugsrechts aus § 1353 BGB geschuldet sein könnte, insbesondere im Hinblick auf die Witwenabsicherung und die geringe eigene Rente der EP. Im Familienrecht wird zwischen Schenkungen und sogenannten ehebedingten Zuwendungen unterschieden, was für das Erbrecht nicht zwingend ist. Im Kontext des Erbrechts und des Pflichtteilsergänzungsanspruchs ist jedoch primär die objektive Unentgeltlichkeit der Zuwendung relevant. Sobald eine Zuwendung das gesetzlich oder sittlich geschuldete Maß des Unterhalts, § 1360 BGB, oder einer Anstandsschenkung, § 2330 BGB, deutlich übersteigt, wird sie als freigiebige Zuwendung (Schenkung) eingestuft, selbst wenn sie ehebedingt motiviert war. Die Einräumung des Bezugsrechts ist als eine unentgeltliche Zuwendung und damit als Schenkung im Valutaverhältnis zwischen E und Begünstigtem zu werten, ist also unter dem Blickwandel von Pflichtteilsergänzungsansprüchen schlecht.

119 b) **Prämienzahlungen nach Einräumung des Bezugsrechts.** Die steuerrechtliche Perspektive des BFH betrachtet die Zahlung von Versicherungsprämien durch einen Dritten als selbständige, der Schenkungsteuer unterliegende freigebige Zuwendung. Für die erbrechtliche Pflichtteilsergänzung ist zwar nicht die Prämienzahlung als solche, sondern die schlussendliche, endgültige Zuwendung der Todesfallleistung entscheidend. Dies gilt aber wohl nicht bei einer Zuwendung des Bezugsrechts mit weiteren Prämienzahlungen. Es gibt dazu keine Rechtsprechung. Ist die Gesamtsumme der Verkehrswert zum Todestag oder die Summe zum Zeitpunkt der unwiderruflichen Bezugsrechtseinräumung zuzüglich der Prämienzahlungen maßgeblich. Es wird diesseits die letzte Auffassung vertreten. Diese Auffassung vertritt auch von Herrler in ZEV 2010, 333, 337. Der Wert der Versicherung wird ebenfalls hinzugerechnet.[35]

5. Zeitpunkt der Vollziehung der Schenkung

120 Die entscheidende Frage für die Anwendung des § 2325 BGB ist, wann die Schenkung als vollzogen gilt.

---

[35] Damrau/Tanck/Riedel BGB § 2325 Rn. 148.

a) **widerrufliches Bezugsrecht.** Die Schenkung wird in der letzten Sekunde des Lebens des Versicherungsnehmers vollzogen. 121

b) **unwiderrufliches Bezugsrecht.** Die Schenkung wird in dem Zeitpunkt der Einräumung des Bezugsrechts vollzogen. 122

6. Pflichtteilsergänzungsanspruch bei Ehegattenzuwendungen und Bewertung der Lebensversicherung

Die Qualifikation der Einräumung des Bezugsrechts als Schenkung führt zur Anwendung der Vorschriften des Pflichtteilsergänzungsrechts, insbesondere in Bezug auf die Bewertung und die Anwendung der Zehnjahresfrist und Abschmelzung bzw. keine Zehnjahresfrist und eine Abschmelzung bei Ehegattenschenkung. 123

a) **Keine Abschmelzung bei Schenkungen unter Ehegatten.** Grundsätzlich wird der Wert einer Schenkung, die mehr als ein Jahr vor dem Erbfall erfolgte, jährlich um 10 % reduziert (Abschmelzungsmodell, § 2325 Abs 3 BGB). 124

Bei Schenkungen an den Ehegatten greift jedoch die Sonderregelung: Die Zehnjahresfrist beginnt nicht zu laufen, solange die Ehe fortbesteht und die Schenkung vollzogen ist. Die Frist beginnt erst mit der Auflösung der Ehe (zB durch Scheidung oder Tod). Da die Ehe im vorliegenden Fall durch den Tod des E aufgelöst wurde, gilt die Schenkung an die EP als nicht verfristet. Sie wird, unabhängig vom Zeitpunkt der Prämienzahlungen oder der Bestimmung des Bezugsrechts, zu 100 % in die Berechnung des fiktiven Nachlasses einbezogen. 125

Fallvariante: Einräumung des unwiderruflichen Bezugsrechts vor der Geburt der Abkömmlinge 126

b) **Aufgabe der Doppelberechtigungstheorie.** Die Kernfrage, ob die Schenkung an die EP dennoch pflichtteilsergänzungsfest sein könnte, weil die Kinder im Zeitpunkt der Schenkung (unwiderrufliches Bezugsrecht) noch nicht pflichtteilsberechtigt waren, ist nach BGH, IV ZR 250/11, nicht mehr relevant. Der BGH hat seine Rechtsprechung explizit aufgegeben, die eine Pflichtteilsberechtigung sowohl zum Zeitpunkt der Schenkung als auch zum Zeitpunkt des Erbfalls forderte. Die aktuelle Rechtsauffassung stellt klar, dass der Pflichtteilsergänzungsanspruch nach § 2325 Abs. 1 BGB nicht voraussetzt, dass die Pflichtteilsberechtigung bereits zum Zeitpunkt der Schenkung bestand. 127

Diese Änderung stärkt den Schutz der Pflichtteilsberechtigten, insbesondere der Abkömmlinge, da sie Vermögensentziehungen, die bereits vor ihrer Geburt oder vor dem Entstehen ihrer Pflichtteilsberechtigung erfolgten, erfolgreich angreifen können. Eine pflichtteilsergänzungsfeste Ehegattenschenkung gibt es nicht. Vereinbarungen die von den Eheleuten in Bezug auf Vermögensabsicherung der Abkömmlinge des erziehenden Ehepartners getroffen werden, müssen daher diesbezüglich geprüft werden. Pflichtteilsergänzungsfest dürften Zahlungen für eine Versicherungen des kindererziehenden Ehepartners sein. Die Übertragung einer bestehenden Versicherung ist dagegen kritisch. 128

c) **Bewertung der Lebensversicherung für den Pflichtteilsergänzungsanspruch.** Die Bewertung des Zuwendungswerts im Todesfall ist der Verkehrswert (meistens Rückkaufswert bzw. ermittelter Wert). 129

d) **Berücksichtigung der Einkommensteuer auf die Auszahlung.** Die Frage ist, ob die Steuer von 50.000 EUR im Fall 1. Fall den Wert der ergänzungspflichtigen Schenkung mindert, nach diesseitiger Auffassung, ja. Die Gegenmeinung lautet: Der Pflichtteilsergänzungsanspruch berechnet sich nach dem Wert, den der E seinem Nachlass entzogen hat (Rückkaufswert: 450.000 EUR). Die Einkommensteuer entsteht erst beim Bezugsberechtigten durch den Zufluss der Todesfallleistung, da die Erträge aus der Kapitallebensversicherung steuerpflichtig sind (§ 20 Abs. 1 Nr. 6 EstG). 130

Steuerliche Belastungen, die den Erwerber betreffen (Einkommensteuer auf den Erwerb), sind keine Nachlassverbindlichkeiten im Sinne des Erbrechts und mindern daher weder den Nachlasswert für den ordentlichen Pflichtteil noch den Wert der Schenkung für den Pflichtteilsergänzungsanspruch. Die Einkommensteuer mindert den 131

Wert, den die EP letztlich erhält, hat aber keinen Einfluss auf den Verkehrswert (Rückkaufswert) der Rechte, die der E vor seinem Tod noch in seinem Vermögen hatte. Folglich bleibt die Einkommensteuer von 50.000 EUR für die erbrechtliche Bewertung des Ergänzungswerts unberücksichtigt. Diese Rechtsauffassung wird nicht geteilt, da auch der Rückkaufswert der Kapitalertragsteuer unterliegt.

7. Anwendung auf den Ausgangsfall und Berechnung der Pflichtteilsansprüche der Kinder

132 Die Abkömmlinge haben einen Anspruch auf den ordentlichen Pflichtteil und aufgrund der Schenkung zusätzlich einen Pflichtteilsergänzungsanspruch.

133 a) **Berechnung des ordentlichen Pflichtteils, § 2303 BGB.** Der ordentliche Pflichtteil basiert auf dem reinen Aktivnachlass im Todeszeitpunkt.

- Reiner Nachlasswert: 300.000 EUR
- Ordentlicher Pflichtteil pro Kind (1/8) = 37.500 EUR

134 b) **Berechnung des Pflichtteilsergänzungsanspruchs, § 2325 BGB.** Der Pflichtteilsergänzungsanspruch basiert auf dem fiktiven Nachlass, der durch die ergänzungspflichtige Schenkung erhöht wird.

- Ergänzungswert der Schenkung:
  Der Verkehrswert von 450.000 EUR unter Berücksichtigung der latenten Steuerlast wird zu 100 % in die Ergänzung einbezogen.
- Pflichtteilsergänzungsanspruch pro Kind (1/8) aus 400.000 EUR = 50.000 EUR

135 c) **Gesamtanspruch der Kinder.** Der Gesamtpflichtteilsanspruch setzt sich aus dem ordentlichen Pflichtteil und dem Pflichtteilsergänzungsanspruch zusammen.

- Fiktiver Gesamtpflichtteil pro Kind:
  37.500 EUR + 50.000 EUR = 87.500 EUR
- Gesamtforderung der Kinder:
  Da die Kinder enterbt sind und keinen Erbteil erhalten, besteht der Gesamtanspruch in voller Höhe
  Gesamtforderung: 175.000 EUR

136 Die Alleinerbin EP schuldet den beiden enterbten Kindern insgesamt 175.000 EUR, wobei ein Teil aus dem realen Nachlass (75.000 EUR) und ein Teil aus dem Wert der Lebensversicherung (100.000 EUR) stammt.

8. Die juristische Aufarbeitung der Ehegattenschenkung

137 Drei Aspekte der Ehegattenschenkung im Pflichtteilsrecht sind relevant: die Nichtanwendung der Zehnjahresfrist, die Abschmelzung und die Qualifikation der Zuwendung als Schenkung.

138 a) **Die unbedingte Ergänzungspflicht der Ehegattenschenkung.** Die Regelung des § 2325 Abs. 3 BGB, wonach die Zehnjahresfrist bei Schenkungen an den Ehegatten nicht beginnt, solange die Ehe besteht, ist eine strenge Schutzbestimmung zugunsten der Pflichtteilsberechtigten. Dies bedeutet, dass selbst Schenkungen, die Jahrzehnte zurückliegen, zu 100 % in die Berechnung einfließen, solange die Ehe nicht geschieden wurde.

139 Die Versorgungsabsicht des E, die durch die Lebensversicherung ausgedrückt wird, muss daher den strengen Anforderungen des Pflichtteilsrechts weichen, was für die Alleinerbin EP eine Belastung von 175.000 EUR bedeutet, trotz niedriger eigener Versorgungsansprüche.

140 b) **Relevanz der ehelichen Pflichten, § 1353 BGB.** Obwohl der BGH ehebedingte Zuwendungen im Familienrecht anerkennt, wird deren familienrechtliche Motivation (wie die Förderung der ehelichen Gemeinschaft) im Erbrecht irrelevant, sobald die Zuwendung objektiv unentgeltlich ist und das gebotene Maß übersteigt. Die Berufung auf § 1353 BGB, die eheliche Lebensgemeinschaft, zur Vermeidung der Schenkungs-

einstufung, wie in der Literatur diskutiert, wird bei hohen Vermögensübertragungen nicht greifen, da der freigebige Charakter die familienrechtliche Motivation dominiert. Bei der Planung wäre eine eigene Lebensversicherung für den kindererziehenden Ehepartner die bessere Lösung gewesen.

c) **Schutz der später geborenen Kinder.** Die Aufgabe der sogenannten Doppelberechtigungstheorie durch den BGH im Jahr 2012 hat die Möglichkeit, Schenkungen aus zeitlichen Gründen von der Pflichtteilsergänzung auszunehmen, weitgehend eliminiert. Die Rechtsprechung schützt Kinder umfassend, indem sie klargestellt hat, dass es für ihren Pflichtteilsergänzungsanspruch unerheblich ist, ob sie zum Zeitpunkt der Schenkung bereits geboren waren. Diese Entwicklung ist ein Ausdruck des rechtspolitischen Willens, den Pflichtteilsschutz der Abkömmlinge zu maximieren und die Gestaltungsfreiheit des Erblassers einzuschränken. 141

d) **Steuerliche Abgrenzung in der Bewertung.** Die Einkommensteuerbelastung in Höhe von 50.000 EUR auf die Auszahlung der Versicherungssumme stellt eine steuerliche Last dar, die direkt die EP betrifft. Das deutsche Erbrecht ist in der Bestimmung des Pflichtteilswerts streng. Die fiktive Nachlassberechnung zielt darauf ab, den Wert zu ermitteln, der dem Nachlass entzogen wurde. 142

Die Einkommensteuer, die auf den Ertrag der Versicherung entfällt, entsteht erst in der Person des Begünstigten im Rahmen der Auszahlung des Kapitals. Dies ist unzutreffend. Sie stellt weder eine Schuld des E noch eine Nachlassverbindlichkeit im Sinne des § 1967 BGB dar. Folglich wurde der Pflichtteilsergänzungsanspruch der Kinder auf Basis des vollen Rückkaufswertes (450.000 EUR) berechnet, ohne Abzug dieser steuerlichen Belastung der EP. Dies ist jedoch falsch. Auch bei der Ausübung des Rückkaufswerts fällt Einkommensteuer an, die zu berücksichtigen ist. 143

9. Zusammenfassende Rechtsfolgen

a) **Die Analyse des Ausgangsfalls führt zu folgenden rechtlichen Schlussfolgerungen:**

- Rechtsnatur der Zuwendung: Die unwiderrufliche Entstehung des Anspruchs der EP auf die Todesfallleistung der Lebensversicherung im Todesfall des E ist als ergänzungspflichtige Schenkung im Sinne des § 2325 BGB zu qualifizieren, da sie objektiv unentgeltlich ist und über die ehelichen Pflichten hinausgeht. 144
- Bewertung: Der Wert der Schenkung richtet sich nach dem Rückkaufswert der Kapitallebensversicherung im Todeszeitpunkt (450.000 EUR), gemäß der aktuellen Rechtsprechung des BGH (Entziehungswerttheorie) unter Berücksichtigung der latenten Steuerlast.
- Zehnjahresfrist: Die Schenkung ist zu 100 % ergänzungspflichtig, da die Zehnjahresfrist bei Schenkungen unter Ehegatten während des Bestehens der Ehe nicht läuft.

b) **Empfehlungen für die Nachlassgestaltung.** Der Anfall von Pflichtteilsergänzungsansprüchen, die aus der Lebensversicherung resultieren, zeigt dass die Sicherungsabsicht des Erblassers für seinen EP durch die Pflichtteilsergänzungsansprüche durchkreuzt wird. 145

Für die Gestaltungen zur Sicherung des überlebenden Ehegatten gegenüber Pflichtteilsergänzungsansprüchen werden folgende Maßnahmen empfohlen: 146

- Über-Kreuz-Versicherung (Cross-Insurance): Um die Lebensversicherungsleistung vollständig aus dem erbrechtlichen Zugriff zu nehmen, sollte die EP die Versicherungsnehmerin und Beitragszahlerin und der E die versicherte Person sein. In diesem Fall fällt die Auszahlung der Todesfallleistung nicht in den Nachlass oder den Pflichtteilsergänzungswert des E, da sie von der EP auf eigene Rechnung erworben wurde.
- Risikolebensversicherung vs. Kapitallebensversicherung: Bei reinen Risikolebensversicherungen, die keinen Rückkaufswert aufbauen, unterliegt die Auszahlung oft nicht der Pflichtteilsergänzung, da der Erblasser keinen nennenswerten Entziehungswert besaß.
- Eine eigene Lebensversicherung für den EP abschließen.

– Abschluss einer verbundenen Lebensversicherung.
– Versicherungsnehmerwechsel als einen geringeren Pflichtteilsergänzungsanspruch auslösendes Gestaltungsmittel.

VII. Riester-Rente

147 Bei der Riester-Rente ist zu differenzieren, ob ein Ehepartner oder ein Dritter die Ansprüche erhält. Erwirbt der Erbe oder ein Dritter Ansprüche aufgrund der Riester-Rente, ist die Forderung gem. § 93 Abs. 1 S. 5 EStG zurückzugewähren. Die Rückforderung reduziert den Nachlass. Den Rückforderungsanspruch muss der Pflichtteilsberechtigte sowohl gem. § 2311 BGB als auch gem. §§ 2325, 2329 BGB gegen sich gelten lassen. Aus § 93 Abs. 1 S. 1 EStG und § 93 Abs. 1 S. 5 EStG wird deutlich, dass der Gesetzgeber den erbrechtlich Berechtigten nicht deren Anspruch auf das private Altersvorsorgekapital nehmen, sondern nur die steuerliche Förderung rückgängig machen will.

148 Die Ausnahme des § 93 Abs. 1 S. 6 EStG macht in der Praxis den größten Teil der Fälle aus, da der Ehegatte die Altersvorsorgeberechtigung z. B. durch einen Vertrag zugunsten Dritter oder durch Vertragsübernahme eines Rentenversicherungsvertrages übertragen bekommt und somit gem. § 93 Abs. 1 S. 6 EStG die staatliche Förderung bestehen bleibt.

149 Ob der Ehegatte als Erbe gem. § 1922 BGB oder aufgrund eines lebzeitigen Vertrages erwirbt, ist für die Anwendung des § 93 Abs. 1 S. 6 EStG unerheblich. Bei der Berechnung der pflichtteilsrechtlichen Auswirkungen sind dieselben Grundsätze anzuwenden wie bei einer kapitalbildenden Lebensversicherung. Fallen Ansprüche aufgrund eines Rentenversicherungsvertrages an, der unter § 1 Abs. 1 Nr. 6 AltZertG fällt, ist davon auszugehen, dass ein Vertrag zugunsten Dritter auf den Todesfall gem. § 328 BGB vorliegt. Bei diesem kommt eine Pflichtteilsergänzung gem. §§ 2325 ff. BGB in Betracht. Bei einer Vertragsübernahme ist hingegen das Altersvorsorgekapital am Stichtag des § 2311 BGB Nachlassbestandteil gewesen und ist damit bei der Berechnung des Pflichtteilsanspruchs zu berücksichtigen.

150 Es ist im Gegensatz zu einer kapitalbildenden Lebensversicherung nicht zu differenzieren. Die Altersvorsorgeleistung besteht aus dem Spar- und Zinsanteil, der aus den Beiträgen des Erblassers stammt, zuzüglich des Förderanteils des Staates. Für Letzteren legt § 93 Abs. 1 S. 1 EStG fest, dass eine Zuweisung dieser Leistungen außerhalb des Ausnahmefalls des § 93 Abs. 1 S. 6 EStG zugunsten des Ehegatten nicht gewährt werden soll. Eine Pflichtteilsergänzung aus dem Förderteil widerspricht nicht dem Sinn und Zweck des § 93 EStG. Die Fördermittel waren dem Erblasser unter der gesetzlichen Bedingung zugewandt, dass sie zu seiner bzw. zur Altersvorsorge seines Ehegatten verwandt werden. Dieses Gesamtpaket wird zugewendet. Durch die Notwendigkeit der Rückzahlung bei einem Bezugsrecht eines Dritten entfällt praktisch der Anspruch auf Pflichtteilsergänzung, da eine Bereicherung des Nachlasses insoweit nicht mehr vorliegt.

§ 9 Testamentsvollstreckung

Übersicht

I. Zweck der Testamentsvollstreckung

Sowohl für das Versicherungsunternehmen als auch für einen Bezugsberechtigten und für einen Erben, bei welchem die Versicherungsleistung in den Nachlass fällt, hat eine Testamentsvollstreckung Auswirkungen. 1

Fall:

Erblasser E war Versicherungsnehmer und versicherte Person einer kapitalbildenden Lebensversicherung. E hat einem seiner Abkömmlinge ein Bezugsrecht eingeräumt, welches widerruflich (Abwandlung: unwiderruflich) ist. E hat für seinen Nachlass Abwicklungstestamentsvollstreckung angeordnet.

Fragen:

1. Kann bzw. muss der Testamentsvollstrecker das Bezugsrecht widerrufen? (Lösung → Rn. 50)
2. Muss das Versicherungsunternehmen einen Widerruf des Bezugsrechts durch den Testamentsvollstrecker beachten und wenn ja, was ist dabei zu beachten? (Lösung → Rn. 43)
3. Kann ein Miterbe/Alleinerbe trotz angeordneter Testamentsvollstreckung einen wirksamen Widerruf des Bezugsrechts veranlassen? (Lösung → Rn. 53)

2 Die Testamentsvollstreckung ist ein Instrument zur Planung der Erbfolge. Mit ihr erhält der Erblasser die Möglichkeit, über seinen Tod hinaus Einfluss auf den Verbleib seines Vermögens und damit mittelbar auf das Schicksal seiner Angehörigen zu nehmen. Dies geschieht durch Anweisungen, die er dem Testamentsvollstrecker zur Verwaltung des Nachlasses gibt.[1] Aus diesem Grund sind Formulierungen in letztwilligen Verfügungen, wonach lediglich Testamentsvollstreckung angeordnet wird, wenig hilfreich, da der Aufgabenbereich nicht fixiert wurde. Für die Anordnung der Testamentsvollstreckung kann es ganz unterschiedliche Motive geben[2] – ehrenhafte und weniger ehrenhafte. Es ist auch nicht falsch, die Testamentsvollstreckung als „Herrschaft der Toten über die Lebenden" zu bezeichnen,[3] was freilich gute Gründe haben kann, durchaus nicht nur die – verständliche – Absicht, das während eines langen Lebens mühsam erarbeitete Vermögen zusammenzuhalten. Dass es dabei zu Interessenskonflikten insbesondere mit den Erben kommen kann,[4] muss in Kauf genommen werden. Durch ein Testament mit Testamentsvollstreckung kann zudem der Konfliktstoff zwischen mehreren Erben verringert werden.

3 Nachfolgende Ausführungen (→ Rn. 5–36) kann der „versierte Erbrechtler" überfliegen. Für Estate Planer und die Versicherungswirtschaft jedoch ermöglichen sie einen Einblick in die Rechtsfolgen der Testamentsvollstreckung.

II. Arten und Ausgestaltung der Testamentsvollstreckung

4 Zu Recht wird darauf hingewiesen,[5] dass allein die Ziele, die der Erblasser verfolgt, darüber entscheiden, **wie** eine Testamentsvollstreckung ausgestaltet wird. Das Gesetz lässt ihm dazu fast alle Freiheiten. Eine Testamentsvollstreckung kann sich beziehen auf

- den gesamten Nachlass,
- nur auf einen Teil des Nachlasses,
- einzelne Nachlassgegenstände.
- auf einzelne Personen.

5 Im Wesentlichen wird unterschieden zwischen der

- **Abwicklungsvollstreckung** (Regelfall; §§ 2203, 2204 BGB; → Rn. 22) und
- **Dauertestamentsvollstreckung** (§ 2209 S. 1 Hs. 2 BGB; → Rn. 23 ff.).

6 Die Erben sind von der Verwaltung des Nachlasses in allen Bezügen **ausgeschlossen,** sie können insbesondere nicht über die Rechte, die aus ihrem Erbteil erwachsen, verfügen, weil allein der **Testamentsvollstrecker verfügungsbefugt** ist.

Praxistipp:

Damit entfallen die Probleme der **Miterbengemeinschaft,** bei der es leicht zur Immobilität kommt, wenn sich nur ein Miterbe querstellt. Aus der Sicht der Versicherungsgesellschaft ist eine Testamentsvollstreckung bei Vorliegen einer Erbengemeinschaft vorteilhaft.

7 Der Testamentsvollstrecker ist allein den Weisungen des Erblassers unterworfen. Der oder die Erben haben keine Möglichkeit, den Testamentsvollstrecker, der seine Aufgaben ordnungsgemäß erfüllt, abzuberufen. Nur „grobe Pflichtverletzung oder Unfähigkeit" (§ 2227 Abs. 1 BGB) können das Nachlassgericht veranlassen, den Testamentsvollstrecker gegen seinen Willen abzulösen. Ansonsten können die Erben, wenn sie der „Kuratel"[6] entgehen wollen, die Erbschaft **ausschlagen** und den Pflichtteil geltend

[1] Mayer/Bonefeld/Tanck Testamentsvollstreckung-HdB/Kroiß § 9 Rn. 1.
[2] Bengel/Reimann/TV-HdB/Holtz § 1 Rn. 5 ff.
[3] Ebenroth Erbrecht, Rn. 623.
[4] Schäfer/Giesberts BuB 11/71 f.
[5] Mayer/Bonefeld/Tanck Testamentsvollstreckung-HdB/Mayer/Bonefeld § 2 Rn. 4.
[6] Zimmermann TV-HdB Rn. 48.

machen, falls sie zum Kreis der Pflichtteilsberechtigten zählen (§§ 2303, 2306 Abs. 1 S. 1 BGB). Wird ein Miterbe zum Testamentsvollstrecker bestimmt, so erhält er eine bevorzugte Stellung.[7]

Während der Dauer der Testamentsvollstreckung dürfen die Eigengläubiger der Erben in den Nachlass, der ein Sondervermögen bildet,[8] nicht vollstrecken. Das kann ein dauerhafter Schutz gegen Zwangsvollstreckung sein,[9] wenn der Erblasser die Auseinandersetzung – ganz oder teilweise – ausgeschlossen hat (§ 2044 Abs. 1 BGB). 8

Ist ein Miterbe **minderjährig, geschäftsunfähig** oder steht er unter **Betreuung,** so ist der Testamentsvollstrecker in seiner Verfügungsmacht nicht beschränkt. Anders als die Eltern benötigt er auch für die Geschäfte der §§ 1821 f. BGB keine Genehmigung des Betreuungs- bzw. Familiengerichts, weil der Minderjährige durch die Testamentsvollstreckung als ausreichend geschützt gilt.[10] Gerade bei Nachlässen, bei welchen Minderjährige beteiligt sind, ist die angeordnete Testamentsvollstreckung ein Vorteil. 9

III. Anordnungen des Erblassers

1. Allgemein

Um diese Ziele zu verwirklichen, muss der (künftige) Erblasser ein Testament[11] errichten und darin Testamentsvollstreckung anordnen. Diese Anordnung kann der Erblasser nur selbst vornehmen.[12] Hingegen kann er die **Auswahl** des Testamentsvollstreckers einem Dritten überlassen (§ 2198 Abs. 1 S. 1 BGB). Bestimmte Worte müssen dazu nicht benutzt werden;[13] doch muss sich aus dem Zusammenhang ergeben, dass der Benannte den Nachlass oder Teile davon nach eigenem Ermessen verwalten soll.[14] Es ist zu prüfen, ob eine explizit angeordnete Testamentsvollstreckung überhaupt als Testamentsvollstreckung angesehen werden kann, wenn die Aufgabe des Testamentsvollstreckers nur in der Herausgabe des Nachlasses an die Erben besteht. 10

Die Anordnung der Testamentsvollstreckung kann sich nur auf den **Nachlass** beziehen, dh nicht auf Verträge zugunsten Dritter auf den Todesfall. 11

Praxistipp:

Die Anordnung der Testamentsvollstreckung ist somit folgenlos bei **Lebensversicherungen,** soweit es sich um **Verträge zugunsten Dritter** handelt, weil die Zuwendung außerhalb des Nachlasses erfolgt und daher nicht von der Testamentsvollstreckung erfasst wird.

2. Anweisungen zur Amtsführung

In erster Linie hat sich der Testamentsvollstrecker nach den bindenden Anweisungen des Erblassers zu richten.[15] Solche Verwaltungsanordnungen sind Richtlinien für den Testamentsvollstrecker.[16] Verstößt er gegen sie, so macht er sich schadensersatzpflichtig und riskiert gar die Entlassung aus dem Amt. 12

[7] KrMayer/Bonefeld/Tanck Testamentsvollstreckung-HdB/Kroiß § 5 Rn. 38.
[8] BGHZ 48, 214.
[9] Kössinger/Najdecki/Zintl Testamentsgestaltung-HdB/R. Kössinger/Zintl § 15 Rn. 87.
[10] BayObLG FamRZ 1992, 604; Zimmermann TV-HdB Rn. 413.
[11] Die Anordnung durch Rechtsgeschäft unter Lebenden ist nicht möglich, Mayer/Bonefeld/Tanck Testamentsvollstreckung-HdB/Mayer/Kroiß § 4 Rn. 4.
[12] Soergel/Damrau BGB § 2197 Rn. 2.
[13] Zimmermann TV-HdB Rn. 16b.
[14] BGH 5.10.2000 – III ZR 240/99, NJW 2000, 3781 = ZEV 2001, 28: Die Erblasserin hatte erklärt, ein bestimmter Makler solle „nach ihrem Tode das Grundstück veräußern". Der Makler wurde zum Testamentsvollstrecker ernannt.
[15] Soergel/Damrau BGB § 2216 Rn. 7.
[16] BayObLG NJW 1976, 1692.

13 **Wünsche, Hoffnungen und Bitten** des Erblassers binden ihn allerdings so wenig wie der Wille des oder der Erben.[17] Gleiches gilt für – auch schriftliche – Anweisungen, die sich nicht im Testament selbst finden.

IV. Rechte und Pflichten des Testamentsvollstreckers

1. Amtsführung des Testamentsvollstreckers

14 a) **Rechtsstellung; Verhältnis zu den Erben.** Der Testamentsvollstrecker ist Inhaber eines **privaten Amtes** und hat die Stellung eines **Treuhänders.**[18] Er handelt fremdnützig, ohne jedoch gesetzlicher oder gewillkürter Vertreter der Erbengemeinschaft zu sein.[19] Soweit der Erblasser ihn nicht ausdrücklich **beschränkt** hat, stehen dem Testamentsvollstrecker alle Rechte zu, die sonst der Alleinerbe hätte. **Untersagt** sind ihm unentgeltliche und nicht vollentgeltliche Geschäfte (§ 2205 S. 3 BGB). Wünscht der Erblasser Zuwendungen, hat er dies in der Form von Vermächtnissen anzuordnen, die dann der Testamentsvollstrecker erfüllt. Hiervon kann der Erblasser den Testamentsvollstrecker nicht befreien (§ 2207 S. 2 BGB). **Insichgeschäfte** sind dem Testamentsvollstrecker dem Grunde nach untersagt, weil § 181 BGB mindestens analog anwendbar ist.[20] Allerdings kann der Erblasser ihn hiervon befreien.

15 Zwischen dem Testamentsvollstrecker und dem Erben besteht ein **gesetzliches Schuldverhältnis eigener Art,** kein Vertragsverhältnis.[21] Auf seine Unabhängigkeit gegenüber den Erben darf der Testamentsvollstrecker nicht verzichten. Allerdings hat er sie wie ein Beauftragter zu unterrichten (§§ 2218 Abs. 1, 666 BGB), ihnen Auskunft zu erteilen und ihnen – bei länger dauernder Verwaltung – Rechnung zu legen (§ 2218 Abs. 2 BGB).[22]

16 b) **Freigabe von Nachlassgegenständen.** Der Testamentsvollstrecker hat Versicherungsleistungen, deren er zur Erfüllung seiner Aufgaben „offenbar" nicht bedarf, dem Erben zu überlassen (§ 2217 Abs. 1 S. 1 BGB).

17 c) **Auskehr von Erträgen.** Der Testamentsvollstrecker hat auch die **Nutzungen** (Zinsen, Dividenden ua) in seinem Besitz zu halten,[23] weil sie zum Nachlass gehören. Herausgabe der Nutzungen kann der Erbe nur verlangen, soweit dies einer „ordnungsgemäßen Verwaltung" entspricht (§ 2216 Abs. 1 BGB).[24] Dazu kann es erforderlich sein, Rücklagen zu bilden und Investitionen zu ermöglichen.[25] Soweit die Mittel nicht auf diese Weise gebunden werden, haben die Erben Anspruch auf Auskehr der Erträge, die sie für ihren Lebensunterhalt benötigen, auch wenn der Erblasser dies nicht ausdrücklich festgelegt hat.[26] Außerdem können die Erben diejenigen finanziellen Mittel erwarten, die erforderlich sind, um ihren Steuerpflichten nachkommen zu können.[27]

2. Aufgaben des Testamentsvollstreckers

18 Die Aufgaben richten sich wiederum nach den Anweisungen des Erblassers. Hat dieser keine besonderen Anordnungen getroffen, so gestalten sich die Aufgaben des Testamentsvollstreckers unterschiedlich bei der Abwicklungs- bzw. Verwaltungsvollstreckung.

---

[17] Winkler TV Rn. 122.
[18] BGH ZEV 2001, 28 mwN; str., vgl. Mayer/Bonefeld/Tanck TV-HdB/Mayer/Bonefeld § 2 Rn. 6.
[19] Werkmüller WM 2000, 1362.
[20] BGHZ 30, 67; Zimmermann TV-HdB Rn. 464.
[21] Zimmermann TV-HdB Rn. 311.
[22] Ausführlich dazu Sarres ZEV 2000, 90 ff.
[23] BGH FamRZ 1986, 900.
[24] BGH FamRZ 1988, 279; Bengel/Reimann/TV-HdB Holtz/Röhl/Zinger § 6 Rn. 189.
[25] MüKoBGB/Zimmermann § 2216 Rn. 10.
[26] Winkler TV Rn. 178.
[27] Bengel/Reimann/TV-HdB/Röhl/Zinger § 6 Rn. 190.

a) **Abwicklungsvollstreckung.** Sie ist der gesetzliche Regelfall und tritt ein, wenn der Erblasser nichts anderes bestimmt hat (§§ 2203 f. BGB).[28] Der Testamentsvollstrecker hat den Nachlass in Besitz zu nehmen. Er hat die Anordnungen des Erblassers (Vermächtnisse, Auflagen) auszuführen. Außerdem hat der Testamentsvollstrecker die **Auseinandersetzung** vorzunehmen, entweder nach den Weisungen des Erblassers oder nach den gesetzlichen Vorschriften.[29] Die Auseinandersetzung kann auch im Einvernehmen mit den Erben vorgenommen werden. Dabei wird er Vorkehrungen treffen, dass Pflichtteilsansprüche erfüllt werden können, und er wird § 2318 BGB berücksichtigen, wonach Vermächtnisnehmer und Auflagenbegünstigte, wenn der Erblasser nichts anderes bestimmt hat, die Pflichtteilslasten anteilig mitzutragen haben.[30] Bei der Aufteilung des Auseinandersetzungsguthabens hat er ausgleichspflichtige Vorempfänge (§ 2050 BGB) zu beachten.[31] Er hat die Nachlassschulden zu begleichen und Ansprüche des Nachlasses durchzusetzen, notfalls im Klagewege.[32] Im Rahmen der ordnungsgemäßen Verwaltung darf er schuldrechtliche und dingliche Rechtsgeschäfte vornehmen.[33] Nur in diesem Rahmen darf er den Nachlass auch durch einen Darlehensvertrag verpflichten.[34] 19

b) **Verwaltungsvollstreckung.** Während die Abwicklungsvollstreckung alsbald abgeschlossen werden soll, bleibt der Nachlass bei der Verwaltungsvollstreckung mindestens teilweise unauseinandergesetzt (§ 2209 S. 1 BGB).[35] Im einen Fall beschränkt sich die Tätigkeit des Testamentsvollstreckers auf die bloße **Verwaltung** des Nachlasses oder von Nachlassteilen (§ 2209 S. 1 Hs. 1 BGB), ohne dass ihm die Regelaufgaben der §§ 2204 ff. BGB zugewiesen wären. Bei der **Dauertestamentsvollstreckung** (§ 2209 S. 1 Hs. 2 BGB) hat er zunächst die Abwicklung, sodann über einen bestimmten Zeitraum die Verwaltung vorzunehmen. Abwicklung und Verwaltung über nicht auseinandergesetzte Teile können also miteinander verknüpft werden. 20

Die Verwaltungsvollstreckung bedarf einer eindeutigen **Anordnung** durch den Erblasser.[36] Insbesondere muss bestimmt werden, was der Verwaltungsvollstreckung unterliegen soll. Sie ist im Allgemeinen auf höchstens 30 Jahre beschränkt, kann aber auch darüber hinausgehen, wenn sie bis zum Tod des Erben oder Nacherben andauern soll (§ 2210 BGB). Ob es sinnvoll ist, den Nachlass und den Testamentsvollstrecker derart lange einzubinden, ist eine andere Frage. Eine sehr lange Testamentsvollstreckung ist notwendig, wenn der Testamentsvollstrecker die Aufgabe hat, erbrechtliche Beteiligungen bei Handicap- bzw. Bedürftigentestamenten wahrzunehmen. In derartigen Fällen kann eine Testamentsvollstreckung auch deutlich länger als 30 Jahre andauern. 21

V. Testamentsvollstreckerzeugnis

1. Zeugniserteilung

Der Testamentsvollstrecker muss das Amt angenommen haben, um einen Antrag auf Erteilung eines Testamentsvollstreckerzeugnisses stellen zu können. Auf Antrag erteilt der Nachlassrichter dem Testamentsvollstrecker ein **Zeugnis** (§ 2368 BGB), auf das die Vorschriften über den Erbschein (teilweise) entsprechende Anwendung finden.[37] 22

---

28 Mayer/Bonefeld/Tanck TV-HdB/Mayer/Bonefeld § 3 Rn. 2.
29 Mayer/Bonefeld/Tanck TV-HdB/Mayer/Bonefeld § 3 Rn. 2.
30 Soergel/Dieckmann BGB § 2318 Rn. 2.
31 Grüneberg/Weidlich § 2050 Rn. 1 ff.
32 Schäfer/Giesberts BuB 11/121.
33 Zimmermann TV-HdB Rn. 392 ff.
34 Staudinger/Reimann BGB § 2206 Rn. 8.
35 Der Begriff ist weitgehend identisch mit der „Dauervollstreckung", vgl. Zimmermann TV-HdB Rn. 150.
36 Zimmermann TV-HdB Rn. 150.
37 Ebenroth ErbR Rn. 636.

2. Zeugnisinhalt

23 Das Nachlassgericht hat in das Zeugnis alles aufzunehmen, was von der gewöhnlichen Abwicklungsvollstreckung abweicht und Wirkung gegenüber Dritten haben könnte (§ 2368 Abs. 1 S. 2 BGB). Aus dem Zeugnis muss sich deshalb ergeben, wenn eine Verwaltungsvollstreckung angeordnet und auf einen Nachlassgegenstand beschränkt wurde und wie lange sie dauern soll (§ 2210 BGB). Der Inhalt ist somit entscheidend für die Versicherung, ob und welche Anordnung sie zu beachten hat. Wenn im Testament nur für einen Erben Dauertestamentsvollstreckung angeordnet ist, kann die Versicherung mit dem anderen Erben unmittelbar korrespondieren, während der Erbe, für den Testamentsvollstreckung angeordnet ist, nicht mit dem Versicherer korrespondieren und diesem Weisungen erteilen kann.

24 Es sind folgende Arten von Zeugnissen zu unterscheiden:[38]

1. Das **Testamentsvollstreckerzeugnis,** das insbesondere dann erteilt wird, wenn nur ein Testamentsvollstrecker vorhanden ist. Da seit dem Inkrafttreten des FamFG zum 1.9.2009 die deutschen **Nachlassgerichte** bereits immer dann auch **international** zuständig sind, wenn ihre örtliche Zuständigkeit gegeben ist (vgl. § 105 FamFG), kann abweichend zum früheren Recht auch bei Anwendbarkeit von ausländischem Erbrecht von einem deutschen Nachlassgericht ein Testamentsvollstreckerzeugnis erteilt werden, das dann Weltgeltung beansprucht.[39]
2. Das **gemeinschaftliche Testamentsvollstreckerzeugnis,** wenn mehrere Testamentsvollstrecker ernannt sind und dadurch das Recht aller bezeugt wird.
3. Das **Teil-Testamentsvollstreckerzeugnis,** wenn mehrere Testamentsvollstrecker ernannt sind, aber nur das Recht eines oder einzelner Testamentsvollstrecker bezeugt wird; auch hier sind die Mitvollstrecker anzugeben.

3. Wirkungen des Zeugnisses

25 Wie beim Erbschein wird **vermutet,** dass der in dem Zeugnis Ausgewiesene wirklich Testamentsvollstrecker geworden und nur durch die angegebenen Anordnungen beschränkt ist. Vor allem aber genießt das Zeugnis entsprechend § 2366 BGB **öffentlichen Glauben**[40] und zwar – insoweit abweichend vom Erbschein – auch auf **Verpflichtungsgeschäfte** (§ 2368 Abs. 1 S. 2 BGB). Die Folge: Enthält das Zeugnis dazu keine Beschränkung, so haftet der Erbe einem Dritten für Verpflichtungen, die der Testamentsvollstrecker namens des Nachlasses eingegangen ist, auch wenn sich das Testament später als nichtig herausstellen sollte.[41]

26 Dies bedeutet, dass die Versicherung berechtigt ist, mit dem Testamentsvollstrecker Vereinbarungen über monatliche Prämienzahlungen und die damit zusammenhängende Einzugsermächtigung bzw. Daueraufträge zu Lasten des Erben abzuschließen. Soweit der in den Nachlass fallende Versicherungsvertrag eine Änderung der monatlichen Prämien zulässt, ist hier eine Änderung vorzunehmen.

27 Soweit sich aus dem Testamentsvollstreckerzeugnis **keine Beschränkungen** ergeben, ist die Verfügungsmacht des Testamentsvollstreckers nicht begrenzt,[42] solange er nicht erkennbar rechtsmissbräuchlich handelt.[43]

VI. Haftung des Testamentsvollstreckers

28 Der Testamentsvollstrecker haftet den Erben, wenn er seine Pflichten schuldhaft verletzt und daraus ein Schaden entsteht (§ 2219 Abs. 1 BGB).[44] Dem Finanzamt kann

[38] Dazu etwa MüKoBGB/Grziwotz, § 2368 Rn. 22 ff.
[39] Dazu MüKoBGB/Grziwotz, § 2368 Rn. 27 mwN.
[40] Lange/Kuchinke ErbR S. 1041 f.
[41] Lange/Kuchinke ErbR S. 679.
[42] Lwowski/Roth, in: BuB 2/822.
[43] MüKoBGB/Zimmermann § 2205 Rn. 60.
[44] Mayer/Bonefeld/Tanck, TV-HdB/Mayer/Heindl § 20 Rn. 1 ff.

er für die Erbschaftsteuer haften (§ 69 AO). Die Pflichten werden konkretisiert durch den Willen, den der Erblasser in seinem Testament niedergelegt hat. Soweit nichts anderes bestimmt ist, haftet der Testamentsvollstrecker für Vorsatz und jede Art von Fahrlässigkeit.[45] Mehrere Testamentsvollstrecker haften als Gesamtschuldner (§ 2219 Abs. 2 BGB).

VII. Beendigung des Amtes

Das Amt endet, wenn der Testamentsvollstrecker **stirbt, geschäftsunfähig** oder für ihn ein **Betreuer** bestellt wird (§ 2225 BGB)[46] bzw. wenn er entlassen wird. Der Testamentsvollstrecker kann sein Amt **jederzeit** und ohne Angabe von Gründen **kündigen** (§ 2226 BGB).[47] Ansonsten endet das Amt mit der Erledigung aller Aufgaben[48] bzw. durch Zeitablauf. Das wird nach außen nicht dokumentiert. 29

VIII. Auskunft und Rechnungslegung durch den Testamentsvollstrecker

Auf Verlangen des oder der Erben hat der Testamentsvollstrecker Auskunft zu geben (§§ 2218 Abs. 1, 666 BGB).[49] Eine verweigerte Auskunft kann beim Prozessgericht erzwungen werden. Der Streitwert einer solchen Klage liegt zwischen 10 % und 25 % des Wertes der Hauptsache.[50] Bei länger andauernder Verwaltung hat der Testamentsvollstrecker einmal jährlich Rechnung zu legen (§ 2218 Abs. 2 BGB). Nach Beendigung ist der Testamentsvollstrecker auf Verlangen verpflichtet, Rechenschaft abzulegen. Dies geschieht durch eine Zusammenstellung von Einnahmen und Ausgaben, wobei Belege beizufügen sind (§ 259 Abs. 1 BGB). Die Aufstellung soll so gestaltet sein, dass der Erbe sie nachvollziehen kann. Besteht Grund zur Annahme, dass die Zusammenstellung nicht mit der erforderlichen Sorgfalt erstellt wurde, so kann der Testamentsvollstrecker zur eidesstattlichen Versicherung verpflichtet sein (§ 259 Abs. 2 BGB). Einen Anspruch auf **Entlastung** hat der Testamentsvollstrecker nicht, doch kann er ggf. **Klage auf Feststellung** erheben, dass dem Erben keine weiteren Ansprüche zustehen.[51] 30

IX. Kosten der Testamentsvollstreckung

Der Erblasser kann die Vergütung durch Verfügung von Todes wegen **anordnen.** Dann gilt diese Anordnung, und zwar ganz unabhängig davon, ob sie angemessen ist.[52] Die Anordnung muss in einer letztwilligen Verfügung selbst enthalten sein; mündliche oder maschinenschriftliche Vereinbarungen können als Auslegungshilfe herangezogen werden. Ist die Vergütung zu niedrig oder gar ganz ausgeschlossen, so bleibt dem Testamentsvollstrecker nur die Möglichkeit, das Amt abzulehnen oder eine Vereinbarung mit den Erben zu treffen.[53] Hat der Erblasser sie zu großzügig bemessen, so sind die Erben, die nicht kündigen können, hilflos.[54] 31

---

[45] Zimmermann TV-HdB Rn. 772.

[46] Ebenroth ErbR Rn. 637.

[47] Leipold ErbR Rn. 657.

[48] Ist dem Testamentsvollstrecker die Aufgabe zugewiesen, ein Unternehmen fortzuführen, so endet seine Tätigkeit, wenn in einem Insolvenzverfahren der Betrieb eingestellt und das Vermögen liquidiert wird, OLG Hamm 11.4.2002 – 15 W 440/00, FamRZ 2002, 1738; KG v. 9.7.2013 – 6 W 32/13.

[49] Mayer/Bonefeld/Tanck TV-HdB/Kroiß § 12 Rn. 2 ff.; Bengel/Reimann/Holtz/Röhl/Zinger, Handbuch der Testamentsvollstreckung, § 6 Rn. 87 ff.

[50] BGH NJW 1997, 1016.

[51] Mayer/Bonefeld/Tanck, TV-HdB/Bonefeld § 42 Rn. 2 ff.

[52] Zimmermann ZEV 2001, 334 ff.

[53] Bengel/Reimann/Holtz/Röhl TV-HdB/Eckelskemper/Schmitz § 12 Rn. 1; Mayer/Bonefeld, in: Mayer/Bonefeld/Tanck, TV-HdB/Mayer/Bonefeld § 21 Rn. 14.

[54] Zimmermann ZEV 2001, 334.

32 Hat der Erblasser zur Vergütung **nichts bestimmt,** so steht dem Testamentsvollstrecker eine **angemessene Gebühr** zu (§ 2221 BGB). Ist der Testamentsvollstrecker selbst Erbe oder Vermächtnisnehmer, so ist es eine Frage der **Auslegung,** ob er eine Vergütung beanspruchen kann.[55] Weder der Testamentsvollstrecker selbst noch die Erben sind berechtigt, die Vergütung **verbindlich** festzulegen, aber auch das Nachlassgericht ist zu einer verbindlichen Regelung nicht berechtigt. Letztlich legt der Testamentsvollstrecker die Vergütung nach seinem Ermessen fest, wobei er riskiert, dass das von den Erben angerufene Prozessgericht ihn korrigiert.[56] Selbst eine formelle Abrechnung ist nicht vorgesehen, der Testamentsvollstrecker muss den Erben den Betrag, den er für angemessen hält, mitteilen und dem Nachlass entnehmen.[57]

33 Die dazu entwickelten **Tabellen,** die **nicht amtlich** sind, sondern auf private Initiativen zurückgehen und die zwischenzeitlich teilweise veraltet sind, werden angezweifelt. Sie können nur Richtwerte geben, da letztlich die Aufgaben entscheiden, die der Testamentsvollstrecker zu erledigen hat. Eine **amtliche Gebührenordnung** für Testamentsvollstrecker gibt es nicht. Der Rückgriff auf die Vergütungsordnungen der Insolvenzverwalter, der Vermögensbetreuer oder Nachlasspfleger ist nicht möglich.[58]

34 Die **Höhe der Vergütung** wird aus dem **Nachlasswert** zum Todeszeitpunkt ermittelt. Es gilt der **Bruttowert** des Nachlasses; das ist der Verkehrswert, nicht etwa der Einheitswert. Dabei ist der Wert am Todestag maßgebend, doch es können spätere Veränderungen berücksichtigt werden, wenn beispielsweise nichts mehr zu verteilen ist.[59] Nachlassverbindlichkeiten sind nicht abzuziehen, weil die Regulierung der Schulden besonders aufwändig ist und eine der Hauptaufgaben des Testamentsvollstreckers darstellt.[60] Der Erblasser kann Werte, aus denen sich die Gebühren des Testamentsvollstreckers ermitteln, vorgeben.

X. Testamentsvollstreckung und Versicherungsgesellschaften

1. Der Testamentsvollstrecker und die Versicherungen des Erblassers

35 Der Testamentsvollstrecker wird zunächst festzustellen haben, bei welchen Versicherungsgesellschaften der Erblasser Versicherungsverträge hatte.

> Gesamtverband der Deutschen Versicherungswirtschaft e.V., Wilhelmstr. 43, 10117 Berlin

36 Nahezu jeder Testamentsvollstrecker wird Kontakt mit der Lebensversicherung[61] des Erblassers herstellen müssen, im Rahmen der Abwicklung des Erbfalls.

37 Denkbar sind weiterhin gleich in diesem Zusammenhang u. a. auch Anfragen nach Bausparverträgen.

> Verband der Privaten Bausparkassen e.V., Klingelhöferstr. 4, 10785 Berlin bzw. Bundesgeschäftsstelle der Landesbausparkassen, Friedrichstr. 83, 10117 Berlin

[55] Zimmermann TV-HdB Rn. 690.
[56] Haas/Lieb ZErb 2002, 202 ff.
[57] Zimmermann TV-HdB Rn. 718.
[58] Haas/Lieb ZErb 2002, 203.
[59] Zimmermann TV-HdB Rn. 699.
[60] Mayer/Bonefeld/Tanck, TV-HdB/Mayer/Bonefeld § 21 Rn. 31.
[61] Vgl. Mayer/Bonefeld/Tanck TV-HdB/Bonefeld § 29 Rn. 36.

2. Anschreiben an den Lebensversicherer

Der Testamentsvollstrecker wird also ermitteln, ob und welche Lebensversicherungsverträge vorhanden sind; ferner, ob Bezugsrechte (widerruflich bzw. unwiderruflich) vorliegen, um abzuklären, ob er diesbezüglich handeln kann bzw. muss, bzw. ob Lebensversicherungsverträge vorliegen, die in den Nachlass fallen. 38

Nachdem allerdings die Eröffnung und die Erteilung von Testamentsvollstreckerzeugnissen derzeit bei den Nachlassgerichten im Durchschnitt 2 – 6 Monate dauert, ist in den meisten Fällen ein Widerruf des Bezugsrecht schon aus diesem Grund nicht möglich. 39

Etwas schneller als die Erteilung des Testamentsvollstreckerzeugnisses ist die Ausstellung einer Annahmebestätigung, wobei diese nur sehr eingeschränkt als Legitimation anerkannt wird. 40

Muster 9.1: Anschreiben des Testamentsvollstreckers an die Lebensversicherung – Feststellung von Versicherungsverhältnissen

An die
X.........X Versicherung
X.........X (Anschrift)
Betreff: Nachlasssache
Sehr geehrte Damen und Herren,
gemäß anliegend beigefügtem Testamentsvollstreckerzeugnis wurde ich zum Testamentsvollstrecker in der Nachlasssache X.........X, Az. X.........X, Amtsgericht X.........X, berufen und bestellt.
Ich darf Sie bitten, mir mitzuteilen, ob und in welchem Umfang der Erblasser bei Ihnen Lebensversicherungsverträge hatte und ob Bezugsrechte vorliegen.
Mit freundlichen Grüßen (Testamentsvollstrecker)

Muster 9.2: Anschreiben des Testamentsvollstreckers an die Lebensversicherung – Auskunft sowie Widerruf des Bezugsrechts[62]

An die
X.........X Versicherung
X.........X (Anschrift)
Versicherungs-Nr. X.........X
Sehr geehrte Damen und Herren,
ausweislich der Annahmebestätigung des Amtsgerichts München – Nachlassgericht – vom X.........X *(alternativ: der beglaubigten Kopie des Testamentsvollstreckerzeugnisses des Amtsgerichts München vom X.........X)* habe ich das Amt des Testamentsvollstreckers über den Nachlass des am X.........X verstorbenen

Herrn X.........X

übernommen. Eine beglaubigte Kopie der Sterbeurkunde ist ebenfalls beigefügt.
Nach den mir erteilten Informationen besteht eine Lebensversicherung des Erblassers zugunsten seines geschiedenen Ehepartners EP X.........X.
Ich darf Sie bitten, mir die Höhe der auszuzahlenden Versicherungssumme mitzuteilen.
Sofern ein Bezugsrecht zugunsten des geschiedenen Ehepartners EP X.........X, besteht, so

widerrufe

ich den vom Erblasser Ihnen erteilten Auftrag, den Eintritt des Versicherungsfalls und die Zuwendung der Auszahlungssumme dieser Person mitzuteilen.
Ich habe zudem eine bankmäßige Identitätsbestätigung beigefügt. Ich bitte, die Auszahlungssumme aus der Lebensversicherung auf das Konto X.........X *(IBAN, BIC)* bei der X.........X-Bank mit dem Vermerk „Auszahlung Lebensversicherung" zu überweisen.

[62] Vgl. Mayer/Bonefeld TV-HdB/Tanck § 29 Rn. 38 Muster 29.6. Die Auskunftspflichten der Lebensversicherungen sind nach wie vor heftig umstritten (BVerfG NJW 2005, 2376 ff.; OLG Celle VersR 2007, 1501 f.). Grundlegende Änderungen des VVG mit deutlich verbesserten Auskunftsmöglichkeiten sind am 1.1.2008 in Kraft getreten (Langheid NJW 2007, 3666).

Ist das Versicherungsverhältnis bereits vollständig abgewickelt, bitte ich um Mitteilung über die Höhe der ausgezahlten Versicherungsleistungen und über den Leistungsempfänger sowie um Mitteilung, ob die Auszahlung aufgrund des Bezugsrechts oder gegen Vorlage der Versicherungspolice erfolgte.
Mit freundlichen Grüßen
(Testamentsvollstrecker)

3. Prüfung des Testamentsvollstreckerzeugnisses durch die Versicherung

41 Die Versicherung muss als erstes die Identität des Testamentsvollstreckers (Vorlage von Ausweispapieren) und das von ihm vorgelegte **Zeugnis** prüfen (Original oder Kopie bzw. Fälschung). Die Versicherung darf nur das Original (Ausfertigung) akzeptieren. Wenn die Erteilung sich voraussichtlich hinziehen wird, muss der Testamentsvollstrecker entscheiden, ob er klagt. Dazu wird sie insbesondere alle Beschränkungen des Testamentsvollstreckers, die sich aus dem Testamentsvollstreckerzeugnis ergeben,[63] beachten, weil sie sich nur insoweit auf guten Glauben (§ 2368 Abs. 3 BGB) berufen kann.[64] Die Versicherung kann darauf vertrauen, dass die in dem Zeugnis angegebene Person zum Testamentsvollstrecker berufen wurde und dass die dort enthaltenen Angaben über den Umfang seiner Befugnisse richtig sind. Der Testamentsvollstrecker benötigt dringend eine Vollmacht, sodass er mit dieser handeln kann.

42 Der gute Glaube entfällt mit der **Beendigung** des Amtes, das Zeugnis wird von selbst kraftlos (§ 2368 Abs. 3 Hs. 2 BGB), ohne dass es eingezogen werden muss.[65] Bei der Abwicklungsvollstreckung lässt sich nicht ohne weiteres erkennen, ob und wann die Aufgaben erledigt wurden. Entstehen Zweifel, so soll die Versicherung auf einer Bescheinigung des Nachlassgerichts bestehen, dass die Testamentsvollstreckung fortdauert.[66]

Praxistipp:
Sowohl bei der Abwicklungsvollstreckung, als auch bei der Dauertestamentsvollstreckung, sollte die Versicherung generell auf zeitnahe Bescheinigung über das Bestehen der Testamentsvollstreckung bestehen.

4. Umschreibung des Versicherungsvertrages

43 Der **Versicherungsvertrag** soll, sobald Erbfall und Testamentsvollstreckung nachgewiesen sind, auf die Erben, vertreten durch den Testamentsvollstrecker, „umgeschrieben" werden,[67] wenn der Versicherungsfall noch nicht eingetreten ist.

5. Einzelfragen zum Verhältnis von Testamentsvollstrecker und Lebensversicherung

44 Mit dem Tod des Erblassers sind alle aus der Geschäftsverbindung mit der Lebensversicherungsgesellschaft resultierenden Rechte und Pflichten auf die Erben übergegangen. Das gilt auch für den **Anspruch auf Auskunft** gegenüber der Lebensversicherungsgesellschaft.

45 Ausgeübt werden die Rechte vom Testamentsvollstrecker ab Annahme des Amtes. Ob der Testamentsvollstrecker von der Versicherungsgesellschaft alle Auskünfte verlangen kann, und zwar auch für Rechtsgeschäfte des Erblassers **vor dessen Tod und vor Annahme des Amtes,** ist strittig. Solange der Testamentsvollstrecker sein Amt ausübt,

[63] Erman/Simon BGB § 2368 Rn. 8.
[64] Soergel/Zimmermann BGB § 2368 Rn. 9, 12.
[65] Grüneberg/Weidlich BGB § 2368 Rn. 10.
[66] Burghardt ZEV 1996, 136, 138; Schimansky/Bunte/Lwowski Bankrechts-HdB/Bunte § 10 Rn. 20.
[67] Lwowski/Roth BuB 2/829.

meint ein Teil der Literatur, dass die Erben keinen Anspruch auf Auskunft haben,[68] sie müssten sich vielmehr an den Testamentsvollstrecker halten. Das erscheint zweifelhaft, weil die Erben in die Lage versetzt werden müssen, die Tätigkeit des Testamentsvollstreckers zu überwachen. Die Testamentsvollstreckung beginnt mit der Annahme. Alle Vorgänge, die vor der Annahme liegen, unterliegen nicht der Testamentsvollstreckung. Auskunftsansprüche betreffend prämortale Vorgänge unterliegen somit nicht der Testamentsvollstreckung.

Gesichert ist, dass die Lebensversicherung dem Testamentsvollstrecker Auskunft zu erteilen hat. Der **Umfang der Auskunftsverpflichtung** ist jedoch strittig. Es stellt sich die Frage, ob der Testamentsvollstrecker auch die medizinischen Fragebögen einsehen kann oder nicht. Ein Einsichtsrecht wird dann zu bejahen sein, wenn dies für die Durchsetzung von Zahlungsansprüchen gegenüber der Versicherung notwendig ist. 46

Fall:

Eine Versicherung weigert sich, die Versicherungsleistung (ohne Bezugsrecht) zu erbringen, mit der Begründung, es wären unzutreffende Angaben zur Gesundheitssituation gemacht worden.

Lösung:

Zur Durchsetzung des Zahlungsanspruchs steht dem Testamentsvollstrecker ein Einsichtsrecht zu. Ungesichert ist, ob der Erbe neben dem Testamentsvollstrecker Auskunft von der Versicherung verlangen kann. Diesbezüglich wird man differenzieren müssen:

- Wenn kein Bezugsrecht bestimmt wurde, dann wird dem Testamentsvollstrecker das Auskunftsrecht zustehen.
- Wenn ein Bezugsrecht bestimmt wurde, auch den Erben.

Der Testamentsvollstreckung unterliegt nur der Nachlass, nicht aber sonstige Rechtsverhältnisse, § 2205 S. 1 BGB. Zuwendungen aufgrund **Verträge zugunsten Dritter** auf den Todesfall oder **widerrufliche Bezugsberechtigungen** von Lebensversicherungen unterliegen daher nicht der Testamentsvollstreckung, soweit sie vollzogen und damit im Zuwendungsverhältnis zum Begünstigten rechtsbeständig wurden.[69] Auch wenn das Forderungsrecht erst mit dem Tod des Versprechensempfängers (Versicherungsnehmer) entsteht, gehört es nicht zum Nachlass und unterliegt daher nicht der Testamentsvollstreckung. Der Testamentsvollstrecker hat daher zu prüfen, ob die **Versicherungssumme in den Nachlass miteinbezogen** werden kann. Die Versicherungssumme kann nur dann in den Nachlass miteinbezogen werden, wenn alle bestehenden Bezugsberechtigungen beseitigt werden können.[70] Als Erstes hat der Testamentsvollstrecker daher die **Widerruflichkeit** zu klären.[71] Wie ausgeführt (→ § 1 Rn. 282 ff.), kann das Bezugsrecht widerruflich oder unwiderruflich ausgestaltet sein. Nur wenn das Bezugsrecht widerruflich ausgestaltet ist, kann der Testamentsvollstrecker überhaupt tätig werden. Der Testamentsvollstrecker hat zu überprüfen, ob er zum Schutz des Nachlasses die Bezugsberechtigung zu widerrufen hat. Es kann im Aufgabenbereich des Testamentsvollstreckers liegen, Verträge zugunsten Dritter zu widerrufen, wenn ansonsten die Testamentsvollstreckung nicht ordnungsgemäß durchgeführt werden könnte. Nur dann fällt die Summe aus der Lebensversicherung in den Nachlass. 47

Das Recht des Erblassers, die Begünstigung aus einem Vertrag zugunsten eines Dritten auf den Todesfall mit einem Versicherer zu widerrufen, geht mit dem Erbfall auf den Testamentsvollstrecker über. Um zu ermitteln, ob und in welchem Umfang die Ansprüche aus Lebensversicherungsverträgen tatsächlich auch in den Aufgabenbereich des Testamentsvollstreckers fallen, ist zunächst zu prüfen, ob diese überhaupt in den Nach- 48

[68] Schebesta/Kalkbrenner Bankprobleme beim Tod eines Kunden, BVR-Bankenreihe 2008, Rn. 769 (ohne nähere Begr.); hiergegen überzeugend Bonefeld ZErb 2007, 142 ff.
[69] Bengel/Reimann/TV-HdB/Holtz/Röhl/Röhl § 5 Rn. 409 f.
[70] J. Mayer DNotZ 2000, 911.
[71] J. Mayer DNotZ 2000, 911.

lass fallen, und anschließend, welche Aufgaben dem Testamentsvollstrecker diesbezüglich genau zustehen.

49 Es besteht kein Grundsatz, wonach der Testamentsvollstrecker Bezugsrechte zu widerrufen hat. Der Testamentsvollstrecker ist der verlängerte Arm des Erblassers und nicht Vertreter der Erben. Er hat den Willen des Erblassers auszuführen. Wenn der Erblasser eine Lebensversicherung mit Bezugsberechtigung versehen hat, hat der Testamentsvollstrecker dies zu akzeptieren, es sei denn, dass sich aus der letztwilligen Verfügung ein Wille des Erblassers ergibt, der einen Widerruf des Bezugsrechts verlangt.

Praxistipp:
Die Anordnung einer Testamentsvollstreckung schützt daher den widerruflich Bezugsberechtigten, da die widerrufsfähigen Erben von der Verwaltung des Nachlasses durch den Testamentsvollstrecker ausgeschlossen sind.

50 Da der Erbe von der Verwaltung des Nachlasses ausgeschlossen ist, kann er einen Widerruf nicht erklären.

Nochmals:
Wenn der Erblasser will, dass der Testamentsvollstrecker effektiv schneller handlungsfähig sein soll um Bezugsrechte zu widerrufen bzw. Versicherungsleistungen, die in den Nachlass fallen, abrufen kann, muss er eine Vollmacht haben.

§ 10 Nachlassverwaltung

Übersicht

I. Typische Fragestellungen/Fallkonstellationen

Wie ist die Rechtsstellung der **Lebensversicherung** bei einer angeordneten Nachlassverwaltung, 1

- wenn die Lebensversicherungssumme in den Nachlass fällt?
- wenn ein Bezugsrecht bestimmt wurde?
- wenn der Versicherungsvertrag in den Nachlass fällt?

Nachfolgend wird somit dargestellt, welche Auswirkungen eine Nachlassverwaltung 2

- auf bestehende, sich im Nachlass befindliche Lebensversicherungsverträge und
- auf Bezugsrechte haben kann.

Ferner treten folgende Fragenstellungen im Zusammenhang mit der Nachlassverwaltung in der Praxis auf: 3

- Kann/muss der Nachlassverwalter widerrufliche Bezugsrechte widerrufen?
- Kann/muss der Nachlassverwalter unwiderrufliche Bezugsrechte anfechten?
- Kann/muss der Nachlassverwalter bestehende Lebensversicherungsverträge kündigen?
- Wie ist die Stellung der Erben und der Bezugsberechtigten bei einer Nachlassverwaltung?

II. Zweck und Anordnung der Nachlassverwaltung

Nach der Legaldefinition des § 1975 BGB ist die Nachlassverwaltung eine Nachlasspflegschaft zum Zwecke der Befriedigung der Gläubiger.[1] Die Nachlassverwaltung wird nur auf **Antrag** der Erben oder der Nachlassgläubiger angeordnet. 4

Zur Antragsberechtigung → Rn. 14 ff. 5

Mit der Nachlassverwaltung wird eine **Absonderung des Nachlassvermögens** erreicht. 6
Die Trennung der Vermögensmassen wird auf den Zeitpunkt des Erbfalls zurückfingiert.[2] Die Nachlassverwaltung dient einerseits den Interessen der Nachlassgläubiger und andererseits den Interessenten der Erben durch die Möglichkeit der Beschränkung der Erbenhaftung.[3]

Der Nachlassverwalter ist **Partei kraft Amtes** und führt dieses zur Verwaltung fremden 7
Vermögens.[4] Was die Bestellung und Überwachung des Nachlassverwalters sowie

---

[1] Staudinger/Dobler BGB § 1975 Rn. 18.
[2] Kerscher/Krug/Spanke Erbrechtl. Mandat/Schermann/Krug § 20 Rn. 132.
[3] Krätzschel/Falkner/Döbereiner NachlassR/Krätzschel § 20 Rn. 12.
[4] MAH ErbR/Wiester § 24 Rn. 58 f.

eventuelle Rechtsmittel angeht, gilt das zur Nachlasspflegschaft Gesagte entsprechend (→ § 11 Rn. 28 ff.), er muss u. a. ein Nachlassverzeichnis einreichen.

8 Auf die Nachlassverwaltung finden, soweit nichts Abweichendes bestimmt ist, die Bestimmungen über die Pflegschaft gem. §§ 1962, 1981–1988 BGB Anwendung.

9 Die **Anordnung** der Nachlassverwaltung durch **förmlichen Beschluss** ist zwar nicht vorgeschrieben, jedoch üblich. Die Anordnung wird mit Bekanntgabe an die Erben, den verwaltenden Testamentsvollstrecker bzw. Nachlasspfleger **wirksam.** Der Beschluss ist dem Erben, jedem Miterben und dem Testamentsvollstrecker bzw. Nachlasspfleger zuzustellen.

10 Die Anordnung der Nachlassverwaltung erfolgt durch das **Amtsgericht als Nachlassgericht** gem. § 1981 BGB, § 342 Abs. 1 Nr. 8 FamFG. Zuständig ist dort der Rechtspfleger für die Entscheidung. Die örtliche Zuständigkeit bestimmt sich gem. § 343 Abs. 1 FamFG durch den Wohnsitz des Erblassers im Zeitpunkt des Erbfalls.

III. Stellung des Erben während der Nachlassverwaltung

11 Nach der Einleitung des Verfahrens verlieren die Erben die Befugnis, über den Nachlass selbst zu verfügen. Die Erben können nicht mehr über Versicherungsverträge und in den Nachlass fallende Lebensversicherungsleistungen verfügen. Erst nach Beendigung der Nachlassverwaltung erhalten die Erben die Befugnis zurück, über Versicherungsverträge und Beträge aus den ausgezahlten Versicherungen zu verfügen. Die Erben verlieren auch die Befugnis, Bezugsrechte zu widerrufen.

12 Angesichts des Verlusts der Verfügungsbefugnis kann der Erbe ein Interesse daran haben, dass nunmehr der Nachlassverwalter eine Bezugsberechtigung eines Dritten bzw. eine Schenkung widerruft, sodass die Versicherungsleistung in den Nachlass fällt und somit der Nettonachlass erhöht wird. Der Erbe, der auch Bezugsberechtigter einer Lebensversicherung ist, kann das Bezugsrecht verlieren, da ein Nachlassverwalten die Möglichkeit hat, das Bezugsrecht zu widerrufen, auch jenes, welches zugunsten eines Erben errichtet worden ist.

13 Fazit: Der Erbe verliert mit der Anordnung der Nachlassverwaltung alle Handlungen bezüglich Lebensversicherungen.

IV. Beschränkung der Erbenhaftung

14 Der Erbe haftet grundsätzlich unbeschränkt für alle Nachlassverbindlichkeiten, somit auch für Verbindlichkeiten aus laufenden Versicherungsverträgen des Erblassers. Diese Haftung ist jedoch durch die Nachlassverwaltung (§ 1975 BGB) beschränkbar.

V. Antragsberechtigung

15 Die Antragsberechtigung zur Anordnung der Nachlassverwaltung steht dem Alleinerben (den Miterben aufgrund gemeinschaftlichen Antrags) zu (§§ 1961, 1981 BGB). Eine zeitliche Beschränkung besteht für das Antragsrecht nicht. Der Erbe muss den Antrag nicht begründen;[5] eine Begründung des Antrags ist jedoch unschädlich.

16 Die Antragsberechtigung steht dem Erben zu, der den Nachlassgläubigern nicht unbeschränkbar haftet (§§ 1962 1961, 1981 BGB). Der Erbe verliert sein Antragsrecht auch nicht, wenn der Nachlass überschuldet oder Testamentsvollstreckung angeordnet ist, ebenso wenig bei einem Erbschaftsverkauf.

17 Voraussetzung für die Beantragung der Nachlassverwaltung ist zudem, dass die Erben bekannt sind und die Erbschaft angenommen haben. Die Annahme der Erbschaft kann entweder ausdrücklich erklärt worden bzw. konkludent erfolgt sein bzw. durch Zeit-

[5] Fischer/Kühne/Warlich Bankvermögen im Erbfall/Bogdahn § 6 Rn. 134.

ablauf (6 Wochen) eingetreten sein. Der Antrag auf Anordnung der Nachlassverwaltung kann vom Erben unbefristet gestellt werden; die in § 1981 Abs. 2 S. 2 BGB normierte zweijährige Antragsfrist gilt nicht für den Erben. Lediglich der Nachlassgläubiger ist auf diese Antragsfrist beschränkt.[6]

Antragsberechtigt sind 18

- diejenigen Gläubiger, die gleichzeitig Miterben sind;
- der verwaltende Testamentsvollstrecker neben den Erben (analog § 317 InsO);
- die Miterben, wenn sie den Antrag vor Nachlassteilung gemeinschaftlich stellen. Der einzelne Miterbe hat kein Antragsrecht, die Miterben können nur gemeinsam den Antrag stellen. Das Antragsrecht geht verloren, wenn auch nur ein Miterbe unbeschränkt haftet (§ 2013 BGB);
- der Nacherbe, allerdings erst nach Eintritt des Nacherbfalls;
- der Erbschaftskäufer und andere Erbschaftsübernehmer (§§ 2383 Abs. 1 S. 1, 2385 BGB);
- jeder Nachlassgläubiger binnen zweier Jahre nach Annahme der Erbschaft.

Während beim Antrag des Erben keine weiteren Voraussetzungen erfüllt sein müssen, 19 muss der **Antrag des Nachlassgläubigers** zusätzlich den Hinweis enthalten, dass dessen Befriedigung durch das Verhalten oder die schlechte Vermögenslage der Erben oder eines einzelnen Miterben gefährdet ist.[7]

Fall:

Der Aktivnachlass beträgt 100.00 EUR. Es bestehen gegen den Erblasser Forderungen iHv 20.000 EUR, die nicht tituliert sind. Gegen den überschuldeten Alleinerben liegen titulierte Forderungen iHv 150.000 EUR vor, sodass diese Gläubiger einen schnellen Zugriff auf das Nachlassvermögen hätten.

Lösung:

Die Nachlassgläubiger müssen zur Sicherung ihrer Forderungen einen Antrag auf Nachlassverwaltung stellen.

VI. Masse oder Vorschuss?

Weitere Voraussetzung für die Anordnung der Nachlassverwaltung ist eine die Kosten 20 des Verfahrens deckende **Masse** gem. § 1982 BGB bzw. die Leistung eines die Verfahrenskosten deckenden **Vorschusses** durch den Antragsteller, § 207 Abs. 1 InsO analog.

Im Durchschnittsfall ist mit Verfahrenskosten iHv 10.000 EUR bis 15.000 EUR zu 21 rechnen. Ein Teil der Nachlassgerichte verlangt in einem ersten Schritt nur die Anordnungskosten (ca. 500 EUR bis 1.000 EUR) und dann in einem zweiten Schritt einen Vorschuss für den Nachlassverwalter. Diese Vorgehensweise ist nicht zu beanstanden.

VII. Beendigung der Nachlassverwaltung

Kraft Gesetzes endet die Nachlassverwaltung mit der **Eröffnung des Nachlassinsol-** 22 **venzverfahrens** (§ 1988 Abs. 1 BGB). Im Übrigen ist die Nachlassverwaltung durch das Nachlassgericht **aufzuheben,** sobald keinerlei Grund und Veranlassung mehr für sie besteht (§§ 1975, 1919 BGB).

Dies ist in folgenden Fällen gegeben: 23

[6] Fischer/Kühne/Warlich Bankvermögen im Erbfall/Bogdahn § 6 Rn. 136.
[7] Grüneberg/Weidlich BGB § 1981 Rn. 3.

- wenn sich herausstellt, dass die Nachlassmasse die Kosten der Verwaltung nicht deckt (§ 1988 Abs. 2 BGB), es sei denn, die Kosten werden vom Antragsteller vorgeschossen;
- wenn der Verwalter alle bekannten Nachlassgläubiger befriedigt und den eventuell noch vorhandenen Nachlassrest an den oder die Gläubiger herausgegeben hat (§ 1986 Abs. 1 BGB);
- wenn der Nachlass durch Gläubigerbefriedigung erschöpft ist;
- wenn alle noch nicht befriedigten Nachlassgläubiger mit der Aufhebung einverstanden sind;
- wenn der Erbe die Erbschaft nach Anordnung der Verwaltung wirksam ausschlägt bzw. die Anfechtung der Annahme wegen Versäumung der Ausschlagungsfrist erklärt;
- wenn ein Nacherbfall eintritt;
- wenn das Nachlassgericht aufgrund neuer Informationen die Anordnung nachträglich für ungerechtfertigt hält;
- wenn die Vermögenssituation und das Verhalten des Erben nicht mehr eine Gefährdung der Nachlassgläubiger befürchten lässt und der Erbe die Aufhebung beantragt.

24 Die Aufhebung erfolgt durch Beschluss.

VIII. Aufgaben des Nachlassverwalters; Anschreiben an die Versicherung

25 Der Nachlassverwalter hat die **Teilungsmasse** (Einreichung eines Nachlassverzeichnisses) sowie die Nachlassgläubiger festzustellen und den Nachlass in Besitz zu nehmen. Der Nachlassverwalter hat weiter generell – im Gegensatz zum Testamentsvollstrecker – die Verpflichtung, Begünstigungen aus Bezugsrechten von Lebensversicherungen zu widerrufen, um die Masse des Nachlasses zu erhöhen.

26 Zur Erhöhung der Nachlassmasse kann der Nachlassverwalter beliebig über in den Nachlass fallende Versicherungsverträge verfügen. Ausschließlich der Nachlassverwalter hat die Verfügungsbefugnis über die Versicherungsverträge. Er kann frei und ohne nachlassgerichtliche Genehmigungen über die Versicherungsverträge verfügen, d. h. sie kündigen, verpfänden ua Dasselbe gilt für Guthaben, resultierend aus Zahlungen in den Nachlass von Seiten der Versicherung bzw. aus herausverlangten Geldern aufgrund von Bezugsrechten.

27 Die Versicherung hat das Recht, bei jeder Verfügung des Nachlassverwalters die Bestätigung des Nachlassgerichts zu verlangen, dass die Nachlassverwaltung noch angeordnet ist, da nur in diesem Fall die Versicherung schuldbefreiend leisten kann, bzw. Kündigungen ua zu beachten hat.

28 Der Nachlassverwalter hat auch das Recht, eine Aufhebung des Bezugsrechts zu verfügen, wenn der Erblasser Versicherungsnehmer war und somit der Versicherungsfall nicht eingetreten ist, um mit dem Rückkaufswert oder dem Verkehrswert auf dem Versicherungszweitmarkt die Gläubiger zu befriedigen.

29 Wurde ein **Bezugsrecht** eingeräumt, kann der Nachlassverwalter dieses **widerrufen** und Zugriff auf die Versicherungsleistungen nehmen (Muster → Rn. 34).

30 Der Nachlassverwalter kann die Versicherung anweisen, das Schenkungsangebot nicht abzusenden. Der Nachlassverwalter kann auch ausgezahlte Versicherungsleistungen aufgrund eines unwiderruflichen Bezugsrechts vom Begünstigten zurückverlangen. Gegebenenfalls hat der Nachlassverwalter die Anfechtung von ausgezahlten Versicherungsleistungen (Schenkungen) zu erklären.

31 Der Nachlassverwalter ist generell gehalten, das Bezugsrecht zu widerrufen, um dem Nachlass liquide Mittel zuzuführen.

Fall:

Erblasser E war Versicherungsnehmer und versicherte Person. Kind K1 war unwiderruflich Bezugsberechtigter. Die Bezugsrechtseinräumung liegt bereits mehr als zehn Jahre zurück. Es wird Nachlassverwaltung angeordnet.

Lösung:
Der Nachlassverwalter kann das Bezugsrecht nicht widerrufen. Er kann jedoch die Prämienzahlungen nach Maßgabe von § 4 AnfG anfechten, allerdings vom Bezugsberechtigten die Summe der Versicherungsprämienzahlungen nicht herausverlangen.
Der Nachlassverwalter hat die Gesamtheit der Nachlassgläubiger zu befriedigen.

Der Nachlassverwalter hat dem Nachlassgericht ein komplettes Verzeichnis des 32
Nachlasses hereinzureichen (§§ 1975, 1962, 1915, 1802 BGB), und zwar zum Zeitpunkt seiner Bestellung. Daher ist er auch berechtigt, von der Versicherung Auskunft über bestehende Lebensversicherungsverträge zu verlangen.

Muster 10.1: Anschreiben des Nachlassverwalters an die Versicherung – Feststellung von Versicherungsverhältnissen

An die
X.........X Versicherung
X.........X (Anschrift)
Betreff: Nachlasssache X.........X
Bezug: Lebensversicherungsverträge X.........X
Sehr geehrte Damen und Herren,
gemäß beigefügter Kopie des Pflegerausweises des Amtsgerichts X.........X, Az. X.........X, wurde ich zum Nachlassverwalter bestellt. Beigefügt habe ich auch die Niederschrift der Verpflichtungshandlung.
In der Anlage übermittle ich die Sterbeurkunde X.........X. In weiterer Anlage übermittle ich eine von der X.........X-Bank beglaubigte Kopie meines Reisepasses.
Ich darf Sie bitten, mir alle Lebens-, Renten- und Risikolebensversicherungsverträge der Erblasserin X.........X, verstorben am X.........X in X.........X, die diese in Ihrem Haus hatte, mitzuteilen sowie Ablichtungen der Versicherungsanträge sowie die Anzeige gem. § 33 ErbStG zur Verfügung zu stellen.
Bitte vermerken Sie meine ausschließliche Verfügungs- und Verwaltungsbefugnis.
Mit freundlichen Grüßen
(Rechtsanwalt)

Muster 10.2: Anschreiben des Nachlassverwalters an die Versicherung – Widerruf von Bezugsrechten

An die
X.........X Lebensversicherung
X.........X (Anschrift)
Betreff: Nachlasssache X.........X
Bezug: Versicherungsnummern X.........X
Sehr geehrte Damen und Herren,
gemäß beigefügter Kopie des Pflegerausweises des Amtsgerichts X.........X, Az. X.........X, wurde ich zum Nachlassverwalter bestellt. Beigefügt habe ich auch die Niederschrift der Verpflichtungshandlung.
Ich

widerrufe

hiermit vorhandene Bezugsrechte und vorhandene Aufträge des Erblassers, Schenkungsangebote zu übermitteln.
Mit freundlichen Grüßen
(Rechtsanwalt)

Da der Nachlassverwalter dem Nachlassgericht – wie ausgeführt (→ Rn. 6) – ein 33
komplettes Verzeichnis des Nachlasses einzureichen hat (§§ 1975, 1962, 1915, 1802 BGB), ist er auch berechtigt, vom Versicherungsunternehmen **Auskunft** zu verlangen

über Versicherungsverträge, die mit einem unwiderruflichen Bezugsrecht versehen sind. Der Nachlassverwalter könnte, wie ausgeführt (→ Rn. 39), Prämienzahlungen von Bezugsberechtigten einfordern.

IX. Rechtsstellung einer Versicherung während der Nachlassverwaltung

34 **Während der Dauer der Nachlassverwaltung** darf die Versicherung keine Verfügungen über Versicherungsguthaben zulassen, seien sie von den Erben oder von Dritten veranlasst. Sie kann nur noch an den Nachlassverwalter schuldbefreiend leisten.

Muster 10.3: Auskunftsverlangen des Nachlassverwalters gegenüber einem Versicherungsunternehmen

– Einschreiben/Rückschein –
An die
X.........X Versicherung
X.........X (Anschrift)
Betreff: Nachlasssache X.........X
Sehr geehrte Damen und Herren,
gemäß anliegend beigefügter beglaubigter Kopie des Beschlusses des Amtsgerichts X.........X, Nachlassgericht, bin ich zum Nachlassverwalter berufen worden.
Um meiner gesetzlichen Verpflichtung zur Erstellung und Vorlage eines Nachlassverzeichnisses beim Nachlassgericht gem. §§ 1975, 1962, 1915, 1802 BGB nachkommen zu können, werden Sie gebeten, mir bis zum X.........X eine Aufstellung über Prämienzahlungen des Erblassers innerhalb der letzten drei Jahre zu übermitteln.
Mit freundlichen Grüßen
(Rechtsanwalt)

35 Sofern ein Nachlassgericht als Aufsicht des Nachlassverwalters Auskünfte über Versicherungsverträge bei den jeweiligen Versicherungsunternehmen anfordert, kann sich das Versicherungsunternehmen nicht auf ein Aussageverweigerungsrecht berufen.

X. Rechtsstellung des Bezugsberechtigten während der Nachlassverwaltung

36 Der Bezugsberechtigte hat zu akzeptieren, dass der Nachlassverwalter ein Bezugsrecht widerrufen kann.

37 Der Bezugsberechtigte hat weiter zu akzeptieren, dass der Nachlassverwalter auch ihm ausgezahlte Versicherungsleistungen herausverlangen kann, § 4 AnfG.

38 Der Bezugsberechtigte eines unwiderruflichen Bezugsrechts, dessen Einräumung innerhalb von vier Jahren vor dem Ableben erfolgt ist, muss die Lebensversicherung herausgeben.

39 Der Bezugsberechtigte eines unwiderruflichen Bezugsrechts, dessen Einräumung mehr als vier Jahre vor dem Ableben erfolgt ist, muss die Prämienzahlungen der letzten vier Jahre herausgeben, darf jedoch die Lebensversicherungssumme behalten.

§ 11 Nachlasspflegschaft

Übersicht

I. Typische Fragestellungen/Fallkonstellationen

Welche Auswirkungen hat eine Nachlasspflegschaft auf die Versicherungsgesellschaft 1 und auf Versicherungsverträge, die in den Nachlass fallen, sowie auf bezugsberechtigte Personen, insbesondere dann, wenn die Versicherungsleistung in den Nachlass fallen soll bzw. wenn die angestrebten Erben gleichzeitig Bezugsberechtigte sein sollen?

Es ist beispielsweise zu prüfen: 2

- Kann die Versicherung schuldbefreiend an einen Nachlasspfleger leisten, wenn die Versicherung in den Nachlass fällt?
- Kann/muss die Versicherung als Vertreter der unbekannten Erben an den Nachlasspfleger leisten, wenn die unbekannten Erben bezugsberechtigt sind?
- Welche Unterlagen muss die Lebensversicherungsgesellschaft als Legitimation vom Erblasser anfordern?
- Ist der Nachlasspfleger verpflichtet, widerrufliche Bezugsrechte zu widerrufen bzw. hat er die Verpflichtung, drohende Verjährungen für die Erben als Bezugsberechtigte zu unterbrechen?
- Gibt es eine nebenvertragliche Verpflichtung des Versicherungsunternehmens, aufgrund des Versicherungsvertrages eine Nachlasspflegschaft zu beantragen?

Dies sind nur einige Fragestellungen im Zusammenhang mit einer angeordneten 3 Nachlasspflegschaft.

II. Zweck und Anordnung der Nachlasspflegschaft

1. Anordnungsgründe

Zweck der Nachlasspflegschaft gem. § 1960 BGB ist sowohl 4

- die Ermittlung unbekannter Erben als auch
- die Sicherung, Erhaltung und Verwaltung des (inländischen) Nachlasses („Sicherungsbedürfnis“).

Die Nachlasspflegschaft darf nicht mit der Klagpflegschaft nach § 1961 BGB ver- 5 wechselt werden.

Mit dem Tod des Erblassers wird der Nachlass grundsätzlich fürsorgebedürftig.[1] Das 6 gilt auch für laufende Versicherungsverträge des Erblassers, wenn dieser nicht die ver-

[1] Lange/Kuchinke Erbrecht § 40 IV.

sicherte Person war. Die Sicherung, Fortführung und der Übergang der Versicherungen auf den Berechtigten ist bedeutsam für Erben. Das BGB geht von dem Grundsatz aus, dass die Abwicklung des Erbfalls Sache der Beteiligten und ein Tätigwerden des Nachlassgerichts nur erforderlich ist, wenn die nachfolgenden Bedingungen gegeben sind. Eine generelle Pflicht des Nachlassgerichts zum Tätigwerden anlässlich eines Erbfalls besteht nicht.[2]

7 Zwei Voraussetzungen müssen kumulativ vorliegen, damit das Nachlassgericht entweder

- von Amts wegen oder
- auf Antrag

8 Nachlasspflegschaft anordnet. Eine Nachlasspflegschaft wird **angeordnet,** wenn

- die Erben unbekannt sind und die Erbenermittlung voraussichtlich längere Zeit in Anspruch nehmen wird und
- der Nachlass sicherungsbedürftig ist und daher eines Verwalters bedarf.

9 Der **Erbe** ist **unbekannt,** wenn

- das Nachlassgericht die Berufung einer Person zum Erben nicht feststellen kann;
- das Nachlassgericht die Erbfähigkeit einer Person nicht feststellen kann;
- das Nachlassgericht die gleichzeitige Existenz einer Person mit dem Erblasser nicht feststellen kann;
- die Erbfolge nur durch längere Ermittlungen geklärt werden kann;
- die Größe der Erbteile (d. h. die Erbquoten) ungewiss ist;
- ungewiss ist, ob ein Testament vorhanden ist;[3]
- eine letztwillige Verfügung angefochten wurde und divergierende Erbscheinsanträge gestellt bzw. angekündigt werden;
- das Nachlassgericht von der Berufung der Person zum Erben keine Kenntnis hat;
- mehrere Personen sich um das Erbrecht streiten;
- mehrere Testamente vorliegen, aber ungewiss ist, welches davon gültig ist;[4]
- das Nachlassgericht sich nicht ohne weitere umfangreiche Ermittlungen davon überzeugen kann, wer Erbe ist, weil Streit über die Testierfähigkeit des Erblassers und damit über die Wirksamkeit der letztwilligen Verfügung besteht und die hierfür erforderlichen Ermittlungen nicht bereits im Verfahren über die Anordnung der Nachlasspflegschaft durchgeführt werden können;
- der Erbe unbekannt ist und dieser ohne Ermittlungen des Nachlassgerichts niemals Kenntnis vom Ausfall der Erbschaft erhalten würde.[5]

10 Bei der Frage der Anordnung einer Nachlasspflegschaft hat das Gericht selbstständig zu prüfen, ob tatsächlich Ungewissheit über die Erbenstellung einer Person besteht oder nicht. Ein Hinweis auf anhängige gerichtliche Auseinandersetzungen allein ist nicht ausreichend.

11 Das **Sicherungsbedürfnis** nach dem mutmaßlichen Interesse des endgültigen Erben ist gegeben, wenn ohne Eingreifen des Nachlassgerichts der Bestand des Nachlasses gefährdet wäre, wobei bei einer Mehrheit von Erben die Voraussetzungen der Nachlasssicherung für jeden Erbteil gesondert zu prüfen sind.[6]

12 Das Sicherungsbedürfnis fehlt insbesondere bei Vorhandensein

- eines überlebenden Ehegatten,
- von Eltern,
- von Abkömmlingen,
- von Hausbewohnern des Erblassers,
- eines Vermögensverwalters des Erblassers,
- von transmortalen Vorsorgevollmachten bzw. Generalvollmachten,

[2] Staudinger/Mesina BGB § 1960 Rn. 1.
[3] OLG Düsseldorf ZEV 2016, 162–163.
[4] OLG Düsseldorf ZEV 2016, 162–163.
[5] OLG Hamm ZEV 2015, 364.
[6] Uricher/Eulberg FormB-ErbR/Eulberg § 9 Rn. 33.

sofern diese Personen den Nachlass in Besitz genommen haben und ihn zuverlässig verwalten.[7] 13

Die **Prüfungsreihenfolge** für die Frage der Anordnung einer Nachlasspflegschaft ist: 14

1. unbekannte Erben?
2. Sicherungsbedürfnis?

2. Anordnung aus der Sicht der Versicherung

Ein Versicherungsunternehmen ist nicht verpflichtet, bei einem bestehenden Versicherungsvertrag einen Antrag auf Anordnung der Nachlasspflegschaft zu stellen, auch wenn es feststellt, dass sich niemand um das Versicherungsverhältnis kümmert, wenn ein Versicherungsvertrag in den Nachlass fällt. Es besteht auch keine vertragliche Nebenpflicht der Versicherung zur Beantragung der Nachlasspflegschaft, wenn keiner der Bezugsberechtigten sich um die Auszahlung der Guthaben kümmert. Eine diesbezügliche höhergerichtliche Rechtsprechung ist nicht vorhanden. 15

Für die Versicherung besteht aus eigenen Gründen keine Notwendigkeit, eine Nachlasspflegschaft zu beantragen. Eine bestehende Nachlasspflegschaft bedeutet für die Lebensversicherung in den meisten Fällen einen **erhöhten Kontroll- und Verwaltungsaufwand.** 16

Der ordnungsgemäß ausgewiesene Nachlasspfleger kann **Bezugsrechte widerrufen.** Wenn ein Erbe bekannt sein sollte, ist dieser neben dem Nachlasspfleger handlungsbefugt. Auch er könnte Bezugsrechte widerrufen. Es wird so sein, dass jeder einzelne Miterbe das Bezugsrecht widerrufen kann. 17

3. Anordnung aus der Sicht der Bezugsberechtigten

Welche Auswirkungen hat eine Nachlasspflegschaft für einen Bezugsberechtigten? Der Bezugsberechtigte muss jedenfalls damit rechnen, dass ein Nachlasspfleger das Bezugsrecht wirksam widerrufen kann. 18

Kann die Nachlasspflegschaft auch Vorteile haben? Es geht hier ausschließlich um Bezugsberechtigte, die als Erben bezugsberechtigt sind. Diese benötigten die **Erbquote,** um ihren Anteil an der Versicherungssumme bestimmen zu können. Ein Bezugsberechtigter kann daher durchaus Interesse daran haben, dass ein Nachlasspfleger die Erben ermittelt, sodass es dann zur Auszahlung der Versicherungssumme kommen kann. Der Bezugsberechtigte müsste ansonsten einen Antrag auf Erteilung eines Teilerbscheins stellen, wenn *seine* Quote bekannt ist. 19

Ist seine **Quote als Erbe unbekannt,** verbleibt lediglich die Möglichkeit, eine Nachlasspflegschaft zu beantragen. Diese wird ohnehin zur Regelung des Nachlasses notwendig sein. Ein Recht des Nachlasspflegers, die Versicherungsleistung (Bezugsrecht) anzufordern, ist aber abzulehnen, da er nur der Vertreter der Erben im Bereich **des Nachlasses** ist, nicht jedoch Vertreter der Erben in sonstigen Belangen, dh hier als Vertreter der Erben als Bezugsberechtigte. Die Anforderung (Bezugsrecht) kann daher vom Nachlasspfleger nicht vorgenommen werden. Dies gilt nicht, wenn die Versicherung in den Nachlass fällt. 20

Fazit: Der Nachlasspfleger kann eine in den Nachlass fallende Lebensversicherungsleistung für die Bezugsberechtigten anfordern. 21

Die Beantragung der Nachlasspflegschaft hat für einen Erben als Bezugsberechtigten den Vorteil, dass eine Erbenermittlung vorgenommen wird und somit indirekt die Bezugsberechtigten ermittelt werden. Es ist jedoch die nicht unbeträchtliche Erbenermittlungsdauer einzukalkulieren (ca. 12 bis 36 Monate). 22

Praxistipp:
Eine Beantragung eines **Teilerbscheins mit bekannter Quote** ist daher der bessere Weg, wenn sich die Erbquote feststellen lässt. Ein Erbschein ohne Quote wird nicht hilfreich sein.

[7] Uricher/Eulberg FormB-ErbR/Eulberg § 9 Rn. 34.

III. Anordnung der Nachlasspflegschaft; Rechtsstellung des Nachlasspflegers

23 Das Nachlassgericht wird entweder auf **Antrag** oder **von Amts wegen** tätig. Von Amts wegen hat es für die Sicherung des inländischen Nachlasses zu sorgen, soweit hierfür ein Bedürfnis besteht („Sicherungsbedürfnis"). Bei einem Antrag auf Nachlasspflegschaft muss das Nachlassgericht dieselbe Prüfung der Sach- und Rechtslage vornehmen wie bei der Anordnung von Amts wegen.

24 Die Anordnung erfolgt durch **Beschluss des Nachlassgerichts,** § 38 FamFG. Der darin bestellte Nachlasspfleger ist nach der Rspr. des BGH gesetzlicher Vertreter des oder der Erben.[8]

25 Der Nachlasspfleger ist **Vertreter der Erben** und nicht etwa ein Verwalter, wie zB ein Testamentsvollstrecker, der eine Verwaltungsbefugnis der Erben ausschließt. Der bekannte Erbe kann von einem Nachlasspfleger beispielsweise nicht auf Herausgabe von Nachlassgegenständen in Anspruch genommen werden. Der Nachlasspfleger hat auch keinen Anspruch, dass ihm von einem Miterben der Versicherungsschein herausgegeben wird. Der bekannte Erbe kann auch Verwaltungsmaßnahmen widersprechen. Abzulehnen ist die Rechtsansicht, dass der Nachlasspfleger der Vertreter des Nachlasses im Sinne eines selbstständigen Sondervermögens sei. Aus der Sicht der Versicherung bedeutet dies, dass auch einer von mehreren Erben (ein Teil der Erben unbekannt) handeln kann (zB Anforderungen der quotalen Auszahlungssumme der Lebensversicherungsleistung).

26 Die Aufgaben des Nachlasspflegers und seine Befugnisse ergeben sich aus der Verpflichtungshandlung und nicht aus der Bestallung.

Praxistipp:
Der Nachlasspfleger sollte unbedingt darauf achten, dass in der **Bestallungsurkunde** dasselbe aufgenommen wird wie im Protokoll der Verpflichtungshandlung. Neben der Unterschrift des Rechtspflegers muss die Bestallungsurkunde den Stempel des Nachlassgerichts aufweisen. Aus der Sicht der Versicherung ist jedoch nur der Inhalt der Bestallungsurkunde entscheidend.

27 Die **sachliche Zuständigkeit** des Nachlassgerichts ergibt sich aus § 23a Abs. S. 1 Nr. 2, Abs. 2 Nr. 2 GVG iVm § 343 FamFG.[9] Örtlich ist das Nachlassgericht zuständig, in dessen Bezirk der Erblasser seinen letzten Wohnsitz hatte.

28 Die Feststellung des Vorliegens der Voraussetzungen „Unbekanntheit" und „Fürsorgebedürfnis" obliegen dem Nachlassgericht. An die Ermittlungen werden wegen der Eilbedürftigkeit keine hohen Anforderungen gestellt.

Praxistipp:
Bei angeordneter Nachlasspflegschaft sollte man es allerdings nicht beim Amtsermittlungsgrundsatz belassen, sondern **selbst Ermittlungen tätigen,** um eine **Beschleunigung** herbeizuführen, und insbesondere im Hinblick auf das Sicherungsbedürfnis das eigene Ergebnis dem Nachlassgericht mitteilen.

IV. Pflichten des Nachlasspflegers im Lebensversicherungsbereich

1. Sicherung des Nachlassbestands

29 Grundsätzlich hat der Nachlasspfleger gem. § 1802 BGB den Anfangsbestand festzustellen, ein Nachlassverzeichnis zu erstellen und dieses dem Gericht vorzulegen,

[8] BGH WM 1982, 1328.
[9] Staudinger/Mesina BGB § 1960 Rn. 2 f.

wobei dessen Richtigkeit und Vollständigkeit zu versichern ist. Er hat auch den Nachlass in Besitz zu nehmen.

2. Ermittlung der Versicherung; Widerruf des Bezugsrechts

Neben der Sicherung des Nachlassbestandes (Wohnung/Haus) müssen eventuell vorhandene Lebensversicherungen des Erblassers ermittelt werden, damit das Bezugsrecht bzw. die Schenkung widerrufen kann. Im Gegensatz zum Testamentsvollstrecker ist der Nachlasspfleger als Vertreter der Erben verpflichtet, den Widerruf des Bezugsrechts zu erklären, wenn ein oder mehrere fremde Dritte bezugsberechtigt sind, da die Erben meistens die Bezugsberechtigung nicht wollen. 30

Keine Verpflichtung zum Widerruf besteht aber, wenn das Bezugsrecht an die Erben geht. 31

Hierbei ist die jeweilige Versicherung dem Nachlasspfleger als gesetzlichem Vertreter der Erben zur vollumfänglichen **Auskunft** über die Geschäftsbeziehungen zum Erblasser verpflichtet, §§ 675, 666 BGB. 32

Muster 11.1: Anschreiben des Nachlasspflegers an die Versicherung – Feststellung eines Versicherungsverhältnisses

> An die
> X.........X Versicherung
> X.........X (Anschrift)
> Betreff: Nachlasssache X.........X
> Bezug: Lebensversicherungsverträge Sehr geehrte Damen und Herren,
> gemäß beigefügter Kopie des Pflegerausweises des Amtsgerichts X.........X, Az. X.........X, wurde ich zum Nachlasspfleger für die noch unbekannten Erben bestellt.
> Beigefügt habe ich auch die Niederschrift der Verpflichtungshandlung. In der Anlage übermittle ich die Sterbeurkunde X.........X (alternativ: werde ich die Sterbeurkunde übermitteln). In weiterer Anlage übermittle ich eine vom Bankhaus X.........X bestätigte Kopie meines Reisepasses.
> Es wird um Mitteilung gebeten, ob der Erblasser bei Ihnen Lebensversicherungsverträge hatte. Bei Vorhandensein von Lebensversicherungsverträgen bitte ich darum, mir diese in Kopie zukommen zu lassen.
> Mit freundlichen Grüßen
> (Rechtsanwalt)

Zur Feststellung des Nachlassbestands besteht auch die grundsätzliche Pflicht des Nachlasspflegers, vorhandene **ausländische Lebensversicherungsverträge** zu ermitteln. Dies kann sich als schwierig erweisen, da die dortigen Versicherungsunternehmen auf ein Anschreiben idR antworten, sie seien zu einer Auskunft nicht verpflichtet. Oft wird jedoch zugleich mitgeteilt: „Um weiteren Schriftverkehr zu vermeiden, weisen wir darauf hin, dass der Erblasser dem Versicherungsunternehmen nicht bekannt ist." Dies bedeutet nahezu immer, dass **keine** Versicherungen vorhanden sind. Ein Indiz dafür, dass Versicherungen bestehen, liegt vor, wenn die Versicherung schreibt: „Wir sind zu Auskünften nicht verpflichtet. Wenn Sie dennoch Auskünfte verlangen, legen Sie einen Beschluss des (...) vor." 33

Wenn nun das jeweilige Versicherungsunternehmen mitgeteilt hat, dass Verträge vorhanden seien, hat der Nachlasspfleger dem Versicherungsunternehmen auf Verlangen seine **Bestallung** im Original vorzulegen. 34

3. Haftung des Nachlasspflegers gegenüber den Erben

Den Erben steht ein **Schadenersatzanspruch** gegen den Nachlasspfleger gem. § 1922 Abs. 1 iVm §§ 1833 Abs. 1 S. 1, 1908i BGB nur dann zu, wenn der Nachlasspfleger den Erben selbst einen Schaden zugefügt hat. An einem solchen Schaden der Erben fehlt es, wenn der Nachlasspfleger die **Weiterzahlung** der Lebensversicherungsbeiträge **einge-** 35

stellt hatte und deshalb den Bezugsberechtigten ein geringerer Versicherungsbetrag ausgezahlt wurde[10] – es sei denn, die Erben sind die Bezugsberechtigten.

4. Leistung der Versicherung

36 Die Lebensversicherungsgesellschaft kann an den Nachlasspfleger **schuldbefreiend** leisten, wenn dieser vorlegt:
- Nachlasspflegerausweis,
- taggenaue Bestätigung des Nachlassgerichts, dass die Nachlasspflegschaft noch besteht.

37 Dieselben Schriftstücke hat der Nachlasspfleger vorzulegen, wenn er ein Bezugsrecht widerrufen will.

V. Beendigung der Nachlasspflegschaft

38 Die Aufhebung der Nachlasspflegschaft erfolgt durch Beschluss gem. § 1960 BGB nach Wegfall des Grundes der Anordnung.

[10] AG Hamburg-Harburg NJW-RR 2002, 511–512.

§ 12 Nachlassinsolvenzverfahren

Übersicht

I. Fallgestaltungen

1 Die nachfolgenden Ausführungen behandeln das Nachlassinsolvenzverfahren – mit Ausnahme der notwendigen Verständnisgrundfragen – nur insoweit, als das Nachlassinsolvenzverfahren Auswirkungen auf Lebensversicherungsverträge hat.

Fall 1: Widerrufliches Bezugsrecht

a) Erblasser ist Versicherungsnehmer und versicherte Person. Ein Dritter ist im Todesfall Bezugsberechtigter, wobei das Valutaverhältnis eine Schenkung ist.
b) Erblasser ist prämienzahlender Versicherungsnehmer. Ein Dritter ist bezugsberechtigt. Der Erblasser ist nicht die versicherte Person.
c) Erblasser ist Versicherungsnehmer. Ein Dritter ist versicherte Person, bezugsberechtigt und zahlt die Prämien.
d) Erblasser ist Versicherungsnehmer und versicherte Person. Das Valutaverhältnis ist gestört bzw. eine Bezugsberechtigung ist nicht feststellbar.
e) Die Lebensversicherung diente zur Absicherung eines Kredits.
f) Der Erblasser war Versicherungsnehmer, er war versicherte Person und es lag eine Abtretung zugunsten einer Darlehensverbindlichkeit vor.

Fall 2: Unwiderrufliches Bezugsrecht

Erblasser ist Versicherungsnehmer und versicherte Person. Ein Dritter ist im Todesfall unwiderruflich bezugsberechtigt, wobei das Valutaverhältnis eine Schenkung ist.
Zusätzlich ist zu differenzieren zwischen den **drei Versicherungsarten:**

- kapitalbildende Lebensversicherung,
- Risikolebensversicherung,
- Rentenversicherung.

II. Gegenstand und Ziel des Nachlassinsolvenzverfahrens

2 Für das Nachlassinsolvenzverfahren gelten die §§ 315–331 InsO. Weitere Rechtsnormen sind §§ 1975, 1980, 1971, 1988 BGB. Mit dem Erbfall vermischt sich das Vermögen des Erblassers mit dem Vermögen des Erben nach Ablauf der Ausschlagungsfrist, dh, es muss abgeklärt werden, welche Vermögenspositionen im Zusammenhang mit Lebensversicherungsverträgen unmittelbar und welche indirekt von der Nachlassinsolvenz betroffen werden.

3 Nur der **ganze Nachlass,** nicht Teile hiervon, kann Gegenstand des Insolvenzverfahrens sein (§ 316 Abs. 3 InsO). Der Nachlass als nicht rechtsfähiges Sondervermögen kann nicht Schuldner des Nachlassinsolvenzverfahrens sein. Da der oder die Erben (bekannt oder unbekannt) Träger des Sondervermögens sind, fällt ihnen die **Schuldnerrolle** zu.[1]

Praxistipp:

Das Verfahren wird allerdings unter dem Namen des Erblassers geführt.

4 Die Nachlassinsolvenz führt zur **Nachlassseparation.** Die Nachlassgläubiger können nach Eröffnung des Nachlassinsolvenzverfahrens nur noch auf den Nachlass zugreifen (§ 325 InsO), der Erbe verliert jede Verwaltungs- und Verfügungsbefugnis.

[1] Braun/Bauch InsO § 315 Rn. 3.

Die Ziele der Nachlassinsolvenz beim überschuldeten Nachlass sind einerseits die **verhältnismäßige gleichmäßige Befriedigung** der Gläubiger und andererseits der Schutz des Erben vor dem Zugriff der Nachlassgläubiger. 5

Das Ziel der Nachlassinsolvenz beim nicht überschuldeten Nachlass, jedoch zahlungsunfähigen Nachlass ist die Vermeidung der Zwangsvollstreckung in die Werte der Erben. 6

III. Widerrufliches Bezugsrecht

1. Erblasser ist Versicherungsnehmer und versicherte Person. Ein Dritter ist im Todesfall Bezugsberechtigter, wobei das Valutaverhältnis eine Schenkung ist (Fall 1a)

Hat der Erblasser für eine von ihm abgeschlossene kapitalbildende Lebensversicherung (Risikolebensversicherung, Rentenversicherung) einem Dritten (dem Bezugsberechtigten) ein widerrufliches Bezugsrecht eingeräumt, besteht der Anfechtungsanspruch nach Eintritt des Versicherungsfalls gegen den Bezugsberechtigten auf Auszahlung der vom Versicherer geschuldeten Versicherungssumme und *nicht* nur auf Rückgewähr der vom Erblasser (Versicherungsnehmer, Schuldner) geleisteten Prämien. 7

Da der Erblasser während der kritischen Zeit (der Todesfall liegt immer in der kritischen Zeit; Vier-Jahres-Zeitspanne) dem Bezugsberechtigten etwas im Wege eines Vertrages zugunsten Dritter zugewendet hat und es sich hierbei im Valutaverhältnis um eine unentgeltliche Leistung handelt, ist der Nachlassinsolvenzverwalter gem. §§ 134 Abs. 1, 143 InsO berechtigt, die Forderung, die der Bezugsberechtigte erhalten hat, zur Masse zurückzufordern. Die dem Bezugsberechtigten durch die Zwischenschaltung des Versprechenden (der Versicherung) **mittelbar** gewährte Leistung steht anfechtungsrechtlich der **unmittelbaren** gleich. Mittelbare Zuwendungen sind so zu behandeln, als habe die zwischengeschaltete Person an den Schuldner geleistet und dieser sodann den Dritten befriedigt.[2] Folglich kommt es anfechtungsrechtlich grundsätzlich nicht darauf an, welche Mittel der Erblasser als Versicherungsnehmer aufgebracht, sondern welche Leistungen das Versicherungsunternehmen nach dem Inhalt seiner Vertragsbeziehung zum Versicherungsnehmer beim Eintritt der Fälligkeit zu erbringen hatte, welche **Zuwendung an den Dritten** (dem Bezugsberechtigten) der Versprechensempfänger also mit den von ihm aufgewendeten Vermögenswerten „erkauft" hat. Diese sind durch die Leistung an den Dritten der Masse entzogen worden.[3] 8

Der Erblasser erbringt durch die Zuwendung im Wege des Vertrages zugunsten Dritter also eine mittelbare Leistung an den Begünstigten, welche anfechtungsrechtlich einer unmittelbaren Leistung gleichsteht und so zu behandeln ist, als habe der Versicherer an den Erblasser geleistet und dieser sodann den Dritten befriedigt.[4] Diese Parallelbetrachtung verdeutlicht, dass die dem Bezugsberechtigten ausgezahlte Versicherungssumme der Masse entzogen worden ist. Eine andere Bewertung ergibt sich auch nicht etwa daraus, dass der Anspruch auf die Versicherungsleistung dem Bezugsberechtigten unmittelbar anwächst, ohne in den Nachlass zu fallen.[5] Dies hat den BGH aber nicht gehindert, in der seiner Entscheidung vom 23.10.2003[6] zugrunde liegenden Fallgestaltung eine anfechtbare Rechtshandlung anzunehmen,[7] da die Auskehr der Versicherungssumme an den Bezugsberechtigten wie eine Zahlung des Schuldners an diesen zu behandeln ist. 9

---

[2] Vgl. BGHZ 142, 284, 288 = NZI 1998, 427 = WM 1998, 968, 975; HK-InsO/Thole BGB § 129 Rn. 40.
[3] MüKoInsO/Kayser BGB § 134 Rn. 16b.
[4] BGHZ 156, 350 = NJW 2004, 214, 215 = NZI 2004, 78 (unter III. 4a).
[5] Prölss/Martin/Reiff/Schneider VVG § 9 ALB 2012 Rn. 15.
[6] BGH 23.10.2003 – IX ZR 252/01, ZInsO 2003, 1096.
[7] BGHZ 156, 350 = NJW 2004, 214.

Fazit 1:
Beim Lebensversicherungsvertrag mit widerruflichem Bezugsrecht besteht die **anfechtbare Leistung** nicht in der Summe der vom Versicherungsnehmer aufgebrachten Prämien oder des Rückkaufswertes, sondern in der dem Dritten ausgezahlten **Versicherungssumme.**[8]

10 Bei der Bezugsrechtseinräumung handelt es sich um eine Rechtshandlung iSd § 129 Abs. 1 InsO.[9]

11 Wenn der Erblasser (Versicherungsnehmer) den Bezugsberechtigten der Todesfallleistung aus der von ihm abgeschlossenen Risikolebensversicherung (auch Kapitallebensversicherung) als Bezugsberechtigten widerruflich einsetzt, ist dies **anfechtbar.** Dasselbe gilt auch bei einer Rentenversicherung, wenn der Versicherungsnehmer vor Renteneintritt verstirbt und die entsprechend hierfür vorgesehene Versicherungsleistung einem Bezugsberechtigten zugewandt wird, bzw. der Versicherungsnehmer nach Eintritt in die Rente während der Rentengarantiezeit verstirbt. In beiden Fällen kann der Nachlassinsolvenzverwalter die Leistung anfordern. Denn nach ständiger höchstrichterlicher Rspr. ist das **widerrufliche Bezugsrecht** nicht mehr als eine **ungesicherte Hoffnung** auf den Erwerb eines künftigen Anspruchs, mithin rechtlich ein **Nullum.**[10] Seine rechtliche Wirkung[11] entfaltet das widerrufliche Bezugsrecht in dem nach § 140 Abs. 1 InsO maßgeblichen Zeitpunkt des Eintritts des Versicherungsfalls (vgl. § 159 Abs. 2 VVG).

12 Der BGH sieht die **widerrufliche Bezugsberechtigung** gem. § 159 VVG als **bloße „Hoffnung“** an.[12] Das bedeutet, dass es anfechtungsrechtlich nicht auf den Zeitpunkt der Einräumung der widerruflichen Bezugsberechtigung, sondern auf den Tod des Versicherten als Zeitpunkt des Rechtserwerbs ankommt. Da der Versicherungsnehmer sich allein durch die widerrufliche Benennung des Dritten keinerlei Rechte aus dem Vertrag begeben hat, also jederzeit die Bezugsberechtigung durch einseitige Erklärung auf sich selbst oder eine andere Person umleiten kann, verbleiben vor dem Eintritt des Versicherungsfalls alle vertraglichen Rechte bei ihm. Die ungesicherte Hoffnung auf den Erwerb eines künftigen Anspruchs ist rechtlich ein Nullum.[13] Jeder Dritte, den der Versicherungsnehmer als bezugsberechtigt im Falle seines Todes bestimmt, erhält erst mit diesem Ereignis einen rechtlich gesicherten Anspruch, mag er im Versicherungsvertrag sogleich oder erst später als Bezugsberechtigter benannt worden sein. Dasselbe gilt erst recht für alle Personen, denen der Versicherungsnehmer in Abänderung seiner ursprünglichen Verfügung die Bezugsberechtigung nachträglich zugewandt hat.[14]

Fazit 2:
Im Falle einer widerruflichen Bezeichnung erlangt der Bezugsberechtigte die Rechte aus dem Versicherungsvertrag erst mit dem Ableben der versicherten Person. Bis dahin hat er auch keine gesicherte Rechtsstellung, sondern lediglich eine tatsächliche **Aussicht auf den Erwerb** der Rechte.[15]

---

[8] Jaeger/Henckel KO § 32 Rn. 33, 41; MüKoInsO/Kayser BGB § 134 Rn. 16b; FK-InsO/Dauernheim BGB § 134 Rn. 25 ff.; Hassold Zur Leistung im Dreipersonenverhältnis 1981, S. 308 ff.; Heilmann VersR 1972, 997, 1001; Müller-Feldhammer NZI 2001, 343, 349 f.; Thiel ZIP 2002, 1232, 1236.

[9] BGHZ 156, 350, 353 f. = NZI 2004, 78; BGH NJW 2013, 232 Rn. 7; BGH NZI 2013, 258 Rn. 13; vgl. auch BGH NZI 2012, 661 Rn. 6 ff. (zur Gläubigeranfechtung).

[10] BGHZ 156, 350, 356 = NZI 2004, 78; BGH NZI 2010, 646 Rn. 3; BGH NZI 2014, 1000 Rn. 13, jew. mwN.

[11] Vgl. BGHZ 170, 196 = NZI 2007, 158 Rn. 10; BGHZ 198, 77 = NZI 2013, 804 Rn. 15.

[12] BGHZ 156, 350.

[13] BGH ZEV 2010, 589–590.

[14] Zutr. Heilmann VersR 1972, 997, 1001; Staudinger/Jagmann BGB § 330 Rn. 28 ff.

[15] BGH NJW-RR 2012, 809 = WM 2012, 517.

Begründung

Anfechtungsrechtlich ist bei lediglich widerruflicher Benennung des Dritten als Bezugsberechtigten nicht auf den Zeitpunkt der Bezugsrechtseinräumung, sondern auf den **Eintritt des Versicherungsfalls** abzustellen.

„*Gemäß § 140 Abs. 1 InsO gilt eine Rechtshandlung als in dem Zeitpunkt vorgenommen, in dem ihre rechtliche Wirkung eingetreten ist, sie also die Gläubigerbenachteiligung bewirkt. Da der Versicherungsnehmer die widerrufliche Bezugsberechtigung jederzeit beseitigen kann, treten die Rechtswirkungen der Verfügung erst mit seinem – den Versicherungsfall auslösenden – Tod ein. Der Insolvenzverwalter kann das Bezugsrecht vor Eintritt des Versicherungsfalls abändern bzw. aufbereiten. Die Bestimmung der Bezugsberechtigung durch den Versicherungsnehmer bildet eine unabdingbare Voraussetzung für den Rechtserwerb des Dritten. Sie bleibt wirkungslos, wenn der Versicherungsnehmer später eine davon abweichende Entschließung trifft oder der Versicherungsfall, der einen Anspruch des Dritten gegen die Versicherung begründet, nicht eintritt. Da der Bezugsberechtigte durch die Erklärung des Versicherungsnehmers noch kein bedingtes oder befristetes Recht, sondern eine tatsächliche Erwerbsaussicht erlangt hat, findet § 140 Abs. 3 InsO keine Anwendung.*“[16]

Auch wenn das Bezugsrecht entgeltlich sein sollte, kann der Insolvenzverwalter einer- 13
seits, wenn eine Auszahlung noch nicht erfolgt sein sollte, den Übermittlungsauftrag widerrufen. In diesem Fall kann dann der Bezugsberechtigte die Pflegekosten zur Tabelle anmelden.

Ergebnis

Bei einem widerruflichen Bezugsrecht – unabhängig davon, um welche Art von Lebensversicherung es sich handelt – gilt:

- Im Fall der Bestimmung eines Dritten als Bezugsberechtigten wendet der Versicherungsnehmer diesem etwas durch die Leistung des Versicherers zu, wobei die anfechtbare Leistung in der dem Dritten ausbezahlten Versicherungssumme zu sehen ist.[17]
- Bei einer widerruflichen Bezugsberechtigung in einer Lebensversicherung nach § 159 Abs. 1 VVG wird das Recht auf Leistung erst mit dem Versicherungsfall erworben, sodass erst der Eintritt des Versicherungsfalls als der gem.

§ 140 Abs. 1 InsO maßgebliche Zeitpunkt der Vornahme der Rechtshandlung anzusehen ist.

Der Anfechtbarkeit steht auch nicht etwa im Wege, dass die Bezugsberechtigung bereits außerhalb des kritischen Zeitraumes eingeräumt worden ist, da der Bezugsberechtigte die Versicherungssumme durch eine unentgeltliche Leistung des Erblassers iSv § 134 InsO erlangt hat.

Fall:

Das Valutaverhältnis ist entgeltlich, die Versicherungsleistung ist ausgezahlt. Kann die Anfechtung scheitern, wenn dem Bezugsberechtigten der Nachweis der Entgeltlichkeit gelingt?

Lösung:

Wenn der Bezugsberechtigte nachweisen kann, dass die Einräumung des Bezugsrechts entgeltlich war – zB Pflege bzw. Darlehensgewährung, beispielsweise wegen Übernahme von Pflegekosten – scheitert die Anfechtung.

---

[16] BGH NJW 2004, 214.

[17] BGH 23.10.2003 – IX ZR 252/01, ZInsO 2003, 1096.

Praxistipp zur Pflegevergütung:
Wenn durch das Bezugsrecht jahrelange entgeltliche Pflegeleistungen abgegolten werden, sind die entsprechenden sozialversicherungsrechtlichen und einkommensteuerrechtlichen Vorschriften zu beachten.

14 Wenn die Bezugsrechtseinräumung entgeltlich ist, trifft die volle **Beweislast** sowohl für die Behauptung, der Erblasser (Versicherungsnehmer) habe nicht mit Benachteiligungsvorsatz gehandelt, als auch für die fehlende Kenntnis von einem Benachteiligungsvorsatz des Erblassers/Versicherungsnehmers den Bezugsberechtigten.[18]

2. Erblasser ist prämienzahlender Versicherungsnehmer. Ein Dritter ist bezugsberechtigt. Der Erblasser ist nicht die versicherte Person (Fall 1b)

15 Bei dieser Fallkonstellation kann der Insolvenzverwalter den Wert des Versicherungsvertrages einziehen, zB durch Kündigung des Vertrages. Es ist kein Versicherungsfall eingetreten.

16 Der Bezugsberechtigte hat gem. § 170 Abs. 1 S. 1 VVG die Möglichkeit, im Falle des Insolvenzverfahrens des Versicherungsnehmers mit Zustimmung desselben in den Versicherungsvertrag **einzutreten** und die Lebensversicherung für sich zu retten. Diese Fallsituation kann sich ergeben, wenn der Versicherungsnehmer verstorben ist, er nicht versicherte Person war und das Nachlassinsolvenzverfahren eröffnet wurde. Wenn im Versicherungsvertrag aufgenommen ist, dass entweder die versicherte Person oder der Bezugsberechtigte den Vertrag fortführen kann (Vertrag zugunsten Dritte), muss der diesbezügliche Bezugsberechtigte den **Rückkaufswert** an den Nachlassinsolvenzverwalter herausgeben.

Praxistipp:
Gerät der Versicherungsnehmer zu Lebzeiten in Insolvenz, braucht der Insolvenzverwalter die Benennung des Bezugsberechtigten nach Auffassung des BGH noch nicht einmal zu widerrufen, um den Rückkaufswert zur Masse zu ziehen.

17 Ergebnis in wirtschaftlicher Hinsicht: Interessant dürfte dies für den Insolvenzverwalter nur bei kapitalbildenden Lebensversicherungen und Rentenversicherungen sein, da eine Risikolebensversicherung oftmals keinen Verkehrswert hat.

3. Erblasser ist Versicherungsnehmer. Ein Dritter ist versicherte Person, bezugsberechtigt und zahlt die Prämien (Fall 1c)

18 In diesem Fall ist der Bezugsberechtigte nicht verpflichtet, den Rückkaufswert an den Insolvenzverwalter herauszugeben, da der Bezugsberechtigte selbst die Prämien bezahlt hat. Der Bezugsberechtigte ist jedoch beweispflichtig dafür, dass er dem Erblasser die Prämienzahlungen nicht etwa geschenkt hat, sondern dass der Erblasser nur „Treuhänder" war.

4. Erblasser ist Versicherungsnehmer und versicherte Person. Das Valutaverhältnis ist gestört bzw. eine Bezugsberechtigung ist nicht feststellbar (Fall 1d)

19 a) **Valutaverhältnis ist gestört.** Im Nachlassinsolvenzverfahren hat der Insolvenzverwalter auch zu prüfen, ob gegen den Begünstigten aus einer Lebensversicherung ein Anspruch des Nachlasses aus § 812 Abs. 1 S. 1 BGB besteht.

[18] OLG Hamm 9.2.2017 – 27 U 6/16.

Ein derartiger Anspruch besteht beispielsweise dann, wenn zwischen dem begünstigten Ehegatten des Versicherungsnehmers und dem Versicherungsnehmer vereinbart war, dass die Versicherungsleistung zur Tilgung eines vom Versicherungsnehmer aufgenommenen Darlehens bestimmt ist, der Begünstigte sie gleichwohl an sich auszuzahlen lässt, weil der Widerruf seiner Bezugsberechtigung zugunsten das Darlehensgebers unwirksam ist.[19] 20

b) Bezugsberechtiger ist nicht feststellbar

Fall: 21

Erblasser E, welcher Versicherungsnehmer war, wollte, dass eine Stiftung bezugsberechtigt sein sollte und teilte dies dem Versicherungsagenten mit.

Lösung:

Das Angebot auf Abschluss eines Schenkungsvertrages kann durch den Nachlassinsolvenzverwalter wirksam widerrufen werden, wenn zu Lebzeiten des Versicherungsnehmers ein Schenkungsvertrag mangels Kenntnis der Stiftung von der Zuwendung nicht zustande gekommen ist. Auch wenn ein Versicherungsagent Kenntnis von der Bezugsberechtigung hatte und (eventuell) nach dem Tod des Versicherungsnehmers den Begünstigten informiert, liegt keine Annahme des Schenkungsangebots vor. Aus der Stellung als Versicherungsagent allein kann nicht von einem Auftrag zur Übermittlung eines postmortalen Schenkungsangebots ausgegangen werden. § 43 VVG legt den Inhalt der gesetzlichen Vollmacht des Agenten insoweit abschließend fest. Die Befugnis, ein Schenkungsangebot an den in einen Lebensversicherungsvertrag genannten Bezugsberechtigten zu übermitteln, ergibt sich daraus nicht.

Praxistipp:

Sofern der Lebensversicherungsnehmer für den Todesfall niemanden als Bezugsberechtigten bezeichnet hat, fällt der Anspruch auf die Versicherungssumme in den Nachlass und dient im Insolvenzfall ohne weiteres der Befriedigung der Nachlassgläubiger in dem dafür vorgesehenen besonderen Verfahren (§§ 1922 Abs. 1, 1967 BGB, §§ 315 ff. InsO).[20]

5. Die Lebensversicherung diente zur Absicherung eines Kredits (Fall 1e)

Fall: 22

Zur Sicherung von Kreditforderungen einer Sparkasse trat der Erblasser der Sparkasse seine sämtlichen gegenwärtigen und künftigen Rechte und Ansprüche für den Todesfall aus Lebensversicherungsverträgen ab. Dies war fünf Jahre vor seinem Ableben. Zu diesem Zeitpunkt war der Erblasser bereits erheblich verschuldet. Der Insolvenzverwalter hat sowohl die Abtretung an die Sparkasse als auch die Bezugsrechtseinräumung zugunsten der überlebenden Ehefrau angefochten.

Lösung:

Die erklärte Abtretung der Leistungen der Lebensversicherungen ist wegen Gläubigerbenachteiligung nach § 133 Abs. 2 S. 1 InsO anfechtbar. Durch die innerhalb der Zehnjahresfrist des § 133 Abs. 1 S. 1 InsO erklärten Abtretungen sind Insolvenzgläubiger objektiv benachteiligt worden. Danach ist eine Rechtshandlung anfechtbar, die der Schuldner in den letzten zehn Jahren vor dem Antrag auf Eröffnung des Insolvenzverfahrens oder nach diesem Antrag mit dem Vorsatz vorgenommen hat, seine Gläubiger zu benachteiligen, wenn der andere Teil zur Zeit der Handlung diesen Vorsatz des Schuldners kannte.

[19] OLGR Karlsruhe 2001, 52–53.
[20] Thiel ZIP 2002, 1232.

23 Die Darlegungs- und **Beweislast** für den **Benachteiligungsvorsatz** des Schuldners liegt beim Insolvenzverwalter.[21] Nach st. Rspr. des BGH bildet die Inkongruenz der angefochtenen Leistung ein Beweisanzeichen für den Benachteiligungsvorsatz.[22] Die aus der Inkongruenz der Leistung folgende Beweiserleichterung ist bei der Vorsatzanfechtung auch außerhalb des Drei-Monats-Zeitraumes des § 131 Abs. 1 Nr. 3 InsO anzuwenden. Voraussetzung ist allerdings, dass die Wirkungen der Rechtshandlung zu einem Zeitpunkt eintraten, als zumindest aus der Sicht der Sparkasse Anlass bestand, an der Liquidität des Erblassers zu zweifeln.[23]

„Nach § 133 Abs. 1 S. 2 InsO ist diese Kenntnis zu vermuten, wenn der Anfechtungsgegner zum maßgeblichen Zeitpunkt (§ 140 InsO) wusste, dass die Zahlungsunfähigkeit des Schuldners drohte und dass die Handlung die Gläubiger benachteiligte.“[24]

Die Bezugsrechtseinräumung der Ehefrau ist gleichfalls vom Insolvenzverwalter anfechtbar.

6. Erblasser war Versicherungsnehmer, er war versicherte Person und es lag eine Abtretung zugunsten einer Darlehensverbindlichkeit vor (Fall 1f)

24 Die Abtretung geht dem Bezugsrecht vor. Wenn die Abtretung außerhalb des anfechtungsrelevanten Zeitraums erfolgt ist, wird die Versicherung, soweit die Abtretung reicht, die Versicherungsleistung schuldbefreiend an den Darlehensgeben auszahlen können.

IV. Unwiderrufliches Bezugsrecht

1. Allgemeines

25 Bei einer unwiderruflichen Bezeichnung erwirbt der Bezugsberechtigte den Anspruch auf die Versicherungsleistung sofort (§ 159 Abs. 3 VVG).[25]

26 Anfechtungsfest ist die Position des Bezugsberechtigten dann, wenn der Bezugsberechtigte schon vor dem in § 134 Abs. 1 InsO normierten **Vier-Jahres-Zeitraum** eine gesicherte Rechtsstellung erlangt hätte, weil die unentgeltliche Zuwendung dann nicht als innerhalb der gesetzlichen Frist anzusehen ist.[26] Dies wäre bei Einräumung einer unwiderruflichen Bezugsberechtigung außerhalb des genannten Zeitraumes der Fall.[27]

2. Erblasser ist Versicherungsnehmer und versicherte Person. Ein Dritter ist im Todesfall unwiderruflich bezugsberechtigt, wobei das Valutaverhältnis eine Schenkung ist (Fall 2a)

Fall:

Erblasser E war prämienzahlender Versicherungsnehmer. Er verstarb 2018. E war auch versicherte Person. B war Bezugsberechtigte. Das unwiderrufliche Bezugsrecht wurde

- Variante a: in 2005
- Variante b: in 2015

eingeräumt, wobei Rechtsgrund eine Schenkung war.

---

[21] BGH NJW 2003, 3560.

[22] BGHZ 123, 320, 326 = NJW 1993, 3267; BGHZ 138, 291, 308 = NJW 1998, 2592; BGHZ 157, 242, 253 = NJW 2004, 1385.

[23] BGH NZI 2007, 447.

[24] BGHZ 155, 75, 85 = NJW 2003, 3347; BGH NJW 2006, 1348.

[25] BGH NZI 2012, 661 Rn. 7.

[26] BGHZ 156, 350 = NJW 2004, 214, 215.

[27] MüKoInsO/Kayser BGB § 134 Rn. 16a.

Ist der Dritte im Versicherungsvertrag von vornherein als Bezugsberechtigter bezeichnet worden, so hat das Recht auf die Leistung des Versicherers niemals dem Versicherungsnehmer zugestanden. Das Bezugsrecht kann daher nicht einer Gläubigeranfechtung unterliegen. Nur die Prämienzahlung der letzten vier Jahre kann zurückzugewähren sein (§ 4 AnfG), bei Gutgläubigkeit sogar nur die Bereicherung, d. h. die Erhöhung des Rückkaufswertes durch die anfechtbar gezahlten Prämien. An dieser Beurteilung ändert sich auch bei einem späteren Wechsel des Bezugsberechtigten nichts, wenn das Bezugsrecht dem Versicherungsnehmer nie zugestanden hat. 27

Nach Feststellung des **unwiderruflichen** Bezugsrechts ist abzuklären, ob die Einräumung des Bezugsrechts **innerhalb oder außerhalb der kritischen Zeit** erfolgt. 28

Die Beurteilung, welche Art der Bezugsberechtigung vorliegt, hat aber stets die Umstände des Einzelfalls zu berücksichtigen, denn maßgeblich ist letztlich der Wille des Versicherungsnehmers, der bestimmen kann, ob, wann und unter welchen Voraussetzungen das Recht übergehen soll.[28] 29

Dem steht nicht entgegen, dass der Bezugsberechtigte nur die Versicherungsleistung **im Todesfall unwiderruflich** zugewendet wurde und die Erlebensfallleistung dem Versicherungsnehmer zustehen sollte. Auch im Fall eines solchen **gespaltenen Bezugsrechts** erwirbt der begünstigte Dritte die Rechte aus dem Versicherungsvertrag regelmäßig sofort, allerdings unter der **auflösenden Bedingung,** dass der Versicherte den Ablauf der Versicherung erlebt, während der Rechtserwerb des Versicherungsnehmers entsprechend aufschiebend bedingt ist.[29] Die geteilte Begünstigung widerspricht nicht dem Wesen einer unwiderruflichen Bezugsberechtigung des Dritten mit sofortigem Rechtsübergang, weil sich der Versicherungsnehmer der Möglichkeit, das Bezugsrecht des Dritten nach eigenem Gutdünken aufzuheben, vollständig begeben hat. Nur durch einen sofortigen Rechtsübergang lässt sich die auch bei einer solchen Regelung erstrebte, gegen den Zugriff von Gläubigern des Versicherungsnehmers geschützte Fürsorge für den begünstigten Dritten im Fall des Todes des Versicherten vor Ablauf der Versicherung erreichen. Dies rechtfertigt die Annahme einer auflösenden Bedingung, deren Einfügung den sofortigen Eintritt der rechtlichen Wirkungen des Rechtsgeschäfts nicht hindert (§ 158 Abs. 2 BGB). Sind aber die rechtlichen Wirkungen eingetreten, gilt die Rechtshandlung iSv § 140 Abs. 1 InsO als vorgenommen ungeachtet des Umstands, dass die Wirkungen im Falle des Eintritts der auflösenden Bedingung enden können. Nach dem Grundgedanken des § 140 InsO soll für die Anfechtbarkeit einer Rechtshandlung derjenige **Zeitpunkt** maßgeblich sein, in dem der Anfechtungsgegner eine Rechtsstellung erlangt hat, die bei Eröffnung des Insolvenzverfahrens ohne die Anfechtung beachtet werden müsste.[30] Auflösend bedingte Rechte sind, solange die Bedingung nicht eingetreten ist, im Insolvenzverfahren wie unbedingte Rechte zu beachten (§ 42 InsO). 30

Bei gespaltenem Bezugsrecht mit unwiderruflicher Begünstigung eines Dritten mit der Todesfallleistung bleibt der Versicherungsnehmer zur Kündigung des Versicherungsvertrages berechtigt. Der dann bestehende Anspruch auf den Rückkaufswert steht jedoch grundsätzlich dem Dritten zu, denn das Recht auf den Rückkaufswert ist nur eine andere Erscheinungsform des Rechts auf die Versicherungssumme und gehört deshalb zu den vertraglich versprochenen Leistungen bei einer Lebensversicherung.[31] Gläubiger können deshalb zwar das Recht des Schuldners zur Kündigung pfänden. Die Kündigung geht aber ins Leere, weil das Kündigungsrecht nur zusammen mit dem Rückkaufswert gepfändet werden kann.[32] 31

Ist ein Dritter erst **nachträglich** als Bezugsberechtigter bezeichnet worden, so stand vor der Einräumung des Bezugsrechts dem Versicherungsnehmer das Recht auf die 32

---

[28] BGHZ 79, 295, 298 = NJW 1981, 984; BGH NJW 2003, 2679, 2680; BGH NJW-RR 2010, 544 Rn. 10.

[29] BGHZ 45, 162, 166 = NJW 1966, 1071; BGHZ 118, 242, 247 = NJW 1992, 2154.

[30] BGHZ 182, 264 = NJW 2010, 444 Rn. 9.

[31] BGHZ 45, 162, 167 = NJW 1966, 1071; BGHZ 118, 242 = NJW 1992, 2154; BGH NJW 2003, 2679, 2680; BGH NJW-RR 2010, 544 Rn. 11, 14.

[32] BGHZ 45, 162, 168 = NJW 1966, 1071; BGH NJW 2003, 2679.

Leistung des Versicherers zu. Die Zuwendung des Bezugsrechts durch den Versicherungsnehmer an den Dritten kann daher der Gläubigeranfechtung unterliegen: Wenn das Bezugsrecht hier dem Dritten unaufhebbar und damit „sofort" zugewendet worden ist, kommt es darauf an, ob der Erwerb des Bezugsrechts in der kritischen Zeit stattgefunden hat: Wurde das unaufhebbare Bezugsrecht vor der kritischen Zeit zugewendet, so können die Gläubiger nur die Höhe der letzten Prämienzahlungen während der kritischen Zeit fordern; wenn die Zuwendung des unwiderruflichen Bezugsrechts innerhalb der kritischen Zeit erfolgte, auch die Zuwendung des Bezugsrechts selbst.

Lösung Variante a:

Die Prämienzahlungen der letzten vier Jahre sind widerruflich und somit durch den Insolvenzverwalter vom Bezugsberechtigten anforderbar.

Lösung Variante b:

In dieser Konstellation kann die komplette Versicherungsleistung, soweit sie für den Nachlassinsolvenzverwalter benötigt wird, von diesem eingezogen werden.

Zusammenfassung:

Die Insolvenzanfechtung der vom Berechtigten erlangten Versicherungssumme scheidet aus, wenn das Bezugsrecht einem Dritten sogleich bei Abschluss des Vertrages zugewendet wurde, es also nie dem Versicherungsnehmer selbst zugestanden hat. In einem solchen Fall sind nur die im Anfechtungszeitraum geleisteten Prämienzahlungen zurückzugewähren.[33]

V. Das Insolvenzverfahren (§ 315 InsO)

1. Zuständigkeit

33 **Sachlich** zuständig für das Insolvenzverfahren ist nicht das Nachlassgericht, sondern das Amtsgericht als Insolvenzgericht (§ 2 Abs. 1 InsO).

34 **Örtlich** ist das Insolvenzgericht zuständig, in dessen Bezirk der **Erblasser** zum Zeitpunkt des Todes seinen **allgemeinen Gerichtsstand** (§ 315 InsO iVm § 3 InsO) hatte. Der allgemeine Gerichtsstand des Erblassers zur Zeit seines Todes, also sein **letzter Wohnsitz** gem. § 13 ZPO, bestimmt die örtliche Zuständigkeit des Insolvenzgerichts (§ 315 InsO), nicht der Wohnsitz des Erben. Hatte der Erblasser jedoch bei einer selbstständigen Tätigkeit seinen wirtschaftlichen Mittelpunkt an einem anderen Ort als dem seines allgemeinen Gerichtsstandes, so ist ausschließlich das Insolvenzgericht zuständig, in dessen Bezirk der Unternehmenssitz liegt.

35 Bis zur Eröffnung des Nachlassinsolvenzverfahrens ist der **Richter, danach** der **Rechtspfleger** zuständig.

2. Antrag (§ 317 Abs. 1 InsO)

36 a) **Antragsverfahren.** Das Nachlassinsolvenzverfahren beginnt nur auf Antrag, es wird **nicht von Amts wegen** eröffnet.

37 b) **Antragsberechtigung nach § 317 InsO.** Berechtigt, die Eröffnung des Insolvenzverfahrens über einen Nachlass zu beantragen, ist der **Erbe** gem. § 317 Abs. 1 InsO, und zwar vor und nach Annahme der Erbschaft bzw. vor und nach Ablauf der Ausschlagungsfrist.

38 Nach § 316 Abs. 1 Alt. 1 InsO kann der **Erbe** (dies gilt sowohl für den gesetzlichen als auch den testamentarischen Erben) **vor** Annahme der Erbschaft einen Antrag auf Eröffnung des Nachlassinsolvenzverfahrens stellen. Dabei ist der Erbe, obwohl er die Erbschaft noch nicht angenommen hat, in dieser Überlegungsfrist bereits zur Antrag-

[33] RGZ 51, 404; RGZ 61, 217, 219 f.; RGZ 62, 46, 47 f.; RGZ 66, 158, 161 f.; OLG München ZIP 1991, 1501.

stellung berechtigt. Der Antrag ist dabei nicht als Annahmeerklärung, auch nicht als konkludente, zu bewerten.[34] Schuldner des Nachlassinsolvenzverfahrens ist/sind jeweils der Erbe bzw. die Erben. Soweit eine Testamentsvollstreckung angeordnet ist, ist bei Erbenantrag der Testamentsvollstrecker zu hören (§ 317 Abs. 3 1. Alt. InsO).

Weiterhin sind **antragsberechtigt:** 39

- der **Nacherbe,** allerdings erst mit Eintritt der Nacherbfolge (§ 2139 BGB);
- jeder **Miterbe;** wenn der Antrag nicht von allen Miterben gestellt wird, ist der Eröffnungsgrund glaubhaft zu machen und die übrigen Miterben sind anzuhören (§ 317 Abs. 2 InsO); für die Geltendmachung gelten die Regelungen des § 4 InsO iVm § 294 ZPO;
- der **Nachlassverwalter** (§§ 1975, 1985 BGB, § 317 Abs. 1 InsO);
- der **Nachlasspfleger** (§ 1960 BGB, § 317 Abs. 1 InsO);
- der **verwaltende Testamentsvollstrecker** (§ 2205 BGB), der nicht nach § 2208 BGB beschränkt ist.

Soweit *mehrere* Testamentsvollstrecker bestellt sind, ist die Antragstellung gemeinschaftlich von diesen auszuüben. 40

Das Antragsrecht besteht aber nur, wenn dem Testamentsvollstrecker gem. 41

§ 2205 BGB die allgemeine Verwaltungsbefugnis für den Nachlass zusteht. Anders ist 42
der Fall zu werten, wenn dem Testamentsvollstrecker im Falle des § 2208 BGB die *Verwaltungsbefugnis weitgehend beschränkt* oder *entzogen* ist, er also nur für Teilbereiche zuständig ist oder nur die Einhaltung von Auflagen zu überwachen hat. Damit besteht in diesem Fall auch keine Antragsberechtigung im Hinblick auf ein Nachlassinsolvenzverfahren. Entscheidend ist damit, inwieweit dem Testamentsvollstrecker die Verwaltung des gesamten Nachlasses obliegt (§ 317 Abs. 3 InsO).

Die reine Vermächtnisvollstreckung begründet kein Antragsrecht. 43

Eine materiellrechtliche Antragspflicht aus den gesetzlichen Regelungen korrespondiert für den Testamentsvollstrecker nicht. Allerdings kann eine Haftung des Testamentsvollstreckers gegenüber den Erben aus § 2219 Abs. 1 Alt. 1 BGB resultieren, soweit er durch die Nichtantragstellung die Pflichten als ordnungsgemäßer Verwalter verletzt. 44

– jeder **Nachlassgläubiger;** dabei ist streng zwischen den Nachlassgläubigern und den Eigengläubigern des Erben zu differenzieren. Zugunsten des Nachlassgläubigers muss eine Nachlassverbindlichkeit bestehen. Zu beachten ist, dass für den Antrag des Nachlassgläubigers die Frist des § 319 InsO gilt, d. h. innerhalb von zwei Jahren ab Erbfall. Die weiteren Anforderungen ergeben sich aus § 14 InsO. 45

– Im Falle eines **Gläubigerantrags** müssen die Forderung des Gläubigers gem. § 14 Abs. 1 InsO, ein Eröffnungsgrund und das rechtliche Interesse glaubhaft gemacht werden. Über § 4 InsO gilt für die Glaubhaftmachung die Vorschrift des § 294 ZPO. Das bedeutet: Alle präsenten Beweismittel, die die ZPO kennt, und darüber hinaus die eidesstattliche Versicherung (in aller Regel des Antragstellers) sind Mittel der Glaubhaftmachung. Die Anforderungen an die Glaubhaftmachung des Insolvenzgrundes dürfen nicht überspannt werden, erforderlichenfalls kann dies mit der sofortigen Beschwerde gerügt werden.[35] 46

c) **Antragsberechtigung nach § 318 InsO.** Antragsberechtigt ist auch der **Gütergemeinschaftsehegatte;** dabei stellt § 318 InsO eine Sonderregelung zur Antragsberechtigung dar. Die Regelung ergänzt § 317 InsO im Hinblick auf die Antragsberechtigung auf der Schuldnerseite. Erfasst wird der Fall, dass bei Gütergemeinschaft nach §§ 1415 ff. BGB die Erbschaft eines in Gütergemeinschaft lebenden Ehegatten in das Gesamtgut fällt. Dies ist der Fall, wenn die Erbschaft nicht nach § 1418 Abs. 2 Nr. 2 BGB zum Vorbehaltsgut erklärt wird. Das hat zur Folge, dass die Erbschaft gemeinschaftliches Vermögen der Ehegatten wird. 47

[34] Vgl. BeckOK InsO/Fridgen § 316 Rn. 7.
[35] NK-BGB/Krug BGB § 1975 Rn. 60.

48 Damit ist gem. § 318 Abs. 1 InsO zur Antragstellung berechtigt:
- der Ehegatte, der zugleich Erbe ist;
- der Ehegatte, der Nichterbe ist, dem jedoch alleine die Verwaltung des Gesamtgutes obliegt (§§ 1422 ff. BGB);
- der Ehegatte, der zwar kein Erbe ist, jedoch gemeinschaftlich mit dem anderen Ehegatten das Gesamtgut verwaltet (§ 1450 BGB).

49 Soweit der allein verwaltungsberechtigte Ehegatte selbst Erbe ist, kann nur dieser den Insolvenzantrag stellen; hier bleibt es beim Antragsrecht nach § 317 InsO.

50 Gemäß § 318 Abs. 1 S. 2 InsO bedarf es **keiner Zustimmung des anderen Ehegatten** bei Antragstellung nach § 318 Abs. 1 S. 1 InsO. Damit stellt § 318 Abs. 1 S. 1 InsO eine Ausnahme von der nach den §§ 1423 ff. BGB sowie §§ 1451 ff. BGB notwendigen Zustimmung der Ehegatten bei wirtschaftlich erheblichen Handlungen dar. Nach § 318 Abs. 1 S. 3 InsO hat das Ende der Gütergemeinschaft keine Auswirkung auf das Antragsrecht.

51 Soweit nur ein Ehegatte den Antrag auf Eröffnung des Nachlassinsolvenzverfahrens stellt, hat er den Eröffnungsgrund **glaubhaft zu machen** (§ 318 Abs. 2 InsO, § 294 ZPO).

52 Weiter ist nach § 318 Abs. 2 S. 2 InsO der andere Ehegatte vor der Verfahrenseröffnung zu hören. Die **Anhörung** ist zwingend, ein Ermessen des Gerichts besteht nicht. Allerdings wird auf die Ausnahmeregelung nach § 10 InsO hingewiesen, die auch hier eingreift.

53 Der Antrag auf Eröffnung des Nachlassinsolvenzverfahrens kann nur zurückgenommen werden, bis der Eröffnungsbeschluss ergangen oder der Eröffnungsantrag rechtskräftig abgewiesen ist.

54 Wenn der Antragsteller das Insolvenzverfahren beenden will, kann dies nicht durch Antragsrücknahme geschehen, da zwischenzeitlich das Nachlassinsolvenzverfahren eröffnet worden ist. § 13 InsO sieht diesbezüglich ein Verbot der Antragsrücknahme vor. Es kommt allenfalls ein Antrag auf Einstellung gem. § 213 InsO in Betracht. Für einen Gläubiger als Antragsteller kommt die Möglichkeit nach § 213 InsO nicht Betracht.

3. Antragspflicht

55 a) **Allgemeines.** Es sind zwei Fälle zu unterscheiden: die Antragspflicht des Erben bzw. Nachlassverwalters und die des Nachlasspflegers bzw. Testamentsvollstreckers.

56 aa) **Antragspflicht des Erben bzw. des Nachlassverwalters.** Der Erbe und der Nachlassverwalter (aufgrund der Anordnung des Nachlassgerichts) sind verpflichtet, gem. §§ 1980 Abs. 1, 1985 Abs. 2 BGB **unverzüglich** Antrag auf Eröffnung des Nachlassinsolvenzverfahrens zu stellen, sobald sie **Kenntnis erlangt** haben, dass der Nachlass zahlungsunfähig oder überschuldet ist (§ 1980 Abs. 1 S. 1 BGB). Es handelt sich um eine materiellrechtliche Antragspflicht gegenüber den Gläubigern. Die Zahlungsunfähigkeit kann sich auch noch Monate nach dem Erbfall ergeben, wenn z. B. Nachschüsse aus Fondsbeteiligungen bzw. Forderungen von Seiten des Finanzamts (bis dato nicht steuerlich erfasste Spekulationsgewinne des Erblassers), fällig gestellte Darlehen oder Nachforderungen aus nicht gemeldeten Pflegearbeitsverhältnissen fällig werden.

57 bb) **Antragspflicht des Nachlasspflegers bzw. des Testamentsvollstreckers.** Der Nachlasspfleger und der Testamentsvollstrecker können einen Antrag stellen, sind dazu jedoch nicht verpflichtet.[36]

58 b) **Rechtsfolgen der Verletzung der Antragspflicht.** Der Erbe wird gegenüber den unbefriedigten Nachlassgläubigern **schadensersatzpflichtig,** wenn er entgegen seiner Verpflichtung nicht unverzüglich den Antrag stellt (§ 1980 Abs. 1 S. 2 BGB). Die Vorschrift des § 1980 Abs. 1 S. 2 BGB ist analog auf den **Nachlassverwalter,** nicht jedoch auf den Nachlasspfleger und Testamentsvollstrecker anwendbar. Der Erbe bleibt also auch bei bestehender Nachlasspflegschaft oder Testamentsvollstreckung antragspflichtig.

[36] Uricher/Ott-Eulberg Erbrecht § 10 Rn. 23.

Der Kenntnis der Überschuldung steht die fahrlässige Unkenntnis gleich (§ 1980 Abs. 2 S. 1 BGB). **Fahrlässigkeit** liegt insbesondere dann vor, wenn der Erbe das Aufgebotsverfahren der Nachlassgläubiger nicht beantragt, obwohl es sich ihm aufdrängte, das Vorhandensein unbekannter Nachlassverbindlichkeiten anzunehmen, da sich in den Nachlassunterlagen zahlreiche zurückgegangene Lastschriften befinden und nach dem Erbfall Rechnungen, Mahnungen ua eingehen. Das **Aufgebotsverfahren** ist jedoch **nicht** erforderlich, wenn die **Kosten des Verfahrens** gegenüber dem Nachlassbestand **unverhältnismäßig hoch** sind (§ 1980 Abs. 2 S. 2 BGB) bzw. wenn offensichtlich ist, dass der Nachlass überschuldet ist. 59

Damit will diese Bestimmung sicherstellen, dass der vorhandene Nachlass bei Beschränkung der Haftung auf den Nachlass den Nachlassgläubigern vollständig zur Verfügung steht. Sie soll zudem die **gleichmäßige Befriedigung der Gläubiger bei Dürftigkeit** des Nachlasses ermöglichen. 60

Die Antragspflicht des Erben ist jedoch in den vorgenannten Fällen (Nachlasspflegschaft, Testamentsvollstreckung) eher theoretischer Natur, da bei angeordneter Nachlasspflegschaft bzw. Testamentsvollstreckung der Erbe nur in den seltensten Fällen einen Überblick über die Vermögenssituation hat. 61

Nachlasspfleger und Testamentsvollstrecker sind jedoch gegenüber dem Erben verpflichtet, bei erkennbarer Überschuldung des Nachlasses von ihrem Antragsrecht Gebrauch zu machen, anderenfalls machen sie sich diesem gegenüber schadensersatzpflichtig. Ein Schaden für die Erben wird sich jedoch in der Praxis nicht darstellen lassen, da die Erben bei Überschuldung nichts aus dem Nachlass erhalten werden. 62

4. Antragsfrist (§ 319 InsO)

Bei dem Antragsrecht des Nachlassgläubigers gilt Folgendes: Antragsberechtigt ist jeder **Nachlassgläubiger,** allerdings mit der Einschränkung, dass der Antrag des Nachlassgläubigers nur **innerhalb von zwei Jahren** nach Annahme der Erbschaft zulässig ist (§§ 319, 317 InsO).[37] 63

Der Fristbeginn ist **kenntnisunabhängig.** 64

Wenn eine wirksame Anfechtung der Erbschaftsannahme nach § 1954 BGB auch Jahre nach dem Erbfall vorliegen sollte, beginnt die Frist nicht von Neuem, da es nicht auf den Erben ankommt, sondern auf den überschuldeten Nachlass. 65

Praxistipp:
- Ist der Erbe im Ausland wohnhaft, gelten 6 Monate statt 6 Wochen (§ 1944 Abs. 3 BGB bzw. § 1954 Abs. 3 BGB).
- Bei gesetzlicher Erbfolge: ab Kenntnis des Todes bzw. finaler Kenntnis, dass keine letztwillige Verfügung vorliegt.
- Bei testamentarischer Erbfolge (§ 1944 Abs. 2 S. 2 BGB): nicht vor Bekanntgabe der Verfügung durch das Nachlassgericht.

5. Form der Antragstellung

Für die Antragstellung ist keine Form vorgeschrieben. Der Antrag kann also schriftlich oder mündlich zu Protokoll der Geschäftsstelle abgegeben werden. 66

6. Begründetheit des Antrags

a) **Insolvenzgründe.** Das Gesetz kennt drei Insolvenzeröffnungsgründe (§ 320 InsO): 67
- Überschuldung (§ 19 InsO),
- Zahlungsunfähigkeit (§ 17 InsO),

[37] Uricher/Ott-Eulberg Erbrecht § 10 Rn. 15.

– drohende Zahlungsunfähigkeit (§ 18 InsO). Diese müssen bei Antragstellung gegeben sein.

68 b) **Überschuldung.** Überschuldung liegt nach § 19 Abs. 2 InsO vor, wenn das vorhandene Nachlassvermögen die bestehenden Verbindlichkeiten nicht mehr deckt, wenn also das **Aktivvermögen kleiner** ist als die auf der Passivseite ausgewiesenen Nachlassverbindlichkeiten. Es ist also eine **Gegenüberstellung der Aktiva und der Passiva** des Nachlasses vorzunehmen.

69 Zu den Aktiva gehören die nach §§ 1976, 1977 BGB wiederauflebenden Rechte sowie Ansprüche gegen den Erben aus §§ 1978, 1979 BGB. Somit entspricht dieses Nachlassverzeichnis nicht dem Nachlassverzeichnis in Pflichtteilsangelegenheiten (Nachlassverwaltungskosten, § 1978 Abs. 3 BGB). Die Aktiva sind mit dem Liquidationswert (Verkehrswert) anzusetzen.

70 Zu den Passiva gehören grundsätzlich alle Nachlassverbindlichkeiten, wie zB nach dem Erbfall aufgelaufene Zinsen aus Verbindlichkeiten, auch diejenigen aus Vermächtnis und Auflagen sind zu berücksichtigen. Bei der Ermittlung der Überschuldung des Nachlasses sind neben den **Masseverbindlichkeiten** nach § 334 InsO alle in §§ 325 ff. InsO genannten Verbindlichkeiten, somit auch **Vermächtnisse, Auflagen und Pflichtteilsansprüche,** zu berücksichtigen. Durch die Berücksichtigung von Vermächtnissen und Auflagen unterscheidet sich dieses Nachlassverzeichnis von demjenigen nach § 2314 BGB. Eine Überschuldung kann auch postmortal entstehen, wenn beispielsweise Aktien im Wert fallen, sodass aus dem Erlös aufgenommene Bankkredite nicht mehr beantragt werden können.

71 Eine Insolvenzantragspflicht besteht nicht, wenn die Überschuldung sich nur durch Vermächtnisse und Auflagen ergibt.

Beispiel 1:

Der Nachlass des Erblassers E besteht aus 50.000 EUR Bankguthaben, 50.000 EUR Finanzamtsverbindlichkeiten sowie 50.000 EUR sonstigen diversen Verbindlichkeiten. Sohn S, der Alleinerbe ist, befürchtet Zwangsvollstreckungsmaßnahmen des Finanzamts auch in sein eigenes Vermögen. Er überlegt, ob er die Finanzamtsverbindlichkeiten aus dem Nachlass begleichen soll. Ist dieses Vorgehen anzuraten?

Lösung:

In diesem Fall muss der Erbe einen Antrag auf Eröffnung des Nachlassinsolvenzverfahrens stellen, um sich nicht gegenüber den sonstigen diversen Gläubigern schadensersatzpflichtig zu machen. Unter Außerachtlassung von Kosten ergibt sich eine Insolvenzquote von 50 %, sodass sich der Alleinerbe iHv 25.000 EUR gegenüber den diversen Gläubigern schadensersatzpflichtig machen würde, wenn er lediglich das Finanzamt bezahlen würde.

Beispiel 2:

Der Nachlass des Erblassers E besteht aus 50.000 EUR Bankguthaben und 45.000 EUR Finanzamtsverbindlichkeiten. Zugunsten einer Stiftung sind die Erben mit einem Vermächtnis iHv 6.000 EUR belastet.

Lösung:

In diesem Fall können die Erben einen Antrag auf Eröffnung des Nachlassinsolvenzverfahrens stellen, müssen dies jedoch nicht. Wenn in diesem Fall die Erben die Finanzamtsverbindlichkeiten bezahlen werden, besteht keine Schadensersatzpflicht.

72 Für die Begründetheit ist die **Überschuldungsbilanz** maßgebend, in der die Aktiva und Passiva des Nachlasses nach ihren realisierbaren Verkehrswerten eingestellt sind. Ist die Bilanz zum Zeitpunkt der Eröffnung negativ, kommt es zur Eröffnung. Wenn die Aktiva (Aktien) nach Eröffnung steigen sollten, bleibt es bei der Eröffnung, obwohl keine Verschuldung mehr gegeben ist.

Praxistipp:

Bei der Berechnung der Überschuldung des Nachlasses sind neben den Masseverbindlichkeiten nach § 334 InsO alle in § 325 InsO genannten Verbindlichkeiten, also auch Vermächtnisse, Auflagen und Pflichtteilsansprüche, zu berücksichtigen.

c) **Zahlungsunfähigkeit.** Zahlungsunfähigkeit liegt vor, wenn die fälligen Zahlungspflichten nicht erfüllt werden (§ 17 Abs. 2 S. 1 InsO). Ganz geringfügige Liquiditätslücken sind unbeachtlich. Zahlungsunfähigkeit ist idR anzunehmen, wenn der Schuldner seine **Zahlungen eingestellt** hat (§ 17 Abs. 2 S. 2 InsO). Dabei ist stets auf den Nachlass und nicht auf das Eigenvermögen des Erben abzustellen. Bei der Zahlungsunfähigkeit ist nur auf die Liquidität des Nachlasses abzustellen. Eine bloß vorübergehende Zahlungsunfähigkeit im Sinne einer bloßen **Zahlungsstockung** ist noch kein Eröffnungsgrund.[38] 73

Uneinigkeit besteht in der Rspr., wie hoch die Quote der nicht bezahlten Verbindlichkeiten zu sein hat. Teilweise wird eine Quote von unter 5 %[39] angenommen. Zahlungsunfähigkeit ist auf jeden Fall anzunehmen, wenn der Nachlass nicht mehr in der Lage ist, mehr als **10–20 % der fälligen Verbindlichkeiten binnen zweier Monate** zu begleichen. 74

d) **Drohende Zahlungsunfähigkeit.** Die drohende Zahlungsunfähigkeit kann ebenfalls ein Grund für die Eröffnung des Nachlassinsolvenzverfahrens sein (§ 320 S. 2 InsO); sie begründet jedoch **keine Antragspflicht.**[40] Das Antragsrecht steht nur den Erben zu. 75

Bei der drohenden Zahlungsunfähigkeit ist idR durch einen **Liquiditätsplan** für einen **Prognosezeitraum von mindestens einem Jahr** die Liquiditätslücke aufzuzeigen. Dem Schuldner droht Zahlungsunfähigkeit, wenn er voraussichtlich nicht in der Lage sein wird, die Verbindlichkeiten im Zeitpunkt ihrer Fälligkeit zu erfüllen (§ 18 Abs. 2 InsO). Es wird somit auf **noch nicht fällige Verbindlichkeiten** abgestellt; dies wird sich oftmals bei geschlossenen Immobilienfonds aus den Nachlassverpflichtungen ergeben bzw. aus Beschlüssen von Hausgemeinschaften für notwendige Sanierungsmaßnahmen bzw. Erschließungskosten. 76

e) **Weitere Voraussetzungen.** Neben den oben angeführten **Voraussetzungen** setzt die Eröffnung des Nachlassinsolvenzverfahrens voraus, dass die **vorhandene Masse wenigstens** die **Kosten des Verfahrens deckt** (§ 26 Abs. 1 S. 1 InsO), zu denen 77

- die Gerichtskosten,
- die Vergütungen und Auslagen des vorläufigen Insolvenzverwalters und der Mitglieder des Gläubigerausschusses (§ 54 InsO) zählen.

Insolvenzmasse ist das Vermögen des Erblassers zum Zeitpunkt der Verfahrenseröffnung. Zum Nachlass wird hinzugerechnet, was zwischen Erbfall und Verfahrenseröffnung in den Nachlass gelangt. Die sonstigen Masseverbindlichkeiten (§ 55 InsO) werden nicht berücksichtigt. 78

Aussonderungsrechte (§ 47 InsO) sind abzusetzen. Gegenstand der Aussonderung können nicht nur dringliche Rechte (zB Eigentum, Besitz, Pfandrecht) sein, sondern auch „persönliche Rechte", die lediglich **schuldrechtlicher Natur** sind.[41] 79

Der Grundfall des Aussonderungsrechts stellt das Eigentum und hierbei als praktisch bedeutsamster Fall das Vorbehaltseigentum des Aussonderungsberechtigten dar. Der Vorbehaltseigentümer muss dem Insolvenzverwalter lückenlosen Beweis seines Eigentums liefern.[42] 80

Dem Eigentümer einer Sache steht an den Früchten der Sache auch nach Trennung von der Sache nach §§ 953, 99 BGB ein Aussonderungsrecht zu. 81

Auch Forderungen können Gegenstand eines **Absonderungsrechts** sein.[43]

---

[38] Balz/Landfermann, Die neuen Insolvenzgesetze, 1999, S. 223.
[39] Vgl. Römermann/Mönning InsO § 17 Rn. 19; AG Köln NZI 2000, 89, 91 (5 %); HK-InsO/Kirchhof § 17 Rn. 20 (unter 10 % als Maßstab angesetzt).
[40] NK-BGB/Krug BGB § 1980 Rn. 1 ff.
[41] Kübler/Prütting/Bork/Prütting InsO § 47 Rn. 45 f.
[42] Andres/Leithaus/Leithaus InsO§ 47 Rn. 4.
[43] MüKoInsO/Ganter § 47 Rn. 43.

82 Einen Sonderfall der Zession stellt der Forderungskauf oder das Factoring (Forfaitierung) dar. Ob das Factoring dem Forderungskäufer ein Aus- oder Absonderungsrecht gewährt, hängt von der Ausgestaltung des Factoringvertrages ab.

83 Anspruchsgegner des Aussonderungsberechtigten ist der Insolvenzverwalter, sodass eine Klage gegen ihn zu richten ist.[44]

84 Absonderungsbelastete Rechte (§ 49 InsO) sind nur mit dem Überschussbetrag bzw. beschränkt auf die Feststellungs- und Verwertungskosten von pauschal 9 % des Erlöses zu berücksichtigen (§§ 170, 171 InsO). Reicht die ermittelte Masse nicht aus, um die Verfahrenskosten zu decken, muss das Gericht den Insolvenzantrag abweisen oder es wird ein die gesamten Verfahrenskosten abdeckender Betrag vorgeschossen (§§ 26 Abs. 1 S. 2, 54 InsO). Deckt die Masse die Verfahrenskosten nicht, weist das Gericht den Antrag mangels einer die Verfahrenskosten deckenden Masse ab.

85 Die Abweisung des vom Erben gestellten Insolvenzantrags mangels Masse verschafft dem Alleinerben bzw. den Miterben die Möglichkeit der Haftungsbeschränkung aufgrund der **Dürftigkeitseinrede nach §§ 1990, 1991 BGB.** Dies ist oftmals das Ziel eines Insolvenzantrags. Damit können Zwangsvollstreckungsmaßnahmen in das Vermögen des Erben gestoppt werden. Der Einstellungsbeschluss ist Voraussetzung für die Erhebung einer Vollstreckungsgegenklage (§ 767 ZPO).

7. Sicherungsmaßnahmen

86 Als Sicherungsmaßnahmen bis zu einer Entscheidung über den Antrag kommen folgende Entscheidungen des Insolvenzgerichts in Betracht:
- Einsetzung eines vorläufigen Insolvenzverwalters (§ 21 Abs. 2 Nr. 1 InsO),
- Verhängung eines allgemeinen Verfügungsverbots (§ 21 Abs. 2 Nr. 2 Alt. 1 InsO),
- Erlass eines allgemeinen Veräußerungsverbots (§ 21 Abs. 2 Nr. 2 Alt. 2 InsO),
- Untersagung/Einstellung der Zwangsvollstreckung (§ 21 Abs. 2 Nr. 3 InsO).

VI. Eröffnung des Insolvenzverfahrens und dessen Wirkung auf Lebensversicherungsverträge und Bezugsrechte

1. Rechtswirkungen der Verfahrenseröffnung

87 a) **Nachlassseparation.** Der Eröffnungsbeschluss hat folgenden Inhalt: Der Nachlass wird mit der Eröffnung des Nachlassinsolvenzverfahrens beschlagnahmt (§ 80 InsO) mit der Wirkung, dass der Erbe seine Verfügungsbefugnis verliert. Die **Verschmelzung** von Nachlass und Eigenvermögen des Erben wird mit Rückwirkung ab Erbfall **beseitigt,** § 1978 Abs. 1 BGB (**Nachlassseparation**).

88 Die Wirkungen der mit dem Erbfall eingetretenen Vereinigung des Eigenvermögens des Erben mit dem Nachlass werden wieder beseitigt. Ist die Versicherungsleistung in den Nachlass gefallen, hat nur noch der Insolvenzverwalter die Befugnis, darüber zu verfügen. Ist die Versicherungsleistung an die Erben als Bezugsberechtigte geflossen, verbleibt die Versicherungsleistung dem Bezugsberechtigten, vorbehaltlich einer Anfechtung des Insolvenzverwalters.

89 Die Nachlassgläubiger können Befriedigung nur aus dem Nachlass suchen. Ist das Nachlassinsolvenzverfahren eröffnet, können die Nachlassgläubiger ihre **Ansprüche grundsätzlich nur gegen** den **Insolvenzverwalter** geltend machen.

90 b) **Zwangsvollstreckungsmaßnahmen.** Maßnahmen der Zwangsvollstreckung, die zugunsten von Nachlassgläubigern in das Eigenvermögen des Erben bereits erfolgt sind, sind auf Antrag des Erben, der die Möglichkeiten, seine Haftung zu beschränken, noch nicht verloren hat, aufzuheben (§ 784 Abs. 1 ZPO). Im eröffneten Nachlassinsolvenzverfahren schützen die Bestimmungen der §§ 89 und 321 InsO den Nachlass,[45] sodass

[44] Braun/Bäuerle InsO § 47 Rn. 95.
[45] Staudinger/Dobler BGB § 1975 Rn. 6.

zuvor in das Nachlassvermögen eingeleitete Zwangsvollstreckungsmaßnahmen kein Absonderungsrecht gewähren. Hat jedoch die Vollstreckung zur Befriedigung geführt, bleibt diese gem. § 321 InsO unberührt. Die Möglichkeit der Anfechtung gem. §§ 129 ff. InsO bleibt jedoch.

c) **Haftungsbeschränkung.** Der Nachlass wird den Nachlassgläubigern vorbehalten (§§ 325, 327 InsO). Die Haftung des Erben beschränkt sich gegenüber den Nachlassgläubigern auf den Nachlass (§ 1975 BGB), wenn er nicht bereits unbeschränkt haftet. Die **Haftungsbeschränkung** tritt nur dann ein, wenn der Erbe nicht bereits aus Gründen, wie zB: 91

- Fälle der Inventaruntreue (§ 2005 BGB),
- Versäumung der Inventarfrist (§ 1994 BGB),
- Verweigerung der eidesstattlichen Versicherung (§ 2006 BGB),

unbeschränkt haftet oder Nachlassverbindlichkeiten in Eigenverbindlichkeiten umgewandelt hatte, was gerade bei Kontoverbindungen oftmals von den Erben vorgenommen wird. 92

§ 2013 BGB besagt nicht, dass das Nachlassinsolvenzverfahren nicht mehr eröffnet werden kann, wenn der Erbe unbeschränkt haftet. Das Verfahren kann aber bei unbeschränkbarer Haftung des Erben **nicht mehr zu einer Haftungsbeschränkung** führen. Das Verfahren entfaltet die Trennungswirkung nur zugunsten der Nachlassgläubiger. Gläubiger des Erben können nicht mehr in Nachlassgegenstände die Zwangsvollstreckung betreiben. Der unbeschränkbar haftende **Erbe behält** weiter das **Recht,** die Eröffnung des Nachlassinsolvenzverfahrens zu beantragen. Der Erbe haftet bei der Eröffnung des Nachlassinsolvenzverfahrens weiter und zusätzlich mit seinem Eigenvermögen, auf das die Nachlassgläubiger zugreifen können. Wird neben dem Nachlassinsolvenzverfahren dann auch ein Insolvenzverfahren über das Eigenvermögen des Erben eröffnet, können die Nachlassgläubiger ihre Forderungen auch in diesem Verfahren geltend machen und werden dann wie absonderungsberechtigte Gläubiger behandelt (§ 331 Abs. 1 InsO).[46] 93

Die durch die Eröffnung bewirkte **Haftungsbeschränkung** gilt gegenüber **allen Gläubigern,** nicht nur im Verhältnis zu einzelnen, wie es beim Aufgebotsverfahren oder der fünfjährigen Gläubigersäumnis geschieht. Sie wirkt nicht nur zugunsten des Antragstellers. Der antragstellende Gläubiger erreicht zwar, dass der Nachlass als Haftungsmasse geschützt wird; gleichzeitig wird auch die Haftung des Erben auf die Masse beschränkt. 94

Praxistipp:

Jeder **Gläubiger** des Erblassers muss daher prüfen, ob es überhaupt sinnvoll ist, einen **Nachlassinsolvenzantrag** zu stellen, da ihm dadurch die Möglichkeit der Zwangsvollstreckung in das Vermögen des Erben genommen wird. Entsprechend bewirkt die Eröffnung auf Antrag des Erben nicht nur seine Haftungsbeschränkung auf den Nachlass, sondern **schützt** sein **Vermögen vor Zwangsvollstreckungsmaßnahmen** der Gläubiger des Erben.

d) **Verwaltung des Nachlasses.** Die **Verwaltung** des Nachlasses – somit auch die Guthaben aus Versicherungsverträgen, die in den Nachlass fallen, bzw. bestehender Lebensversicherungsverträge – wird dem Erben im Fall des Nachlassinsolvenzverfahrens völlig **entzogen.** Die Verwaltung steht ausschließlich dem Nachlassinsolvenzverwalter zu (§§ 27, 80 Abs. 1 InsO). Aus diesem Grund hat auch nur noch der Insolvenzverwalter ein **Auskunftsrecht** gegenüber der Versicherung.[47] 95

e) **Auskunftsanspruch und Bezugsrecht.** Hinsichtlich der Bestimmung von Bezugsrechten besteht ein Auskunftsanspruch aus § 3 Abs. 4 S. 1 VVG. Die Bestimmung und 96

[46] Staudinger/Dobler BGB § 2013 Rn. 5.
[47] OLG Saarbrücken 3.3.2010 – 5 U 233/09–62, NJW-RR 2010, 1333.

der Widerruf von Bezugsrechten sind ebenso wie Abtretungserklärungen als vertragsbezogene Erklärungen anzusehen,[48] von denen der Versicherungsnehmer – über eine reine Auskunftserteilung hinaus – nach der genannten Bestimmung jederzeit Abschriften fordern kann.

97 Der Anspruch aus § 3 Abs. 4 S. 1 VVG ist vererblich und kann deshalb auch von den Erben des Versicherungsnehmers geltend gemacht werden;[49] dasselbe gilt für den gem. § 80 Abs. 1 InsO an die Stelle des oder der Erben tretenden Insolvenzverwalters.

98 Es besteht auch ein Anspruch auf Auskunft des Insolvenzverwalters über die Einzelheiten der Erfüllung der Bezugsrechte aus Lebensversicherungsverträgen. Soweit der Insolvenzverwalter Informationen über die Einzelheiten der Erfüllung der Bezugsrechte begehrt, kann er sein Auskunftsverlangen nämlich auf die Bestimmung des § 666 BGB stützen. Grundlage hierfür ist das Versicherungsvertragsverhältnis, das im Falle der Bestimmung von Bezugsrechten Elemente einer Geschäftsbesorgung iSd § 675 Abs. 1 BGB aufweist, die es rechtfertigen, die genannte auftragsrechtliche Vorschrift entsprechend heranzuziehen.

99 Die **Bestimmung eines Bezugsrechts** begründet deshalb ein Rechtsverhältnis, das die Wahrnehmung eigener Interessen des Versicherers (Erfüllung des Anspruchs des Bezugsberechtigten) und solcher des Versicherungsnehmers (Umsetzung der „Weisung", an den Bezugsberechtigten zu leisten) beinhaltet. Entsprechend versteht die Rechtsprechung die Erklärung des Versicherungsnehmers gegenüber dem Versicherer, dass ein Bezugsberechtigter für die Todesfallleistung einer Lebensversicherung bestimmt wird, im Regelfall zugleich als **konkludenten Auftrag** an den Versicherer, dem Begünstigten nach Eintritt des Versicherungsfalls das Schenkungsangebot des Versicherungsnehmers zu überbringen.[50] Dies rechtfertigt die Annahme einer Auskunftspflicht in entsprechender Anwendung des § 666 BGB.

100 Diese umfasst die Pflicht der Versicherung, dem Versicherungsnehmer und somit auch den Erben des Versicherungsnehmers und damit auch dem Nachlassinsolvenzverwalter die erforderlichen Nachrichten zu geben, auf Verlangen über den Stand des Geschäfts Auskunft zu erteilen und nach der Ausführung des Auftrags Rechenschaft abzulegen.[51]

101 Die weit gefassten Informationspflichten des Beauftragten erklären sich damit, dass dieser (auch) im Interesse des Geschäftsherrn tätig wird; dem Geschäftsherrn sollen die ihm regelmäßig fehlenden Informationen verschafft werden, die er braucht, um seine im Zuge der Auftragserledigung sich ändernde Rechtsstellung beurteilen und Folgerungen daraus ziehen zu können. Dies kann sowohl die Rechtsbeziehungen zu dem Beauftragten als auch die bei der Auftragserfüllung mit Dritten begründeten Rechtsbeziehungen betreffen. Das Auskunftsrecht aus § 666 BGB setzt deshalb – anders als das aus § 242 BGB abgeleitete – nicht notwendig einen konkreten Hauptanspruch voraus, dessen Durchsetzung es dienen muss.

102 Bei der Bestimmung eines Bezugsberechtigten schließen die Informationspflichten insbesondere auch die Pflicht ein, **Zeitpunkt und Höhe der erbrachten Versicherungsleistungen** mitzuteilen. Auch insoweit kann die Versicherung dem Auskunftsbegehren des Insolvenzverwalters nicht entgegenhalten, das Vertragsverhältnis sei durch Leistung an die jeweils bezugsberechtigten Personen vollständig abgewickelt. Auch in diesem Fall äußert das Rechtsverhältnis jedenfalls insoweit noch Nachwirkungen, als dem Geschäftsherrn die Überprüfung der Vollständigkeit und Ordnungsmäßigkeit der Vertragsabwicklung ermöglicht werden muss.

103 f) **Umfang des Auskunftsanspruchs.** Der Auskunftsanspruch des Versicherungsnehmers nach §§ 675, 666 BGB aus der Geschäftsverbindung mit der Beklagten ging mit

[48] Prölss/Martin/Rudy VVG, 30. Aufl. 2018, § 3 Rn. 9.
[49] Prölss/Martin/Rudy VVG, 30. Aufl. 2018, § 3 Rn. 9.
[50] BGH 21.5.2008 – IV ZR 238/06, NJW 2008, 2702; OLG München 8.5.2009 – 25 U 4318/08, NJOZ 2009, 2263.
[51] BGH 8.2.2007 – III ZR 148/06, NJW 2007, 1528.

dem Tode des Erblassers gem. § 1922 Abs. 1 BGB auf den oder die Erben über.[52] Dem Auskunftsanspruch des Erben steht insbesondere nicht der Umstand entgegen, dass die Vorgänge, über die der Erbe Auskunft verlangt, dem Erblasser bekannt gewesen sind.[53]

Dem Erben als Rechtsnachfolger des Versicherungsnehmers ist die Überprüfung zu ermöglichen, ob die Versicherung die ihr obliegenden Pflichten, insbesondere die Auszahlung der Versicherungsleistung an den Bezugsberechtigten, ordnungsgemäß erfüllt hat. Darüber hinaus hat der Insolvenzverwalter ein Interesse zu klären, ob ggf. noch Vermögenswerte in den Nachlass gefallen sind. So kommt in Betracht, dass das Bezugsrecht nicht wirksam oder in anfechtbarer Weise eingeräumt worden ist. Denkbar ist ferner die Zurückweisung des Bezugsrechts durch den Berechtigten (§ 333 BGB) oder dessen Versterben vor oder gleichzeitig mit dem Versicherungsnehmer. All diese Umstände führen gem. § 160 Abs. 3 VVG dazu, dass die Versicherungsleistung dem Versicherungsnehmer bzw. dessen Erben zusteht. 104

Der Insolvenzverwalter ist gem. § 80 Abs. 1 InsO in die Rechtsstellung des oder der Erben des Versicherungsnehmers eingetreten ist. Dass er die hierbei gewonnenen Erkenntnisse ggf. bei Ausübung der ihm gem. §§ 129 ff. InsO eingeräumten Anfechtungsrechte ausnutzen kann, rechtfertigt den Auskunftsanspruch. 105

Die Versicherung kann dem Insolvenzverwalter insbesondere nicht auf Auskunftsansprüche gegen Bezugsberechtigte verweisen. Abgesehen davon, dass Auskunftsansprüche gegen die Versicherung/Beklagte aus § 666 BGB vorrangig wären, steht dem bereits entgegen, dass der BGH einen Auskunftsanspruch des Insolvenzverwalters gegen mögliche Anfechtungsgegner in stRspr davon abhängig macht, dass ein Anfechtungsanspruch dem Grunde nach feststeht und es nur noch um die nähere Bestimmung von Art und Umfang des Anspruchs geht.[54] 106

Die Versicherung kann dem Auskunftsanspruch ferner nicht entgegenhalten, sich durch die Auskunftserteilung gem. **§ 203 Abs. 1 Nr. 6 StGB** strafbar zu machen. Dieser Straftatbestand betrifft das unbefugte Offenbaren eines fremden Geheimnisses, das dem Angehörigen eines Unternehmens der privaten Kranken-, Unfall- oder Lebensversicherung anvertraut oder sonst bekanntgeworden ist. An einem „Offenbaren von Tatsachen" fehlt es allerdings dann, wenn der Mitteilungsempfänger an dem zugrunde liegenden Vertrauensverhältnis unmittelbar beteiligt ist.[55] Dies liegt für den Versicherungsnehmer selbst auf der Hand. Dieser ist an dem zugrunde liegenden Rechtsverhältnis nicht nur unmittelbar beteiligt, sondern ist sogar „Herr des Geschäfts". 107

Gehört somit der Versicherungsnehmer selbst nicht zu den „Dritten", denen gegenüber dem Auskunftspflichtigen die Auskunftserteilung untersagt sein könnte, so gilt nichts anderes für dessen Erben, die insoweit – hinsichtlich vermögensbezogener Angelegenheiten – gerade in die Rechtsstellung des Versicherungsnehmers eintreten, und den gem. § 80 Abs. 1 InsO wiederum in deren Rechtsstellung eingetretenen Insolvenzverwalter. 108

Es bestehen auch keine **datenschutzrechtlichen Gründe**, dem Insolvenzverwalter die begehrten Auskünfte wegen eines Interesses der Bezugsberechtigten zu verweigern. 109

2. Auskunftsrecht des Insolvenzverwalters gegenüber der Versicherung

Fall:

Erblasser E hinterlässt aufgrund von Schadensersatzansprüchen iHv 5.000.000 EUR aus Vorstandstätigkeit gegen ihn einen überschuldeten Nachlass. Die Schadensersatzforderung wurde 10 Mona-

[52] OLG Frankfurt MDR 1966, 503; BGH 28.2.1989 – XI ZR 91/88, NJW 1989, 1601.

[53] BGH 28.2.1989 – XI ZR 91/88, NJW 1989, 1601.

[54] BGH 13.8.2009 – IX ZR 58/06, ZIP 2009, 1823 mwN; BGH 15.1.1987 – IX ZR 4/86, NJW 1987, 1812.

[55] TK-StGB/Bünsche § 203 Rn. 19.

te nach seinem Ableben rechtskräftig ausgeurteilt. E hatte für seinen Ehepartner EP mehrere Lebensversicherungsverträge abgeschlossen.
EP wurde als Begünstige bei den kapitalbildenden Lebensversicherungen und bei den Risikolebensversicherungen eingesetzt. Die ausgezahlten Versicherungssummen betragen 2,5 Mio. EUR. Der sonstige Nachlass besteht aus Kunst im Wert von 500.000 EUR. Wie kommen die Gläubiger zu ihrem Anspruch?
Wie kann der Nachlassinsolvenzverwalter die Masse anreichern? Die Gläubiger werden Nachlassinsolvenzantrag stellen.

110 Zuerst muss der Insolvenzverwalter wissen, über welche Vermögenswerte er denn verfügungsbefugt ist und welche Vermögenswerte zur Insolvenzmasse gefordert werden können.

111 Um die einzelnen Varianten rechtlich abklären zu können, steht dem Insolvenzverwalter ein **Auskunftsrecht** gegenüber der Versicherung und dem Begünstigten zu. Im Rahmen des Nachlassinsolvenzverfahrens (des Versicherungsnehmers bzw. des prämienzahlenden Bezugsberechtigten) ist abzuklären, ob und in welchem Umfang die Lebensversicherung bzw. die Prämienzahlungen zur Gläubigerbefriedigung durch den Nachlassinsolvenzverwalter herangezogen werden kann bzw. können.

112 Der Insolvenzverwalter kann hierfür vom Versicherer des Erblassers Auskunft über Inhalt und Abwicklung von – möglicherweise den Anfechtungstatbeständen der InsO unterfallenden – Versicherungsverträgen und somit über die Bezugsrechte Dritter aus den Lebensversicherungsverträgen verlangen. Das Interesse an einer ordnungsgemäßen Insolvenzabwicklung – dazu gehört auch die Ermittlung anfechtbarer Rechtsgeschäfte – geht insoweit dem Geheimhaltungsinteresse nach Ableben des Versicherungsnehmers vor.[56]

113 Der Insolvenzverwalter hat daher gegenüber der Lebensversicherung des Erblassers ein berechtigtes Interesse, **Auskünfte über Bezugsrechte Dritter** zu erhalten. Es besteht keine gesetzliche Verpflichtung von Mitarbeitern eines Lebensversicherungsunternehmens, im Nachlassinsolvenzverfahren über Umstände des Vertragsverhältnisses und seiner Abwicklung Stillschweigen zu bewahren.[57] Die Straftatbestand des § 203 Abs. 1 Nr. 6, Abs. 3, 4 StGB greift nicht ein.

114 Das Auskunftsrecht umfasst auch Mitteilungen zum Inhalt des Versicherungsvertrages und seiner Nachträge. Der Auskunftsanspruch umfasst auch die Mitteilung, ob es sich um ein **unwiderrufliches oder widerrufliches** Bezugsrecht handelt.

3. Anfechtung als Instrument zur Rückholung von Zahlungen

115 a) **Anfechtungsberechtigung.** Der Nachlassinsolvenzverwalter wird im obigen Fallbeispiel (→ Rn. 121) versuchen, den Nachlass zu vermehren.

116 **Anfechtungsberechtigt** ist gem. § 129 Abs. 1 InsO der **Insolvenzverwalter,** da dem Gemeinschuldner durch die Eröffnung des Insolvenzverfahrens die Verfügungsbefugnis über die Insolvenzmasse entzogen wurde. Das Anfechtungsrecht entsteht originär in der Person des Insolvenzverwalters. Es wird kraft dieses Amtes ausgeübt und ist untrennbar mit dem Insolvenzverwalter verbunden. Bei der Anfechtung im Nachlassinsolvenzverfahren wird das Anfechtungsrecht somit ausschließlich vom Nachlassinsolvenzverwalter ausgeübt. Nachlassgläubiger sind dazu nicht berechtigt.

117 Mit der Anfechtung von Rechtshandlungen des Erblassers bzw. des Erben kann der Insolvenzverwalter die Insolvenzmasse anreichern. Der Insolvenzverwalter hat die Verpflichtung, alle anfechtbaren Rechtshandlungen auch anzufechten.

118 Nach erfolgreicher Anfechtung wird dadurch die Nachlassinsolvenzmasse erhöht.

[56] LG Duisburg NJW-RR 1992, 865.
[57] AG Augsburg VersR 1993, 202–203.

Die **Anfechtung wegen Gläubigerbenachteiligung** ist nicht zu verwechseln mit der Anfechtung einer Willenserklärung wegen Irrtums, Täuschung oder Drohung nach §§ 119, 123 BGB.[58] 119

Rechtshandlungen, die der Schuldner nach Insolvenzeröffnung vornimmt, sind gem. § 81 Abs. 1 InsO generell unwirksam. Rechtshandlungen, die sich vor Insolvenzeröffnung ereigneten und durch welche die Insolvenzgläubiger benachteiligt werden, können vom Insolvenzverwalter angefochten werden, sofern es zur Eröffnung eines Verfahrens kommt und die Anfechtungsvoraussetzungen gegeben sind. 120

Der Anfechtungsanspruch **erlischt,** wenn die Klage nicht innerhalb einer Ausschlussfrist gem. § 146 Abs. 1 InsO seit Eröffnung des Nachlassinsolvenverfahrens erhoben worden ist. Bei Versäumung macht sich der Nachlassinsolvenzverwalter schadensersatzpflichtig. Die Verjährungsfrist beginnt mit dem Wirksamwerden des Eröffnungsbeschlusses. Die Klageschrift muss alle Tatsachen enthalten, aus denen die Anfechtung hergeleitet wird. 121

b) **Anfechtungsgründe.** Die Insolvenzanfechtung wird in den §§ 129 ff. InsO geregelt: 122

- Anfechtung von Rechtshandlungen mit **kongruenter Deckung** (§ 130 InsO). Derartige Anfechtungen sind im Bereich der Lebensversicherung nicht relevant.
- Anfechtung von Rechtshandlungen mit **inkongruenter Deckung** (§ 131 InsO). Derartige Anfechtungen sind im Bereich der Lebensversicherung ebenfalls nicht relevant.
- Anfechtung wegen **vorsätzlicher Benachteiligung** (§ 133 InsO).
- Anfechtung **unentgeltlicher Leistungen** (§ 134 InsO).[59]
  Unentgeltliche Leistungen des Erblassers können angefochten werden, wenn sie innerhalb eines Zeitraumes von vier Jahren vor der Stellung des Nachlassinsolvenzantrags getätigt wurden, so zB beim Vertrag zugunsten Dritter auf den Todesfall, wenn im Valutaverhältnis eine unentgeltliche Leistung vorliegt. Bei Anfechtung einer unentgeltlichen Leistung muss der Beschenkte das Empfangene aber nur in die Insolvenzmasse zurückgeben, wenn der Beschenkte noch bereichert ist.
- Anfechtung von Sicherung und Rückzahlung kapitalersetzender Darlehen (§ 135 InsO).
- Anfechtung gegenüber dem **stillen Gesellschafter** (§ 136 InsO).
- Anfechtung **unmittelbar nachteiliger Rechtshandlungen** (§ 132 InsO) als Auffangtatbestand.

c) **Rechtsfolgen der Anfechtung.** Der Anfechtungsanspruch richtet sich primär nach § 143 Abs. 1 S. 1 InsO auf Rückgewähr des weggegebenen Vermögensgegenstands zur Insolvenzmasse. Ist der Gegenstand jedoch nicht mehr vorhanden, muss der Leistungsempfänger als Anfechtungsgegner sekundär Ersatz leisten. 123

Der **Primäranspruch** nach erfolgter Insolvenzanfechtung richtet sich nach § 143 Abs. 1 S. 1 InsO auf **„Rückgewähr“**. Das, was dem Vermögen des Gemeinschuldners in anfechtbarer Weise entzogen wurde, ist der Nachlassinsolvenzmasse zurückzugewähren. Die Nachlassinsolvenzmasse muss so gestellt werden, wie sie stünde, wenn die anfechtbare Handlung unterblieben wäre. Die entzogenen Sachen sind in natura zurückzugewähren.[60] Dies bedeutet, dass Geld, das aufgrund eines wirksam angefochtenen Vertrages zugunsten Dritter auf den Todesfall ausbezahlt wurde, mit dem Nennbetrag zurückzuzahlen ist. 124

Ist der Anfechtungsschuldner zur Herausgabe nicht in der Lage, so verweist § 143 Abs. 1 S. 2 InsO hinsichtlich der **Sekundäransprüche** bei Unmöglichkeit der Rückgewähr auf die Vorschriften über die Haftung des Bereicherungsschuldners, der den Mangel des rechtlichen Grundes kennt. Der Rückgewährschuldner haftet somit nur für 125

---

[58] Ellenberger/Bunte BankR-HdB/Gantner § 90 Rn. 483 ff.

[59] Verträge zugunsten Dritter, Bezugsrechte aus Lebensversicherung, schenkweise Beteiligung an einem Oder-Konto.

[60] BGHZ 71, 61, 63.

die verschuldete Unmöglichkeit (§§ 819 Abs. 1, 919 Abs. 4, 292 Abs. 1, 989, 990 BGB).[61] Eine weitere Modifikation des Rückgewähranspruchs findet sich für die Haftung des gutgläubigen Empfängers einer unentgeltlichen Leistung iSd § 134 iVm § 143 Abs. 2 S. 1 InsO. Er hat diese nur zurückzugewähren, sofern er durch sie noch bereichert ist.[62]

126 Der Empfänger einer anfechtbaren unentgeltlichen Leistung (zB Vertrag zugunsten Dritter auf den Todesfall; Anfechtung nach § 134 InsO), der nach § 143 Abs. 2 InsO keine Kenntnis von einer Gläubigerbenachteiligung hatte (zB der Begünstigte hatte keine Kenntnis von der schlechten finanziellen Situation des Erblassers) und nicht mehr bereichert ist, ist nicht zur Herausgabe verpflichtet, wenn er beispielsweise das Geld für Urlaub, Konsum etc. verbraucht hat. Wenn er jedoch das Geld für Investitionen wie Immobilienerwerb, Solaranlage usw. genutzt hat, ist er zur Rückgabe verpflichtet.

127 Anfechtbar sind insbesondere Rechtshandlungen des Erblassers, zB Schenkungen – also der Regelfall der Grundlage für Bezugsrechtseinräumungen.

128 d) **Geltendmachung der Anfechtung und Anfechtungsgegner.** Für jede Insolvenzanfechtung auch im Nachlassinsolvenzverfahren müssen die allgemeinen Voraussetzungen nach § 129 InsO und die Voraussetzungen der speziellen Anfechtungstatbestände nach den §§ 130–146, 322 InsO erfüllt sein.

129 Die Anfechtung wird gegenüber dem Leistungsempfänger (§ 145 Abs. 1 InsO) geltend gemacht. Die Geltendmachung der Insolvenzanfechtung stellt keine Ausübung eines Gestaltungsrechts dar, daher ist auch die Abgabe einer nur mündlichen Erklärung nicht ausreichend. Die Anfechtung kann durch Klage oder Widerklage geltend gemacht werden. Der Nachlassinsolvenzverwalter muss dabei auf Leistung an die Masse klagen.

130 Der Empfänger der anfechtbaren Leistung ist der Anfechtungsgegner nach § 144 InsO.

131 Bei der **Anfechtungsklage** handelt es sich um eine Leistungsklage, welche eine bürgerlich-rechtliche Streitigkeit darstellt, für die gem. § 13 GVG die ordentlichen Gerichte zuständig sind.[63] Die Anfechtungsklage ist gerade keine Feststellungsklage. Der Klageantrag darf daher **nicht** lauten: „Es wird festgestellt, dass die Auszahlung aufgrund der VzG anfechtbar ist“, sondern: „Der Beklagte wird verurteilt, einen Betrag iHv (…) EUR zu zahlen.“

132 Die sachliche und örtliche Zuständigkeit des Gerichts richtet sich nach den allgemeinen Vorschriften der ZPO. In § 160 Abs. 2 Nr. 3 InsO ist festgelegt, dass der Nachlassinsolvenzverwalter der Zustimmung der Gläubigerversammlung oder des Gläubigerausschusses bedarf, wenn ein Anfechtungsprozess mit erheblichem Streitwert anhängig gemacht werden soll.

133 e) **Begründetheit der Anfechtung.** § 129 Abs. 1 InsO verlangt eine vor Eröffnung des Insolvenzverfahrens vorgenommene Rechtshandlung, die die Nachlassgläubiger benachteiligt, dh die zu einer objektiven Vermögensminderung führt. Durch die Zuwendung aufgrund eines Vertrages zugunsten Dritter auf den Todesfall bzw. Begünstigung aus einer Lebensversicherung wird der Nachlass geschmälert. Diese liegt dann vor, wenn sich durch die Rechtshandlung des Erblassers die Aktivmasse verkürzt hat und dadurch der Zugriff der Nachlassgläubiger auf das Schuldnervermögen unmöglich gemacht wurde.

134 Notwendiges Tatbestandsmerkmal ist auch hier die **objektive Benachteiligung** aller Insolvenzgläubiger und nicht eines Einzelnen. Eine solche Benachteiligung liegt dann vor, wenn die Nachlassaktivmasse durch Rechtshandlung verkleinert worden ist und die Befriedigungsmöglichkeit der Nachlassgläubiger dadurch verkürzt, vermindert, erschwert oder verzögert werden. Dies liegt zB bei allen **unentgeltlichen Zuwendungen**

[61] Leonhardt/Smid/Zeuner/Zeuner InsO § 143 Rn. 5.
[62] Leonhardt/Smid/Zeuner/Zeuner InsO § 143 Rn. 18.
[63] BGH ZIP 1991, 737.

von Geldbeträgen vor. Ob der Beschenkte einwenden kann, dass er zur Herausgabe der Geldgeschenke nicht verpflichtet ist, da es sich um eine Anstandsschenkung handelt, ist nicht entschieden. Eine Gläubigerbenachteiligung scheidet immer dann aus, wenn die Nachlassinsolvenzmasse auch ohne Rückgewähr der ausgeschiedenen Vermögensgegenstände ausreicht, um die Nachlassgläubiger zu befriedigen.

Zusätzliche Voraussetzung für die Anfechtung ist ein **Kausalzusammenhang** zwischen der angefochtenen Rechtshandlung und der Verkürzung des Gläubigerzugriffs. Alle Nachlassgläubiger müssen also ohne die vorgenommene Rechtshandlung eine günstigere Befriedigungsmöglichkeit gehabt haben.[64] Dies ist gegeben, wenn die Lebensversicherungsleistung in den Nachlass fällt, also **kein Bezugsrecht bestimmt** wurde. 135

VII. Verteilung des Nachlasses

Der Kreis der Massegläubiger im Nachlassinsolvenzverfahren ergibt sich aus § 324 InsO. Insolvenzgläubiger sind nur die **Nachlassgläubiger** (§ 325 InsO), zu denen gem. § 325 InsO auch der Erbe selbst zählen kann. Die **aussonderungsberechtigten Gläubiger** (zB Rechte aus §§ 985, 604 BGB) sind keine Insolvenzgläubiger (§ 47 InsO); sie brauchen daher am Insolvenzverfahren nicht teilzunehmen und sind somit auch nicht antragsberechtigt. Zur abgesonderten Befriedigung berechtigt sind die in §§ 49–51 InsO Berechtigten. Soweit ihnen der Schuldner auch persönlich haftet, sind sie auch Insolvenzgläubiger, müssen ihre Forderungen **zur Tabelle anmelden.** Bedient wird die Forderung mit dem nach Absonderung ausgefallenen Teil mit der **Quote. Unbewegliche Gegenstände** werden vom Berechtigten nach ZVG verwertet. **Bewegliche Gegenstände** und Forderungen werden ausschließlich vom Verwalter verwertet (§§ 166–169 InsO; Ausnahme § 173 InsO). 136

Bei der Verteilung des Nachlasses gilt folgende **Rangordnung:** An erster Stelle stehen die **Masseverbindlichkeiten** nach §§ 54, 55 und 324 Abs. 1 Nr. 1–6 InsO, die **vorab befriedigt** werden. Es gibt nicht nachrangige Insolvenzgläubiger (§ 38 InsO), die innerhalb auf der gleichen Stufe stehen, und nachrangige Insolvenzgläubiger (§ 39 InsO); diese sowie die besonderen nachrangigen Verbindlichkeiten des § 327 InsO kennen auch innerhalb eine Rangordnung. 137

Im Einzelnen ergibt sich folgendes **Stufenverhältnis:** 138

Rang	Masseverbindlichkeiten	Schlagwort
1.	§ 54 Nr. 1 InsO	Gerichtskosten für das Insolvenzverfahren
	§ 54 Nr. 2 Var. 1 und 2 InsO	Vergütung und Auslagen des vorläufigen Insolvenzverfahrens und des Insolvenzverwalters
	§ 54 Nr. 2 Var. 3 InsO	Vergütung und Auslagen der Mitglieder des Gläubigerausschusses
	§ 55 Abs. 1 Nr. 1 InsO	Verbindlichkeiten aus Handlungen des Insolvenzverwalters
	§ 55 Abs. 1 Nr. 2 InsO	Verbindlichkeiten aus gegenseitigen Verträgen
	§ 55 Abs. 1 Nr. 3 InsO	Verbindlichkeiten aus ungerechtfertigter Bereicherung der Masse
	§ 55 Abs. 2 InsO	durch vorläufigen Insolvenzverwalter begründete Verbindlichkeiten rechtsgeschäftlichen oder gesetzlichen Ursprungs
	§ 55 Abs. 3 InsO	Ansprüche aus Arbeitsentgelt
	§ 324 Abs. 1 Nr. 1 InsO	Ersatzansprüche der Erben nach §§ 1978, 1979 BGB
	§ 324 Abs. 1 Nr. 2 InsO	Beerdigungskosten des Erblassers

[64] BGH ZIP 1980, 252; BGH ZIP 1989, 786.

Rang	Masseverbindlichkeiten	Schlagwort
	§ 324 Abs. 1 Nr. 3 InsO	Verfahrenskosten im Falle der Todeserklärung
	§ 324 Abs. 1 Nr. 4 InsO	Kosten der Eröffnung einer Verfügung von Todes wegen, Kosten der gerichtlichen Sicherung des Nachlasses, der Nachlasspflegschaft, des Aufgebots der Nachlassgläubiger und der Inventarerrichtung
	§ 324 Abs. 1 Nr. 5 InsO	vom Nachlasspfleger oder Testamentsvollstrecker begründete Verbindlichkeiten
	§ 324 Abs. 1 Nr. 6 InsO	Ansprüche eines Nachlasspflegers, Testamentsvollstreckers oder vorläufigen Erben gegen endgültige Erben
2.	§ 38 InsO	nicht nachrangige Gläubiger, z. B. Mitgliedsrechte von Gesellschaften, Ansprüche aus insolvenznahen Sozialplan, Nachteilsausgleichsansprüche aus § 113 BetrVG, Schadensersatzansprüche wegen Verdienstausfalls
(3.–7.)		nachrangige Gläubiger gem. § 39 Abs. 1 Nr. 1–5 InsO
3.	§ 39 Abs. 1 Nr. 1 InsO	seit Eröffnung des Insolvenzverfahrens laufende Zinsen
4.	§ 39 Abs. 1 Nr. 2 InsO	Teilnehmerkosten der Insolvenzgläubiger am Verfahren
5.	§ 39 Abs. 1 Nr. 3 InsO	Geldstrafen/-bußen u. dgl.
6.	§ 39 Abs. 1 Nr. 4 InsO	Forderungen auf unentgeltliche Zuwendung des Schuldners
7.	§ 39 Abs. 1 Nr. 5 InsO	Forderungen auf Rückgewähr kapitalersetzender Darlehen
8.	§ 39 Abs. 2 InsO	Gläubiger des § 39 Abs. 2 InsO (bei vereinbartem Nachrang)
9.	§ 1973 Abs. 1 S. 2 BGB	infolge Aufgebot ausgeschlossene Gläubiger (§ 1973 Abs. 1 S. 2 BGB) und von der Verschweigungseinrede betroffene Gläubiger
10.	§ 327 Abs. 1 Nr. 1 InsO	Pflichtteilsansprüche gem. § 327 Abs. 2 InsO, ebenso Vermächtnisse nach § 2307 BGB
11.	§ 327 Abs. 1 Nr. 2 InsO	Vermächtnisansprüche, Verbindlichkeiten aus Auflagen

139 Bei **Masseunzulänglichkeit** greift die Rangordnung des § 209 InsO, Masseverbindlichkeiten gem. § 324 InsO haben den Rang gem. § 209 Abs. 1 Nr. 3 InsO (§ 324 Abs. 2 InsO). Die rangmäßig auf gleicher Stufe stehenden Gläubiger werden verhältnismäßig befriedigt (§§ 39 Abs. 1, 327 Abs. 1 InsO). Der Verwalter verteilt die Teilungsmasse durch **Abschlagsverteilung nach dem Prüfungstermin** unter Berücksichtigung der gem. § 189 Abs. 1 und 2 InsO zurückbehaltenen Anteile zu dem gem. § 195 InsO bestimmten Bruchteil. Zur **Schlussverteilung** und **Nachtragsverteilung** siehe §§ 196, 179 ff., 189 Abs. 2, 203 InsO.

140 Ein eventuell sich ergebender Überschuss ist an die Erben herauszugeben (§ 199 InsO).

141 Die Anmeldung einer Forderung im Aufgebotsverfahren macht die Anmeldung im Insolvenzverfahren nicht entbehrlich. Ab Eröffnung des Insolvenzverfahrens über das Vermögen des Erben kann der Gläubiger, dem beide Vermögensmassen haften, seinen Anspruch im Verfahren über das Eigenvermögen nur anmelden, soweit er im Nachlassinsolvenzverfahren ausgefallen ist (§ 331 iVm § 52 InsO).

VIII. Beendigung des Nachlassinsolvenzverfahrens

Das Nachlassinsolvenzverfahren endet nicht durch Verteilung bzw. durch den Insolvenzplan. Es ist ein **Aufhebungsbeschluss** notwendig (§ 258 Abs. 1 InsO). Sobald die Bestätigung des Insolvenzplans rechtskräftig ist, beschließt das Insolvenzgericht die Aufhebung. Der Beschluss und der Grund der Aufhebung sind öffentlich bekannt zu machen. Der Schuldner, der Insolvenzverwalter und die Mitglieder des Gläubigerausschusses sind vorab über den Zeitpunkt des Wirksamwerdens der Aufhebung zu unterrichten. Die Bekanntmachung gilt als bewirkt, sobald nach dem Tag der Veröffentlichung zwei weitere Tage verstrichen sind (§ 9 Abs. 1 S. 3 InsO). 142

Das Verfahren kann auch **vorzeitig** durch Beschluss des Insolvenzgerichts beendet werden, und zwar bei 143

- Einstellung (§ 215 InsO);
- Wegfall des Eröffnungsgrundes (§ 212 InsO);
- Insolvenzverzicht aller Gläubiger (§ 213 InsO);
- fehlender Masse (§ 207 InsO);
- Masseunzulänglichkeit (§ 211 InsO);
- nach Zweckerreichung durch Aufhebungsbeschluss nach Abhaltung des Schlusstermins (§ 200 InsO).

Nach der Aufhebung des Nachlassinsolvenzverfahrens kann sich der Erbe gegenüber denjenigen Nachlassgläubigern, für und gegen die der Insolvenzplan Wirkung entfaltet, nicht so ohne Weiteres auf § 1989 BGB berufen, da sich die Ansprüche der Nachlassgläubiger gegen den Erben auch nach dem Inhalt des Insolvenzplans richten.[65] Denn einem Insolvenzplan werden die Nachlassgläubiger im Regelfall nur dann zustimmen, wenn der Erbe auch **bereit** ist, sein **Eigenvermögen** zT **einzusetzen,** um auf der anderen Seite den Nachlass zu seiner freien Verfügung zu erhalten. In der Praxis ist davon auszugehen, dass der Erbe sich gegenüber den am Insolvenzplan beteiligten Gläubigern nicht auf § 1989 BGB berufen kann. 144

Gegenüber Nachlassgläubigern, die ihre Forderungen im Nachlassinsolvenzverfahren **nicht angemeldet** haben, findet die Bestimmung des § 254 Abs. 1 S. 3 InsO keine Anwendung.[66] Das bedeutet, dass der rechtskräftig bestätigte Insolvenzplan ihnen gegenüber keine Wirkungen zeitigt. Gegenüber diesen Gläubigern bestimmt sich die **Haftung des Erben** nicht nach dem Insolvenzplan, sondern nach der **entsprechenden Anwendung des § 1973 BGB.** Die Nichtanmeldung im Nachlassinsolvenzverfahren wird der Nichtanmeldung im Aufgebotsverfahren gleichgestellt.[67] 145

Mit der **Aufhebung** des Insolvenzverfahrens **endet** der dem Erben bereits durch § 1975 BGB und § 784 Abs. 1 ZPO gewährte **Schutz des Eigenvermögens.** Nach Aufhebung des Insolvenzverfahrens kann der Erbe die Befriedigung der noch nicht (voll) befriedigten Nachlassgläubiger oder derjenigen, die sich am Nachlassinsolvenzverfahren nicht beteiligt haben, verweigern, soweit der Nachlass durch das Nachlassinsolvenzverfahren erschöpft wird. Der Erbe braucht die Nachlassgläubiger deshalb weder aus seinem Eigenvermögen noch aus denjenigen Nachlassgegenständen zu befriedigen, derentwegen eine Nachtragsverteilung gem. § 203 InsO stattfinden muss. 146

Sind alle bei der **Schlussverteilung** zu berücksichtigenden Gläubiger voll befriedigt worden, kommt eine Haftung des Erben nur gegenüber denjenigen Nachlassgläubigern in Betracht, deren Forderungen von der Schlussverteilung nicht betroffen und in das Schlussverzeichnis nicht einzusetzen waren. Das sind meist die Nachlassgläubiger, die ihre Forderungen im Nachlassinsolvenzverfahren nicht angemeldet oder ihre Anmeldung zurückgenommen haben. Diese Nachlassgläubiger kann der Erbe entsprechend 147

[65] Staudinger/Dobler BGB § 1989 Rn. 14.
[66] Staudinger/Dobler BGB § 1989 Rn. 18.
[67] Staudinger/Dobler BGB § 1989 Rn. 18 mwN.

§ 1973 BGB auf den ihm vom Nachlassinsolvenzverwalter überlassenen Nachlasswert verweisen.[68]

[68] Staudinger/Dobler BGB § 1989 Rn. 10.

§ 13 Lebensversicherungsanspruch zur Absicherung von Verbindlichkeiten (Kreditlebensversicherung)

Übersicht

I. Zweck der Kreditlebensversicherung

1 Bei einem verbundenen Kreditgeschäft (Darlehen und Versicherung) dient die Risikolebensversicherung zur Sicherung der Rückzahlung des Darlehens, wenn der Versicherungsnehmer als versicherte Person verstirbt. Sie wird oftmals als **„Kreditlebensversicherung"** bzw. Restschuldlebensversicherung bezeichnet. Die Versicherung dient nicht zur Tilgung bei Endfälligkeit. Bei der Kreditlebensversicherung fällt die Versicherungssumme meistens mit dem offenen Darlehensbetrag an. Dieser wird vom Darlehensnehmer in monatlichen Raten bezahlt (Zins und Tilgung). Für die gesamte Tilgungszeit oder auch nur für einen Teilzeitraum, beispielsweise für zehn Jahre, deckt die Kreditlebensversicherung das Risiko des Ausfalls der Rückführung des Darlehens aufgrund Ablebens des Darlehensnehmers ab. Die Kreditlebensversicherung ist eine Risikolebensversicherung.

2 Die **Restschuldlebensversicherung** wird insbesondere in der Form einer Risikolebensversicherung immer häufiger zu einer zu berücksichtigenden Erscheinungsform werden, da einerseits bei Immobilienkrediten, aber auch bei Konsumentenratenkrediten und bei Kreditkarten eine Absicherung gewünscht wird.

3 Die Restschuldlebensversicherung wird oftmals mit einer Arbeitsunfähigkeitszusatzversicherung (AUZ) oder Arbeitslosen-Zusatzversicherung (ALZ) kombiniert. Sie sichert die Erfüllung der Ansprüche aus Kredit- und Abzahlungsgeschäften bei Tod, gegebenenfalls auch bei Arbeitslosigkeit oder Arbeitsunfähigkeit des Schuldners.[1]

4 Hiervon ist zu **unterscheiden** die Rückführung des Darlehens bei Fälligkeit einer **kapitalbildenden Versicherung.** Bei dieser zahlt der Darlehensnehmer Zinsen des Darlehens und Beiträge zur Lebensversicherung mit der Absicht, dass die Lebensversicherungsleistung das Darlehen abdeckt. In der Vergangenheit gab es oftmals massive Lücken, da die nicht garantierten Überschusseinkünfte, die prognostiziert waren, dann nicht vorlagen. Die Idee war die Zinsen für eine vermietete Wohnung voll abziehen zu können und die Beträge zur Lebensversicherung als Sonderausgaben steuermindernd zu gestalten, was jedoch nicht mehr umgesetzt werden kann.

5 Die **Höhe der Versicherungsleistung** hängt von dem noch offen stehenden Kreditsaldo ab. Die **Laufzeit** der Versicherung kann zeitlich begrenzt sein und muss sich nicht auf die gesamte Laufzeit des Kreditvertrages beziehen.

6 Der Darlehensnehmer sollte **versicherte Person** sein, muss aber nicht **Versicherungsnehmer** sein. Verfehlt wäre es, wenn eine andere Person als der Kreditnehmer versicherte Person wäre (außer bei Eltern, die die Kredite ihrer Abkömmlinge abzahlen).

---

[1] Prölss/Martin/Schneider VVG Vor § 150 Rn. 25.

II. Fallbeispiele – Grundlagen

7 **Ausgangsfall:**
Erblasser E ist mit Ehepartner EP im Güterstand der Zugewinngemeinschaft verheiratet. Aus der Ehe ist ein Kind K hervorgegangen. Weitere Abkömmlinge sind nicht vorhanden. E erwirbt zu Alleineigentum eine Immobilie (Eigentumswohnung zu 400.000 EUR), wobei er 100.000 EUR Eigenkapital einsetzt und 300.000 EUR fremdfinanziert. Sonstiges Vermögen ist nicht vorhanden. Unmittelbar nach Kauf und Darlehensaufnahme verstirbt E. EP hat er zuvor zum Alleinerben eingesetzt.
Wie hoch ist der Pflichtteil von K?

Lösung:

Nachlassaktiva	
Immobilie	400.000 EUR
Nachlasspassiva	
./. Darlehen	– 300.000 EUR
Nettonachlass	**100.000 EUR**

K hat einen Pflichtteil von 1/4.
1/4 aus dem Nettonachlass iHv 100.000 EUR = 25.000 EUR.

Abwandlung 1: Mit abgetretener Risikoversicherung
Wie Ausgangsfall (→ Rn. 5), jedoch hat E als Versicherungsnehmer und versicherte Person zusätzlich eine Risikolebensversicherung abgeschlossen und seinen EP als bezugsberechtigte Person eingesetzt. Die Versicherungsleistung ist fallend, besteht jeweils in Höhe des offenen Darlehens. Die Ansprüche aus der Risikolebensversicherung sind an die Bank abgetreten.
Wie hoch sind jetzt die Ansprüche von K?

Lösung:

Nachlassaktiva	
Immobilie	400.000 EUR
Nachlasspassiva	
./. Darlehen	– 300.000 EUR
+ Risikolebensversicherung	+ 300.000 EUR
Nettonachlass	**400.000 EUR**

Der Nettonachlass beträgt 400.000 EUR.
1/4 aus dem Nettonachlass iHv 400.000 EUR = 100.000 EUR.
Da die Versicherungsleistung abgetreten ist, tilgt diese die Verbindlichkeiten in der Sekunde des Ablebens. Es fällt nicht die Versicherungsleistung als Aktivum in den Nachlass, sondern das Darlehen nur noch mit dem reduziertem Schuld-Saldo.

Abwandlung 2: Mit abgetretener Kapitallebensversicherung
Erblasser E ist im Güterstand der Zugewinngemeinschaft mit EP verheiratet. Aus der Ehe ist ein Kind K hervorgegangen. E ist Alleinverdiener.
Er erwirbt eine Immobilie zu einem Kaufpreis von 400.000 EUR. E verfügt über Eigenkapital in Höhe von 100.000 EUR und nimmt bei der Bank B ein Darlehen über 300.000 EUR mit einem Zinsbindungszeitraum von 10 Jahren auf. Das Darlehen wird durch eine Grundschuld auf der Immobilie abgesichert. B verlangt, dass E seine Ansprüche aus einer bereits bestehenden Kapital-

lebensversicherung zur Sicherheit an die B abtritt. Bei dieser Versicherung ist E Versicherungsnehmer und versicherte Person. EP ist widerruflich bezugsberechtigt. Die Todesfallleistung beträgt 600.000 EUR. Es wurden 400.000 EUR an Prämien erbracht. Der Rückkaufswert, bzw. der Verkehrswert zum Zeitpunkt des Ablebens beträgt 500.000 EUR. Das offene Darlehen beträgt beim Tod 300.000 EUR.
E setzt EP zu seinem Alleinerben ein.
Unmittelbar nach dem Erwerb der Immobilie, der Kreditaufnahme und der Abtretung der kapitalbildenden Lebensversicherung verstirbt E.
Welche Ansprüche hat K und in welcher Höhe?

Lösung:
K hat eine Pflichtteilsquote von 1/4.
Der Nachlass setzt sich wie folgt zusammen:

Aufstellung Nachlassaktiva	
Immobilie (Verkehrswert)	
Nachlasspassiva	400.000 EUR
./. Verbindlichkeiten (ohne Vorfälligkeitsentschädigung)	– 300.000 EUR
Versicherungsleistung, soweit abgetreten	300.000 EUR
Gesamtnachlass	**400.000 EUR**

Aus dem so ermittelten Nettonachlass steht K ein **Pflichtteil** iHv 1/4 zu, somit 100.000 EUR. Insoweit besteht kein Unterschied zu einer Risikolebensversicherung.
Weiterhin könnte K ein **Pflichtteilsergänzungsanspruch** zustehen, soweit die Leistung aus der Lebensversicherung den abgetretenen Teil übersteigt. Der übersteigende Teil beträgt 200.000 EUR. (Differenz zwischen Verkehrswert und abgetretenem Teil). Es stellt sich nunmehr die Frage, wie sich die Pflichtteilsergänzungsansprüche berechnen lassen.
Die Pflichtteilsergänzungsansprüche von K berechnen sich wie folgt: Der Rückkaufswert (Verkehrswert) beträgt 500.000 EUR, nach Berücksichtigung der latenten Steuer davon sind 300.000 EUR abgetreten.
Der Pflichtteilsergänzungsanspruch beträgt somit 1/4 aus 200.000 EUR = 50.000 EUR.

III. Abtretung der Ansprüche aus der Lebensversicherung und Widerruf des Bezugsrechts; Rechtsfolgen

Tritt der Versicherungsnehmer seine Ansprüche aus einer Lebensversicherung als Sicherheit für einen Kredit an die Bank ab, **widerruft** er damit in Höhe des Kredits das **Bezugsrecht** des Begünstigten für die Dauer der Abtretung. 8

Der Wille des Versicherungsnehmers geht bei entsprechenden Widerrufserklärungen im Rahmen einer Abtretung regelmäßig dahin, das Bezugsrecht nicht zu beseitigen, sondern nur so weit einzuschränken, wie dies zur Erreichung des Sicherungszwecks erforderlich ist. 9

Die Rechte des Sicherungsnehmers gehen dem Bezugsrecht des Dritten vor, so weit eine zu sichernde Forderung zum Zeitpunkt des Todes des Versicherungsnehmers bestand, auch wenn die Forderung zu diesem Zeitpunkt nicht fällig gestellt war. Das Bezugsrecht tritt hiernach nur in dem durch den Sicherungszweck bestimmten Umfang hinter die Rechte des Sicherungsnehmers zurück und bleibt im Übrigen voll wirksam. Dies hat zur Folge, dass der Bezugsberechtigte beim Tod des Versicherungsnehmers den Anspruch auf die Versicherungsleistung unmittelbar ohne eine weitere Rechtshandlung erwirbt, soweit er die gesicherte Forderung übersteigt. 10

Die Versicherungssumme, soweit sie nicht abgetreten ist, fällt nicht in den Nachlass. Dem Sicherungsnehmer steht als Inhaber des Anspruchs ein Recht nur in der jeweiligen Höhe seiner gesicherten Forderung zu; insoweit fällt dieser Teil der Versicherungssumme in den Nachlass. Verstirbt der Versicherungsnehmer, der versicherte Person ist, fällt die Versicherungssumme mit dem Erbfall in Höhe des offenstehenden Kredits in 11 den Nachlass. Dies gilt auch dann, wenn die Bank ihre Sicherungsrechte nicht ausübt. Da die Versicherungsleistung dem Nachlass zuzurechnen ist, muss sie von der Bank zur Deckung der durch die Abtretung gesicherten Forderung verwendet werden.

12 Hat der Versicherungsnehmer einer zur Sicherung einer Kreditforderung abgeschlossenen Lebensversicherung auf den Todesfall einem Dritten ein widerrufliches Bezugsrecht eingeräumt, hat er dieses im Rahmen der Abtretung insoweit widerrufen, als es den Rechten des Sicherungsnehmers entgegensteht.

13 Erteilt eine Bank hinsichtlich der Vermögenszugehörigkeit der Versicherungsleistung und deren Verwendungsmöglichkeit **falsche Auskünfte,** haftet sie aus positiver Vertragsverletzung.[2]

14 Tritt ein Versicherungsnehmer seine Ansprüche aus einer Lebensversicherung als Sicherheit an einen Kreditgeber ab und widerruft er zu diesem Zweck ein (widerruflich eingeräumtes) Bezugsrecht, gehört der **Anspruch auf die Versicherungssumme** beim Tod des Versicherungsnehmers in Höhe der gesicherten Schuld zu seinem **Nachlass.** Er ist ebenso wie die gesicherte Schuld für die Berechnung des **ordentlichen Pflichtteils gem. § 2311 BGB** und nicht bei den Pflichtteilsergänzungsansprüchen zu berücksichtigen.[3]

15 Wenn der Erblasser den Anspruch aus der Lebensversicherung wirksam an die Bank abgetreten hat, hat dies folgende Konsequenzen:

- Das Bezugsrecht des Bezugsberechtigten ist widerrufen worden, soweit es den Rechten der Bank entgegensteht.
- Nach der Rechtsprechung des BGH[4] bleibt der Bezugsberechtigte nachrangig an dem nicht benötigten Überschuss bezugsberechtigt.

16 Damit fällt sozusagen die Versicherungssumme in dem vom Sicherungszweck bestimmten Umfang im Zeitpunkt des Versicherungsfalls, der zugleich der Erbfall und daher gem. § 2311 Abs. 1 S. 1 BGB auch der für die Berechnung des **Pflichtteils** maßgebende Stichtag ist, in den Nachlass, dh mindert die Nachlasspassiva.

Praxistipp:

Es ist aus pflichtteilsrechtlichen Gesichtspunkten besser, wenn keine Abtretung erfolgt. Die Leistung aus der Risikolebensversicherung löst keine Pflichtteilergänzungsansprüche aus und ist somit gesamtpflichtteilsneutral, während sie bei Abtretung in den Nachlass fällt. Dies gilt unabhängig davon, ob der Kreditgläubiger nach den Sicherungsvereinbarungen berechtigt oder verpflichtet ist, den zur Sicherheit abgetretenen Anspruch auf die Versicherungssumme schon zu diesem Zeitpunkt zur Deckung der Erblasserschulden zu verwenden. Unerheblich ist auch, ob die Erblasserschulden aus anderen, möglicherweise auch von einem Bezugsberechtigten angebotenen Mitteln getilgt werden.

Abwandlung 3:

Wie obiger Fall (→ Rn. 5), jedoch war die Einräumung des Bezugsrechts unwiderruflich. Die Ehefrau hat der Abtretung zugestimmt.

Lösung:

Bei den Pflichtteilsansprüchen ergibt sich keine andere Berechnung.

17 Soweit der Anspruch auf die Versicherungssumme nicht von der Sicherungsabtretung erfasst wird, sondern dem Bezugsberechtigten nach Eintritt des Versicherungsfalls unmittelbar zusteht, fällt er nicht in den realen, sondern in den fiktiven Nachlass des Versicherungsnehmers und kann somit Pflichtteilsergänzungsansprüche auslösen.

---

[2] OLGR Nürnberg 2000, 8 (8–10).
[3] BGH NJW 1996, 2230 (2230 f.).
[4] BGHZ 109, 67.

IV. Vorfälligkeitsentschädigung und Pflichtteilsrecht

Bei der Lösung des Beispielsfalls (→ Rn. 5) ist zudem darauf abzustellen, ob im Darlehensvertrag Regelungen für den Fall getroffen wurden, dass der Darlehensnehmer verstirbt. Es können ua folgende Varianten vorliegen: 18

- vorzeitige Tilgung **mit** Vorfälligkeitsentschädigung,
- vorzeitige Tilgung **ohne** Vorfälligkeitsentschädigung.

Wenn sich die Bank eine bestehende Lebensversicherung abtreten lässt, wird es oftmals zur Berechnung einer **Vorfälligkeitsentschädigung** kommen. Nach diesseitiger Auffassung wirkt sich die Vorfälligkeitsentschädigung **nicht generell pflichtteilsmindernd** aus. Sie ist nur dann pflichtteilsmindernd, wenn im Darlehensvertrag die sofortige Tilgung im Todesfall mit Vorfälligkeitsentschädigung vertraglich vereinbart war. 19

Praxistipp:

Wenn im Erbfall Verbindlichkeiten aus Darlehen während der Zinsbedingungszeiträume zurückgeführt werden, kann die Bank einen Anspruch auf Vorfälligkeitsentschädigung geltend machen. Stellt die Bank sowohl Darlehen als auch kreditsichernde Lebensversicherungen jedoch zeitgleich aus, dann stellt es eine positive Vertragsverletzung dar, wenn in diesem Fall – ohne vorherigen Hinweis bei Vertragsabschluss – nach Erhalt der Versicherungsleistung eine Vorfälligkeitsentschädigung verlangt wird.

V. Typische Beratungssituationen und Gestaltungshinweise

Die Beratungssituation ist oftmals durch das Ableben des verdienenden Ehepartners, einer hohen Verbindlichkeitenlast und einem häufig stark immobilienlastigen Nachlass geprägt. Dies bedeutet, dass jedwede Liquiditätsbelastung des oder der Erben vermieden werden sollte. 20

- Deswegen muss, soweit es kreditvertraglich möglich ist, die Abtretung einer Risikolebensversicherung, aber auch einer kapitalbildenden Lebensversicherung, vermieden werden (dazu Fälle → Rn. 7).
- Deswegen muss ferner, soweit es kreditvertraglich möglich ist, der Versicherungsnehmer personenverschieden von Kreditnehmern sein, und der Kreditnehmer muss versicherte Person sein, dazu folgende Fälle.

Fall 1: Pflichtteilsoptimierte Gestaltung

Erblasser E setzt EP zu seinem Alleinerben ein. Aus der Ehe ist ein Kind K hervorgegangen.
EP war Versicherungsnehmer einer Risikolebensversicherung und E war versicherte Peron. Bezugsberechtigte war EP. Die Versicherung war nicht abgetreten.
Welche Ansprüche hat K?

Lösung:
Der Nachlass setzt sich wie folgt zusammen:

Immobilie (Verkehrswert)	400.000 EUR
./. Darlehensverbindlichkeit B	– 300.000 EUR
Nettonachlass	**100.000 EUR**

Es bestehen Pflichtteilsansprüche iHv 25.000 EUR.
Da eine Risikolebensversicherung vorliegt, ergeben sich keine Pflichtteilsergänzungsansprüche.
EP ist in der Lage, den Kredit abzulösen und kann in der schuldenfreien Immobilie wohnen.

Abwandlung 1: Statt E ist EP Versicherungsnehmer

Wie obiger Fall (→ Rn. 24), jedoch ist EP bezugsberechtigter Versicherungsnehmer und E ist versicherte Person. Die Prämien wurden von EP bezahlt.

Lösung:

Kind K hat Pflichtteilsansprüche lediglich in Höhe von 25.000 EUR. Der Nachlass des E setzt sich wie folgt zusammen:

Immobilie (Verkehrswert)	400.000 EUR
./. Darlehensverbindlichkeit B	– 300.000 EUR
Gesamtnachlass 100.000 EUR × 1/4	25.000 EUR

Da EP Versicherungsnehmer ist, fällt die Lebensversicherungsleistung – obwohl an B abgetreten wurde – nicht in den Nachlass. Es wurde durch die veränderte Versicherungsnehmer-Stellung eine **Liquiditätsoptimierung** erreicht.
Selbst wenn man annehmen sollte, die Lebensversicherungsleistung iHv 300.000 EUR falle wegen der Abtretung in den Nachlass, ändert sich nichts, da EP dann einen Anspruch von 300.000 EUR gegen den Nachlass hat.

Abwandlung 2: Prämienzahlender ist E Lösung

K1 hätte jedoch Pflichtteilsergänzungsansprüche iHv 1/4, wenn E die Prämien gezahlt hätte.
1/4 aus 100.000 EUR Gesamtprämienzahlung entspricht 25.000 EUR (ohne Indexierung und ohne jeweilige Abschmelzung § 2325 Abs. 3 BGB, da es sich um eine Schenkung an den Ehegatten handelt.).
Wenn die Prämienzahlung aufgrund der Familiensituation im Hinblick auf die Alterssabsicherung jedoch eine **pflichtteilergänzungsfeste Ehegattenschenkung** sein sollte, ergibt sich **kein** Pflichtteilsergänzungsanspruch.[5] Nach der Rechtsprechung des BGH schulden Eheleute gem. §§ 1360, 1360a BGB bei intakter Ehe Vorsorgeunterhalt für den Fall des Alters.[6] Dieser kann dadurch erfüllt werden, dass entsprechende Prämienzahlungen erfolgen. Wenn die Prämienzahlungen angemessen sind, resultieren hieraus keine Pflichtteilsergänzungsansprüche.

Fall 2: keine Ausschlagung vornehmen!

Wie Ausgangsfall (→ Rn. 24) mit widerruflichem Bezugsrecht (Erblasser E verheiratet im Güterstand der Zugewinngemeinschaft mit EP; aus der Ehe ist ein Kind K vorhergegangen; E ist Versicherungsnehmer und versicherte Person; bezugsberechtigt ist EP; keine Abtretung), jedoch hat die Immobilie bedingt durch Hochwassereinflüsse nur noch einen Marktwert von 200.000 EUR. Es bestehen weitere Verbindlichkeiten von 50.000 EUR (Handwerkerrechnungen).

Immobilie	200.000 EUR
Verbindlichkeiten	– 300.000 EUR
Handwerkerrechnung	– 50.000 EUR
realer Nachlass	**– 150.000 EUR**

Lösung:

Keine Ansprüche des K, weder Pflichtteilsansprüche, da der reale Nachlass negativ ist, noch Pflichtteilsergänzungsansprüche, da eine Risikolebensversicherung vorlag.
Der Nachlass errechnet sich wie folgt:

[5] BGHZ 116, 167, 171.
[6] BGHZ 74, 38, 46.

Immobilie		200.000 EUR
Verbindlichkeiten bei der Bank		– 300.000 EUR
Verbindlichkeiten bei den Handwerkern		– 50.000 EUR
Nettonachlass	=	– 150.000 EUR

Der Nachlass ist **überschuldet.** Aus diesem Grund kann die Eröffnung des Nachlassinsolvenzverfahrens beantragt werden, was jedoch für EP keinen Vorteil bringt.
Wenn nun der Nachlassinsolvenzverwalter die Anfechtung erklären würde, würde die Lebensversicherungssumme in den Nachlass fallen, allerdings nur in der Höhe, soweit sie zur Bedienung der Verbindlichkeiten benötigt wird. Der Nachlass ist somit Null. Der Nachlass bleibt bei Null.
Da eine Risikolebensversicherung vorliegt, bestehen für K keine Pflichtteilsergänzungsansprüche. Das Nachlassvermögen haftet den Nachlassgläubigern, wobei im Falle einer Überschuldung die Rangfolge der §§ 39, 327 InsO zu beachten ist. Auch ein Bezugsberechtigter, der Erblasserschulden nach dem Erbfall tilgt, um die der Sicherung dienende Versicherungssumme zu erlangen, ist insoweit Nachlassgläubiger.

Fall 3: Vermächtnis Grundstück

Erblasser E ist Eigentümer einer fremdfinanzierten Immobilie, wobei das Darlehen der Bank B durch Grundschuld und abgetretene Lebensversicherung abgesichert ist. E ist Versicherungsnehmer und versicherte Person. EP ist bezugsberechtigt.
EP ist Alleinerbin. Kind K ist Vermächtnisnehmer der Immobilie. Kann K von EP die lastenfreie Übertagung der Immobilie verlangen?

Lösung:
Da der Erblasser auf Verlangen der Bank zur Sicherung eines Darlehens eine Grundschuld bestellt und eine Risikolebensversicherung abgeschlossen hat, so kann nach seinem Tode der Grundstücksvermächtnisnehmer vom Erben die Löschungsbewilligung für die Grundschuld verlangen, da die Darlehenssumme aus der Risikolebensversicherung zurückgezahlt und die Bank die Grundschuld zur Löschung freigibt. § 2166 BGB ist nicht anwendbar.[7] Da die Lebensversicherung in Höhe des valutierten Reals abgetreten wurde, hat der Vermächtnisnehmer einen Anspruch auf Löschungsbewilligung.

[7] OLG München NJW 1975, 1521 (1521 f.).

§ 14 Vollmachten

Übersicht

I. Vollmachten als Instrument der Nachlassabwicklung

1 Typische Fragestellungen im Zusammenhang mit der Bevollmächtigung sind:

- Was hat die Versicherung zu beachten, wenn zu Lebzeiten des Versicherungsnehmers von einem Bevollmächtigten eine Bezugsrechtsänderung veranlasst wird?
- Was hat die Versicherung zu beachten, wenn sie mit Handlungen eines Bevollmächtigten konfrontiert wird, nachdem entweder der Versicherungsfall eingetreten bzw. der Versicherungsnehmer verstorben ist?

2 Vollmachten sind kein Mittel der Gestaltung der Nachlassregelung, sondern ein Instrument zur Nachlassabwicklung. Gerade die **Vorsorgevollmacht** ist ausdrücklich kein sinnvolles Instrumentarium zur Weitergabe von Vermögen im Erbfall. Jede Vollmacht ist von ihrem Charakter her auch eine transmortale Vollmacht.

Grundsätze:

In der Sekunde des Todes des Vollmachtgebers wandelt sich die **Vollmacht** in eine **Vollmacht der Erben** um.
Die vom Erblasser dem Alleinerben erteilte Vollmacht erlischt daher.
Die praxisrelevante Diskussion bezüglich der Vollmacht für den Alleinerben ist nicht abschließend entschieden.

Beratungshinweis:

Der Vollmachtgeber ist darüber aufzuklären, dass eine Vollmacht weitreichende Folgen für Lebensversicherungsverträge haben kann. Es fehlt in den meisten Fällen der deutlich ausformulierte Dienstvertrag bzw. Auftrag zur Ausübung der Vorsorgevollmacht.
Es sollte darauf aufmerksam gemacht werden, dass der Erteilung einer Vorsorgevollmacht zugunsten von Kindern grundsätzlich ein **Auftragsverhältnis** zugrunde liegt. Nur bei Ehepartnern wird ein **Gefälligkeitsverhältnis** angenommen. Der Bevollmächtigte ist daher zur **Auskunft und Rechnungslegung** verpflichtet.

II. Inhalt der Vollmacht

Gerade die **Vorsorgevollmacht** eignet sich als sinnvolles Instrumentarium zum Vollzug der Nachlassplanung. Die Regelung der Vorsorgevollmacht sollte im Einklang mit lebzeitigen und letztwilligen Verfügungen sein. So macht es keinen Sinn, eine Vollmacht zu erteilen, mit welcher dann vom Bevollmächtigten Verträge zugunsten Dritter widerrufen werden, die beispielsweise „seinen potentiellen Nachlasserwerb" schmälern könnten. 3

Praxistipp:

Es sollten gerade Handlungen in den Vollmachten ausgeschlossen sein, die einem testamentarischen Willen bzw. einer Bezugsrechtseinräumung entgegenstehen.

III. Arten der Vorsorgevollmacht; Kosten

Arten von Vollmachten bzw. Vollmachten, die für den Lebensversicherungsbereich wesentlich sein können: 4

Generalvollmacht (notariell beglaubigt bzw. beurkundet): Diese Vollmacht war jahrzehntelang als die zutreffende Lösung zur Vertretung in allen Bereichen des Lebens angegeben worden. Für den Lebensversicherungsbereich ist auf jeden Fall diese Vollmacht ausreichend. Zur Vertretung in persönlichen Bereichen wird dies kritisch gesehen. Bei dieser Vollmacht sollen sowohl die Passkopie des Vollmachtgebers als auch des Vollmachtnehmers als beglaubigte Kopie beigefügt sein.

Vorsorgevollmacht: Um die angesprochenen Probleme bei der Generalvollmacht zu vermeiden, wurde der Begriff „Vorsorgevollmacht" konzipiert. Bei der Vorsorgevollmacht handelt es sich um keinen eigenständigen Vollmachtstyp. Der Begriff kennzeichnet nur den Anlass der Vollmachtserteilung, der mit der Vorsorge für den Fall (bzgl. § 1814 Abs. 1 S. 1 BGB) besteht.[1] Die Vorsorgevollmacht umfängt ausdrücklich sowohl die persönlichen als auch die vermögensrechtlichen Angelegenheiten.

Sinn und Zweck der General- bzw. Vorsorgevollmacht ist es, eine Betreuung möglichst zu vermeiden (§ 1896 Abs. 2 S. 2 BGB) und zudem bei der Nachlassabwicklung Handlungen zu beschleunigen bzw. zu vereinfachen. 5

Vorsorgevollmachten gibt es im Wesentlichen in vier Varianten: 6

- privatschriftliche Vorsorgevollmacht
- von einer Behörde beglaubigte Vorsorgevollmacht
- notariell beglaubigte Vorsorgevollmacht
- notariell beurkundete Vorsorgevollmacht.

Eine **Form der Vollmacht** ist generell nicht vorgeschrieben. Eine Vollmacht kann daher formlos erteilt werden. Um eine Vollmacht nachzuweisen, wird die Vollmacht aus Beweisgründen schriftlich erteilt werden. 7

Praxistipp:

Aus der Sicht der Lebensversicherungsgesellschaft sind nicht nur die Varianten **notariell beglaubigte** bzw. **notariell beurkundete** Vorsorgevollmacht zu beachten, sondern auch privatschriftliche. Es gibt keine Vorschrift, wonach eine Versicherungsgesellschaft eine beurkundete bzw. beglaubigte Vollmacht verlangen könnte.

Wenn also ein privatschriftlich legitimierter Vorsorgebevollmächtigter mit einer Generalvollmacht auftritt, hat die Versicherung den Weisungen Folge zu leisten, jedoch nur dann, wenn das Original vorgelegt wird. Eine Kopie ist unbeachtlich.

---

[1] Fischer/Kühne/Warlich/Fischer, Bankvermögen im Erbfall, § 5 Rn. 2 (heute: § 1814 BGB).

Der Unterschied zwischen der notariell beglaubigten und notariell beurkundeten Vorsorgevollmacht liegt zunächst in den **Kosten** (85 EUR bzw. 200-1.500 EUR je nach Vermögen). Bei der beglaubigten Vollmacht berät das Notariat nicht. Wenn die notariell beglaubigte Vollmacht verlorengehen sollte, muss sie neu beglaubigt werden, während bei der beurkundeten Vollmacht neue Ausfertigungen beantragt werden können. Die Anforderung weiterer Ausfertigungen soll auch dem Bevollmächtigten zustehen. Nur wer im Besitz der Ausfertigung ist, ist handlungsberechtigt.
Die notariell beglaubigte Vorsorgevollmacht bietet im **Rechtsverkehr** dieselbe **Wirkung** wie die notariell beurkundete, ist jedoch bei größeren Vermögen deutlich kostengünstiger. Die dabei entstehenden Kosten liegen generell bei 85 EUR, während bei der beurkundeten Vorsorgevollmacht dies von der Höhe des Vermögens abhängig ist, wobei gem. § 98 Abs. 3 S. 2 KV GNotKG nur 50 % des Vermögens von Seiten des Notariats angesetzt werden dürfen. Bei Vorsorgevollmachten, die erst im Krankheitsfall eingesetzt werden sollen, wird teilweise auch ein Ansatz von 30 % des Vermögens als Grundlage bestimmt. Es fällt eine Gebühr gem. Nr. 21200 KV GNotKG an.
Die nachfolgende Aufstellung gibt einen Überblick, welche Kosten eine notariell beurkundete Vorsorgevollmacht einschließlich Betreuungs- und Patientenverfügung auslöst, wenn ein bestimmtes Aktivvermögen vorliegt. Auslagen und Umsatzsteuer sind in diesen Zahlen bereits enthalten. Die Patientenverfügung, die an sich für eine Abwicklung mit der Lebensversicherung nicht notwendig ist, wurde aus Vereinfachungsgründen mit hineingerechnet.

Aktivvermögen	**Notargebühren**
10.000 EUR	165 EUR
20.000 EUR	190 EUR
50.000 EUR	240 EUR
100.000 EUR	345 EUR
200.000 EUR	470 EUR
500.000 EUR	875 EUR
1 Mio. EUR	1.160 EUR

Die Notargebühren sind bei hohen Vermögen auf 2.500 EUR begrenzt. Wird die Vollmacht lediglich notariell beglaubigt, löst dies Kosten iHv 85 EUR aus.

IV. Geltungsdauer der Vollmacht

8 Ob der Tod des Vollmachtgebers das Erlöschen der Vollmacht zur Folge hat oder ob ein Fortbestehen über den Tod hinaus bestimmt wurde, ist durch Auslegung zu ermitteln. Im Zweifel besteht nach den §§ 168 S. 1, 672 S. 1 BGB die Vollmacht fort. Grundsätzlich gilt jede Vollmacht über den Tod hinaus, sodass die Vollmacht an sich nicht ausdrücklich als **transmortale Vollmacht** gestaltet werden muss. Der Umfang der Vollmacht ist festzulegen. Außerdem sollte ausdrücklich geregelt werden, ob die Vollmacht beim Tod des Vollmachtgebers erlöschen oder über den Tod hinausgehen soll (**transmortale Vollmacht**) bzw. ob sie speziell für den Todesfall ausgestellt ist (**postmortale Vollmacht**), speziell beispielsweise für Erben oder den Testamentsvollstrecker.

9 Das **Erlöschen** einer Vollmacht bestimmt sich nach dem ihrer Erteilung zugrunde liegenden Rechtsverhältnis. Normalerweise liegt der Vollmacht ein **Geschäftsbesorgungsvertrag** gem. §§ 668 ff. BGB zugrunde. Bei Ehepartnern wird ein **Gefälligkeitsverhältnis** angenommen. Bei der Erteilung einer Vorsorgevollmacht an ein Kind ist idR nicht von einem Gefälligkeitsverhältnis auszugehen, sondern von einem **Auftragsverhältnis.**[2]

[2] OLG Schleswig 18.3.2014 – 3 U 50/13 ErbR 2014, 347.

Praxistipp:
Wünscht der Erblasser, der einem Dritten eine Vorsorgevollmacht erteilt hat, dass der Bevollmächtigte **keine Auskunft und Rechnungslegung** gegenüber den Erben vornehmen muss, dann muss der Erblasser in dem zugrunde liegenden Auftragsverhältnis festhalten, dass nur ein höchstpersönliches Auskunftsrecht und ein höchstpersönlicher Rechnungslegungsanspruch besteht. Es sollte zusätzlich klargestellt werden, dass den Erben gegenüber dem Bevollmächtigten kein Auskunfts- und Rechnungslegungsanspruch besteht.

Das Grundverhältnis bei der Erteilung von **Kontovollmachten** zwischen Eheleuten ist ein Gefälligkeitsverhältnis. 10

Der BGH hat angenommen, dass gerade zwischen Eheleuten ein Auftragsverhältnis iSd §§ 662 ff. BGB selbst dann nicht besteht, wenn sie übereingekommen sind, dass während des Zusammenlebens die Aufgabenbereiche in der Weise geregelt werden, dass einer von ihnen alleine die Wirtschaftsführung und Kontoverwaltung übernimmt, wobei die Mittel im Wesentlichen aus den Einkünften oder dem Vermögen des anderen Ehegatten stammen.[3] 11

Der **Geschäftsbesorgungsvertrag** erlischt gem. § 672 BGB im Zweifel nicht mit dem Tod, was bedeutet, dass eine Vorsorgevollmacht nicht durch den Tod des Vollmachtgebers erlischt, sondern als Vollmacht der Erben fortwirkt.[4] 12

Erlöschensgründe der Vollmacht können sein: 13

- wenn in der Vollmacht das Erlöschen der Vollmacht selbst mit dem Ableben des Vollmachtgebers in der Urkunde vereinbart worden ist
- nach § 168 S. 1 BGB mit dem Grundverhältnis
- mit Widerruf durch die Erben
- durch Verzicht.

Hinsichtlich des **Widerrufs** ist zu beachten, dass der generelle Ausschluss des Widerrufs einer Vollmacht durch die Erben nicht möglich ist, wobei der Widerruf eingegrenzt/beschränkt werden kann bzgl. eines Widerrufs aus wichtigem Grund. 14

Der Bevollmächtigte kann über den Tod des Versicherungsnehmers hinaus sämtliche Handlungen vornehmen, die auch der Versicherungsnehmer nach dem Versicherungsvertrag hätte vornehmen können. Der Bevollmächtigte muss sich gegenüber der Versicherung nicht erbrechtlich legitimieren. 15

V. Wirkung der Vorsorgevollmacht

1. Aus der Sicht des Erben

Der Bevollmächtigte vertritt die Erben aufgrund einer Vollmacht des Erblassers. In der Sekunde des Todes des Vollmachtgebers wandelt sich auch die postmortale Vollmacht in eine Vollmacht der Erben um. 16

Der Bevollmächtigte ist daher den Erben **Rechenschaft** schuldig. Auch ist er verpflichtet, den Erben Mitteilung darüber zu machen, dass er Bevollmächtigter ist. Zwar kann der Bevollmächtigte unter Umständen für die Erben ein Segen sein, wenn dieser die notwendigen Handlungen vornimmt bzw. Verträge umschreiben lässt oder Bezugsrechte widerruft und somit den Nachlass ordnungsgemäß verwaltet. Andererseits kann auch erheblicher Schaden entstehen, wenn der Bevollmächtigte absichtlich oder aus Unkenntnis den Widerruf von Bezugsrechten erklärt, obwohl es sehr unpraktisch wäre, wenn die Versicherung in den Nachlass fällt. Zwischen den Erben und dem Bevollmächtigten besteht ein Auftragsverhältnis und kein Gefälligkeitsverhältnis. 17

[3] BGH 5.7.2000 – XII ZR 26/98, NJW 2000, 3199 = MDR 2000, 1435 = FamRZ 2001, 23 = LM BGB § 666 Nr. 22 (2/2001) = NJW-RR 2001, 938 (Ls.).
[4] BGH WM 1969, 702.

18 Im Hinblick auf den Wechsel in der Person des Geschäftsherrn im Falle des Ablebens des Vollmachtgebers hat der Vertreter idR die Pflicht zur Rückfrage bei dem Erben. Ein Gebrauch der Vollmacht ist daher pflichtwidrig, wenn der Bevollmächtigte dabei keine Rücksicht auf den zu ermittelnden Willen des bekannten Erben nimmt oder wenn er den erkennbaren Interessen des unbekannten Erben zuwiderhandelt. Ob und inwieweit die Versicherung hier den **Vollmachtsmissbrauch** erkennen kann, muss für jeden Einzelfall separat entschieden werden, wobei es in den meisten Fällen den Erben jedoch nicht gelingen wird, die Kenntnis vom Vollmachtsmissbrauch nachzuweisen.

2. Aus der Sicht der Versicherung

19 Aus Sicht der Versicherung wird der Vollmachtsmissbrauch fast nicht feststellbar sein. Die Versicherung ist bei Vorliegen einer Vollmacht bis zu deren Widerruf verpflichtet, den Weisungen des Bevollmächtigten Folge zu leisten, es sei denn, es liegen die Voraussetzungen eines beachtlichen Missbrauchstatbestands vor. Dies ist dann der Fall, wenn der Bevollmächtigte ersichtlich in verdächtigter Weise von seiner Vollmacht Gebrauch macht. Insoweit muss es für die Versicherung evident sein, dass ein Missbrauch vorliegt. Im Bereich der Lebensversicherung gibt es diesbezüglich keine höhergerichtlichen Entscheidungen.

3. Aus der Sicht des Bevollmächtigten

20 a) **Mitteilungspflicht des Bevollmächtigten.** Der Bevollmächtigte hat, soweit ihm die Erben bekannt sind, diese zu informieren, dass er vom Erblasser bevollmächtigt wurde. Wenn er diese Mitteilung unterlässt und er handelt, könnte er sich aus dem zugrundeliegenden Auftragsverhältnis schadensersatzpflichtig machen. Besonders kritisch können beispielsweise Kündigungen von Versicherungsverträgen sein, wenn der Erblasser nicht versicherte Person war und es folglich je nach Versicherungsvertragsinhalt lediglich zu einer niedrigen Auszahlung kommt statt eines hohen Erlöses im Falle des Verkaufs.

21 b) **Beratung vor dem Erbfall.** Der Erblasser ist darüber aufzuklären, dass der Nachweis der erbrechtlichen Legitimation durchaus längere Zeit in Anspruch nehmen und es somit zu einer Verzögerung des Zahlungsverkehrs kommen kann, bis die erbrechtliche Legitimation erteilt ist. Damit die Erben unmittelbar nach dem Versterben des Versicherungsnehmers, der versicherten Person war – mit der Folge, dass die Versicherung in den Nachlass fällt –, agieren können, sollte ihnen Vollmacht erteilt werden. Mit der Vollmacht kann ein Erbschein bei gesetzlicher Erbfolge überflüssig werden, und somit entfallen die Kosten des Erbscheins. Der Bevollmächtigte kann die Versicherung auffordern, die Versicherungsleistung zur Auszahlung zu bringen, ohne dass die Erbfolge nachgewiesen werden muss.

22 c) **Beratung nach dem Erbfall.** Bei der Vollmacht über den Tod hinaus hat die Versicherung den Weisungen des Vollmachtinhabers zu folgen. Die Versicherung trifft bis zum Widerruf der Vollmacht keine Warte- oder Rückfragepflicht zur Sicherung der Erbeninteressen. Durch den Fortbestand der Vollmacht über den Tod hinaus wird der Bevollmächtigte berechtigt, über das Versicherungsguthaben zu verfügen. In allen Fällen jedoch nur dann, wenn das Original vorgelegt wird.

23 d) **Pflichten der Versicherung.** Die Versicherung braucht sich über das Innenverhältnis zwischen dem Erben und dem Bevollmächtigten grundsätzlich (ohne das Hinzutreten weiterer Umstände) keine Gedanken zu machen.[5]

24 e) **Pflichten des Bevollmächtigten.** Der Bevollmächtigte hat sich Gedanken darüber zu machen, ob die Interessenlage der Erben eine andere ist als die des Erblassers. Der Erbe tritt zwar im Wege der Universalsukzession in die Rechtsposition des Erblassers ein,

[5] BGH WM 1994, 2190 ff.; BGH 25.10.1994 – XI ZR 239/93, NJW 1995, 250, 251.

durch den Tod des Erblassers kann sich die Interessenlage jedoch verändern. Wenn der Bevollmächtigte mit dem Erblasser jedoch einen entsprechenden Auftrag geschlossen hat, der spezielle Handlungen vorsieht, die eventuell entgegen dem Willen der Erben sind, dann ist der Bevollmächtigte befugt, diese auszuüben. Dies zeigt die Wichtigkeit der schriftlichen Niederlegung des Auftragsverhältnisses.

Bei der Erteilung einer umfassenden Vorsorgevollmacht wird idR nicht von einem 25
bloßen Gefälligkeitsverhältnis, sondern von einem Auftragsverhältnis auszugehen sein. Im Falle von § 667 BGB trifft die Darlegungs- und Beweislast für die auftragsgemäße Verwendung bzw. Herausgabe des Erlangten den Bevollmächtigten.

VI. Widerruf der Vollmacht

Beim Widerruf der Vollmacht sind zwei Zielrichtungen streng voneinander zu trennen: 26

- zum einen das Vorgehen gegen den Bevollmächtigten und
- zum anderen die Vorgehensweise gegenüber dem Versicherungsunternehmen.

Dem Bevollmächtigten ist mitzuteilen, dass ihm die Vollmacht entzogen wird. Gleich- 27
zeitig sollte dem Versicherungsnehmer mitgeteilt werden, dass die Vollmacht widerrufen wird.

Generell kann ein **Betreuer** eine Vorsorgevollmacht bzw. Kontovollmacht nur dann 28
widerrufen, wenn ihm diese Befugnis als eigenständiger Aufgabenkreis ausdrücklich zugewiesen ist.[6] Das Selbstbestimmungsrecht des Vollmachtgebers erfordert eine ausdrückliche gerichtliche Feststellung der Notwendigkeit der Maßnahme.[7] Dem Vollmachtnehmer steht ein **Beschwerderecht** gegen eine gerichtliche Anordnung der Aufhebung bzw. die Erhebung einer Feststellungsklage gegen den Betreuer auf Feststellung, dass der Widerruf (ohne ausdrückliche gerichtliche Anordnung) unwirksam ist, zu.

VII. Missbrauch der Vollmacht

Ferner ist der außergerichtliche Vortrag gegenüber dem Versicherungsunternehmen, 29
dass die Vollmacht unter beachtlichem **Rechtsmissbrauch** vom Bevollmächtigten eingesetzt wird, als Möglichkeit in Betracht zu ziehen. Es muss also dargestellt werden, dass der Bevollmächtigte zum Nachteil des Vertretenen handelt. Bereits das RG hat festgestellt, dass eine **Rückfragepflicht** besteht, wenn sich bei redlicher Rücksichtnahme auf die Belange des Vollmachtgebers begründete Zweifel an der Treue des Bevollmächtigten aufdrängen müssen und Schritte zur Aufklärung zumutbar sind.

Der Erbe hat das Versicherungsunternehmen entsprechend zu informieren und gleich- 30
zeitig darauf hinzuweisen, dass seine Interessenslage den Verfügungen des Bevollmächtigten widerspricht. Dadurch wird eine Ausgangsbasis geschaffen, aufgrund deren ggf. später einmal dem Versicherungsunternehmen gegenüber **Schadensersatzansprüche** geltend gemacht werden können, sofern dieses trotz allem beeinträchtigende Verfügungen zugelassen hat.

---

[6] BGH 28.7.2015 – XII ZB 674/14, BGHZ 206, 321–332 = NJW 2015, 3572.

[7] AA BayObLG 3.6.1994 – 3 Z BR 18/94, FamRZ 1994, 1550; Staudinger/Bienwald BGB § 1896 Rn. 337 (heute: § 1814 BGB).

§ 15 Testamentsgestaltung

Übersicht

I. Gestaltung letztwilliger Verfügungen

1 Lebzeitiger Vermögenstransfer und letztwillige Verfügung sind aufeinander abzustimmen. Oftmals wünschen Erblasser, dass wegen der Unmündigkeit der Erben ein **Testamentsvollstrecker** tätig werden soll. Wunsch des Erblassers ist es in diesen Fällen, dass die Geldmittel sachgerecht verwaltet werden. Es macht dann natürlich keinen Sinn, diesen Erben größere Geldbeträge über das Bezugsrecht von Lebensversicherungen zuzuwenden. Wunsch des Erblassers ist es, auch diese Beträge unter Testamentsvollstreckung zu stellen, wobei nicht unbedingt gewünscht ist, dass diese Beträge in den Nachlass fallen. Es empfiehlt sich daher folgende Formulierung in der letztwilligen Verfügung:

Muster 15.1: Letztwillige Verfügung und Testamentsvollstreckung

Ich werde unter Umständen Lebensversicherungen und auch Sparverträge hinterlassen, über die ich mittels sogenannter „Verträge zugunsten Dritter" zu meinen Lebzeiten bereits zugunsten meiner vorstehend genannten Erben verfügt habe, und die daher – juristisch gesehen – nicht zu meinem Nachlass gehören.
Ich treffe daher diesbezüglich mittels einer Auflage an die Erben, deren Durchführung der Testamentsvollstrecker selbst verlangen kann, die Anordnung, dass meine Erben verpflichtet sind, dem Testamentsvollstrecker hieran die volle Verwaltungs- und Verfügungsmacht einzuräumen, sodass er in gleicher Weise über diese Drittzuwendungen verfügen und diese verwalten kann, wie wenn diese tatsächlich zu meinem Nachlass gehören würden; insoweit sollen auch diesbezüglich alle vorstehend für die Testamentsvollstreckung getroffenen Anordnungen ergänzend, aber auch die gesetzlichen Bestimmungen der Testamentsvollstreckung entsprechend gelten.
Vorsorglich erteile ich mit Wirkung ab meinem Tod dem Testamentsvollstrecker die Vollmacht, diesbezüglich bei Banken, Lebensversicherungen und sonstigen Stellen alles Erforderliche und Zweckmäßige zu tun, damit diese Anordnung wirksam wird und umgesetzt werden kann.

2 Wenn eine derartige Anordnung getroffen wurde, haben die Erben jedoch die Möglichkeit, die Erbschaft nach § 2306 BGB **auszuschlagen.** Die Gläubiger der Erben können in die ausgezahlte Versicherungssumme pfänden, den Gläubigern des Erblassers sind diese Gelder entzogen, es sei denn, es wird im Nachlassinsolvenzverfahren die Anfechtung erklärt.

II. Verschaffungsvermächtnis

3 In den Fällen, in welchen der Erblasser zugunsten seines Ehepartners ein unwiderrufliches Bezugsrecht eingeräumt hat, kann er diesen Geldbetrag nur über ein **Verschaffungsvermächtnis** einem Dritten zuwenden. Das OLG München hat in seiner Entscheidung vom 31.1.1995 wie folgt ausgeführt:

„Hat der Erblasser testamentarisch bestimmt, dass seine Lebensversicherung einer bestimmten Person zufallen soll, die im Versicherungsvertrag nicht als Bezugsberech-

tigte benannt ist, fällt die Versicherungssumme nicht in den Nachlass und es liegt ein Verschaffungsvermächtnis vor. Ein wirksames Verschaffungsvermächtnis ist immer dann anzunehmen, wenn der Erblasser die Lebensversicherungssumme dem Bedachten auch für den Fall zuwenden wollte, dass sie nicht zur Erbschaft gehört. Die Annahme eines derartigen Verschaffungsvermächtnisses setzt nicht das Bewusstsein des Erblassers voraus, dass die Lebensversicherungssumme nicht zum Nachlass gehört. Eine solche positive Kenntnis ist nur ein – wenn auch gewichtiges – Indiz für seinen gleichwohl bestehenden Zuwendungswillen.“[1]

Dem Vermächtnisnehmer steht der Verschaffungsvermächtnisanspruch hinsichtlich der Versicherungssumme nicht zu, wenn hinsichtlich des zu seinen Gunsten im Testament angeordneten Vermächtnisses in Form eines Lebensversicherungsbezugsrechts eine Sicherungsabtretung zur Schuldentilgung getroffen wurde. Dem Vermächtnisnehmer steht ein Vermächtnisanspruch ferner nicht zu, wenn das zu seinen Gunsten im Testament ausgebrachte Vermächtnis in Form eines Lebensversicherungsbezugsrechts durch eine Sicherungsabtretung der Ansprüche aus der Lebensversicherung ausgehöhlt worden ist.[2] 4

III. Testament und Widerruf

Ein nach § 9 ALB 2016 bzw. § 9 ARB 2016[3] erforderlicher schriftlicher **Widerruf** der Bezugsberechtigung aus einer Lebensversicherung gegenüber dem Versicherer ist nicht gegeben, wenn der Erblasser den Widerruf der Bezugsberechtigung in einem privatschriftlichen Testament erklärt hat, das dem Versicherer nach dem Tode des Erblassers ohne dessen Veranlassung zugegangen ist.[4] 5

Der in einem Testament erklärte Widerruf einer Bezugsberechtigung wird nach § 9 ALB 2016nicht wirksam, wenn der Versicherungsnehmer dem Versicherer den Widerruf nicht anzeigt.[5] Ein Widerruf durch Testament braucht in den Allgemeinen Versicherungsbedingungen nicht ausdrücklich erwähnt zu sein, um keine Zweifel an dem Anzeigeerfordernis aufkommen zu lassen. Es genügt dem Anzeigeerfordernis des § 9 ALB 2016 nicht, wenn dem Versicherer nach dem Tode des Versicherungsnehmers dessen Testament vorgelegt wird, das einen Widerruf der Bezugsberechtigung enthält. In diesem Falle ist § 130 Abs. 2 BGB nicht anwendbar.[6] 6

Mit Urteil vom 1.7.1981 hat der BGH entschieden, dass der Widerruf einer Bezugsberechtigung nicht wirksam wird, wenn der Versicherungsnehmer das Bezugsrecht durch Testament widerruft und dies dem Versicherer nicht anzeigt.[7] 7

Die Bezugsrechtsverfügung wird mit dem **Zugang** beim Versicherer wirksam (§ 130 BGB). Der Zugang beim Versicherungsvertreter reicht aus, damit dessen gesetzliche Empfangsvollmacht aus § 69 VVG gem. § 72 VVG nicht beschränkt werden kann. Nicht ausreichend ist die bloße Mitteilung an den Bezugsberechtigten, auch nicht durch Übergabe des Versicherungsscheins. Der Versicherungsschein ist nämlich gem. § 4 VVG kein echtes Inhaberpapier. Nach § 332 BGB kann eine Verfügung von Todes wegen (Testament, Erbvertrag) ohne Zugang beim Versicherer wirksam werden. Dieser Verlauf wird jedoch regelmäßig durch die Allgemeinen Versicherungsbedingungen ausgeschlossen.[8] 8

---

[1] OLGR München 1995, 139.
[2] OLGR Schleswig 2001, 153.
[3] Die ARB sind deckungsgleich mit den ALB.
[4] LG Koblenz FamRZ 1997, 640.
[5] BGHZ 81, 95; LG Dortmund ZEV 2008, 293.
[6] BGH VersR 1993, 1219.
[7] BGH 1.7.1981 – IVa ZR 201/80, BGHZ 81, 95 = NJW 1981, 2245.
[8] BGH NJW 1993, 3134.

9 Den Widerruf der Bezugsberechtigung regelt § 9 Abs. 2 S. 3 ALB 216 iVm § 9 Abs. 4 ALB 2106 (ALB und ARB sind deckungsgleich). Die Bestimmung lautet auszugsweise:

„Anzeige
(4) Die Einräumung und der Widerruf eines Bezugsrechts (Absatz 2) sowie die Abtretung und die Verpfändung (Absatz 3) sind uns gegenüber nur und erst dann wirksam, wenn sie uns vom bisherigen Berechtigten in Textform (z. B. Papierform, E-Mail) angezeigt worden sind. Der bisherige Berechtigte sind im Regelfall Sie als unser Versicherungsnehmer. Es können aber auch andere Personen sein, sofern Sie bereits zuvor Verfügungen (z. B. unwiderrufliche Bezugsberechtigung, Abtretung, Verpfändung) getroffen haben."

10 Der Widerruf der Bezugsberechtigung – gleichgültig, in welcher Erklärungsform er vorgenommen wird – ist also nur wirksam, wenn er dem Versicherer schriftlich angezeigt wird.

11 Aus § 9 Abs. 4 ARB und ALB 2016 kann ein durchschnittlicher, juristisch nicht vorgebildeter Versicherungsnehmer ohne vernünftigen Zweifel entnehmen, dass Änderungen der Bezugsberechtigung für ihre Wirksamkeit ausnahmslos der schriftlichen Anzeige beim Versicherer bedürfen. Dass diese Regelung keine Ausnahme zulässt, also auch für den Fall der letztwilligen Verfügung nichts anderes gilt, kommt in dem Wortlaut „nur" und „erst dann" gerade für den juristischen Laien deutlich zum Ausdruck. Sie ist weder unklar noch überraschend. Insbesondere benachteiligt sie den Versicherungsnehmer nicht unangemessen entgegen Treu und Glauben.

12 Es mag zwar nicht jedermanns Sache sein, seine letztwilligen Verfügungen Dritten mitzuteilen. Um dem Wirksamkeitserfordernis des § 9 Abs. 4 ALB zu genügen, braucht der Versicherungsnehmer dem Versicherer aber nicht den Inhalt des Testaments mitzuteilen. Es genügt, dass er dem Versicherer die Änderung des Bezugsrechts schriftlich anzeigt. Der Widerruf der Bezugsberechtigung muss dem Versicherer in Abweichung von § 130 Abs. 2 BGB **vor dem Tode** des Versicherungsnehmers **zugehen,** um wirksam zu werden. Die Aushändigung der schriftlichen Widerrufserklärung an den Versicherungsvertreter vor Tode des Versicherungsnehmers reicht nicht aus: Die in § 12 Abs. 1 S. 3 ALB ursprünglich vorgesehene Regelung, in der bestimmt war, dass Versicherungsvertreter zur Entgegennahme derartiger Willenserklärungen nicht bevollmächtigt sind, wurde nicht in die neuen ARB und ALB 2016 übernommen. Es gelten §§ 69, 72 VVG.

13 Widerruft der Versicherungsnehmer das Bezugsrecht aus einer von ihm abgeschlossenen Lebensversicherung durch Testament und zeigt er dies dem Versicherer nicht an, wird der Widerruf nicht wirksam.[9]

Fall:

Erblasser E hatte eine Lebensversicherung über 25.000 EUR abgeschlossen und B beim Versicherer V widerruflich als bezugsberechtigt angegeben. E hatte C zu seinem Alleinerben eingesetzt und zugunsten A ein Vermächtnis ausgesetzt.
Im Testament des Erblassers E war ausgeführt:
„Frau A bekommt 15.000 EUR von der Lebensversicherung … An die Auszahlung … knüpft sich die Bitte, Hündin Elissa das Gnadenbrot zu erteilen …"
Der Versicherer zahlte die Versicherungsleistung an B aus. Nach der Auszahlung der Versicherungsleistung gab A dem Versicherer die letztwillige Verfügung bekannt. A war der Auffassung, der Anspruch auf die Versicherungsleistung habe ihr in Höhe eines Teilbetrages von 15.000 EUR und nicht dem B zugestanden.
A nimmt den B und die Versicherung V auf Zahlung dieser Summe in Anspruch.
B hält den Widerruf seiner Bezugsberechtigung durch das Testament nicht für wirksam, weil dieses dem Versicherer nicht zugegangen sei, bevor dieser ausgezahlt hat.

[9] BGHZ 81, 95; BGH NJW 1981, 2245; hierzu Schmalz-Brüggemann ZEV 1996, 84 (88).

Lösung:
Nach § 9 Abs. 4 ALB ist der Widerruf des Bezugsrechts dem Versicherer gegenüber nur und erst dann wirksam, wenn der bisherige Verfügungsberechtigte dies dem Versicherer vor dem Versicherungsfall schriftlich angezeigt hat. An einer derartigen Anzeige fehlt es hier. Nach der gesetzlichen Auslegungsregel des § 332 BGB kann der Versicherungsnehmer die Bezugsberechtigung „im Zweifel" auch in einer Verfügung von Todes wegen, also durch eine nichtempfangsbedürftige Willenserklärung, widerrufen und durch eine andere ersetzen. Einräumung und Widerruf sind nur und erst dann wirksam, wenn sie dem Versicherer angezeigt sind. Ein Widerruf durch Testament, das dem Versicherer nicht angezeigt wird, kann daher dem Versicherer gegenüber nicht wirksam werden.
Die Versicherung konnte daher schuldbefreiend an den im Versicherungsvertrag bezeichneten Bezugsberechtigten leisten. Die Klage ist sowohl gegenüber B als auch gegenüber V unbegründet.
Achtung: Bei der Bearbeitung „alter" Versicherungsfälle gelten die Vorschriften der alten ALB.

Der Notar verletzt seine Amtspflichten, wenn er es unterlässt, den Erblasser darauf 14
hinzuweisen, dass es für den Fall bereits bestehender Bezugsberechtigungen zur – aufgrund des Testaments möglichen – Abänderung der Bezugsberechtigung für die Wirksamkeit gegenüber dem Lebensversicherer nach § 9 Abs. 4 ALB 2016 einer schriftlichen Anzeige an die Versicherung bedarf, und macht sich bei Unwirksamkeit der Änderung der Bezugsberechtigungen gegenüber den testamentarisch bedachten Bezugsberechtigten (vorbehaltlich anderweitiger Ersatzmöglichkeit) schadenersatzpflichtig.

Ist die sich aus der Bezugsberechtigung der Lebensversicherung ergebende Versiche- 15
rungssumme geringer als der im Wege eines Vermächtnisses zugewendete Versicherungsbetrag, so hat der Vermächtnisnehmer einen Anspruch auf Ergänzung des Vermächtnisses gegen den Erben, entweder durch Zahlung – soweit der Erbe selbst die Versicherungssumme oder einen Teil derselben erhalten hat – oder durch Abtretung des Bereicherungsanspruchs, den der Nachlass gegen diejenigen Bezugsberechtigten hat, die mehr als die ihnen vom Erblasser zugewendete Quote erhalten haben.

§ 16 Auskunftsansprüche

Übersicht

I. Allgemeines

1 Die Kernfrage ist: Wem muss die Versicherungsgesellschaft nach dem Ableben des Versicherungsnehmers Auskunft erteilen?

2 In der Regel erteilt die Versicherungsgesellschaft Auskunft durch Übersendung von **Versterbensmitteilungen** bezüglich der bei ihr bestehenden Versicherungsverträge.

II. Berechtigte und Verpflichtete des Auskunftsanspruchs

3 Für fast alle an einem Erbfall beteiligten Erben, Vertragserben, Schlusserben, Pflichtteilsberechtigte, Vermächtnisnehmer, Testamentsvollstrecker, Nachlasspfleger, Nachlassverwalter, Gläubiger und Finanzamt ist es von elementarem Interesse, Auskunft über den Bestand des Nachlasses zu erhalten, somit auch über Lebensversicherungsverträge bzw. Leistungen von Versicherungen auf den Todesfall, da diese einen Teil des Nachlasses darstellen können. Der Auskunftsanspruch kann dabei – je nach Stellung der Beteiligten – verschiedene Zielrichtungen haben, wie zB die Höhe einer Geldforderung oder die Bezeichnung der herauszugebenden Gegenstände. Von dieser Zielrichtung ist

die Reichweite des Auskunftsanspruchs abhängig, also die Auskunftstiefe bzw. Rechnungslegungstiefe. Dies ist iRd jeweiligen Rechtsgrundlage zu beachten und nach den Grundsätzen der Zumutbarkeit zu bestimmen (§ 242 BGB).[1]

Je nach Anspruchsteller, also 4

- Erbe
- Miterbe
- Pflichtteilsberechtigter
- Vermächtnisnehmer
- Vertragserbe
- Begünstigter
- Vorerbe, Nacherbe
- Testamentsvollstrecker, Nachlasspfleger, Nachlassverwalter
- Nachlassinsolvenzverwalter

richtet sich der Auskunftsanspruch gegen 5

- den Versicherungsnehmer
- den/die Erbe/n
- den/die Begünstigter/n
- den/die Bevollmächtigten.

Zuerst ist zu klären, **wer gegen wen** welche Ansprüche auf Auskunft wegen lebensversicherungsrelevanter Verfügungen und Bestände hat. Die nachfolgende Übersicht erfasst die wesentlichen Fälle: 6

Anspruchsgegner Anspruchsteller	Erbe	Miterbe	Vertragserbe	Pflichtteilsberechtigter	Vermächtnisnehmer	Begünstigter	Versicherung	Gläubiger	Testamentsvollstrecker	Nachlasspfleger	Nachlassverwalter	Bevollmächtigter
Erbe							x		x	x	x	x
Miterbe		x					x		x	x	x	x
Vertragserbe						x	x		x	x	x	x
Pflichtteilsberechtigter	x	x	x			x			x	x	x	
Vermächtnisnehmer	x	x	x						x	x	x	
Begünstigter							x					
Bank												
Gläubiger	x	x	x						x	x	x	
Testamentsvollstrecker							x					x
Nachlasspfleger	x	x	x				x	x				x
Nachlassverwalter	x	x	x				x	x				x

III. Geheimhaltungspflicht der Lebensversicherung

Die Versicherungsgesellschaft ist verpflichtet, kundenbezogene Daten nur den Berechtigten offenzulegen. Dies hat zwei wesentliche Inhalte: 7

[1] Vgl. LG Kleve 22.11.2006 – 4 O 110/06, WM 2007, 830 = BKR 2007, 434.

- Die Versicherung hat Stillschweigen über die vermögensmäßigen und sonstigen Belange ihres Kunden zu wahren, von denen sie im Rahmen oder bei Gelegenheit ihrer geschäftlichen Tätigkeit Kenntnis erlangt hat.
- Die Versicherung hat Auskünfte gegenüber jedermann zu verweigern, sofern nicht ausnahmsweise eine ausdrückliche gesetzliche Offenbarungspflicht besteht oder die Versicherung aus sonstigen Gründen von ihrer Verschwiegenheit entbunden ist.

IV. Auskunfts- und Rechnungslegungsanspruch des Alleinerben gegenüber der Versicherung

1. Allgemeines

8 In seiner Eigenschaft als Gesamtrechtsnachfolger hat der Erbe des Versicherungskunden grundsätzlich dieselben Auskunftsrechte gegen die Versicherung, wie der Erblasser sie hatte. Mit dem Tod des Versicherungskunden geht auch dessen aus der Geschäftsverbindung mit der Versicherung herrührender vermögensrechtliche Auskunftsanspruch gem. §§ 675, 666 BGB gegen die Versicherung auf den bzw. die Erben über. Dies bedeutet primär, dass der Erbe von der Versicherungsgesellschaft über den gesamten Bestand sämtlicher zum Todeszeitpunkt des Erblassers bestehender Verträge Auskunft verlangen kann. Ob und inwieweit der Erbe einen Anspruch auf Offenlegung aller eventuell vorhandenen ärztlichen Stellungnahmen hat, wird im Einzelfall zu beurteilen sein.

2. Zurückliegende Geschäftsvorfälle

9 In erster Linie haben nur der Versicherungsnehmer und seine Erben **Auskunftsansprüche** gegenüber dem Versicherungsunternehmen. Ein Auskunftsanspruch des Versicherungsnehmers oder dessen Erben aus § 3 Abs. 4 S. 1 VVG besteht nur dann, wenn das Versicherungsverhältnis noch nicht vollständig abgewickelt ist – sei es, dass ein Schaden noch nicht abschließend reguliert ist oder dass noch andersartige Zahlungsansprüche, zB auf Prämienrückvergütung, bestehen.

10 Ist das Versicherungsverhältnis beendet und vollständig abgewickelt, ist ebenfalls kein schutzwürdiges rechtliches Interesse iSd § 810 BGB gegeben, das dem Erben einen Anspruch auf Einsichtnahme in die Versicherungsunterlagen einräumen würde.

11 Ein Auskunftsanspruch hinsichtlich bereits beendeter Versicherungsverhältnisse ergibt sich für einen Miterben auch nicht daraus, dass ihm seine Miterben die Einsichtnahme in die Unterlagen des Erblassers verweigern. Der Miterbe muss das Auskunftsverlangen, das vorliegend dazu dienen soll, Kenntnis über mögliche weitere Versicherungsverträge des Erblassers zu erlangen, gegen die übrigen Miterben richten.[2]

3. Erbrechtliche Legitimation

12 Das Versicherungsunternehmen kann die Auskunft gegenüber dem Erben allerdings solange verweigern, bis sich dieser erbrechtlich legitimiert hat. Es fehlt an einer Regelung wie bei den Banken (Art. 5 AGB der Sparkassen bzw. Banken).

13 Der Erbe tritt im Rahmen der Universalsukzession in die Rechtsposition des Erblassers ein, § 1922 Abs. 1 BGB.

4. Aufbewahrungspflicht, Zumutbarkeit

14 Nach § 257 HGB hat die Versicherung Versicherungsunterlagen sechs Jahre aufzubewahren. Der Versicherung muss es also in tatsächlicher Hinsicht noch möglich sein, derartige Kopien zu erstellen.

[2] LG Mainz zfs 1989, 268.

5. Unwirksamer Verzicht auf Auskunft und Rechnungslegung

a) **Geheimhaltungspflicht.** Mit dem Erbfall geht auch der Anspruch des Erblassers auf Geheimhaltung auf den Erben über. Die Geheimhaltung zugunsten des Erblassers steht der Erteilung von Auskünften an die Erben nicht entgegen. Ein Erblasser kann sein Versicherungsunternehmen auch nicht verpflichten, den Erben die Auskunft über seine Bezugsrechtseinräumung zu verweigern, soweit die Auskünfte für die Geltendmachung des Pflichtteilsergänzungsanspruchs von Bedeutung sind. Der Kunde und seine Erben sind wirtschaftlich insoweit als eine Einheit anzusehen. Die Erben können deshalb einen etwaigen Verzicht des Erblassers auf das Auskunftsrecht ihrerseits widerrufen. 15

b) **Umfang der Auskunft.** Der Informationsanspruch der Erben beschränkt sich idR auf die vermögensrechtlichen Angelegenheiten aus der Geschäftsverbindung mit dem Erblasser. Die Erben haben keinen Anspruch auf Information über persönlichkeitsbezogene Geheimnisse des verstorbenen Kunden, wie zB Unterlagen über Arzttermine ua. 16

c) **Abtretbarkeit des Auskunftsanspruchs.** Der Auskunftsanspruch des Erben gegen die Versicherung ist auch abtretbar.[3] Deshalb kann der Erbe seinen Anspruch auf Auskunft gegen die Versicherung beispielsweise an den Pflichtteilsberechtigten abtreten. Dem steht nicht entgegen, dass der Auskunftsanspruch gem. §§ 675, 666 BGB grundsätzlich nicht isoliert, dh ohne den Hauptanspruch, abtretbar ist.[4] 17

d) **Verträge zugunsten Dritter.** Dem Erben stehen in seiner Eigenschaft als Gesamtrechtsnachfolger auch Auskunftsansprüche hinsichtlich vorhandener Verträge mit Bezugsrechtseinräumung gegen die Versicherung zu. Er muss dafür allerdings berechtigte Gründe darlegen. Ein berechtigter Grund ist zB die Absicht, solche Verträge zu widerrufen oder bereicherungsrechtliche Ansprüche geltend zu machen (§ 2286 BGB). Auch in der Erfüllung der Auskunftspflichten gegenüber einem Pflichtteilsberechtigten kann ein berechtigter Grund gesehen werden. Der Anspruch des Zuwendungsempfängers auf prinzipielle Verschwiegenheit der Versicherung steht einer Auskunftserteilung an den Erben nicht entgegen. 18

Muster 16.1: Auskunftsersuchen des Alleinerben an die Versicherung des Erblassers 19

An die
X.........X Versicherung
Betreff: Nachlasssache X.........X
Bezug: Versicherungsschein-Nr. X.........X
Sehr geehrte Damen und Herren,
mit anliegender Vollmacht zeige ich an, dass der Alleinerbe Herrn/Frau X.........X in der Nachlasssache X.........X von mir vertreten wird. Sterbeurkunde und erbrechtliche Legitimation (Erbschein, Eröffnungsprotokoll) füge ich bei.
Ich darf Sie bitten, mir

- von allen laufenden Lebensversicherungsverträgen und Verträgen mit oder ohne Bezugsrecht auf den Todesfall den aktuellen Stand mitzuteilen.

Mit freundlichen Grüßen
(Rechtsanwalt)

[3] BGH 28.2.1989 – XI ZR 91/88, BGHZ 107, 104 = NJW 1989, 1601 = WuB I B 3.–3.89.
[4] So schon RG JW 1931, 525 (526).

V. Auskunftsanspruch der Miterbengemeinschaft gegenüber der Versicherung

1. Allgemeines

20 Die Erbschaft geht im Wege der Gesamtrechtsnachfolge als Ganzes auf die Erben über. Dabei ist es nicht von Bedeutung, ob es sich um eine gesetzliche oder gewillkürte Erbfolge handelt.[5] Lebensversicherungsverträge gehen beim Erbfall auf die Erben über und damit auch der Auskunftsanspruch des Erblassers.[6] Das einem einzelnen Erben zustehende Auskunftsrecht steht mehreren Miterben deshalb gemeinschaftlich zu (§ 432 BGB). Die Erbengemeinschaft ist der Inhaber der Rechte. Der einzelne Miterbe kann das gemeinschaftliche Recht auf Auskunftserteilung aber allein geltend machen (§ 2039 BGB); ob mit der Maßgabe, dass die Versicherung allen Miterben der Erbengemeinschaft Auskunft zu erteilen hat, ist nicht höhergerichtlich entschieden.

2. Geheimhaltungspflicht

21 Bei dem Auskunftsanspruch gegen die Versicherung liegt eine Besonderheit darin, dass die Auskunft der Geheimhaltungspflicht unterliegt. Diese aufgrund der Geschäftsverbindung mit dem Kunden auch ohne ausdrückliche Vereinbarung bestehende Geheimhaltungspflicht der Versicherung geht auf die Miterben über.

22 Die Versicherung ist somit allen Miterben gegenüber zur Geheimhaltung verpflichtet. Bei strenger Beachtung der Qualität dieses Anspruchs auf Auskunftserteilung muss die Geheimhaltungspflicht entsprechend beurteilt werden. Hieraus wird abgeleitet, dass Miterben die Versicherung auch nur gemeinsam von ihrer Verschwiegenheitsverpflichtung entbinden können. Folgerichtig müssten die Miterben also Einigkeit darüber erzielen, ob entsprechende Auskünfte von der Versicherung verlangt und erteilt werden sollen, da gem. § 2039 BGB nur Leistung an alle Miterben erfolgen kann.[7]

Praxistipp:

In der Praxis erteilt die Versicherungsgesellschaft Auskunft an alle Miterben durch Übersendung entsprechender Unterlagen. Diese Vorgehensweise erspart eine äußerst umständliche Prozedur. Der auskunftsinteressierte Miterbe müsste die Versicherung auffordern, Auskunft an die Erbengemeinschaft zu erteilen. Die einzig richtige Entscheidung der Versicherung wäre, die begehrte Auskunft abzulehnen, da sie allen Erben gegenüber zur Geheimhaltung verpflichtet ist. Damit der Versicherung im Falle einer Klage nicht das Kostenrisiko verbleibt, kann sie die Auskunft beim zuständigen Amtsgericht hinterlegen. Die Hinterlegung betrifft die Urkunden, die die begehrten Auskünfte enthalten.

23 Der auskunftsersuchende Miterbe muss zuerst die anderen Miterben auf Einwilligung verklagen. Mit dem obsiegenden Urteil, das die Willenserklärungen der anderen Miterben ersetzt, kann er dann von der Versicherung die entsprechenden Auskünfte verlangen. Vorprozessual darf die Versicherung dem anfragenden Erben bei Widerspruch der anderen Miterben keine Auskunft erteilen, wenn die Versicherung weiß oder erkennen kann, dass der um Auskunft nachsuchende Miterbe hiermit ausschließlich eigene persönliche Interessen verfolgt, weil er beeinträchtigende Schenkungen des Erblassers vermutet. Es spricht daher viel dafür, dass ein Versicherungsunternehmen einem einzelnen Erben bei Widerspruch der anderen Miterben keine Auskünfte erteilen darf.

---

[5] Grüneberg/Weidlich BGB § 1922 Rn. 1.
[6] Grüneberg/Weidlich BGB § 1922 Rn. 30, 39.
[7] Saris ZEV 1995, 433 ff.

Muster 16.2: Aufforderung an Miterben, die Versicherer von der Geheimhaltungsverpflichtung zu entbinden

An Herrn/Frau X.........X (Miterbe)
Nachlasssache: X.........X
Sehr geehrte X.........X,
hiermit zeige ich an, dass ich in der Nachlasssache X.........X den Miterben gemäß beigefügter Vollmacht vertrete.
Sie und mein Mandant sind Erben zu je X.........X.
Der Erblasser stand in Geschäftsverbindung mit der X.........X Versicherung.
Die Versicherungsunterlagen sind nur noch fragmentarisch vorhanden. Weiterhin liegen Anhaltspunkte dafür vor, dass der Erblasser einen Teil seiner Versicherungsverträge als Verträge zugunsten Dritter abgeschlossen hat.
Sowohl für die Durchsetzung von

- Restpflichtteilsansprüchen,
- Pflichtteilsergänzungsansprüchen und
- Ansprüchen aus § 2287 BGB iVm § 812 BGB

als auch aus erbschaftsteuerrechtlichen Gesichtspunkten hat mein Mandant ein berechtigtes Interesse, von der Versicherung Auskunft zu erlangen über

- den Bestand der Versicherung zum Zeitpunkt des Todestages,
- der Verträge zugunsten Dritter und
- Abverfügungen zu Lebzeiten des Erblassers.

Aufgrund der Vertragsbeziehungen des Erblassers zur X.........X Versicherung ist diese jedoch zur Geheimhaltung verpflichtet. Die Versicherung darf an meinen Mandanten nur dann Auskunft erteilen, wenn Sie die Versicherung von ihrer Verschwiegenheitspflicht entbinden.
Mein Mandant hat Ihnen gegenüber Anspruch auf Abgabe einer Erklärung dahingehend, dass Sie die Versicherung von ihrer Geheimhaltung entbinden. Ich darf Sie daher bitten, beigefügte Entbindungserklärung zu unterzeichnen und bis spätestens X.........X zurückzureichen.
Mit freundlichen Grüßen
(Rechtsanwalt)

Umgekehrt kann ein einzelner Miterbe aus den verschiedensten Gründen ein Interesse daran haben, dass die Miterben von zurückliegenden Verfügungen keine Kenntnis erlangen. Er wird daher die Versicherung anweisen, dass eine Auskunft ohne sein Einverständnis nicht erteilt werden darf. Die Versicherung kann bzw. sollte in diesen Fällen eine Auskunft wegen der bestehenden Geheimhaltungspflicht nicht mehr erteilen. Selbstverständlich können sich die Miterben dagegen wehren und von dem Miterben verlangen, dass er diese Erklärung widerruft. 24

3. Erbrechtliche Legitimation

Wollen die Miterben gemeinschaftlich gegenüber der Versicherung auftreten, müssen sie sich erbrechtlich legitimieren, dh in der Regel durch Vorlage eines Erbscheins, wobei dies nicht die ausschließliche Form des Erbnachweises darstellt. 25

VI. Auskunftsanspruch des Vermächtnisnehmers

Fall: 26

Erblasser E hat im Jahr 2018 eine letztwillige Verfügung errichtet, in welcher er dem Vermächtnisnehmer die Versicherungsleistung aus der Lebensversicherung zuwendete.

Lösung:
Der Vermächtnisnehmer hat einen Auskunftsanspruch **gegen den Erben** bezüglich der Versicherungsleistung, da dem Vermächtnisanspruch auf Zahlung der Versicherungssumme, konkludent ein Auskunftsanspruch mit vermacht ist. Ohne einen Auskunftsanspruch wäre die Durchsetzung nicht möglich.
Gegen die Versicherung hat die Vermächtnisnehmerin keinen eigenständigen Auskunftsanspruch,[8] es sei denn, sie ist zugleich Erbe. Allerdings kann sich die Vermächtnisnehmerin den Auskunftsanspruch des bzw. der Erben abtreten lassen.[9]

VII. Auskunftsanspruch des Pflichtteilsberechtigten gegenüber der Versicherung

1. Aus der Sicht des Pflichtteilsberechtigten

27 Der Pflichtteilsberechtigte hat keinen eigenständigen **Auskunftsanspruch** gegen die **Versicherung.** Der Erbe kann jedoch seinen Auskunftsanspruch an den Pflichtteilsberechtigten abtreten.[10] Mit der Abtretung des Auskunftsanspruches hat der Erbe jedoch seine Pflicht zur Auskunftserteilung nicht erfüllt.

28 Die Auskunftspflicht des **Erben** gegenüber dem Pflichtteilsberechtigten (**§ 2314 BGB**) umfasst im Regelfall nicht das Recht auf umfassende Belegvorlage. Der Anspruch auf Auskunftserteilung gem. § 2314 BGB bezieht sich lediglich auf den Bestand des Nachlasses im Zeitpunkt des Erbfalls. Er ist kein Anspruch auf Rechnungslegung und legt dem Erben insbesondere bei Versicherungsverträgen keine Rechenschaftspflicht rückwirkend für bis zu zehn Jahren auf.

29 Der Auskunftsanspruch des Pflichtteilsberechtigten nach § 2314 Abs. 1 BGB erstreckt sich zwar auch auf die fiktiven Nachlassbestandteile.[11] Die gesetzliche Regelung der Auskunftspflicht des Erben gegenüber dem Pflichtteilsberechtigten normiert jedoch kein Recht auf umfassende Belegvorlage. Dementsprechend wird von der Rechtsprechung eine dahingehende Ausweitung des Auskunftsanspruchs abgelehnt.[12] Ein Recht auf Vorlage von Belegen und Buchführungsunterlagen besteht nach ganz überwiegender Ansicht nur bei Unternehmen[13] oder ähnlich komplexen Gegenständen, wie etwa bei weit gestreuten und verschachtelten Vermögen, zu dem im wesentlichen Umfang auch Unternehmen gehören.[14] Denn beim Auskunftsanspruch nach § 260 Abs. 1 BGB handelt es sich gerade nicht um einen Rechnungslegungsanspruch nach § 259 Abs. 1 BGB.

30 Mit dem Auskunftsanspruch ist idR kein **Rechnungslegungsanspruch** verbunden. Der Pflichtteilsberechtigte hat somit gegenüber dem **Erben** generell keinen Anspruch auf Rechnungslegung von Vorgängen bezüglich der Versicherungsverträge des Erblassers.

2. Aus der Sicht der Versicherung

31 Der Pflichtteilsberechtigte ist Gläubiger des Nachlasses, er steht aber in keinerlei Rechtsbeziehung zum Versicherungsunternehmen des Erblassers. Das Versicherungsunternehmen ist weder verpflichtet noch berechtigt, dem Pflichtteilsberechtigten Auskunft zu erteilen. Der Pflichtteilsberechtigte kann nur über § 2314 BGB den bzw. die Erben zwingen, ihm über den Bestand des Nachlasses und somit auch über die Versicherung Auskunft zu erteilen.

---

8 Schebesta/Kalkbrenner, Bankprobleme beim Tod eines Kunden, Rn. 649.
9 BGH 28.2.1989 – XI ZR 91/88, BGHZ 107, 104 = NJW 1989, 1601 = WuB I B 3.–3.89.
10 BGH 28.2.1989 – XI ZR 91/88, BGHZ 107, 104 = NJW 1989, 1601 = WuB I B 3.–3.89.
11 OLG München 8.9.2003 – 24 W 206/03, NJOZ 2003, 2916 (2917).
12 OLG Koblenz MDR 2012, 1101; OLG Koblenz ZEV 2010, 262.
13 Grüneberg/Weidlich BGB § 2314 Rn. 10 mwN.
14 OLG Zweibrücken 17.9.1986 – 2 U 58/81, BeckRS 2009, 24566.

VIII. Auskunftsanspruch des Vor- und Nacherben gegenüber der Versicherung

1. Auskunftsanspruch beim Erstversterbensfall

Hat der Erblasser Vor- und Nacherbschaft angeordnet, so kann während der Dauer der Vorerbschaft ausschließlich der Vorerbe von der Versicherung Auskunft über das der Vorerbschaft unterliegende Vermögen verlangen, dh über alle bestehenbleibenden Versicherungsverträge, aber auch über Auszahlungen in den Nachlass, soweit kein Bezugsrecht vereinbart war. 32

2. Auskunftsanspruch bei Eintritt des Nacherbfalls

Dem Nacherben steht erst nach Wegfall des Vorererben (§ 2106 BGB) – also mit Eintritt der Nacherbfolge – ein Auskunftsanspruch gegen die Versicherung zu, soweit diesbezüglich dann noch Versicherungsverträge bestehen, aber auch bezüglich der Zahlungen an den Vorerben. 33

IX. Auskunftsanspruch des Schlusserben gegenüber der Versicherung

Der Schlusserbe eines Berliner Testaments hat als Rechtsnachfolger des Zweitversterbenden sowohl einen Auskunftsanspruch bezüglich der Versicherungen des Zweitverstorbenen als auch hinsichtlich der Versicherungen des Erstverstorbenen. Hinsichtlich der Versicherungen des Erstverstorbenen hatte der Zweitverstorbene einen Auskunftsanspruch, der auf die Schlusserben übergegangen ist, wenn und soweit er nicht verjährt ist. 34

X. Auskunftsanspruch des Testamentsvollstreckers, Nachlasspflegers, Nachlassverwalters/Nachlassinsolvenzverwalters gegenüber der Versicherung

1. Allgemeines

Ist ein Testamentsvollstrecker oder Nachlassverwalter/Nachlassinsolvenzverwalter ernannt, haben nur sie ein Recht auf Auskunft gegenüber der Versicherung, weil die Erben von der Verwaltung des Nachlasses ausgeschlossen sind. Es bestehen aber keine Bedenken, auch in diesen Fällen jedem ausgewiesenem Erben unmittelbar Auskunft zu erteilen, wenn dies mit Zustimmung des Testamentsvollstreckers bzw. Nachlassverwalters/Nachlassinsolvenzverwalters erfolgt. Ansonsten können die Erben nur vom Testamentsvollstrecker bzw. Nachlassverwalter/Nachlassinsolvenzverwalter Auskunft verlangen (§§ 2215, 2218, 666 BGB). 35

2. Testamentsvollstrecker

Der Testamentsvollstrecker kann nach Vorlage seines Testamentsvollstreckerzeugnisses Auskunft von der Versicherung verlangen. 36

3. Nachlasspfleger

Der Nachlasspfleger ist gesetzlicher Vertreter der Erben und hat damit gegen die Versicherung des Erblassers einen Auskunftsanspruch in demselben Umfang, wie ein Erbe ihn hat. 37

Das Auskunftsrecht des Nachlasspflegers besteht selbstständig neben dem Auskunftsrecht der Erben und kann damit kollidieren. Da aber Nachlasspflegschaft idR für den bzw. die noch unbekannten Erben angeordnet wird, kann es zu echten Kollisionen nicht 38 kommen. Sollte diese Fallgestaltung gleichwohl im Einzelfall einmal auftreten, gilt das Prioritätsprinzip, dh, die frühere Geltendmachung des Auskunftsanspruchs geht der späteren Anforderung vor. Die spätere Geltendmachung des Auskunftsanspruchs schließt diesen aber nicht aus.

4. Nachlassverwalter und Nachlassinsolvenzverwalter

39 Der Nachlassverwalter bzw. Nachlassinsolvenzverwalter ist weder gesetzlicher Vertreter der Erben noch der Nachlassgläubiger. Er hat die Stellung eines Insolvenzverwalters und ist damit amtlich bestelltes Organ zur Verwaltung fremden Vermögens sowie zur Wahrung der Belange aller Beteiligten.[15] Dem Nachlassverwalter bzw. Nachlassinsolvenzverwalter steht notwendigerweise ein Auskunftsanspruch zu, da er ohne diesen seine Aufgabe nicht erfüllen könnte. Mit der Anordnung der Nachlassverwaltung bzw. Nachlassinsolvenz verlieren die Erben die Befugnis, über den Nachlass zu verfügen (§ 1984 Abs. 1 BGB, §§ 81, 82 InsO); sie haben damit auch keinen Auskunftsanspruch gegen die Versicherung mehr.

40 Dem Nachlassinsolvenzverwalter steht gegen ein Lebensversicherungsunternehmen, mit dem der Erblasser Versicherungsverträge abgeschlossen hatte, ein Auskunftsanspruch aus der (auf ihn übergegangenen) nachvertraglichen Rechtsbeziehung zu, wenn die begehrte Auskunft zur Vorbereitung ernsthaft möglicher, wenngleich noch nicht feststehender Ansprüche der (unbekannten) Erben aus der Erbfolge bzw. dem Insolvenzrechtsverhältnis dient, weil die Versicherungssummen den Erben zustehen könnten oder die Bezugsrechtseinräumung rechtsgrundlos erfolgt sein oder der Insolvenzanfechtung unterliegen könnte. Der Auskunftserteilung stehen weder datenschutzrechtliche Gründe noch der strafrechtliche Schutz von Privatgeheimnissen entgegen.[16]

[15] Grüneberg/Weidlich BGB § 1985 Rn. 1.
[16] LG Saarbrücken 27.4.2007, jurisPR-FamR 1/2010 Anm. 6.

§ 17 Nachweis der Erbenstellung gegenüber dem Versicherer

Übersicht

I. Rechtsgrundlagen, Fallkonstellationen, Nachweis

Im Bereich der Lebensversicherung gibt es keine Vorschrift, die wie Nr. 5 AGB-Banken die Beziehung des Versicherungsunternehmens zu den Anspruchsberechtigten regelt. Im Falle des Versterbens des Versicherungsnehmers, der auch versicherte Person war, ist hinsichtlich der Beziehung von Erben und Bezugsberechtigten zum Versicherungsunternehmen Rückgriff zu nehmen auf 1

- das BGB,
- das VVG,
- die ALB 2016 bzw. die vorausgegangenen ALB-Fassungen,
- die Besonderen Bedingungen des jeweiligen Versicherungsunternehmens,
- die Besondere, einzelvertraglich vereinbarte Bedingung.

Die **Erbenstellung** muss in zwei Fällen **nachgewiesen** werden: 2

- Die Versicherungssumme fällt in den Nachlass. (**Fall A,** → Rn. 4)
- Die Versicherungssumme fällt an die Erben als Bezugsberechtigte. (**Fall B,** → Rn. 5).

Es sind folgende zwei Fälle zu entscheiden: 3

Fall A: Es wurde kein Bezugsrecht vereinbart

Erblasser E hat eine Lebensversicherung abgeschlossen und selbst keinen Bezugsberechtigten bestimmt. E verstirbt ohne Testament und hinterlässt den Ehepartner EP, zwei eheliche und ein nichteheliches Kind (5 Jahre alt).

Welche Nachweise sind zu erbringen, damit die Lebensversicherungssumme ausgezahlt wird? (Lösung → Rn. 6, 7)

Fall B: Als Bezugsberechtigte wurden die Erben benannt

Erblasser E hinterlässt den Ehepartner EP, zwei eheliche Kinder und ein nichteheliches Kind. E ist Versicherungsnehmer und versicherte Person. Als bezugsberechtigte Person wurden die Erben benannt. E setzte EP als Erben ein.

Wie ist der Nachweis der Bezugsberechtigung zu führen? (Lösung → Rn. 9, 23)

Lösung Fall A (Versicherungssumme fällt in den Nachlass):

Da kein Bezugsrecht vereinbart wurde, fällt die Versicherungssumme in den Nachlass. Der Versicherer muss daher wissen, wer Erbe ist, um an diesen leisten zu können. Der Erbe bedarf

gegenüber dem Versicherer grundsätzlich eines Nachweises, dass er Erbe ist und demgemäß über die Erbschaft verfügen kann, wenn die Versicherungssumme in den Nachlass fällt. Diesen Nachweis der **erbrechtlichen Verfügungsbefugnis** kann er durch Vorlage eines Erbscheins bzw. einer Kopie eines Testaments mit Eröffnungsniederschrift (Protokoll) erbringen.[1] Sobald der Erbe die Rechte aus dem Versicherungsvertrag (zB Auskunftsansprüche, Kündigungen) wahrnehmen und Verfügungen (Auszahlungen), die auf ihn kraft Universalsukzession (§ 1922 BGB) übergegangen sind, vornehmen will, muss er „sein Erbrecht" gegenüber dem Versicherer nachweisen.
Grundsätzlich ist der Erbe nicht verpflichtet, sein Erbrecht durch einen **Erbschein** nachzuweisen. Das BGB kennt kein Leistungsverweigerungsrecht des Versicherers bis zur Vorlage eines Erbscheins. Der Erbe hat auch die Möglichkeit, den Nachweis seines Erbrechts in anderer Form zu erbringen.[2] Es kann jedoch das Lebensversicherungsunternehmen im Fallbeispiel verlangen, dass die Erben ihr Erbrecht durch Erbschein nachzuweisen haben, ansonsten kann der Versicherer auch hinterlegen. Die Versicherung kann auch verklagt werden, woraufhin inzident die Erbfolge festgestellt wird.

Lösung Fall B (Versicherung an Erben des Bezugsberechtigten):

Bei Vorliegen der **gesetzlichen Erbfolge** (dargestellt in → Rn. 7) sollte der Versicherer auf die Vorlage eines Erbscheins bestehen, da in diesem Fall stets eine für den Versicherer nicht verifizierbare Erbrechtssituation gegeben ist.
Bei Vorliegen der **testamentarischen Erbfolge** hat der Versicherer bei eröffneter letztwilliger Verfügung zu prüfen,

- ob die Formvorschriften eingehalten sind,
- ob die Erbfolge zweifelsfrei festzustellen ist und
- ob es sonstige Erkenntnisse gibt, die gegen die Wirksamkeit sprechen.

Sofern der Versicherer nach Prüfung dieser Unterlagen von der Erbfolge ausgehen kann, kann er im Regelfalle leisten. Eine schuldbefreiende Leistung ist damit jedoch nicht verbunden, da eine andere Ausgangslage als bei Banken/Sparkassen besteht.
Vielfach gehen Erben fälschlicherweise davon aus, dass die Vorlage des Testaments oder der Sterbeurkunde zur Legitimation genügt. Da jedoch ein Testament vom Erblasser zu dessen Lebzeiten gem. § 2258 BGB jederzeit widerrufen werden kann oder aber unwirksam sein könnte, weil der Erblasser zum Zeitpunkt der Testamentserrichtung testierunfähig gewesen ist oder eine Bindungswirkung aufgrund früherer gemeinschaftlicher Testamente bzw. Erbverträge vorliegt, die zur Unwirksamkeit späterer letztwilliger Verfügungen führen, kann der Versicherer denjenigen, der lediglich ein Testament vorlegt, nicht zweifelsfrei als Erben ansehen. Zahlt der Versicherer an einen lediglich durch ein Testament Legitimierten, könnte er nicht mit befreiender Wirkung leisten, wenn dieser nicht Erbe ist. Der Versicherer muss also stets wissen, **wer Erbe** ist und ob der Erbe **verfügungsbefugt** ist, damit er **schuldbefreiend** an den Richtigen leisten kann.
Aus der Sicht des Versicherers sind daher folgende Fallgruppen zu beurteilen:

1. Welcher Nachweis wurde vorgelegt?
2. Werden in den vorgelegten Nachweisen Problemstellungen, wie zB Unklarheit, Ungültigkeit bzw. Anfechtungsmöglichkeiten, offenkundig dargelegt?
3. Kann der Versicherer einen Erbschein verlangen?
4. Wenn ein Erbschein verlangt wird, mit welcher Begründung kann dann dieses Verlangen durchgesetzt werden?
5. Unter welchen Voraussetzungen kann schuldbefreiend geleistet werden?

Vorlage eines handschriftlichen Testaments ohne Eröffnungsvermerk:

- Es wird ein handschriftliches Testament mit einer eindeutigen Erbeinsetzung vorgelegt.
- Die Vorlage des handschriftlichen Testaments stellt, selbst wenn keine Einwendungen durch die Beteiligten erfolgen, keine ausreichende Legitimation dar.

Vorlage eines handschriftlichen Testaments mit Eröffnungsvermerk:

- Geht aus der letztwilligen Verfügung eine eindeutige Erbeinsetzung hervor und erfolgen keine begründeten Einwendungen durch die Beteiligten, besteht in der Praxis keine Notwendigkeit, auf der Vorlage eines Erbscheins zu bestehen.
- Es wird ausdrücklich darauf hingewiesen, dass eine schuldbefreiende Leistung dadurch nicht gewährlistet wird.

Trägt ein Beteiligter dezidiert vor, dass der Erblasser **testierunfähig** ist und wird dies dem Versicherer bekannt, wird dieser zu Recht auf der Vorlage eines Erbscheins bestehen. Bei Vorlage einer privatschriftlichen Verfügung mit Eröffnungsvermerk bzw. mit Eröffnungsprotokoll und der Situation, dass einer der Beteiligten die Urheberschaft durch den Erblasser bezweifelt und dies dem Versicherer bekannt wird, wird der Versicherer zu Recht auf die Vorlage eines Erbscheins bestehen.

[1] BGH WM 2005, 1432.
[2] So auch BGH WM 2005, 1432.

Bei der Ausgangssituation Fall B (→ Rn. 5) und dem Vortrag eines der Beteiligten, dass eine **Anfechtung** – gleich aus welchem Rechtsgrund (sei es wegen Hinzutretens eines Pflichtteilsberechtigten oder wegen Motivirrtums) – vorliegt, ist der Versicherer gleichfalls berechtigt, die Vorlage eines Erbscheins zu verlangen. Ebenfalls wird der Versicherer die Vorlage eines Erbscheins verlangen können, wenn einer der Beteiligten vorträgt, dass der Errichter der privatschriftlichen Verfügung wegen **Bindungswirkung einer anderweitigen letztwilligen Verfügung** oder eines Erbvertrages nicht berechtigt gewesen wäre, eine neue letztwillige Verfügung zu errichten.

Wird dem Versicherer ein gemeinschaftliches Ehegattentestament vorgelegt, in welchem die Schlusserben namentlich genannt sind, wird er in der Regel, wenn das ehegemeinschaftliche Testament den Eröffnungsvermerk auf den zweiten Versterbensfall trägt bzw. es mit einem Eröffnungsprotokoll auf den zweiten Versterbensfall vorgelegt wird, einen Erbschein verlangen können und auch müssen, da wegen des Hinzutretens von Pflichtteilsberechtigten Anfechtungsrisiken bestehen. Wird ein ehegemeinschaftliches Testament mit einer namentlich unbestimmten Schlusserbeneinsetzung vorgelegt, wie beispielsweise „Schlusserben sind unsere Abkömmlinge", muss die Vorgehensweise des Versicherers dergestalt sein, dass er im Regelfall einen Erbschein verlangen muss.

Selbst wenn Personen **Geburts- und Abstammungsurkunden** vorlegen, ist damit für den Versicherer nicht klar, dass es sich hierbei um sämtliche Abkömmlinge handelt. Auch die Vorlage eines **Familienstammbuches** ist nicht ausreichend.

Wird dem Versicherer eine letztwillige Verfügung mit einer Schlusserbeneinsetzung vorgelegt, die eine **Pflichtteilsstrafklausel** sowohl auf den ersten als auch auf den zweiten Versterbensfall enthält, besteht ein Anspruch auf Vorlage eines Erbscheins, da der Versicherer nicht beurteilen kann, ob bereits beim ersten Versterbensfall Pflichtteilsansprüche geltend gemacht worden sind. Dies betrifft auch die **Verwirkungsklauseln.** Sofern sich Pflichtteilsstrafklausel und Verwirkungsklauseln in einer letztwilligen Verfügung befinden, wird in der Regel das Verlangen eines Erbscheins durch den Versicherer gerechtfertigt sein, da nur in diesem Fall schuldbefreiend geleistet werden kann.

Wird dem Versicherer eine eröffnete letztwillige Verfügung oder eine Verfügung mit Eröffnungsprotokoll vorgelegt, in welcher statt Vollerbschaft **Vor- und Nacherbschaft** angeordnet worden ist, ist der Versicherer berechtigt, wegen der Konstruktion der Vor- und Nacherbschaft einen Erbschein zu verlangen.

Wird dem Versicherer von einem der Beteiligten ein **weiteres Testament** vorgelegt – unabhängig davon, ob dieses vom Nachlassgericht schon eröffnet ist oder nicht –, hat der Versicherer eine sorgfältige Prüfungspflicht. In diesem Fall sollte der Versicherer auf einen Erbschein bestehen bzw. den Betrag **hinterlegen** (§ 372 BGB).

Beispiel: Auszahlungspflicht des Versicherers vor Testamentseröffnung?

Erblasser E (Versicherungsnehmer und versicherte Person) verstarb am 30.1. und setzte Kind K zum Alleinerben ein. Am 15.2. forderte K den Versicherer unter Vorlage der Kopie des Testaments auf, unter Fristsetzung auf den 25.2. die Versicherungsleistung auszuzahlen. Nachdem der Versicherer dieser Aufforderung nicht Folge geleistet hatte, schaltete K Rechtsanwalt R ein, der seinerseits den Versicherer zur Zahlung unter Fristsetzung auf den 12.3. aufforderte. Der Versicherer hinterlegte die Versicherungsleistung am 15.4. Am 30.4. erfolgte die Testamentseröffnung.

Muss der Versicherer Verzugszinsen und Anwaltskosten tragen?

Lösung:

Der Versicherer ist nicht verpflichtet, Schadensersatz in Bezug auf die Verzugszinsen und Anwaltskosten zu leisten. Da der Versicherer über die Person des Erben Kind K keine ausreichende Gewissheit hatte, konnte er von seinem Hinterlegungsrecht gem. § 372 BGB Gebrauch machen.[3]

Aus der Sicht der Erben: In der Praxis wird man sich mit dem Versicherungsunternehmen in den meisten Fällen auf die Vorlage eines Erbscheins verständigen.

Fortsetzung Lösung Fall B (Erben sind als Bezugsberechtigte benannt):

Sobald der Erbe seine Stellung als Bezugsberechtigter wahrnehmen will, muss er sein „Erbrecht" gegenüber dem Versicherer **nachweisen.** Der Versicherer muss also wissen, wer Erbe ist. Vielfach gehen Versicherungskunden fälschlicherweise davon aus, dass die Vorlage des Testaments oder der Sterbeurkunde hierzu genügt. Da jedoch Testamente vom Erblasser zu dessen Lebzeiten gem. § 2258 BGB widerrufen worden oder unwirksam sein könnten, weil der Erblasser zum Zeitpunkt der Testamentserrichtung testierunfähig gewesen sein könnte oder das Testament wegen der Bindungswirkung von gemeinschaftlichen Testamenten bzw. Erbverträgen unwirksam sein könnte, kann der Versicherer denjenigen, der ein Testament vorlegt, nicht zweifelsfrei als Erben ansehen. Es können tatsächlich auch mehrere Testamente existieren. Würde der Versicherer an den lediglich durch ein Testament Legitimierten zahlen, könnte er nicht mit befreiender Wirkung leisten. Es muss das Eröffnungsprotokoll mindestens hinterlegt werden.

Wegen der vorgenannten Unsicherheiten muss sich der Versicherer nicht mit der Vorlage eines Testaments und/oder einer Sterbeurkunde zufrieden geben. Auch ein notarielles Testament wird nicht ausreichen. Der Erbe bedarf im Geschäftsverkehr (zB gegenüber Behörden und auch gegenüber Banken) grundsätzlich

---

[3] Bunte, AGB-Banken, Rn. 140 (für den Bankenbereich).

eines Nachweises, dass er Erbe ist und demgemäß über die Erbschaft verfügen kann. Dieser Nachweis der erbrechtlichen Verfügungsbefugnis hat in der **Versicherungspraxis** durch **Vorlage eines Erbscheins** zu erfolgen.

Sind im Versicherungsvertrag als Anspruchsberechtigte für den Fall des Todes des Versicherungsnehmers dessen Erben aufgeführt, so hat der Anspruchserhebende nach Eintritt des Versicherungsfalls nach den allgemeinen Grundsätzen des Vertragsrechts die seinen Anspruch begründenden Tatsachen darzulegen und notfalls zu beweisen Dazu gehört auch der **Nachweis** der Tatsachen, die seine Legitimation als **Bezugsberechtigten** betreffen. Die in § 35 Abs. 1 S. 2 GBO enthaltene Bestimmung kann dabei allerdings keinen Maßstab abgeben, der verallgemeinert werden könnte. Dies bedeutet, dass ein **Erbschein** nicht ohne weiteres als Grundvoraussetzung verlangt werden kann.

Ergebnis: Es liegt in der Hand des Versicherungsnehmers die schnelle Abwicklung durch aktive Benennung von Personen zu beschleunigen. Wenn der Versicherungsnehmer sich nur auf die vorformulierte Regelung verlässt, müssen die Begünstigten umso mehr aktiv werden.

II. Erbschein

1. Wirkungen des Erbscheins

4 Die Rn. 6 bis 32 können von Erbrechtlern übersprungen werden.

5 Grundsätzlich dient der **Erbschein** zur Legitimation über das Erbe. Er bietet dem Versicherer die Sicherheit, dass derjenige, der ihn zusammen mit seinem Personalausweis vorlegt, tatsächlich erbrechtlich legitimiert ist. Der Erbschein stellt ein Zeugnis über das Erbrecht und die Höhe des Erbteils dar, § 2353 BGB. Er ist eine öffentliche Urkunde iSd § 415 ZPO.

6 Der Erbschein begründet eine doppelte widerlegbare Vermutung:

- das im Erbschein angegebene Erbrecht einer Person und die Erbquote werden vermutet (**positive Vermutung**);
- im Erbschein nicht angegebene Verfügungsbeschränkungen bestehen auch nicht (**negative Vermutung**).

7 Verfügungsbeschränkungen können Testamentsvollstreckung, **Nacherbfolge** oder **Ersatznacherbfolge** sein. Weitere Beschränkungen, wie zB Vermächtnisse, Teilungsanordnung oder Pflichtteilsansprüche, sind nicht im Erbschein zu vermerken.

2. Antragsberechtigung und Antragsinhalt

8 Auf **Antrag** des bzw. der Erben stellt das Nachlassgericht den Erbschein aus. Der Antrag auf Erteilung des Erbscheins muss Folgendes enthalten (§§ 352 ff. FamFG):

- den Todeszeitpunkt des Erblassers (Nachweis durch öffentliche Urkunden erforderlich)
- den letzten gewöhnlichen Aufenthalt und die Staatsangehörigkeit des Erblassers
- bei gesetzlicher Erbfolge: das Verhältnis, auf dem das Erbrecht beruht (durch öffentliche Urkunden wie Geburtsurkunde, Heiratsurkunde, Familienstammbuch und Adoptionsbeschluss nachzuweisen)
- anzugeben ist auch, ob der Erblasser zum Zeitpunkt des Erbfalls im Güterstand der Zugewinngemeinschaft gelebt hat. Beruht das Erbrecht auf einer Verfügung von Todes wegen, ist diese zu bezeichnen und beizufügen bzw. auf die Eröffnungsverhandlung Bezug zu nehmen
- die Angabe, ob und welche Personen vorhanden sind oder vorhanden waren, durch die der Antragsteller von der Erbfolge ausgeschlossen oder sein Erbteil gemindert würde. Ist eine solche Person weggefallen, so ist anzugeben, in welcher Weise diese Person weggefallen ist, zB durch Erbausschlagung oder Tod (Nachweis durch öffentliche Urkunden)
- die Angabe, ob und welche sonstigen Verfügungen von Todes wegen der Erblassers getroffen hat
- die Angabe, ob ein Rechtsstreit über das Erbe anhängig ist
- die Angabe, ob die Erbschaft angenommen worden ist
- die Größe des Erbteils des Antragstellers

3. Muster: Erbscheinantrag eines Miterben

Muster 17.1: Erbscheinantrag eines Miterben 9

An das Amtsgericht X.........X
– Nachlassgericht –
Az. X.........X
Nachlasssache: X.........X
Datum X.........X
Sehr geehrte Damen und Herren,
mit beigefügter Vollmacht zeigen wir an, dass wir Herrn X.........X anwaltlich vertreten. Wir bitten um Anberaumung eines Termins, in welchem folgender Erbscheinantrag gestellt werden soll:

Erbscheinantrag

Erschienen ist heute Herr X.........X, wohnhaft X.........X in X.........X, ausgewiesen durch Vorlage des Bundespersonalausweises Nr. X.........X.
Der Erschienene beantragt die Beurkundung eines Erbscheinantrags nebst eidesstattlicher Versicherung und erklärt zu Protokoll beim Nachlassgericht:
„Mein Vater, Herr X.........X, zuletzt wohnhaft gewesen X.........X in X.........X, ist am X.........X in X.........X verstorben.
Der Erblasser war zur Zeit seines Todes Deutscher. Er war in einziger Ehe mit meiner Mutter, Frau X.........X, verheiratet. Diese Ehe wurde am X.........X geschlossen; es galt der gesetzliche Güterstand der Zugewinngemeinschaft. Meine Mutter ist am X.........X vorverstorben. Aus dieser Ehe sind zwei Kinder hervorgegangen, nämlich

1. Frau X.........X, wohnhaft in X.........X,
2. ich, der Erschienene X.........X,

Nichteheliche oder adoptierte Kinder des Erblassers sind nicht vorhanden. Gesetzliche Erben sind somit meine Schwester und ich. Der Verstorbene hat keine letztwillige Verfügung hinterlassen, sodass die gesetzliche Erbfolge eintritt. Gesetzliche Erben sind

1. meine Schwester X.........X zu einem Anteil von $^1/_2$,
2. ich zu einem Anteil von $^1/_2$.

Weitere Personen, durch welche die Erbfolge beeinträchtigt würde, waren und sind nicht vorhanden. Ein Rechtsstreit über das Erbrecht ist nicht anhängig."
Sodann erklärte der Erschienene nach Hinweis auf die Bedeutung einer Versicherung an Eides statt sowie nach Belehrung über die strafrechtlichen Folgen einer wissentlich oder fahrlässig abgegebenen falschen eidesstattlichen Versicherung:
„Ich versichere an Eides statt, dass mir nichts bekannt ist, was der Richtigkeit meiner vorstehenden Angaben entgegensteht.
Ich beantrage die Erteilung eines gemeinschaftlichen Erbscheins mit dem Inhalt, dass der Erblasser von meiner Schwester X.........X und mir zu je $^1/_2$ beerbt worden ist. Ich bitte um Ausfertigung des Erbscheins. Den Reinwert des gesamten Nachlasses gebe ich mit 100.000 EUR an. Die Kosten trage ich."
Mit freundlichen Grüßen
(Rechtsanwalt)

4. Eidesstattliche Versicherung

Kann der Antragsteller den Tod nicht durch öffentliche Urkunden belegen, kann er diesen notfalls durch andere Beweismittel (Nachweis des Todes durch Sterbebilder, Veröffentlichungen der Namen von Gefallenen durch die Wehrmacht ua) nachweisen. Seinen Angaben muss er eine vor Gericht oder einem Notar abgegebene **eidesstattliche Versicherung** beilegen, in der er erklärt, dass ihm nichts bekannt ist, was der Richtigkeit seiner Angaben entgegenstehe. Das Nachlassgericht kann die Beibringung dieser eidesstattlichen Versicherung verlangen, wenn es sie für notwendig hält. 10

5. Verfahrensdauer

11 Problematisch ist, dass die **Erbscheinserteilung** oft sehr lange Zeit in Anspruch nimmt. Beim Nachlassgericht in Berlin zB dauert die Erbscheinserteilung oft nahezu ein Jahr. In den seltensten Fällen ist mit einer Erbscheinserteilung innerhalb von vier Wochen zu rechnen. Die durchschnittliche Verfahrensdauer der Erteilung beträgt zwischen vier und sechs Monaten. Oft ist auch die Beibringung der Personenstandsurkunden und anderer öffentlicher Urkunden äußerst zeitintensiv, sodass sich auch hieraus eine Verzögerung ergeben kann.

III. Auswirkungen des Erbscheins für den Versicherer

1. Einführung

12 Das Vorliegen eines Erbscheins hat Auswirkungen auf die Beziehung zwischen dem Versicherer und dem Bezugsberechtigtem. Der Versicherer kann sich auf die **Richtigkeit** des Erbscheins verlassen und daher **schuldbefreiend** an denjenigen, der den Erbschein vorlegt, leisten, wenn sich aus dem Erbschein die Erbfolge ergibt. Der Versicherer muss also an den durch Erbschein legitimierten Erben leisten, wenn dieser die Leistung verlangt und die Versicherungssumme in den Nachlass fällt.

13 In Anlehnung an die Regelung im Grundbuchrecht (§ 35 GBO) sehen viele Versicherer die Vorlage einer beglaubigten Abschrift des Testaments nebst Eröffnungsprotokoll § 348 Abs. 1 FamFGdes Nachlassgerichts als ausreichend an, wobei dies in der Praxis zwar zu schnellen Ergebnissen führt, aber damit keine schuldbefreiende Leistung garantiert ist. Die **Eröffnungsniederschrift** muss folgende Angaben enthalten:

- Tag der Eröffnung
- Ort der Eröffnung
- Beschreibung des Hergangs der Eröffnung
- Feststellungen über die Unversehrtheit des Verschlusses bei einem verschlossenen Testament. Sofern die Verfügung besondere Auffälligkeiten (zB Ausstreichungen, Ausschabungen, Überschreibungen, Randbemerkungen) enthält, eine kurze Angabe derselben
- Hinweis über die Teile der Verfügung, die unverkündet bleiben
- Bestimmung eines Erben
- Unterschrift des die Niederschrift eröffnenden Rechtspflegers.[4]

14 Gerade das Erfordernis, dass derjenige, der die Eröffnungsniederschrift vorlegt, in dieser als Erbe bezeichnet sein muss, wird in den meisten Fällen problematisch sein. Die allermeisten privatschriftlichen Testamente von juristischen Laien sind nämlich hinsichtlich der Erbenregelung nicht eindeutig. Auch in allen Fällen, in welchen mehrere Testamente eröffnet werden, wird und sollte der Versicherer zu Recht auf die Vorlage des **Erbscheins** bestehen, da die Erbfolge unsicher ist.

15 Der Versicherer kann aber nicht in jedem Falle auf der Vorlage eines Erbscheins bestehen, gerade dann nicht, wenn es sich um die Auszahlung eines geringen Betrages handelt und die mit der Ausstellung des Erbscheins verbundenen Kosten und Mühen in keinem Verhältnis zum Auszahlungsbetrag stehen.

16 Umgekehrt wird der Versicherer aber nur in erbrechtlich einfach und weitgehend zweifelsfrei gelagerten Fällen auf die Vorlage eines Erbscheins verzichten und die beglaubigte Abschrift der letztwilligen Verfügung nebst Eröffnungsvermerk zur Legitimation des Erben ausreichen lassen, wie etwa bei einem gemeinschaftlichen Ehegattentestament in Form eines sog. Berliner Testaments gem. § 2269 BGB, in dem der

[4] Krätzschel/Falkner/Döbereiner NachlassR/Krötzschel § 37 Rn. 39.

Einwand des Rechtsmissbrauchs gegen das Verlangen nach Vorlage des Erbscheins naheliegt.

Eine Leistung mit befreiender Wirkung kann dann nicht angenommen werden, wenn dem Versicherer bekannt ist, dass der im Testament Genannte etwa nach **Anfechtung** oder wegen **Nichtigkeit** des Testaments nicht verfügungsbefugt ist oder wenn ihm dies infolge Fahrlässigkeit nicht bekannt geworden ist. 17

Der Versicherer ist nicht verpflichtet, nach Vorlage eines Erbscheins beim Nachlassgericht nachzufragen, ob dieser noch zutreffend ist, da der Versicherer im täglichen Massenverkehr nicht in der Lage ist, die Richtigkeit einer erbrechtlichen Legitimationsurkunde zu überprüfen. 18

Nicht schuldbefreiend leistet der Versicherer, wenn ihm die Unrichtigkeit des Erbscheins bekannt ist bzw. er darüber informiert ist, dass der Erbschein eingezogen werden soll, da **nur der Gutgläubige geschützt** ist. Weiß der Versicherer positiv, dass der den Erbschein Vorlegende gar nicht Erbe ist, kann er an ihn nicht mit befreiender Wirkung leisten. Das leuchtet auch ein, denn in diesem Fall bedarf der Versicherer keines Schutzes; der Versicherer weiß, dass der den Erbschein Vorlegende nicht der wahre Erbe ist. Zahlt der Versicherer gleichwohl an diesen, muss er an die wahren Erben nochmals zahlen, wenn ihm nachgewiesen wird, dass er in Kenntnis der Unrichtigkeit des Erbscheines geleistet hat. Voraussetzung für die Bösgläubigkeit ist aber **positive Kenntnis von der Unrichtigkeit** des Erbscheins; selbst grobe Fahrlässigkeit begründet noch keine Bösgläubigkeit. 19

Der öffentliche Glaube entfällt auch, wenn das Nachlassgericht den **Erbschein eingezogen** hat (§ 2361 S. 1 BGB). Die Einziehung (§ 2361 S. 1 BGB) sowie das Verlangen auf Herausgabe (§ 2362 BGB) dienen der Beseitigung eines wirksam erteilten, aber unrichtigen Erbscheins. Der Schutz durch den öffentlichen Glauben des Erbscheins ist daher nur bei **Vorlage der Urschrift** gewährleistet, denn auch im Falle der Vorlage einer beglaubigten Abschrift kann der Erbschein zwischenzeitlich bereits unwirksam sein. Der Versicherer sollte deshalb stets auf **Vorlage des Originals** bestehen. 20

Der Gutglaubensschutz endet mit der Einziehung des Erbscheins (§ 2361 S. 1 BGB). Der maßgebliche Zeitpunkt der Beendigung des Gutglaubensschutzes ist nicht der Zeitpunkt des Einziehungsbeschlusses des Nachlassgerichts, sondern die Herausgabe des Erbscheins an das Nachlassgericht. 21

Gleichfalls endet der Gutglaubensschutz dann, wenn der Erbschein für kraftlos erklärt wird. Die Kraftloserklärung wird durch Beschluss des Nachlassgerichts ausgesprochen, wenn der Erbschein nicht sofort erlangt werden kann (§ 2361 S. 2 BGB). Aus diesen beiden Beschlusssituationen können sich Problemstellungen für den Versicherer ergeben. 22

Fall:

Erbe E1, einer von mehreren Erben, schreibt am 1.6. den Versicherer an und legt einen Erbschein vom 4.2. vor. Der Mitarbeiter des Versicherers nimmt eine Kopie des Erbscheins zu seinen Unterlagen. Am 1.7. wird der Erbschein für kraftlos erklärt. Am 15.7. zahlt der Versicherer auf das angegebene Konto, das von allen Erben des Erbscheins vom 4.2. angegeben wurde. Am 1.8. erscheint B und legt einen „neuen", vom Nachlassgericht ausgestellten Erbschein vor.
Hat der Versicherer schuldbefreiend geleistet?

Lösung:

Der Versicherer hat nicht schuldbefreiend geleistet, da zum Zeitpunkt der Auszahlung an die Erben diese nicht mehr Erben, ausgewiesen durch einen Erbschein, waren.

Fraglich ist die Rechtslage, wenn **mehrere, einander widersprechende Erbscheine** dem Versicherer vorgelegt werden. Die Rspr. des BGH geht davon aus, dass in diesem Fall 23 nicht nur die Richtigkeitsvermutung, sondern auch der öffentliche Glaube des Erbscheins entfällt.[5]

Grundsatz:
An den durch Erbschein ausgewiesenen Erben hat der Versicherer zu leisten. Der Versicherer hat das Recht, sich den Nachweis der Erbberechtigung durch einen Erbschein erbringen zu lassen. Solange der potentielle Erbe dem Versicherer den Erbschein nicht vorlegt, kann der Versicherer die Vornahme von Auszahlungen ablehnen, ohne dass sich die Bank gegenüber dem Erben schadensersatzpflichtig macht. Der Versicherer kann allerdings auf Zahlung verklagt werden.

2. Muster: Anschreiben an den Versicherer wegen erbrechtlicher Legitimation

24 **Muster 17.2: Anschreiben an den Versicherer wegen erbrechtlicher Legitimation**

An die
X.........X-Versicherung
Betreff: Nachlass X.........X
Bezug: Lebensversicherungsvertrag X.........X
Sehr geehrte Damen und Herren,
mit anliegender Originalvollmacht (öffentlich beglaubigt) nebst beglaubigter Ausweiskopie des Unterzeichners weisen wir nach, dass wir Herrn X.........X vertreten.
Weiter fügen wir bei:

- Ausweiskopie unseres Mandanten, beglaubigt von der X.........X-Bank,
- Ausweiskopie des Bevollmächtigten, beglaubigt von der X.........X-Sparkasse,
- notarielles Testament mit Eröffnungsprotokoll im Original,
- Sterbeurkunde.

Wir bitten um Mitteilung, ob die vorgelegten Unterlagen Ihrer Ansicht nach als erbrechtliche Legitimation ausreichen oder ob ein Erbschein vorzulegen ist.
Wir bitten Sie zudem im Auftrag unseres Mandanten, die Versicherungsleistung auf das Konto X.........X (IBAN, BIC) zu überweisen (Überweisungsantrag).
Mit freundlichen Grüßen
(Rechtanwalt)

3. Abgrenzung zum Testamentsvollstreckerzeugnis

25 Eine dem Erbschein vergleichbare Urkunde stellt das **Testamentsvollstreckerzeugnis** gem. § 2368 BGB dar, auf das gem. § 2368 S. 2 Hs. 1 BGB die Vorschriften über den Erbschein entsprechende Anwendung finden, insbesondere die Vorschriften über den öffentlichen Glauben gem. §§ 2366, 2367 BGB. Der Versicherer muss Weisungen des Testamentsvollstreckers erst nach Vorlage eines Testamentsvollstreckerzeugnisses befolgen.

26 Beim Testamentsvollstreckerzeugnis besteht jedoch hinsichtlich des öffentlichen Glaubens die Besonderheit, dass mit Beendigung des Testamentsvollstreckeramtes der öffentliche Glaube erlischt, sodass der Versicherer dann nicht mehr mit befreiender Wirkung leisten kann.

---

[5] BGHZ 33, 314, 316 f. = NJW 1961, 605; BGH NJW-RR 1990, 1159 = FamRZ 1990, 1111 (für Widerspruch zwischen Erbschein und Testamentsvollstreckerzeugnis); Hüffer/van Look Bankkonto Rn. 235; Soergel/Damrau BGB § 2366 Rn. 3; aA: Herminghausen NJW 1986, 571; Parodi AcP 185 (1985), 372 f.

IV. Eröffnungsvermerk auf dem Testament

Ein Teil der Nachlassgerichte ist dazu übergegangen, auf Testamente einen reinen **Eröffnungsvermerk** anzubringen. Das heißt, dass sich auf dem Testament ein Stempelaufdruck befindet: „Testament am (...) eröffnet, Aktenzeichen (...), Nachlassgericht (...)". Dieser Eröffnungsvermerk ist als erbrechtliche Legitimation nicht ausreichend. Der Eröffnungsvermerk besagt nämlich lediglich, dass das Testament, auf welchem sich der Vermerk befindet, eröffnet worden ist. Er sagt nichts darüber aus, ob es sich hierbei um das einzige Testament handelt. Der Eröffnungsvermerk wird dem Versicherer nicht ausreichend sein. 27

§ 18 Kapitalbildende Lebensversicherung, Zugewinnausgleichsanspruch und Erbfall

Übersicht

I. Grundlagen

1 Im Erbfall können Lebensversicherungsverträge bzw. Leistungen aus den Lebensversicherungsverträgen Auswirkungen auf einen Zugewinnausgleichsanspruch (hier ausschließlich zivilrechtlich betrachtet) haben. Der Ehepartner kann neben dem kleinen Pflichtteilsanspruch auch den Zugewinnausgleichsanspruch geltend machen, wenn er die Erbschaft gemäß § 2306 BGB ausschlägt. Die Verträge und Ansprüche aus der Lebensversicherung können dann die **Höhe des Zugewinns** beeinflussen.

2 Bei der **Berechnung** des Zugewinns eines Ehegatten, dh des Differenzbetrages zwischen End- und Anfangsvermögen, sind grundsätzlich alle Vermögenspositionen mit wirtschaftlichem Wert (unter Berücksichtigung der latenten Steuerlast) zu berücksichtigen. Bei der Feststellung des Anfangs- und des Endvermögens sind „die dem Ehegatten im maßgebenden Zeitpunkt gehörenden Sachen und objektiv bewertbaren Rechte anzusetzen, die zum Stichtag bereits entstanden sind. Hierzu gehören auch geschützte Anwartschaften, durch die der Ehegatte zum maßgebenden Zeitpunkt in bestimmter und bewertbarer Weise bereichert ist.“[1]

3 Zugewinnausgleichsansprüche sind zu berücksichtigen, wenn der Ehepartner **enterbt** wurde, bzw. wenn gemäß § 2306 BGB ausgeschlagen wurde. Grundvoraussetzung dafür ist jedoch, dass die Eheleute im Güterstand der Zugewinngemeinschaft verheiratet sind. Bei jeder Vermögens- und Nachfolgeplanung ist daher immer der **Güterstand** zu beachten.

II. Standardfälle

4 Lebensversicherungen haben mehrfache **Auswirkungen** auf den Zugewinnausgleichsanspruch. Zu unterscheiden sind folgende **Fallkonstellationen:**

---

[1] BGH 15.1.1992 – XII ZR 247/90, NJW 1992, 1103 = FamRZ 1992, 411.

Wenn ein Dritter als Bezugsberechtigter bestimmt wurde: 5

- Erfolgte die Einräumung des Bezugsrechts an einen Dritten **mit** Zustimmung des Ehepartners? (Fall 1)
- Erfolgte die Einräumung des Bezugsrechts an einen Dritten **ohne** Zustimmung des Ehepartners? (Fall 2)

Wenn der Ehepartner als Bezugsberechtigter bestimmt wurde: 6

- Ist der Ehepartner Bezugsberechtigter **mit** Anrechnungsbestimmung auf den Zugewinnausgleichsanspruch? (Fall 3)
- Ist der Ehepartner Bezugsberechtigter **ohne** Anrechnungsbestimmung auf den Zugewinnausgleichsanspruch? (Fall 4)
- Ist eine wirksame Anrechnung auf den Pflichtteil des Ehepartners bestimmt? (Fall 5)
- Ist eine wirksame Anrechnung auf den Pflichtteil und den Zugewinn bestimmt? (Fall 6)

Wenn ein Zufluss aus einem Bezugsrecht während der Ehezeit erfolgte: 7

- Wurde einem Ehepartner während der Ehezeit als Bezugsberechtigter aus einer Lebensversicherung von einem Dritten etwas zugewendet? (Fall 7)

III. Der enterbte Ehepartner ist nicht Bezugsberechtigter einer Lebensversicherung des Ehegattenerblassers und war mit der Einräumung des Bezugsrechts einverstanden (Fall 1)

Es stellt sich die Frage, ob der Zugewinn auf den Todesfall unter Berücksichtigung einer Lebensversicherung, die im Erbfall zur Auszahlung kommt, anders zu berechnen ist als der Zugewinn bei Scheidung. 8

Im Zugewinnausgleichsverfahren erscheint beim Endvermögen des Ehepartners der **Ist-Wert (Verkehrswert)** der Lebensversicherung zum Zeitpunkt des Scheidungsantrags. Es wird die Ansicht vertreten, dass bei der Berechnung des Zugewinns im Todesfall der Verkehrswert anzusetzen ist. Diese Rechtsauffassung wird im Hinblick auf die Rechtsprechung des BGH zum Pflichtteilsergänzungsanspruch[2] verfolgt. 9

Praxistipp:

Bei der Berechnung von Zugewinnausgleichsansprüchen im Todesfall ist der **Verkehrswert** und dogmatisch richtig nicht die Versicherungssumme (wobei der Verkehrswert oftmals gleich der Versicherungssumme ist) anzusetzen.

Es ist zudem zwischen einer kapitalbildenden Lebensversicherung und einer Risikolebensversicherung zu differenzieren. 10

Fall 1:

Erblasser E ist mit EP im Güterstand der Zugewinngemeinschaft verheiratet. Er hinterlässt 5 Kinder. Der Nachlass beträgt 100.000 EUR. Das Anfangsvermögen der beiden Eheleute betrug 0 EUR. Das Endvermögen von EP beträgt 0 EUR. Es liegt eine letztwillige Verfügung vor, in welcher K3 zum Alleinerben eingesetzt wurde.

Erblasser E war Versicherungsnehmer zweier Versicherungen, einmal einer kapitalbildenden Lebensversicherung mit einer Versicherungssumme von 200.000 EUR (Versicherung A) und einer Risikolebensversicherung mit einer Versicherungssumme von 50.000 EUR (Versicherung B). Beide Versicherungen laufen länger als 10 Jahre. E war auch versicherte Person. Er bestimmt Bezugsrechte wie folgt:

[2] BGH 28.4.2010 – IV ZR 73/08, NJW 2010, 3232.

– Kind K1 bekommt Versicherung A (Versicherungssumme von 200.000 EUR);
– Kind K2 bekommt Versicherung B (Versicherungssumme von 50.000 EUR).

Lebensversicherung A hat einen Rückkaufswert als Verkehrswert von 100.000 EUR zum Todeszeitpunkt. Lebensversicherung B hat einen Rückkaufswert als Verkehrswert von 0 EUR zum Todeszeitpunkt.
EP war mit der Einräumung der Bezugsrechte einverstanden. Wie hoch sind die Ansprüche von EP?

Lösung:

Da EP enterbter Ehepartner im Güterstand der Zugewinngemeinschaft ist, stehen ihr ein Zugewinnausgleichsanspruch sowie ein Pflichtteilsanspruch zu.
Im ersten Schritt ist der Zugewinnausgleichsanspruch zu bestimmen. Hierbei ist abzuklären, ob die Einräumung des Bezugsrechts mit oder ohne Zustimmung des EP erfolgte.
Im vorliegenden Fall war EP mit der Einräumung des Bezugsrechts einverstanden.
Zugewinn:
Dieser errechnet sich wie folgt, da die Zustimmung erteilt worden ist:

Endvermögen (Nachlass) des Erblassers E	100.000 EUR
Anfangsvermögen	0 EUR
Zugewinn E	100.000 EUR
Zugewinnausgleichsanspruch EP	50.000 EUR

Pflichtteil:
Der Zugewinnausgleichsanspruch ist bei der Berechnung des Pflichtteils Nachlassverbindlichkeit. Somit ist er von den Aktiva abzuziehen.
Es ergibt sich nun folgende Berechnung

Nachlassaktiva (= Endvermögen)	100.000 EUR
./. Nachlasspassiva (Zugewinnausgleich)	50.000 EUR
Nettonachlass	50.000 EUR

EP hat weiterhin einen Pflichtteilsanspruch iHv $^1/_8$ aus 50.000 EUR, somit 6.250 EUR.[3]
Pflichtteilsergänzung:
Die Einräumung des Bezugsrechts erfolgte schenkungsweise. Es ist der fiktive Nachlass wie folgt zu errechnen:

Versicherung A (Rückkaufswert)	100.000 EUR
+ Versicherung B (Rückkaufswert)	0 EUR
gesamt:	100.000 EUR

EP hat einen Pflichtteilsergänzungsanspruch iHv $^1/_8$ aus 100.000 EUR, somit 12.500 EUR.[4]
Gesamtansprüche von EP:

Zugewinnausgleichsanspruch	50.000 EUR
Pflichtteil	6.250 EUR
Pflichtteilsergänzung	12.500 EUR
Insgesamt:	68.750 EUR

Diese Ansprüche muss EP wie folgt geltend machen:
Zugewinn gegen Kind K3 (Erbe) iHv 50.000 EUR. Pflichtteil gegen Kind K3 (Erbe) iHv 6.250 EUR. Kind K verbleiben 43.750 EUR, hiervon gehen ab:

---

[3] K1, K2, K4 und K5 steht jeweils ein Pflichtteilsanspruch gegen K3 iHv $^3/_{40}$ aus 50.000 EUR, somit 3.750 EUR zu.
[4] K4 und K5 haben einen Pflichtteilsergänzungsanspruch iHv $^3/_{40}$ aus 100.000 EUR, somit von je 7.875 EUR.

Pflichtteilsansprüche von 4 x 3.750 EUR (K1, K2, K4, K5), somit 15.000 EUR, sodass 28.750 EUR verbleiben.
Wenn K3 die Pflichtteilsergänzungsansprüche befriedigen würde, verbleiben ihm 13.000 EUR gesamt. Sein eigener Pflichtteil ist 3.750 EUR und 7.875 EUR, somit insgesamt 11.625 EUR.
Es besteht kein Anspruch gegenüber K1 und K2.

IV. Der enterbte Ehepartner ist nicht Bezugsberechtigter einer Lebensversicherung des Ehegattenerblassers und war mit der Einräumung des Bezugsrechts nicht einverstanden (Fall 2)

Da die Zustimmung zur Einräumung des Bezugsrechts an einen Dritten nicht erteilt wurde, errechnen sich die Ansprüche des EP wie folgt: 11

Fall 2:
Der Erblasser hinterlässt einen Nachlass in Höhe von 100.000 EUR. Der Verkehrswert der Lebensversicherung ist 100.000 EUR. K3 ist Alleinerbe. K1 ist bezugsberechtigt.
Zugewinn:

Endvermögen (Nachlass) des Erblassers E	100.000 EUR
+ Lebensversicherung (§ 1375 Abs. 2 S. 1 Nr. 1 BGB)	100.000 EUR
./. Anfangsvermögen	0 EUR
Endvermögen	200.000 EUR
Zugewinn E	200.000 EUR
Zugewinnausgleichsanspruch EP	100.000 EUR
Endvermögen des Erblassers E	100.000 EUR
./. Zugewinnausgleich	100.000 EUR
Nettonachlass	0 EUR

Die Gesamtansprüche von EP errechnen sich wie folgt:

1. Zugewinnausgleichsanspruch aus Nachlass gegenüber K3100.000 EUR
2. weder Pflichtteil noch Pflichtteilsergänzung 0 EUR

EP hat keinen Pflichtteilsanspruch, da der Nachlass gleich null ist.

Zusammenfassung:
Dem Endvermögen eines Ehegatten sind **Schenkungen an Dritte,** die **ohne Wissen und Wollen des anderen Ehepartners** vorgenommen worden sind, hinzuzurechnen. Durch die Zurechnung zum Endvermögen des Schenkenden erhöhen sich dessen Zugewinn und damit die mögliche Ausgleichsforderung. Die Hinzurechnung kann unterbleiben, wenn die Schenkung auf einer sittlichen Verpflichtung beruht (§ 2330 BGB).
Liegt die Schenkung schon mehr als 10 Jahre zurück, entfällt die Hinzurechnung (§ 1375 BGB).
Wenn die Einräumung des Bezugsrechts unwiderruflich war und außerhalb des Zehn-Jahreszeitraumes liegen sollte, ist die Lebensversicherungsleistung nicht beim Endvermögen zu berücksichtigen, sondern nur die Prämienzahlung der letzten 10 Jahre.
Eine Hinzurechnung unterbleibt, wenn der überlebende Ehegatte mit der Schenkung an den Dritten einverstanden war.

Abwandlung:
Was wäre, wenn die Versicherung einen Verkehrswert von 150.000 EUR gehabt hätte?

Endvermögen des Erblassers E	100.000 EUR
+ Lebensversicherung (§ 1375 Abs. 2 S. 1 Nr. 1 BGB)	150.000 EUR
./. Anfangsvermögen	0 EUR
Zugewinn E	250.000 EUR
Zugewinnausgleichsanspruch EP	125.000 EUR
Überschuldung	– 25.000 EUR

EP hat zunächst einen Anspruch auf 100.000 EUR (Zugewinnausgleichsanspruch) aus dem Nachlass gegen K3 (Alleinerbe).
EP hat einen zugewinnausgleichsrechtlichen Anspruch gegen K1 iHv 25.000 EUR nach § 1390 Abs. 2 BGB.
Pflichtteilsergänzungsansprüche:
EP hat zudem einen Pflichtteilsergänzungsanspruch gegen K1 iHv $1/8$ aus 125.000 EUR (Versicherungssumme 150.000 – 25.000 EUR wegen § 1390 Abs. 2 BGB) somit = 15.625 EUR
K1 verbleiben (150.000 LV – 25.000 § 1390 Abs. 2 BGB – 15.625 EUR §§ 2325, 2329 BGB) 109.375 EUR.

V. Der enterbte Ehepartner ist Bezugsberechtigter einer Lebensversicherung des Ehegattenerblassers mit Anrechnungsbestimmung auf den Zugewinn (Fall 3)

12 Der enterbte Ehepartner verlangt gem. § 1371 Abs. 2 S. 1 BGB den Zugewinn. Die mit dem Tod des Erblassers dem anderen Ehepartner zufallende Lebensversicherungssumme muss als Teil des Endvermögens des überlebenden Ehepartners angesehen werden. Daraus folgt, dass der gesamte Zugewinnausgleichsanspruch geringer ist. Dieser Zugewinnausgleichsanspruch ist als Passivum bei der Pflichtteilsberechnung mit einzubeziehen. Durch den Zufluss der Lebensversicherung verringert sich der Zugewinnausgleichsanspruch. Der Nettonachlass wird höher, der Pflichtteil erhöht sich ebenfalls.

Fall 3:
Wie Fall 2, allerdings ist EP statt K1 bezugsberechtigt. Wie hoch sind die Ansprüche von EP?

Lösung:
Im ersten Schritt ist der Zugewinnausgleichsanspruch zu bestimmen. Dieser errechnet sich wie folgt:

Endvermögen des Erblassers E	100.000 EUR
+ Lebensversicherung	100.000 EUR
./. Anfangsvermögen	0 EUR
Zugewinn E	200.000 EUR
Endvermögen des EP	100.000 EUR
./. Vorempfang	100.000 EUR
Zugewinn EP	0 EUR
Zugewinnausgleichsanspruch EP:	
Zugewinn	200.000 EUR
./. Zugewinn EP 0	200.000 EUR

Zugewinnausgleichsanspruch	100.000 EUR
./. Vorempfang	100.000 EUR
Zugewinn	0 EUR

In den Fällen des § 1371 Abs. 2 BGB ist die Lebensversicherungssumme anzusetzen. Die Lebensversicherungsleistung ist gem. § 1380 Abs. 1 S. 2 BGB auf den Zugewinnausgleichsanspruch anzurechnen, da der Wert den Wert von Gelegenheitsgeschenken übersteigt.
Pflichtteilsanspruch:
EP hat weiterhin einen Pflichtteilsanspruch iHv $^1/_8$ aus 100.000 EUR, somit 12.500 EUR.
Pflichtteilsergänzungsanspruch:
Da diese Zuwendung nicht den Charakter einer Schenkung hat, sondern der vorweggenommene Teil des Zugewinnausgleichsanspruchs ist, ist dieser Vermögenstransfer nicht in den fiktiven Nachlass einzustellen. Die Gesamtansprüche von EP berechnen sich wie folgt:

Versicherungssumme	200.000 EUR
+ Pflichtteilsanspruch	12.500 EUR
Gesamt	212.500 EUR

Da vorliegend die Lebensversicherungsleistung Teil des Zugewinnausgleichsanspruchs ist, wird dadurch der fiktive Nachlass nicht erhöht.

VI. Der enterbte Ehepartner ist Bezugsberechtigter einer Lebensversicherung des Ehegattenerblassers ohne Anrechnungsbestimmung auf den Zugewinn (Fall 4)

Nach § 1380 Abs. 1 S. 1 BGB gilt jede Schenkung als Anrechnung auf den Zugewinn. 13
Es gelten somit die Ausführungen von Fall 3 (→ Rn. 17 ff.).

VII. Der enterbte Ehepartner ist Bezugsberechtigter einer Lebensversicherung des Ehegattenerblassers mit Anrechnungsbestimmung auf den Pflichtteil (Fall 5)

Ausdrückliche Bestimmung der Anrechnung auf den Pflichtteil: 14

Fall 5:
Rechenschritt 1: Berechnung des Zugewinns unter Außerachtlassung der Schenkung

Zugewinn E Zugewinn EP	100.000 EUR
Zugewinnausgleichsforderung:	0 EUR
Rechenschritt 2: Berechnung des Pflichtteils	50.000 EUR
Nachlass:	100.000 EUR
./. Zugewinnausgleichsanspruch	50.000 EUR
Nettonachlass	50.000 EUR
Der Pflichtteilsanspruch beträgt $^1/_8$ aus	
(50.000 EUR + 50.000 EUR =) 100.000 EUR =	12.500 EUR
Rechenschritt 3: Anrechnung auf den Zugewinn	

Es ist zunächst der Zugewinnausgleichsanspruch ohne Anrechnung zu bestimmen.

Zugewinn E	100.000 EUR
Zugewinn EP	0 EUR
Zugewinnausgleichsforderung:	50.000 EUR

Der nach Pflichtteilsanrechnung verbleibende Rest (Verkehrswert 50.000 EUR) abzüglich Anrechnungsbetrag Pflichtteil iHv 12.500 EUR ergibt 38.500 EUR. Dieser wird nun auf den Zugewinn angerechnet.

Endvermögen E (Nachlass zzgl. verbleibender Rest)	138.500 EUR
Endvermögen EP (Endvermögen abzgl. verbleibender Rest)	0 EUR

Zugewinnausgleichsforderung:

Zugewinn E	138.500 EUR
./. Zugewinn EP	0 EUR
	138.500 EUR
davon 1/2	69.250 EUR
./. nicht verbrauchter Rest	– 38.500 EUR
Zugewinn:	30.750 EUR

Insgesamt erhält EP bei der ausdrücklichen Anordnung der Anrechnung auf den Pflichtteil:

Versicherungsleistung	50.000 EUR
Zugewinn	30.750 EUR
Gesamt	80.750 EUR

Zusammenfassung:
Ausschlaggebend ist somit die Art der **Berechnung des Zugewinnausgleichsanspruchs.** Es kommt zu einer fiktiven Erhöhung der Ansprüche, weil die Auswirkung der Zuwendung rückgängig gemacht werden muss. Es muss gem. § 1380 Abs. 2 BGB der Wert der Zuwendung bei der Berechnung des Zugewinnausgleichsanspruchs hinzugerechnet und nach § 1380 Abs. 1 BGB anschließend wieder abgezogen werden.
Durch die Anrechnung der Zuwendung (Bezugsrecht auf Lebensversicherung) auf den Zugewinnausgleichsanspruch wird der Abzugsposten um die Hälfte des Zuwendungswertes verringert. Hierdurch wird sichergestellt, dass dem überlebenden Ehegatten nicht mehr Pflichtteil zukommt, als ihm rechnerisch gebührt.
Die Frage der **Reihenfolge der Anrechnung** hat Auswirkungen auf die **Erbschaftsteuer.** Der Zugewinn ist nach § 5 Abs. 2 ErbStG erbschaftsteuerfrei, der Pflichtteil hingegen wegen § 3 Abs. 1 S. 1 ErbStG nicht! Aus diesem Grunde ist bei der Bestimmung der Reihenfolge auch die steuerliche Seite zu bedenken, wonach die primäre Anrechnung auf den Zugewinn in der Regel steuerlich günstiger ist.

Praxistipp:
Bei Zuwendungen jedweder Art sollte nicht nur ausdrücklich dargelegt werden, ob die Zuwendung auf den Pflichtteil oder den Zugewinn angerechnet werden soll, sondern auch in welcher Reihenfolge und ggf. in welcher Höhe!
Besteht keine ausdrückliche Anrechnungsvereinbarung, wird im Zweifel angenommen, dass eine Anrechnung stattfinden soll (§ 1380 Abs. 1 S. 2 BGB). Die Regelung hat letztlich die Wirkung, als hätte der verstorbene Ehegatte die Schenkung nicht vorgenommen und als wäre beim überlebenden Ehegatten die Schenkung ein vorweggenommener Teil seiner Ausgleichsforderung. Wenden sich die Eheleute während der Ehe Vermögen mit der Absicht zu, diese Schenkung auf die Ausgleichsforderung anzurechnen (§ 1380 Abs. 1 BGB), wird der Wert der Schenkung dem End-

vermögen des Zuwendenden zugerechnet und beim bedachten Ehegatten von der Ausgleichsforderung abgezogen.

Wird zu Lebzeiten beider Ehepartner ein Lebensversicherungsvertrag schenkungsweise auf den anderen Ehepartner übertragen (**Wechsel des Versicherungsnehmers**), so kann diese Übertragung mit einer Anrechnungsvereinbarung versehen werden, wobei der Anrechnungswert nicht in der Lebensversicherungsleistung, sondern im **Ist-Wert, dem Verkehrswert zum Zeitpunkt der Übertragung,** liegt. 15

VIII. Der enterbte Ehepartner ist Bezugsberechtigter einer Lebensversicherung des Ehegattenerblassers mit Anrechnungsbestimmung auf Zugewinn und Pflichtteil (Fall 6)

Fall 6:

Erblasser E ist mit EP im Güterstand der Zugewinngemeinschaft verheiratet. Er hinterlässt 5 Kinder. Es liegt eine letztwillige Verfügung vor, in welcher K3 zum Alleinerben eingesetzt wurde. E war Versicherungsnehmer und versicherte Person einer Lebensversicherung mit einer Versicherungssumme von 100.000 EUR, EP war bezugsberechtigt. Der Verkehrswert betrug 50.000 EUR.
Das Anfangsvermögen des E und der EP war 0 EUR. Das Endvermögen des E beträgt 100.000 EUR, das Endvermögen der EP 0 EUR. Das Bezugsrecht aus der Lebensversicherung iHv 50.000 EUR war mit der Bestimmung der Anrechnung auf den Pflichtteil und den Zugewinn versehen. Eine Reihenfolge der Anrechnung war nicht bestimmt.

Der Erblasser als Versicherungsnehmer kann im Hinblick auf die **Anrechnung aus dem Bezugsrecht auf den Zugewinn bzw. Pflichtteil** folgende Varianten wählen: 16
- Er vermerkt nichts.
- Er ordnet Anrechnung auf den Zugewinnausgleichsanspruchs an.
- Er ordnet Anrechnung auf den Pflichtteilsanspruch an.
- Er ordnet Anrechnung auf Zugewinn und Pflichtteil an.
- Er ordnet Anrechnung zuerst auf Zugewinn und dann auf Pflichtteil an.
- Er ordnet Anrechnung zuerst auf Pflichtteil und dann auf Zugewinn an.

Grundsätze:

1. Nach § 1380 Abs. 1 S. 1 BGB gilt automatisch jede Zuwendung als auf den Zugewinn anrechenbar, sofern sie den Wert von Gelegenheitsgeschenken übersteigt.
2. Der Pflichtteilsberechtigte hat sich nur solche Zuwendungen nach § 2315 BGB auf seinen Pflichtteil anrechnen zu lassen, die vom Erblasser zum Zeitpunkt der Zuwendung angeordnet sind.
3. Hat der Erblasser keine Anrechnungsbestimmung veranlasst, so kommt es zu keiner Kollisionsproblematik zwischen Anrechnung auf den Zugewinn und Pflichtteil, sondern nur zur Anrechnung auf den Zugewinn.
4. Es ist zunächst auf den Pflichtteil anzurechnen, und zwar so, dass der bezugsberechtigte Ehepartner nach Berechnung des Zugewinns nicht besser stehen darf, als er ohne die Zuwendung stehen würde bzw. als wenn der Gegenstand als auszugleichender Zugewinn im Vermögen des Erblassers/Versicherungsnehmers verblieben wäre.

Grundsätzlich soll immer zuerst eine Anrechnung auf den Pflichtteil erfolgen. Der nicht verbrauchte Rest ist anschließend auf den Zugewinn anzurechnen, wenn der Erblasser keine Reihenfolge bestimmt hat. 17

18 Es sind dabei folgende **Rechenschritte** zu beachten:
1. Berechnung des Zugewinns unter Außerachtlassung der Schenkung
2. Berechnung des Zugewinns unter Berücksichtigung der Schenkung
3. Berechnung des Pflichtteils unter Berücksichtigung des jeweils kleineren Zugewinns aus Nr. 1 und Nr. 2
4. Anrechnung.

Praxistipp:
Es ist in jedem Erbfall zuerst der Zugewinn zu berechnen und anschließend der Pflichtteil.

19 Im vorliegenden Fall 6 ergibt sich folgende Berechnung:

Rechenschritt 1
Berechnung des Zugewinns unter Außerachtlassung der Schenkung

Zugewinn E	100.000 EUR
Zugewinn EP	0 EUR

Zugewinnausgleichsforderung:

Zugewinn E	100.000 EUR
./. Zugewinn EP	0 EUR
	100.000 EUR
davon 1/2	50.000 EUR

Die Zugewinnausgleichsforderung beträgt 50.000 EUR.

Rechenschritt 2
Berechnung des Zugewinns unter Berücksichtigung der Schenkung aufgrund der gesetzlichen Bestimmung des § 1380 Abs. 1 S. 2 BGB

Zugewinn E (100.000 EUR + 50.000 EUR Versicherungsleistung)	150.000 EUR
Zugewinn EP 0 EUR – 50.000 EUR Versicherungsleistung	0 EUR

Zugewinnausgleichsanspruch:

Zugewinn E	150.000 EUR
./. Zugewinn EP	0 EUR
	150.000 EUR
davon 1/2	75.000 EUR

Bei Berücksichtigung der Versicherungsleistung ergibt sich:

Zugewinn	75.000 EUR
./. Versicherungsleistung	50.000 EUR
	25.000 EUR

Die Zugewinnausgleichsforderung beträgt 25.000 EUR.

Rechenschritt 3
Berechnung des Pflichtteils unter Berücksichtigung des jeweils **kleineren Zugewinns**

Nachlass	100.000 EUR
./. Zugewinnausgleichsforderung	25.000 EUR
Nettonachlass	75.000 EUR
Der Pflichtteilsanspruch beträgt 1/8 aus 75.000 EUR =	9.375 EUR

Rechenschritt 4
Anrechnung
Bei diesem Rechenschritt ist der Anteil zu berechnen, der noch nicht durch die Anrechnung auf den Zugewinn verbraucht wurde. Der Restbetrag wird ermittelt aus der Differenz der Rechenschritte 1 und 2.

Zugewinn aus Rechenschritt 1	50.000 EUR
Zugewinn aus Rechenschritt 2	25.000 EUR

Differenz ist der nicht verbrauchte Teil 25.000 EUR Der Anrechnungsbetrag beträgt 25.000 EUR.

Nachlass	100.000 EUR
zzgl. Anrechnungsbetrag	215.000 EUR
	125.000 EUR
Der Pflichtteil beträgt 1/8 aus 125.000 EUR =	15.625 EUR
./. Anrechnungsbetrag	25.000 EUR

kein Pflichtteilsanspruch EP erhält insgesamt:

Versicherungsleistung	50.000 EUR
Zugewinn	25.000 EUR
Gesamt:	75.000 EUR

Praxistipp:
Wenn nichts angeordnet wurde, wird die Zuwendung auf den Pflichtteil angerechnet, wobei zuerst die Berechnung des Zugewinns als Nachlasspassivum zu erfolgen hat. Bei der Berechnung ist die gesetzliche Anrechnung auf den Zugewinn primär zu berücksichtigen.

IX. Bezugsrecht zum Anfangsvermögen? (Fall 6)

Fall 7:
A und B sind im Güterstand der Zugewinngemeinschaft verheiratet. Bei Eheschließung waren beide vermögenslos.
Das Endvermögen von A betrug 1.000.000 EUR. Das Endvermögen von B betrug 400.000 EUR. B erhielt während der Ehezeit einen Geldzufluss von 200.000 EUR als bezugsberechtigte Person aus einem Lebensversicherungsvertrag des Vaters von B.
Wie hoch sind eventuelle Zugewinnausgleichsansprüche?

Lösung:

Vermögen, das einem Ehegatten nach Beginn der Zugewinngemeinschaft zuwächst und zu dem der überlebende Ehegatte keinen „Beitrag" leistete, soll sich nicht auf die Zugewinnausgleichsforderung auswirken. Das heißt, ein solcher Vermögenszuwachs gilt als **„privilegiertes Vermögen"** und ist dem Anfangsvermögen des begünstigten Ehegatten hinzuzurechnen.[5]

Der Zugewinn errechnet sich wie folgt:

Zugewinn A: Endvermögen 1 Mio. EUR abzgl. Anfangsvermögen 0 EUR = 1 Mio. EUR Zugewinn

Zugewinn B: Endvermögen 0,4 Mio. EUR abzgl. privilegiertes Vermögen 0,2 EUR = Zugewinn 0,2 Mio. EUR

Zugewinn A = 1 Mio. EUR abzgl. Zugewinn B = 0,2 Mio. EUR = Zugewinnausgleichung 0,8 Mio. EUR: 2 = 0,4 Mio. EUR.

20 Die Zuwendung eines Dritten, entweder in der Form einer reinen Geldschenkung oder der Zuwendung eines Bezugsrechts aus einer Lebensversicherung, wird dem Anfangsvermögen zugerechnet.

[5] BGH 20.9.1995 – XII ZR 16/94, VersR 1995, 1429 = NJW 1995, 3113.

§ 19 Gütergemeinschaft und Lebensversicherungen

Übersicht

I. Allgemeines

1 Für viele Berater ist der Güterstand der Gütergemeinschaft (§§ 1415 ff. BGB) ein historisch zu betrachtender Güterstand, der im „Aussterben" begriffen ist und allenfalls im Bereich der Landwirtschaft vorkommt. Der taktische Einsatz einer Gütergemeinschaft – neben Schenkungen an den Ehepartner – unter dem Aspekt der Pflichtteilsergänzung, beeinträchtigende Schenkungen, bei §§ 2286, 2287 BGB, stellt eine nicht zu vernachlässigende Gestaltungssituation dar.

2 Wenn bei Lebensversicherungsverträgen der Versicherungsnehmer im Güterstand der Gütergemeinschaft verheiratet ist, sind nach diesseitiger Auffassung **beide Ehepartner Inhaber des Versicherungsvertrages,** es sei denn, es wurde Vorbehaltsgut (§ 1418 BGB) vereinbart.

II. Fallkonstellationen

3 Wenn einer der Eheleute **versicherte Person** sein sollte, sind folgende Fälle zu unterscheiden:

Fall 1:

Erblasser E ist mit EP im Güterstand der Gütergemeinschaft verheiratet. E ist Versicherungsnehmer und versicherte Person. Es wurde kein Bezugsrecht eingeräumt.

Lösung:

Es fallen lediglich 50 % der Versicherungssumme in den Nachlass, da sich die Lebensversicherung im Gesamtgut befindet (§ 1416 BGB) und 50 % originär dem überlebenden Ehepartner EP zustehen (§ 1416 BGB).

Fall 2:

Erblasser E ist mit EP im Güterstand der Gütergemeinschaft verheiratet. E ist Versicherungsnehmer und versicherte Person. E hat mit Zustimmung von EP diesen als Bezugsberechtigten eingesetzt. EP ist auch Alleinerbe. Aus der Ehe sind zwei Abkömmlinge hervorgegangen.
Die beiden Abkömmlinge sind enterbt. Die ausgezahlte Lebensversicherungssumme beträgt 180.000 EUR, der Rückkaufswert 150.000 EUR (entspricht dem Verkehrswert).
Bestehen Pflichtteilsergänzungsansprüche der beiden Abkömmlinge?

Lösung:

Wenn nun die Rechtsprechung des BGH herangezogen wird, wonach der **Verkehrswert** der Versicherung Grundlage für die Berechnung möglicher Pflichtteilsergänzungsansprüche ist,[1] dann ist der Betrag von 150.000 EUR heranzuziehen. Die Versicherung gehört zum Gesamtgut, sodass nur 50 % der Versicherungssumme in den fiktiven Nachlass fallen.

---

[1] BGH 28.4.2010 – IV ZR 73/08.

Fall 3:

Erblasser E war Versicherungsnehmer einer Lebensversicherung und hat, ohne sich mit EP (verheiratet im Güterstand der Gütergemeinschaft) abzustimmen, das Kind K1 als Bezugsberechtigen auf das Ableben von E eingesetzt. E hat zwei Abkömmlinge. EP wurde als Alleinerbin eingesetzt. Der Nachlass beträgt 300.000 EUR.
Der Wert der Versicherung beträgt 100.000 EUR und wird an K1 zur Auszahlung gebracht. Die Versicherungssumme beträgt 200.000 EUR.
Wer hat welche Ansprüche gegen wen? EP klagt gegen K1.

Lösung:

Der Klageanspruch ist hier nicht güterrechtlicher, sondern erbrechtlicher Natur.[2]
(Exkurs: Wäre der Versicherungsfall während der Ehezeit eingetreten, beispielsweise nach Ablauf von 12 Jahren, hätte der Ehepartner gegenüber dem Bezugsberechtigten einen güterrechtlichen Anspruch.)
Allerdings hat er der Klageanspruch seine unmittelbare gesetzliche Grundlage im Bereicherungsrecht (§§ 812 ff. BGB). Damit werden jedoch zugleich die Unwirksamkeit des Schenkungsversprechens des Erblassers und die Bestimmung der Bezugsberechtigung für dessen Lebensversicherung im Todesfall zugunsten des beklagten Kindes K1geltend gemacht,[3] weil die Rechte aus der Lebensversicherung zum Gesamtgut der Gütergemeinschaft gehörten (§ 1416 BGB) und der Erblasser E ohne Einwilligung der Klägerin EP darüber nicht hätte verfügen dürfen.[4]
Kind K1 ist zur Herausgabe der Versicherungssumme verpflichtet (§§ 812 ff., 1416, 1450, 1453, 1366 BGB). Mangels Bezugsrechts fällt die Versicherungssumme von 200.000 EUR zu 50 % in den Nachlass, sodass der reale Nachlass 400.000 EUR beträgt.
Gegen den Pflichtteilsanspruch iHv 3/16 aus 400.000 EUR des Kindes K1 iHv 75.000 EUR kann EP die Aufrechnung erklären bzw. K1 gegenüber EP. K1 hat an EP 125.000 EUR zu bezahlen.

Fall 4:

Wie Fall 3, jedoch hatten die Eheleute zusätzlich einen Erbvertrag geschlossen, in welchem sie sich zu Alleinerben eingesetzt haben.

Lösung:

Es bestehen in diesem Fallbeispiel eventuell auch Ansprüche aus §§ 2286, 2287 BGB.
Da §§ 2286, 2287 BGB eine wirksame Schenkung voraussetzen, scheidet diese Anspruchsgrundlage vorliegend aus.

Fall 5:

Erblasser E, verheiratet mit EP im Güterstand der Gütergemeinschaft, setzt EP zum Alleinerben ein. EP ist Versicherungsnehmer einer Lebensversicherung, und zwar

- Fall A: einer kapitalbildenden Lebensversicherung
- Fall B: einer Risikolebensversicherung.

Erblasser E ist versicherte Person. Bezugsberechtigter ist EP. Aus der Ehe sind zwei Kinder hervorgegangen.
Welche Ansprüche haben die Kinder?

Lösung:

Aufgrund der Gütergemeinschaft ist EP gemeinsam mit Erblasser E Inhaber des Lebensversicherungsvertrages. Eine Verfügung über einen Vermögensgegenstand aus dem Gesamtgut bedarf daher der Zustimmung beider Ehepartner. Die Einräumung des Bezugsrechts von EP alleine war somit unwirksam. Die Versicherungssumme fällt zumindest zu 50 % in den Nachlass von E und erhöht diesen.

- Fall A (kapitalbildende Lebensversicherung): Es fallen 50 % der Versicherungsleistung der Lebensversicherung in den realen Nachlass von E.

---

[2] Vgl. BGH 24.6.1981 – IVb ARZ 523/81, FamRZ 1981, 1045 = MDR 1982, 127.
[3] Vgl. BGH 26.9.1979 – IV ARZ 11/79, NJW 1980, 193.
[4] BGH 24.1.1984 – IX ZR 86/82, NJW 1984, 1188.

- Fall B (Risikolebensversicherung): Es fallen 50 % der Versicherungsleistung der Risikolebensversicherung in den realen Nachlass.

Praxistipp:
Gerade beim Güterstand der Gütergemeinschaft bedürfen die Vertragsgestaltungen im Lebensversicherungsbereich hoher Aufmerksamkeit.

§ 20 Vor- und Nacherbschaft

Übersicht

I. Grundlagen

1 Nachfolgend wird dargestellt, welche Auswirkungen die Anordnung von Vor- und Nacherbschaft auf Versicherungsleistungen hat. Bei einer testamentarischen Situation mit Vor- und Nacherbschaft sind die Rechtspositionen von

- Vorerbe
- Nacherbe
- Erben des Nacherben
- Lebensversicherer
- Gläubiger des Erblassers und
- Gläubiger des Vorerben abzuklären.

2 Die entscheidende Weichenstellung ist, ob die Versicherungsleistung **in den Nachlass** fällt oder ob ein **Bezugsberechtigter** bestimmt ist.

Fall 1:

Erblasser E (80 Jahre alt) setzt seinen Ehepartner EP (50 Jahre alt) zu seinem Vorerben ein, das einzige Kind K (45 Jahre alt) aus einer früheren Ehe zu seinem Nacherben. Der Eintritt des Nacherbfalls wird bestimmt im Falle der Wiederverheiratung bzw. Ablebens des EP. E hatte einen Lebensversicherungsvertrag abgeschlossen und seine Erben als Bezugsberechtigte eingesetzt.
Fallvariante a) E war Versicherungsnehmer und versicherte Person.
Das Vermögen von E beträgt 300.000 EUR, die Summe des Lebensversicherungsvertrages betrug 250.000 EUR (Verkehrswert beträgt 200.000 EUR).

- Fallvariante b) Die Versicherungsleistung fällt in den Nachlass.
- Fallvariante c) Kind K ist als Bezugsberechtigter bestimmt worden.

Welche Ansprüche hat K gegenüber EP bezüglich der ausgezahlten Versicherungssumme?

Wie könnte eine Beratung in den Fällen a), b) und c) erfolgen?

Vorüberlegungen zu Fallvariante a):

Kind K wird sich überlegen müssen, ob es sinnvoll ist, die Position des Nacherben einzunehmen oder ob es im Hinblick auf den geringen Altersunterschied nicht besser ist, die **Nacherbschaft auszuschlagen** und stattdessen den Pflichtteil iHv 1/4 zu verlangen. Die Ausschlagung der Nacherbschaft durch notarielle Urkunde bzw. zur Niederschrift beim Nachlassgericht ist bis zum Eintritt des Nacherbfalls zeitlich möglich, sinnvoll jedoch nur innerhalb der Verjährungsfrist des Pflichtteilsanspruchs; die Ausschlagung der Nacherbschaft außerhalb der Pflichtteilsfrist bringt keinerlei Vorteile. 3

Eine diesbezügliche Beratung – Ausschlagung und Pflichtteil oder Nacherbschaft – ist vorzunehmen und zu dokumentieren. Nachfolgend werden alle Rechte dargestellt, die geltend gemacht werden können. 4

Beratung: Keine Ausschlagung der Nacherbenstellung

Hat der Erblasser seinen Erben als Bezugsberechtigten seiner Kapitallebensversicherung bestimmt, in seinem Testament aber Vor- und Nacherbschaft angeordnet, darf der eingesetzte Vorerbe die Bestimmung zum Erben und Bezugsberechtigten als uneingeschränktes Schenkungsangebot an ihn verstehen. Bezogen auf den Erbfall ist allein er Erbe, während das Erbrecht des Nacherben zeitlich erst mit dem Tode des Vorerben eintritt. Kapitallebensversicherungsbeträge fallen aber nach der Zweifelsregelung des § 160 Abs. 2 S. 1 VVG nicht in den Nachlass, sondern werden vom Bezugsberechtigten unmittelbar und nicht kraft Erbrechts erworben.[1] 5

Daraus ergibt sich, dass nur der Vorerbe bezugsberechtigt ist. Dieser erhält die Lebensversicherungssumme nicht im Rahmen der Universalsukzession, sondern aufgrund der Singularsukzession. Bezogen auf den Zeitpunkt des Erbfalls ist der Vorerbe der Erbe, während das Erbrecht der Nacherben sich zwar ebenfalls vom Erblasser ableitet, es zeitlich jedoch erst mit dem Tode der Vorerben einsetzt. Die Zahlung an den oder die Erben erfolgt nicht aus dem Nachlass, sondern unmittelbar durch den Versicherer an den Bezugsberechtigten, unabhängig davon, ob sie (auch) Erben sind.[2] 6

Erfolgt im Fall a) also die Beratung dahingehend, die Nacherbschaft nicht auszuschlagen, erhält beim Ableben des E EP den Betrag von 300.000 EUR. Die 200.000 EUR aus der Lebensversicherung erhält ebenfalls EP als Bezugsberechtigter. Wenn EP verstirbt, gehen die 300.000 EUR an Kind K und die 200.000 EUR aus der Lebensversicherung an die Erben von EP, da diese aufgrund des Bezugsrechts an EP gehen und nicht aufgrund der Vor- und Nacherbfolge. 7

Beratung: Ausschlagung der Nacherbenstellung

Eventuell wäre es günstiger, Kind K dahingehend zu beraten, die Erbschaft auszuschlagen und den Pflichtteil und Pflichtteilsergänzungsansprüche geltend zu machen. K muss sich überlegen, dass EP nur verpflichtet ist, das Vermögen des Erblassers zu erhalten. Dies bedeutet, dass sich im Falle des Ablebens von EP ein Vermögenszuwachs iHv 300.000 EUR (Wertveränderungen sowohl positiv als auch negativ sind zu berücksichtigen) bei K einstellen wird. Wie würde sich K bei Ausschlagung der Erbschaft stellen? 8

Die Bemessungsgrundlage zur Berechnung des Gesamtpflichtteils (300.000 EUR realer Nachlass und 200.000 EUR fiktiver Nachlass) beträgt 500.000 EUR. Der Gesamtpflichtteil wäre dann 1/4 aus 500.000 EUR, somit 125.000 EUR sofort statt 300.000 EUR in der Zukunft. 9

Fallvariante b): Zu einem anderen Ergebnis kommt K pflichtteilsrechtlich, wenn der Erblasser kein Bezugsrecht verfügt hat und die Leistung gem. § 9 ALB in den Nachlass fällt.[3] Die Lebensversicherung fällt in die Vor- und Nacherbschaft, der Pflichtteilsanspruch wäre 1/4 aus 500.000 EUR, somit 125.000 EUR. Erbrechtlich ist es so, dass K nach dem Ableben von EP dann 500.000 EUR erhalten würde. 10

---

1 OLG Schleswig-Holstein 9.6.1998 – 3 U 1/97, ZEV 1999, 107–108.
2 LG Karlsruhe VersR 1956, 313; Prölss/Martin/Schneider VVG § 160 Rn. 5.
3 Präve/Rosensträter § 9 ARB Rn. 7.

11 **Fall 2:**

Erblasser E ist Versicherungsnehmer, Ehepartner EP ist die versicherte Person und Bezugsberechtigte einer Lebensversicherung. EP ist Vorerbe, Kind K ist Nacherbe. E verstirbt. EP nimmt die Erbschaft an.
Welche Ansprüche hat K?

12 **Fall 3:**

Erblasser E zahlt sein gesamtes liquides Vermögen iHv 770.000 EUR in eine Rentenversicherung ein (Einmalzahlung) und vereinbart den sofortigen Rentenbeginn. Der Wert der Versicherung wird mit 750.000 EUR (Provisionen mindern den Verkehrswert) unterstellt.
E selbst ist Bezugsberechtigter. Im Ablebensfall von E ist EP bezugsberechtigt für eine Rentengarantiezeit von 10 Jahre in Höhe von monatlich 2.500 EUR somit insgesamt 300.000 EUR. E hat noch eine Immobilie, die zum Zeitpunkt des Ablebens einen Wert von 200.000 EUR hat, wobei das Wertentwicklungspotential hoch ist.
E setzt seinen Ehepartner EP zum Alleinerben und Vorerben und das Kind K zum Nacherben ein.
Welche Ansprüche hat K?

13 **Fall 4:**

E ist Versicherungsnehmer, EP ist die versicherte Person und Kind K ist als unwiderruflicher Bezugsberechtigter benannt. EP ist Vorerbe und K ist Nacherbe. EP wird zum Vermächtnisnehmer.
Welche Ansprüche hat K? (Lösung → Rn. 30)

14 **Fall 5:**

Der Erblasser hat seine beiden Abkömmlinge K1 und K2 zu Erben je zu ½ eingesetzt. Im Hinblick auf die finanzielle Schieflage des Kindes K2 hat der Erblasser K2 als Vorerben und sein Enkelkind, Kind des Kindes K2, als Nacherben eingesetzt.
Wenn nunmehr der Erblasser kein Bezugsrecht verfügt hat, fällt die Lebensversicherung in den Nachlass und wird zwischen K1 und der K2 aufgeteilt.
Weil der K1 Vorerbe ist, kann er über seinen Anteil an der Lebensversicherung nicht verfügen, und auch seine Gläubiger können keine entsprechenden Zwangsvollstreckungsmaßnahmen mit dem Ziel der Auszahlung aus der Lebensversicherung vornehmen.
Wenn der Erblasser allerdings ein Bezugsrecht zugunsten von K1 und K2 verfügt hat, unterliegt die Lebensversicherung nicht den Regeln der Vor- und Nacherbschaft, und somit kann K2 frei darüber verfügen bzw. seine Gläubiger können die entsprechende Zwangsvollstreckung betreiben.

Lösung:
Der Erblasser muss das Bezugsrecht splitten, d. h. zugunsten von K1 ein Bezugsrecht bestimmen zu ½, um ½ in den Nachlass fallen zu lassen und das testamentarisch mit Teilungsanordnung ohne Ausgleichspflicht K2 zuwenden. Falsch wäre es mit einem Vorausvermächtnis zu arbeiten.

Praxistipp:

Hatte der Erblasser zugunsten des Vorerben ein Bezugsrecht verfügt, die Leistung aus der Lebensversicherung somit außerhalb des Nachlasses ist, dadurch dem Zugriff von Gläubigern offensteht oder der Vorerbe folglich eigenes Vermögen von mehr als 5.000 EUR hat und deshalb aus dem Sozialhilfebezug ausscheiden würde, wäre die Zurückweisung gem. § 333 BGB ein Mittel, um die Leistung aus der Lebensversicherung in den Nachlass zu begrenzen. Vorher muss jedoch geprüft werden, ob nicht gegebenenfalls eine Ersatzbezugsberechtigung vorliegt.

Die Anordnung von **Vor- und Nacherbschaft** wird von vielen Beratern als die testamentarische Lösung empfohlen, um den Vermögenstransfer vom Erblasser beispielsweise über den überlebenden Ehepartner auf die Kinder bzw. vom Erblasser über Kinder auf die Enkelkinder abzusichern. Gerade bei Handicap-Testamenten findet sich oftmals eine Regelung mit Vor- und Nacherbschaft, um einerseits die geregelte Verwendung von Vermögen des Handicap-Kindes, überwacht durch einen Testamentsvollstrecker, zu gewährleisten und andererseits den Zugriff von Gläubigern der Vorerben unmöglich zu machen. Hintergrund dieser Vorgehensweise ist die Annahme, dass der Vorerbe in seiner Verfügungsbefugnis derart eingeschränkt ist, dass das Vermögen nahezu ungeschmälert auf die Nacherben übergehen kann. Diese Annahme ist im Zusammenhang mit Guthaben aus Lebensversicherungen unzutreffend. Den Vorerben trifft – im Gleichlauf mit dem Vollerben – im Lebensversicherungsbereich, wenn er die Leistung als Bezugsberechtigter erlangt, gerade **keine Pflicht zum Vermögenserhalt.** Gläubiger des Vorerben können die Leistung aus der Lebensversicherung pfänden, da die Leistung aus der Lebensversicherung, soweit ein Bezugsrecht besteht, nicht der Vorerbschaft unterliegt. 15

II. Begriffsklärung

1. Erben

Nachfolgendes kann von Erbrechtlern übersprungen werden. 16

Vorerbe ist die Person, die zeitlich vor dem Nacherben Erbe des Erblassers geworden ist. 17

Nacherbe ist die vom Erblasser eingesetzte Person, die erst Erbe wird, nachdem zunächst ein anderer Erbe geworden ist, nämlich der Vorerbe (§ 2100 BGB). 18

Vor- und Nacherbe sind quasi „hintereinander geschaltet“, sie bilden keine Erbengemeinschaft wie Miterben. Möglich ist allerdings, dass mehrere Personen Vor- oder Nacherben sind, dann bilden die jeweiligen Vor- bzw. Nacherben jeweils eine Miterbengemeinschaft. Der Vor- oder Nacherbe wird durch Testament oder durch Erbvertrag eingesetzt. 19

Die Anordnung der Vor- und Nacherbschaft ist streng zu unterscheiden von einem gemeinschaftlichen Testament in der Form des sog. **Berliner Testaments.** In diesem Fall wird der überlebende Ehepartner Vollerbe, während der Erbe des letztversterbenden Ehepartners Schlusserbe wird. Gemäß § 2269 BGB gilt die **Vermutung,** dass im Zweifel nicht Vor- und Nacherbschaft, sondern **Voll- und Schlusserbeneinsetzung** angeordnet sind. Der Auslegungsregel des § 2269 BGB liegt die Erfahrung zugrunde, dass die Ehegatten im Regelfall ihren Nachlass gemäß der sog. Einheitslösung regeln wollen.[4] 20

2. Rechtsstellung des Vorerben

Dem Vorerben stehen grundsätzlich die gesamten Nutzungen des Nachlasses zu, ihm steht aber nicht die Substanz zum Verbrauch zur Verfügung; diese steht dem Nacherben zu. Der Vorerbe hat gem. § 2130 Abs. 1 S. 1 BGB nach dem Eintritt der Nacherbfolge dem Nacherben die Erbschaft in dem Zustand herauszugeben, wie er sich aus einer bis zur Herausgabe fortgesetzten ordnungsgemäßen Verwaltung ergibt. Generell ist zwischen der Vorerbschaft (oftmals bezeichnet als nichtbefreite Vorerbschaft) und der befreiten Vorerbschaft zu differenzieren. 21

3. Der (nicht befreite) Vorerbe

a) **Allgemeines.** Den nicht befreiten Vorerben[5] treffen – im Gegensatz zum Vollerben – im Bereich einer ausgezahlten Lebensversicherungssumme, die in den Nachlass fällt, 22

[4] Damrau/Tanck/Klessinger BGB § 2269 Rn. 7.
[5] An sich den Vorerben; die Wortkombination „nicht befreiter Vorerbe“ dient nur zur Verdeutlichung.

zahlreiche Pflichten, zB die Hinterlegungspflicht von Wertpapieren gem. § 2116 BGB (→ Rn. 26 ff.) und die Pflicht zur mündelsicheren Anlage gem. § 2119 BGB (→ Rn. 37 ff.).

23 **b) Verfügungsbefugnis des Vorerben.** Über die in den Nachlass fallende Lebensversicherungssumme kann der nicht befreite Vorerbe frei verfügen (§ 2112 BGB). Die Versicherung muss entsprechende Verfügungen zulassen, nämlich die bedingungslose Abverfügung des kompletten Guthabenbetrages.

24 **Aus der Sicht des Versicherers**

25 Versicherer haben die Befürchtung, dass sie sich aufgrund von ihr zugelassener Verfügungen des Vorerben gegenüber dem Nacherben schadensersatzpflichtig machen könnten. Aufgrund des Eintritts des Erbfalls tritt der Versicherer allerdings ausschließlich in die Rechtsbeziehung zum Vorerben (Universalsukzession) – auch im Hinblick auf die ausgezahlte Lebensversicherungssumme, die in den Nachlass fällt. Der Versicherer tritt zu diesem Zeitpunkt nicht in ein

26 Rechtsverhältnis zum Nacherben. Der Versicherer macht sich also gegenüber dem Nacherben nicht schadensersatzpflichtig.

27 Der Vorerbe kann somit nach entsprechender erbrechtlicher Legitimation den Versicherer auffordern, die Zahlung an ihn zu erbringen. Bei der Beratung des Erblassers, der Versicherungsnehmer ist, ist abzuklären, weswegen Vor- und Nacherbschaft angeordnet werden soll:

- Soll sichergestellt werden, dass die Nacherben das Vermögen erhalten?
- Soll sichergestellt werden, dass Gläubiger des Erben nicht auf das ererbte Vermögen zugreifen können?
- Sollen durch die Anordnung von Vor- und Nacherbschaft pflichtteilsrechtliche Situationen optimiert werden?
- Soll die Versicherungssumme in den Nachlass fallen oder nicht?

28 Wird das Versicherungsverhältnis nach dem Tod des Versicherungsnehmers (der nicht versicherte Person ist) von einem Vorerben fortgeführt, so tritt der Nacherbe in dieses Vertragsverhältnis nicht ein, wenn der Versicherungsnehmer verstirbt. Der Vorerbe tritt im Wege der Universalsukzession in den Versicherungsvertrag des Erblassers ein. Der Vorerbe kann nahezu ohne Einflussnahme des Nacherben die ausgezahlte Lebensversicherungssumme verbrauchen, verschenken (allerdings rückforderbar beim Ableben des Vorerben) und auch den auf ihn übergegangenen Vertrag kündigen und die daraus resultierenden Geldbeträge verbrauchen.

Praxistipp:
Um die vorerwähnten Probleme bei der Vor- und Nacherbschaft zu vermeiden, sollte zumindest Testamentsvollstreckung für die Dauer der Vorerbschaft angeordnet werden.

29 **c) Hinterlegung von Wertpapieren gem. § 2116 BGB.** Ist der Vorerbe verpflichtet, die ausgezahlte Versicherungssumme auf Aufforderung des Nacherben zu hinterlegen?

§ 2116 BGB Hinterlegung von Wertpapieren

(1) [1]Der Vorerbe hat auf Verlangen des Nacherben die zur Erbschaft gehörenden Inhaberpapiere nebst den Erneuerungsscheinen bei einer Hinterlegungsstelle mit der Bestimmung zu hinterlegen, dass die Herausgabe nur mit Zustimmung des Nacherben verlangt werden kann. [2]Die Hinterlegung von Inhaberpapieren, die nach § 92 zu den verbrauchbaren Sachen gehören, sowie von Zins-, Renten- oder Gewinnanteilscheinen kann nicht verlangt werden. [3]Den Inhaberpapieren stehen Orderpapiere gleich, die mit Blankoindossament versehen sind.

(2) Über die hinterlegten Papiere kann der Vorerbe nur mit Zustimmung des Nacherben verfügen.

30 Der nicht befreite Vorerbe hat gem. § 2116 BGB Wertpapiere zu hinterlegen, wenn der Nacherbe dies verlangt. Das Gesetz billigt dem Nacherben in Bezug auf bestimmte Wertpapiere der Erbschaft, die nicht zum Umlaufvermögen des Nachlasses gehören und die wegen ihrer Verkehrsfähigkeit und ihres typischerweise hohen Wertes ein besonderes

Sicherungsbedürfnis des Nacherben begründen, das Recht zu, den Vorerben in seiner Verfügungsbefugnis unmittelbar zu beschränken, indem er die Hinterlegung der Papiere durchsetzt.[6] Der Vorerbe begeht aber keine Pflichtverletzung iSd § 2128 BGB, wenn er von sich aus nicht tätig wird.

Die Wirkung der Hinterlegung besteht in einer unmittelbaren, gegenwärtigen Ver- 31
fügungsbeschränkung.[7]

Der Vorerbe hat ausschließlich folgende Papiere auf Verlangen des Nacherben zu 32
hinterlegen, § 2116 BGB:

- Inhaberschuldverschreibungen (§§ 793 ff. BGB)[8]
- Inhabergrundschuldbriefe (§ 1195 BGB)[9]
- Inhaberrentenschuldbriefe (§ 1199 BGB)[10]
- Inhaberaktien (§§ 10, 278 Abs. 3 AktG)
- Erneuerungsscheine (§ 805 BGB)
- kaufmännische Orderpapiere (§§ 363, 365 HGB)
- Wechsel (Art. 11, 13, 14 WechselG)
- Schecks (Art. 14, 17, 19 ScheckG).

Gegenüber der Hinterlegung beim Amtsgericht bildet die Hinterlegung bei einer Bank 33
(Depotvertrag mit Sperrungsabrede nach Maßgabe des § 2116 Abs. 1 S. 1 BGB) vor allem insofern eine sinnvolle Alternative, als Letztere nicht vom relativ schwerfälligen formellen Hinterlegungsrecht erfasst wird.[11]

Lösung Fall b):

Die ausgezahlte Lebensversicherungssumme muss nicht hinterlegt werden. Die ausgezahlte Lebensversicherungssumme und der Versicherungsvertrag fallen nicht unter die Vorschrift des § 2117 BGB. Eine Umschreibung ist daher nicht vorzunehmen. Auch der vom Vorerben übernommene Versicherungsvertrag (Fall 4) muss nicht hinterlegt werden.

d) Umschreibung gem. § 2117 BGB. Muss der ausgezahlte Versicherungsbetrag bzw. 34
der übergegangene Versicherungsvertrag auf Aufforderung durch den Nacherben umgeschrieben werden?

§ 2117 BGB Umschreibung; Umwandlung

[1]Der Vorerbe kann die Inhaberpapiere, statt sie nach § 2116 zu hinterlegen, auf seinen Namen mit der Bestimmung umschreiben lassen, dass er über sie nur mit Zustimmung des Nacherben verfügen kann. [2]Sind die Papiere vom Bund oder von einem Land ausgestellt, so kann er sie mit der gleichen Bestimmung in Buchforderungen gegen den Bund oder das Land umwandeln lassen.

Bei Vorhandensein von Inhaberpapieren steht dem nicht befreiten Vorerben anstelle 35
der Hinterlegung nach § 2116 BGB auch die Möglichkeit offen, das Sicherungsinteresse des Nacherben dadurch zu befriedigen, dass er Inhaberpapiere in durch das Zustimmungsrecht des Nacherben gebundene Namenspapiere umschreibt oder in Inhaberpapieren verbriefte Forderungen gegen den Bund oder die Länder in gleichermaßen gebundene Buchforderungen umwandeln lässt.[12]

---

[6] Staudinger/Avenarius BGB § 2116 Rn. 1.

[7] Staudinger/Avenarius BGB § 2116 Rn. 10.

[8] Inhaberschuldverschreibung gibt es von Seiten des Bundes, der Länder und öffentlichrechtlichen Körperschaften. Jahrelang lagen diese Papiere ertragsmäßig über den Pfandbriefen bei dennoch vorhandener Sicherheit. Die Inhaberschuldverschreibung ist die wohl formloseste aller Schuldverschreibungen und deswegen am Markt die vorherrschende Form, zB Bundesanleihen. Generell bergen Inhaberschuldverschreibungen als Kapitalanlage das Risiko eines Totalverlusts, insbesondere dann, wenn diese mit hohen Zinsversprechungen und von privaten Investoren herausgegeben werden. Die Inhaberschuldverschreibungen der öffentlichen Hand und der Banken- und Sparkassen boten als sichere Anlagen einen Zins von etwa 2,8-3,5 % (Stand: März 2007), nunmehr liegen diese bei 0,5-0,75 % (Stand: Juli 2017).

[9] Hat fast keine Bedeutung mehr als Anlageform.

[10] Hat fast keine Bedeutung mehr als Anlageform.

[11] Staudinger/Avenarius BGB § 2116 Rn. 6.

[12] Staudinger/Avenarius BGB § 2117 Rn. 1.

Lösung:

Kind K hat gegen EP einen Anspruch auf mündelsichere Anlage gem. § 2119 BGB bezüglich der Versicherungsleistung, in Höhe von 500.000 EUR, da ein derartiger Betrag nach objektiv wirtschaftlichen Kriterien dauerhaft anzulegen ist, während ein Betrag von 50.000 EUR eher für den laufenden Zahlungsverkehr herangezogen werden kann.

36 e) **Pflicht zur mündelsicheren Anlage durch den Vorerben gem. § 2119 BGB. aa) Materielles Recht.** Muss der Vorerbe (hier EP) eine ausgezahlte, in den Nachlass fallende Versicherungssumme (einmal 500.000 EUR bzw. 50.000 EUR) auf Verlangen von K mündelsicher anlegen? (Lösung → Rn. 47)

§ 2119 BGB Anlegung von Geld

Geld, das nach den Regeln einer ordnungsmäßigen Wirtschaft dauernd anzulegen ist, darf der Vorerbe nur nach den für die Anlegung von Mündelgeld geltenden Vorschriften anlegen.

§ 1806 BGB Anlegung von Mündelgeld

Der Vormund hat das zum Vermögen des Mündels gehörende Geld verzinslich anzulegen, soweit es nicht zur Bestreitung von Ausgaben bereitzuhalten ist.

37 Die Vorschriften der §§ 2119, 1806 BGB begründen – auch **ohne ausdrückliche Aufforderung durch den Nacherben** – die Verpflichtung für den nicht befreiten Vorerben, dass er Bargeld, welches sich im Nachlass befindet (einschließlich der Surrogate nach § 2111 BGB), nach den **Regeln einer ordnungsgemäßen Wirtschaft dauernd**[13] **und zudem mündelsicher** anzulegen hat. Hierbei kommt es nicht auf die persönlichen Gepflogenheiten des Erben an, sondern darauf, wie ein sorgfältiger Vermögensverwalter bei Würdigung aller konkreten Umstände mit dem Geld verfahren würde.[14] Welche Anlageform geboten ist, beurteilt sich nach objektiv-wirtschaftlichen Gesichtspunkten.[15]

38 Vom Erblasser selbst getätigte Anlagen braucht der Erbe nicht in mündelsichere Anlagen umzuwandeln.[16] So muss auch ein in den Nachlass fallender Lebensversicherungsvertrag nicht in eine andere Anlageform umgewandelt werden.

39 Der Nacherbe kann den Anspruch aus § 2119 BGB schon vor dem Eintritt des Nacherbfalls geltend machen, erforderlichenfalls auch klageweise.[17]

40 Zur Klarstellung ist zu sagen, dass nur der befreite Vorerbe das Geld für sich verbrauchen darf, er jedoch die Gelder, die er nicht verbraucht, sicher anzulegen hat. Der Vorerbe kann ohne Zustimmung des Nacherben jedoch später auch die Gelder wieder abheben. Der Zustimmung zur Anlegung und Abhebung (§§ 1809, 1816 BGB) bedarf der Vorerbe nicht.[18]

Praxistipp:

Der klagbare Anspruch auf Anlage gem. § 2119 BGB wurde in der Praxis selten geltend gemacht, wobei die Bargeldbestände in den Nachlässen in den letzten Jahren zugenommen haben, sodass sich hierzu eine größere Relevanz ergeben wird.

41 Durch die mündelsichere Anlage soll verhindert werden, dass dem Nachlass Geld entzogen wird und der Nacherbe anstelle der Nachlasssubstanz nur Schadenersatzansprüche gegen die Erben des Vorerben erhält. Die Verpflichtung des Vorerben zur mündelsicheren Anlage gem. § 2119 BGB besteht unabhängig von einem Verlangen des Nacherben.[19]

---

[13] Staudinger/Avenarius BGB § 2119 Rn. 4.
[14] Staudinger/Avenarius BGB § 2219 Rn. 4.
[15] RGZ 73, 6.
[16] Fischer/Kühne/Warlich Warlich, Bankvermögen im Erbfall, § 9 Rn. 71.
[17] OLG Stuttgart OLGE 18, 318.
[18] Grüneberg/Weidlich BGB § 2119 Rn. 1.
[19] MüKoBGB/Grunsky § 2119 Rn. 6.

Bei der Prüfung, ob im Nachlass vorhandene Gelder mündelsicher anzulegen sind, ist wie folgt vorzugehen: 42

1. Soweit der Vorerbe das Geld **kurzfristig zur Verwaltung des Nachlasses benötigt,** besteht keine Verpflichtung zur mündelsicheren Anlage. Hierunter fallen beispielsweise laufende Betriebsmittel für ein Unternehmen und Bankguthaben zur laufenden Verwaltung des Nachlasses. Die Haftung des Vorerben richtet sich hier nach dem Maßstab des § 2131 BGB (eigenübliche Sorgfalt).[20]
2. Soweit der Erblasser Gelder in nicht mündelsicherer Weise angelegt hat, besteht keine Verpflichtung des Vorerben, die Anlage in eine mündelsichere umzuwandeln.
3. Soweit Gelder vorhanden sind (zB aus Lebensversicherungsverträgen des Erblassers, wenn dieser versicherte Person war), die für eine mündelsichere Anlage in Betracht kommen, wird bei der **Prüfung der Anlagepflicht** nicht § 2131 BGB, sondern der **Maßstab des § 2119 BGB** zugrunde gelegt. Ob vorhandenes Geld nach den Regeln einer ordnungsgemäßen Wirtschaft dauerhaft anzulegen ist, richtet sich deshalb **objektiv nach wirtschaftlichen Kriterien** und nicht nach den persönlichen Verhältnissen und Bedürfnissen des Vorerben.[21]

Eine Abhebung bedarf nicht der Zustimmung des Nacherben. 43

Lösung:
Der Vorerbe muss dem Nacherben diesbezüglich Auskunft erteilen.

Praxistipp:
Wurde die Lebensversicherungsleistung als Bezugsrecht ausgestaltet, besteht keine Verpflichtung, diese in das Nachlassverzeichnis aufzunehmen.

bb) Prozessrecht. (1) Zuständigkeit. Zuständig ist das Prozessgericht.[22] Ein besonderer Gerichtsstand der Erbschaft besteht nicht; maßgeblich ist der Wohnsitz des Vorerben (§§ 12, 13 ZPO).[23] 44

(2) Antrag. Bei der Formulierung des Antrags ist darauf zu achten, dass sich die Verpflichtung zur mündelsicheren Anlage **nur auf den Stamm der Forderung bezieht,** da der Vorerbe berechtigt ist, die Zinsen als Nutzungen der Erbschaft zu ziehen und für sich zu verbrauchen.[24] 45

Unter den in § 1807 BGB genannten mündelsicheren Anlageformen hat der Vorerbe die Wahl. Der Nacherbe kann keine Konkretisierung vornehmen. 46

(3) Muster: Klage des Nacherben gegen den Vorerben auf Anlage eines Betrages als mündelsichere Anlage

Muster 20.1: Klage des Nacherben gegen den Vorerben auf Anlage eines Betrages als mündelsichere Anlage

An das Landgericht X.........X
Kind K
gegen Ehepartner EP
stellen wir folgenden **Antrag:**

Klage

– Klägerin –
– Beklagte –

[20] In: Bonefeld/Kroiß/Tanck Erbprozess/Steinbacher § 5 Rn. 82.
[21] RGZ 73, 4, 6; Grüneberg/Weidlich BGB § 2119 Rn. 2; Bonefeld/Kroiß/Tanck Erbprozess/Steinbacher § 5 Rn. 82.
[22] RGZ 73, 4, 8; Soergel/Harder BGB § 2119 Rn. 1.
[23] FormB-ErbR/Lenz-Brendel/Roglmeier § 1 Rn. 465.
[24] Bonefeld/Kroiß/Tanck Erbprozess/Steinbacher § 5 Rn. 86 f.

Die Beklagte wird verurteilt, den sich auf dem Girokonto X.........X bei der X.........X-Bank befindlichen Betrag i. H. v. X.........X EUR mündelsicher anzulegen.
Begründung:
Die Klägerin verlangt von der Beklagten die mündelsichere Anlage eines Betrages i. H. v. X.........X EUR gem. § 2119 BGB.
Die Klägerin ist Nacherbin des am X.........X verstorbenen Erblassers EP, die Beklagte ist Tochter des Erblassers und Vorerbin.
Beweis: Beziehung der Nachlassakten des AG X.........X, Az. X.........X, Erbschein vom X.........X, Az. X.........X (in Kopie anbei)
Die Anordnung der Vor- und Nacherbschaft ergibt sich aus dem Testament des Erblassers.
Beweis: Testament (in Kopie anbei)
Im Nachlass des Erblassers befand sich ein Guthaben aus einer Versicherungsleistung, die in den Nachlass gefallen ist. Dieser Betrag befindet sich auf dem Girokonto X.........X bei der X.........X-Bank.
Beweis: Kontoauszug
(Rechtsanwalt)

47 f) **Allgemeine Sicherungsmittel.** Die allgemeinen Sicherungsmittel des **Arrestes** und der **einstweilige Verfügung** sind durch die **Sicherungsmittel des § 2128 BGB** nicht ausgeschlossen.[25]

§ 2128 BGB Sicherheitsleistung

(1) Wird durch das Verhalten des Vorerben oder durch seine ungünstige Vermögenslage die Besorgnis einer erheblichen Verletzung der Rechte des Nacherben begründet, so kann der Nacherbe Sicherheitsleistung verlangen.
(2) Die für die Verpflichtung des Nießbrauchers zur Sicherheitsleistung geltende Vorschrift des § 1052 findet entsprechende Anwendung.

48 g) **Pfändung, Aufrechnung, Surrogation.** Gläubiger des Vorerben können nicht die Versicherungsleistung pfänden, die vom Erblasser herrühren und mangels Bezugsrecht in den Nachlass gefallen sind und auf Konten der Vorerben eingezahlt worden sind, wobei die Frage eher theoretischer denn praktischer Natur ist. Nur dann, wenn dem Vorerben der Nachweis gelingt, dass es sich um eine Einlagenforderung handelt, die der Vor- und Nacherbschaft unterliegt, kann die Pfändung beseitigt werden.

Praxistipp:
Der Vorerbe sollte das Vermögen des Erblassers immer erkennbar getrennt führen, um Vollstreckungsmaßnahmen zu vermeiden.

4. Der befreite Vorerbe

49 Darf der befreite Vorerbe eine in den Nachlass fallende Versicherungssumme verbrauchen?

§ 2136 BGB Befreiung des Vorerben

Der Erblasser kann den Vorerben von den Beschränkungen und Verpflichtungen des § 2113 Abs. 1 und der §§ 2114, 2116 bis 2119, 2123, 2127 bis 2131, 2133, 2134 befreien.

§ 2137 BGB Auslegungsregel für die Befreiung

(1) Hat der Erblasser den Nacherben auf dasjenige eingesetzt, was von der Erbschaft bei dem Eintritt der Nacherbfolge übrig sein wird, so gilt die Befreiung von allen in § 2136 bezeichneten Beschränkungen und Verpflichtungen als angeordnet.
(2) Das Gleiche ist im Zweifel anzunehmen, wenn der Erblasser bestimmt hat, dass der Vorerbe zur freien Verfügung über die Erbschaft berechtigt sein soll.

[25] OLG Hamburg OLGE 12, 373.

Dem befreiten Vorerben gebührt neben den Erträgnissen auch der Stamm des Nachlasses selbst (§§ 2136, 2137 BGB). Er darf ihn auch verbrauchen, ohne dass ihm hierdurch nachteilige Folgen erwachsen.[26] Er kann auch von den gesamten Hinterlegungspflichten befreit werden. Der befreite Vorerbe muss keine Auskunft erteilen. Der befreite Vorerbe kann das ererbte Vermögen nicht anderweitig letztwillig verfügen. 50

Lösung:

Der befreite Vorerbe kann die Versicherungssumme verbrauchen.

5. Der Nacherbe

a) Auskunftsrecht des Nacherben gem. § 2121 BGB (Anfangsbestand). aa) Verzeichnis der Erbschaftsgegenstände (Nachlassverzeichnis). Muss der Vorerbe dem Nacherben Auskunft über die Lebensversicherungssumme, die in den Nachlass gefallen ist, erteilen? 51

§ 2121 BGB Verzeichnis der Erbschaftsgegenstände

(1) [1]Der Vorerbe hat dem Nacherben auf Verlangen ein Verzeichnis der zur Erbschaft gehörenden Gegenstände mitzuteilen. [2]Das Verzeichnis ist mit der Angabe des Tages der Aufnahme zu versehen und von dem Vorerben zu unterzeichnen; der Vorerbe hat auf Verlangen die Unterzeichnung öffentlich beglaubigen zu lassen.
(2) Der Nacherbe kann verlangen, dass er bei der Aufnahme des Verzeichnisses zugezogen wird.
(3) Der Vorerbe ist berechtigt und auf Verlangen des Nacherben verpflichtet, das Verzeichnis durch die zuständige Behörde oder durch einen zuständigen Beamten oder Notar aufnehmen zu lassen.
(4) Die Kosten der Aufnahme und der Beglaubigung fallen der Erbschaft zur Last.

Um die Rechte aus § 2119 BGB (mündelsichere Anlage, → Rn. 37 ff.) überhaupt sinnvoll in Anspruch nehmen zu können, muss sich der Nacherbe Kenntnis von der Zusammensetzung des Nachlasses verschaffen können. Der Anspruch gem. § 2121 BGB ähnelt in seiner Ausprägung dem Anspruch gem. § 2314 BGB (Auskunftspflicht des Erben). Die Kosten der Errichtung des Verzeichnisses fallen der Erbschaft zur Last, jedoch nur dann, wenn der Nacherbe das Verzeichnis verlangt hat.[27] In der Auskunft hat der Vorerbe die einzelnen Versicherungsleistungen und Versicherungsverträge aufzuführen. Das vom Vorerben zu erstellende Verzeichnis gem. § 2121 Abs. 1 BGB muss sich auch dann auf den Tag der Aufnahme beziehen, wenn es erst mehrere Jahre nach dem Tod des Erblassers erstellt wird.[28] 52

Der Nacherbe hat das Recht, zur Aufnahme des Verzeichnisses hinzugezogen zu werden bzw. dass das Verzeichnis durch einen Notar aufgenommen wird. Der Vorerbe ist verpflichtet, nur **einmal** dieses Verzeichnis zu erstellen;[29] jeder einzelne Nacherbe kann jedoch zu unterschiedlichen Zeitpunkten die Erstellung eines Verzeichnisses verlangen.[30] Der Vorerbe wird sich dagegen faktisch dergestalt verteidigen, dass er bei der ersten Anforderung eines der Mitnacherben dann allen Mitnacherben dieses Verzeichnis übermittelt. 53

Muster: Klage gegen den Vorerben auf Erstellung eines Nachlassverzeichnisses

Muster 20.2: Klage gegen den Vorerben auf Erstellung eines Nachlassverzeichnisses 54

An das Landgericht X.........X
– Zivilkammer –
Frau X.........X
– Klägerin –
gegen
Prozessbevollmächtigte: X.........X
Frau X.........X
– Beklagte –

[26] Lange ErbR/Kuchinke § 28.
[27] Staudinger/Avenarius BGB § 2121 Rn. 8.
[28] OLG Karlsruhe ZEV 2017, 429.
[29] BGH NJW 1995, 456.
[30] Damrau/Tanck/Bothe BGB § 2121 Rn. 3.

Prozessbevollmächtigte:

Klage

wegen Erstellung eines Nachlassverzeichnisses

Namens der Klägerin erhebe ich Klage und stelle folgende **Anträge:**

1. Die Beklagte wird verurteilt, der Klägerin ein notarielles Verzeichnis aller Nachlassgegenstände und Surrogate des am X.........X in X.........X Verstorbenen X.........X, zuletzt wohnhaft in X.........X, vorzulegen und zu dulden, dass die Klägerin bei der Erstellung des Verzeichnisses anwesend ist.
2. Die Beklagte trägt die Kosten des Rechtsstreits.
3. Für den Fall des Vorliegens der Voraussetzungen des § 331 Abs. 3 ZPO bitte ich um den Erlass eines Versäumnisurteils ohne mündliche Verhandlung.

Begründung:

Die Klägerin begehrt die Erstellung eines amtlichen Nachlassverzeichnisses ihres am X.........X verstorbenen Vaters EP.

Der Erblasser hatte seine zweite Ehefrau, die Beklagte, durch Testament vom X.........X zur alleinigen, nicht befreiten Vorerbin und die Klägerin zur alleinigen Nacherbin eingesetzt. Sowohl Vorals auch Nacherbin haben die Erbschaft angenommen.

Beweis:

Testament vom X.........X in Kopie anbei – Anlage K1

Eröffnungsniederschrift des Nachlassgerichts X.........X (beglaubigte Abschrift) – Anlage K2

Die Klägerin hat einen Anspruch auf Erstellung eines amtlichen Nachlassverzeichnisses gegen die Beklagte gem. § 2121 BGB. Die Beklagte verweigert die Erstellung und Vorlage.

Die Beklagte wurde mit Schreiben vom X.........X zur Auskunftserteilung aufgefordert. Die Beklagte hat trotz Fristerteilung auf den X.........X die Auskunft verweigert.

(Rechtsanwalt)

55 **bb) Feststellung des Zustands der Erbschaft gem. § 2122 BGB**

§ 2122 BGB Feststellung des Zustands der Erbschaft

[1]Der Vorerbe kann den Zustand der zur Erbschaft gehörenden Sachen auf seine Kosten durch Sachverständige feststellen lassen. [2]Das gleiche Recht steht dem Nacherben zu.

Die Vorschrift des § 2122 BGB ist auf das Vorhandensein von Lebensversicherungsverträgen, die vom Vorerben weitergeführt werden, nicht anwendbar, da sich dieser Anspruch nur auf **körperliche Nachlassgegenstände gem. § 90 BGB** bezieht.

56 **b) Auskunftsrecht des Nacherben gem. § 2127 BGB (Verwaltung).** Hat der Nacherbe gegenüber dem Vorerben einen Anspruch auf Auskunft bezüglich einer in den Nachlass gefallenen Versicherungssumme?

§ 2127 BGB Auskunftsrecht des Nacherben

Der Nacherbe ist berechtigt, von dem Vorerben Auskunft über den Bestand der Erbschaft zu verlangen, wenn Grund zu der Annahme besteht, dass der Vorerbe durch seine Verwaltung die Rechte des Nacherben erheblich verletzt.

Mit Hilfe des Auskunftsrechts aus § 2127 BGB soll sich der Nacherbe Klarheit darüber verschaffen können, ob Anlass besteht, eine Sicherheitsleistung und letztlich die Entziehung der Verwaltungsbefugnis des Vorerben zu beantragen.[31] Die Anspruchsvoraussetzungen des § 2127 BGB sind extrem eng und im Bereich der Verwendung von ausgezahlten Lebensversicherungsleistungen vollkommen praxisfremd, da der Nacherbe darzulegen hat, dass Grund zur Annahme besteht,

– dass die festgestellte, drohende oder anzunehmende Verletzung erheblich ist und
– dadurch eine Verletzung der Rechte des Nacherben zu befürchten ist.

[31] Staudinger/Avenarius BGB § 2127 Rn. 3.

Bei der Tatbestandsvoraussetzung „Grund zur Annahme" reicht Besorgnis bzw. ein Verdacht grundsätzlich nicht aus. Der Nacherbe wird daher die Tatbestandsvoraussetzung „Grund zur Annahme" in den meisten Fällen nicht nachweisen können. Der Auskunftsanspruch nach § 2127 BGB ist daher eine eher „stumpfe Waffe". 57

Lösung:

Der Nacherbe kann bei Vorliegen der Voraussetzungen des § 2127 BGB mehrfach die Auskunft verlangen.[32]

c) **Anspruch auf Sicherheitsleistung gem. § 2128 BGB. aa) Allgemeines.** Muss der Vorerbe Sicherheit in der Höhe der in den Nachlass gefallenen Versicherungssumme leisten? 58

§ 2128 BGB Sicherheitsleistung

(1) Wird durch das Verhalten des Vorerben oder durch seine ungünstige Vermögenslage die Besorgnis einer erheblichen Verletzung der Rechte des Nacherben begründet, so kann der Nacherbe Sicherheitsleistung verlangen.

(2) Die für die Verpflichtung des Nießbrauchers zur Sicherheitsleistung geltende Vorschrift des § 1052 findet entsprechende Anwendung.

Die Verletzung der Pflicht aus § 2119 BGB (mündelsichere Anlage, → Rn. 37 ff.) durch den Vorerben gibt dem Nacherben einen Anspruch darauf, Sicherheitsleistung zu verlangen. Die Höhe der Sicherheitsleistung bestimmt sich einerseits nach dem Wert des Nachlasses und andererseits nach dem Ausmaß der Gefährdung. 59

Lösung:

Es besteht keine generelle Pflicht des Vorerben, eine Sicherheitsleistung zu stellen.

Muster: Klage des Nacherben gegen den Vorerben auf Sicherheitsleistung

Muster 20.3: Klage des Nacherben gegen den Vorerben auf Sicherheitsleistung 60

An das Landgericht X.........X
– Zivilkammer –
des Herrn X.........X
– Kläger –
Prozessbevollmächtigte: X.........X
gegen
Frau X.........X
– Beklagte –
Prozessbevollmächtigter:
wegen Sicherheitsleistung

Klage

Namens des Klägers erhebe ich Klage und stelle folgende **Anträge:**

1. Die Beklagte wird verurteilt, dem Kläger für die Vorerbschaft Sicherheit i. H. v. X.........X EUR zu leisten.
2. Der Beklagten wird zur Erbringung der Sicherheitsleistung nach Ziff. 3 eine Frist von zwei Wochen ab Rechtskraft des Urteils gesetzt.
3. Die Beklagte trägt die Kosten des Rechtsstreits.
4. Für den Fall des Vorliegens der Voraussetzungen des § 331 Abs. 3 ZPO beantrage ich den Erlass eines Versäumnisurteils.

Begründung:

Der Kläger begehrt mit der Klage Sicherheitsleistung aus Gründen der Besorgnis einer erheblichen Verletzung seiner Rechte durch die Beklagte.

Der Kläger ist der aus erster Ehe stammende einzige Sohn des am X.........X verstorbenen Erblassers E, zuletzt wohnhaft in X.........X. Die Beklagte ist dessen zweite Ehefrau.

Der Erblasser hatte die Beklagte im Rahmen eines privatschriftlichen Testaments vom X.........X zur Alleinerbin eingesetzt, wobei die Beklagte nicht befreite Vorerbin und der Kläger alleinig Nacherbe sein sollte. Sowohl Vorals auch Nacherbe haben die Erbschaft angenommen.

[32] Bonefeld/Wachter FA-ErbR/Mehrle § 4 Rn. 100.

Beweis:
Privatschriftliches Testament vom X.........X (beglaubigte Abschrift) – Anlage K1
Eröffnungsniederschrift des Nachlassgerichts X.........X (beglaubigte Abschrift) – Anlage K2
Die Beklagte ist ihrer Verpflichtung nach § 2119 BGB nicht nachgekommen. Aus diesem Grund ist sie verpflichtet, Sicherheit zu leisten.
(Rechtsanwalt)

d) Ansprüche des Nacherben bei Schenkungen des Vorerben an Dritte

61 **Fall:**
Der Vorerbe zahlt aus dem Vorerbenvermögen Geld in eine Lebensversicherung ein und bestimmt einen Dritten als Bezugsberechtigten für den Fall des Ablebens des Vorerben.

aa) Voraussetzungen

62 **§ 2113 BGB Verfügungen über Grundstücke, Schiffe und Schiffsbauwerke; Schenkungen**

(1) Die Verfügung des Vorerben über ein zur Erbschaft gehörendes Grundstück oder Recht an einem Grundstück oder über ein zur Erbschaft gehörendes eingetragenes Schiff oder Schiffsbauwerk ist im Falle des Eintritts der Nacherbfolge insoweit unwirksam, als sie das Recht des Nacherben vereiteln oder beeinträchtigen würde.
(2) [1]Das Gleiche gilt von der Verfügung über einen Erbschaftsgegenstand, die unentgeltlich oder zum Zwecke der Erfüllung eines von dem Vorerben erteilten Schenkungsversprechens erfolgt. [2]Ausgenommen sind Schenkungen, durch die einer sittlichen Pflicht oder einer auf den Anstand zu nehmenden Rücksicht entsprochen wird.
(3) Die Vorschriften zugunsten derjenigen, welche Rechte von einem Nichtberechtigten herleiten, finden entsprechende Anwendung.

63 Trifft der Vorerbe eine unentgeltliche Verfügung über das Guthaben aus der Versicherungsleistung, stellt dies einen Verstoß gegen § 2113 Abs. 2 BGB dar. Die unentgeltliche Verfügung ist nur dann ausnahmsweise wirksam, wenn es sich um eine Pflicht- oder Anstandsschenkung handelt, sie den Grundsätzen einer ordnungsgemäßen Verwaltung entspricht oder der Nacherbe sie genehmigt.

64 Liegt keiner dieser Ausnahmetatbestände vor, wird die Verfügung mit Eintritt des Nacherbfalles absolut unwirksam, es sei denn, der Beschenkte kann sich darauf berufen, dass er gutgläubig war (§ 2113 Abs. 3 BGB).

65 Wurde hinsichtlich der Versicherungsleistung ein **Bezugsrecht** eingeräumt, fällt diese nicht in den Nachlass, sodass der Vorerbe, der Bezugsberechtigter ist, frei verfügen kann.

Lösung:
Wenn allerdings der Vorerbe Mittel aus der Vorerbschaft in eine Lebensversicherung einzahlt und zu Gunsten eines Dritten ein Bezugsrecht einräumt, ist der Dritte bei Eintritt des Versicherungsfalls zur Herausgabe verpflichtet, § 2113 Abs. 2 BGB.

66 Der Nacherbe muss Anhaltspunkte für eine Schenkung dartun. Hierfür genügt, dass der Dritte und der Vorerbe in einem Verhältnis zueinander standen, welches darauf hindeutet, dass es zu einer unentgeltlichen Verfügung gekommen ist. Vom Auskunftsanspruch ist alles umfasst, was der Dritte unabhängig von der Art der Verfügung vom Vorerben erhalten hat.[33]

[33] BGHZ 1958, 237, 239 f.

bb) Muster: Klage des Nacherben gegen die Erben des Vorerben (Auskunft und Herausgabe wegen unentgeltlicher Zuwendungen)

Muster 20.4: Klage des Nacherben gegen die Erben des Vorerben (Auskunft und Herausgabe wegen unentgeltlicher Zuwendungen) 67

An das Landgericht X.........X
– Zivilkammer –
der Frau X.........X
– Klägerin –
Prozessbevollmächtigte: X.........X
gegen
Frau X.........X
– Beklagte –
Prozessbevollmächtigter: X.........X
wegen Auskunft und Herausgabe

Stufenklage

Namens der Klägerin erhebe ich Klage und stelle folgende **Anträge:**

1. Die Beklagte wird verurteilt, Auskunft über alle unentgeltlichen Zuwendungen, die EP während der Dauer der Vorerbschaft vom X.........X bis X.........X getätigt hat, zu erteilen.
2. Die Beklagte trägt die Kosten des Rechtsstreits.
3. Für den Fall des Vorliegens der Voraussetzungen des § 331 Abs. 3 ZPO beantrage ich den Erlass eines Versäumnis- bzw. Anerkenntnisurteils ohne mündliche Verhandlung.

Begründung:
Die Klägerin ist die Tochter des am X.........X in X.........X verstorbenen Erblassers E. Der Erblasser hatte seine Ehefrau EP zur nicht befreiten Vorerbin eingesetzt; Nacherbin sollte die Klägerin sein.
Beweis:
Testament vom X.........X in Kopie – Anlage K1
Eröffnungsniederschrift des Nachlassgerichts X.........X (beglaubigte Abschrift) – Anlage K2
Die Stiefmutter der Klägerin ist am X.........X in X.........X vorverstorben,
Beweis: Sterbeurkunde vom X.........X (beglaubigte Abschrift) – Anlage K3 –, sodass der Nacherbfall eingetreten ist.
Erbin der Vorerbin ist deren Tochter aus erster Ehe.
Die Klägerin hat darüber hinaus einen Auskunftsanspruch nach § 242 BGB bezogen auf alle unentgeltlichen Zuwendungen, die die Beklagte von der Stiefmutter der Klägerin erhalten hat. Die Klägerin hat keine andere Möglichkeit, die begehrte Auskunft zu erlangen. Vor dem Hintergrund des jahrelangen schlechten Verhältnisses zur Stiefmutter, welche sich zunehmend der Beklagten zugewendet hatte, und den bereits bekannten, wertmäßig beträchtlichen Schenkungen ist anzunehmen, dass der Beklagten noch weitere Geldzuwendungen aus dem Nachlass der Erblasserin zugeflossen sind. Die Beklagte kann die begehrte Auskunft auch unproblematisch erteilen.
(Rechtsanwalt)

§ 21 Die Erbengemeinschaft

Übersicht

I. Grundlagen

1 Welche Auswirkungen hat die Situation einer Erbengemeinschaft auf die Leistung aus einer Lebensversicherung? Wie ist bei einer Erbengemeinschaft zu verfahren, wenn

- die Leistung in den Nachlass fällt? (Ausgangsfall → Rn. 2)
- der Versicherungsvertrag in den Nachlass fällt? (Fallvariante 1 → Rn. 3)
- ein Bezugsrecht zugunsten der Erben angeordnet ist? (Fallvariante 2 → Rn. 4) Die jeweiligen Fälle werden nachfolgend dargestellt.

Ausgangsfall:
Erblasser E (ledig) setzt seine Abkömmlinge K1–K4 als seine Erben ein. E verstirbt.
E verfügte als Versicherungsnehmer und als versicherte Person, dass die Versicherungssumme in der gesamten Höhe (100.000 EUR) in den Nachlass fällt.

Fallvariante 1:
Erblasser E verstirbt als Versicherungsnehmer, ohne versicherte Person zu sein. Versicherte Person ist K1 und es besteht kein Übernahmerecht der versicherten Person auf Übernahme des Versicherungsvertrages. Als Bezugsberechtigte sind ausdrücklich K1–K4 benannt.

Fallvariante 2:
Erblasser E (Versicherungsnehmer, Beitragszahler, versicherte Person) verfügte, dass seine Erben als Bezugsberechtigte die Versicherungsleistung erhalten sollen.

Frage:
Was kann K1 in den jeweiligen Varianten durchsetzen?

Die nachfolgenden Ausführungen in Rn. 6 und 7 können von Erbrechtlern übersprungen werden. 2

Hinterlässt der Erblasser mehrere Erben, so wird der Nachlass gemeinschaftliches Vermögen (§ 2032 Abs. 1 BGB). Mehrere Erben können das Ergebnis der gesetzlichen Erbfolge (§§ 1924 ff. BGB), einer Verfügung von Todes wegen (§§ 1937, 1941 BGB) oder von beidem sein.[1] Es entsteht eine Erbengemeinschaft, die zwar auf baldige **Auseinandersetzung** und damit auf ihre Auflösung angelegt ist, was aber keineswegs ausschließt, dass sie Jahre oder Jahrzehnte fortbestehen kann.[2] Allein die Erben entscheiden darüber, ob, wann und wie sie die Erbengemeinschaft auseinandersetzen. Zwar kann jeder Erbe jederzeit die Auseinandersetzung verlangen (§ 2042 Abs. 1 BGB), doch können die Erben, wenn sie sich **einig** sind, den gesamten Nachlass oder auch Teile von ihm beliebig lange gemeinsam verwalten. Der Erblasser kann die Auseinandersetzung für bis zu 30 Jahre ausschließen (§ 2044 Abs. 1, 2 BGB), worüber sich die Erben nur durch einstimmigen Beschluss hinwegsetzen können.[3] Zur Auseinandersetzung der Erbengemeinschaft → Rn. 45 ff. 3

Die Erbengemeinschaft ist durch das Gesetz als **Gesamthand** konstruiert,[4] sie ist eine Zwangsgemeinschaft.[5] Aus diesem Grund sollte jeder, der als Miterbe in Betracht kommt, prüfen, ob er denn Miterbe werden will. Die Fragestellung ist: Will ich Mitglied einer Erbengemeinschaft sein? Es gilt der Grundsatz: Keiner muss Erbe werden. Der Nachlass bildet ein gemeinsames Sondervermögen, das vom Eigenvermögen der Erben getrennt ist.[6] Die Erbengemeinschaft besitzt **keine eigene Rechtspersönlichkeit** und ist **nicht rechtsfähig.**[7] 4

Was bedeutet dies für die Versicherung, wenn entweder die Versicherungsleistung oder der Versicherungsvertrag in den Nachlass fällt? Wer ist der richtige Ansprechpartner? An wen kann schuldbefreiend geleistet werden? 5

Kein Miterbe ist alleine berechtigt, über Versicherungsleistungen, die in den Nachlass fallen (Ausgangsfall), oder über Versicherungsverträge (Fallvarianten) zu verfügen, auch nicht, wenn sie ihm vom Erblasser durch Teilungsanordnung oder Vermächtnis zugewendet wurden. Vielmehr muss der begünstigte Miterbe insoweit zunächst die Auseinandersetzung oder den Vermächtniserfüllungsvertrag abwarten.[8] Auf diese Weise wird der Nachlass zusammengehalten, damit zunächst die Verbindlichkeiten erfüllt werden können. Die Erbengemeinschaft führt zu einer starken Bindung der Miterben untereinander. Ein Miterbe kann nur über seinen Miterben**anteil**, ganz oder teilweise, **verfügen** (§ 2033 Abs. 1 S. 1 BGB). Er kann ihn **veräußern,** als Sicherheit **verpfänden** oder zur Sicherheit übertragen.[9] Es stellt sich allerdings die Frage, wer denn einen Miterbenanteil kaufen will. Zudem bleibt der Verkäufer eines Miterbenanteils weiter in der Haftung. 6

Wenn also K1 seinen Miterbenanteil veräußert, bleibt er in der Haftung für die Verbindlichkeiten. Die Miterben haben ein Vorkaufsrecht. 7

Zwischenergebnis:
K1 kann somit vor Erbauseinandersetzung bzw. Teilerbauseinandersetzung weder über den Anteil einer Versicherungssumme verfügen noch den Versicherungsvertrag kündigen.

---

1 Soergel/Wolf BGB § 2032 Rn. 1 ff.
2 Johannsen WM 1970, 573.
3 Damrau/Tanck/Rißmann BGB § 2044 Rn. 12.
4 Staudinger/Löhnig BGB Vor. §§ 2032 ff. Rn. 3.
5 Ebenroth ErbR Rn. 719.
6 Staudinger/Löhnig BGB Vor. §§ 2032 ff. Rn. 8; Damrau/Tanck/Rißmann BGB § 2032 Rn. 4.
7 BGH NJW 2002, 3389; BGH NJW 1989, 2133.
8 Grüneberg/Weidlich BGB § 2032 Rn. 1.
9 Lwowski/Roth BuB 2/816; Grüneberg/Weidlich BGB § 2033 Rn. 1.

II. Verhältnis von „Verwaltung" und „Verfügung"

8 Wer kann wie über die in den Nachlass fallende Lebensversicherungssumme verfügen? Was hat der Versicherte bei der Auszahlung zu beachten?

§ 2038 BGB Gemeinschaftliche Verwaltung des Nachlasses

(1) [1]Die Verwaltung des Nachlasses steht den Erben gemeinschaftlich zu. [2]Jeder Miterbe ist den anderen gegenüber verpflichtet, zu Maßregeln mitzuwirken, die zur ordnungsmäßigen Verwaltung erforderlich sind; die zur Erhaltung notwendigen Maßregeln kann jeder Miterbe ohne Mitwirkung der anderen treffen.
(2) [1]Die Vorschriften der §§ 743, 745, 746, 748 finden Anwendung. [2]Die Teilung der Früchte erfolgt erst bei der Auseinandersetzung. [3]Ist die Auseinandersetzung auf längere Zeit als ein Jahr ausgeschlossen, so kann jeder Miterbe am Schluss jedes Jahres die Teilung des Reinertrags verlangen.

§ 2040 BGB Verfügung über Nachlassgegenstände, Aufrechnung

(1) Die Erben können über einen Nachlassgegenstand nur gemeinschaftlich verfügen.
(2) Gegen eine zum Nachlass gehörende Forderung kann der Schuldner nicht eine ihm gegen einen einzelnen Miterben zustehende Forderung aufrechnen.

9 Die Regelungen zur Verwaltung und Verfügung innerhalb der Erbengemeinschaft sind nicht vollständig. Dazu trägt bei, dass das Verhältnis von „Verwaltung" und „Verfügung" viele ungeklärte Streitfragen enthält.[10] Für die ordnungsgemäße **Verwaltung** des Nachlasses genügt die Stimmenmehrheit, wobei nach der Erbquote abgestimmt wird (§ 2038 Abs. 2 S. 1 BGB iVm § 745 BGB).[11] Dagegen müssen die Miterben bei **Verfügungen** über Nachlassgegenstände **einstimmig** handeln (§ 2040 Abs. 1 BGB).[12]

10 Als **Verfügung** gilt jede Übertragung, Belastung, Inhaltsänderung und Aufgabe[13] eines Rechts, das eine unmittelbare Rechtsänderung bewirkt.

11 Zur **Verwaltung** zählt, wenn die Zahlung der Versicherungsleistung (Ausgangsfall) bis zur Auseinandersetzung angelegt wird bzw. wenn die Erben vom Versicherer verlangt wird, dass die Versicherungssumme auf ein erbengemeinschaftliches Konto überwiesen wird. Ein Miterbe kann nicht verlangen, dass ihm „sein Anteil" auf sein Konto ausgezahlt wird. Die Rspr. hat Mehrheitsentscheidungen möglich gemacht, indem sie bestimmte Verfügungen als zur ordnungsgemäßen Verwaltung gehörig bezeichnete.[14] Selbst wenn ein Miterbe vor einer Entscheidung nicht ordnungsgemäß gehört worden ist, bleibt das Rechtsgeschäft gegenüber dem Dritten wirksam. Daher kann eine Mehrheit der Erben den Versicherer auffordern, die Versicherungsleistung auszuzahlen.[15] Der Versicherer muss sich eine erbrechtliche Legitimation und einen Beschluss der Erbengemeinschaft vorlegen lassen, um schuldbefreiend leisten zu können.

III. Verfügungs- bzw. Verwaltungsmaßnahmen

1. Grundsatz

12 a) **Aufforderung zur Auszahlung; Kündigung des Versicherungsvertrages.** Wie können die Erben hinsichtlich der Versicherungsleistung (Ausgangsfall → Rn. 2) über 100.000 EUR verfahren?

13 Die Grundsätze zur Verfügung (§ 2040 BGB) und Verwaltung (§ 2038 BGB) gelten für alle Nachlasswerte, so auch für Guthaben aus Versicherungsleistungen. Somit gilt: Die **Auszahlung** hat auf ein **erbengemeinschaftliches Konto** zu erfolgen.

---

10 Staudinger/Löhnig BGB § 2038 Rn. 2; grundlegend dazu BGHZ 164, 181 ff.
11 Grüneberg/Weidlich BGB § 2038 Rn. 9.
12 Ebenroth ErbR Rn. 765.
13 Lange ErbR/Kuchinke S. 1130.
14 Johannsen WM 1970, 576; vgl. auch Damrau/Tanck/Rißmann BGB § 2038 Rn. 4 ff.
15 Johannsen WM 1973, 544.

Die Kündigung eines Versicherungsvertrages (Fallvariante 1 → Rn. 3), der bereits im Zeitpunkt des Erbfalls bestanden hat und damit nicht erst von den Erben begründet worden ist, stellt eine Verfügung iSv § 2040 Abs. 1 BGB dar. Die Ausübung von Gestaltungsrechten wie die Kündigung eines Dauerschuldverhältnisses[16] ist eine Verfügung. Primär stellt eine **Kündigung** gem. § 2040 BGB eine **Verfügung** dar, die Einstimmigkeit voraussetzt (Fallvariante 1). Das bedeutet für den Versicherer, dass die **Kündigung aller Miterben** – nach Vorlage der erbrechtlichen Legitimation – ihm gegenüber wirksam ist. 14

Keine Regel ohne **Ausnahme:** In einer Entscheidung aus dem Jahre 2009[17] hat der BGH dann für den Fall der **Kündigung eines Mietverhältnisses** einen **Vorrang des § 2040 BGB** ausdrücklich **verneint.** Zwar liege in der Kündigung eine Verfügung. Diese könne aber allein auf der Grundlage eines Mehrheitsbeschlusses erklärt werden; wenn sie zugleich eine Maßnahme ordnungsgemäßer Nachlassverwaltung darstelle, könne sie wirksam aber auch erklärt werden. Wenn nämlich die Erbengemeinschaft durch Mehrheitsbeschluss Verträge mit Dritten abschließen könne, sei nicht ersichtlich, wieso es ihnen verwehrt sein sollte, die vertraglich begründeten Rechte ebenfalls mehrheitlich wiederaufzuheben. Es liege nahe, dem Recht, einen Vertrag zu begründen, auch das Recht folgen zu lassen, diesen wieder zu kündigen. Daran ändere sich nichts, wenn sich die Kündigung auf ein Darlehensverhältnis (somit auch für ein Versicherungsvertragsverhältnis) beziehe, das bereits im Zeitpunkt des Erbfalls bestanden habe. Sie stelle dann eine Verfügung über die zum Nachlass gehörende Darlehensforderung dar. Die Erben, die sich in der Minderheit befinden, seien dadurch hinreichend geschützt, dass die Verfügung unwirksam sei, wenn sich in einem gerichtlichen Verfahren herausstelle, dass der Mehrheitsbeschluss den Anforderungen einer ordnungsgemäßen Verwaltung nicht genüge. Die Verfügung sei dann rückabzuwickeln, zudem bestünden Schadensersatzansprüche gegen die Mehrheitserben.[18] 15

Die Einziehung einer Forderung aufgrund Mehrheitsbeschlusses hat der BGH mittlerweile für wirksam erachtet, sofern es sich um eine Maßnahme der ordnungsgemäßen Verwaltung iSd. § 2038 Abs. 1 S. 2 BGB handele. Dies gilt auch für die Kündigung des Versicherungsvertrages und die Anforderung des Rückkaufswertes.[19] 16

Maßgeblicher Beurteilungszeitpunkt ist der **Zeitpunkt der Beschlussfassung.** Gerichtich überprüfbar ist ein Mehrheitsbeschluss nur daraufhin, ob er die Grenzen der ordnungsgemäßen Verwaltung einhält. Die Zweckmäßigkeit der beschlossenen Maßnahme unterliegt hingegen nicht der gerichtlichen Überprüfung.[20] 17

Wenn aber eine Kündigung des Versicherungsvertrages ausgesprochen werden soll, die für den Nachlass eine vernünftige Maßnahme darstellt, dann stellt die **Kündigung** statt einer Verfügung eine **Verwaltungsmaßnahme** dar. Die Grundsätze der Rechtsprechung des BGH,[21] dass die Erben ein Mietverhältnis über eine zum Nachlass gehörende Sache wirksam mit Stimmenmehrheit kündigen können, wenn sich die Kündigung als Maßnahme ordnungsgemäßer Nachlassverwaltung darstellt, sind auf die Kündigung eines Versicherungsvertrages nach diesseitiger Ansicht übertragbar. Eine solche Kündigung stellt eine Maßregel zur Verwaltung, Sicherung, Erhaltung und Vermehrung des Nachlasses dar, die zur ordnungsgemäßen Nachlassverwaltung gehört. 18

[16] BGH 28.4.2006 – LwZR 10/05, NJW 2007, 150 = FamRZ 2006, 1026.
[17] BGH 11.11.2009 – XII ZR 210/05, NJW 2010, 765 = FamRZ 2010, 119.
[18] BGH NJW 2010, 769 (767) Rn. 26–31; bestätigend BGH NJW 2011, 61; ebenso OLG Brandenburg NJW-RR 2012, 536; zur Entwicklung der Rspr. s. Bamberger/Roth/Lohmann § 2040 Rn. 2.
[19] BGH NJW 2013, 166 (167) Rn. 12 f. = ZEV 2013, 81. Das OLG Brandenburg (NJW-RR 2012, 336) hat diese Rspr. auf die Kündigung von Verträgen über ein Giro- und ein Sparkonto ausgedehnt.
[20] BGH NJW-RR 2010, 1312 (1314) Rn. 14; Bamberger/Roth/Lohmann § 2038 Rn. 7; MüKoBGB/Gergen § 2038 Rn. 41.
[21] BGH 11.11.2009 – XII ZR 210/05, NJW 2010, 765 = FamRZ 2010, 119.

Lösung

Wenn K2–K4 beschließen würden, den Versicherungsvertrag aufzulösen, um Verbindlichkeiten zu bezahlen, dann könnten sie dies auch ohne Zustimmung von K1 tun. K1 kann aber wegen Stimmenminderheit von nur 25 % keine Verwaltungsmaßnahme, auch wenn sie noch so sinnvoll wäre, durchsetzen, um die bestehenden Verbindlichkeiten zu bezahlen.

K2–K4 könnten beschließen, dass mit der Versicherungsleistung iHv 100.000 EUR Verbindlichkeiten getilgt werden. Dies ist eine Verwaltungsmaßnahme.

Aus der Sicht des Versicherers: Welche Konsequenzen hat dieser Beschluss der Mehrheit der Erbengemeinschaft für die Versicherungsgesellschaft?

Im Regelfall **bindet** der **Beschluss der Erbengemeinschaft** den jeweiligen Vertragspartner der Erbengemeinschaft. Bereits seit der Entscheidung des BGH vom 30.1.1951 (V BLw 36/50) wurde auf den **Mehrheitsbeschluss gem. § 745 BGB** abgestellt.

Der BGH gibt dem § 2038 BGB den Vorzug vor § 2040 BGB. Es gilt § 2038 BGB vor § 2040 BGB.

Ergebnis: Der wirksame Beschluss der Erbengemeinschaft ist für die Versicherungsgesellschaft bindend. Die Versicherungsgesellschaft kann schuldbefreiend leisten.

19 Die Aufforderung an den Versicherer, die Versicherungssumme auf das erbengemeinschaftliche Konto zu bezahlen, ist eine Verfügung, die die Versicherungsgesellschaft primär von der Zustimmung **aller Miterben** abhängig machen wird, sekundär, wenn ein Beschluss der Erbengemeinschaft vorliegt. Nicht schuldbefreiend leistet die Versicherungsgesellschaft, wenn sie an einen von mehreren Erben zahlt, ohne dass **alle** übrigen Miterben dem zugestimmt haben.

Praxistipp:

Besteht die **Erbengemeinschaft aus zwei Miterben** mit einer **Quote von jeweils 1/2**, so darf die Versicherungsgesellschaft in keinem Fall die Hälfte der Versicherungsleistung an einen Miterben auszahlen.[22] Dies würde eine **Teilerbauseinandersetzung** darstellen, die jedoch nicht erzwungen werden kann. Es gibt keinen Anspruch auf Teilerbauseinandersetzung.

20 Liegt jedoch ein Beschluss (Mehrheit) der Erbengemeinschaft vor, in welchem die Versicherungsgesellschaft aufgefordert wird, die Versicherungsleistung auf das erbengemeinschaftliche Konto zu bezahlen, ist dieser Beschluss auch für die Versicherungsgesellschaft bindend. Kommt die Versicherungsgesellschaft dieser Aufforderung nicht nach, kann diese klageweise in Anspruch genommen werden, wobei **jeder Miterbe einzeln klagebefugt** ist, wenn der Beschluss vorliegt.

21 Aus der Sicht der Versicherungsgesellschaft ist daher zu prüfen:

- Wer ist Mitglied der Erbengemeinschaft?
- Hat die Mehrheit der Erbengemeinschaft einen wirksamen Beschluss gefasst?

22 Aus dem Erbschein, dem Testament mit Eröffnungsprotokoll bzw. dem eröffneten Testament ergibt sich, ob eine **Erbengemeinschaft existiert.** Gibt es mehrere Erben, so können sie beispielsweise einen **gemeinschaftlichen Erbschein** bzw. eine andere zugelassene erbrechtliche Legitimation vorlegen (§ 2357 Abs. 1, 2 BGB), aus dem sich die Erbquoten ergeben. Für die Versicherungsgesellschaft bedeutet dies, dass **alle** in dem gemeinschaftlichen Erbschein genannten Miterben zeichnen müssen. Die Versicherungsgesellschaft wird **nicht befreit,** wenn sie an einen Miterben geleistet hat, obwohl aus der erbrechtlichen Legitimation erkennbar war, dass es mehrere Erben gibt. Das Gleiche gilt, wenn die Versicherungsgesellschaft auf Veranlassung eines Erben bzw. eines Teils der Erben Zahlungen an einen Dritten vorgenommen hat.

23 **b) Nachweis der steuerlichen Unbedenklichkeit (Erbschaftsteuer); im Ausland lebender Miterbe.** Was muss der Versicherer bei der Auszahlung (Lebensversicherungsleistung fällt in den Nachlass) darüber hinaus beachten? Was sind die Konsequenzen, wenn einer der Miterben im Ausland lebt?

[22] Lwowski/Roth BuB 2/815.

Die Aufforderung einer Erbengemeinschaft gegenüber der Versicherungsgesellschaft auf Auszahlung kann trotz erfolgter erbrechtlicher Legitimation und eines erfolgten erbengemeinschaftlichen Beschlusses nicht zur Ausführung gelangen, wenn kein ausreichender **Nachweis der steuerlichen Unbedenklichkeit** (**Erbschaftsteuer**) vorliegt. 24

Da eine Versicherungsgesellschaft bei einer ungeteilten Erbengemeinschaft nur an alle Erben gemeinschaftlich leisten darf, kann dies den Anwendungsbereich des **§ 20 Abs. 6 ErbStG** eröffnen, wenn einer der **Miterben im Ausland wohnhaft** ist, selbst wenn die Auszahlung an einen im Inland wohnhaften Miterben erfolgen soll. In einem solchen Fall kann von der Versicherungsgesellschaft nicht verlangt werden, ihren vertraglichen Verpflichtungen im Verhältnis zum Versicherungskunden nachzukommen und gleichzeitig eine eigene Haftung gem. § 20 Abs. 6 ErbStG in Kauf zu nehmen. Die Auszahlungs- bzw. Freigabeforderung stellt – solange kein ausreichender Nachweis der steuerlichen Unbedenklichkeit vorliegt – eine unzulässige Rechtsausübung dar.[23] 25

§ 20 ErbStG Steuerschuldner

(6) [1]Versicherungsunternehmen, die vor Entrichtung oder Sicherstellung der Steuer die von ihnen zu zahlende Versicherungssumme oder Leibrente in ein Gebiet außerhalb des Geltungsbereichs dieses Gesetzes zahlen oder außerhalb des Geltungsbereichs dieses Gesetzes wohnhaften Berechtigten zur Verfügung stellen, haften in Höhe des ausgezahlten Betrags für die Steuer. [2]Das gleiche gilt für Personen, in deren Gewahrsam sich Vermögen des Erblassers befindet, soweit sie das Vermögen vorsätzlich oder fahrlässig vor Entrichtung oder Sicherstellung der Steuer in ein Gebiet außerhalb des Geltungsbereichs dieses Gesetzes bringen oder außerhalb des Geltungsbereichs dieses Gesetzes wohnhaften Berechtigten zur Verfügung stellen.

Die Versicherungsgesellschaft kann den in den Nachlass fallenden Wert solange **zurückhalten,** bis sie einen Nachweis der steuerlichen Unbedenklichkeit erhalten hat. Dies ergibt sich aus folgenden Umständen: Gemäß § 20 Abs. 6 S. 2 iVm S. 1 ErbStG haften Personen, in deren Gewahrsam sich Vermögen des Erblassers befindet, soweit sie das Vermögen vorsätzlich oder fahrlässig vor Entrichtung oder Sicherstellung der Steuer in ein Gebiet außerhalb des Geltungsbereichs dieses Gesetzes bringen oder außerhalb des Geltungsbereichs dieses Gesetzes wohnhaften Berechtigten zur Verfügung stellen, in Höhe des ausgezahlten Betrags für die Steuer. Bei einer Erbengemeinschaft, bei der ein Beteiligter im Ausland lebt, kann gem. § 2039 S. 1 BGB die Versicherungsgesellschaft nur an alle Erben gemeinschaftlich leisten und jeder Miterbe nur die Leistung an alle Erben fordern. 26

In einem solchen Fall kann aber von der Versicherungsgesellschaft nicht verlangt werden, ihren vertraglichen Verpflichtungen im Verhältnis zum Versicherungskunden nachzukommen und gleichzeitig eine eigene Haftung gem. § 20 Abs. 6 ErbStG in Kauf zu nehmen. Die Auszahlungsforderung stellt – solange kein ausreichender Nachweis der steuerlichen Unbedenklichkeit vorliegt – eine unzulässige Rechtsausübung dar.[24] 27

Es ist auch nicht möglich, die Anteile der Inländer auszuzahlen und nur den Anteil des Erben mit ausländischem Wohnsitz einzubehalten, da der Versicherungsgesellschaft der sonstige Nachlass und die weitere Erbauseinandersetzungen unbekannt sind. 28

Praxistipp:

Wünscht der Erblasser, dass eine schnelle Anzahlung an die „Begünstigten" erfolgen soll, dann müsste ein Bezugsrecht vorgenommen werden. Die Versicherungsgesellschaft kann bzw. muss dann den Anteil des im Ausland lebenden Begünstigten bis zur Freigabe zurückhalten, während die anderen Bezugsberechtigten Auszahlung verlangen können. Der Versicherungsnehmer muss aktiv sein.

[23] LG Frankfurt/Main 21.11.2013 – 2–12 O 352/12, 2/12 O 352/12, WM 2014, 166–167.
[24] Schmidt ZEV 2003, 129, 133.

2. Andere Gestaltungen

29 Die Beteiligten können vom Regelfall abweichen. Der Erblasser kann einem Miterben oder einem Dritten durch letztwillige Verfügung **besondere Verwaltungsbefugnisse** eingeräumt haben. Das kann sich auch auf bei der Versicherungsgesellschaft befindliche Vermögenswerte beschränken, was eine Ernennung zum Testamentsvollstrecker mit bestimmtem Aufgabenkreis bedeutet (§ 2209 BGB).[25] Die Erben können sich mehrheitlich (§§ 2038 Abs. 2, 745 Abs. 1 BGB) einigen, dass ein Miterbe den Nachlass allein oder mit einem Miterben verwalten soll.[26] Der Miterbe ist dann auch berechtigt, Rechtsgeschäfte zu Lasten des Nachlasses abzuschließen.[27] Die Befugnis ist nach den Regeln des Auftrags (§ 672 BGB)[28] jederzeit widerrufbar.[29] Die Versicherungsgesellschaft wird schuldbefreiend handeln können, solange sie nicht vom Widerruf unterrichtet worden ist.

30 Der Erblasser kann einem Miterben oder einem Dritten eine **Vollmacht** erteilt haben, die sich oftmals in einer **Vorsorgevollmacht** befindet, insbesondere wenn darin enthalten ist, dass die Vollmacht durch den Tod des Vollmachtgebers nicht erlischt. Dieser Bevollmächtigte kann die Versicherungsleistung anfordern bzw. den Versicherungsvertrag kündigen, solange die Vollmacht nicht widerrufen wurde.

IV. Auskunftsanspruch der Miterben

1. Aus der Sicht der Miterben

31 Erben untereinander haben keinen Anspruch auf Auskunft über das Versicherungsguthaben. Keine Regel ohne Ausnahme: Dann, wenn ein Miterbe, der zum Erblasser einen engen Kontakt hielt, einen erheblichen Wissensvorsprung hat und es ihm daher sehr leicht fällt, die Auskünfte zu erteilen, während die Miterben erhebliche, vielleicht vergebliche Anstrengungen erbringen müssen, um Kenntnisse zu haben, ist dieser Miterbe verpflichtet, seinen Miterben Auskunft zu erteilen.

32 Besitzt ein Miterbe den Versicherungsschein, wird er verpflichtet sein, die anderen Miterben hierüber und über den Inhalt zu informieren.

2. Aus der Sicht des Versicherers

33 Der Anspruch des Kunden gegen die Versicherungsgesellschaft auf Auskunft geht als Neben- und Hilfsrecht auf die Erben über. Dem Grunde nach gilt, dass die Versicherungsgesellschaft den Erben **alle Auskünfte** erteilen muss, die sie auch dem Erblasser auf Befragen hätte übermitteln müssen.[30] Im Zweifel geht der Auskunftsanspruch dem Geheimhaltungsinteresse Dritter, sogar des Erblassers selbst, vor.[31] Der Auskunftsanspruch ist umfassend und erstreckt sich auch auf Vorgänge aus der Zeit **vor** dem Tod des Erblassers.[32] Der Erblasser kann die Versicherungsgesellschaft gegen den Widerruf der Erben nicht dazu verpflichten, bestimmte Tatsachen geheim zu halten.[33] Die Versicherungsgesellschaft ist auch nicht berechtigt, Auskünfte mit der Begründung zu verweigern, die Mitteilungen über den Stand des Versicherungsguthabens seien dem Erblasser

[25] Staudinger/Löhnig BGB § 2038 Rn. 56 (durch Auslegung: Annahme einer Ernennung zum Testamentsvollstrecker mit beschränktem Aufgabenkreis liegt näher).
[26] BGHZ 56, 51 f.
[27] Johannsen WM 1973, 544.
[28] Grüneberg/Sprau BGB § 672 Rn. 1.
[29] BGH NJW 1975, 383.
[30] Bartsch ZErb 1999, 20 (analoge Anwendung).
[31] BGH WM 1989, 518 ff.
[32] Hopt/Mülbert KreditR BGB Vorb. §§ 607 ff. Rn. 132.
[33] Lwowski/Roth BuB 2/941.

seinerzeit zugegangen.[34] Allerdings müssen die Auskünfte der Versicherungsgesellschaft möglich und zumutbar sein. Sie kann Ersatz ihrer Kosten verlangen.[35]

Allerdings müssen die Auskünfte erst dann erteilt werden, wenn sich der Erbe legitimiert hat (zum Nachweis der Erbenstellung → § 17 Rn. 1 ff.). 34

Bei einer Erbengemeinschaft steht das Recht auf Auskunft **allen Erben gemeinschaftlich** zu.[36] Nach den allgemeinen Grundsätzen kann jeder Miterbe das Recht selbstständig geltend machen, allerdings nur zugunsten aller.[37] Die Versicherungsgesellschaft kann deshalb die Auskunft nicht mit dem Hinweis verweigern, sie habe den Anspruch schon gegenüber einem anderen Miterben erfüllt. Anderenfalls wäre der schnellste Erbe der einzig Informierte.[38] 35

Praxistipp:

Im Grunde müsste die Versicherungsgesellschaft schon das erste Auskunftsbegehren **allen Miterben gegenüber** erfüllen, indem sie sich schriftlich äußert und jedem Miterben eine Abschrift übermittelt.[39] Dazu könnte sie sich von dem Miterben, der die Auskunft begehrt, die Anschriften aller Miterben geben lassen. Soweit das unterbleibt, haben die später auftauchenden Miterben jedenfalls Anspruch darauf, eine gleichlautende Auskunft zu erhalten. Lassen sich die weiteren Miterben zunächst nicht ohne weiteres ermitteln, so wird der Miterbe, der die Auskunft fordert, meist nur einen **Teilerbschein** vorlegen können; so spricht nichts dagegen, ihm die Auskunft zu geben.

Exkurs Teilerbschein:

Im Regelfall ist ein Teilerbschein nicht effektiv. Sind jedoch Ermittlungen rasch anzustellen, ob und welches Vermögen sich im Nachlass befindet, kann der Teilerbschein eine geeignete Grundlage für ein Auskunftsverlangen sein.

V. Auseinandersetzung der Erbengemeinschaft

Aufgabe der Versicherungsgesellschaft ist es nicht, die Quoten der Miterben zu ermitteln oder bei der Auseinandersetzung des Nachlasses zu helfen; dies ist ausschließliche Angelegenheit der Miterben, die dazu Vereinbarungen treffen müssen. Ansonsten bleibt nur die Möglichkeit der **Erbauseinandersetzungsklage.** Dazu muss die Seite, die die Auseinandersetzung begehrt, einen fertigen **Auseinandersetzungsplan** vorlegen, was erst geschehen kann, wenn der Nachlass **teilungsreif** ist.[40] Es besteht somit kein Anspruch auf Teilerbauseinandersetzung des Auszahlungsbetrages aus der Lebensversicherung. 36

Haben sich die Erben jedoch auseinandergesetzt, so steht das Versicherungsguthaben allein demjenigen Miterben zu, dem es die Erbengemeinschaft zugeteilt hat.[41] Da die Auseinandersetzung keiner Form bedarf,[42] wird es für den begünstigten Miterben, der zum alleinigen Inhaber der Versicherungsleistung (Ausgangsfall) bzw. zum Versicherungsnehmer des Versicherungsvertrages werden soll, schwierig, seine Berechtigung 37

[34] BGH NJW 1985, 2699 ff.
[35] Dazu im Einzelnen Bartsch ZErb 1999, 21 f.
[36] Für alle: Schimansky/Bunte/Lwowski BankR-HdB/Joeres § 30 Rn. 42.
[37] BGH NJW 1965, 396.
[38] Bartsch ZErb 1999, 22.
[39] Schebesta/Kalkbrenner, Bankprobleme beim Tod eines Kunden, Rn. 651.
[40] Bonefeld/Kroiß/Tanck Erbprozess/Roglmeier § 3 Rn. 416; MAH ErbR/Erker/Oppelt § 57 Rn. 6 ff.
[41] Zu Einzelheiten bei der Auseinandersetzung vgl. Johannsen WM 1970, 738 ff.
[42] Erman/Schlüter BGB § 2042 Rn. 8.

nachzuweisen. Zum Nachweis aus der Sicht des Versicherers ist eine gemeinsame Erklärung aller Miterben erforderlich.

38 Die privatschriftliche Teilerbauseinandersetzung hat der Versicherer daraufhin zu prüfen, ob tatsächlich alle Erben unterschrieben haben.

VI. Der Minderjährige in der Erbengemeinschaft (ohne Testamentsvollstreckung)

39 Sind an der Erbengemeinschaft Minderjährige beteiligt, so bedürfen sie für die wirksame Abgabe von Erklärungen gegenüber dem Versicherer der Einwilligung oder Genehmigung des gesetzlichen Vertreters[43] – das sind im Allgemeinen die Eltern.[44] Fehlt es daran, so ist das Rechtsgeschäft schwebend unwirksam. Der gute Glaube an die Geschäftsfähigkeit wird nicht geschützt.[45] Für bestimmte Rechtsgeschäfte benötigt der gesetzliche Vertreter die Genehmigung des Betreuungsgerichts bzw. Familiengerichts (§ 1643 Abs. 1 BGB iVm §§ 1821, 1822 BGB).

40 Für den Auseinandersetzungsvertrag (§ 2042 BGB) bzw. Teilerbauseinandersetzungsvertrag ist, wenn nur **ein** minderjähriger Miterbe vorhanden ist, die Zustimmung durch den gesetzlichen Vertreter ausreichend, welcher jedoch nicht Mitglied der Erbengemeinschaft sein sollte, anderenfalls ist ein Ergänzungsbetreuer notwendig. Die Genehmigung durch das Familiengericht ist somit nicht erforderlich.[46]

41 Sind **mehrere** Miterben minderjährig (Geschwister), so benötigt jeder Minderjährige einen besonderen gesetzlichen Vertreter, weil anderenfalls ein unerlaubtes Selbstkontrahieren (§ 181 BGB) des gesetzlichen Vertreters vorliegen könnte.[47]

42 Ist für den Minderjährigen ein Vormund bestellt (§ 1773 Abs. 1 BGB), dann muss auch der Erbteilungsvertrag durch das Familiengericht genehmigt werden (§ 1822 Nr. 2 BGB).[48]

43 Aus der Sicht des Versicherers: Ist **ein** Minderjähriger an einer Erbengemeinschaft beteiligt, muss der Versicherer prüfen, ob der Minderjährige von dem oder den zutreffenden Erziehungsberechtigten vertreten wird, ggf. durch Vorlage eines zeitnah vom Gericht bestätigten Sorgerechtsbeschlusses. Sind in der Erbengemeinschaft mehrere minderjährige Erben beteiligt, ist zu prüfen, ob diese dieselben Eltern haben. Ist dies der Fall, muss für diese minderjährigen Miterben jeweils ein gesetzlicher Vertreter bestellt werden. Die Bestellung eines gesetzlichen Vertreters löst Kosten aus und ist in der zeitlichen Abwicklung (durchschnittlich 9–15 Monate) nicht zu empfehlen.

Praxistipp:
Wenn der Erblasser Minderjährige als Miterben einsetzt und er diesen Versicherungsleistungen zuwenden will, sollte ihm bewusst sein, dass er nur über die Einräumung eines Bezugsrechts bzw. die Anordnung einer Testamentsvollstreckung einen relativ zügigen Geldzufluss erreichen kann.

[43] Lwowski/Roth BuB 2/464.

[44] Schebesta/Kalkbrenner, Bankprobleme beim Tod eines Kunden, Rn. 673 ff.

[45] Lwowski/Roth BuB 2/466.

[46] Staudinger/Löhnig BGB § 2042 Rn. 25: Familiengericht wird nicht explizit genannt; die Eltern bedürfen grundsätzlich keiner Genehmigung für den Abschluss eines Auseinandersetzungsvertrages für ihr Kind bzw. der Erteilung einer entsprechenden Zustimmung gem. §§ 107, 108 BGB, es sei denn, es handelt sich um ein genehmigungspflichtiges Geschäft.

[47] Grüneberg/Weidlich BGB § 2042 Rn. 14.

[48] Soergel/Wolf BGB § 2040 Rn. 10.

VII. Der Testamentsvollstrecker

Dem Testamentsvollstrecker obliegt die Verwaltung des Nachlasses, er schließt die Miterben von der Verwaltung aus. Der Testamentsvollstrecker bedarf für Maßnahmen – seien sie Verwaltung oder Verfügung – keiner familiengerichtlicher Genehmigung, wenn zur Erbengemeinschaft Minderjährige gehören.[49] Er ist den Weisungen der Miterben nicht unterworfen. Ist also der Versicherungsgesellschaft bekannt, dass Testamentsvollstreckung angeordnet ist, sind erbengemeinschaftliche Beschlüsse für die Versicherungsgesellschaft nicht bindend. 44

VIII. Erklärungen des Versicherers gegenüber den Mitgliedern der Erbengemeinschaft

Rechtsgestaltende Erklärungen, wie zB die Kündigung des Versicherungsvertrages (Fallvariante) durch die Versicherungsgesellschaft, müssen **allen** Miterben zugehen, anderenfalls sind sie nicht wirksam.[50] Deshalb muss die Erklärung, durch welche der Versicherer die Geschäftsverbindung beenden will, **jedem** Miterben gesondert zugehen. 45

---

[49] Johannsen WM 1969, 1409; OLG Karlsruhe 1.6.2015 – 11 Wx 29/15 NJW RR 2015, 1097.
[50] Staudinger/Löhnig BGB § 2040 Rn. 28.

§ 22 Besonderheiten bei der Betreuung

Übersicht

I. Grundsätze

1. Voraussetzungen für die Anordnung der Betreuung

1 Welche Besonderheiten muss die Versicherungsgesellschaft beachten?

2 Fall 1: die Versicherungsleistung des Versicherungsvertrages an einen Geschäftsunfähigen, Fall 2: im Rahmen der Singularsukzession (Bezugsrecht), Fall 3: im Wege der Universalsukzession (Versicherung im Nachlass) – fällt bzw. wenn ein Geschäftsunfähiger als Versicherungsnehmer ein Bezugsrecht ändern will?

3 **§ 1814 BGB Voraussetzungen**

(1) [1]Kann ein Volljähriger seine Angelegenheiten ganz oder teilweise rechtlich nicht besorgen und beruht dies auf einer Krankheit oder Behinderung, so bestellt das Betreuungsgericht für ihn einen rechtlichen Betreuer (Betreuer).

(2) Gegen den freien Willen des Volljährigen darf ein Betreuer nicht bestellt werden.

(2) [1]Ein Betreuer darf nur bestellt werden, wen dies erforderlich ist. Die Bestellung eines Betreuers ist insbesondere nicht erforderlich, soweit die Angelegenheiten des Volljährigen 1. durch einen Bevollmächtigten, der nicht zu den in § 1816 Absatz 6 bezeichneten Personen gehört, gleichermaßen besorgt werden können oder 2. durch andere Hilfen, bei denen kein gesetzlicher Vertreter bestellt wird, erledigt werden können, insbesondere durch solche Unterstützung, die auf sozialen Rechten oder anderen Vorschriften beruht.

(3) Die Bestellung eines Betreuers erfolgt auf Antrag des Volljährigen oder von Amts wegen. Soweit der Volljährige seine Angelegenheiten lediglich aufgrund einer körperlichen Krankheit oder Behinderung nicht besorgen kann, darf ein Betreuer nur auf Antrag des Volljährigen bestellt werden, es sei denn, dass dieser seinen Willen nicht kundtun kann.

(4) Ein Betreuer kann auch für einen Minderjährigen, der das 17. Lebensjahr vollendet hat, bestellt werden, wenn anzunehmen ist, dass die Bestellung eines Betreuers bei Eintritt der Volljährigkeit erforderlich sein wird, *ebenso gut wie durch einen Betreuer besorgt werden können.*

(5) Als Aufgabenkreis kann auch die Geltendmachung von Rechten des Betreuten gegenüber seinem Bevollmächtigten bestimmt werden.

(6) Die Entscheidung über den Fernmeldeverkehr des Betreuten und über die Entgegennahme, das Öffnen und das Anhalten seiner Post werden vom Aufgabenkreis des Betreuers nur dann erfasst, wenn das Gericht dies ausdrücklich angeordnet hat.

4 Wenn ein Volljähriger „auf Grund einer psychischen Krankheit oder einer körperlichen, geistigen oder seelischen Behinderung" nicht (mehr) in der Lage ist, seine Angelegenheiten selbst zu besorgen, so bestellt das Betreuungsgericht aufgrund eines Antrags oder von Amts wegen einen Betreuer (§ 1814 Abs. 1 S. 1 BGB). Die umfassende Betreuung für alle Angelegenheiten sollte die Ausnahme sein, ist jedoch in der Realität die Regel.

5 Die Anordnung von Betreuungen steigt massiv an. Allen Bemühungen zur Verdeutlichung der Wichtigkeit einer Vorsorgevollmacht zum Trotz ist ein signifikanter Anstieg von Personen zu verzeichnen, die geschäftsunfähig werden, ohne über eine Vorsor-

gevollmacht zu verfügen (Sportler, zB Motorradfahrer, Skifahrer, Bergsteiger). Gleichfalls ist mit etwa 2,5–3,5 % (Gesamtbevölkerung) von Personen zu rechnen, die krankheitsbedingt bis zum Jahr 2023 geschäftsunfähig werden.

2. Die Vorschriften

In den §§ 1814–1881 BGB sind die entsprechenden Regelungen zur Betreuung getroffen. 6

II. Grundsätze der Betreuung bei Auszahlungen von Versicherungsleistungen

1. Allgemeines

Will der Versicherer Versicherungsleistungen auszahlen, so ist für ihn von Bedeutung, 7 ob eine Betreuung **ohne oder mit Einwilligungsvorbehalt** (§ 1825 BGB) angeordnet wurde – unabhängig ob im Rahmen der Universalsukzession (Versicherungssumme fällt in den Nachlass) oder im Wege der Singularsukzession (Bezugsrecht). Wurde Betreuung angeordnet, so bedeutet dies nämlich keineswegs, dass der Betreute geschäftsunfähig ist. Der volljährige Betreute gilt als geschäftsfähig, soweit nicht der Tatbestand des § 104 Nr. 2 BGB nachgewiesen ist.[1] Der Betreute bleibt – neben dem Betreuer – handlungsfähig, sodass er wirksam Versicherungsverträge abschließen und somit Versicherungsleistungen anfordern bzw. Versicherungsverträge **kündigen** kann. Dies bedeutet auch, dass der Versicherer **schuldbefreiend** an denjenigen zahlen kann, der unter Betreuung steht, wenn dieser die Auszahlung anfordert.

Anders ist es, wenn das Betreuungsgericht einen Einwilligungsvorbehalt (§ 1825 8 BGB) angeordnet hat. Dann muss der Betreuer dem Rechtsgeschäft (zB Anforderung der Versicherungsleistung bzw. Kündigung des Versicherungsvertrages) zustimmen; fehlt es daran, so ist das Rechtsgeschäft des Betreuten unwirksam.

Der Versicherer muss, um schuldbefreiend leisten zu können, darauf bestehen, dass 9 der Betreuer in diesem Fall selbst handelt.

Der Betreuer erhält vom Betreuungsgericht eine Bestellungsurkunde, die allerdings 10 keinen Rechtsschein über das Amt und sein Fortbestehen entfaltet. Der Versicherer kann sich im Falle einer Leistungsanforderung durch den Betreuer nicht auf den Rechtsschein der Urkunde berufen – im Gegensatz zu einem Erbschein. Ist das Amt beendet, so kann das Betreuungsgericht die Rückgabe der Urkunde durch Zwangsgelder durchsetzen.[2] Bestehen Zweifel, ob das Amt des Betreuers besteht, so wird der Versicherer beim zuständigen Betreuungsgericht nachzufragen haben bzw. den Betreuer auffordern, eine taggenaue Bescheinigung des Betreuungsgerichts beizubringen. Diese Vorgehensweise wird jedoch in der Praxis nicht umgesetzt. Die Versicherungen vertrauen darauf, dass Betreuung angeordnet ist, wenn ein **Betreuerausweis** vorgelegt wird.

2. Genehmigung durch das Betreuungsgericht

a) **Innen- und Außenverhältnis.** Es muss zwischen Innen- und Außengenehmigungen 11 unterschieden werden.[3] **Innengenehmigungen** betreffen allein das Verhältnis zwischen dem Betreuten und dem Betreuer bzw. dem Betreuungsgericht. Ihre Verletzung kann den Betreuer schadensersatzpflichtig machen, hat aber keinen Einfluss auf die Wirksamkeit des Rechtsgeschäfts. Die wichtigsten Fälle sind §§ 1810 f., 1823 BGB.

Außengenehmigungen betreffen das Verhältnis zwischen dem Betreuer und dem Ver- 12 sicherer, mit dem das Rechtsgeschäft abgeschlossen wird. Fehlt die vorgeschriebene Außengenehmigung, so ist das zweiseitige Rechtsgeschäft schwebend unwirksam und

[1] Schimansky/Bunte/Lwowski BankR-HdB § 30 Rn. 18.
[2] Staudinger/Engler BGB § 1893 Rn. 12 ff (nicht mehr aktuell).
[3] Dazu im Einzelnen Oberloskamp/Pollack/Band Vormundschaft § 9 Rn. 272 ff.

kann durch das Betreuungsgericht genehmigt werden.[4] Bei einseitigen Willenserklärungen muss die Genehmigung vor dem Wirksamwerden vorliegen.[5] Solche Genehmigungen werden insbesondere in §§ 1812, 1821 f. BGB aufgeführt. Es wird stets nur das einzelne Rechtsgeschäft genehmigt.

Praxistipp:
Die **Unterscheidung** von Innen- und Außengenehmigung ist von großer Bedeutung gerade im Versicherungsbereich. Wird die erforderliche Außengenehmigung für eine Zahlung an den Betreuten endgültig verweigert, wird der Versicherer nicht befreit. Eine Kündigung des Versicherungsvertrages ohne vorherige Zustimmung des Betreuungsgerichts ist ebenfalls unwirksam.

13 b) **Die Ausnahmen.** Von diesen Grundsätzen gibt es einige Ausnahmen: Eine generelle Befreiung kann gem. § 1817 Abs. 1 BGB ausgesprochen werden, wenn dies aus besonderen Gründen gerechtfertigt ist. Das soll aber nur geschehen bei Vermögen bis 6.000 EUR, sodass beispielsweise Sterbegeldversicherungssummen angefordert werden können. Ansonsten sind Genehmigungen entbehrlich, wenn der Bevollmächtigte oder der Testamentsvollstrecker handelt.[6]

III. Konsequenzen der Betreuung, wenn ein Bezugsrecht bestimmt wurde

14 Der Betreute, der Versicherungsnehmer ist, kann, wenn ein Einwilligungsvorbehalt (§ 1825 BGB) existiert, ein bestehendes Bezugsrecht nicht mehr ändern. Äußert der Betreute den Wunsch, ein bestehendes Bezugsrecht zu ändern, bedarf dies der Zustimmung des Betreuers und auch des Betreuungsgerichts. Eine Änderung des Bezugsrechts allein durch den Betreuer ist unwirksam. Der Versicherer holt in diesen Fällen immer eine Genehmigung ein.

15 Auch die Zurückweisung eines Bezugsrechts bedarf der Genehmigung des Betreuers und des Betreuungsgerichts.

IV. Tod des Betreuten

16 Mit dem Tod des Betreuten endet die Betreuung (§ 1870 BGB), ohne dass es eines Aufhebungsbeschlusses bedürfte. Damit kann der Betreuer keine weiteren Rechtsgeschäfte für den Betreuten erledigen; dies ist vielmehr Sache des Erben. Rechtsgeschäfte, die zum Todeszeitpunkt schwebend unwirksam sind, weil der Betreuer oder das Betreuungsgericht sie nicht genehmigt hat, könnten von dem Erben genehmigt oder endgültig abgelehnt werden, denn der Rechtsnachfolger tritt in die Rechtsstellung ein, die der Betreute bei seinem Lebensende hatte.

---

[4] Zu den Auswirkungen vgl. Kroppenberg WM 2001, 844 ff.
[5] Grüneberg/Götz BGB § 1858 Rn. 2.
[6] Staudinger/Engler BGB § 1812 Rn. 4 (heute § 1849 BGB).

§ 23 Einführung in das Steuerrecht

Übersicht

I. Allgemeines

1 Lebensversicherungen gehören zu den klassischen Instrumenten der **Vermögensanlage** und **Vorsorge.** Neben der reinen Risikoabsicherung kann mit Hilfe kapitalbildender Lebensversicherungen auch ein planmäßiger Vermögensaufbau erreicht werden. Rentenversicherungen bieten überdies die Möglichkeit, eine (zusätzliche) laufende Altersversorgung bereitzustellen.

II. Einkommensteuer

2 In ertragsteuerlicher Hinsicht sind kapitalbildende Lebensversicherungen und Rentenversicherungen insbesondere deshalb attraktiv, weil die während der Ansparphase durch die Versicherungsgesellschaft erzielten Kapitalerträge **steuerfrei** bleiben, also vollständig reinvestiert werden können. Dies führt zu attraktiven Zins- und Zinseszinseffekten, die beim persönlichen Sparen (außerhalb eines Versicherungsprodukts) nicht erzielt werden können.

3 Hinzu kommt, dass Lebensversicherungen jeglicher Couleur ebenso wie Rentenversicherungen nicht der bis zu 19 % betragenden **Versicherungssteuer** unterliegen, sodass die erwähnte Thesaurierungsbegünstigung auch nicht durch eine beim persönlichen Sparen nicht anfallende (und sonst gerade in der Anfangsphase des Versicherungsverhältnisses heftig zu Buche schlagende) Kostenbelastung erkauft werden muss.

4 Die am Markt angebotenen Versicherungsprodukte zur Absicherung sowohl des Todesfalls als auch des Langlebigkeitsrisikos sind außerordentlich facettenreich, so dass die Auswahl in der Praxis nicht immer leicht fällt. Auch die steuerlichen Implikationen im Zusammenhang mit diesen Versicherungsprodukten stellen sich kaum weniger diversifiziert dar. Dies gilt insbesondere für die einkommensteuerrechtliche Behandlung.

5 Wie bereits angedeutet, ist insoweit grundsätzlich zwischen der **Ansparphase** und der **Auszahlung der Versicherungsleistung** zu unterscheiden. Während der Ansparphase zahlt der Versicherungsnehmer die vereinbarten Beiträge (Prämien) und erwirbt damit neben dem Versicherungsschutz für das/die versicherte/n Risiko/Risiken (jedenfalls bei kapitalbildenden Versicherungen) nach und nach eine Kapitalforderung gegen den Versicherer. Dieser legt idR einen (meist den größeren) Teil der Prämien für den Versicherungsnehmer ertragbringend/verzinslich an.[1] Ein kleinerer Teil der Versicherungsprämien dient der Deckung der Vertriebs- und Verwaltungskosten der Versicherungsgesellschaft sowie der sog. Risikovorsorge (für die versicherten Risiken).

6 Durch die Reform der Besteuerung der Alterseinkünfte[2] wurde neben der Besteuerung der gesetzlichen Renten auch die Besteuerung der Erträge aus Lebens- und Rentenversicherungen eingeführt. Im Gegenzug wurden die Möglichkeiten, **Versicherungsprä-**

[1] Abhängig von der Art der Lebensversicherung.

[2] Gesetz zur Neuordnung der einkommensteuerrechtlichen Behandlung von Altersvorsorgeaufwendungen und Altersbezügen (Alterseinkünftegesetz) v. 5.7.2004 (BGBl. I 2004, 1427). In Kraft getreten am 1.1.2005.

mien als **Sonderausgaben** abzuziehen, geändert bzw. für die meisten kapitalbildenden Lebens- und Rentenversicherungen im Wesentlichen abgeschafft.

7 Dies gilt grundsätzlich ab dem **Veranlagungszeitraum 2005**, weshalb für die einkommensteuerliche Behandlung der Erträge und Prämien von Lebens- und Rentenversicherungen zwischen sog.

- **Altverträgen** (Abschluss vor dem 1.1.2005) und
- **Neuverträgen** (Abschluss nach dem 31.12.2004) zu unterscheiden ist.

8 Bei den Altverträgen können dank einer **Übergangsregelung** die Prämien in der Ansparphase in einem gewissen Rahmen auch nach 2004 (bis einschließlich 2019) weiterhin als Sonderausgabe vom Gesamtbetrag der Einkünfte abgezogen werden.

9 Die für den Versicherungsnehmer erwirtschafteten Zinsen und sonstigen Erträge bleiben auch nach 2004 steuerfrei.

10 Für Neuverträge gilt: Ein Abzug der Prämien zu kapitalbildenden Lebensversicherungen als Sonderausgaben ist nicht mehr möglich. Die dem Steuerpflichtigen im Erlebensfall zufließenden Erträge des von ihm eingezahlten Kapitals sind grundsätzlich zu versteuern. Sie können nur dann zur Hälfte steuerfrei bleiben, wenn der Versicherungsnehmer die Lebensversicherung nach Vollendung des 62. Lebensjahres ausgezahlt bekommt.

11 Rentenversicherungsbeiträge kommen für den Sonderausgabenabzug bei Neuverträgen nur noch in Frage, wenn die spätere Versicherungsleistung in einer regelmäßigen lebenslänglichen Rentenzahlung besteht.

12 Todesfallleistungen (bei Eintritt des Versicherungsrisikos) sind (und waren) einkommensteuerfrei.

III. Erbschaftsteuer

13 Soweit Lebens- und/oder Rentenversicherungen als Instrument des Vermögenstransfers eingesetzt werden (zB zur wirtschaftlichen Absicherung von Hinterbliebenen), kann sich auch eine **erbschaftsteuerrechtliche** Relevanz ergeben. Der Erwerb aufgrund eines Vertrages zugunsten Dritter (und nichts anderes ist der **Erwerb des Bezugsberechtigten einer Lebensversicherung**) gilt nach § 3 Abs. 1 Nr. 4 ErbStG als steuerpflichtiger Erwerb von Todes wegen.

> **Praxistipp:**
> Lebensversicherungsleistungen unterliegen also, soweit sie nicht an den Versicherungsnehmer selbst gezahlt werden, der Erbschaftsteuer.

14 Die eben angesprochene einkommensteuerrechtliche Unterscheidung zwischen Neuverträgen und Altverträgen (→ Rn. 6 ff.) spielt insofern keine Rolle. Eine erbschaftsteuerliche Entlastung erfolgt allein über persönliche bzw. Versorgungsfreibeträge.

§ 24 Erbschaft- und Schenkungsteuerrecht

Übersicht

Schrifttum:
Birkenbeil/Holler, Der Vertrag zugunsten Dritter auf den Todesfall und seine erbschaftsteuerliche Behandlung nach dem Erbfall – Teil I: Bankkonten/Depots/Hinterbliebenenbezüge, ErbR 2022, 894; *Daragan,* Anmerkung zum BFH-Urteil vom 30.6.1999, ZErb 1999, 85; *Fiedler,* Entwurf eines Steueränderungsgesetzes 2001: Wegfall des 2/3-Wertes und verbleibende erbschaftsteuerliche Besonderheiten bei der Bewertung von Lebensversicherungen, DStR 2001, 1648; *Fiedler,* Die Besteuerung der unentgeltlichen Übertragung von Lebensversicherungsverträgen, DStR 2000, 533; *Fiedler,* Zur Besteuerung des Erwerbs einer nicht fälligen Kapitallebensversicherung von Todes wegen – Replik auf Fromm (DStR 2005, 1465), DStR 2005, 1966; *Fromm,* Zur Besteuerung des Erwerbs einer nicht fälligen Kapitallebensversicherung von Todes wegen, Duplik zu Fiedler (DStR 2005, 1966), DStR 2005, 1969; *Fromm,* Ende der 2/3-Bewertung von Kapitallebensversicherungen? – Problem bei sog. 5/7er Versicherungen, DStR 2005, 1465; *Geck/Messer,* ZEV-Report Steuerrecht 2000, 21; *Halaczinsky,* Lebensversicherungen im Erbschaftsteuerrecht, ZErb 2002, 306; *Halaczinsky,* Gestaltungen im Zusammenhang mit Lebensversicherungen – Erbschaft- und Schenkungsteuer, UVR 2016, 25; *Halaczinsky/Schumann,* Erwerb von Pensionsansprüchen durch Hinterbliebene bei der Erbschaftsteuer und ertragsteuerliche Bildung von Pensionsrückstellungen, ErbStB 2011, 106; *Kleeberg,* Steuerrechtliche Aspekte der Errichtung und Erhaltung von Familiengesellschaften in der Generationenfolge, BB 1989, 2448; *Pahlke,* Befreiende Lebensversicherung und „vergleichbare Vorsorge“, NWB 2000, 2277 (Fach 10, 927); *Tölle,* Erbschaft- und schenkungsteuerliche Gestaltungsmöglichkeiten bei Lebensversicherungen, SteuK 2015, 295; *Welker,* Erbschaftsteuerliche Behandlung von Termfix-Versicherungen; ErbStB 20019, 324; *Welker,* Und wieder: Berechnung des Rückkaufswerts bei Lebensversicherungen, NWB 2013, 3246; *Worgulla,* Die Übertragung von Lebensversicherungsverträgen, ErbStB 2008, 234.

I. Allgemeines

1. Gegenstand der Erbschaft- und Schenkungsteuer

1 Die Erbschaftsteuer ist eine Verkehrssteuer. Sie erfasst die **Bereicherung,** die sich durch **unentgeltliche Vermögensübergänge** unter Lebenden oder von Todes wegen ergibt. Dabei ist sie als sog. **Erbanfallsteuer** ausgestaltet, die nicht den Vermögensübergang als solchen erfasst, sondern vielmehr die individuelle Bereicherung des (steuerpflichtigen) Erwerbers. Somit ist die Erbschaftsteuer auch eine Personensteuer.

2 Erbschaft- und Schenkungsteuer regeln beide die **unentgeltliche Bereicherung des Erwerbers.** Sie sind also nach ihrem Steuergegenstand prinzipiell identisch und unterscheiden sich eigentlich nur danach, ob die Bereicherung **unter Lebenden** oder **von Todes wegen** eintritt.[1]

3 Die Erbschaft- und Schenkungsteuer knüpft stets an die unentgeltliche Bereicherung einer Person an. Nur soweit diese Bereicherung reicht, kann auch eine Steuerpflicht bestehen. Soweit einem Vermögenserwerb eine **Gegenleistung** gegenübersteht oder ihm ein nicht im Sinne des Gesetzes unentgeltlich erworbener Leistungsanspruch zugrunde liegt, ist eine erbschaftsteuerliche Bereicherung ausgeschlossen. Das gilt beispielsweise für die Erfüllung von Zugewinnausgleichsansprüchen, die als güterrechtliche Ansprüche dem Berechtigten nicht unentgeltlich zustehen.

4 Neben echten Gegenleistungen können auch vorbehaltene (oder Dritten zugewendete) Rechte (Nutzungsrechte, Auflagen etc.) die Bereicherung des Steuerpflichtigen mindern.

[1] Daragan/Halaczinsky/Riedel ErbStG/Griesel ErbStG § 1 Rn. 1.

Zu den Gegenständen steuerpflichtiger Erwerbe können auch **Lebens- sowie Rentenversicherungsansprüche** gehören, und zwar in verschiedenen Konstellationen. Neben einem steuerpflichtigen Erwerb der eigentlichen Versicherungsleistung kommt auch der Erwerb eines laufenden Versicherungsvertrages (einschließlich bereits geleisteter Prämien) in Betracht. Dieser kann sich sowohl von Todes wegen als auch unter Lebenden vollziehen. Eine (steuerlich relevante) Bereicherung ist hiermit aber nur bei kapitalbildenden Versicherungen verbunden. Reinen Risiko-Versicherungen kommt idR (vor Eintritt des Versicherungsfalls) kein eigenständiger Wert zu. 5

Denkbar sind auch steuerpflichtige Erwerbe, die nicht unmittelbar die Versicherung bzw. die Versicherungsleistung zum Gegenstand haben, nämlich zB in Form geltend gemachter Pflichtteils- bzw. Pflichtteilsergänzungsansprüche (§ 3 Abs. 1 Nr. 1 3. Alt. ErbStG)oder auch im Falle der Geltendmachung von Ansprüchen nach § 2287 BGB (§ 3 Abs. 2 Nr. 7 ErbStG). 6

Die Grundsätze der insoweit einschlägigen Erbschaft- und Schenkungsbesteuerung sowie auch diverse diesbezügliche Details sollen nachfolgend erläutert werden. 7

2. Rechtsgrundlagen

Die wesentlichen rechtlichen Grundlagen regeln das Erbschaftsteuer- und Schenkungsteuergesetz (ErbStG)[2] sowie das Bewertungsgesetz (BewG).[3] Diese werden durch die Erbschaftsteuer-Durchführungsverordnung (ErbStDV)[4] sowie Verwaltungsanweisungen in Form von Richtlinien,[5] Hinweisen und Erlassen ergänzt und erläutert. 8

Aus dem Bereich des Bewertungsgesetzes sind für die Besteuerung von Lebensversicherungen neben der Spezialvorschrift des § 12 Abs. 4 BewG vor allem die allgemeinen Bewertungsvorschriften (§§ 1 ff. BewG) und dabei insbesondere die zur Bewertung von Kapitalforderungen (und Schulden) sowie von wiederkehrenden Leistungen (also die §§ 12 ff. BewG) relevant. 9

3. Systematik der Besteuerung

a) **Systematische Übersicht.** Das Erbschaftsteuergesetz ist in die fünf folgenden Abschnitte unterteilt: 10

- Abschnitt I: Steuerpflicht (§§ 1–9 ErbStG)
- Abschnitt II: Wertermittlung (§§ 10–13d ErbStG)
- Abschnitt III: Berechnung der Steuer (§§ 14–19a ErbStG)
- Abschnitt IV: Steuerfestsetzung und Erhebung (§§ 20–35 ErbStG)
- Abschnitt V: Ermächtigungs- und Schlussvorschriften (§§ 36–37a ErbStG).

Aus den gesetzlichen Vorgaben ergibt sich folgende systematische **Prüfungsreihenfolge** zur Bestimmung des steuerpflichtigen Erwerbs bzw. der hieraus resultierenden Steuer: 11

1. Feststellung der persönlichen Steuerpflicht (§ 2 ErbStG)
2. Feststellung der sachlichen Steuerpflicht
   - Erwerb von Todes wegen (§ 3 ErbStG)
   - Schenkung unter Lebenden (§ 7 ErbStG)
   - Zweckzuwendung (§ 8 ErbStG)

[2] In der Fassung der Bek. v. 27.2.1997 (BGBl. I, 378), zuletzt geändert durch Art. 34 G. v. 2.12.2024 (BGBl. I 2024 Nr. 387).
[3] In der Fassung der Bek. v. 1.2.1991 (BGBl. I, 230), zuletzt geändert durch Art. 35 und 36 G. v. 2.12.2024 (BGBl. I 2024 Nr. 387).
[4] Vom 8.9.1998 (BGBl I, 2658), zuletzt geändert durch Siebte VO v. 19.12.2025 BGBl. I Nr. 372.
[5] ErbStR 2019 v. 16.12.2019, BStBl. I 2019 Sondernr. 1, 2 zur Änderung steuerlicher Verordnungen einschließlich den sog. Hinweisen.

3. Bestimmung der Bemessungsgrundlage/Bereicherung des Erwerbers
   - Wert des Vermögensanfalls (§ 12 ErbStG iVm BewG)
   - abzüglich Verbindlichkeiten/Erwerbskosten/Gegenleistungen (§ 10 ErbStG)
   - abzüglich sachliche Steuerbefreiungen (z. B. §§ 13, 13a ff. ErbStG)
   - abzüglich weitere Steuerbefreiungen (z. B. §§ 5, 13 Abs. 1 Nr. 5 ff., 18 ErbStG)
   - abzüglich persönliche Freibeträge (§ 16 ErbStG)
   - abzüglich Versorgungsfreibeträge (§ 17 ErbStG)
   - Abrundung auf volle 100 EUR (§ 10 Abs. 1 S. 6 ErbStG)
4. Berechnung der Steuer
   - Steuersatz (§§ 19, 19a ErbStG)
   - Berücksichtigung früherer Erwerbe (§ 14 ErbStG)

12 b) **Steuerklassen und Freibeträge.** Sowohl die in der Übersicht erwähnten persönlichen (und auch Versorgungs-)Freibeträge als auch die anzuwendenden Steuersätze hängen ua vom **Verwandtschaftsverhältnis** zwischen dem Erblasser/Schenker auf der einen und dem Erwerber auf der anderen Seite ab. Mit wachsendem verwandtschaftlichem Abstand sinken gleichzeitig die zur Verfügung stehenden Freibeträge und steigen die anwendbaren Steuersätze.

13 Die **Steuerklassen** und die **persönlichen Freibeträge** regeln §§ 15 und 16 ErbStG wie folgt:

<table>
<tr><th colspan="2"></th><th>Freibetrag</th></tr>
<tr><td>Steuerklasse I</td><td>Ehegatte/eingetragener Lebenspartner</td><td>500.000 EUR</td></tr>
<tr><td></td><td>Kinder und Stiefkinder</td><td>400.000 EUR</td></tr>
<tr><td></td><td>Enkel, Urenkel</td><td>200.000 EUR</td></tr>
<tr><td></td><td>Sonstige Personen der Steuerklasse I, z. B. Eltern und Großeltern (Erbfall)</td><td>100.000 EUR</td></tr>
<tr><td>Steuerklasse II</td><td>Eltern und Großeltern (Schenkung)</td><td rowspan="7">20.000 EUR</td></tr>
<tr><td></td><td>Geschwister</td></tr>
<tr><td></td><td>Nichten und Neffen[6]</td></tr>
<tr><td></td><td>Stiefeltern</td></tr>
<tr><td></td><td>Schwiegerkinder</td></tr>
<tr><td></td><td>Schwiegereltern</td></tr>
<tr><td></td><td>geschiedener Ehegatte/Lebenspartner</td></tr>
<tr><td>Steuerklasse III</td><td>Sonstige</td><td>20.000 EUR</td></tr>
</table>

14 Bei Erwerben von Todes wegen (also nicht bei Schenkungen unter Lebenden) können dem überlebenden Ehegatten und den Kindern des Erblassers zusätzlich zu den persönlichen Freibeträgen (§ 16 ErbStG) sog. **Versorgungsfreibeträge** nach den Vorgaben des § 17 ErbStG zustehen (→ Rn. 176 ff.).

15 c) **Steuersätze.** Die Steuersätze sind (ebenso wie auch im EStG) progressiv gestaffelt. Sie richten sich zum einen nach der Steuerklasse, also dem Verwandtschaftsverhältnis der an dem steuerpflichtigen Erwerb Beteiligten, und zum anderen nach der Höhe des der Besteuerung unterliegenden Erwerbs. Insbesondere hierdurch soll eine Besteuerung nach der Leistungsfähigkeit gewährleistet werden. Insoweit regelt § 19 Abs. 1 ErbStG Folgendes:

Steuerklasse	**I**	**II**	**III**
Erwerb bis einschließlich			
75.000 EUR	7 v. H.	15 v. H.	30 v. H.
300.000 EUR	11 v. H.	20 v. H.	30 v. H.

[6] Nur bei blutsverwandten Nichten und Neffen ersten Grades; weiter entfernte und angeheiratete Nichten und Neffen gehören der Steuerklasse III an.

Steuerklasse	I	II	III
600.000 EUR	15 v. H.	25 v. H.	30 v. H.
6.000.000 EUR	19 v. H.	30 v. H.	50 v. H.
13.000.000 EUR	23 v. H.	35 v. H.	50 v. H.
26.000.000 EUR	27 v. H.	40 v. H.	50 v. H.
darüber	30 v. H.	43 v. H.	50 v. H.

Würde § 19 ErbStG allein entsprechend der vorstehenden Tabelle angewendet, führte die Überschreitung einer Wertgrenze zur Anwendung des nächsthöheren Steuersatzes und damit zu einem sprunghaften Anstieg der Steuerbelastung. Dieser Effekt wird durch den in § 19 Abs. 3 ErbStG vorgesehenen **Härteausgleich** abgemildert.[7] Dieser begrenzt die Steuer der Höhe nach und schreibt hierzu eine zweistufige Berechnung vor. Zunächst ist die Steuer nach der nächstniedrigeren (also der überschrittenen) Tarifstufe zu berechnen. Der diese Tarifstufe übersteigende Erwerb wird bei einem (auf ihrer Grundlage anwendbaren) Steuersatz bis zu 30 % maximal mit der Hälfte seines Wertes besteuert und bei einem Steuersatz über 30 % maximal zu 3/4. 16

d) **Zusammenrechnung mehrerer Erwerbe nach § 14 ErbStG (Zehn-Jahres-Zeitraum).** Um Progressionsvorteile aufgrund willkürlicher Aufteilungen beabsichtigter Zuwendungen in mehrere Einzel-Zuwendungen zu verhindern, schreibt § 14 ErbStG eine **Zusammenrechnung mehrerer Erwerbe,** die innerhalb eines Zeitraums von **zehn Jahren** von dem **gleichen Zuwendenden auf ein und denselben Empfänger** übergehen, vor.[8] Die Steuer ist in diesen Fällen auf den Gesamterwerb, also die Summe aller zusammenzurechnenden Erwerbe, zu berechnen. Das sichert zum einen, dass der persönliche Freibetrag nach § 16 ErbStG innerhalb von zehn Jahren nur einmal in Anspruch genommen werden kann, und zum anderen, dass eine Aufspaltung von Zuwendungen keine Auswirkung auf die Steuerprogression (§ 19 ErbStG) hat.[9] 17

Beginn und Ende des zehnjährigen Zusammenrechnungszeitraums werden jeweils durch den **Zeitpunkt der Steuerentstehung** (§ 9 ErbStG) für die jeweils zu betrachtenden steuerpflichtigen Erwerbe bestimmt. Die **Fristberechnung** richtet sich nach den allgemeinen Regelungen der §§ 187 ff. BGB, § 108 Abs. 1 AO. Relevant sind nur Vorerwerbe, die – bei Durchführung einer taggenauen Rückwärtsrechnung[10] vom Zeitpunkt des Letzterwerbs aus – innerhalb des Zehn-JahresZeitraums erfolgt sind.[11] 18

Praxistipp:
Die Zusammenrechnung ändert allerdings nichts daran, dass die einzelnen Zuwendungen selbstständige steuerpflichtige Erwerbe sind und bleiben.[12] Sie werden daher auch getrennt voneinander besteuert. Lediglich bei der Besteuerung des jeweils jüngsten Erwerbs werden die Vor-Erwerbe in die Bemessungsgrundlage und die darauf basierende Steuerfestsetzung einbezogen. Die für die Vor-Erwerbe festgesetzten Steuern werden auf die zuletzt festzusetzende Steuer angerechnet. Dadurch wird eine übergebührliche Belastung vermieden. Allerdings wird für den letzten Erwerb immer wenigstens die Steuer erhoben, die sich ohne Zusammenrechnung mit früheren Erwerben ergibt.[13]

---

7 Daragan/Halaczinsky/Riedel ErbStG/Halaczinsky ErbStG § 19 Rn. 16.
8 Daragan/Halaczinsky/Riedel ErbStG/Halaczinsky ErbStG § 14 Rn. 1.
9 Meincke DStR 2007, 273.
10 Vgl. BFH 28.3.2012 – II R 43/11, BStBl. II 2012, 599.
11 Daragan/Halaczinsky/Riedel ErbStG/Halaczinsky ErbStG § 14 Rn. 8.
12 BFH 17.4.1991 – II R 121/88, BStBl. II 1991, 522; BFH 7.10.1998 – II R 64/96, BStBl. II 1999, 25; R E 14.1 Abs. 1 S. 2 ErbStR 2019; Daragan/Halaczinsky/Riedel ErbStG/Halaczinsky ErbStG § 14 Rn. 2.
13 R E 14.3 Abs. 1 ErbStR 2019.

II. Persönliche Steuerpflicht

1. Allgemeines

19 Die Frage nach der persönlichen Steuerpflicht beantwortet § 2 ErbStG. Dabei wird prinzipiell zwischen unbeschränkter und beschränkter Steuerpflicht unterschieden, wobei in Bezug auf den steuerpflichtigen Erwerb von oder im Zusammenhang mit Lebensversicherungen und sonstigen Versicherungsleistungen nur die unbeschränkte sowie die erweiterte beschränkte Steuerpflicht eine tatsächliche Besteuerung auslösen können.

20 Für den Fall, dass Vermögensübergänge von einer rechtsfähigen Personengesellschaft (iSv § 14a Abs. 2 Nr. 2 AO) ausgeführt werden oder einer solchen zugutekommen, regelt § 2a ErbStG,[14] dass die jeweilige Gesellschaft im Anwendungsbereich des ErbStG als Gesamthand anzusehen ist. Als Steuerpflichtige gelten demnach die Gesellschafter, und nicht die Personengesellschaft als solche.

2. Unbeschränkte Steuerpflicht

21 Bei Bestehen einer unbeschränkten Steuerpflicht nach § 2 Abs. 1 Nr. 1 Buchst. a ErbStG unterliegt jeder sachlich steuerpflichtige Erwerb der deutschen Besteuerung. Diese erfasst also das gesamte Weltvermögen.

22 Die unbeschränkte Steuerpflicht setzt voraus, dass entweder der Erblasser/Schenker oder der Erwerber zum Zeitpunkt des Vermögensübergangs (also der möglichen Steuerentstehung, § 9 ErbStG) Inländer (iSd ErbStG) ist. Als **Inländer** gelten nach dem sog. **Wohnsitzprinzip** grundsätzlich alle natürlichen Personen, die ihren Wohnsitz (§ 8 AO) oder gewöhnlichen Aufenthalt (§ 9 AO) im Inland haben.[15] Auf die Staatsangehörigkeit kommt es nicht an. Als unbeschränkt steuerpflichtig gelten auch Körperschaften, Personenvereinigungen und Vermögensmassen, die ihren Sitz oder ihre Geschäftsleitung im Inland haben.[16]

23 Die Anforderungen an die Begründung bzw. das Beibehalten eines **inländischen Wohnsitzes** iSv § 8 AO sind vergleichsweise gering.[17] Eindeutig erfüllt sind sie, wenn eine Wohnung im Inland ständig genutzt wird und gleichzeitig die Absicht besteht, in ihr einen Wohnsitz zu haben.[18] Die melderechtliche Erfassung spielt keine entscheidende Rolle.[19] Geht es um verheiratete Personen, ist – jedenfalls bei intakter Ehe – davon auszugehen, dass jeder der Eheleute im Inland ansässig ist, wenn einer einen Wohnsitz im Inland unterhält.[20] Ausreichend ist aber bereits, dass äußerliche Merkmale erkennbar sind, deren Vorliegen die subjektive Absicht des Steuerpflichtigen, einen Wohnsitz zu begründen, indiziert.[21] Vor diesem Hintergrund kann eine Person ohne Weiteres gleichzeitig mehrere Wohnsitze sowohl im Inals auch im Ausland besitzen.[22]

24 Auch ohne Vorliegen eines inländischen Wohnsitzes kann eine unbeschränkte Steuerpflicht bestehen, nämlich dann, wenn der Steuerpflichtige seinen **gewöhnlichen Aufenthalt** iSv § 9 AO im Inland hat. Das ist der Fall, wenn er sich einem Ort (oder in einem Gebiet) unter solchen Umständen aufhält, die erkennen lassen, dass er an diesem Ort oder in diesem Gebiet nicht nur vorübergehend verweilt. Bei einem Aufenthalt, der sich

[14] Gesetz v. 10.8.2021, BGBl. I 2021, 3436.

[15] Daragan/Halaczinsky/Riedel ErbStG/Riedel ErbStG § 2 Rn. 5 ff.

[16] Vgl. Daragan/Halaczinsky/Riedel ErbStG/Riedel ErbStG § 2 Rn. 21 ff., Troll/Gebel/Jülicher/Gottschalk/Jülicher ErbStG § 2 Rn. 16.

[17] Vgl. Troll/Gebel/Jülicher/Gottschalk/Jülicher ErbStG § 2 Rn. 17; Geck ZEV 1995, 249 (250).

[18] BFH v. 23.11.1988 – II R 139/87, BStBl. II 1989, 182.

[19] BFH 27.4.1995 – III R 57/93, BFH/NV 1995, 967; FG München 28.4.2022 – 7 K 2802/17, DStRE 2023, 1515 (Ls.); Troll/Gebel/Jülicher/Gottschalk/Jülicher ErbStG § 2 Rn. 17.

[20] BFH 17.5.1995 – I R 8/94, BStBl. II 1996, 2; einschränkend FG Hamburg 12.4.2018 – 1 K 202/16, EFG 2018, 1079.

[21] Daragan/Halaczinsky/Riedel ErbStG/Riedel ErbStG § 2 Rn. 6.

[22] BFH 19.3.1997 – I R 69/96, BStBl. II 1997, 447.

über einen Zeitraum von (zusammenhängend) mehr als sechs Monaten erstreckt, ist grundsätzlich von einem gewöhnlichen Aufenthalt auszugehen (9 S. 2 AO). Der (grundsätzlich)[23] ununterbrochene Aufenthalt muss aber nicht unbedingt auf ein Kalenderjahr beschränkt sein.[24]

Grundsätzlich gilt, dass der gewöhnliche Aufenthalt die Inländereigenschaft des Betroffenen von Beginn seines Bestehens an vermittelt.[25] Im Bereich des ErbStG sollte aber davon auszugehen sein, dass unbeschränkte Steuerpflicht nur dann gegeben ist, wenn am Tag der Steuerentstehung (§ 9 ErbStG) bereits alle Tatbestandsmerkmale des gewöhnlichen Aufenthalts (§ 9 AO) verwirklicht sind.[26] 25

Nach § 2 Abs. 1 Nr. 1 Buchst. b ErbStG gelten auch deutsche Staatsangehörige, die **im Inland keinen Wohnsitz mehr** haben, sich aber **noch nicht länger als fünf Jahre dauernd im Ausland** aufhalten, weiterhin als Inländer. Die Fünf-Jahres-Frist beginnt mit der (letzten, endgültigen) Aufgabe des inländischen Wohnsitzes.[27] Ein zwischenzeitlicher gewöhnlicher Aufenthalt im Inland ist für den Lauf der Frist unschädlich.[28] Für Deutsche, die in die USA wegziehen, beträgt die Frist statt fünf sogar zehn Jahre.[29] 26

Schließlich gelten gem. § 2 Abs. 1 Nr. 1 Buchst. c ErbStG auch solche Deutsche (ohne Wohnsitz oder gewöhnlichen Aufenthalt im Inland) als Inländer, die zu einer inländischen juristischen Person des öffentlichen Rechts in einem **Dienstverhältnis** stehen, für das sie aus einer inländischen öffentlichen Kasse Arbeitslohn beziehen (zB Diplomaten, ins Ausland entsandte Beamte). Das gilt allerdings nur unter der Voraussetzung, dass die Betroffenen in ihrem Wohnsitzstaat nur in einem der beschränkten Steuerpflicht (iSv § 2 Abs. 1 Nr. 3 ErbStG) entsprechenden Umfang erbschaftsteuerpflichtig sind (§ 2 Abs. 1 Nr. 1 Buchst. c S. 2 ErbStG).[30] 27

3. Beschränkte Steuerpflicht

Ist weder der Erblasser/Schenker noch der Erwerber ein Inländer iSd § 2 Abs. 1 Nr. 1 ErbStG, unterliegt lediglich der **Übergang von** sog. **Inlandsvermögen** der Besteuerung. Dann spricht man von beschränkter Steuerpflicht (§ 2 Abs. 1 Nr. 3 ErbStG).[31] 28

Das Inlandsvermögen ist in § 121 BewG abschließend definiert.[32] Auch wenn der Anwendungsbereich von § 121 BewG durch das das Wachstumschancengesetz[33] auf den Erwerb von Ansprüchen auf die Übertragung von Gegenständen des Inlandsvermögens (§ 2 Abs. 1 Nr. 3 S. 1 ErbStG) ausgedehnt wurde, gehören Leistungsansprüche aus Versicherungsverträgen oder auch Versicherungsverträge (als solche) nach wie vor nicht zum Inlandsvermögen. Daher findet eine Erbschaftbesteuerung im Zusammenhang mit Lebensversicherungen bei nur beschränkter Steuerpflicht grundsätzlich nicht statt. 29

---

[23] Kurzfristige Unterbrechungen können unschädlich sein, vgl. BFH 27.7.1962 – VI 159/59 U, BStBl. III 1962, 429; BFH 22.6.2011 – II R 26/10, BFH/NV 2011, 2001; FG Köln 2.3.2010 – 15 K 4135/05, EFG 2010, 921.

[24] BFH 22.6.2011 – I R 26/10, BFH/NV 2011, 2001.

[25] BFH 22.6.2011 – I R 26/10, BFH/NV 2011, 2001; vgl. auch Klein/Gersch AO § 9 Rn. 4.

[26] Ebenso Troll/Gebel/Jülicher/Gottschalk/Jülicher ErbStG § 2 Rn. 20.

[27] Daragan/Halaczinsky/Riedel ErbStG/Riedel ErbStG § 2 Rn. 10; Troll/Gebel/Jülicher/Gottschalk/Jülicher ErbStG § 2 Rn. 21.

[28] Auch wenn während der Dauer dieses gewöhnlichen Aufenthalts natürlich unbeschränkte Steuerpflicht nach § 2 Abs. 1 Nr. 1 Buchst. a ErbStG besteht; vgl. auch Troll/Gebel/Jülicher/Gottschalk/Jülicher ErbStG § 2 Rn. 21.

[29] Zustimmungsgesetz 15.9.2000 (BGBl. II 2000, 1170; BStBl. I 2001, 110) zum Ergänzungsprotokoll v. 14.12.1998 zum DBA USA (BGBl. II 2001, 62, 65; BStBl. I 2001, 114); Troll/Gebel/Gottschalk/Jülicher ErbStG § 2 Rn. 22.

[30] Einzelheiten vgl. Daragan/Halaczinsky/Riedel ErbStG/Riedel ErbStG § 2 Rn. 22 ff.; Troll/Gebel/Jülicher/Gottschalk/Jülicher ErbStG § 2 Rn. 28 ff.

[31] Daragan/Halaczinsky/Riedel ErbStG/RiedelErbStG § 2 Rn. 35 ff.

[32] Nach § 121 BewG zählen zum Inlandsvermögen ua das inländische land- und forstwirt schaftliche Vermögen, das inländische Grundvermögen, das inländische Betriebsvermögen sowie die Anteile an inländischen Kapitalgesellschaften, an denen der Gesellschafter mindestens zu 10 vH mittel- oder unmittelbar beteiligt ist.

[33] Gesetz v. 27.3.2024, BGBl. 2024 I Nr. 108.

30 Eine Ausnahme gilt insoweit mitunter für die steuerpflichtige Zurückweisung eines Bezugsrechts gegen Abfindung (→ Rn. 92 ff.), da es hier auf den Gegenstand der Abfindung ankommt. Dieser kann auch in Inlandsvermögen iSv § 121 BewG bestehen (beispielsweise in Grundbesitz).

4. Erweiterte beschränkte Steuerpflicht

31 Die erweiterte beschränkte Erbschaftsteuerpflicht (§ 4 AStG) knüpft immer ausschließlich an die Person des Erblassers/Schenkers an. Auf die persönlichen Verhältnisse des Erwerbers kommt es nicht an.

32 Voraussetzung für die Anwendbarkeit von § 4 AStG ist zunächst, dass der Erblasser/Schenker den Regelungen des § 2 AStG unterliegt. Das ist der Fall, wenn er in den letzten zehn Jahren vor seinem Wegzug aus Deutschland als Deutscher[34] insgesamt mindestens fünf Jahre unbeschränkt einkommensteuerpflichtig (§ 1 Abs. 1 EStG) war und dann seinen Wohnsitz in einen ausländischen Staat verlagert hat, in dem er mit seinem Einkommen nur einer niedrigen Besteuerung[35] unterliegt (§ 2 Abs. 2 AStG). Außerdem muss der Erblasser/Schenker auch nach seinem Wegzug noch unmittelbar oder mittelbar wesentliche wirtschaftliche Interessen in der Bundesrepublik Deutschland haben (§ 2 Abs. 3 und 4 AStG). Schließlich setzt die erweiterte unbeschränkte Erbschaftsteuerpflicht nach § 4 Abs. 2 S. 1 AStG zusätzlich voraus, dass eine etwa im Ausland erhobene Erbschaftsteuer (oder eine vergleichbare Steuer) weniger als 30 vH der deutschen Erbschaftsteuer beträgt.

33 Der Anwendungsbereich der erweiterten beschränkten Steuerpflicht ist also vergleichsweise schmal. Soweit die Voraussetzungen erfüllt sind, führt dies aber dazu, dass (anders als bei der „einfachen" beschränkten Steuerpflicht) auch Versicherungsansprüche gegen Versicherungsunternehmen im Inland der Besteuerung unterliegen.[36]

III. Sachliche Steuerpflicht

1. Allgemeines – Bereicherungsprinzip

34 Eine Besteuerung mit Erbschaft- oder Schenkungsteuer setzt grundsätzlich eine **unentgeltliche Bereicherung** des Empfängers (Erben/Beschenkten) voraus. Soweit der empfangenen Leistung eine Gegenleistung gegenübersteht, ist eine unentgeltliche Bereicherung ausgeschlossen.

35 Vor diesem Hintergrund kommt eine Erbschaft- bzw. Schenkungsteuerpflicht von vornherein nicht in Betracht, wenn (bzw. soweit) der **Versicherungsnehmer selbst eine Versicherungsleistung vereinnahmt.**[37] Das betrifft diejenigen Fälle, in denen der Versicherungsnehmer die Versicherung auf das Leben einer anderen Person genommen hat.[38]

36 Im Übrigen kommt es für die Steuerbarkeit von Erwerben aufgrund **Verträge zugunsten Dritter** (§ 328 BGB entscheidend auf das Valutaverhältnis bzw. den diesem zugrunde

[34] Insoweit kommt es allein auf die Staatsangehörigkeit an. Vgl. Daragan/Halaczinsky/Riedel ErbStG/Riedel ErbStG § 2 Rn. 44; Troll/Gebel/Jülicher/Gottschalk/Jülicher ErbStG § 2 Rn. 80.

[35] Vgl. hierzu Troll/Gebel/Jülicher/Gottschalk/Gottschalk ErbStG § 3 Rn. 81 unter Hinweis auf Anlage 1 zum früheren AEAStG v. 14.5.2004, BStBl. I 2002 Sondernr. 1.

[36] Vgl. Anwendungserlass zum AStG v. 22.12.2023, BStBl. I 2023, Sondernr. 1 S. 2, Aufzählung unter lfd. Nr. 7.

[37] Hier fehlt es bereits an einem die Steuerbarkeit statuierenden Tatbestand; vgl. im Übrigen Scherer BB 2004, 5, 7; Stenger/Loose ErbStG § 3 Rn. 290; Meincke/Hannes/Holtz ErbStG § 3 Rn. 90; MAH ErbR/Hammes/Krause § 47 Rn. 114.

[38] Troll/Gebel/Jülicher/Gottschalk/Gottschalk ErbStG § 3 Rn. 290; MAH ErbR/Hammes/Krause § 47 Rn. 114; BFH 13.5.1998 – II R 60/95, DStRE 1998, 967; FG Düsseldorf 2.4.2014 – 4 K 3718/12 Erb, ZEV 2014, 381; MAH ErbR/Hammes/Krause § 47 Rn. 116; Troll/Gebel/Jülicher/Gottschalk/Gottschalk ErbStG § 3 Rn. 277; Stenger/Loose/Götz ErbStG § 3 Rn. 230a; Geck/Messer ZEV-Report Steuerrecht 2000, 21.

liegenden Rechtsgrund an,[39] wobei prinzipiell den Bezugsberechtigten die Feststellungslast dafür trifft, dass im Valutaverhältnis keine unentgeltliche Zuwendung vorliegt.[40]

Soweit also aus einem anderen Rechtsgrund (als einer Schenkung) ein Anspruch des Bezugsberechtigten gegen den Versicherungsnehmer besteht, kommt ein steuerbarer Erwerb nach § 3 Abs. 1 Nr. 4 ErbStG nicht in Frage. Dies gilt beispielsweise dann, wenn durch die Versicherungsleistung eine Verbindlichkeit des Versicherungsnehmers (gegenüber dem Bezugsberechtigten) getilgt wird[41] oder sie der Sicherung einer solchen Verbindlichkeit dient. 37

Liegt eine Verbindlichkeit des Versicherungsnehmers gegenüber dem Bezugsberechtigten nicht vor, zahlt dieser aber nach dem Eintritt des Versicherungsfalls freiwillig (oder weil er Erbe ist) Schulden des Erblassers, hat dies auf die Steuerpflicht nach § 3 Abs. 1 Nr. 4 ErbStG keinen Einfluss.[42] Das gilt zB auch, wenn eine Lebensgefährtin, die nicht gleichzeitig als Erbin eingesetzt war, freiwillig die Schulden des verstorbenen Lebensgefährten aus einer Geschäftsauflösung zahlt.[43] Soweit der Bezugsberechtigte nicht Erbe ist, liegen insoweit auch weder abziehbare Nachlassverbindlichkeiten noch Erwerbskosten vor.[44] 38

Gemäß dem Bereicherungsprinzip ist eine Steuerpflicht im Übrigen ausgeschlossen, wenn (bzw. soweit) der Erwerber (Dritte) – unabhängig von der Frage, wer Vertragspartner des Versicherers ist – die **Prämien gezahlt** hat.[45] Dies gilt zB dann, wenn ein Ehegatte die Prämienverpflichtung seines Partners für eine von diesem abgeschlossene Rentenversicherung mit Mindestlaufzeit übernimmt und nach dem Tod des Versicherungsnehmers selbst leistungsberechtigt ist bzw. wird. 39

Anders ist die Situation aber, wenn der/die Bezugsberechtigte dem Versicherungsnehmer die Mittel für die Prämienzahlungen **geliehen** und bis zum Tode nicht zurückerhalten hat.[46] Dann besteht beim Tod des Versicherungsnehmers nach wie vor eine Verbindlichkeit im Hinblick auf die geliehenen Prämien. Die Vereinnahmung der Versicherungsleistung durch den Bezugsberechtigten unterliegt der Besteuerung nach § 3 Abs. 1 Nr. 4 ErbStG. Sofern die Forderung auf die Prämienrückzahlung nicht realisiert werden kann (also wirtschaftlich ausfällt), führt dies jedoch zu abziehbaren Kosten des Erwerbs von Todes wegen gem. § 10 Abs. 5 Nr. 3 ErbStG.[47] 40

Zahlt der Bezugsberechtigte nur einen Teil der Prämien, liegt im Valutaverhältnis nur eine teilweise Unentgeltlichkeit vor; der Wert des steuerpflichtigen Erwerbs ist dann entsprechend dem Verhältnis der Prämienzahlungen zueinander aufzuteilen.[48] 41

2. Erwerbe von Todes wegen

a) Erwerb durch Erbanfall, Vermächtnis oder geltend gemachten Pflichtteil, § 3 Abs. 1 Nr. 1 ErbStG. aa) Erwerb durch Erbanfall und/oder Vermächtnis. In bestimmten Fällen löst der Tod des Versicherungsnehmers nicht den Versicherungsfall aus, sondern führt stattdessen zum **Übergang des Vertragsverhältnisses** auf den oder die Erben. Das gilt immer dann, wenn die Versicherung auf das Leben eines anderen (also nicht des 42

[39] Troll/Gebel/Jülicher/Gottschalk/Gottschalk ErbStG § 3 Rn. 293; FG München 14.4.1999 – 4 K 442/95, UVR 1999, 442; Niedersächsisches FG 24.2.1999 – III 334/94, EFG 1999, 1141; Geck/Messer ZEV-Report Steuerrecht 2000, 21; MAH ErbR/Hammes/Krause § 47 Rn. 116.

[40] BFH 27.11.1985 – II R 148/82, BStBl. II 1986, 265; BFH 8.8.1999 – II B 59/99, BFH/NV 2000, 190; Meincke/Hannes/Holtz ErbStG § 3 Rn. 91; MAH ErbR/Hammes/Krause § 47 Rn. 54.

[41] BFH 17.5.2000 – II B 72/99, BFH/NV 2001, 39.

[42] FG Rheinland-Pfalz 15.9.1997 – 4 K 2795/96, BeckRS 1997, 30890210.

[43] BFH 17.5.2000 – II B 72/99, BFH/NV 2001, 34.

[44] R E 3.7 Abs. 2 S. 2 ERbStR 2019.

[45] BFH 18.9.2013 – II R 29/11, BStBl. II 2014, 261 = ErbStB 2014, 61 mAnm Kirschstein; Troll/Gebel/Jülicher/Gottschalk/Gottschalk ErbStG § 3 Rn. 293.

[46] MAH ErbR/Hammes/Krause § 47 Rn. 60.

[47] FG München 25.3.1998 – 4 K 2574/94, EFG 1999, 660 = UVR 1999, 187; MAH ErbR/Hammes/Krause § 47 Rn. 94.

[48] Troll/Gebel/Jülicher/Gottschalk/Gottschalk ErbStG § 3 Rn. 293; R E 3.7 Abs. 2 S. 2 ERbStR 2019.

Versicherungsnehmers) genommen ist. In diesem Fall bildet der Versicherungsvertrag als solcher (bzw. der von ihm repräsentierte Wert) den Gegenstand eines steuerpflichtigen Erwerbs nach § 3 Abs. 1 Nr. 1 ErbStG.[49] Hier geht es um den Erwerb noch nicht fälliger Versicherungsansprüche, die nach § 12 Abs. 4 BewG zu bewerten sind[50] (→ Rn. 157 ff.).

43 Ebenfalls unter § 3 Abs. 1 Nr. 1 ErbStG fallen auch die Konstellationen, in denen zwar Versicherungsnehmer und versicherte Person identisch sind, aber die Benennung eines **Bezugsberechtigten fehlt.** Denn hier fällt die **Versicherungsleistung in den Nachlass,** steht also dem Gesamtrechtsnachfolger (und nicht etwaigen Bezugsberechtigten) zu.[51]

44 Einen Unterfall dieser Kategorie bilden die Sachverhalte, bei denen Versicherungsleistungen ganz oder teilweise als Sicherheiten an Kreditgeber abgetreten wurden. Denn eine solche Abtretung gilt – jedenfalls soweit sie reicht – als Widerruf eines etwa eingeräumten Bezugsrechts mit der Folge, dass der zur Bedienung der gesicherten Verbindlichkeit abgetretene Teil der Versicherungssumme in den Nachlass fällt.[52]

45 Erhält der Erbe nach dem Tod des Versicherungsnehmers einer noch nicht fälligen Rentenversicherung (bei der der Versicherungsnehmer/Erblasser versicherte Person ist und zB der vereinbarte Zeitpunkt des Beginns der Rentenzahlung noch nicht eingetreten war) die eingezahlten Versicherungsbeiträge zurück, unterliegt der Besteuerung nach § 3 Abs. 1 Nr. 1 ErbStG auch diese Beitragsrückgewähr.

46 Hat der Erblasser als Versicherungsnehmer zu seinen Lebzeiten einen **Bezugsberechtigten benannt,** mit diesem aber keine abschließende Vereinbarung über das Valutaverhältnis getroffen, oder fällt das Valutaverhältnis nachträglich weg, erfolgt die Leistung an den Bezugsberechtigten im Verhältnis zum Versicherungsnehmer bzw. dessen Erben ohne Rechtsgrund. Das gilt insbesondere dann, wenn der Erblasser den Bezugsberechtigten beschenken wollte, der Schenkungsvertrag aber zu seinen Lebzeiten nicht (wirksam) zustande gekommen ist und auch nicht postmortal zustande kommt (beispielsweise wegen eines Widerrufs des Schenkungsangebots durch die Erben vor Annahme).[53] In diesen Fällen ist der Bezugsberechtigte auf Kosten des Nachlasses ungerechtfertigt bereichert und demzufolge zur Herausgabe des Erlangten an den Nachlass verpflichtet. Dieser Bereicherungsanspruch ist selbstverständlich Teil des Erwerbs (des Erben) von Todes wegen iSv § 3 Abs. 1 Nr. 1 ErbStG.[54]

47 Schließlich findet ein Erwerb durch Erbanfall auch dann statt, wenn Versicherungsnehmer und versicherte Person nicht identisch sind, aber die Versicherungsleistung von vornherein der versicherten Person zustehen soll. Ist hier als Versicherungsfall der Tod der versicherten Person definiert, gehört der Anspruch auf die Versicherungsleistung zu deren Nachlass.[55]

48 Das gilt zB auch für Ansprüche aus einer Kfz-Insassen-Unfallversicherung.[56] Denn hier erwerben die Erben des tödlich verunglückten Insassen die Versicherungsleistung als Teil seines Nachlasses.[57] Eine andere Beurteilung ergibt sich nur, wenn der Erblasser/

---

[49] MAH ErbR/Hammes/Krause § 47 Rn. 60.

[50] Troll/Gebel/Jülicher/Gottschalk/Gottschalk ErbStG § 3 Rn. 290; Fromm DStR 2005, 1454 u. 1969; Halaczinsky ZErb 2002, 306 (310); aA. Fiedler DStR 2001, 1648(1650) u. DStR 2005, 1966.

[51] BGH 8.2.1960 – II ZR 136/58, NJW 1960, 912; BGH 8.5.1996 – IV ZR 112/95, NJW 1996, 2230; MAH ErbR/Hammes/Krause § 47 Rn. 60.

[52] BGH 8.5.1996 – IV ZR 112/95, NJW 1996, 2230.

[53] Vgl. hierzu Birkenbeil/Holler ErbR 2022, 894 (895).

[54] Troll/Gebel/Jülicher/Gottschalk/Gottschalk ErbStG § 3 Rn. 281.

[55] Troll/Gebel/Jülicher/Gottschalk/Gebel ErbStG § 10 Rn. 21.

[56] BFH 16.1.1963 – II 21/61 U, BStBl. III 1963, 187; BFH 28.9.1993 – II R 39/92, BStBl. II 1994, 36; Troll/Gebel/Jülicher/Gottschalk/Gebel ErbStG § 10 Rn. 21; Troll/Gebel/Jülicher/Gottschalk/Gottschalk ErbStG § 3 Rn. 291.

[57] BGH 8.2.1960 – II ZR 136/58, BGHZ 32, 44; Troll/Gebel/Jülicher/Gottschalk/Gottschalk ErbStG § 3 Rn. 291.

Versicherte schriftlich eingewilligt hat, dass die Versicherung für eigene Rechnung des Versicherungsnehmers (idR Kfz-Halter) abgeschlossen wird.[58]

Ungeachtet der Frage der Einwilligung des Versicherten kann nur der Versicherungsnehmer (nicht aber der Versicherte oder dessen Rechtsnachfolger) den vertraglichen Leistungsanspruch gegen den Versicherer geltend machen. Dies kann sich im Einzelfall auf die Bewertung des (dem Erben des Versicherten zustehenden) Anspruchs auswirken.[59] 49

Leistungen aus einer Luftfahrt-Unfallpflichtversicherung, die den Erben nach dem Tod eines verunglückten Fluggastes zustehen, sind hingegen erbschaftsteuerfrei.[60] Nach Auffassung des BFH[61] dienen sie der Abgeltung von Schadensersatzansprüchen der Hinterbliebenen und sind dementsprechend nicht steuerbar. Sie fallen daher weder unter § 3 Abs. 1 Nr. 1 ErbStG noch unter § 3 Abs. 1 Nr. 4 ErbStG. 50

Soweit nach den vorstehenden Grundsätzen eine Nachlasszugehörigkeit des Anspruchs auf die Versicherungsleistung besteht, kann dieser selbstverständlich auch Gegenstand letztwilliger Verfügungen, insbesondere von **Vermächtnisanordnungen,** sein. Der Erblasser hat also die Möglichkeit, den Versicherungsanspruch einzelnen Erben oder auch Nicht-Erben zuzuwenden. In diesem Fall gelten diese als Erwerber iSv § 3 Abs. 1 Nr. 1 ErbStG. Aus der Sicht der mit etwaigen Vermächtnissen beschwerten Erben liegen insoweit Nachlassverbindlichkeiten (§ 10 Abs. 5 Nr. 2 ErbStG) vor. 51

bb) Sonderfall: Rückforderung durch Schlusserben (§ 2287 BGB). Soweit der durch ein bindendes gemeinschaftliches Testament (oder einen Erbvertrag) gebundene Erblasser – entgegen den Regelungen zur Schlusserbfolge – lebzeitig schenkweise eine Bezugsberechtigung einräumt, kann dies zu Ansprüchen der benachteiligten Schlusserben nach § 2287 BGB führen (ausführlich → § 6 Rn. 1 ff.). 52

Soweit eine derartige Forderung tatsächlich besteht, gehört sie zum Erwerb des Anspruchsberechtigten (Schlusserben oder Vertragserben) von Todes wegen nach § 3 Abs. 2 Nr. 7 ErbStG.[62] Beim Verpflichteten liegen (soweit er aus dem Erbfall einen steuerpflichtigen Erwerb hat) spiegelbildlich Nachlassverbindlichkeiten iSv § 10 Abs. 5 ErbStG vor. 53

cc) Geltend gemachter Pflichtteilsanspruch. Als Erwerb von Todes wegen iSv § 3 Abs. 1 Nr. 1 ErbStG gilt auch der geltend gemachte Pflichtteilsanspruch. 54

Soweit eine Versicherungsleistung in den Nachlass fällt (und nicht „am Nachlass vorbei" an einen Bezugsberechtigten), ist sie als Teil des Nachlassvermögens auch Teil der Bemessungsgrundlage für den ordentlichen Pflichtteilsanspruch (§ 2303 BGB). Insoweit gelten auch erbschaftsteuerlich keine Besonderheiten. 55

Entscheidend ist allein, wann der Pflichtteil tatsächlich iSd ErbStG geltend gemacht ist. Die **Geltendmachung** setzt grundsätzlich das ernstliche Verlangen der Erfüllung des Pflichtteilsanspruchs gegenüber dem Erben voraus.[63] Der Berechtigte muss seinen Entschluss, die Erfüllung des Pflichtteils zu verlangen, in geeigneter Weise bekunden.[64] Die Geltendmachung von Auskunftsansprüchen reicht hierfür idR nicht aus. In der Praxis empfiehlt sich jedoch eine klare Formulierung bzw. die Klarstellung, dass noch keine Geltendmachung iSv § 3 Abs. 1 Nr. 1 ErbStG gewollt ist. 56

---

[58] In diesem Fall ist auch die Benennung eines Bezugsberechtigten möglich; vgl. auch Troll/Gebel/Jülicher/Gottschalk/Gottschalk ErbStG § 3 Rn. 291.

[59] BFH 28.9.1993 – II R 39/92, BStBl. II 1994, 36; vgl. auch Troll/Gebel/Jülicher/Gottschalk/Gottschalk ErbStG § 3 Rn. 291.

[60] Troll/Gebel/Jülicher/Gottschalk/Gottschalk ErbStG § 3 Rn. 292.

[61] BFH 11.10.1978 – II R 46/76, BStBl. II 1979, 115.

[62] Daragan/Halaczinsky/Riedel ErbStG/Griesel ErbStG § 3 Rn. 98.

[63] So schon RFH 19.4.1929 – V A 908/28, RFHE 25, 121.

[64] BFH 30.4.2003 – II R 6/01, BFH/NV 2004, 341.

57 Hinsichtlich der **Bewertung** gelten keine erbschaftsteuerlichen bzw. bewertungsrechtlichen Besonderheiten. Der Pflichtteilsanspruch ist ein reiner Geldanspruch,[65] der auch als solcher mit seinem Nennwert (§ 12 Abs. 1 BewG) der Erbschaftsteuer unterliegt.[66]

58 Soweit der Versicherungsnehmer/Erblasser einen **Bezugsberechtigten** benannt hat, fällt die Versicherungsleistung nicht in den Nachlass und kann daher auch für den ordentlichen Pflichtteil (§ 2303 BGB) keine Rolle spielen. In Betracht kommen aber **Pflichtteilsergänzungsansprüche** nach § 2325 BGB[67] (ausführlich → § 8 Rn. 1 ff.). Auch diese unterliegen der Besteuerung nach § 3 Abs. 1 Nr. 1 ErbStG.

59 Zivilrechtlich ist nach Auffassung des BGH[68] der **Rückkaufswert** in der logischen Sekunde vor dem Tod des Erblassers für die Bemessung von Pflichtteilsergänzungsansprüchen maßgeblich. Dies schlägt dementsprechend auch auf die steuerliche Bemessungsgrundlage durch.

60 dd) **Steuerentstehung.** Die Steuer entsteht in allen Fällen des § 3 Abs. 1 Nr. 1 ErbStG nach § 9 Abs. 1 Nr. 1 ErbStG grundsätzlich mit dem **Tod des Erblassers.** Das gilt auch dann, wenn ein unwiderrufliches Bezugsrecht (zu Lebzeiten des Erblassers/Versicherungsnehmers) eingeräumt wurde.[69] Hängt der Erwerb (beispielsweise eines Vermächtnisses) von einer Bedingung ab, ist der Zeitpunkt der Steuerentstehung nach § 9 Abs. 1 Nr. 1 Buchst. a) ErbStG bis zum Bedingungseintritt aufgeschoben.[70] Die aufgeschobene Fälligkeit eines (bereits entstandenen) Anspruchs steht der Steuerentstehung aber nicht entgegen.[71] Sie wirkt sich auch nur ausnahmsweise auf die Bewertung aus (siehe hierzu → Rn. 128 ff.).

61 b) **Erwerb aufgrund Vertrages zugunsten Dritter, § 3 Abs. 1 Nr. 4 ErbStG. aa) Erwerb durch einen „Dritten".** § 3 Abs. 1 Nr. 4 ErbStG normiert einen eigenständigen steuerpflichtigen Erwerb von Todes wegen im Hinblick auf solche Vermögensvorteile, die aufgrund eines vom Erblasser geschlossenen Vertrages bei dessen (des Erblassers) Tod **von einem Dritten unmittelbar erworben** werden.[72]

62 Hier geht es also um Leistungsansprüche, die **unmittelbar in der Person des Begünstigten entstehen** und daher nie zum Vermögen des Erblassers zählten, so dass sie auch nicht zu seinem Nachlass gehören können.[73] Daraus folgt, dass Erwerbe nach § 3 Abs. 1 Nr. 4 ErbStG sowohl für Erben (neben dem Erwerb durch Erbanfall, § 3 Abs. 1 Nr. 1 ErbStG) als auch für Nicht-Erben in Betracht kommen.

63 Soweit eine Nachlasszugehörigkeit des (Versicherungs-)Anspruchs nicht gegeben ist, scheidet eine Besteuerung nach § 3 Abs. 1 Nr. 1 ErbStG aus.[74] Hier ist der Anwendungsbereich von § 3 Abs. 1 Nr. 4 ErbStG eröffnet.

64 Voraussetzung für eine Besteuerung nach § 3 Abs. 1 Nr. 4 ErbStG ist das Bestehen eines vom Erblasser begründeten Vertragsverhältnisses, aus dem sich der Leistungsanspruch des Begünstigten ergibt.[75] Daher fallen Ansprüche, die im Todesfall kraft Gesetzes entstehen (→ Rn. 77 ff.), von vornherein nicht unter § 3 Abs. 1 Nr. 4 ErbStG,[76] ebenso wenig einseitige Rechtsgeschäfte des Erblassers.[77]

---

65 Daragan/Halaczinsky/Riedel ErbStG/Griesel ErbStG § 3 Rn. 53.

66 Daragan/Halaczinsky/Riedel ErbStG/Griesel ErbStG § 3 Rn. 57.

67 Damrau/Tanck/Riedel Erbrecht § 2325 Rn. 77 ff.

68 BGH 28.4.2010 – IV ZR 73/08, ZErb 2010, 189.

69 BFH 4.8.1999 – II B 59/99, ZEV 2000, 74; Meincke/Hannes/Holtz ErbStG § 3 Rn. 85.

70 Vgl. auch Rn. 134, 135.

71 Vgl. BFH 7.10.2009 – II R 27/07, BFH/NV 2010, 891.

72 Meincke/Hannes/Holtz ErbStG § 3 Rn. 83; Troll/Gebel/Jülicher/Gottschalk/Gottschalk ErbStG § 3 Rn. 288.

73 Troll/Gebel/Jülicher/Gottschalk/Gottschalk ErbStG § 3 Rn. 274.

74 MAH ErbR/Hammes/Krause § 47 Rn. 83; aA aber noch FG Saarland 12.12.1995 – 2 K 130/93, EFG 1996, 477.

75 Meincke/Hannes/Holtz ErbStG § 3 Rn. 84.

76 Troll/Gebel/Jülicher/Gottschalk/Gottschalk ErbStG § 3 Rn. 274.

77 FG Köln 27.2.2019 – 7 K 3003/16, EFG 2020, 52; FG Düsseldorf 2.4.2014 – 4 K 3718/12 Erb, ZEV 2014, 381; Meincke/Hannes/Holtz ErbStG § 3 Rn. 84; aA aber noch FG Bremen 16.6.2010 – 1 K 18/10 (5), DStRE 2011, 361 (362).

bb) Bezugsrecht und Valutaverhältnis. Die Bestimmung des Bezugsberechtigten kann in verschiedenen Konstellationen praktische und rechtliche Schwierigkeiten bergen. So können beispielsweise die Erben oder sonstige Gläubiger sowie ggf. ein Nachlassinsolvenzverwalter[78] mitunter sogar verhindern, dass die Bezugsberechtigung wirksam wird (§ 130 Abs. 1 S. 2 BGB).[79] Vgl. hierzu näher → § 1 Rn. 218 ff. 65

Praxistipp:

Aus erbschaftsteuerlicher Sicht kommt es natürlich ausschließlich auf die „endgültige" zivilrechtlich tatsächlich bestehende Bezugsberechtigung an. Bis diese feststeht, kann die Besteuerung bzw. Steuerfestsetzung bestenfalls vorläufig erfolgen (oder – solange keine Festsetzungsverjährung droht – zunächst unterbleiben). Wird die Steuer vor endgültiger Klärung der Zivilrechtslage gegen einen (vielleicht nur vermeintlichen) Bezugsberechtigten festgesetzt, sollte Einspruch eingelegt und das Einspruchsverfahren ausgesetzt werden (§ 363 Abs. 1 AO).

Einen klassischen Anwendungsfall von § 3 Abs. 1 Nr. 4 ErbStG bildet der **Erwerb einer Lebensversicherungsleistung durch einen Bezugsberechtigten.**[80] Entscheidend ist dabei, dass Versicherungsnehmer und Erblasser identisch sein müssen und der Leistungsanspruch in der Person des Bezugsberechtigten entsteht. 66

Diese Voraussetzung ist bei der namentlichen Benennung eines Bezugsberechtigten unproblematisch erfüllt.[81] Möglich ist aber auch eine Benennung „der Erben" als Bezugsberechtigte. Diese hat zur Folge, dass die – gesetzlichen oder testamentarischen – Erben als Bezugsberechtigte gelten und somit den (ggf. anteiligen) Leistungsanspruch nicht durch Gesamtrechtsnachfolge (§ 1922 BGB), sondern unmittelbar, also am Nachlass vorbei, erwerben.[82] 67

Eine besondere Art der Bezugsberechtigung besteht auch, wenn der (ursprüngliche) Versicherungsnehmer/Erblasser die Versicherung auf das Leben eines anderen genommen, einen Bezugsberechtigten benannt und außerdem mit dem Versicherer vereinbart hat, dass dieser Bezugsberechtigte nach dem Tod des Erblassers die Versicherung (einschließlich angesparter Guthaben und Überschussbeteiligungen) im eigenen Namen weiterführen soll. Hier liegt hinsichtlich des angesparten Guthabens ein steuerpflichtiger Erwerb nach § 3 Abs. 1 Nr. 4 ErbStG vor. Gegenstand der Bereicherung ist der Vertrag als solcher, also ein noch nicht fälliger Anspruch iSv § 12 Abs. 4 BewG (→ Rn. 138 ff.). 68

Die Besteuerung nach § 3 Abs. 1 Nr. 4 ErbStG knüpft im Übrigen allein an das **Valutaverhältnis,** also den Rechtsgrund der Leistung im Verhältnis zwischen dem Erblasser und dem Begünstigten, an.[83] Dieses muss alle objektiven und subjektiven Merkmale des steuerlichen Zuwendungstatbestands erfüllen. Demzufolge kommt eine Besteuerung nur dann in Betracht, wenn bzw. soweit die Zuwendung im Valutaverhältnis vollständig oder wenigstens teilweise unentgeltlich erfolgt.[84] Dies entspricht (mittlerweile[85]) auch der 69

[78] Jünemann ZErb 2010, 342.
[79] Birkenbeil/Holler ErbR 2022, 894 (895).
[80] Troll/Gebel/Jülicher/Gottschalk/Gottschalk ErbStG § 3 Rn. 288. Gleichgestellt sind Leistungen von Selbsthilfeeinrichtungen, die bei Tod eines Mitglieds umlagefinanzierte Leistungen an bestimmte Begünstigte (Bezugsberechtigte) erbringen, vgl. Troll/Gebel/Jülicher/Gottschalk/Gottschalk ErbStG § 3 Rn. 289 unter Hinweis auf FinMin NRW 30.9.1993 – S 3730 - 17 – V A 2, DStr 1994, 25.
[81] Troll/Gebel/Jülicher/Gottschalk/Gottschalk ErbStG § 3 Rn. 288; Meincke/Hannes/Holtz ErbStG § 3 Rn. 83; MAH ErbR/Hammes/Krause § 47 Rn. 69, 71.
[82] BGH 8.2.1960 – II ZR 136/58, BGHZ 32, 44.
[83] Ob Unentgeltlichkeit (auch) im Deckungsverhältnis vorliegt, spielt keine Rolle; Troll/Gebel/Jülicher/Gottschalk/Gottschalk ErbStG § 3 Rn. 277; Stenger/Loose/Götz ErbStG § 3 Rn. 230a; MAH ErbR/Hammes/Krause § 47 Rn. 62.
[84] Vgl. RFH 31.5.1931 – I D 1/30, RStBl. 1931, 559; FinMin NRW 26.4.1999, DStZ 1999, 583; Gebel UVR 1993, 11; Troll/Gebel/Jülicher/Gottschalk/Gottschalk ErbStG, § 3 Rn. 278 mwN.
[85] Vgl. hierzu Troll/Gebel/Jülicher/Gottschalk/Gottschalk ErbStG § 3 Rn. 278.

Sichtweise des BFH.[86] Die Unentgeltlichkeit ist ausgeschlossen, soweit der Bezugsberechtigte selbst die Versicherungsprämien getragen hat[87] (vgl. → Rn. 39).

70 cc) **Versorgungsleistungen/Hinterbliebenenbezüge auf vertraglicher Grundlage.** Eine Steuerpflicht nach § 3 Abs. 1 Nr. 4 ErbStG kann – neben Lebensversicherungen – prinzipiell **alle Hinterbliebenenversorgungen auf vertraglicher Grundlage** erfassen. Voraussetzung ist, wie gesagt, dass die Leistungspflicht des Versprechenden auf einer Vereinbarung mit dem Erblasser beruhen und dass sie durch den Tod des Erblassers (selbst) ausgelöst sein muss (→ Rn. 61 f.). Eine solche Vereinbarung kann auch Inhalt eines Gesellschafts- oder Arbeits- bzw. Dienstvertrages sein.

71 Im Hinblick auf Arbeitsverhältnisse (im steuerlichen Sinne[88]) geht die Finanzverwaltung (basierend auf der Rechtsprechung des BFH[89]) davon aus, dass alle auf Dienst- oder Arbeitsvertrag beruhenden **Witwenrenten** nicht der Erbschaftsteuer unterliegen.[90] Maßgeblich ist insoweit in erster Linie die lohnsteuerliche Behandlung beim Verstorbenen.[91] Auch der Erwerb eines (auf einem Arbeitsverhältnis beruhenden) Anspruchs aus einer Direktversicherung fällt nicht unter § 3 Abs. 1 Nr. 4 ErbStG, wenn der Bezugsberechtigte die persönlichen Voraussetzungen für den Bezug einer Rente aus der gesetzlichen Rentenversicherung (nach §§ 46–48 SGB VI) erfüllt.[92] Das gilt sowohl für wiederkehrende Bezüge als auch für Einmalzahlungen.[93]

72 Eine arbeitnehmerähnliche Stellung (die zur Anwendbarkeit der soeben dargestellten Grundsätze und damit zur Nichtsteuerbarkeit von Versorgungsbezügen führt) kann auch bei Gesellschaftern bzw. Gesellschafter-Geschäftsführern angenommen werden.[94] Voraussetzung hierfür ist, dass jedenfalls im Innenverhältnis eine Weisungsgebundenheit (ähnlich der eines Arbeitnehmers) bestehen muss.[95]

73 Bei einem Gesellschafter-Geschäftsführer einer Kapitalgesellschaft kann dies grundsätzlich nur für Minderheitsgesellschafter gelten,[96] bei geschäftsführenden Gesellschaftern von Personengesellschaften nur dann, wenn diese nur in geringem Umfang an Vermögen und Gewinn beteiligt sind, nur ein geringes Haftungsrisiko tragen und auch nur über eingeschränkte Stimmrechte verfügen.[97]Auch Gesellschafter einer Freiberufler-Sozietät sind grundsätzlich keine Angestellten und auch nicht mit ihnen vergleichbar, soweit sie selbständig und eigenverantwortlich arbeiten.[98]

---

[86] BFH 24.10.2001 – II R 10/00, BStBl. II 2002, 153, ZEV 2002, 118 mAnm Gebel; vgl. auch BFH 1.7.2008 – II R 38/07, BStBl. II 2008, 876.

[87] BFH 18.9.2013 – II R 29/11, DStR 2014, 137; vgl. auch R E 3.7 Abs. 2 S. 3 u. 4 ErbStR 2019; MAH ErbR/Hammes/Krause § 47 Rn. 116.

[88] Vgl. R E 3.5 Abs. 2 S. 3 ff. ErbStR 2019; Troll/Gebel/Jülicher/Gottschalk/Gottschalk ErbStG § 3 Rn. 306.

[89] BFH 18.12.2013 – II R 55/12, BStBl. II 2014, 323; BFH 20.5.1981 – II R 11/81, BStBl. II 1981, 715; BFH 20.5.1981 – II R 33/78, BStBl. II 1982, 27.

[90] R E 3.5 Abs. 3 ErbStR 2019; vgl. auch FinMin Ba-Wü 15.9.2005 – 3 – S 3800/16, DStR 2005, 1646; Troll/Gebel/Jülicher/Gottschalk/Gottschalk ErbStG § 3 Rn. 305.

[91] Troll/Gebel/Jülicher/Gottschalk/Gottschalk ErbStG § 3 Rn. 300; Meincke/Hannes/Holtz ErbStG § 3 Rn. 94.

[92] BFH 18.12.2013 – II R 55/12, BStBl. II 2014, 323 = SteuK 2014, 128 mAnm Tölle = ErbStB 2014, 62 mAnm Günther; vgl. auch Troll/Gebel/Jülicher/Gottschalk/Gottschalk ErbStG § 3 Rn. 304.

[93] Troll/Gebel/Jülicher/Gottschalk/Gottschalk ErbStG § 3 Rn. 305.

[94] Meincke/Hannes/Holtz ErbStG § 3 Rn. 102.

[95] FG Münster 22.8.2024 – 3 K 2907/22 Erb, DStRE 2025, 665; R E 3.5 Abs. 4 S. 2 ErbStR 2019; Stenger/Loose/Götz ErbStG § 3 Rn. 237b; Troll/Gebel/Jülicher/Gottschalk/Gottschalk ErbStG § 3 Rn. 309; MAH ErbR/Hammes/Krause § 47 Rn. 103.

[96] BFH 13.12.1989 – II R 23/85, BStBl. II 1990, 322; MAH ErbR/Hammes/Krause § 47 Rn. 103.

[97] BFH 13.12.1989 – II R 31/89, BStBl. II 1990, 325; Stenger/Loose/Götz ErbStG § 3 Rn. 237a.

[98] BFH 12.12.1989 – II R 211/85, BStBl. II 1990, 325; Troll/Gebel/Jülicher/Gottschalk/Gottschalk ErbStG § 3 Rn. 309.

Im Übrigen darf auch ein Minderheitsgesellschafter keine so starke Stellung haben, dass ihm (faktisch) ein beherrschender Einfluss auf die Geschicke der Gesellschaft zukommt[99] und/oder er Entscheidungen verhindern kann.[100] 74

Maßgeblicher Zeitpunkt für die Beurteilung der (faktisch) beherrschenden Stellung ist der der Vereinbarung über die Hinterbliebenenversorgung (nicht der Todes- bzw. Erbfall).[101] 75

Die Finanzverwaltung hat in H E 3.5 ErbStR 2019[102] die Entscheidungskriterien übersichtlich zusammengefasst und in Form folgender Entscheidungshilfe dargestellt: 76

I. Selbstkontrahierung? Abbedingung des Selbstkontrahierungsverbots nach § 181 BGB	ja → nein ↓	Indiz gegen ein abhängiges Beschäftigungsverhältnis
II. Branchenkenntnisse? Der Geschäftsführer verfügt als einziger Gesellschafter über für die Führung des Betriebs notwendige Branchenkenntnisse	ja → nein ↓	Indiz gegen ein abhängiges Beschäftigungsverhältnis, da die anderen Gesellschafter nicht oder kaum in der Lage sind, dem Geschäftsführer Weisungen zu erteilen
III. Bindung an Zeit, Dauer und Ort der Arbeitsleistung? Es kommt nicht allein darauf an, inwieweit die Sachentscheidungsbefugnis begrenzt ist. Wesentlicher ist, ob der äußere Rahmen der Tätigkeit durch einseitige Weisungen geregelt werden kann.	nein→ ja ↓	Kein abhängiges Beschäftigungsverhältnis
IV. Familien-GmbH?	ja → nein ↓	Kein abhängiges Beschäftigungsverhältnis, wenn Geschäftsführertätigkeit mehr durch familienhafte Rücksichtnahmen und durch ein gleichberechtigtes Nebeneinander als durch einen für ein ArbeitnehmerArbeitgeber-Verhältnis typischen Interessengegensatz gekennzeichnet ist
V. Firmenumwandlung? Der Geschäftsführer war vor der Umwandlung Alleininhaber einer Einzelfirma	ja → nein ↓	Kein abhängiges Beschäftigungsverhältnis, wenn der Geschäftsführer „Kopf und Seele" des Betriebs geblieben ist und die gesellschaftsrechtlichen Maßnahmen nur deshalb getroffen worden sind, weil er sich dadurch haftungs- oder steuerrechtlich besser zu stehen glaubt

[99] FG Münster 22.8.2024 – 3 K 2907/22 Erb, DStRE 2025, 665; Ländererlass 21.1.1991, BStBl. I 1991, 141 und H E 3.5 ErbStH 2019; Troll/Gebel/Jülicher/Gottschalk/Gottschalk ErbStG § 3 Rn. 309.

[100] Troll/Gebel/Jülicher/Gottschalk/Gottschalk ErbStG § 3 Rn. 309 unter Hinweis auf BFH 24.5.2005 – II B 40/04, BFH/NV 2005, 1571 sowie BFH 16.1.2008 – II R 30/06, BStBl. II 2008, 626 (unter II. B 1).

[101] FG Münster 22.8.2024 – 3 K 2907/22 Erb, DStRE 2025, 665; Meincke/Hannes/Holtz ErbStG § 3 Rn. 103.

[102] Entscheidungshilfe zu Nummer 3.

VI. Erhebliches Unternehmerrisiko?	ja → nein ↓	Indiz gegen ein abhängiges Beschäftigungsverhältnis; die Teilhabe am Arbeitsprozess ist in diesen Fällen häufig zwar funktionsgerecht, aber nicht „dienender“ Natur
abhängiges Beschäftigungsverhältnis		

77 dd) **Versorgungsleistungen/Hinterbliebenenbezüge ohne vertragliche Grundlage.** Alle Hinterbliebenenbezüge, denen **keine vertraglichen Verpflichtungen** des Leistenden gegenüber dem Erblasser zugrunde liegen, fallen von vornherein nicht unter § 3 Abs. 1 Nr. 4 ErbStG.[103] Dies gilt insbesondere für Versorgungsleistungen, die auf gesetzlichen Regelungen beruhen. Diese können weder nach § 3 Abs. 1 Nr. 4 ErbStG der Besteuerung unterliegen noch nach anderen erbschaftsteuerlichen Regelungen. Denn sie entstehen (automatisch) unmittelbar in der Person des versorgungsberechtigten Hinterbliebenen, bilden also gerade keinen Bestandteil des Nachlasses des Verstorbenen und können daher auch nicht im erbschaftsteuerlichen Sinne von Todes wegen erworben werden.[104]

Beispiele für solche Hinterbliebenenversorgungen sind:[105]
- Versorgungsansprüche der Hinterbliebenen (überlebender Ehegatte oder Lebenspartner und Kinder) nach §§ 19 ff. BeamtVG[106] oder nach den Abgeordnetengesetzen des Bundes oder der Länder;
- Witwen- und Waisengeld nach §§ 41 ff. SVG;[107]
- Witwen- und Waisenrenten aus der gesetzlichen Rentenversicherung nach § 46 bzw. § 48 SGB VI;[108]
- Ansprüche von Hinterbliebenen aus berufsständischen Pflichtversicherungen,[109] nach dem KSVG[110] oder aufgrund tarifvertraglicher Verpflichtung;[111]
- Sterbegelder, Gnadenbezüge, Beihilfen etc. nach beamten- bzw. versorgungsrechtlichen Vorschriften;
- Schadenersatzansprüche (zB nach § 844 BGB).[112]

78 Zu den **berufsständischen Pflichtversicherungen** ist anzumerken, dass sich die Nicht-Steuerbarkeit eigentlich nur auf den Pflichtversicherungsanteil erstreckt. Freiwillige Höher- oder Weiterversicherungen sind hingegen prinzipiell nach § 3 Abs. 1 Nr. 4 ErbStG steuerbar.[113] Dessen ungeachtet geht die Finanzverwaltung davon aus, dass Versorgungsbezüge aus einer freiwillig fortgeführten (ehemaligen) Pflichtversicherung grundsätzlich keine steuerbaren Erwerbe darstellen.[114] Leistungen aus befreienden Lebensversicherungen, durch deren Abschluss die eigentlich bestehende Versicherungs-

[103] Stenger/Loose/Götz ErbStG § 3 Rn. 237; Troll/Gebel/Jülicher/Gottschalk/Gottschalk ErbStG § 3 Rn. 301.
[104] Troll/Gebel/Jülicher/Gottschalk/Gottschalk ErbStG § 3 Rn. 300.
[105] Vgl. hierzu auch Troll/Gebel/Jülicher/Gottschalk/Gottschalk ErbStG § 3 Rn. 302 f.
[106] Beamtenversorgungsgesetz idF. der Bek. 24.2.2010 (BGBl. I 150), zuletzt geändert 27.2.2025 (BGBl. 2025 I Nr. 72).
[107] Soldatenversorgungsgesetz idF. der Bek. v. 20.8.2021 (BGBl. I 2021, 3932 (3985)), zuletzt geändert 27.2.2025 (BGBl. 2025 I Nr. 72).
[108] Sozialgesetzbuch (SGB) Sechstes Buch (VI) – Gesetzliche Rentenversicherung idF. der Bek. v. 19.2.2002 (BGBl. I 754, 1404, 3384), zuletzt geändert durch G. v. 18.12.2024 (BGBl. I 2024 Nr. 423).
[109] Entscheidend ist hierbei die gesetzliche Verpflichtung des Erblassers zur Unterhaltung der Versicherung.
[110] Künstlersozialversicherungsgesetz v. 27.7.1981 (BGBl. I 705), zuletzt geändert durch G. v. 23.10.2024 (BGBl. 2024 I Nr. 323).
[111] R E 3.5 Abs. 2 ErbStR 2019; Troll/Gebel/Jülicher/Gottschalk/Gottschalk ErbStG § 3 Rn. 303; aA zu Unrecht noch FG München 3.11.1955 – IV [III] 120/53, EFG 1956, 106. Vgl. auch BFH 20.5.1981 – II R11/81, BStBl. II 1981, 715 (716 f.).
[112] Troll/Gebel/Jülicher/Gottschalk/Gottschalk ErbStG § 3 Rn. 302.
[113] Vgl. Troll/Gebel/Jülicher/Gottschalk/Gottschalk ErbStG § 3 Rn. 303.
[114] R E 3.5 Abs. 1 S. 3 Nr. 3 ErbStR 2019.

pflicht vermieden wird, fallen hingegen unter § 3 Abs. 1 Nr. 4 ErbStG, soweit im Valutaverhältnis eine freigebige Zuwendung vorliegt.[115]

ee) **Umfang der Steuerfreiheit von Versorgungs- bzw. Hinterbliebenenbezügen.** Alle 79
nach vorstehenden Grundsätzen prinzipiell nicht der Erbschaftsteuer unterliegenden Leistungen aus oder im Zusammenhang mit einem Dienst- oder Arbeitsverhältnis oder einem vergleichbaren Rechtsverhältnis sind aber nur insoweit von der Besteuerung ausgenommen, als sie **angemessen** erscheinen.[116] Insofern stellen die früheren Aktivenbezüge und/oder die eigenen Versorgungsbezüge (Rente/Pension) des Verstorbenen die maßgebliche Bezugsgröße dar. Nach Auffassung der Finanzverwaltung dürfen die Hinterbliebenenbezüge 45 % seiner Aktivenbezüge[117] bzw. 60 % seiner Rentenbezüge nicht überschreiten.[118]

Die Beurteilung von **Einmalzahlungen** ist derzeit nicht eindeutig geklärt. Unter der 80
Geltung des inzwischen aufgehobenen § 104 Abs. 12 BewG[119] war der Jahreswert mit 10 % der Kapitalleistung anzusetzen und konnte dann mit den Aktivenbezügen verglichen werden. Mangels einer an die Stelle von § 104 BewG getretenen neuen gesetzlichen Regelung sollten die bisherigen Grundsätze weiter anwendbar sein. Demnach sind Versorgungsbezüge, die nach diesem Maßstab unangemessen hoch erscheinen, in voller Höhe, also mit dem Gesamtbetrag der Einmalzahlung, erbschaftsteuerpflichtig.[120]

ff) **Fehlende Identität von Versicherungsnehmer und versicherter Person.** Nicht von 81
§ 3 Abs. 1 Nr. 4 ErbStG erfasst werden außerdem die Fälle, in denen **Versicherungsnehmer und versicherte Person nicht identisch** sind, der Leistungsanspruch also nicht beim Tod des Versicherungsnehmers entsteht. Hier ist der gesetzliche Tatbestand nicht erfüllt, obwohl der Erwerb des Bezugsberechtigten auf einem Vertrag zugunsten Dritter beruht und durch einen Todesfall (aber eben nicht den des Versicherungsnehmers) ausgelöst wird. Eine Steuerbarkeit kann sich daher nur aus § 7 Abs. 1 Nr. 1 ErbStG ergeben, wenn im Valutaverhältnis eine lebzeitige freigebige Zuwendung vorliegt[121] (→ Rn. 65).

gg) **Bereicherungsprinzip.** Auch für Erwerbe nach § 3 Abs. 1 Nr. 4 ErbStG gilt das 82
Bereicherungsprinzip. Der Anspruch auf die Versicherungsleistung kann also nur insoweit der Erbschaftsteuer unterliegen, als er auf Prämienzahlungen des Versicherungsnehmers (oder eines Dritten) beruht. Denn soweit der Bezugsberechtigte selbst die Prämien getragen hat, erlangt er die Versicherungsleistung nicht auf Kosten des Versicherungsnehmers.[122]

Ähnliche Überlegungen sind auch angebracht, wenn Ehegatten einander Vorsorgeun- 83
terhalt für den Fall des Alters schulden[123] und zur Erfüllung dieser Verpflichtungen entsprechende Versicherungen abschließen.[124] Keine Unentgeltlichkeit liegt vor, wenn

[115] BFH 5.5.2010 – II R 16/08, BStBl. II 2010, 923; BFH 24.10.2001 – II R 10/00, ZEV 2002, 118 mAnm Gebel; Troll/Gebel/Jülicher/Gottschalk/Gottschalk ErbStG § 3 Rn. 303; Stenger/Loose/Götz ErbStG § 3 Rn. 236b.

[116] Vgl. zB BFH 20.5.1981 – II R 11/81, BStBl. II 1981, 715 (718); BFH 20.5.1981 – II R 33/78, BStBl. II 1982, 27; Troll/Gebel/Jülicher/Gottschalk/Gottschalk ErbStG § 3 Rn. 310.

[117] R E 3.5 Abs. 3 S. 2 ErbStR 2011.

[118] Troll/Gebel/Jülicher/Gottschalk/Gottschalk ErbStG § 3 Rn. 310.

[119] Mit Wirkung vom 1.1.2009 durch G. v. 24.12.2008 (BGBl. I 3018).

[120] Halaczinsky/Schumann ErbStB 2011, 106; ebenso Troll/Gebel/Jülicher/Gottschalk/Gottschalk ErbStG § 3 Rn. 310.

[121] Troll/Gebel/Jülicher/Gottschalk/Gottschalk ErbStG § 3 Rn. 290.

[122] BFH 18.9.2013 – II R 29/11, BStBl. II 2014, 261 = ErbStB 2014, 61 mAnm Kirschstein.

[123] Vgl. zB BGH 1.4.1987 – IVa ZR 26/86, NJW 1987, 3131.

[124] Vgl. BFH 12.4.1978 – II B 45/76, BStBl. II 1978, 400; BFH 17.4.1985 – II R 147/82, BFH/NV 1986, 96; BFH 27.11.1985 – II R 148/82, BStBl. II 1986, 265.

die Lebensversicherung der Abgeltung von Unterhaltsverpflichtungen gegenüber dem geschiedenen Ehegatten dient.[125]

84 Im Ergebnis geht der BFH zwar davon aus, dass ein die Unentgeltlichkeit ausschließender „vermögensrechtlicher Leistungsaustausch“ nicht vorliege[126] und dem unterhaltsberechtigten Ehegatten zu Lebzeiten des Verpflichteten noch kein „konkreter Anspruch“ zustehe.[127]

85 Dieser Auffassung des BFH ist aber nicht zuzustimmen und – gerade im Rahmen der Beratung nach dem Erbfall – auch ausdrücklich entgegenzutreten, da eine Unentgeltlichkeit im Hinblick auf den zivilrechtlich bestehenden Unterhaltsanspruch tatsächlich nicht vorliegen kann.[128]

86 Im Übrigen ist an dieser Stelle darauf hinzuweisen, dass allein die Benennung als **Bezugsberechtigter** steuerlich (noch) gar keine Auswirkungen hat. Dies gilt unabhängig davon, ob die Benennung widerruflich oder unwiderruflich erfolgt.[129] Denn eine tatsächliche Bereicherung des Bezugsberechtigten tritt erst mit Eintritt des Versicherungsfalls ein.[130]

87 hh) **Steuerentstehung.** Der Zeitpunkt der Steuerentstehung richtet sich nach § 9 Abs. 1 Nr. 1 ErbStG. Für den Fall, dass der Versicherungsanspruch (neben dem Todesfall als eigentlichem Versicherungsfall) von weiteren (aufschiebenden) Bedingungen abhängt, gilt § 9 Abs. 1 Nr. 1a ErbStG.[131]

88 In der Regel werden Lebensversicherungsleistungen nicht am Todestag des Erblassers (Zeitpunkt der Steuerentstehung nach § 9 Abs. 1 Nr. 1 ErbStG), sondern erst nach Beendigung der Formalitäten zur Feststellung des Versicherungsfalls bzw. der Auszahlungsberechtigung fällig (§ 14 Abs. 1 VVG). Der BFH geht daher zu Recht davon aus, dass der mit dem Versicherungsfall entstehende Zahlungsanspruch „betagt“ ist.[132]

89 Ob dies eine Auswirkung auf den Zeitpunkt der Steuerentstehung hat, hängt davon ab, ob der Leistungsanspruch an einem bestimmten oder an einem nicht von vornherein feststehenden Termin fällig wird.

90 Die Erbschaftsteuer für an einem bestimmten, feststehenden Termin fällig werdende Leistungen entsteht nach § 9 Abs. 1 Nr. 1 ErbStG mit dem Tod des Erblassers. Die Betagung kann sich hier zwar auf die Bewertung auswirken, allerdings nur, wenn die Fälligkeit um mehr als ein Jahr hinausgeschoben ist (§ 12 Abs. 3 BewG).

91 Hängt die Fälligkeit jedoch von einem terminlich ungewissen Ereignis ab, dessen Eintrittszeitpunkt nicht feststeht, gilt § 9 Abs. 1 Nr. 1a ErbStG mit der Folge, dass die Erbschaftsteuer erst mit dem Eintritt des zur Fälligkeit führenden Ereignisses eintritt.[133] Der Zeitpunkt der späteren Auszahlung ist ohne Bedeutung.

Praxistipp:

In der Praxis ist der Zeitpunkt der Fälligkeit des Versicherungsanspruchs oft tatsächlich ungewiss. Dessen ungeachtet ist aber im Regelfall am Eintritt der Bereicherung des Bezugsberechtigten

[125] MAH ErbR/Hammes/Krause § 47 Rn. 55 unter Hinweis auf BFH 28.11.1967 – II R 72/63, BStBl. II 1968, 239; BFH 26.1.1971 – II B 32/70, BStBl. II 1971, 184.

[126] BFH 17.4.1985 – II R 147/82, BFH/NV 1986, 96.

[127] BFH 24.10.2001 – II R 10/00, BStBl. II 2002, 153 = ZEV 2002, 118 mAnm Gebel; krit. hierzu Meincke/Hannes/Holtz ErbStG § 3 Rn. 86, 95; Troll/Gebel/Jülicher/Gottschalk/Gottschalk ErbStG § 3 Rn. 311; Pahlke NWB Fach 10, 927 (931).

[128] Vgl. hierzu auch ausführlich Troll/Gebel/Jülicher/Gottschalk/Gottschalk ErbStG § 3 Rn. 311.

[129] Worgulla ErbStB 2008, 234 mwN.

[130] Troll/Gebel/Jülicher/Gottschalk/Gottschalk ErbStG § 3 Rn. 294.

[131] Bei sog. Termfix-Verträgen liegt regelmäßig keine Bedingung in diesem Sinne vor; die Steuer entsteht bei ihnen daher im Zeitpunkt des Versicherungsfalls, BFH 14.5.2014 – II B 82/13, FamRZ 2014, 1633; FG Köln 30.1.2019 – 7 K 1364/17, DStRE 2019, 960; FG Nürnberg 12.9.2018 – 4 K 498/17, ZEV 2019, 111; vgl. auch bereits koord. Ländererlass v. 22.12.2009 – FM BW 3 – S 3844/36, ZEV 2010, 160.

[132] BFH 27.8.2003 – II R 58/01, BStBl. II 2003, 921.

[133] BFH 27.8.2003 – II R 58/01, BStBl. II 2003, 921; die Frage hatte im Streitfall besondere Bedeutung, weil zum Jahreswechsel 1995/1996 das ErbStG wesentlich geändert wurde und die Versicherung infolge der Betagung erst in 1996 erworben worden ist.

unmittelbar bei Eintritt des Versicherungsfalls nicht zu zweifeln. Dies rechtfertigt es im Rahmen einer einschränkenden Auslegung von § 9 Abs. 1 Nr. 1a ErbStG,[134] im Regelfall von einer Entstehung der Erbschaftsteuer im Zeitpunkt des Todes des Versicherten auszugehen.[135] Nur dann, wenn – wie im vom BFH entschiedenen Fall – eine tatsächliche Ungewissheit über die Leistungsverpflichtung der Versicherungsgesellschaft besteht, ist eine abweichende Sichtweise gerechtfertigt.

c) **Zurückweisung der Versicherungsleistung gegen Abfindung, § 3 Abs. 2 Nr. 4 ErbStG.** Nach § 3 Abs. 2 Nr. 4 5. Alt. ErbStG gilt auch die **Abfindung,** die ein Erwerber als Gegenleistung für die Zurückweisung eines Rechts aus einem Vertrag des Erblassers zugunsten Dritter auf den Todesfall erhält, als Erwerb von Todes wegen (von eben diesem Erblasser). In diesem Fall gilt also die Abfindung (worin auch immer sie besteht) als Gegenstand des steuerpflichtigen Erwerbs. Soweit es sich hierbei um Inlandsvermögen iSv § 121 BewG (zB Grundbesitz oder Betriebsvermögen) handelt, ist eine Steuerbarkeit auch in Fällen der beschränkten Steuerpflicht (§ 2 Abs. 1 Nr. 3 ErbStG) gegeben. 92

Die Zurückweisung ist gem. § 333 BGB stets gegenüber dem Versprechenden (Versicherungsgesellschaft/Schuldner der Leistung) zu erklären.[136] Sie ist bedingungsfeindlich[137] und lässt die aufgrund der Vereinbarung zwischen Erblasser (Versicherungsnehmer/Versprechensempfänger) und dem Versprechenden geschlossene Vereinbarung und den daraus (ab Tod/Bedingungseintritt) resultierenden Leistungsanspruch (rückwirkend) entfallen.[138] Das führt idR[139] dazu, dass der Leistungsanspruch nun in den Nachlass fällt.[140] Steuerlich kommt der Zurückweisung daher Wirkung für die Vergangenheit (§ 175 Abs. 1 S. 1 Nr. 2 AO) zu.[141] 93

Folge der Zurückweisung (als solcher) ist einerseits, dass ein Erwerb des Bezugsberechtigten nach § 3 Abs. 1 Nr. 4 ErbStG nicht (mehr) in Betracht kommt,[142] und anderseits – soweit der Versicherungsanspruch nun in den Nachlass fällt –, dass die Erben einen entsprechenden Erwerb von Todes wegen nach § 3 Abs. 1 Nr. 1 ErbStG haben.[143] Eine Besteuerung des zurückweisenden Bezugsberechtigten findet prinzipiell nicht statt.[144] 94

Soweit aber dem Zurückweisenden eine Abfindung für die Zurückweisung zusteht, bildet diese einen eigenständigen Erwerbsgegenstand, der nach § 3 Abs. 2 Nr. 4 5. Alt. ErbStG als Erwerb vom Erblasser/Versicherungsnehmer steuerpflichtig ist (auch wenn die Abfindung von dritter Seite, typischerweise von den Erben) geleistet wird.[145] Das gilt auch dann, wenn der Anspruch auf die Versicherungsleistung noch bedingt oder befristet ist.[146] Spiegelbildlich kann der die Abfindung leistende Ersatz-Bezugsberechtigte/Erbe seinen Aufwand nach § 10 Abs. 5 Nr. 3 ErbStG bereicherungsmindernd geltend machen.[147] 95

---

[134] BFH 27.8.2003 – II R 58/01, BStBl. II 2003, 921.

[135] Daragan/Halaczinsky/Riedel ErbStG/Halaczinsky ErbStG § 9 Rn. 20.

[136] Was nach Annahme der Leistung aber ausgeschlossen ist, vgl. BeckOK BGB/Janoschek § 333 Rn. 3.

[137] Die namentliche Bezeichnung von durch die Zurückweisung zu Begünstigenden schließt die (unschädliche) Angabe eines bloßen Motivs nicht aus, vgl. BFH 17.1.1990 – II R 122/86, BStBl. II 1990, 467.

[138] BeckOK BGB/Janoschek § 333 Rn. 4.

[139] Soweit kein Ersatzbegünstigter benannt ist.

[140] BGH 12.5.1993 – IV ZR 227/92, NJW 1993, 2171; vgl. auch Stenger/Loose/Götz ErbStG § 3 Rn. 232.

[141] Troll/Gebel/Jülicher/Gottschalk/Gottschalk ErbStG § 3 Rn. 282.

[142] Stenger/Loose/Götz ErbStG § 3 Rn. 232; MAH ErbR/Hammes/Krause § 47 Rn. 83.

[143] Troll/Gebel/Jülicher/Gottschalk/Gottschalk ErbStG § 3 Rn. 284.

[144] Das gilt auch dann, wenn dieser gegenüber dem Versicherer einen anderen, den er für den Erben hält, als Empfangsberechtigten benennt, vgl. MAH ErbR/Hammes/Krause § 47 Rn. 80 unter Hinweis auf BFH 17.1.1990 – II R 122/86, BStBl. II 1990, 467.

[145] Stenger/Loose/Götz ErbStG § 3 Rn. 234.

[146] Stenger/Loose/Götz ErbStG § 3 Rn. 235.

[147] Troll/Gebel/Jülicher/Gottschalk/Gottschalk ErbStG § 10 Rn. 174 unter Hinweis auf BFH 18.3.1981 – II R 89/79 BStBl. II 1981, 473.

96 Mitunter kann auch eine zivilrechtlich unwirksame Zurückweisung steuerliche Wirkungen entfalten. Dies setzt voraus, dass die Zurückweisung grundsätzlich möglich gewesen wäre, also lediglich die Zurückweisungserklärung nicht wirksam war. Eine steuerliche Beachtung der unwirksamen Zurückweisung ist aber ausgeschlossen, wenn das Gestaltungsrecht (beispielsweise wegen bereits erfolgter Annahme der Leistung) gar nicht (mehr) bestand.[148]

97 Im Übrigen muss das Verhalten der Beteiligten erkennen lassen, dass sie von einer wirksamen Zurückweisung ausgingen und nicht lediglich das bereits entstandene Forderungsrecht gegenüber der Versicherung weitergegeben wird.

98 Hinsichtlich des Zeitpunkts der Steuerentstehung regelt § 9 Abs. 1 Nr. 1 Buchst. g ErbStG, dass es auf den Zeitpunkt des Abschlusses der Abfindungsvereinbarung (nicht etwa den Zeitpunkt der Leistung der Abfindung)[149] ankommt. Eine Rückwirkung auf den Erbfall kommt – jedenfalls für den Zurückweisenden – nicht in Betracht.

3. Schenkungen unter Lebenden

99 a) **Allgemeines.** Als Schenkung unter Lebenden gilt gem. § 7 Abs. 1 Nr. 1 ErbStG jede **freigebige Zuwendung** unter Lebenden, soweit der Bedachte durch sie auf Kosten des Zuwendenden bereichert wird.[150]

100 Eine freigebige Zuwendung setzt in objektiver Hinsicht voraus, dass die Leistung zu einer **Bereicherung** des Bedachten auf Kosten des Zuwendenden führt und die Zuwendung objektiv **unentgeltlich** ist. In subjektiver Hinsicht kommt es auf den Willen des Zuwendenden zur Freigebigkeit an.[151]

101 Erforderlich ist in jedem Fall eine **Vermögensverschiebung,** dh eine Vermögensminderung auf der Seite des Zuwendenden[152] und eine Vermögensmehrung[153] auf der Seite des Bedachten.

102 Vor diesem Hintergrund ist vorab zu klären, was bei lebzeitigen Zuwendungen im Zusammenhang mit Lebensversicherungen überhaupt den jeweiligen Gegenstand einer steuerlich relevanten Vermögensverschiebung bildet bzw. bilden kann.

103 b) **Vorausabtretung der Versicherungsleistung; Einräumung des Bezugsrechts.** Möglich ist zum einen die **Vorausabtretung** des noch nicht fälligen (noch nicht einmal entstandenen) Leistungsanspruchs gegenüber der Versicherungsgesellschaft zu Lebzeiten der versicherten Person bzw. bei vor deren Tod fällig werdender Versicherungsleistung vor Eintritt des Versicherungsfalls.

104 In dieser Konstellation besteht zunächst, also im Zeitpunkt der Vereinbarung der Vorausabtretung, noch keine Steuerbarkeit. Denn die Zuwendung gilt erst mit der Leistung der Versicherungssumme (nach Eintritt des Versicherungsfalls) als ausgeführt.[154] Vorher kommt es weder zu einer Bereicherung des Abtretungsempfängers/Beschenkten noch zu einer Entreicherung des Versicherungsnehmers/Schenkers. Für den Zeitpunkt der Steuerentstehung (§ 9 Abs. 1 Nr. 2 ErbStG) gilt Entsprechendes.

105 Wie eine Vorausabtretung des Anspruchs auf die Versicherungsleistung wird auch die (**unwiderrufliche**) **Bezugsrechtseinräumung** zugunsten des Beschenkten behandelt.[155] Das gilt jedenfalls im Zeitpunkt der Einräumung des Bezugsrechts.[156]

---

148 Vgl. Troll/Gebel/Jülicher/Gottschalk/Gottschalk ErbStG § 3 Rn. 286.
149 Troll/Gebel/Jülicher/Gottschalk/Gottschalk ErbStG § 3 Rn. 332.
150 Daragan/Halaczinsky/Riedel ErbStG/Griesel ErbStG § 7 Rn. 2.
151 BFH 29.6.2016 – II R 41/14, BStBl. II 2016, 865; Daragan/Halaczinsky/Riedel ErbStG/Griesel ErbStG § 7 Rn. 93; R E 7.1 Abs. 1 S. 3 ErbStR 2019.
152 Daragan/Halaczinsky/Riedel ErbStG/Griesel ErbStG § 7 Rn. 4.
153 Daragan/Halaczinsky/Riedel ErbStG/Griesel ErbStG § 7 Rn. 7.
154 Daragan/Halaczinsky/Riedel ErbStG/Halaczinsky ErbStG § 9 Rn. 74; MAH ErbR/Hammes/Krause § 47 Rn. 59; Fiedler DStR 2000, 533 (535).
155 Daragan/Halaczinsky/Riedel ErbStG/Halaczinsky ErbStG§ 9 Rn. 74.
156 MAH ErbR/Hammes/Krause § 47 Rn. 59 und 71.

Die spätere Leistung des Versicherers an den Bezugsberechtigten unterliegt aber, wenn der Vertragspartner der Versicherungsgesellschaft auch gleichzeitig die versicherte Person ist[157] (→ Rn. 60, 65), nicht als Schenkung unter Lebenden der Schenkungsteuer, sondern nach § 3 Abs. 1 Nr. 4 ErbStG der Erbschaftsteuer.[158] 106

Zuwendungsgegenstand ist hier nicht das Bezugsrecht als solches, sondern die spätere Versicherungsleistung.[159] Dies gilt unabhängig davon, was die Beteiligten tatsächlich wollen. Denn selbst wenn eine Zuwendung des Bezugsrechts (als solchen) gewollt sein sollte, könnte diese – jedenfalls mit steuerlicher Wirkung – nicht vollzogen bzw. erfüllt werden. Daher ist ein etwa hierauf gerichteter Wille der Beteiligten unbeachtlich.[160] 107

Die Richtigkeit dieser Sichtweise darf aber bezweifelt werden, weil jedenfalls die nach der Vertragsübertragung entstehenden Überschussanteile, also die Erträge aus den bereits übertragenen Prämiensummen, unmittelbar im Vermögen des Beschenkten als unwiderruflich Bezugsberechtigten entstehen.[161] Sie können daher eigentlich nicht Gegenstand eines (weiteren) steuerpflichtigen Erwerbs sein. Dies muss jedenfalls dann gelten, wenn der Schenker sich gegenüber dem Beschenkten/Bezugsberechtigten verpflichtet hat, den Versicherungsvertrag aufrecht zu erhalten und nicht zB durch (Teil-) Kündigung den Rückkaufswert (einschließlich der in Rede stehenden Überschussanteile) für sich zu realisieren. 108

Die bloß **widerrufliche Bezugsrechtseinräumung** unterliegt (als solche) ebenfalls (erst recht) nicht der Schenkungsteuer; sie stellt keine freigebige Zuwendung iSv § 7 Abs. 1 Nr. 1 ErbStG dar.[162] Denn bei der widerruflichen Bestimmung eines Bezugsberechtigten ist die Zuwendung von vornherein von einer Bedingung abhängig, nämlich derjenigen, dass vor Eintritt des Versicherungsfalls kein Widerruf erfolgt. Daher kann es vor Eintritt dieser Bedingung, also vor dem Versicherungsfall, zu keiner Be- bzw. Entreicherung der Beteiligten kommen. 109

c) **Übertragung des Vertragsverhältnisses.** Möglich ist schließlich auch, das Vertragsverhältnis insgesamt, also die Rechtsstellung als Versicherungsnehmer, vom ursprünglichen Inhaber (Schenker) unentgeltlich auf einen neuen Versicherungsnehmer (den Beschenkten) zu übertragen.[163] Dies setzt eine entsprechende Vereinbarung (Änderungsvertrag) zwischen den Beteiligten (ursprünglicher und neuer Versicherungsnehmer sowie Versicherungsgesellschaft) voraus. Hierzu gehört auch die schriftliche Annahme/Bestätigung des Versicherers (regelmäßig durch Ausstellung eines entsprechenden Versicherungsscheins).[164] 110

Hiermit gehen gem. § 398 BGB alle mit dem Vertragsverhältnis verbundenen Rechte und Pflichten (zB zur Prämienzahlung)[165] auf den Erwerber als neuen Versicherungsnehmer über. Dieser ist also nicht nur berechtigt, die Bezugsberechtigung zu ändern 111

---

157 Für den Fall, dass der Versicherungsnehmer das Leben eines anderen versichert hat, siehe Rn. 64.

158 BFH 9.11.1994 – II R 87/92, DStR 1995, 130; BFH 30.6.1999 – II R 70/97, DStR 1999, 1764 (1766); vgl. auch FG Münster 13.9.2018 – 3 K 2766/16, ZEV 2019, 40 mAnm Böing zum Fall einer Vertragsübernahme; MAH ErbR/Hammes/Krause § 47 Rn. 69, 71. AA aber anscheinend FG Münster 27.10.2021 – 3 K 1409/20 Erb, DStRE 2023, 83, das bei Übertragung der Rechte aus einem Lebensversicherungsvertrag eine Schenkung nach § 7 Abs. 1 Nr. 1 ErbStG annimmt, für die die Steuer allerdings erst mit dem Tod der versicherten Person entstehe (§ 9 Abs. 1 Nr. 1 lit. a ErbStG).

159 MAH ErbR/Hammes/Krause § 47 Rn. 71; vgl. auch BFH 30.6.1999 – II R 70/97, DStR 1999, 1764 (1766).

160 Vgl. BFH 9.11.1994 – II R 87/92, DStR 1995, 130; BFH 30.6.1999 – II R 70/97, DStR 1999, 1764 (1766); vgl. auch FG Münster 13.9.2018 – 3 K 2766/16, ZEV 2019, 40 mAnm Böing zum Fall einer Vertragsübernahme.

161 Troll/Gebel/Jülicher/Gottschalk/Gebel ErbStG § 7 Rn. 87; MAH ErbR/Hammes/Krause § 47 Rn. 93.

162 MAH ErbR/Hammes/Krause § 47 Rn. 69.

163 BFH 28.1.2026 – II R 27/22, DStR 2026, 1187; Daragan/Halaczinsky/Riedel ErbStG/Griesel ErbStG § 7 Rn. 21; MAH ErbR/Hammes/Krause § 47 Rn. 76 ff.

164 MAH ErbR/Hammes/Krause § 47 Rn. 125.

165 MAH ErbR/Hammes/Krause § 47 Rn. 86.

(beispielsweise sich selbst als Bezugsberechtigten zu bestimmen). Vielmehr kann er auch durch (vorzeitige) Kündigung des Versicherungsvertrages den Rückkaufswert nach § 176 VVG realisieren.[166]

112 In dieser Situation ist der Versicherungsvertrag als solcher Gegenstand der Übertragung.[167] Soweit diese freigebig erfolgt, liegt eine steuerpflichtige Schenkung iSv § 7 Abs. 1 Nr. 1 ErbStG vor, für die die Steuer nach § 9 Abs. 1 Nr. 2 ErbStG unmittelbar mit der Ausführung der Schenkung, also im Zeitpunkt des Übergangs der Rechte (und Pflichten) aus dem Vertragsverhältnis, entsteht.[168]

113 Die Übertragung des Vertragsverhältnisses zeichnet sich dadurch aus, dass der Bedachte an die Stelle des Zuwendenden vollständig in dessen Rechte und Pflichten aus dem Versicherungsvertrag eintritt, so dass er (künftig) auch zur Zahlung etwa anfallender Prämien verpflichtet ist.[169] Anders als bei der Einräumung eines unwiderruflichen Bezugsrechts erlangt der Beschenkte hier also nicht nur den (aufschiebend bedingten, künftigen) Leistungsanspruch, sondern übernimmt auch sämtliche Verpflichtungen als Versicherungsnehmer. Außerdem hat er die Möglichkeit, den Inhalt des Vertragsverhältnisses zu gestalten, beispielsweise die Versicherung zu kündigen, den Vertrag beitragsfrei zu stellen oder (neue) Bezugsberechtigte zu benennen.

114 In Fällen der Übertragung des Vertragsverhältnisses bildet der Rückkaufswert der Versicherung (§ 12 Abs. 4 BewG) die steuerliche Bemessungsgrundlage.[170]

115 Soweit der Schenker (ehemalige Vertragspartner der Versicherung) auch nach der Übertragung des Vertragsverhältnisses die Prämien weiterhin zahlt, stellen diese Leistungen grundsätzlich[171] eigenständige Schenkungen dar,[172] die mit der Summe der Prämienzahlungen zu bewerten sind.[173]

116 d) **Mittelbare Schenkungen.** Mittelbare Schenkungen zeichnen sich dadurch aus, dass der vom Schenker hingegebene Vermögensgegenstand (Entreicherungsgegenstand) nicht mit dem Gegenstand der Bereicherung des Beschenkten identisch ist.[174] Dies ist bei Gestaltungen mit Verträgen zugunsten Dritter, also auch bei Lebensversicherungsverträgen, typischerweise der Fall, soweit der Versicherungsnehmer einem Drittel ein Bezugsrecht einräumt, der Bezugsberechtigte also nicht mit dem Versicherungsnehmer identisch ist.[175]

117 Den (aus Sicht des Gesetzgebers) typischen Fall des Erwerbs der Versicherungsleistung durch den Bezugsberechtigten beim Tod des Versicherungsnehmers regelt § 3 Abs. 1 Nr. 4 ErbStG. Für andere Konstellationen gelten aber (mangels spezialgesetzlicher Bestimmungen) die allgemeinen Grundsätze der mittelbaren Schenkung.

118 Räumt der (nicht mit der versicherten Person identische) Versicherungsnehmer einem Dritten das Bezugsrecht ein, bildet dies allein (noch) keine freigebige Zuwendung. Erst die spätere Auszahlung der Versicherungssumme gilt als steuerpflichtige Zuwendung,

---

[166] Vgl. Daragan/Halaczinsky/Riedel ErbStG/Halaczinsky ErbStG § 9 Rn. 74; Fiedler DStR 2000, 533 (536); MAH ErbR/Hammes/Krause § 47 Rn. 125.

[167] Daragan/Halaczinsky/Riedel ErbStG/Griesel ErbStG § 7 Rn. 21; MAH ErbR/Hammes/Krause § 47 Rn. 86; Daragan ZErb 1999, 85; aA BFH 12.6.1953 – III R 19/52 S, BStBl. III 1953, 247.

[168] FG Münster 23.10.2014 – 3 K 265/12 Erb, EFG 2015, 240; FG Münster 13.9.2018 – 3 K 2766/16 Erb, EFG 2018, 1987; FG Münster 23.6.2022 – 3 K 606/21 Erb, EFG 2022, 1787, Revision eingelegt, Az. BFH: II R 27/22.

[169] Reimann ZEV 1997, 133; MAH ErbR/Hammes/Krause § 47 Rn. 86, 89.

[170] Vgl. FG Münster 23.6.2022 – 3 K 606/21 Erb, EFG 2022, 1787 mwN, Revision eingelegt, Az. BFH: II R 27/22.

[171] Mitunter kann auch die mittelbare Schenkung der Versicherungssumme anzunehmen sein (siehe Rn. 165).

[172] BFH 22.10.2014 – II R 26/13, BStBl. II 2015, 239; MAH ErbR/Hammes/Krause § 47 Rn. 89; Daragan ZErb 1999, 85.

[173] BFH 22.10.2014 – II R 27/13, BFH/NV 2015, 335; Troll/Gebel/Jülicher/Gottschalk/Gebel ErbStG § 7 Rn. 140.

[174] Vgl. BFH 22.10.2014 – II R 26/13, DStRE 2015, 286; BFH 28.3.2012 – II R 39/10, BStBl. II 2012, 712 mwN; Troll/Gebel/Jülicher/Gottschalk/Gebel ErbStG § 7 Rn. 82.

[175] BFH 7.4.1976 – II R 87–89/70, BStBl. II 1976, 632; BFH 6.3.1985 – II R 19/84, BStBl. II 1985, 382.

die allerdings nicht der Besteuerung nach § 3 Abs. 1 Nr. 4 ErbStG unterliegt,[176] sondern vielmehr nach§ 7 Abs. 1 Nr. 1 ErbStG.[177]

Ursache hierfür ist, dass ein Erwerb von Todes wegen (iSv § 3 Abs. 1 Nr. 4 ErbStG) voraussetzt, dass die Leistung aufgrund des Vertrages zugunsten Dritter durch den Tod des Erblassers ausgelöst wird. Diese Bedingung ist aber nicht erfüllt, wenn die Versicherung auf das Leben eines Dritten genommen ist. Somit bleibt als Besteuerungsgrundlage nur § 7 Abs. 1 Nr. 1 ErbStG, also die Schenkung unter Lebenden;[178] denn an der unentgeltlichen Bereicherung des Bezugsberechtigten auf Kosten des Versicherungsnehmers kann kein Zweifel bestehen. 119

Gegenstand der Zuwendung ist die Versicherungsleistung (nicht etwa die Summe der gezahlten Prämien).[179] Das bedeutet gleichzeitig, dass der Schenkungsteuer auch die zwischen (unwiderruflicher) Bezugsrechtseinräumung und Versicherungsfall angefallenen Überschussanteile (die schlussendlich nicht aus dem Vermögen des Schenkers stammen) unterliegen (vgl. → Rn. 107 f.).[180] 120

Eine mittelbare Schenkung der Versicherungsleistung kann (wahrscheinlich) auch dann vorliegen, wenn der Versicherungsvertrag (insgesamt) lebzeitig auf den Beschenkten übertragen wird, aber von vornherein zwischen Schenker und Beschenktem Einigkeit besteht, dass auch die zukünftigen (eigentlich vom Beschenkten geschuldeten) Versicherungsprämien durch den Schenker gezahlt werden sollen.[181] 121

Grundsätzlich ist aber bei Prämienzahlungen durch einen Dritten keine mittelbare Schenkung der Versicherungssumme anzunehmen; vielmehr liegen (bloße, ggf. sich wiederholende) Geldschenkungen vor, die mit ihrem jeweiligen Nennwert der Schenkungsteuer unterliegen. Der BFH[182] begründet diese Sichtweise damit, dass der Versicherungsnehmer gegenüber der Versicherungsgesellschaft lediglich eine Anwartschaft auf die künftige Versicherungsleistung hat, deren Werterhöhung durch die Prämienzahlung nicht Gegenstand einer freigebigen Zuwendung sei bzw. sein könne. 122

IV. Steuerpflichtiger Erwerb und Bewertung

1. Grundsätzliches

Sowohl für die Bestimmung des Erwerbsgegenstandes als auch für dessen Bewertung kommt es entscheidend darauf an, ob der Erwerber (Beschenkter oder Erwerber von Todes wegen) einen **fälligen oder einen noch nicht fälligen Anspruch** erwirbt. Fällig ist der Anspruch, wenn der Versicherungsfall eingetreten ist (und typischerweise der Erwerber hierdurch überhaupt erst bereichert wird). Ein noch nicht fälliger Anspruch liegt hingegen vor, wenn das Vertragsverhältnis (unter Lebenden oder von Todes wegen) vor Eintritt des Versicherungsfalls auf den Erwerber übergeht. 123

Im Übrigen ist danach zu unterscheiden, worin die **Versicherungsleistung** besteht: 124

- in einer sofort fälligen Einmalzahlung (→ Rn. 125 ff.),
- in einer ausgeschobenen Einmalzahlung (→ Rn. 128 ff.)
- in einer Rente mit bestimmter Laufzeit (→ Rn. 140 ff.) oder
- in einer Rente mit lebenslanger Laufzeit (→ Rn. 144 ff.).

---

[176] MAH ErbR/Hammes/Krause § 47 Rn. 81; Gebel ZEV 2005, 235 (236).

[177] Troll/Gebel/Jülicher/Gottschalk/Gebel ErbStG § 7 Rn. 139; MAH ErbR/Hammes/Krause § 47 Rn. 81.

[178] MAH ErbR/Hammes/Krause § 47 Rn. 81.

[179] Troll/Gebel/Jülicher/Gottschalk/Gebel ErbStG § 7 Rn. 139 unter Hinweis auf BFH 30.6.1999 – II R 70/97, DStR 1999, 1764 mAnm Viskorf.

[180] Vgl. hierzu BFH 30.6.1999 – II R 70/97, BStBl. II 1999, 742; aA Gebel UVR 1993, 141 (145); Troll/Gebel/Jülicher/Gottschalk/Gebel ErbStG § 7 Rn. 87; vgl. auch MAH ErbR/Hammes/Krause § 47 rn. 93.

[181] Vgl. Troll/Gebel/Jülicher/Gottschalk/Gottschalk ErbStG § 3 Rn. 295 und Troll/Gebel/Jülicher/Gottschalk/Gebel ErbStG § 7 Rn. 140.

[182] BFH 22.10.2014 – II R 26/13, ZEV 2015, 115.

2. Bewertung von Versicherungsleistungen

125 a) **Bewertung von Einmalzahlungen. aa) Leistung unmittelbar nach dem Versicherungsfall.** Ein fälliger Anspruch auf die Versicherungsleistung ist eine Kapitalforderung, die nach § 12 Abs. 1 BewG mit ihrem Nennwert anzusetzen ist.[183] Die Relation zwischen Versicherungsleistung und Summe der vom Versicherungsnehmer gezahlten Prämien spielt dabei keine Rolle.[184] Entscheidend ist vielmehr der Wert der beim Begünstigten eintretenden Vermögensmehrung.[185] Auch auf die spätere Verwendung derselben, beispielsweise eine (entgeltliche) Abtretung, kommt es nicht an.[186] Dem Umstand, dass die Fälligkeit der Versicherungsleistung erst (kurz) nach dem Zeitpunkt der Steuerentstehung eintritt, ist idR ohne Bedeutung. Denn nach § 12 Abs. 3 BewG erfolgt eine Abzinsung nur dann, wenn die Laufzeit einer unverzinslichen Forderung länger als ein Jahr beträgt.[187]

126 Bei fondsgebundenen Lebensversicherungen ist der Bewertung der Wert der im Versicherungsfonds gebundenen Vermögensgegenstände (idR Wertpapiere; vgl. insoweit § 11 Abs. 1 S. 1 bzw. Abs. 4 BewG) zugrunde zu legen.

127 Wird eine vertragsmäßig geschuldete Rente durch Einmalzahlung abgefunden, ist diese Einmalzahlung zu bewerten. Je nach Ausgestaltung des Vertrages bzw. Zeitpunkt der Wahl der Kapitalabfindung muss die Bewertung dabei entweder mit dem Abfindungsbetrag oder mit dem nach den entsprechend den Vorgaben des BewG ermittelten Kapitalwert angesetzt werden.

128 bb) **aufgeschobener Leistungszeitpunkt (Term-Fix).** Ist die Versicherungsleistung nicht unmittelbar nach Eintritt des Versicherungsfalls zu leisten, kann dies entweder darauf beruhen, dass der Leistungsanspruch vom Eintritt einer weiteren Bedingung abhängt, oder daran, dass lediglich die Fälligkeit des bereits entstandenen Anspruchs hinausgeschoben ist.

129 Letzteres ist das typische Charakteristikum sog. Termfix-Versicherungen, bei denen die Auszahlung erst/frühestens zu einem bestimmten, vertraglich vereinbarten Termin erfolgen soll.

130 Grundsätzlich entsteht auch bei der Termfix-Versicherung der Leistungsanspruch unmittelbar mit dem Versicherungsfall. Soweit hierdurch der Tatbestand des § 3 Abs. 1 Nr. 4 ErbStG erfüllt wird, entsteht die Steuer mit dem Tod des Erblassers (§ 9 Abs. 1 Nr. 1 ErbStG). Eine Betagung iSv § 9 Abs. 1 Nr. 1 lit. a ErbStG liegt hier nicht vor.[188]

131 Ist die Fälligkeit um mehr als ein Jahr hinausgeschoben und die Versicherungsleistung bis zur Auszahlung nicht zu verzinsen, muss der Wert des Anspruchs nach § 12 Abs. 3 BewG entsprechend abgezinst werden.[189] Andernfalls ist der Nennwert anzusetzen (§ 12 Abs. 1 BewG).

132 Der Nennwert-Ansatz erfolgt nach der Rechtsprechung der Finanzgerichte auch dann, wenn zwar keine Verzinsung vereinbart ist, der Bezugsberechtigte aber an den Chancen (und Risiken) der bis zur Auszahlung erfolgenden Kapitalanlagen partizipiert. Das gilt insbesondere für fondsgebundene Termix-Versicherungen.[190]

---

[183] Daragan/Halaczinsky/Riedel ErbStG/Riedel BewG § 12 Rn. 31; Rössler/Troll/Eisele BewG § 12 Rn. 72; MAH ErbR/Hammes/Krause § 47 Rn. 90.

[184] Troll/Gebel/Jülicher/Gottschalk/Gottschalk ErbStG § 3 Rn. 296; MAH ErbR/Hannes/Krabe § 47 Rn. 64 unter Hinweis auf RFH, RFHE 9, 201.

[185] Troll/Gebel/Jülicher/Gottschalk/Gottschalk ErbStG § 3 Rn. 296.

[186] FG Nürnberg 9.2.1967 – II 308/65, EFG 1967, 354; Troll/Gebel/Jülicher/Gottschalk/Gottschalk ErbStG § 3 Rn. 296.

[187] Daragan/Halaczinsky/Riedel ErbStG/Riedel BewG § 12 Rn. 23.

[188] BFH 14.5.2014 – II B 82/13, FamRZ 2014, 1633; FG Köln 30.1.2019 – 7 K 1364/17, DStRE 2019, 960; FG Nürnberg 12.9.2018 – 4 K 498/17, ZEV 2019, 111; vgl. auch Welker ErbStB 2019, 324.

[189] Vgl. FG Nürnberg 12.9.2018 – 4 K 498/17, ZEV 2019, 111.

[190] FG Köln 30.1.2019 – 7 K 1364/17, DStRE 2019, 960; FG Nürnberg 12.9.2018 – 4 K 498/17, ZEV 2019, 111; kritisch hierzu Welker ErbStB 2019, 324.

Der Umstand, dass hier anstatt einer angemessenen Mindestverzinsung vielmehr ein erhebliches Anlagerisiko besteht, halten die Gerichte für unbeachtlich. Vielmehr stelle sich die Anlagechance als ein anderer, an die Stelle des Zinses tretender Vorteil dar.[191] Die mit dem Anlagekonzept einhergehenden Wertschwankungen seien von den Vertragsparteien sogar ausdrücklich gewollt.[192] 133

Zu einem Aufschub der Steuerentstehung nach § 9 Abs. 1 Nr. 1 lit. a ErbStG kommt es nur dann, wenn der Versicherungsvertrag die Entstehung des Leistungsanspruchs nicht nur an den Eintritt des versicherten Todesfalls knüpft, sondern eine weitere – noch nicht eingetretene Bedingung – vorsieht, beispielsweise, dass der Bezugsberechtigte ein bestimmtes Lebensalter erreicht. 134

Voraussetzung für die Anwendung von § 9 Abs. 1 Nr. 1 lit. a ErbStG ist aber stets, dass mit dem Versicherungsfall noch kein Anspruch des Bezugsberechtigten entsteht, über den er bereits – zB durch Abtretung – verfügen könnte.[193] 135

b) Bewertung von Renten. aa) Grundsätzliches. Soweit die Versicherungsleistung nicht in einer Einmalzahlung, sondern in Rentenleistungen besteht, sind diese mit ihrem Kapitalwert nach den §§ 13 ff. BewG zu bewerten.[194] Dabei ist grundsätzlich zwischen Leistungen von bestimmter, unbestimmter und immerwährender[195] Dauer zu unterscheiden. Die Einzelheiten sind in den §§ 13, 14, 15 und 16 BewG geregelt.[196] 136

Prinzipiell geht es – in allen vorgenannten Varianten – um die Kapitalisierung der Jahreswerte der Rentenleistungen auf den Bewertungsstichtag, also den Tag der Steuerentstehung, wobei von Gesetzes wegen ein Zinssatz von 5,5 % p. a. gilt. Hängt die Laufzeit von der Lebenszeit einer Person ab, ist insoweit die statistische Lebenserwartung maßgeblich. Die entsprechenden Kapitalisierungsfaktoren werden vom Bundesministerium der Finanzen jährlich bekannt gegeben.[197] 137

bb) Bestimmung des Jahreswerts. Der in die Berechnung einzubeziehende Jahreswert (§ 15 BewG) ist bei Versicherungsleistungen unproblematisch zu ermitteln, da diese ohnehin von vornherein in Geldzahlungen bestehen und insoweit keine „Bewertung" im eigentlichen Sinne[198] erforderlich ist. 138

cc) Kapitalisierung. Die Art und Weise der Kapitalisierung richtet sich danach, ob die Laufzeit fest definiert oder von der Lebenszeit einer Person, typischerweise des Begünstigten, abhängig ist. Die Einzelheiten hierzu regelt § 13 BewG wie folgt: 139

(1) Renten mit bestimmter Laufzeit. Für Rentenleistungen, die auf eine bestimmte Zeit beschränkt sind, richtet sich die Kapitalisierung nach § 13 Abs. 1 S. 1 BewG. Der Jahreswert wird mit einem gesetzlich definierten Vervielfältiger, in dem gedanklich sowohl die Aufsummierung der Jahresbeträge als auch die Zwischenzinsen berücksichtigt sind,[199] multipliziert. Die Vervielfältiger sind in der Anlage 9a zum BewG aufgelistet, und zwar für Laufzeiten von einem Jahr bis mehr als 101 Jahre. 140

Soweit die Rentenzahlungen nicht über die gesamte Laufzeit gleichbleibend sein sollen, also bereits am Bewertungsstichtag feststeht, dass sich der Jahreswert ab einem 141

[191] FG Köln 30.1.2019 – 7 K 1364/17, DStRE 2019, 960.
[192] FG Nürnberg 12.9.2018 – 4 K 498/17, ZEV 2019, 111; FG Köln 30.1.2019 – 7 K 1364/17, DStRE 2019, 960.
[193] Vgl. BFH 14.5.2014 – II B 82/13, FamRZ 2014, 1633; FG Köln 30.1.2019 – 7 K 1364/17, DStRE 2019, 960; FG Nürnberg 12.9.2018 – 4 K 498/17, ZEV 2019, 111.
[194] Daragan/Halaczinsky/Riedel ErbStG/Riedel BewG § 12 Rn. 31; Troll/Gebel/Jülicher/Gottschalk/Gottschalk/Jülicher ErbStG § 12 Rn. 138; vgl. auch MAH ErbR/Hammes/Krause § 47 Rn. 91.
[195] Diese Konstellation kommt bei Versicherungsverträgen nicht vor.
[196] Zu Einzelheiten vgl. Daragan/Halaczinsky/Riedel ErbStG/Daragan BewG § 13 Rn. 1 ff. sowie BMF-Schreiben v. 20.1.2009, BStBl. I 2009, 270.
[197] Vgl. für 2025: BMF-Schreiben 9.12.2024, BStBl. I 2024, 1631.
[198] Vgl. hierzu im Übrigen Daragan/Halaczinsky/Riedel/ErbStG/DaraganBewG § 15 Rn. 4.
[199] Daragan/Halaczinsky/Riedel ErbStG/DaraganBewG § 13 Rn. 14.

(oder verschiedenen) Zeitpunkt(en) ändern wird, ist dies im Rahmen der Kapitalisierung zu berücksichtigen. Insoweit gilt Folgendes:[200]

142 Vermindert sich die Rentenzahlung ab einem bestimmten Zeitpunkt, wird zunächst der niedrigere Betrag auf die Gesamtlaufzeit kapitalisiert. Zusätzlich ist der darüber hinausgehende Jahreswert mit seinem Barwert zu berücksichtigen. Dieser wird wie bei einer nur bis zum Zeitpunkt der Herabsetzung laufenden Zeitrente berechnet. Beide Barwertteile sind schließlich zusammenzurechnen.[201]

143 Erhöht sich der Jahreswert, ist der anfangs geringere Betrag auf seine Gesamtlaufzeit zu kapitalisieren. Der Erhöhungsbetrag wird wie eine zusätzliche (weitere) Rente behandelt.[202] Er wird auf zu erwartende (Rest-)Laufzeit kapitalisiert und dann auf den stichtagsbezogenen Gegenwartswert abgezinst. Schließlich sind die beiden Kapitalwerte zusammenzurechnen.[203]

144 (2) **Renten auf die Lebenszeit einer Person.** (a) **Grundsätzliches.** Bei lebenslangen Renten ist die Laufzeit am Bewertungsstichtag ungewiss. Insoweit gelten die besonderen Bewertungsvorgaben nach § 14 BewG.

145 Gemäß § 14 Abs. 1 BewG ist der Kapitalwert einer lebenslangen Rente mit einem bestimmten (dem Grunde nach gesetzlich vorgegebenen) Vielfachen des Jahreswerts anzusetzen.

146 Die Vervielfältiger nach § 14 Abs. 1 S. 2 BewG orientieren sich – vereinfacht ausgedrückt – in erster Linie an den Sterbetafeln des Statistischen Bundesamts, wobei der Abzinsung eine mittelschüssige Zahlungsweise und eine Verzinsung von 5,5 % p. a. zugrunde gelegt werden. Die für das jeweilige Jahr anzuwendenden Vervielfältiger werden vom Bundesministerium der Finanzen berechnet und im Bundessteuerblatt veröffentlicht.[204] Maßgeblich ist stets das Jahr, in dem die Steuer auf die Begründung des Rentenanspruchs entsteht, also das Jahr, in dem der Versicherungsfall eintritt.

147 Im Einzelnen richten sich die Vervielfältiger nach dem Geschlecht und dem Alter des Bezugsberechtigten am Bewertungsstichtag (Beginn der Rente). Maßgeblich ist das vollendete Lebensjahr. Gemäß §§ 187, 188 BGB ist ein Lebensjahr mit dem Ablauf des Tages, der dem Geburtstag vorausgeht, vollendet.[205]

148 Die geschlechterspezifische Differenzierung verstößt nach Ansicht des BFH[206] nicht gegen Art. 3 Abs. 3 S. 1 des Grundgesetzes; das BVerfG hat die dagegen eingelegte Verfassungsbeschwerde nicht zur Entscheidung angenommen.[207]

149 (b) **Mehrere Rentenberechtigte.** Besonderheiten sind zu beachten, wenn eine Rente nicht nur einem Bezugsberechtigten alleine, sondern mehreren Personen (als Gesamtberechtigten oder nacheinander) zusteht. Den Fall der **Gesamtberechtigung** regelt § 14 Abs. 3 BewG, der (logischerweise) danach differenziert, ob die Nutzung oder Leistung mit dem Tod des erstversterbenden oder des länger lebenden Rentenberechtigten endet.

150 Erlischt das Recht mit dem Tod des zuletzt Sterbenden, sind das Lebensalter und das Geschlecht des Rentenberechtigten für die Bewertung maßgebend, für die sich der höchste Vervielfältiger ergibt (§ 14 Abs. 3 Hs. 1 BewG).[208]

151 Endet die Rente mit dem Tod des zuerst Versterbenden, sind – spiegelbildlich – das Lebensalter und das Geschlecht der Person maßgebend, für die sich der niedrigste Vervielfältiger ergibt (§ 14 Abs. 3 Hs. 2 BewG).[209]

---

[200] Vgl. Daragan/Halaczinsky/Riedel ErbStG/DaraganBewG § 13 Rn. 15; Rössler/Troll/Eisele BewG § 13 Rn. 28 ff.

[201] Rössler/Troll/Eisele BewG § 13 Rn. 25.

[202] Rössler/Troll/Eisele BewG § 13 Rn. 25.

[203] Vgl. Beispiel 2 in Gleichlautende Ländererlasse v. 10.10.2010, BStBl. I 2010, 810 ff., Ziff. III. 2.1.

[204] Vervielfältiger für 2026: BMF-Schreiben 21.10.2025, BStBl. I 2025, 1830.

[205] Daragan/Halaczinsky/Riedel/ErbStG/DaraganBewG § 14 Rn. 6.

[206] BFH 20.11.2024 – II R 38/22, DStR 2025, 831 mAnm Kugelmüller-Pugh.

[207] BVerfG 7.8.2025 – 1 BvR 882/25, n/v.

[208] Daragan/Halaczinsky/Riedel ErbStG/DaraganBewG § 14 Rn. 13.

[209] Daragan/Halaczinsky/Riedel ErbStG/Daragan BewG § 14 Rn. 14.

Soweit die Rente mehreren Berechtigten nacheinander zusteht, wird sie zunächst nur für den Erstberechtigten kapitalisiert. Das Recht des Zweitberechtigten ist aufschiebend bedingt und wird erst berücksichtigt, wenn der Erstberechtigte verstorben (oder aus anderen Gründen nicht mehr berechtigt) ist und der Zweitberechtigte dann zum Zuge kommt.[210] 152

c) **Berücksichtigung von Prämienzahlungen durch den Erwerber.** Der steuerpflichtige Erwerb der Versicherungsleistung setzt eine Unentgeltlichkeit im Valutaverhältnis voraus[211] (ausführlich → Rn. 65 ff.). Mithin unterliegen der Erbschaftsbesteuerung nur diejenigen Versicherungsleistungen, die nicht auf Prämienzahlungen des Bezugsberechtigten selbst beruhen.[212] 153

Soweit der Bezugsberechtigte nur einen Teil der Prämien getragen hat, ist die Versicherungsleistung nach dem Verhältnis der von ihm geleisteten Prämienzahlungen zur Summe aller Prämien aufzuteilen,[213] wobei den Steuerpflichtigen stets die **Beweislast** für die Prämienleistung durch ihn trifft.[214] 154

Eine solche Aufteilung erfolgt regelmäßig auch bei Versicherungen auf das verbundene Leben, wenn also die Versicherungsleistung beim Tod der ersten von zwei versicherten Personen (typischerweise Ehegatten/Lebenspartner), die auch Versicherungsnehmer sind, fällig wird. In diesem Fall ist davon auszugehen, dass beide Versicherungsnehmer eine Prämiengemeinschaft bilden, so dass sich der Umfang des jeweiligen steuerpflichtigen Erwerbs nach dem Verhältnis der getragenen Prämien richten muss. Soweit es sich bei den Versicherungsnehmern um Eheleute (bzw. Lebenspartner) handelt, geht die Finanzverwaltung grundsätzlich davon aus, dass beide im Innenverhältnis die Prämien jeweils hälftig schulden.[215] 155

Auf die konkreten Zahlungen (durch den einen oder den anderen) soll es dabei nicht ankommen.[216] 156

3. Bewertung übergehender Versicherungsverträge

Ist Gegenstand des steuerpflichtigen Erwerbs ein noch nicht fälliger Lebensversicherungsanspruch, richtet sich die Bewertung nach der spezialgesetzlichen Regelung des § 12 Abs. 4 BewG; anzusetzen ist (zwingend) der **Rückkaufswert** (§ 12 Abs. 4 S. 1 BewG).[217] Dies gilt sowohl dann, wenn das Vertragsverhältnis lebzeitig auf einen Beschenkten übertragen wird,[218] als auch dann, wenn der Versicherungsvertrag als Nachlassbestandteil von Todes wegen auf einen Erben oder Vermächtnisnehmer übergeht. 157

Rückkaufswert ist nach § 12 Abs. 4 S. 2 BewG der Betrag, den das Versicherungsunternehmen dem Versicherungsnehmer im Falle der vorzeitigen Aufhebung des Vertragsverhältnisses zu erstatten hat.[219] 158

Auch für noch nicht fällige Lebensversicherungsansprüche gilt selbstverständlich das **Bereicherungsprinzip.** Soweit der Beschenkte bereits vor Übertragung (oder vor dem erbrechtlichen Erwerb) des Vertragsverhältnisses schon eigene Prämienzahlungen er- 159

[210] Daragan/Halaczinsky/Riedel ErbStG/Daragan BewG § 14 Rn. 15.
[211] Troll/Gebel/Jülicher/Gottschalk/Gottschalk ErbStG § 3 Rn. 277, 278; Stenger/Loose/Götz ErbStG § 3 Rn. 230a mwN.
[212] BFH 18.9.2013 – II R 29/11, DStR 2014, 137; vgl. auch MAH ErbR/Hammes/Krause § 47 Rn. 103.
[213] Troll/Gebel/Jülicher/Gottschalk/Gottschalk ErbStG § 3 Rn. 293; ebenso R E 3.7 Abs. 2 S. 2 ErbStR 2019.
[214] R E 3.7 Abs. 2 S. 3 ErbStR 2019.
[215] R E 3.6 Abs. 3 S. 1 ErbStR 2019.
[216] R E 3.6 Abs. 3 S. 2 ErbStR 2019.
[217] BFH 28.1.2026 – II R 27/22, DStR 2026, 1187; Troll/Gebel/Jülicher/Gottschalk/Jülicher/Gottschalk ErbStG § 12 Rn. 134; MAH ErbR/Hammes/Krause § 47 Rn. 92.
[218] Vgl. FG Münster 23.6.2022 – 3 K 606/21 Erb, EFG 2022, 1787 mAnm Dallmann, Revision eingelegt AZ BFH: II RT 27/22.
[219] Vgl. hierzu Rössler/Troll/Eisele BewG § 12 Rn. 68; Welker NWB 2013, 3246.

bracht hat, ist der Wert entsprechend dem Verhältnis der von ihm geleisteten Prämien zur Summe aller bisher geleisteten Prämien aufzuteilen.[220] Das gilt insbesondere auch in Fällen, in denen eine von zwei Versicherungsnehmern gemeinsam abgeschlossene Lebensversicherung künftig von einem von ihnen allein fortgeführt werden soll. Die Bereicherung des Fortführenden kann hier nur in dem Teil des Rückkaufswertes bestehen, der nicht aufgrund seiner eigenen Beitragsleistungen entstanden ist.[221]

4. Bewertung der Bereicherung in Abfindungsfällen

160 In den Fällen des § 3 Abs. 2 Nr. 4 ErbStG, also bei Zurückweisung des Rechts aus einem Versicherungsvertrag gegen Abfindungsleistung (→ Rn. 92 ff.), bestimmt sich der Wert des Erwerbs nach dem Wert der Abfindung im Zeitpunkt der Entstehung der Steuerschuld[222] (also bei Abschluss der entsprechenden Vereinbarung). Je nach Abfindungsgegenstand gelten die jeweiligen allgemeinen Bewertungsgrundsätze.

5. Bewertung im Fall der Prämienschenkung

161 Die Zahlung von Versicherungsprämien durch einen Dritten (der mit dem Versicherungsvertrag nichts zu tun hat) stellt eine freigebige Zuwendung iSv § 7 Abs. 1 Nr. 1 ErbStG an den zur Prämienzahlung verpflichteten Versicherungsnehmer dar (vgl. → Rn. 113). Insoweit handelt es sich regelmäßig um mit dem Nennwert der jeweiligen Prämienzahlung anzusetzende Geldzuwendungen.[223] Ausnahmsweise (→ Rn. 116 ff.) kann eine mittelbare Zuwendung der Versicherungsleistung anzunehmen sein; in diesem Fall ist die Versicherungsleistung entsprechend den oben dargestellten Grundsätzen zu bewerten.

V. Steuerbefreiungen und Versorgungsfreibeträge

1. Steuerfreier Zugewinnausgleich, § 5 ErbStG

162 Gemäß § 5 Abs. 1 ErbStG gilt derjenige Betrag, den der überlebende Ehegatte einer Zugewinngemeinschafts-Ehe als konkreten Zugewinnausgleichsanspruch (§ 1371 Abs. 2 BGB) geltend machen könnte, nicht als Erwerb iSv § 3 ErbStG, ist also nicht steuerbar.

163 Zum Erwerb nach § 3 ErbStG gehören auch Erwerbe aufgrund Vertrages zugunsten Dritter (§ 3 Abs. 1 Nr. 4 ErbStG; siehe Rn. 59 ff.)[224] und Abfindungen für die Zurückweisung von Versicherungsleistungen (§ 3 Abs. 2 Nr. 4 ErbStG; → Rn. 92 ff.).

164 Nach Auffassung des BFH[225] und der Finanzverwaltung[226] ist – abweichend von den zivilrechtlichen Grundätzen – der Wert privater Hinterbliebenenbezüge, die nach § 3 Abs. 1 Nr. 4 ErbStG steuerbar sind, im Rahmen der Berechnung der fiktiven Ausgleichsforderung dem Endvermögen des verstorbenen Ehegatten zuzurechnen.[227] Das führt zu dem für den überlebenden Ehegatten positiven Effekt, dass der Nachlasswert um den

---

[220] R E 3.7 Abs. 2 S. 4 ErbStR 2019.

[221] Daragan/Halaczinsky/Riedel ErbStG/RiedelBewG § 12 Rn. 30.

[222] Troll/Gebel/Jülicher/Gottschalk/Gottschalk ErbStG § 3 Rn. 332 unter Hinweis auf RFH 8.11.1934 – IIIe A 49/34, RStBl. 1935, 205.

[223] BFH 22.10.2014 – II R 26/13, ErbStB 2015, 31; vgl. MAH ErbR/Hammes/Krause § 47 Rn. 89.

[224] Troll/Gebel/Jülicher/Gottschalk/Gottschalk ErbStG § 5 Rn. 27; vgl. auch BFH 12.4.1978 – II B 45/76, BStBl. II 1978, 400.

[225] BFH v. 12.4.1978 – II B 45/76, BStBl. II 1978, 400; BFH 20.5.1981 – II R 33/78, BStBl. II 1982, 27; vgl. auch BFH 22.12.1976 – II R 58/67, BStBl. II 1977, 420 (zu §§ 6, 18 Abs. 1 Nr. 16 ErbStG 1959).

[226] R E 5.1 Abs. 4 S. 1 ErbStR 2019.

[227] Das gilt ausdrücklich nicht für solche Leistungen, die nicht steuerbar sind und sich nur auf den Versorgungsfreibetrag auswirken, vgl. BFH 20.5.1981 – II R 33/78, BStBl. II 1982, 27; Troll/Gebel/Jülicher/Gottschalk/Gottschalk ErbStG § 3 Rn. 312; MAH ErbR/Hammes/Krause § 47 Rn. 100.

Kapitalwert dieser Bezüge erhöht wird, sodass im Ergebnis sowohl das Endvermögen als auch die Ausgleichsforderung fiktiv festgestellt werden.[228]

Fallbeispiel:

Die Ehefrau wird Alleinerbin ihres im Jahr 2025 verstorbenen Ehemannes. Das maßgebliche Anfangsvermögen des verstorbenen Ehemannes bei Beginn des Güterstands betrug (inflationsbereinigt auf den Todestag) 2.500.000 EUR, das der Ehefrau 160.000 EUR. Der Nachlass des verstorbenen Ehemannes hatte einen Verkehrswert von 4.400.000 EUR. Das Endvermögen der Ehefrau hat einen Verkehrswert von 450.000 EUR. Verkehrswerte und Steuerwerte sollen identisch sein.
Die Ehefrau erhält als Begünstigte eine vom Erblasser abgeschlossene Lebensversicherung iHv 390.000 EUR. Der verstorbene Ehemann hatte im Jahr 2022 einen Geldbetrag von 400.000 EUR verschenkt; mit dieser Schenkung war die Ehefrau nicht einverstanden (§ 1375 Abs. 2 BGB).

	beim verstorbenen Ehemann	bei der Ehefrau
Endvermögen	4.400.000 EUR	450.000 EUR
+ steuerpflichtige Versicherungsleistung	390.000 EUR	
Zwischenwert	4.790.000 EUR	
+ Hinzurechnung gem. § 1375 Abs. 2 BGB	400.000 EUR	0 EUR
maßgebendes Endvermögen	5.190.000 EUR	450.000 EUR
./. maßgebendes Anfangsvermögen	– 2.500.000 EUR	– 160.000 EUR
Zugewinn =	2.690.000 EUR	290.000 EUR

Der Zugewinn wird wie folgt ermittelt:
Die fiktive Ausgleichsforderung der Ehefrau beträgt
1/2 von (2.690.000 EUR – 290.000 EUR) = 1.200.000 EUR.
Diese ist nach § 5 Abs. 1 S. 5 ErbStG steuerfrei.

Ist nicht der überlebende Ehegatte des verstorbenen Versicherungsnehmers, sondern ein Dritter Bezugsberechtigter, fällt die Versicherungsleistung diesem außerhalb des Erbfalls zu und ist von ihm nach § 3 Abs. 1 Nr. 4 ErbStG zu versteuern. 165

Die Versicherungsleistung zählt hier ebenfalls nicht zum (tatsächlichen) Endvermögen des Verstorbenen. Um keine Schlechterstellung des überlebenden Zugewinn-Ehegatten in Kauf zu nehmen, müsste die Finanzverwaltung hier analog zur oben skizzierten Vorgehensweise verfahren und auch in dieser Konstellation die Versicherungssumme fiktiv dem Endvermögen des Verstorbenen hinzurechnen. 166

Wählt der überlebende Ehegatte die sog. güterrechtliche Lösung und verlangt er den ihm zivilrechtlich tatsächlich zustehenden konkreten Zugewinnausgleich (§ 1371 Abs. 2 BGB), ist allein die nach zivilrechtlichen Maßstäben zu berechnende Ausgleichsforderung steuerfrei. Dies stellt § 5 Abs. 2 ErbStG ausdrücklich klar.[229] Eine fiktive Berechnung ist in diesem Fall obsolet. 167

2. Rückfall von Schenkungen, § 13 Abs. 1 Nr. 10 ErbStG

Mitunter werden die Prämien für eine Lebensversicherung von den Eltern des Versicherungsnehmers gezahlt (zB während der Ausbildung). Fällt in einem solchen Fall die Versicherungsleistung beim Tod des Kindes an dessen Eltern als Bezugsberechtigte, handelt es sich insoweit zwar dem Grunde nach um einen Erwerb von Todes wegen nach § 3 Abs. 1 Nr. 4 ErbStG, eine Bereicherung der Eltern tritt aber im Hinblick auf deren Prämienzahlungen nicht bzw. nur sehr eingeschränkt ein.[230] Auf eine Steuerbefreiung nach § 13 Abs. 1 Nr. 10 ErbStG kommt es daher im Prinzip nicht an. 168

[228] Troll/Gebel/Jülicher/Gottschalk/Gottschalk ErbStG § 5 Rn. 218; aA anscheinend noch MAH ErbR/Hammes/Krause § 47 Rn. 100.
[229] Vgl. zB MAH ErbR/Hammes/Krause § 47 Rn. 101; Daragan/Halaczinsky/Riedel/ErbStG/GrieselErbStG § 5 Rn. 429.
[230] BFH 18.9.2013 – II R 29/11, DStR 2014, 137; vgl. auch Meincke/Hannes/Holtz ErbStG § 3 Rn. 90.

169 Für einen Fall, in dem Eltern ihren Sohn, für den sie Versicherungsprämien gezahlt hatten, beerbten und auf diese Weise auch die Versicherungsleistung erhielten, weil kein Bezugsberechtigter benannt war, hatte das FG Hessen[231] 1989 zunächst einen steuerpflichtigen Erwerb angenommen, diesen aber in Höhe des Rückkaufswerts als sachlich steuerbefreit angesehen.[232]

170 Im Hinblick auf die BFH-Rechtsprechung[233] zur geforderten „Identität des Vermögens" ist die Anwendbarkeit von § 13 Abs. 1 Nr. 10 ErbStG in derartigen Konstellationen wohl ausgeschlossen.[234] Dies spielt aber jedenfalls in den Konstellationen im Ergebnis keine Rolle, in denen wegen der Tragung der Versicherungsprämien durch den Bezugsberechtigten ohnehin keine steuerpflichtige Bereicherung vorliegt.[235]

3. Verschonungen für Produktivvermögen, §§ 13a ff. ErbStG

171 Soweit eine Lebensversicherung zu einem Betriebsvermögen gehört, können die entsprechenden Leistungsansprüche ebenfalls Bestandteil des Betriebsvermögens sein. Sie unterliegt dann nicht der isolierten Besteuerung als eigenständiger Erwerb, sondern bildet einen Bestandteil der zu bewertenden betrieblichen Einheit. In dieser Konstellation kommt (insgesamt) die Anwendung der Verschonungsnormen nach §§ 13a ff. ErbStG in Betracht.[236]

172 Allerdings sind die Fälle, in denen tatsächlich eine Zuordnung der Versicherung zum Betriebsvermögen stattfindet, eher selten. Voraussetzung ist jedenfalls, dass das Unternehmen als solches (typischerweise eine Gesellschaft) aus dem Versicherungsverhältnis berechtigt ist, beispielsweise im Falle der Versicherung eines Arbeitnehmers oder Geschäftspartners zugunsten des Unternehmens (als Versicherungsnehmer),[237] zB sog. Key-Man-Versicherungen.[238]

173 Es muss stets eine betriebliche Veranlassung zum Versicherungsabschluss bestehen und es muss sich um die Versicherung eines betrieblichen – und nicht persönlichen – Risikos (zB der Gesellschafter) handeln. So gehört beispielswiese die von einer Personengesellschaft auf das Leben ihrer Gesellschafter abgeschlossene Lebensversicherung selbst dann nicht zum Betriebsvermögen, wenn die Versicherungsleistungen zur Abfindung der Hinterbliebenen des verstorbenen Gesellschafters verwendet werden sollen.[239]

174 Allerdings kann auch dann eine Zugehörigkeit zum Betriebsvermögen bestehen, wenn der Zweck der Vertragsgestaltung darin besteht, Mittel für die Tilgung betrieblicher Kredite anzusparen und das für Lebensversicherungen charakteristische Element der Absicherung des Todesfallrisikos bestimmter Personen demgegenüber in den Hintergrund tritt.[240]

175 Dasselbe sollte im Grunde auch dann gelten, wenn der Aspekt der Kapitalanlage – zB bei fondsgebundenen Lebensversicherungen – für das Unternehmen/die Gesellschaft im Vordergrund steht, auch wenn keine betrieblichen Kredite gesichert werden.

---

[231] FG Hessen 11.4.1989 – X 182–183/82, EFG 1989, 518.

[232] Steuerfreier Rückfall gem. § 18 Abs. 1 Nr. 13 ErbStG 1959 (= § 13 Abs. 1 Nr. 10 ErbStG).

[233] BFH 22.6.1994 – II R 1/92, DStR 1994, 1148.

[234] Troll/Gebel/Jülicher/Gottschalk/Jülicher ErbStG § 13 Rn. 122 unter Hinweis auf FG Mecklenburg-Vorpommern 26.4.2017 – 3 K 233/14, NJW-Spezial 2017, 456. ((Fn. 168 bleibt bestehen)).

[235] Troll/Gebel/Jülicher/Gottschalk/Jülicher ErbStG § 13 Rn. 122 unter Hinweis auf BFH 1.7.2008 – II R 38/07, ZEV 2008, 502; vgl. auch BFH 18.9.2013 – II R 29/11, DStR 2014, 137; R E 3.7 Abs. 2 S. 3 und 4 ErbStR 2019; MAH ErbR/Hammes/Krause § 47 Rn. 116.

[236] Vgl. auch Welker, Die Lebensversicherung im Betriebsvermögen, NWB-EV Nr. 1 2014, 19 (21).

[237] BFH 14.3.1996 – IV R 14/95, DStR 1996, 1082; vgl. auch Troll/Gebel/Jülicher/Gottschalk/Jülicher ErbStG § 13b Rn. 63 unter Hinweis auf FG Münster 19.4.2012 – 3 K 1450/09, EFG 2012, 2143; MAH ErbR/Hammes/Krause § 47 Rn. 98; Leitzen RNotZ 2009, 129(153).

[238] Rössler/Troll/Eisele BewG § 95 Rn. 26; Daragan/Halaczinsky/Riedel ErbStG/Riedel BewG § 95 Rn. 23.

[239] BFH 6.2.1992 – IV R 30/91, DStR 1992, 903.

[240] FG München 24.2.2020 – 4 V 2694/19, EFG 2020, 676 mAnm Welzel; Troll/Gebel/Jülicher/Gottschalk/Jülicher ErbStG § 13b Rn. 63.

4. Versorgungsfreibetrag, § 17 ErbStG

Zusätzlich zum persönlichen Freibetrag nach § 16 ErbStG kann für den überlebenden Ehegatten bzw. den eingetragenen gleichgeschlechtlichen Lebenspartner[241] sowie für die Kinder des Erblassers ein besonderer Versorgungsfreibetrag nach § 17 ErbStG Anwendung finden. Der Versorgungsfreibetrag wird nur bei Erwerben von Todes wegen gewährt,[242] ist bei Schenkungen also nicht anwendbar. 176

Für Ehegatten/Lebenspartner beträgt der besondere Versorgungsfreibetrag gem. § 17 Abs. 1 ErbStG (maximal) 256.000 EUR. Für die Kinder des Erblassers sind die Versorgungsfreibeträge nach § 17 Abs. 2 ErbStG altersabhängig gestaffelt und bewegen sich zwischen (maximal) 52.000 EUR und 10.300 EUR. 177

Bei einem Alter des Kindes bis zu fünf Jahren beträgt der Versorgungsfreibetrag 52.000 EUR, bei einem Alter zwischen fünf und zehn Jahren 41.000 EUR, zwischen zehn und 15 Jahren 30.700 EUR, zwischen 15 und 20 Jahren 20.500 EUR und bei einem Alter ab 20 Jahren bis zur Vollendung des 27. Lebensjahres noch 10.300 EUR.Die vorgenannten Freibeträge stellen aber lediglich Maximalwerte dar. Gemäß § 17 Abs. 1 S. 2 bzw. Abs. 2 S. 2 ErbStG sind sie im konkreten Einzelfall um den kapitalisierten Wert bestimmter Versorgungsbezüge, die dem jeweiligen Freibetragsberechtigten aus Anlass des Todes des Erblassers zustehen und nicht (als solche) der Erbschaftsteuer unterliegen, zu kürzen. Zu derartigen Versorgungsbezügen gehören insbesondere:[243] 178

- Versorgungsbezüge
  - aufgrund eines Beamtenversorgungsgesetzes
  - aufgrund des Soldatenversorgungsgesetzes
  - die den Hinterbliebenen von Arbeitnehmern aus der gesetzlichen Rentenversicherung zustehen
  - die von berufsständischen Pflichtversicherungen (Rechtsanwaltsversorgung, Ärzteversorgung etc.) gezahlt werden
- Hinterbliebenenbezüge
  - der Angehörigen von Abgeordneten aufgrund der Diätengesetze des Bundes und der Länder
  - die auf Tarifvertrag, Betriebsordnung, Betriebsvereinbarung, betrieblicher Übung oder dem Gleichbehandlungsgrundsatz beruhen
  - aufgrund eines zwischen dem Erblasser und seinem Arbeitgeber geschlossenen Einzelvertrages
- bestimmte Versorgungsleistungen von Gesellschaften, die beim Ableben von der jeweiligen Gesellschaft weitergezahlt werden (zur Abgrenzung von Erwerben nach § 3 Abs. 1 Nr. 4 ErbStG → Rn. 69 f.).

Fallbeispiel 1:

Der altersversorgungsberechtigte ehemalige (beherrschende) GesellschafterGeschäftsführer V einer GmbH erhielt bis zu seinem Ableben im Jahr 2025 eine vertraglich vereinbarte lebenslängliche Rente von monatlich 5.000 EUR auf seine Lebenszeit. Nach seinem Tod steht seiner dann 79-jährigen Witwe eine Hinterbliebenenversorgung von monatlich 4.000 EUR auf Lebenszeit zu.

Lösung:

Die Witwenrente stellt einen Erwerb von Todes wegen dar, wird also steuerpflichtig erworben (§ 3 Abs. 1 Nr. 4 ErbStG).

Berechnung:

Die Bemessungsgrundlage bestimmt sich wie folgt:

---

[241] Für nichteheliche Lebensgefährten und geschiedene Ehegatten gilt § 17 ErbStG nicht, vgl. Daragan/Halaczinsky/Riedel ErbStG/HalaczinskyErbStG § 17 Rn. 3.

[242] Daragan/Halaczinsky/Riedel ErbStG/Halaczinsky ErbStG § 17 Rn. 2.

[243] Einzelheiten vgl. bei R E 17 ErbStR 2019; Daragan/Halaczinsky/Riedel ErbStG/Halaczinsky ErbStG § 17 Rn. 4 ff.

Jahresbetrag der Witwenversorgung: 12 x 4.000 EUR = 48.000 EUR Bemessungsgrundlage: 48.000 EUR x 7,815[244] = 365.120 EUR
Die Witwe kann den Versorgungsfreibetrag iHv 256.000 EUR voll in Anspruch nehmen.

Fallbeispiel 2:

Wie Fall 1, V war aber nach den Kriterien der Finanzverwaltung als „quasi Nichtselbstständiger" anzusehen.

Lösung:

Die Witwe kann den Versorgungsfreibetrag von 256.000 EUR in Anspruch nehmen, gekürzt um den Kapitalwert der Hinterbliebenenbezüge, weil V wie ein Nichtgesellschafter und als abhängiger Geschäftsführer anzusehen ist und die Hinterbliebenenbezüge angemessen und damit steuerfrei waren.

Berechnung:

Jahresbetrag der Witwenversorgung: 12 x 4.000 EUR = 48.000 EUR Kürzungsbetrag: 48.000 EUR x 7,815[245] = 365.120 EUR
gekürzter Versorgungsfreibetrag: 256.000 EUR – 365.120 EUR → 0 EUR.

VI. Besonderheiten bei der Besteuerung von Rentenleistungen

179 Für Steuerpflichtige, deren Erwerb in einem Rentenanspruch besteht, sieht § 23 ErbStG ein **Wahlrecht** vor, die Steuer entweder sofort auf der Grundlage des Kapitalwerts oder jährlich (im Voraus)[246] nach dem Jahreswert der Rente zu bezahlen.[247]

180 Die Besteuerung nach dem Jahreswert setzt einen entsprechenden (wohl widerruflichen)[248] Antrag voraus, der (spätestens) vor Eintritt der Rechtskraft des Steuerbescheids gestellt werden muss.[249] Die spätere Ablösung der Steuer durch Einmalzahlung ist aber jederzeit möglich (§ 23 Abs. 2 ErbStG).[250]

181 Die Berechnung der Jahressteuer erfolgt prinzipiell nach denselben Grundsätzen wie die der am Kapitalwert orientierten Steuer und wird dementsprechend festgesetzt.[251] Um den maßgeblichen Steuersatz (§ 19 ErbStG) bestimmen zu können, ist in jedem Fall zunächst der Kapitalwert der Rente zu bestimmen.[252] Hiervon werden sämtliche verfügbaren Steuerbefreiungen in Abzug gebracht.

182 Zur Berücksichtigung persönlicher Freibeträge (§§ 16 und 17 ErbStG) kommen zwei alternative Methoden, zwischen denen der Steuerpflichtige wählen kann,[253] in Betracht:

– Nach der sog. Aufzehrmethode[254] fällt die Jahressteuer erstmals zur Zahlung an, nachdem die dem Erwerber zustehenden Freibeträge verbraucht sind.[255] Zu diesen

---

[244] Lt. BMF-Schreiben 9.12.2024, BStBl. I 2024, 1631.

[245] Lt. BMF-Schreiben 9.12.2024, BStBl. I 2024, 1631.

[246] Troll/Gebel/Jülicher/Gottschalk/Jülicher ErbStG § 23 Rn. 8; Daragan/Halaczinsky/Riedel ErbStG/Griesel ErbStG § 23 Rn. 2.

[247] Daragan/Halaczinsky/Riedel ErbStG/Griesel ErbStG § 23 Rn. 2.

[248] FG Nürnberg 6.2.2003 – IV 397/2001, EFG 2003, 873 mAnm Jülicher ZErb 2003, 284; anders noch FG Münster 15.6.1966 – II 257/65, EFG 1967, 74; BFH 24.4.1997 – X B 234/96, BFH/NV 1997, 657; Troll/Gebel/Jülicher/Gottschalk/Jülicher ErbStG § 23 Rn. 6; Daragan/Halaczinsky/Riedel ErbStG/Griesel ErbStG § 23 Rn. 14.BFH 30.1.1968 – II 113/65, BStBl. II 1968, 210; Troll/Gebel/Jülicher/Gottschalk/Jülicher.

[249] ErbStG § 23 Rn. 6.

[250] Daragan/Halaczinsky/Riedel ErbStG/Griesel ErbStG § 23 Rn. 16.

[251] Spätere Gesetzesänderungen haben auf sie keinen Einfluss, vgl. FG München 25.10.1999 – 4 K 2834/96, UVR 2000, 67.

[252] Daragan/Halaczinsky/Riedel ErbStG/Griesel ErbStG § 23 Rn. 5.

[253] Die Kürzungsmethode ist nur auf Antrag des Steuerpflichtigen anzuwenden, H E 23 ErbStH 2019; Daragan/Halaczinsky/Riedel ErbStG/Griesel ErbStG § 23 Rn. 6.

[254] RFH v. 10.2.1938 – IIIe 87/37, RStBl. 1938, 396.

[255] Daragan/Halaczinsky/Riedel ErbStG/Griesel ErbStG § 23 Rn. 7 mit Bsp.

gehört hier auch eine etwa nach § 5 ErbStG steuerfreie (fiktive oder tatsächliche) Zugewinnausgleichsforderung.[256]

- Nach der sog. Kürzungsmethode wird der Jahreswert der Rente um den dem Verhältnis von Jahreswert zu Kapitalwert der Rente entsprechenden Teil des Freibetrags gemindert.[257]

Insoweit ist aber zu beachten, dass immer dann, wenn der steuerpflichtige Erwerb neben der Rente noch weiteres Vermögen umfasst, die Freibeträge vorrangig von dem der sofortigen Besteuerung unterliegenden Vermögen abgezogen werden.[258] 183

VII. Verfahrensrechtliche Aspekte

1. Anzeigepflicht der Versicherungsunternehmen, § 33 Abs. 3 ErbStG

Gemäß § 33 Abs. 3 ErbStG sind Versicherungsgesellschaften[259] verpflichtet, die Auszahlung einer Versicherungssumme (Kapital oder Rente)[260] dem Finanzamt[261] anzuzeigen, wenn diese an andere Personen als den Versicherungsnehmer selbst erfolgt. Bei Versicherungsverträgen mit mehreren Versicherungsnehmern ist eine Anzeige nach § 33 Abs. 3 ErbStG zu erstatten, wenn das Versicherungsunternehmen die Auszahlung nicht an alle Versicherungsnehmer zugleich vornimmt. Dies gilt insbesondere bei Lebensversicherungen auf das verbundene Leben.[262] 184

Die Anzeige ist innerhalb eines Monats seit Bekanntwerden des Todesfalles auf amtlichem Vordruck nach Muster 2[263] zu erstatten (§ 33 Abs. 1 S. 2 ErbStG).[264] Sie soll Angaben zum Versicherungsnehmer, zur versicherten Person, zum Zahlungsempfänger und zum Bezugsberechtigten, die Versicherungsscheinnummer, die Versicherungssumme und ggf. persönliche Verhältnisse (Verwandtschaft) bezüglich Versicherungsnehmer und Auszahlungsempfänger umfassen (§ 33 Abs. 3 ErbStG, § 3 ErbStDV).[265] 185

Im Fall des Wechsels des Versicherungsnehmers sind der Rückkaufswert, die bis zum Wechsel eingezahlten Prämien bzw. Kapitalbeiträge sowie Name und Anschrift des neuen Versicherungsnehmers anzuzeigen.[266] Das gilt auch, wenn beim Tod des Versicherungsnehmers der Versicherungsvertrag von einer anderen Person, zB vom Erben, fortgeführt wird.[267] 186

Allgemein kann eine Anzeige unterbleiben, wenn der auszuzahlende Betrag 5.000 EUR nicht übersteigt (§ 3 Abs. 3 ErbStDV).[268] 187

---

[256] Troll/Gebel/Jülicher/Gottschalk/Jülicher ErbStG § 23 Rn. 14; Daragan/Halaczinsky/Riedel ErbStG/Griesel ErbStG § 23 Rn. 8 mit Bsp.

[257] Troll/Gebel/Jülicher/Gottschalk/Jülicher ErbStG § 23 Rn. 14; Daragan/Halaczinsky/Riedel ErbStG/Griesel ErbStG § 23 Rn. 8 mit Bsp.

[258] Troll/Gebel/Jülicher/Gottschalk/Jülicher ErbStG § 23 Rn. 17 unter Hinweis auf H E 23 ErbStH 2019.

[259] Zur Definition iSv § 33 ErbStG vgl. Daragan/Halaczinsky/Riedel ErbStG/Volquardsen ErbStG § 33 Rn. 22.

[260] Vgl. MAH ErbR/Hammes/Krause § 47 Rn. 147.

[261] Zuständig ist das Finanzamt, das (am Wohnort des Erblassers oder des Erwerbers) für die Erbschaftsteuer zuständig ist (§ 35 ErbStG), vgl. Daragan/Halaczinsky/Riedel/Volquardsen ErbStG/VolquardsenErbStG § 33 Rn. 29.

[262] Daragan/Halaczinsky/Riedel ErbStG/VolquardsenErbStG § 33 Rn. 25.

[263] Vgl. § 3 Abs. 2 S. 1 ErbStDV.

[264] Zur Anzeigepflicht der Versicherungsunternehmen nach § 33 Abs. 3 ErbStG bei TermfixVersicherungen siehe koordinierte Ländererlasse, zB FinMin Baden-Württemberg 22.12.2009 – 3-S 3844/36, ZEV 2010, 160.

[265] Vgl. auch Daragan/Halaczinsky/Riedel ErbStG/Volquardsen ErbStG § 33 Rn. 24.

[266] Daragan/Halaczinsky/Riedel ErbStG/Volquardsen ErbStG § 33 Rn. 24.

[267] Daragan/Halaczinsky/Riedel ErbStG/Volquardsen ErbStG § 33 Rn. 24.

[268] Daragan/Halaczinsky/Riedel ErbStG/Volquardsen ErbStG § 33 Rn. 27.

188 Außerdem kann die Anzeige bei Direktversicherungen idR unterbleiben.[269] Gleiches gilt in bestimmten Fällen der Gruppen-Unfallversicherung für Arbeitnehmer oder Lebensversicherungen, die ein Arbeitgeber für seine Arbeitnehmer abgeschlossen hat und die bereits zu Lebzeiten der versicherten Arbeitnehmer fällig sind und an diese ausgezahlt werden (§ 3 Abs. 3 ErbStDV).

189 Die Benennung/Änderung eines Bezugsberechtigten löst von vornherein keine Anzeigepflicht aus.

190 Ungeachtet ihrer Anzeigepflicht hat die Versicherungsgesellschaft nicht zu prüfen, ob und inwieweit die Versicherungsleistung beim einzelnen Empfänger der Erbschaft- bzw. Schenkungsteuer unterliegt. Die Anzeige ist grundsätzlich auch dann vorzunehmen, wenn beim Empfänger keine Steuerpflicht besteht.[270]

191 Allerdings besteht keine Anzeigepflicht, wenn die Auszahlung an den Versicherungsnehmer erfolgt.[271]

2. Anzeige- und Erklärungspflicht des Leistungsempfängers

192 Grundsätzlich ist der Empfänger einer steuerpflichtig erworbenen Versicherungsleistung nach § 30 Abs. 1 ErbStG selbst zur Anzeige an das zuständige Finanzamt verpflichtet. Soweit aber eine Anzeigepflicht des Versicherungsunternehmens besteht, braucht der Beschenkte/Erbe den Erwerb der Versicherungssumme gewöhnlich nicht noch einmal anzuzeigen.[272] Anzeigepflicht besteht aber auf jeden Fall beim Erwerb einer Versicherungssumme von einem ausländischen Versicherungsunternehmen.

193 Eine **Erbschaftsteuererklärung** ist grundsätzlich nur dann abzugeben, wenn der Beschenkte/Erbe dazu vom Finanzamt aufgefordert wird (§ 31 ErbStG). Dasselbe gilt für eine Schenkungsteuererklärung.

VIII. Einzel- bzw. Sonderfälle

1. Fondsgebundene Lebensversicherungen

194 Fondsgebundene Lebensversicherungen[273] sind dadurch gekennzeichnet, dass die Versicherungsleistung idR nicht betragsmäßig bestimmt ist und auch nicht ausschließlich in einer Geldleistung besteht, sondern in erster Linie in Wertpapieren.

195 Die schlussendliche Höhe bzw. der Wert der Versicherungsleistung hängt primär von der Wertentwicklung der in dem für den einzelnen Versicherungsvertrag gebildeten Fonds zusammengefassten Wertpapiere und sonstigen Vermögensanlagen ab. Dessen ungeachtet ist meist ein Mindest-Todesfallschutz vereinbart.[274]

2. Versicherungen auf das verbundene Leben

196 Versicherungen auf das verbundene Leben sind Lebensversicherungen, bei denen zwei Versicherungsnehmer (typischerweise Eheleute bzw. Lebenspartner) gemeinsam eine Lebensversicherung abschließen, die beim Tod des zuerst versterbenden Versicherungsnehmers an den überlebenden Versicherungsnehmer als Bezugsberechtigten leistet.

197 Die Finanzverwaltung geht für Ehegatten/Lebenspartner in R E 3.6 Abs. 3 ErbStR 2019 von der (widerlegbaren) Annahme aus, dass die Prämien je zur Hälfte gezahlt wurden und beim Tod des Erstversterbenden demnach nur die Hälfte der ausgezahlten

---

[269] Daragan/Halaczinsky/Riedel ErbStG/Volquardsen ErbStG § 33 Rn. 23; FinMin Saarland 28.10.1998, DStR 1998, 1916.
[270] Daragan/Halaczinsky/Riedel ErbStG/Volquardsen ErbStG § 30 Rn. 23.
[271] MAH ErbR/Hammes/Krause § 47 Rn. 148.
[272] Vgl. allgemein Daragan/Halaczinsky/Riedel ErbStG/Volquardsen ErbStG § 30 Rn. 7.
[273] Vgl. auch § 1 Rn. 337 ff.
[274] MAH ErbR/Hammes/Krause § 47 Rn. 11, 12.

Versicherungssumme aufgrund der Bezugsberechtigung als erbschaftsteuerpflichtiger Erwerb gem. § 3 Abs. 1 Nr. 4 ErbStG anzusehen ist.[275]

Kann der Überlebende die Versicherung fortführen (ohne dass die Leistung ausgezahlt 198 wird), liegt bzgl. des schon von der anderen Person eingezahlten Guthabens ein Erwerb von Todes wegen vor (§ 3 Abs. 1 Nr. 4 ErbStG).

3. Gekreuzte Lebensversicherung

Mitunter werden Lebensversicherungen über Kreuz, also sozusagen wechselseitig, 199 abgeschlossen (sog. gekreuzte Lebensversicherung oder auch „Überkreuzversicherung“).[276] Das heißt: Ein Versicherungsnehmer A versichert das Leben einer anderen Person, des Versicherten B (zB seines Ehegatten/Lebenspartners), und hat selbst für den Versicherungsfall das Bezugsrecht. Spiegelbildlich versichert B (als Versicherungsnehmer und Bezugsberechtigter) das Leben von A.

Beim Tod einer versicherten Person erwirbt der Versicherungsnehmer die Leistung 200 erbschaftsteuerfrei. Ein Erwerbstatbestand des ErbStG wird nicht verwirklicht. Gleichzeitig fällt der noch nicht fällige Anspruch auf die vom Verstorbenen auf das Leben des Überlebenden genommene Versicherung in den Nachlass des Verstorbenen. Insoweit liegt ein Erwerb von Todes wegen nach § 3 Abs. 1 Nr. 1 ErbStG vor, der beim Erben (oder einem Vermächtnisnehmer) der Erbschaftsteuer unterliegt. Die Bewertung richtet sich nach § 12 Abs. 4 BewG, maßgeblich ist also der Rückkaufswert.[277]

4. Teilhaberversicherung

Bei der **echten Teilhaberversicherung**[278] ist eine (Personen-)Gesellschaft Versiche- 201 rungsnehmer und auch bezugsberechtigt. Versicherte Personen sind die Gesellschafter. Regelmäßig dient die Versicherung der Finanzierung etwa beim Tod eines Gesellschafters anfallender Abfindungsleistungen an seine Erben (vgl. → § 1 Rn. 338 f.).

Beim Abschluss einer echten Teilhaberversicherung handelt es sich nicht um ein 202 unentgeltliches Geschäft zugunsten eines Dritten und damit bei der Leistung auch nicht um einen unentgeltlichen Erwerb iSv § 3 Abs. 1 Nr. 4 ErbStG. Vielmehr wird die Versicherung zur Verwirklichung des Gesellschaftsverhältnisses *(societas causa)* abgeschlossen, sodass eine Erbschaftsteuerpflicht bei Eintritt des Versicherungsfalls nicht besteht. Hieran hat sich auch durch die Einführung von § 2a ErbStG in das Gesetz nichts geändert. Vielmehr bestätigt dieser im Grunde die bisherige Sichtweise.

Schließt der Teilhaber/Gesellschafter selbst eine Abfindungsversicherung auf das 203 Leben eines anderen Teilhabers/Gesellschafters ab,[279] erhält er im Zweifel die Versicherungsleistung als Versicherungsnehmer. Damit liegt auch hier kein unentgeltlicher Erwerb aufgrund eines Vertrags zugunsten Dritter vor. Etwas anderes gilt aber, wenn als Bezugsberechtigter ein anderer als der Versicherungsnehmer bestimmt wird. Etwas anderes gilt nur dann, wenn die Versicherungsprämien von der Gesellschaft oder einem anderen Dritten übernommen werden. Dann können Prämienschenkungen oder auch mittelbare Schenkungen der Versicherungsleistung vorliegen.[280]

---

275 MAH ErbR/Hammes/Krause § 47 Rn. 127 f.

276 Tölle SteuK 2015, 295 (296).

277 Rössler/Troll/Eisele BewG § 12 Rn. 69.

278 Ertragsteuerlich wird zwischen echter und unechter Teilhaberversicherung nicht mehr unterschieden (BFH 14.3.1996 – IV R 14/95, BStBl. II 1997, 343). Der Anspruch aus einer Lebensversicherung gehört zum notwendigen Privatvermögen (vgl. Schmidt/Wacker EStG § 15 Rn. 431). Der Abzug von Prämien für eine Teilhaberversicherung als Betriebsausgabe ist daher nicht möglich. Beim Gesellschafter sind die Prämien Sonderausgaben, falls die Voraussetzungen des § 10 Abs. 1 Nr. 2b EStG erfüllt sind. Die Leistungen aus der Versicherung sind steuerfrei, soweit es sich nicht um Einnahmen iSd § 20 Abs. 1 Nr. 6 EStG oder um wiederkehrende Bezüge iSd § 22 Nr. 1 EStG handelt.

279 Troll/Gebel/Jülicher/Gottschalk/Gottschalk ErbStG § 3 Rn. 290.

280 Troll/Gebel/Jülicher/Gottschalk/Gottschalk ErbStG § 3 Rn. 290.

5. Kreditsichernde Lebensversicherungen

204 a) **Erwerb durch Erben.** Bei einer kreditsichernden Lebensversicherung (mitunter auch in Gestalt einer reinen Risikoversicherung) ist grundsätzlich der Darlehensschuldner sowohl Versicherungsnehmer als auch versicherte Person. Da die Versicherung der Sicherung der Rückzahlungsverpflichtung aus einem Darlehen dient, das als Nachlassverbindlichkeit auf den oder die Erben übergeht, wird idR kein Bezugsberechtigter benannt, so dass die Versicherungsleistung bei Eintritt des Versicherungsfalls in den Nachlass des Darlehensschuldners/Versicherungsnehmers fällt. Aus der Sicht der Erben stellt sie einen nach § 3 Abs. 1 Nr. 1 ErbStG steuerpflichtigen Erwerb von Todes wegen dar, dem aber die gesicherte Verbindlichkeit gegenübersteht.

205 Wird die Versicherungsleistung direkt an den Darlehensgeber ausgezahlt (zB weil dieser als Bezugsberechtigter benannt ist), handelt es sich dabei nicht um einen steuerpflichtigen Erwerb nach § 3 Abs. 1 Nr. 4 ErbStG, weil im Valutaverhältnis keine Unentgeltlichkeit gegeben ist; Rechtsgrund ist vielmehr das Darlehensverhältnis.[281]

206 Fällt die Versicherungsleistung (zB bei Fortbestehen der Versicherung nach Darlehenstilgung) an einen vom Versicherungsnehmer benannten Bezugsberechtigten, hat dieser einen steuerpflichtigen Erwerb nach § 3 Abs. 1 Nr. 4 ErbStG zu versteuern.

207 b) **Abtretung der Versicherungsleistung.** Tritt der Versicherungsnehmer zur Kreditsicherung seine Versicherungsansprüche an den Darlehensgeber ab, ist darin keine freigebige Zuwendung an den Darlehensgeber (zB die Bank) zu sehen. Soweit im Todesfall die Lebensversicherungssumme von der Bank nicht zur Schuldentilgung benötigt wird, fällt sie je nach Vertragsgestaltung in den Nachlass oder an den Bezugsberechtigten. Dann gelten die jeweiligen erbschaftsteuerlichen Folgen, also entweder Besteuerung nach § 3 Abs. 1 Nr. 1 ErbStG oder nach § 3 Abs. 1 Nr. 4 ErbStG.

208 Denn die Abtretung des Versicherungsanspruchs führt prinzipiell nicht zum Widerruf der zuvor erfolgten Benennung eines Bezugsberechtigten, sondern nur zu einer Art „Rangrücktritt“, soweit die Versicherungsleistung zur Schuldentilgung benötigt wird.[282] Soweit die Lebensversicherungssumme der Tilgung des Kredites dient, liegt kein erbschaftsteuerpflichtiger Erwerb der Bank vor. Soweit der Rest oder (nach lebzeitiger Tilgung) die ganze Versicherungssumme dem Bezugsberechtigten zukommt, gilt § 3 Abs. 1 Nr. 4 ErbStG.

6. Sparverträge mit Risikolebensversicherung

209 Sparverträge und Lebensversicherungen können in der Weise kombiniert werden, dass für den Fall des Todes des Sparers eine Risikolebensversicherung abgeschlossen wird, bei der der Sparer Versicherungsnehmer und versicherte Person ist. Verstirbt der Sparer/Versicherungsnehmer vor Ablauf des Sparvertrages, wird der Rest der vereinbarten Ansparleistung durch die Versicherung erbracht, so dass der Erbe oder der Bezugsberechtigte einen voll eingezahlten Sparvertrag erhält.

210 Die Versicherungsleistung stellt einen erbschaftsteuerpflichtigen Erwerb von Todes wegen dar. Wenn das Sparguthaben in den Nachlass fällt, ergibt sich die Steuerpflicht aus § 3 Abs. 1 Nr. 1 ErbStG. Ist ein Dritter bezugsberechtigt, gilt § 3 Abs. 1 Nr. 4 ErbStG.

7. Rentenversicherung mit Rentengarantie

211 Rentenversicherungen mit Rentengarantiezeit zeichnen sich dadurch aus, dass die Rentenzahlung für eine bestimmte Laufzeit garantiert ist. Verstirbt der Versicherungsnehmer/Bezugsberechtigte während der Garantiezeit, wird die Rente bis zum Ablauf der

---

[281] BFH 14.4.1985 – II R 148/82, BStBl. II 1986, 265; BFH 8.8.1999 – II B 59/99, BFH/NV 2000, 190; Meincke/Hannes/Holtz ErbStG § 3 Rn. 91; MAH ErbR/Hammes/Krause § 47 Rn. 54.

[282] BGH 8.5.1996 – IV ZR 112/95, NJW 1996, 2230. Nur ausnahmsweise kann ein Widerruf des Bezugsrechts anzunehmen sein.

Garantiezeit den Erben oder sonst Bedachten ausgezahlt. Mitunter kann der Erbe oder sonst Bedachte auch eine einmalige Kapitalabfindung wählen.

In den weiteren Rentenzahlungen oder in der Kapitalabfindung kann ein unentgeltlicher Erwerb von Todes wegen (durch Erbanfall) nach § 3 Abs. 1 Nr. 1 ErbStG zu sehen sein, wenn kein Bezugsberechtigter benannt ist und daher die Leistung den Erben zusteht. Ist ein Bezugsberechtigter benannt, ergibt sich die Steuerpflicht aus § 3 Abs. 1 Nr. 4 ErbStG. 212

Der Bewertung ist der Kapitalwert des Rentenbezugsrechts[283] oder der Nennbetrag der Kapitalabfindung zugrunde zu legen. Für den Fall, dass die Fälligkeit aufgeschoben ist, muss dieser Wert ggf. auf den Tag der Steuerentstehung abgezinst werden (→ Rn. 131 ff.). 213

8. Termfixversicherungen

Das Charakteristikum von Termfixversicherungen besteht darin, dass bei einer Lebensversicherung (typischerweise einer Kapitallebensversicherung) ein fester Auszahlungszeitpunkt („term-fix") vereinbart wird, der unabhängig von einem etwa vorher eintretenden Versicherungsfall gilt (→ 1 Rn. 337). 214

Die Versicherungsleistung wird also in jedem Fall erst zu dem vereinbarten Auszahlungszeitpunkt fällig, unabhängig davon, ob die versicherte Person zu diesem Zeitpunkt noch lebt. Stirbt die versicherte Person vor dem vereinbarten Termin, endet idR auch die Verpflichtung zur Beitragszahlung. Das kann dadurch erreicht werden, dass der Versicherer die Beitragszahlung übernimmt oder die Versicherung beitragsfrei gestellt wird. Typische Termfixversicherungen sind zB die Aussteuer- und die Ausbildungsversicherung. 215

Kommt die Termfixversicherung zur Auszahlung an den Versicherungsnehmer, besteht keine Steuerpflicht, da die Versicherungssumme nicht unentgeltlich/rechtsgrundlos erworben wird. Wird die Versicherungssumme anschließend verschenkt, stellt dies eine steuerbare Geld-/Forderungsschenkung dar (§ 7 Abs. 1 ErbStG). 216

Im Falle des Todes des Versicherungsnehmers vor dem Auszahlungstermin entsteht die Erbschaftsteuer bei Termfixversicherungen nach Auffassung der Finanzverwaltung[284] unter Verweis auf das Urteil des BFH vom 27.8.2003[285] nach § 9 Abs. 1 Nr. 1 ErbStG bereits beim Tod des Erblassers und nicht erst mit dem späteren Fälligkeitstermin.[286] Als Wert ist der nach § 12 Abs. 3 BewG abgezinste Betrag der Forderung gegen die Versicherung (Versicherungsleistung) anzusetzen, wenn die Fälligkeit um mehr als ein Jahr hinausgeschoben und die Versicherungsleistung bis zur Auszahlung nicht zu verzinsen ist[287] (zur Behandlung fondgebundener Termfix-Versicherungen vgl. → Rn. 132 f.). 217

Eine andere Beurteilung (Steuerentstehung erst zum Fälligkeitstermin) ist aber sicher angebracht, wenn es sich bei der Terminfixierung um eine echte Bedingung handelt, beispielsweise die, dass der (primäre) Bezugsberechtigte diesen Termin erlebt. 218

IX. Gestaltungsempfehlungen und -ideen

1. „Richtiger" Versicherungsnehmer

Unter erbschaft- und schenkungsteuerlichen Gesichtspunkten ist klar, dass die günstigste Gestaltung des Versicherungsverhältnisses den Bezugsberechtigten als Versicherungsnehmer vorsehen sollte. Die „übliche" Gestaltung, dass der Versicherungsnehmer 219

[283] Zur Ermittlung des Kapitalwerts zeitlich beschränkter Leistungen siehe Anlage 9 zu § 13 Abs. 1 BewG. Im Übrigen gilt § 14 BewG.

[284] FinMin Baden-Württemberg 22.12.2009 – 3-S 3844/36, ZEV 2010, 160.

[285] BFH 27.8.2003 – II R 58/01, BStBl. II 2003, 921; Daragan/Halaczinsky/Riedel ErbStG/Halaczinsky ErbStG § 9 Rn. 20.

[286] AA Tölle SteuK 2015, 295 (297); ebenso auch Welker ErbStB 2019, 324.

[287] Vgl. FG Nürnberg 12.9.2018 – 4 K 498/17, ZEV 2019, 111.

sein eigenes Leben versichert und einen Dritten (zB den Ehegatten/Lebenspartner und/oder Kinder) als Bezugsberechtigten benennt, ist mit dem Nachteil verbunden, dass im Versicherungsfall ein steuerpflichtiger Erwerb nach § 3 Abs. 1 Nr. 4 ErbStG ausgelöst wird.

Praxistipp:

Demzufolge sollte sowohl bei (reinen) Risikolebensversicherungen als auch bei kapitalbildenden Versicherungen grundsätzlich der künftige Bezugsberechtigte als Versicherungsnehmer auftreten.[288]
Soweit ihm die zur Prämienleistung benötigten finanziellen Mittel durch die versicherte Person oder einen Dritten zur Verfügung gestellt werden, sind hierin zwar jeweils Schenkungen iSv § 7 Abs. 1 Nr. 1 ErbStG zu sehen,[289] die Versicherungsleistung als solche (die die Summe der Prämien regelmäßig deutlich übersteigt) fällt ihm aber dessen ungeachtet schenkungsteuerfrei zu. Gleiches gilt für etwa mit Hilfe der geleisteten Prämien von der Versicherung erwirtschaftete Überschussanteile.

2. Dokumentation der Prämienzahlungen

220 Da die **Beweislast** für die Prämienleistung durch den Bezugsberechtigten bei diesem liegt (→ Rn. 36),[290] empfiehlt es sich, auch die „Herkunft" der auf eine (eigene oder fremde) Lebensversicherung gezahlten Prämien – gleichgültig, ob es sich um Einmalleistungen oder um laufende Zahlungen handelt – zu dokumentieren.

3. Risikolebensversicherung

221 Risikolebensversicherungen eignen sich vor allem dann zur Vorsorge, wenn die normale/gesetzliche Vorsorge (noch) nicht zur ausreichenden Versorgung führt. Im Einzelfall kann es auch sinnvoll sein, Vorsorge für den Fall einer hohen Erbschaftsteuer zu treffen, insbesondere dann, wenn in hohem Maße Sachwerte oder in Sachwerten gebundenes Kapital vererbt wird, wie zB Betriebsvermögen, LuF-Vermögen, Immobilien, Kunstgegenstände oder Sammlungen.

222 Für solche Fälle wird zurecht der Abschluss einer (Risiko-)Lebensversicherung durch den zukünftigen Erben auf das Leben des Erblassers (als versicherter Person) empfohlen[291] (unechte Erbschaftsteuerversicherung). Die Prämien sollte dabei der zukünftige Erbe (als Versicherungsnehmer) selbst zahlen, da sonst zumindest eine Schenkung der Prämienzahlungen vorliegen dürfte. Der potentielle Erblasser könnte ihm aber unter Beachtung des § 14 ErbStG Geld zur Bestreitung der Prämienzahlungen (bis zur Höhe des persönlichen Freibetrags) schenken. Die Auszahlung der Versicherungsleistung an den Erben/Versicherungsnehmer ist in jedem Fall steuerfrei.

4. Vermögensbildung in der Hand des Begünstigten

223 Lebensversicherungen können auch gezielt eingesetzt werden, um eine erbschaftsteueroptimierte Vermögensbildung in der Hand des zu Begünstigenden zu ermöglichen. Dies soll am folgenden, von Halaczinsky[292] entwickelten Beispiel verdeutlicht werden:

Fallbeispiel:

Die Eltern schenken ihrem einjährigen Sohn eine Eigentumswohnung in prognostiziert guter Lage. Dabei wird ein großer Teil seines persönlichen Freibetrags verbraucht. Außerdem wird auf dem Namen des

---

[288] Ebenso Tölle SteuK 2015, 295 (296); vgl. auch Troll/Gebel/Jülicher/Gottschalk/Gottschalk ErbStG § 3 Rn. 290.
[289] MAH ErbR/Hammes/Krause § 47 Rn. 89.
[290] R E 3.7 Abs. 2 S. 3 ErbStR 2019.
[291] Kleeberg BB 1989, 2448.
[292] Halaczinsky UVR 2016, 25 ff.

Kindes (als Versicherungsnehmer) eine kapitalbildende Lebensversicherung abgeschlossen; versicherte Person ist ein Elternteil. Die Wohnung wird vermietet, aus den Erträgen werden die Versicherungsprämien gezahlt.
Beim Tod der versicherten Person vereinnahmt der Sohn als Versicherungsnehmer die Versicherungsleistung steuerfrei. Dasselbe gilt, wenn der vereinbarte Ablauftermin eintritt und die Leistung vor Eintritt des Versicherungsfalls fällig wird.

Dasselbe Konzept kann auch in der Weise genutzt werden, dass die Eltern die Prämienzahlungen übernehmen. Diese stellen dann zwar steuerpflichtige Schenkungen dar, am Vermögensaufbau (einschließlich Überschussbeteiligungen) in der Hand des Kindes ändert dies jedoch nichts. 224

5. Lebzeitige Übertragung des Vertrags unter Nießbrauchsvorbehalt

Wie oben dargestellt, ist im Falle der unentgeltlichen Übertragung des Vertragsverhältnisses der Versicherungsvertrag als solcher der Gegenstand der Schenkung.[293] Diese ist mit Zustimmung des Versicherers zur Vertragsübernahme ausgeführt[294] (Zeitpunkt der Steuerentstehung, § 9 Abs. 1 Nr. 2 ErbStG) und auf diesen Stichtag mit dem Rückkaufswert (§ 12 Abs. 4 BewG) zu bewerten.[295] 225

Behält sich der Schenker an den Nießbrauch am Rückkaufswert der Versicherung, also an den bis Eintritt des Versicherungsfalls (oder eines vertraglich definierten Ablaufdatums) vor, mindert der kapitalisierte Wert des Nießbrauchs den Wert der zu versteuernden Schenkung, allerdings erst dann, wenn der Rückkaufswert realisiert wird.[296] 226

Zur Bewertung des Nießbrauchs sind die allgemeinen Grundsätze heranzuziehen. Demnach kann gemäß § 16 BewG der Jahreswert nicht höher sein als 1/18,6 des Werts des belasteten Wirtschaftsguts. Der Jahreswert beschränkt sich also hier auf 1/18,6 des Rückkaufswerts der Versicherung im Zeitpunkt der Übertragung des Vertrags.[297] 227

Die Kapitalisierung erfolgt bei fester Laufzeit nach § 13 Abs. 1 S. 1 BewG unter Anwendung der Anlage 9a zum BewG. Bei lebenslangem Nießbrauch ist § 14 Abs. 1 S. 4 BewG anzuwenden. 228

Die Übertragung unter Nießbrauchsvorbehalt ermöglicht es also nur eingeschränkt, Versicherungen mit höheren Rückkaufswerten ohne Steuerbelastung zu übertragen. Allerdings muss man dafür in Kauf nehmen, dass die (in der Versicherung nicht der Einkommensteuer unterliegenden) künftigen Erträge des Vermögens nicht (auch und noch dazu schenkungsteuerfrei) dem Beschenkten zugutekommen. 229

6. „Gezielte" Zurückweisung der Bezugsberechtigung

Die Zurückweisung einer Bezugsberechtigung kann **gezielt zur Minderung der Erbschaftsteuerbelastung** eingesetzt werden.[298] Dies ist insbesondere dann interessant, wenn die Lebensversicherungssumme beim Bezugsberechtigten dessen Freibeträge überschreitet oder er die Lebensversicherungssumme nicht benötigt. 230

Dann kann es (steuerlich) attraktiv sein, die Versicherungsleistung zugunsten eines anderen Bezugsberechtigten nach § 333 BGB zurückzuweisen oder durch die Zurückweisung die Versicherung in den Nachlass fallen zu lassen. Denn durch die Zurückweisung entfällt nachträglich die Bereicherung des (ursprünglichen) Bezugsberechtigten und damit auch seine Erbschaftsteuerpflicht. 231

---

[293] FG Münster 23.10.2014 – 3 K 265/12 Erb, EFG 2015, 240; FG Münster 13.9.2018 – 3 K 2766/16 Erb, EFG 2018, 1987; BFH 28.1.2026 – II R 27/22, DStR 2026, 1187; Daragan/Halaczinsky/Riedel ErbStG/Griesel ErbStG § 7 Rn. 21; MAH ErbR/Hammes/Krause $ 47 Rn. 86; Daragan ZErb 1999, 85; aA BFH 12.6.1953 – II R 19/52 S, BStBl. III 1953, 247.

[294] FG Münster 23.10.2014 – 3 K 265/12 Erb, EFG 2015, 240; FG Münster 13.9.2018 – 3 K 2766/16 Erb, EFG 2018, 1987; FG Münster 27.10.2021 – 3 K 1409/20 Erb, EFG 2022, 137.

[295] BFH 28.1.2026 – II R 27/22, DStR 2026, 1187.

[296] BFH 28.1.2026 – II R 27/22, DStR 2026, 1187.

[297] FG Münster 23.6.2022 – 3 K 606/21 Erb, EFG 2022, 1787; BFH 28.1.2026 – II R 27/22, DStR 2026, 1187.

[298] Halaczinsky UVR 2016, 25 ff.

232 Der Anspruch auf die Lebensversicherungssumme fällt an den Ersatz-Bezugsberechtigten oder in den Nachlass.[299]

233 Wird die Zurückweisung mit einer vom nun berufenen Erwerber der Versicherungsleistung zu zahlenden Abfindung verbunden, ist diese Abfindung als Erwerb vom Versicherungsnehmer/Erblasser zu besteuern (§ 3 Abs. 2 Nr. 4 ErbStG). Beim nunmehr Berechtigten kann sie wie eine Verbindlichkeit vom Wert der Lebensversicherung abgezogen werden (§ 10 Abs. 5 Nr. 3 ErbStG). Der erbschaftsteuerliche Vorteil ist im Einzelfall durch vergleichende Berechnung zu ermitteln.

234 Interessant ist in diesem Zusammenhang auch, dass die Bemessungsgrundlage für den Abfindungserwerb durch den Abfindungsgegenstand bestimmt wird, nicht durch die Versicherungssumme. Abgesehen von der Möglichkeit, hierdurch Freibeträge und Steuersatzgefälle optimal auszunutzen, können also auch Bewertungsvorteile oder weitere Steuerbefreiungen (zB für das Familienheim, § 13 abs. 1 Nr. 4b ErbStG, oder für vermietete Wohnimmobilien, § 13d ErbStG) genutzt werden.

Fallbeispiel:

Erblassers E wird aufgrund eines Berliner Testaments von seiner Frau F als Alleinerbin beerbt. Die einzige gemeinsame Tochter T ist (zunächst) enterbt, aber als Schlusserbin vorgesehen. Schenkungen innerhalb der letzten 10 Jahre gab es nicht. Eine Witwenversorgung steht F nicht zu.
Der Nachlass des E setzt sich wie folgt zusammen:

Familienheim	1.500.000 EUR
Schulden (im Zusammenhang mit dem Familienheim)	700.000 EUR
Sonstiges Vermögen	600.000 EUR

F kann für das Familienheim die sachliche Steuerbefreiung nach § 13 Abs. 1 Nr. 4c ErbStG in Anspruch nehmen. Allerdings sind gemäß § 10 Abs. 6a S. 1 ErbStG die mit dem Familienheim in wirtschaftlichem Zusammenhang stehenden Schulden für sie nicht abziehbar.
Außerdem ist F Bezugsberechtigte einer von E auf seinen Tod abgeschlossenen Lebensversicherung mit einer Todesfall-Leistung von 1.000.000 EUR. Die Tochter T ist als Ersatz-Bezugsberechtigte benannt.
Wenn T keinen Pflichtteilsanspruch geltend macht, ergibt sich für folgende Erbschaftsteuerbelastung:
Steuerpflichtiger Erwerb:

Familienheim	1.500.000 EUR
Steuerbefreiung	– 1.500.000 EUR
Schulden	0 EUR
Sonstiges	600.000 EUR
Lebensversicherung	1.000.000 EUR
Summe	1.600.000 EUR
Persönlicher Freibetrage	500.000 EUR
Versorgungsfreibetrag	– 256.000 EUR
Zu versteuern:	844.000 EUR
Steuersatz: 19 %	
Erbschaftsteuer:	160.360 EUR

Fallbeispiel:

Da F die Erbschaftsteuerbelastung gerne reduzieren möchte, vereinbart sie mit T Folgendes:

1. F schlägt die Erbschaft aus und erhält als Abfindung das Familienheim zu Alleineigentum.
2. F weist die Lebensversicherungsleistung zurück und erhält dafür von der Ersatz-Bezugsberechtigten T eine Abfindung in Geld iHv 756.000 EUR.

Die Erbschaftsteuerbelastung für den Erbfall nach E wird auf diese Weise auf 0 EUR reduziert.
Als steuerpflichtiger Erwerb der F gilt hier nach § 3 Abs. 2 Nr. 4 ErbStG zum einen die im Gegenzug für ihre Ausschlagung der Erbschaft vereinbarte bzw. gewährte Abfindung und zum anderen die für die Zurückweisung des Bezugsrechts aus der Lebensversicherung vereinbarte bzw. gewährte Abfindung.

---

299 BGH 12.5.1993 – IV ZR 227/92, NJW 1993, 2171.

Dabei gilt die vereinbarte Sach-Abfindung (Familienheim) als vom Erblasser stammend,[300] so dass für diese auch etwa zur Verfügung stehende sachliche Steuerbefreiungen in Anspruch genommen werden können.[301]
Die für die Zurückweisung des Bezugsrechts aus der Lebensversicherung vereinbarte Geldabfindung wird durch den persönlichen sowie den Versorgungsfreibetrag von F neutralisiert. Sie zahlt also keine Erbschaftsteuer.
Dasselbe gilt im Ergebnis auch für T, da auch ihr steuerpflichtiger Erwerb ihren persönlichen Freibetrag nicht übersteigt. Da sie das steuerbefreite Familienheim als Abfindung weitergibt, stehen bei ihr die Finanzierungsverbindlichkeiten nicht in einem wirtschaftlichen Zusammenhang mit begünstigt erworbenem Vermögen, so dass keine Abzugsbeschränkung besteht. Im Übrigen kann sie die von ihr zu leistenden Abfindungen als Aufwand nach § 10 Abs. 5 Nr. 3 ErbStG bereicherungsmindernd geltend machen.[302]
Es ergibt sich folgendes Bild:

	F	T
Familienheim	1.500.000 EUR	
Steuerbefreiung	– 1.500.000 EUR	
Schulden (§ 10 Abs. 6 ErbStG)		– 700.000 EUR
Sonstiges		600.000 EUR
Lebensversicherung		1.000.000 EUR
Abfindung für Lebensversicherung	756.000 EUR	– 756.000 EUR
Summe	756.000 EUR	144.000 EUR
Freibeträge	– 756.000 EUR	144.000 EUR
steuerpflichtiger Erwerb	0 EUR	0 EUR

Außer der Reduzierung der Erbschaftsteuer auf 0 EUR erreicht F auch, dass ihr Netto-Vermögenszuwachs höher ausfällt als im Ausgangsfall:

	nach Testament	mit Vereinbarung
Familienheim	1.500.000 EUR	1.500.000 EUR
Schulden	– 700.000 EUR	
Sonstiges	600.000 EUR	
Lebensversicherung	1.000.000 EUR	
Abfindung für Lebensversicherung		756.000 EUR
Erbschaftsteuer	– 160.360 EUR	
Summe	2.239.640 EUR	2.256.000 EUR

Verbesserung für F: 16.360 EUR

7. Zuwendung einer Sofortrente (statt Geldschenkung)

Wird einem Bezugsberechtigten (mit Hilfe eines entsprechenden Versicherungsvertrages) eine sofort beginnende Rente zugewendet, orientiert sich die Bemessungsgrundlage für diese steuerpflichtige Zuwendung (§ 7 Abs. 1 Nr. 1 ErbStG) am Kapitalwert der Rente (zu ermitteln nach § 13 bzw. § 14 BewG) und nicht an der zu leistenden Versicherungsprämie. Dies kann aufgrund des Abzinsungseffekts im Rahmen der Rentenbewertung zu erheblichen Reduzierungen der Bemessungsgrundlage führen. Das gilt insbesondere für lange laufende Renten.[303] 235

Fallbeispiel:
Frau F möchte ihrem Ehemann M (Alter 45 Jahre) EUR 1 Mio. zuwenden, um ihm den Aufbau einer kapitalgedeckten Altersvorsorge zu ermöglichen. Sie schenkt ihm

---

[300] Troll/Gebel/Jülicher/Gottschalk/Gottschalk ErbStG § 3 Rn. 329.
[301] Vgl. Troll/Gebel/Jülicher/Gottschalk/Gottschalk ErbStG § 13 Rn. 1; Meincke/Hannes/Holtz ErbStG § 13 Rn. 1.
[302] Troll/Gebel/Jülicher/Gottschalk/Gottschalk ErbStG § 10 Rn. 174 unter Hinweis auf BFH 18.3.1981 – II R 89/79, BStBl. II 1981, 473.
[303] Vgl. Tölle SteuK 2015, 295 (298) mit instruktivem Berechnungsbeispiel.

a) das Geld und er schließt eine Rentenversicherung (Sofortrente) ab
b) einen bereits von ihr auf seine Lebenszeit abgeschlossenen Rentenversicherungsvertrag (Sofortrente) mit einer garantierten monatlichen Leistung von EUR 2.000

Lösung:

a) Geldschenkung:

Bemessungsgrundlage:	1.000.000 EUR
Freibetrag:	500.000 EUR
zu versteuern:	500.000 EUR
Steuersatz: 15 %	
Steuer:	75.000 EUR

b) Zuwendung des Rentenanspruchs

Jahreswert:	24.000 EUR
Vervielfältiger: 15,741	
Bemessungsgrundlage	377.784 EUR
Freibetrag:	500.000 EUR
zu versteuern:	0 EUR

8. Lebensversicherung im Betriebsvermögen

236 In einem grundsätzlich als Produktivvermögen begünstigten Betriebsvermögen gehaltenes Verwaltungsvermögen ist – abgesehen vom unschädlichen Verwaltungsvermögen, § 13b Abs. 7 ErbStG – (mit ihrem Nettowert) von der Anwendung des Verschonungsabschlags nach § 13b Abs. 1 (bzw. Abs. 10) ErbStG ausgenommen.

237 Zum Verwaltungsvermögen gehören insbesondere Anteile an Kapitalgesellschaften, wenn der Beteiligungsumfang 25 % des Stammkapitals der jeweiligen Gesellschaften nicht übersteigt ((§ 13b Abs. 4 Nr. 2 ErbStG), also Streubesitz-Aktien. Dasselbe gilt auch für Wertpapiere und vergleichbare Forderungen (§ 13b Abs. 4 Nr. 4 ErbStG) sowie für schädliche Finanzmittel (§ 13b Abs. 4 Nr. 5 ErbStG).

238 Ein vollständigen Begünstigungsausschluss gilt für junges Verwaltungsvermögen (in Form von Wertpapieren und vergleichbaren Forderungen), (§ 13b Abs. 7 S. 2 ErbStG,[304] sowie junge Finanzmittel (§ 13b Abs. 4 Nr. 5 S. 2 ErbStG). Diese können auch nicht als unschädliches Verwaltungsvermögen qualifiziert werden.[305]

239 Vor diesem Hintergrund kann erwogen werden, als Verwaltungsvermögen zu qualifizierende Vermögensanlagen (Aktien, Wertpapiere und vergleichbare Forderungen sowie schädliche Finanzmittel) als Einmal-Prämie in eine (fondsgebundene) Lebensversicherung zu investieren, bei der das Unternehmen (die Gesellschaft Versicherungsnehmerin und Bezugsberechtigte ist, während eine natürliche Person, zB ein für die operative Führung des Unternehmens wichtiger geschäftsführender Gesellschafter (Key-Man), als versicherte Person fungiert, so dass eine Zuordnung der Versicherung zum Betriebsvermögen gewährleistet sein sollte.[306] Denkbar bzw. empfehlenswert kann es auch sein, die Versicherung zur Sicherung betrieblicher Schulden zu verwenden.[307]

240 Nach der Rechtsprechung des BFH ist der Katalog der Gegenstände des Verwaltungsvermögens in § 13b Abs. 4 ErbStG abschließend.[308] Noch nicht fällige Ansprüche aus Lebensversicherungen sind dort nicht genannt, so dass der bedingte Anspruch auf

---

[304] Vgl. R E 13b. 27 S. 1 ErbStR 2019.

[305] Daragan/Halaczinsky/Riedel ErbStG/Riedel ErbStG § 13b Rn. 303.

[306] Rössler/Troll/Eisele BewG § 95 Rn. 26; Daragan/Halaczinsky/Riedel ErbStG/Riedel BewG Rn. 23.

[307] Vgl. Troll/Gebel/Jülicher/Gottschalk/Jülicher ErbStG § 13b Rn. 63 unter Hinweis auf FG München 24.2.2020 – 4 V 2694/19, EFG 2020, 676 mAnm Welzel; → Rn. 174.

[308] BFH 28.2.2024 – II R 27/21, DStR 2024, 1484, Tz. 19 (Verfassungsbeschwerde eingelegt Az. des BVerfG: 1 BvR 1761/24); vgl. auch Meincke/Hannes/Holtz § 13b Rn. 47; Troll/Gebel/Jülicher/Gottschalk/Jülicher ErbStG § 13b Rn. 256; Piltz ZEV 2008, 229 (231).

die Versicherungsleistung[309] – anders als das im Rahmen der Beitragsleistung an den Versicherer übertragene Vermögen – nicht als Verwaltungsvermögen zu qualifizieren ist.

Um „der Nähe" zu einer vielleicht als Finanzmittel zu qualifizierenden (aufschiebend 241
bedingten)[310] Forderung vorzubeugen, kann der Versicherungsanspruch außerdem als Sachleistungsanspruch auf Auskehrung der im Fonds gehaltenen Vermögensanlagen ausgestaltet werden. Sachleistungsansprüche stellen keine „sonstige auf Geld gerichtete Forderungen" dar,[311] so dass sie keinesfalls zu den Finanzmitteln gezählt werden können.

Da im Übrigen das Verwaltungsvermögen am jeweiligen Stichtag vorhanden sein 242
muss,[312] kann ein aufschiebend bedingter Anspruch auf Auskehrung von Wertpapieren und ähnlichen als Verwaltungsvermögen in Betracht kommenden Vermögensanlagen insoweit ebenfalls nicht schädlich sein.

X. Übersicht: Steuerliche Behandlung von Versicherungsleistungen

Die nachfolgende Übersicht fasst die erbschaft- und schenkungsteuerliche Behandlung 243
von Versicherungsleistungen bzw. Gestaltungen mit Lebens- und/oder Rentenversicherungen zusammen.

	Steuerfrei	Steuerpflicht nach … ErbStG		
		§ 3 Abs. 1		§ 7 Abs. 1 Nr. 1
		Nr. 1	Nr. 4	
Hinterbliebenenbezüge (die nicht auf einem Vertrag zugunsten Dritter beruhen, aber ggf. den Versorgungsfreibetrag nach § 17 ErbStG mindern)	X			
Versicherungsleistung an den Versicherungsnehmer (der auch die Prämien gezahlt hat)	X			
Versicherungsleistung im Nachlass des Versicherungsnehmers, der auch die Prämien gezahlt hat		X		
Versicherungsleistung im Nachlass des Versicherungsnehmers; die Prämien wurden vom Erben gezahlt	X			
Versicherungsleistung an einen Bezugsberechtigten beim Tod des Versicherungsnehmers; Prämienzahlung durch den Versicherungsnehmer			X	
Versicherungsleistung an einen Bezugsberechtigten beim Tod des Versicherungsnehmers (der auch die Prämien gezahlt hat)	X			
Rückforderung einer Versicherungsleistung nach § 2287 BGB		X		
Geltend gemachter Pflichtteilsergänzungsanspruch wegen Lebensversicherung		X		

[309] Dieser ist gemäß § 4 BewG bis zum Bedingungseintritt eigentlich ohnehin nicht zu berücksichtigen, vgl. Rössler/Troll/Halaczinsky BewG § 4 Rn. 12.
[310] und daher nach § 4 BewG eigentlich nicht zu erfassenden.
[311] R E 13b.23 Abs. 2 ErbStR 2019.
[312] Daragan/Halaczinsky/Riedel ErbStG/Riedel ErbStG § 13b Rn. 186.

	Steuerfrei	Steuerpflicht nach … ErbStG		
		§ 3 Abs. 1		§ 7 Abs. 1 Nr. 1
		Nr. 1	Nr. 4	
Schenkung eines laufenden Versicherungsvertrages (noch nicht fälliger Anspruch, § 12 Abs. 4 BewG)				X
Prämienschenkung				X
Versicherungsleistung an einen Bezugsberechtigten beim Tod eines Dritten (nicht des Versicherungsnehmers); Prämienzahlung durch den Versicherungsnehmer				X
Versicherungsleistung an einen Bezugsberechtigten beim Tod eines Dritten (nicht des Versicherungsnehmers); Prämienzahlung durch den Bezugsberechtigten	X			

§ 25 Lebensversicherungen und Rentenversicherungen im Einkommensteuerrecht

Übersicht

Schrifttum:
Biagosch/Greiner, Rechtliche und steuerliche Behandlung von Lebensversicherungsfonds, DStR 2004, 1365, 1370; *Bundesfinanzministerium,* BMF Amtliche Einkommensteuer-Handbuch 2025 (zit. „Handbuch"); *Hetzer/Götzenberger,* Lebensversicherungen unter Berücksichtigung des neuen BMF-Schreibens vom 1.10.2009, BB 2010, 223; *Jachmann-Michel,* Zur Einkünfteerzielungsabsicht bei Einkünften aus Kapitalvermögen, DStR 2017, 1849; *Kamps/Talaska,* Anerkennung von Werbungskosten bei vorzeitiger Kündigung einer Kapitallebensversicherung, FR 2009, 207; *Mandler,* Besteuerung von Versicherungsverträgen i. S. d. § 20 Abs. 1 Nr. 6 EStG – Kostenzuordnung bei Hybridprodukten, FR 2019, 550; *Risthaus,* Die Änderungen in der privaten Altersversorgung durch das Alterseinkünftegesetz (Teil I), DB 2004, 1329; *Risthaus,* Beseitigung einiger Ungereimtheiten im § 20 Abs. 1 Nr. 6 EStG, DSTZ 2007, 30; *Ritzrow,* Direktversicherungsverträge im Ehegatten-Arbeitsverhältnis, EStB 2010, 180; *Sandbichler/Suter,* Lebensversicherungen für vermögende Privatpersonen, NWB-EV 2010, S. 377; *Welker,* Praktische Handhabung ausländischer fondsgebundener Lebensversicherungsverträge, ErbStB 2015, 15; *Werz,* Lebensversicherung im Betriebsvermögen, ErbStB 2011, 100.

I. Einführung

1. Lebensversicherung als Sparvorgang

1 a) **Kapitalbildung mit und ohne biometrischem Risiko.** Bei Lebensversicherungen, die über eine Risikoabsicherung hinausgehen, weil mit ihnen auch Kapital gebildet wird, findet ein Sparvorgang eigener Art statt. Darin gleichen sie den **Ratensparverträgen.** Bei

ihnen wird Geld über eine gewisse Zeit verzinslich angesammelt und das Kapital, das sich bildet, wird nach der vereinbarten Zeit an den Sparer ausgezahlt. Bei diesem Geschehen ist die Person des Sparers im Grunde unwichtig. Denn von ihr hängt das Endergebnis nicht ab. Bei einer **kapitalbildenden Lebensversicherung** ist das anders. Sie ist auf eine bestimmte Personen bezogen, um deren Leben es geht. Denn kennzeichnend für die Lebensversicherung ist, dass der Versicherer ein wirtschaftliches Risiko übernimmt, das aus der Unsicherheit und Unberechenbarkeit menschlichen Lebens erwächst (**biometrisches Risiko**).[1] Der Versicherungsvertrag deckt Lebensrisiken ab: die Ungewissheit des Todes (Todesfallrisiko) und die Ungewissheit der Lebensdauer (Erlebensfallrisiko, Langlebigkeitsrisiko) – eines bestimmten Menschen, wie zu ergänzen ist.

b) **Besteuerung der Zinsen.** Diesen Eigenheiten des reinen Sparens und des Sparens 2 mit einer Lebensversicherung wird im Einkommensteuerrecht in mehrfacher Hinsicht Rechnung getragen.

Bei einem **Sparvertrag** müssen die Erträge, die gutgeschriebenen Zinsen also, grund- 3 sätzlich Jahr um Jahr versteuert werden, wenn sie den Sparerfreibetrag übersteigen, so dass sie für die weitere Kapitalbildung nur gekürzt zur Verfügung stehen.

Bei der **kapitalbildenden Lebensversicherung** ist das anders. Bei ihr werden die Erträge 4 nicht laufend besteuert, so dass sie in voller Höhe zur Kapitalbildung genutzt werden können. Besteuert wird nur das Gesamtergebnis, und das bei bestimmten Verträgen auch nur zur Hälfte. Und wenn der Steuerpflichtige anstelle des Endkapitals eine lebenslange Rente wählt, unterliegt seine Rente mit dem Ertragsanteil der Besteuerung. Aber dieser Ertragsanteil erfasst nur die Erträge aus der Auszahlungsphase und nicht die Erträge aus der Ansparphase.[2] Sie bleiben dann also zur Gänze unbesteuert.

2. Lebensversicherungen im Einkommensteuerrecht

a) **Private Lebensversicherung.** Für die Besteuerung der Lebensversicherungen im 5 Privatvermögen[3], um die es in der Folge geht, sind vor allem zwei Vorschriften relevant: § 20 Abs. 1 Nr. 6 EStG und § 22 Nr. 1 S. 3 EStG. Welche von ihnen zum Zuge kommt, hängt von der Leistung des Versicherers ab: Kapital oder lebenslange Rente. Aber Zahlungsgrund muss immer eine Lebensversicherung sein. Ein Vertrag ohne nennenswerte Risikotragung ist das nicht. Davon ist auszugehen, wenn bei Risikoeintritt nur die angesammelten unverzinsten Sparanteile zuzüglich einer Überschussbeteiligung ausgezahlt werden. Dann handelt es sich um einen Sparvertrag, und der Kapitalertrag wird nach § 20 Abs. 1 Nr. 7 EStG besteuert.

b) **Bedeutung der Verwaltungsvorschriften.** In der Besteuerungspraxis sind neben den 6 gesetzlichen Regelungen die Verlautbarungen der Finanzverwaltung von großer Bedeutung. Zu § 22 Nr. 1 S. 3 EStG finden sie sich in den Einkommensteuerrichtlinien und in BMF-Schreiben. Zu § 20 Abs. 1 Nr. 6 EStG finden sie sich im **ESt-Handbuch 2024.**[4] Soweit sie in der Fachwelt allgemein anerkannt sind, werden sie auch dieser Darstellung zugrunde gelegt, zumeist ohne die zustimmenden Stimmen zusätzlich zu erwähnen.

3. Beteiligte

Neben dem Versicherer können bis zu drei Personen an der Versicherung beteiligt sein: 7

a) Der **Versicherungsnehmer** ist der Vertragspartner des Versicherers. Er ist Träger aller Rechte aus dem Vertrag, zB Recht die Versicherungsleistung zu fordern, den Vertrag zu ändern, zu kündigen, Bezugsberechtigungen zu erteilen, die Ansprüche aus dem Vertrag abzutreten oder zu verpfänden. Zugleich ist er der Träger aller Pflichten, zB Pflicht zur Beitragszahlung.

[1] Kirchhof/Seer/Bleschick EStG § 20 Rn. 99; Herrmann/Heuer/Raupach/Buge EStG § 20 Rn. 262.
[2] Risthaus DB 2004, 1329; Brandis/Heuermann/Ratschow EStG § 20 Rn. 266.
[3] Für betriebliche Versicherungen gelten die allgemeinen Gewinnermittlungsvorschriften.
[4] Es ist im Internet unter BMF Amtliches Einkommensteuer-Handbuch Ausgabe 2024 zu finden und wird hier als „Handbuch" mit Rn. zitiert.

b) Der **Bezugsberechtigte** ist derjenige, der nach den vertraglichen Vereinbarungen die Versicherungsleistung erhalten soll. Das kann der Versicherungsnehmer sein, aber auch ein Dritter, den der Versicherungsnehmer ohne Zustimmung des Versicherers als Anspruchsinhaber bestimmen kann. Das Bezugsrecht kann getrennt für den Erlebensfall, den Rückkauf und den Todesfall festgelegt sein. Es kann widerruflich oder unwiderruflich ausfallen.

- Bei einem **unwiderruflichen Bezugsrecht** hat der Bezugsberechtigte einen unmittelbaren Rechtsanspruch auf die Leistung. Jede Änderung des Bezugsrechts bedarf seiner Zustimmung.
- Bei einem **widerruflichen Bezugsrecht** hat der Bezugsberechtigte nur eine Anwartschaft auf die Leistung. Das Bezugsrecht kann jederzeit durch eine Mitteilung des Versicherungsnehmers an den Versicherer geändert werden. Erst im Zeitpunkt des Versicherungsfalls wird aus der Anwartschaft ein Rechtsanspruch.

c) Die **versicherte Person** ist die Person, auf deren Leben oder Gesundheit die Versicherung abgeschlossen wird. Auch das kann der Versicherungsnehmer sein. Da von ihren individuellen Eigenschaften, insbesondere ihrem Alter und ihrem Gesundheitszustand, die wesentlichen Merkmale eines Versicherungsvertrages abhängen, ist sie eine unveränderbare Vertragsgrundlage. Deshalb erlischt bei einem Wechsel der versicherten Person, unabhängig davon, ob ein entsprechendes Optionsrecht bereits bei Vertragsabschluss vereinbart worden ist oder nicht, steuerrechtlich der „alte Vertrag" und es wird vom Abschluss eines „neuen Vertrags" ausgegangen. Wird die auf den „alten Vertrag" entfallende Versicherungsleistung ganz oder teilweise auf den „neuen Vertrag" angerechnet, gilt sie als aus dem „alten Vertrag" zugeflossen und als Beitragszahlung auf den „neuen Vertrag".[5]

4. Altverträge und Neuverträge

8 a) **Zeitliche Unterscheidung.** Seit dem Alterseinkünftegesetz von 2004 muss zwischen **Altverträgen und Neuverträgen** unterschieden werden. Über die Zuordnung entscheidet, wann der Vertrag abgeschlossen wurde: bis zum 31.12.2004, dann Altvertrag; ab dem 1.1.2005, dann Neuvertrag.

9 b) **Zuordnung.** Maßgebend ist grundsätzlich das Datum, das im Versicherungsschein steht. Macht der Steuerpflichtige geltend, der Vertragsschluss sei vorher erfolgt, kommt es auf das Datum der Annahmeerklärung des Versicherers an.[6]

10 c) **Nur Neuverträge.** Auf die Altverträge ist § 20 Abs. 1 Nr. 6 EStG in der am 31.12.2004 geltenden Fassung weiterhin anzuwenden; für Rentenzahlungen ist § 22 Nr. 1 S. 1 Buchst. a Doppelbuchst. bb EStG alter Fassung weiter anzuwenden (§ 52 Abs. 28 S. 5 EStG).

11 Aufgrund der inzwischen verstrichenen Zeit sind **nur die Neuverträge** Gegenstand der Darstellung. Zu den Altverträgen wird auf die Vorauflage und die Kommentarliteratur verwiesen.

II. Besteuerung der Kapitalleistungen

1. Grundtatbestand des § 20 Abs. 1 Nr. 6 S. 1 EStG

12 Der Besteuerung nach § 20 Abs. 1 Nr. 6 S. 1 EStG unterliegen die Kapitalleistungen aus einer Lebensversicherung, dh die Leistungen in Geld oder Geldeswert, die der Versicherer aufgrund des Versicherungsvertrags zu erbringen hat, ohne dass sich das versicherte Risiko, also der Tod, realisiert hat. Zusätzlich wird der Rückkauf der

[5] Handbuch Rn. 12.
[6] Handbuch Rn. 89.

Versicherung besteuert. Die Risikoleistung selbst, also die Versicherungsleistung bei Eintritt des Todes, ist nicht nach § 20 Abs. 1 Nr. 6 S. 1 EStG steuerbar.[7]

a) **Steuergegenstand.** Besteuert werden die **Erträge aus kapitalbildenden Versicherungen.** Sie werden als **Unterschiedsbetrag** zwischen der Versicherungsleistung und der Summe der auf sie entrichteten Beiträge berechnet. Zu versteuern sind sie nur im **Erlebensfall** und bei einem **Rückkauf** der Versicherung. 13

Betroffene Versicherungen sind 14

- die **Rentenversicherungen mit Kapitalwahlrecht,** wenn keine lebenslange Rente, sondern eine Kapitalzahlung gewählt und erbracht wird, und
- die Kapitalversicherungen mit Sparanteil.

Ob ein solcher Vertrag vorliegt, entscheidet sich nach den Kriterien des Versicherungsaufsichtsrechts.[8] 15

Neben dem charakteristischen Hauptrisiko einer Lebensversicherung können weitere Risiken (**echte Nebenrisiken**) abgesichert sein, mit einer Zusatzversicherung oder innerhalb einer einheitlichen Versicherung. Üblich sind die Absicherung der Invalidität, der Berufsunfähigkeit, des Unfalltods, der Pflege und einer schweren Erkrankung (Dread-Disease). Bei ihnen wird die Versicherungsleistung nicht nach § 20 Abs. 1 Nr. 6 S. 1 EStG besteuert. 16

Enthält der Versicherungsvertrag andere Nebenrisiken, deren Eintritt zu erwarten oder durch die versicherte Person herbeiführbar ist (zB Beginn der Ausbildung, Heirat), handelt es sich bei wirtschaftlicher Betrachtungsweise um eine Fälligkeitsregelung. Dann ist auch die Kapitalauszahlung bei Eintritt eines solchen **unechten Nebenrisikos** als Erlebensfallleistung nach § 20 Abs. 1 Nr. 6 EStG zu versteuern.[9] 17

Da die kapitalbildenden Lebensversicherungen einen **Sparanteil** enthalten müssen, setzt sich bei ihnen der **Versicherungsbeitrag** zusammen aus 18

- einem **Kostenanteil,** insbesondere für Verwaltungsaufgaben des Unternehmens, Abschlusskosten, Inkassokosten,
- einem **Risikoanteil** für Leistungen bei Eintritt eines charakteristischen Hauptrisikos: Tod bei Lebensversicherungen, und
- einem **Sparanteil,** der für die Finanzierung einer Erlebensfall-Leistung verwendet wird.[10]

Bei einer **Rentenversicherung** besteht die Versicherungsleistung grundsätzlich in der Zahlung einer lebenslänglichen Rente, wenn die versicherte Person den vereinbarten Rentenbeginn erlebt. Als Alternative kann ein **Kapitalwahlrecht** eingeräumt werden. Unter § 20 Abs. 1 Nr. 6 EStG fällt die Versicherungsleistung dann, wenn eine einmalige Kapitalauszahlung erfolgt und erbracht wird. Sie kann in einer Summe geleistet werden, aber auch in Teilzahlungen und in wiederkehrenden Bezüge, die nicht die Anforderungen an eine Leibrente erfüllen. Ebenso ist zu besteuern, wenn ein Teil der Versicherungsleistung nicht als Rente gezahlt wird oder wenn ein laufender Rentenanspruch durch eine Abfindung abgegolten wird.[11] 19

Eine die Besteuerung nach § 20 Abs. 1 Nr. 6 EStG ausschließende **Rentenzahlung** setzt voraus, dass gleichbleibende oder steigende wiederkehrende Bezüge zeitlich unbeschränkt für die Lebenszeit der versicherten Person vereinbart werden. Es muss sich also um eine **Leibrente** handeln.[12] Dann unterliegen die Erträge der Besteuerung nach § 22 Nr. 1 S. 3 Buchst. a Doppelbuchst. bb EStG. Wird die Rentenzahlung durch eine Kapitalzahlung abgefunden, ist die Zahlung nach § 20 Abs. 1 Nr. 6 EStG zu versteuern. Wird ein Teil der Versicherungsleistung als Kapital ausgezahlt und der Rest für Renten- 20

---

[7] Kirchhof/Kulosa/Ratschow/Schmidt EStG § 20 Rn. 851 mwN.
[8] Handbuch Rn. 3; Hermann/Heuer/Raupach/Buge EStG § 20 Rn. 262.
[9] Handbuch Rn. 36; Herrmann/Heuer/Raupach/Buge EStG § 20 Rn. 262.
[10] Handbuch Rn. 5; Ebenso Kirchhof/Seer/Bleschick, 24. Aufl. 2025, EStG § 20 Rn. 100.
[11] Handbuch Rn. 19; Kirchhof/Seer/Bleschick EStG § 20 Rn. 98.
[12] Brandis/Heuermann/Ratschow EStG § 20 Rn. 267.

zahlungen verwendet, erfolgt die Besteuerung entsprechend dem jeweiligen Leistungsanteil nach beiden Bestimmungen.[13] Endet die Rentenzahlung mit dem Tod der versicherten Person, bleiben Kapitalleistungen zur Abfindung einer Rentengarantie unbesteuert.[14] Nicht plausibel ist allerdings die unterschiedliche Behandlung von Rentenversicherungen mit Kapitalwahlrecht, bei denen die lebenslange Rentenzahlung gewählt wird (Besteuerung nach § 22 Nr. 1 S. 3 Buchst. a Doppelbuchst. bb EStG) und von Kapitalversicherungen mit Rentenwahlrecht, wenn die Rente gewählt wird (Besteuerung nach § 20 Abs. 1 Nr. 6 S. 1 EStG).[15]

21 b) **Kapitalversicherung mit Sparanteil.** Das sind die klassischen Kapitalversicherungen auf den Todes- und Erlebensfall. Bei ihnen leistet der Versicherer, wenn die versicherte Person den Auszahlungstermin erlebt oder wenn sie zuvor stirbt.

22 Alsdann wird der **Sparanteil** nach § 20 Abs. 1 Nr. 6 EStG besteuert. Die Versicherungsleistung bei Eintritt des mit der Versicherung untrennbar verbundenen **Hauptrisikos,** bei einer Lebensversicherung also der Tod, rechnet nicht zu den Einnahmen nach § 20 Abs. 1 Nr. 6 EStG.[16] Steuerpflichtig sind nur die Erträge. Wie der Vertrag selbst ausgestaltet ist, ob mit oder ohne Rentenwahlrecht, ob gegen Einmalbeitrag oder laufende Beitragszahlung, nimmt keinen Einfluss auf die Besteuerung.[17]

23 Der Versicherungsvertrag sieht in der Regel vor, dass der Versicherungsnehmer und der Bezugsberechtigte an den **Überschüssen** des Versicherers beteiligt ist.

24 Überschüsse erzielen die Versicherer aus dem Kapitalanlage-, dem Risiko- und dem Kostenergebnis. Im Kapitalanlageergebnis entsteht ein Überschuss, wenn ein höherer Ertrag als der Rechnungszins erzielt wird. Beim Risikoergebnis kommt es zu Überschüssen, wenn der Risikoverlauf günstiger ist, als bei der Kalkulation angenommen (zB bei Versicherungen mit Todesfall-Leistung eine geringere Anzahl von Sterbefällen). Das Kostenergebnis ist positiv, wenn der Versicherer weniger Kosten für die Einrichtung und die laufende Verwaltung des Vertrages aufwendet, als veranschlagt wurde. Die Überschüsse werden jährlich ermittelt.

25 Wird die Überschussbeteiligung **jährlich ausgezahlt,** handelt es sich um eine zugeflossene Erlebensfallleistung. Hier besteht Steuerpflicht nach den Regeln zur Ermittlung des Unterschiedsbetrags bei Teilauszahlungen.[18]

26 Werden die Überschüsse **mit den Beiträgen verrechnet,** erfolgt eine Aufrechnung und damit auch eine Leistung im Erlebensfall. Bei der Ermittlung des Unterschiedsbetrags ist der Bruttobeitrag einschließlich des durch Aufrechnung gezahlten Teils anzusetzen. Ist jedoch von vornherein keine Auszahlung der Überschüsse, sondern eine Verrechnung mit den Beiträgen vereinbart, besteht also kein Wahlrecht zwischen Auszahlung und Verrechnung, sind die Überschüsse keine Erträge. Bei der Ermittlung des Unterschiedsbetrags ist dann nur der Nettobeitrag anzusetzen.[19]

27 Bei der **verzinslichen Ansammlung** werden die jährlichen Überschussanteile vom Versicherer einbehalten und ertragbringend angelegt. Die angesammelten Beträge zuzüglich der Erträge werden zusammen mit der Versicherungssumme ausbezahlt. Hier besteht Steuerpflicht in der Regel erst bei Ablauf der Versicherung.[20]

28 **Schlussüberschüsse,** die auch als Schlussgewinne, Schlussdividende bezeichnet werden, sind Überschüsse, die nicht laufend dem Vertrag unwiderruflich zugeteilt, sondern nur für den Fall einer Leistung aus dem Vertrag festgelegt werden. Auch hier besteht Steuerpflicht in der Regel erst bei Ablauf der Versicherung.[21]

---

[13] Brandis/Heuermann/Ratschow EStG § 20 Rn. 264.
[14] Kirchhof/Seer/Bleschick EStG § 20 Rn. 99.
[15] Risthaus DStZ 2007, 30; Kirchhof/Seer/Bleschick EStG § 20 Rn. 100.
[16] Handbuch Rn. 24, 40; Herrmann/Heuer/Raupach/Buge EStG § 20 Rn. 262.
[17] Handbuch Rn. 25.
[18] Handbuch Rn. 45.
[19] Handbuch Rn. 15, 46.
[20] Handbuch Rn. 17, 47.
[21] Handbuch Rn. 18, 47.

c) **Steuerpflichtiger.** Steuerpflichtiger ist, wer das Kapital in Form der Sparanteile im eigenen Namen und für eigene Rechnung dem Versicherer zur Nutzung überlassen hat. In der Regel ist das der Versicherungsnehmer. Wechselt die Person des Versicherungsnehmers durch Gesamtrechts- oder Einzelrechtsnachfolge, wird der Rechtsnachfolger Steuerpflichtiger.[22] 29

Soweit eine andere Person wirtschaftlicher Eigentümer im Sinne des § 39 Abs. 2 Nr. 1 AO des Anspruchs auf die Versicherungsleistung ist, sind ihr die erzielten Erträge zuzurechnen.[23] 30

Mit der Einräumung eines unwiderruflichen Bezugsrechts wird der Bezugsberechtigte zum Steuerpflichtigen. Bei einem widerruflichen Bezugsrecht ist er das erst bei Eintritt des Erlebensfalls.[24] 31

Bei einer Abtretung des Anspruchs auf die Versicherungsleistung wird der Abtretungsempfänger (Zessionar) nur dann Steuerpflichtiger, wenn er und nicht der Abtretende (Zedent) die Erträge erzielt. Das setzt voraus, dass nach den getroffenen Vereinbarungen die Versicherungsleistung das Vermögen des Zessionars und nicht das des Zedenten mehren soll. Dient beispielsweise die Versicherungsleistung dazu, eigene Verbindlichkeiten des Zedenten gegenüber dem Zessionar zu tilgen, bleibt der Zedent Steuerpflichtiger.[25] 32

d) **Zufluss.** Er bestimmt sich nach § 11 EStG. Danach zugeflossen sind die Erträge, wenn sie in das Vermögen des Steuerpflichtigen übergegangen und er wirtschaftlich über sie verfügen kann.[26] Auf eine zeitliche Zuordnung unter wirtschaftlichen Gesichtspunkten kommt es nicht an. 33

Kein Zufluss liegt vor, wenn bei der Teilung im **Versorgungsausgleich,** ob intern nach § 10 VersAusglG oder extern nach § 14 VersAusglG, Ansprüche aus einem Lebensversicherungsvertrag des ausgleichspflichtigen Ehegatten auf den ausgleichsberechtigten Ehegatten übertragen werden. Der Vertrag über den Anteil des ausgleichsberechtigten Ehegatten gilt als zum gleichen Zeitpunkt abgeschlossen wie derjenige des ausgleichspflichtigen Ehegatten (§ 52 Abs. 36 S. 12 EStG).[27] 34

e) **Unterschiedsbetrag.** Der Besteuerung unterliegt der Unterschiedsbetrag im Erlebensfall oder bei Rückkauf. 35

Erlebensfallleistungen sind alle Leistungen, die der Versicherer aufgrund des Versicherungsvertrags zu erbringen hat, ohne dass sich das versicherte Risiko realisiert hat (Risikoleistung) oder der Versicherungsvertrag ganz oder teilweise vorzeitig beendet wurde (Rückkauf).[28] 36

In der Regel tritt der Erlebensfall bei Ablauf der vereinbarten Laufzeit ein. Im Versicherungsvertrag können mehrere konkrete Teilauszahlungstermine oder zeitlich und der Höhe nach flexible Abrufmöglichkeiten bereits in der Ansparphase bzw. Aufschubphase vereinbart sein, so dass es **mehrere Erlebensfälle** gibt. So können bei einem Versicherungsvertrag mit 30-jähriger Laufzeit Teilauszahlungen nach 20 und nach 25 Jahren vorgesehen sein. Sofern es sich dabei lediglich um ein Wahlrecht des Begünstigten handelt, das nicht ausgeübt wird, liegt kein Erlebensfall vor.[29] 37

Bei einer **gestreckten Kapitalauszahlung** (Teilauszahlungen oder wiederkehrende Bezüge, die keine Rentenzahlung sind) nach Ablauf der Laufzeit liegt nur ein Erlebensfall zum Ablauftermin vor. Ein Zufluss ist jedoch erst mit Leistung des jeweiligen Teilbetrags gegeben. Davon zu unterscheiden ist der Fall, dass bei einer Kapitallebensversicherung mit Rentenwahlrecht für die Rentenzahlung optiert wird. In der Ausübung 38

[22] Handbuch Rn. 51.
[23] Handbuch Rn. 50.
[24] Handbuch Rn. 52.
[25] Handbuch Rn. 54.
[26] Schmidt/Krüger EStG § 11 Rn. 15.
[27] Handbuch Rn. 12a.
[28] Handbuch Rn. 41.
[29] Handbuch Rn. 42.

der Rentenoption liegt eine Verfügung über die auszahlbare Versicherungsleistung, die einen Zufluss begründet.[30]

39 Wenn sich der Steuerpflichtige das Kapital nach Erreichen des Ablauftermins nicht auszahlen lässt, sondern es gegen oder ohne Entgelt bis zur Entscheidung über die endgültige Verwendung dem Versicherer überlässt (**Parkdepot**), liegt aufgrund der erlangten Verfügungsmacht ein Zufluss vor.

40 Wird die Fälligkeit einer Versicherungsleistung aufgrund einer nachträglichen Vertragsänderung während der Versicherungslaufzeit (**Verlängerung der Versicherungslaufzeit**) hinausgeschoben, liegt dagegen zum ursprünglichen Fälligkeitszeitpunkt kein Zufluss vor.[31]

41 Enthält der Versicherungsvertrag einen Anspruch auf Gewährung eines **Darlehens** des Versicherers an den Steuerpflichtigen, ohne dass sich der Versicherer eine freie Entscheidung über das Ob der Darlehensgewährung vorbehält, ist generell von einer steuerpflichtigen Erlebensfallleistung auszugehen. In allen anderen Fällen ist zu prüfen, ob ein nicht am Versicherungsvertrag beteiligter Dritter einen vergleichbaren Darlehensvertrag abschließen würde, wenn man unterstellt, dass dem Dritten die vertraglichen Ansprüche zur Sicherheit abgetreten werden. Unter Zugrundelegung des Fremdvergleichsmaßstabs ist in der Regel von einer steuerpflichtigen Erlebensfallleistung auszugehen, wenn insbesondere der Versicherungsschutz (Leistung bei Eintritt des versicherten Risikos) aufgrund der Auszahlung abgesenkt wird, oder keine oder offensichtlich marktunüblich niedrige Darlehenszinsen zu entrichten sind, oder die Höhe der Darlehenszinsen und/oder die Höhe des zurück zu zahlenden Kapitals an die Höhe der Verzinsung oder Wertentwicklung des Versicherungsvertrages gekoppelt sind. Erfolgen die Auszahlungen entsprechend der Darlehensvereinbarung ratierlich, ist für die Anwendung dieser Regelung insgesamt das Datum der ersten Rate maßgeblich. Bei Endfälligkeit des Versicherungsvertrages sind bereits versteuerte außerrechnungsmäßige und rechnungsmäßige Zinsen oder Unterschiedsbeträge und an den Versicherer gezahlte Zinsen bei der Ermittlung des steuerpflichtigen Ertrags abzuziehen. Ein zusätzlicher Abzug derartiger Zinsen als Werbungskosten oder Betriebsausgaben, wenn die Leistung zur Erzielung von Einkünften verwendet wird, ist ausgeschlossen.[32]

42 f) **Rückkauf.** Ein Rückkauf liegt vor, wenn der Versicherungsvertrag vorzeitig ganz oder teilweise beendet wird (insbesondere aufgrund von Rücktritt, Kündigung oder Anfechtung). Dann hat der Versicherer regelmäßig einen Rückkaufswert zu erstatten (vgl. § 176 Abs. 1 VVG). Er ist nach den anerkannten Regeln der Versicherungsmathematik für den Schluss der laufenden Versicherungsperiode als Zeitwert der Versicherung zu berechnen. Beitragsrückstände werden vom Rückkaufswert abgesetzt. § 12 Abs. 4 S. 1 BewG ist nicht anwendbar. Ein teilweiser Rückkauf liegt insbesondere vor, wenn der Versicherungsvertrag das Recht enthält, durch Teilkündigung einen Teil der Erlebensfallleistung vorzeitig abzurufen.[33]

43 g) **Berechnung des Unterschiedsbetrags. Versicherungsleistung** ist der Gesamtbetrag der zugeflossenen Geldleistungen. Darin enthalten sind die angesammelten Sparanteile, die garantierte Verzinsung der Sparanteile und die Überschüsse aus dem Kapitalanlage-, dem Risiko- und dem Kostenergebnis. Auszusondern sind die Überschussanteile und sonstige Leistungen aus Nebenrisiken.[34]

44 **Versicherungsbeiträge (Prämien)** sind die aufgrund des Versicherungsvertrages erbrachten Geldleistungen. Wer die Versicherungsbeiträge aufgewendet hat, ist unerheblich. Alle Beiträge mindern den steuerpflichtigen Ertrag.[35] Zu den Beiträgen gehören die Ausfertigungsgebühr, Abschlussgebühr und die Versicherungssteuer. Provisionen, die

---

[30] Handbuch Rn. 44.
[31] Handbuch Rn. 44.
[32] Handbuch Rn. 41a.
[33] Handbuch Rn. 48.
[34] Handbuch Rn. 55.
[35] Handbuch Rn. 59.

der Versicherungsvermittler von der Versicherungsgesellschaft erhält und die dieser an den Steuerpflichtigen weiterleitet, oder Provisionen, die der Steuerpflichtige unmittelbar von der Versicherungsgesellschaft erhält (sog. Eigenprovisionen), mindern die Summe der entrichteten Beiträge.[36] Eine Vermittlungsprovision, die vom Versicherungsnehmer aufgrund eines gesonderten Vertrages an einen Versicherungsvermittler erbracht wird, ist bei der Berechnung des Unterschiedsbetrags ertragsmindernd anzusetzen.

Wurden die **Überschüsse mit den Beiträgen verrechnet,** ist bei der Ermittlung des Unterschiedsbetrags der Bruttobeitrag einschließlich des durch Aufrechnung gezahlten Teils anzusetzen. Bestand **kein Wahlrecht** zwischen Auszahlung und Verrechnung, ist bei der Ermittlung des Unterschiedsbetrags nur der Nettobeitrag anzusetzen.[37] 45

Die im Beitrag enthaltenen Anteile zur Absicherung des charakteristischen Hauptrisikos (Todesfallrisiko bei einer Lebensversicherung) mindern den steuerpflichtigen Ertrag. Beitragsanteile, die der Versicherer aufgrund individueller oder pauschaler Kalkulation den Nebenrisiken zugeordnet hat, sind bei der Ermittlung des Unterschiedsbetrags nicht ertragsmindernd anzusetzen.[38] 46

h) **Werbungskosten.** Das sind die Kosten, die durch den Versicherungsvertrag veranlasst sind. Sie können bei der Ermittlung des Unterschiedsbetrags abgezogen werden (§ 9 EStG). Abschlusskosten, die durch die Beitragsleistung bezahlt werden (insbesondere die Vermittlungsprovision, die der Versicherer an den Vermittler erbringt), sind keine Werbungskosten.[39] Eine Vermittlungsprovision, die der Versicherungsnehmer aufgrund eines gesonderten Vertrages an den Versicherungsvermittler zahlt, mindert hingegen den Unterschiedsbetrag.[40] 47

Die Aufwendungen für den entgeltlichen Erwerb eines Versicherungsvertrages sind Anschaffungskosten und keine Werbungskosten. 48

Da der Unterschiedsbetrag nach § 32d EStG reduziert besteuert wird, sind die Werbungskosten nach § 20 Abs. 9 EStG auf den Sparer-Pauschbetrag begrenzt. Er beläuft sich bei der Einzelveranlagung auf 1.000 € und bei der Zusammenveranlagung auf 2.000 €. Ein Abzug der darüber hinausgehenden Werbungskosten ist ausgeschlossen. 49

i) **Teilleistungen.**[41] Bei Teilauszahlungen, Auszahlungen in Form wiederkehrender Bezüge, die keine Rentenzahlung sind, und Barauszahlungen von laufenden Überschussanteilen werden die anteilig entrichteten Beiträge von der Auszahlung abgezogen. Sie werden mit der Formel „Versicherungsleistung x (Summe der entrichteten Beiträge – bereits verbrauchte Beiträge) Zeitwert der Versicherung zum Auszahlungszeitpunkt" ermittelt. Die anteiligen Beiträge sind höchstens in Höhe der Teilleistung anzusetzen. Die bereits für Teilleistungen verbrauchten Beiträge mindern die bei nachfolgenden Teilleistungen zu berücksichtigenden Beiträge. Bei der Ermittlung des Unterschiedsbetrags der letzten Teilleistung bzw. der Schlussleistung sind die noch nicht angesetzten Beiträge abzuziehen. 50

j) **Verlust (negativer Unterschiedsbetrag).** Ein Verlust entsteht, wenn der Unterschiedsbetrag negativ ist. Das kommt vor allem in der Anfangsphase der Versicherung vor. Denn dann ist der Rückkaufswert regelmäßig niedriger als die Summe der geleisteten Beiträge. Dies beruht darauf, dass jeder Vertrag Abschlusskosten (zB Provision für den Versicherungsvermittler) verursacht. Außerdem behalten sich die Versicherer gewöhnlich vor, einen Abzug bei vorzeitiger Beendigung vorzunehmen (Stornoabschlag). 51

Ein Verlust kann mit positiven Einkünften verrechnet werden.[42] Damit er steuerlich anerkannt wird, muss die **Einkünfteerzielungsabsicht** bestehen. Sie ist nach Einführung 52

[36] Handbuch Rn. 56.
[37] Handbuch Rn. 45, 46.
[38] Handbuch Rn. 58.
[39] Handbuch Rn. 79.
[40] Handbuch Rn. 56.
[41] Handbuch Rn. 61. Zu den Einzelheiten siehe Handbuch, Rn. 62 ff.
[42] Herrmann/Heuer/Raupach/Buge EStG § 20 Rn. 264.

der Abgeltungssteuer grundsätzlich zu vermuten.[43] Die Vermutung ist nicht deshalb widerlegt, weil bei dem durch die Kündigung der Versicherung ausgelösten Rückkauf ein negativer Unterschiedsbetrag entsteht. In diesem Fall kann auch nicht auf eine eventuell fehlende Überschusserzielungsabsicht beim Abschluss der Versicherung abgestellt werden, denn der Entschluss zur Kündigung ändert die ursprüngliche Investitionsplanung.[44] Bei einer Prüfung wird der Unterschiedsbetrag als Ertrag genommen. Wären nach dem vereinbarten Versicherungsverlauf die Voraussetzungen des § 20 Abs. 1 Nr. 6 S. 2 EStG erfüllt worden, wird nur der hälftige Unterschiedsbetrag als Ertrag angesehen.[45] Davon sind die Werbungskosten abzuziehen.

2. Altersvorsorgevertrag nach § 20 Abs. 1 Nr. 6 S. 2 EStG

53 a) **Steuergegenstand.** Nach § 20 Abs. 1 Nr. 6 S. 2 EStG ist nur die **Hälfte des Unterschiedsbetrags** anzusetzen, wenn die Versicherungsleistung nach Vollendung des 60. Lebensjahres des Steuerpflichtigen und nach Ablauf von zwölf Jahren seit dem Vertragsschluss ausgezahlt wird. Bei Verträgen, die **nach dem 31.12.2011** abgeschlossen werden, ist die Vollendung des 62. Lebensjahrs des Steuerpflichtigen erforderlich (§ 52 Abs. 36 S. 9 EStG).

54 b) **Mindestvertragsdauer.** Die **Mindestvertragsdauer** beginnt mit dem im Versicherungsschein angegebenen Tag des Versicherungsbeginns, wenn innerhalb von drei Monaten danach der Versicherungsschein ausgestellt und der erste Beitrag gezahlt wird. Ist die Frist von drei Monaten überschritten, beginnt die Mindestvertragsdauer mit dem Tag der Zahlung des ersten Beitrags.[46]

55 c) **Wesentliche Vertragsmerkmale.** Die **Änderung wesentlicher Vertragsmerkmale** (Laufzeit, Versicherungssumme, Beitragshöhe und Beitragszahlungsdauer) kann zu einem Neubeginn der Mindestvertragsdauer führen.[47]

56 Eine Vertragsänderung, die bei Vertragsschluss vereinbart wurde, und eine hinreichend bestimmte Option zur Änderung führen nicht zu einem Neubeginn der Mindestvertragsdauer, wenn kein Gestaltungsmissbrauch vorliegt.[48]

57 Nachträglich vereinbarte **Änderungen der Versicherungslaufzeit** oder der **Beitragszahlungsdauer** (zB eine Verlängerung der Laufzeit oder der Zahlungsdauer bei gleich bleibender Versicherungssumme aufgrund reduzierten Beitrags) führen zu keinem Neubeginn, wenn die Gesamtvertragsdauer von zwölf Jahren nicht unterschritten wird.[49]

58 Nachträglich vereinbarte **Beitragserhöhungen** und **Erhöhungen der Versicherungssumme** hingegen werden im Umfang der Erhöhung als gesonderter neuer Vertrag behandelt, für den die Mindestvertragsdauer ab dem Erhöhungstermin neu zu laufen beginnt.[50]

59 d) **Zahlungsschwierigkeiten.** Haben **Zahlungsschwierigkeiten** des Versicherungsnehmers zu einer Minderung der Beiträge oder der Versicherungssumme geführt, bleibt es bei dem alten Vertrag, wenn der Versicherungsnehmer innerhalb von drei Jahren den alten Versicherungsschutz wieder herstellen lässt und die Beiträge nachentrichtet.[51] Maßnahmen zur Schließung einer Beitragslücke, zB Anhebung künftiger Beiträge, Leistungsherabsetzung, Verlegung von Beginn- und Ablauftermin, können unschädlich getroffen werden.[52] Eine während der **Elternzeit** beitragsfrei gestellte Lebensversiche-

---

[43] BFH 14.3.2017 – VIII R 25/14, BStBl. II 2017, 1038; BFH 14.3.2017 – VIII R 38/15, BStBl. II 2017, 1040.
[44] BFH 14.3.2017 – VIII R 25/14, BStBl. II 2017, 1038.
[45] Vgl. BFH 6.3.2003 – IV R 26/01, BStBl. II 2003, 702.
[46] Handbuch Rn. 66.
[47] BFH 9.5.1974 – VI R 137/72, BStBl. II 1974, 633; Handbuch Rn. 67.
[48] Handbuch Rn. 68.
[49] Handbuch Rn. 70.
[50] Handbuch Rn. 71.
[51] Handbuch Rn. 72.
[52] Handbuch Rn. 74.

rung kann innerhalb von drei Monaten nach Beendigung der Elternzeit zu den vorherigen Bedingungen fortgeführt werden.[53]

60 e) **Steuerpflichtiger. Steuerpflichtiger,** auf dessen 60. oder 62. Lebensjahr es ankommt, ist der Versicherungsnehmer, auch wenn er nicht selbst der Bezugsberechtigte ist. Denn ihm steht die Dispositionsmöglichkeit über den Gegenstand der Besteuerung zu.[54]

61 f) **Halbierung.** Das Gesetz sieht einen Mindesttodesfallschutz und einen Ausschluss der Halbierung vor.

62 Nach § 20 Abs. 1 Nr. 6 S. 6 EStG gilt die Halbierung nicht, wenn

a) in einem Lebensversicherungsvertrag mit vereinbarter laufender Beitragszahlung bis zum Zeitpunkt des Erlebensfalls die vereinbarte Leistung bei Eintritt des versicherten Risikos **weniger als 50 %** der Summe der für die gesamte Vertragsdauer zu zahlenden Beiträge beträgt,
b) bei einem Kapitallebensversicherungsvertrag die vereinbarte Leistung bei Eintritt des versicherten Risikos das Deckungskapital oder den Zeitwert der Versicherung spätestens fünf Jahre nach Vertragsschluss **nicht mindestens 10 %** des Deckungskapitals des Zeitwerts oder der Summe der gezahlten Beiträge übersteigt. Dieser Prozentsatz darf bis zum Ende der Vertragslaufzeit in jährlich gleichen Schritten auf Null sinken.

63 g) **50 %-Regel.** Die Regel gilt für Kapitallebensversicherungen mit einer vereinbarten laufenden Beitragszahlung bis zum Zeitpunkt des Erlebensfalls. Mindestens 50 % der über die gesamte Laufzeit zu zahlenden Beiträge werden als Mindesttodesfallschutz vorausgesetzt. Für Kapitallebensversicherungen, bei denen die Todesfallsumme mindestens der Erlebensfallsumme entsprich, muss kein Mindesttodesfallschutz festgelegt sein.[55]

64 Eine vereinbarte laufende Beitragszahlung liegt auch bei vertraglich vereinbarten **Beitragserhöhungen** und vertraglich vereinbarten **Optionsrechten**[56] vor. Bei **dynamischen Tarifen** ist zu unterscheiden, ob von vornherein Beitragserhöhungen zur Erlebensfallleistung fest vereinbart sind, oder ob der Versicherungsnehmer zwar das Recht zu Beitragserhöhung hat, dazu aber nicht verpflichtet ist. Dafür sind die im Versicherungsvertrag enthaltenen Vereinbarungen maßgebend. Beitragserhöhungen, die von vornherein vereinbart sind, werden bei der Bestimmung des Mindesttodesfallschutzes berücksichtigt. Künftige Beitragserhöhungen sind dagegen erst dann zu berücksichtigen, wenn die Erhöhung wirksam wird.[57] Sofern Beitragserhöhungen zu einer steuerlich relevanten Vertragsänderung führen (zB nachträglich vereinbarte einmalige Zuzahlungen), sind die Voraussetzungen für den Mindesttodesfallschutz für den neuen Vertragsteil separat zu prüfen. Bei einmaligen nachträglichen Zuzahlungen, die eine steuerlich relevante Vertragsänderung darstellen, kommt in der Regel der Mindesttodesfallschutz nach der 10 %-Regel des § 20 Abs. 1 Nr. 6 S. 6 Buchst. b EStG in Betracht.[58]

65 Ist die **Beitragszahlungsdauer kürzer als die Versicherungsdauer,** kommt die Anwendung des Mindesttodesfallschutzes nach Buchst. a des § 20 Abs. 1 Nr. 6 S. 6 EStG grundsätzlich nicht in Betracht. Das Recht des Versicherungsnehmers jederzeit die Umwandlung der Versicherung in eine prämienfreie Versicherung zu verlangen (§ 165 VVG) schließt die Anwendbarkeit des Mindesttodesfallschutzes nach Buchst. a jedoch nicht aus. Übt der Versicherungsnehmer dieses Recht aus, reduziert sich der Mindesttodesfallschutz auf 50 % der sich nach der **Beitragsfreistellung** insgesamt für die Vertragsdauer ergebenden Beitragssumme. Entsprechendes gilt bei einer nachträglich vereinbarten **Beitragsherabsetzung.** Nach der Herabsetzung müssen die neuen laufen-

[53] Handbuch Rn. 73a.
[54] Brandis/Heuermann/Ratschow EStG § 20 Rn. 271; Herrmann/Heuer/Raupach/Buge EStG § 29 Rn. 726; aA Kirchhof/Seer/Bleschick EStG § 20 Rn. 103.
[55] Handbuch Rn. 78b.
[56] Dazu Handbuch Rn. 68.
[57] Handbuch Rn. 78c.
[58] Handbuch Rn. 78d.

den Beiträge nach der Vereinbarung in mindestens gleich bleibender Höhe bis zum Zeitpunkt des Erlebensfalls vorgesehen werden.[59]

66 Handelt es sich um eine **Kapitallebensversicherung mit mehreren Erlebensfallzahlungen während der Versicherungsdauer,** ermäßigt sich nach jeder Teilauszahlung der Mindesttodesfallschutz in dem Verhältnis, in dem die Teilauszahlungssumme zum aktuellen Rückkaufswert vor Abzug von Kosten steht.[60]

67 **Zuzahlungen zur Abkürzung der Versicherungsdauer,** bei denen der ursprünglich vereinbarte Beitrag nach erfolgter Zuzahlung in unveränderter Höhe weiterläuft, führen ebenfalls zu einer Neuberechnung des Mindesttodesfallschutzes, sofern die Zuzahlung keine steuerlich relevante Vertragsänderung darstellt (insbesondere bei gleichbleibender Versicherungssumme).[61]

68 Beitragsanteile bei **Zusatzversicherungen** für Nebenrisiken, die bei der Ermittlung des Unterschiedsbetrages nicht ertragsmindernd anzusetzen sind, bleiben bei der Bestimmung des Mindesttodesfallschutzes außer Betracht.[62]

69 Eine **Karenzzeit** mit Ausschluss der Risikotragung in den ersten Jahren der Vertragslaufzeit ist bei der Prüfung des Mindesttodesfallschutzes nach § 20 Abs. 1 Nr. 6 S. 6 Buchst. a EStG nicht zulässig.[63]

70 h) **10 %-Regel.** Sie betrifft hauptsächlich Kapitallebensversicherungsverträge gegen Einmalbeitrag oder mit abgekürzter Beitragszahlungsdauer. Statt auf die Beitragssumme werden bei diesen Verträgen die Anforderungen an den Mindesttodesfallschutz auf das Deckungskapital, auf den Zeitwert des Vertrages oder auf die Summe der gezahlten Beiträge bezogen. Als ausreichend wird eine Todesfall-Leistung betrachtet, die das Deckungskapital oder den Zeitwert um mindestens zehn Prozent des Deckungskapitals, des Zeitwerts oder die Summe der gezahlten Beiträge übersteigt.[64]

71 Hier besteht eine **Karenzzeit.** Denn der Mindesttodesfallschutz kann erst nach Ablauf von fünf Jahren nach Vertragsabschluss erbracht werden. Beitragserhöhungen führen nicht dazu, dass diese Frist erneut zu laufen beginnt.[65]

72 Ein **Absinken des Mindesttodesfallschutzes** vom Zeitpunkt des Beginns des Versicherungsschutzes an bis zum Ende der Vertragslaufzeit in jährlich gleichen Schritten auf null ist erlaubt (§ 20 Abs. 1 Nr. 6 S. 6 Buchst. b S. 2 EStG). Bei der Vereinbarung einer Karenzzeit darf das gleichmäßige Absinken des Satzes von zehn Prozent erst nach Ablauf der vereinbarten Karenzzeit einsetzen.[66]

73 Vertraglich vereinbarte **Beitragserhöhungen,** die keine steuerlich relevante Vertragsänderung darstellen, führen zu einer Erhöhung des Deckungskapitals bzw. des Zeitwertes und sind bei der Ermittlung des Mindesttodesfallschutzes zu berücksichtigen. § 20 Abs. 1 Nr. 6 S. 6 Buchst. b S. 2 EStG ist dabei mit der Maßgabe anzuwenden, dass im Zeitpunkt der Beitragserhöhung weiterhin der sich zu diesem Zeitpunkt ergebende Prozentsatz maßgeblich ist.[67] Soweit aufgrund einer Beitragserhöhung steuerlich ein neuer Vertrag vorliegt, ist hinsichtlich des neuen Vertragsteils der Mindesttodesfallschutz einschließlich des Prozentsatzes nach § 20 Abs. 1 Nr. 6 S. 6 Buchst. b S. 2 EStG neu zu ermitteln.[68]

74 i) **Varianten.** Der Versicherungsvertrag muss durchgehend entweder den Mindesttodesfallschutz nach Buchst. a oder Buchst. b des § 20 Abs. 1 Nr. 6 S. 6 EStG erfüllen. Ein Wechsel zwischen den beiden Varianten ist während der Vertragslaufzeit nicht möglich. Wenn ein Versicherungsvertrag die Anforderungen in Buchst. a und Buchst. b

[59] Handbuch Rn. 78e.
[60] Handbuch Rn. 78f mit Rechenbeispiel.
[61] Handbuch Rn. 78g mit Rechenbeispiel.
[62] Handbuch Rn. 78h.
[63] Handbuch Rn. 78i.
[64] Handbuch Rn. 78j.
[65] Handbuch Rn. 78k.
[66] Handbuch Rn. 78l.
[67] Handbuch Rn. 78m.
[68] Handbuch Rn. 78n.

dergestalt miteinander verbindet, dass bei Risikoeintritt jeweils die Variante anzuwenden sei, die zu einer niedrigeren Leistung führt, ist nicht von einem ausreichenden Mindesttodesfallschutz auszugehen. Es besteht jedoch ein ausreichender Todesfallschutz, wenn der Versicherungsvertrag bei Risikoeintritt die höhere Leistung nach den Anforderungen von Buchst. a oder Buchst. b bietet.[69]

j) **Policendarlehen.** Dienen die Ansprüche aus dem Versicherungsvertrag der Tilgung oder Sicherung eines **Policendarlehens,** so steht dies der Anwendung des § 20 Abs. 1 Nr. 6 S. 2 EStG (Ansatz des hälftigen Unterschiedsbetrages) nicht entgegen.[70] 75

k) **Mehrere Versicherungsleistungen.** Werden mehrere Versicherungsleistungen zu unterschiedlichen Zeitpunkten ausgekehrt (zB bei Teilauszahlungen und Barauszahlungen von laufenden Überschussanteilen), ist jeweils gesondert zu prüfen, ob § 20 Abs. 1 Nr. 6 S. 2 EStG zur Anwendung kommt. Die anteilig entrichteten Beiträge sind zu berücksichtigen.[71] 76

3. Fondsgebundene Lebensversicherung

a) **Begriff.** Fondsgebundene Lebensversicherungen unterscheiden sich von konventionellen Lebensversicherungen dadurch, dass die Höhe der Leistungen direkt von der Wertentwicklung der Vermögensanlagen abhängt, die in einem besonderen Anlagestock angespart sind, wobei üblicherweise die Sparanteile nur in Investmentanteilen angelegt werden. Die Kapitalerträge aus fondsgebundenen Lebensversicherungen gehören unter den gleichen Voraussetzungen zu den Einnahmen aus Kapitalvermögen wie Erträge aus konventionellen Lebensversicherungen.[72] 77

Eine der Höhe nach garantierte Leistung gibt es bei der fondsgebundenen Lebensversicherung in der Regel nicht. Selbst der Verlust des gesamten eingesetzten Kapitals ist möglich.[73] 78

b) **Umschichtungen.** Üblich sind Verträge, bei denen der Versicherungsnehmer einen oder mehrere Investmentfonds selbst wählen kann, wobei er die Auswahl für zukünftige Sparanteile während der Versicherungsdauer in der Regel ändern kann (**Switchen**). Außerdem kann das Recht eingeräumt sein, bereits investierte Sparanteile in andere Fonds umzuschichten (**Shiften**). Solche Umschichtungen stellen keinen Zufluss dar.[74] 79

c) **Versicherungsleistung.** Die **Versicherungsleistung** besteht aus dem Deckungskapital, zu dem im Todesfall noch eine Risikosumme hinzukommt. Versicherer und Versicherungsnehmer können vereinbaren, dass der Berechtigte wählen kann, ob die Versicherungsleistung in Wertpapieren oder in Geld erbracht wird. Die Leistung in Geld entspricht dem Euro-Wert der Wertpapiere im Leistungsfall. Wählt der Berechtigte die Übertragung der Fondsanteile in sein Depot, ist der Rücknahmepreis anzusetzen, mit dem die Versicherungsleistung bei einer Geldzahlung berechnet worden wäre.[75] 80

d) **Unterschiedsbetrag.** Bei fondsgebundenen Lebensversicherungen sind **15 % des Unterschiedsbetrages** steuerfrei oder dürfen nicht bei der Ermittlung der Einkünfte abgezogen werden, soweit der Unterschiedsbetrag aus Investmenterträgen stammt (§ 20 Abs. 1 Nr. 6 S. 9 EStG). Ein negativer Unterschiedsbetrag darf spiegelbildlich auch nur zu 85 % abgezogen werden.[76] Die Steuerfreistellung wird gewährt, um die steuerliche Vorbelastung von Investmentfonds zu berücksichtigen. Sie greift nur, soweit Investmenterträge im Sinne des § 52 Abs. 28 S. 21 EStG (Erträge aus Investmentfonds) Bestandteil des Unterschiedsbetrages sind. Es handelt sich dabei um Ausschüttungen (§ 2 81

[69] Handbuch Rn. 78o.
[70] Handbuch Rn. 74.
[71] Handbuch Rn. 75.
[72] Handbuch Rn. 31.
[73] Handbuch Rn. 32.
[74] Handbuch Rn. 34.
[75] Handbuch Rn. 34; Brandis/Heuermann/Ratschow EStG § 30 Rn. 279.
[76] Brandis/Heuermann/Ratschow EStG § 20 Rn. 279b.

Abs. 11 InvStG 2018 an den Versicherer und um realisierte oder nicht realisierte Wertveränderungen der Investmentanteile. Investmentanteil ist der Anteil an einem Investmentfonds, unabhängig von der rechtlichen Ausgestaltung des Anteils oder des Investmentfonds (§ 2 Abs. 4 S. 1 InvStG 2018).[77] Erträge aus konventionellen Anlagen oder aus Spezial-Investmentfonds fallen nicht in den Anwendungsbereich der Norm. Dies gilt auch für Erträge aus „internen Fonds" im Sinne des § 124 Abs. 2 Nr. 1 VAG, es sei denn, sie stammen nachweislich aus Investmentfonds. Werden die Sparanteile aus den Versicherungsbeiträgen nicht ausschließlich für die Erzielung von Investmenterträgen verwendet, muss der Anteil der Erträge aus Investmentfonds ermittelt werden.[78]

82 e) **Steuerpflichtiger Ertrag.** Bei der **Ermittlung des steuerpflichtigen Ertrags** aus dem Versicherungsvertrag werden nach § 20 Abs. 1 Nr. 6 S. 1 EStG von der Versicherungsleistung im Erlebensfall die Summe der auf sie entrichteten Beiträge einschließlich des darin enthaltenen Kostenanteils abgezogen. Entsprechend muss für Zwecke des § 20 Abs. 1 Nr. 6 S. 9 EStG bei der Ermittlung der Erträge aus Investmentfonds der Kostenanteil aus dem Versicherungsvertrag berücksichtigt werden.

4. Rentenversicherung ohne Kapitalwahlrecht

83 a) **Gleichstellung.** Nach § 20 Abs. 1 Nr. 6 S. 4 EStG wird die Rentenversicherung ohne Kapitalwahlrecht einer Rentenversicherung mit Kapitalwahlrecht hinsichtlich der Ertragsanteilsbesteuerung gleichgestellt.

84 b) **Besteuerung des Ertragsanteils.** Auch bei Rentenversicherungen ohne Kapitalwahlrecht greift die Besteuerung des Ertragsanteils nur, wenn die Rentenzahlungen die Lebenszeit des Berechtigten umfassen.[79]

85 c) **Rückkauf.** § 20 Abs. 1 Nr. 6 S. 4 EStG bezieht des Weiteren die Erträge aus dem Rückkauf von Rentenversicherungen ohne Kapitalwahlrecht in die Besteuerung nach S. 1 und 2 ein.[80]

5. Vermögensverwaltende Versicherungsverträge

86 a) **Erzielung steuerlicher Vorteile.** Bei vermögenverwaltenden Versicherungsverträgen steht nicht der Vorsorgecharakter, sondern die **Erzielung steuerlicher Vorteile** im Vordergrund. Denn der Versicherungsschutz ist nur minimalistisch ausgestaltet. Eine Versicherung im Erlebensfall ist nicht garantiert. Und Zahlungen im Todesfall liegen nur minimal über dem bis dahin angesparten Vermögen. Solche Verträge sollen nicht von den steuerlichen Privilegien für Lebensversicherungen profitieren, wonach laufende Erträge und Erträge aus Umschichtungen während der Laufzeit unbesteuert bleiben und bei Altersvorsorgeverträgen nur zur Hälfte besteuert werden.[81]

87 b) **Transparente Besteuerung.** Nach § 20 Abs. 1 Nr. 6 S. 5 EStG werden vermögensverwaltende Versicherungsverträge **transparent besteuert.** Das heißt, die Kapitalerträge, die dem vom Versicherer gehaltenen Depot oder Konto zufließen, werden dem wirtschaftlich Berechtigten zugerechnet, und er muss Zinsen, Dividenden, Investmentfondserträge, Veräußerungsgewinne und andere Kapitalerträge nach den dafür geltenden Regeln versteuern, ohne dass bei ihm ein Liquidationszufluss vorliegt.[82] Da die laufend zugeflossenen Erträge besteuert werden, entfällt eine Besteuerung der Leistungen im Todes- und Erlebensfall und bei einem Rückkauf des Vertrags.[83]

---

[77] Brandis/Heuermann/Ratschow EStG § 20 Rn. 279a.
[78] Handbuch Rn. 64c.
[79] Brandis/Heuermann/Ratschow EStG § 20 Rn. 268.
[80] Brandis/Heuermann/Ratschow EStG § 20 Rn. 268.
[81] Kirchhof/Seer/Bleschick EStG § 20 Rn. 105; Brandis/Heuermann/Ratschow EStG § 20 Rn. 275.
[82] Handbuch Rn. 34a; Schmidt/Levedag EStG § 20 Rn. 110.
[83] Kirchhof/Seer/Bleschick EStG § 20 Rn. 105 aE.

c) **Voraussetzungen.** Ein **vermögensverwaltender Versicherungsvertrag** liegt vor, wenn drei Voraussetzungen kumulativ erfüllt sind: 88

- In dem Versicherungsvertrag ist eine gesonderte Verwaltung von speziell für diesen Vertrag zusammengestellten Kapitalanlagen vereinbart,
- Die zusammengestellten Kapitalanlagen sind nicht auf öffentlich vertriebene Investmentfondsanteile beschränkt, die die Entwicklung eines veröffentlichten Indexes abbilden.
- Der wirtschaftlich Berechtigte kann unmittelbar oder mittelbar über die Veräußerung der Vermögensgegenstände und die Wiederanlage der Erlöse bestimmen (Dispositionsmöglichkeit).[84]

Bei einer **gesonderten Verwaltung** wird die Sparleistung nicht vom Versicherer für eine unbestimmte Vielzahl von Versicherten gemeinschaftlich, sondern separat für den einzelnen Vertrag angelegt bzw. verwaltet, wobei der wirtschaftlich Berechtigte das Kapitalanlagerisiko trägt. Typischerweise erfolgt die Kapitalanlage auf einem Konto oder Depot bei einem vom Kunden frei wählbaren Kreditinstitut. Dabei wird der Versicherer Eigentümer bzw. Inhaber der auf dem Konto oder Depot verwalteten Anlagegüter.[85] 89

Speziell für diesen Vertrag zusammengestellte Kapitalanlagen liegen vor, wenn die Anlage ganz oder teilweise gemäß den individuellen Wünschen des Versicherungsnehmers erfolgt. Dies ist insbesondere der Fall, wenn der Versicherungsnehmer einzelne Wertpapiere oder ein bereits vorhandenes Wertpapierdepot als Versicherungsbeitrag erbringt.[86] 90

Die ausschließliche Auswahl von im Inland oder im Ausland **öffentlich vertriebenen Investmentfondsanteile** schließt die Annahme eines vermögensverwaltenden Versicherungsvertrages aus. Die Verwendung versicherungsinterner Fonds beeinträchtigt nicht die Charakterisierung als öffentlich vertriebene Investmentfondsanteile, vorausgesetzt dass diese internen Fonds die Anlagen von einem oder mehreren öffentlich vertriebenen Investmentfonds widerspiegeln.[87] 91

Unter **„Anlagen, die einen veröffentlichten Index abbilden"** fallen auch Kombinationsmöglichkeiten mehrerer im Inland oder Ausland veröffentlichter Indizes.[88] 92

Ob eine **Dispositionsmöglichkeit** vorliegt, ist nach den individuellen Umständen zu beurteilen. Von Bedeutung dabei ist, ob der wirtschaftlich Berechtigte einen Wechsel in der Person des Vermögensverwalters beantragen kann und ob eine nach individuellen Gesichtspunkten und auf konkrete Kapitalanlagen ausgerichtete Anlagestrategie mit dem wirtschaftlich Berechtigten vereinbart wurde.[89] 93

Eine **unmittelbare Dispositionsmöglichkeit** des wirtschaftlich Berechtigten besteht, wenn der Versicherungsvertrag dessen Weisungsrecht gegenüber dem Versicherer oder gegenüber einem beauftragten Vermögensverwalter vorsieht. 94

Von einer **mittelbaren Dispositionsmöglichkeit** ist insbesondere auszugehen, wenn 95

- die Anlageentscheidungen von einem Vermögensverwalter getroffen werden, der durch den wirtschaftlich Berechtigten beauftragt wurde,
- der wirtschaftlich Berechtigte einen Wechsel in der Person des Vermögensverwalters verlangen kann,
- eine individuelle Anlagestrategie zwischen dem Versicherer oder dem Vermögensverwalter und dem wirtschaftlich Berechtigten vereinbart wird.[90]

Die **Auswahlmöglichkeit aus standardisierten Anlagestrategien,** die einer unbestimmten Vielzahl von Versicherungsnehmern angeboten werden, stellt keine unmittelbare 96

---

[84] Handbuch Rn. 34b.
[85] Handbuch Rn. 34c.
[86] Handbuch Rn. 34d.
[87] Handbuch Rn. 34e.
[88] Handbuch Rn. 34 f.
[89] BFH 26.3.2019 – VIII R 36/15, BStBl. II 2019, 399.
[90] Handbuch Rn. 34g.

oder mittelbare Dispositionsmöglichkeit dar; dies gilt auch dann, wenn der Versicherungsnehmer einem Vertrag mehrere derartiger standardisierter Anlagestrategien in unterschiedlicher Gewichtung zugrunde legen darf.[91]

97 Wird ein **vorhandenes Depot** in einen Versicherungsvertrag so **eingebracht,** dass die Depotführung und die Vermögensverwaltung beim bisherigen Kreditinstitut oder dem bisherigen Vermögensverwalter verbleiben, ist in der Regel von einer weiter bestehenden Dispositionsmöglichkeit des wirtschaftlich Berechtigten auszugehen. Es gilt insoweit die – widerlegbare – Vermutung, dass der wirtschaftlich Berechtigte aufgrund einer gewachsenen und weiterhin bestehenden Geschäftsbeziehung Einfluss auf die Anlageentscheidungen ausüben kann.[92]

98 d) **Wirtschaftlicher Berechtigter. Wirtschaftlich Berechtigter** ist der Inhaber des Anspruchs auf die Versicherungsleistung. In der Regel ist das der Versicherungsnehmer. Bei einem unwiderruflich eingeräumten Bezugsrecht kann das auch ein Dritter sein. Sicherungsübereignung oder Pfändung führt grundsätzlich nicht zu einem Wechsel in der Person des wirtschaftlich Berechtigten.[93]

99 e) **Besteuerung.** Nach § 20 Abs. 1 Nr. 6 S. 5 EStG erfolgt eine **Besteuerung** der dem Versicherer zugeflossenen Erträge im Sinne des § 20 Abs. 1 und Abs. 2 EStG. Leistungen im Todes- oder Erlebensfall sowie bei Rückkauf des Vertrages sind unbeachtlich, soweit die Erträge, die in diesen Versicherungsleistungen enthalten sind, nach § 20 Abs. 1 Nr. 6 S. 5 EStG der Besteuerung unterlegen haben. Kosten insbesondere für die Verwaltung, die in der Beitragsleistung enthalten sind oder von dem Anlagekonto oder Anlagedepot entnommen werden, sind als Werbungskosten zu betrachten.

100 f) **Übertragung.** Die **Übertragung** von Anlagegütern auf den Versicherer bei der Begründung eines vermögensverwaltenden Versicherungsvertrags und ihre Rückübertragung auf den wirtschaftlich Berechtigten bei Beendigung des Vertragsverhältnisses sind unbeachtlich und führt nicht zu einer Veräußerung im Sinne des § 20 Abs. 2 EStG.[94]

101 g) **Vertragsänderung.** Ob eine **Vertragsänderung,** mit der bestehende Merkmale eines vermögensverwaltenden Versicherungsvertrages nachträglich abbedungen werden, steuerlich zu einer Beendigung des bisherigen Vertrages und zu einem neuen Vertrag führt, hängt von den jeweiligen Umständen des Einzelfalls ab.[95]

6. Entgeltlicher und unentgeltlicher Erwerb

102 a) **Veräußerung.** Die entgeltliche **Veräußerung** von Ansprüchen auf eine Versicherungsleistung ist steuerpflichtig (§ 20 Abs. 2 S. 1 Nr. 6 EStG).[96] Der Veräußerer versteuert also die bis zur Veräußerung aufgelaufenen Erträge.[97] Erfasst werden auch Verträge, durch die ein Dritter die Ansprüche durch Eintritt in den Versicherungsvertrag als Versicherungsnehmer übernimmt.[98]

103 § 20 Abs. 2 S. 1 Nr. 6 S. 2 EStG verpflichtet den Versicherer zur Mitteilung und auf Verlangen auch zur Übersendung einer Bescheinigung über die entrichteten Beiträge. Damit soll dem Veräußerer erleichtert werden, die steuerpflichtigen Erträge zu ermitteln. Die Mitteilung ist an das für den Veräußerer zuständige Finanzamt zu richten.

---

[91] BFH 26.3.2019 – VIII R 36/15, BStBl. II 2019, 399; Handbuch Rn. 34h.
[92] Handbuch Rn. 34i; aA Kirchhof/Seer/Bleschick EStG § 20 Rn. 105; Herrmann/Heuer/Raupach/Buge EStG § 20 Rn. 209.
[93] Handbuch Rn. 34j.
[94] Handbuch Rn. 34l.
[95] Handbuch Rn. 34m.
[96] Handbuch Rn. 81b.
[97] Kirchhof/Seer/Bleschick EStG § 20 Rn. 104.
[98] Kirchhof/Seer/Bleschick EStG § 20 Rn. 134.

Welches Finanzamt das ist, muss der Versicherer ermitteln, da ihm der Wohnsitz des Veräußerers bekannt ist.[99]

Die Einkünfte sind nach § 32d Abs. 3 EStG in der Einkommensteuererklärung anzugeben und werden grundsätzlich mit dem gesonderten Steuertarif des § 32d Abs. 1 EStG versteuert. Ein Kapitalertragsteuerabzug findet nicht statt.[100] 104

b) **Entgeltlicher Erwerb.** Die Aufwendungen für den **entgeltlichen Erwerb** des Anspruchs auf eine Versicherungsleistung von dem ursprünglichen Rechtsinhaber sind Anschaffungskosten. Sie treten nach § 20 Abs. 1 Nr. 6 S. 3 EStG an die Stelle der vor dem Erwerb entrichteten Beiträge und sind bei der Ermittlung des Unterschiedsbetrags steuermindernd anzusetzen.[101] Damit soll eine Übermaßbesteuerung des Erwerbers verhindert werden. Denn aufgrund der auf den Sparanteil im Versicherungsbeitrag aufgelaufenen Erträge sind seine Anschaffungskosten typischerweise höher als die bis zum Erwerbszeitpunkt entrichteten Beiträge. Er soll also nur die Erträge versteuern, die in der Zeit entstanden sind, in der er Inhaber des Anspruchs auf die Versicherungsleistung war.[102] 105

c) **Entgeltlichkeit. Entgeltlich** bedeutet, dass der Erwerber eine Gegenleistung erbracht hat. Ist sie geringer als die Summe der bis zum Erwerbszeitpunkt entrichteten Beiträge, erfolgt keine Aufspaltung des Erwerbs in einen voll entgeltlichen und einen voll unentgeltlichen Teil.[103] 106

d) **Gebrauchte Versicherungen.** Bei diesen sog. **gebrauchten Versicherungen** ist abweichend von der Grundregel auch die sonst nicht steuerpflichtige Leistung bei Eintritt des versicherten Risikos steuerpflichtig (§ 20 Abs. 1 Nr. 6 S. 7 EStG), auch bei reinen Risikoversicherungen. Zudem erfolgt hier keine Halbierung des Unterschiedsbetrags.[104] Von dieser Ausnahmebesteuerung nicht betroffen sind vermögensverwaltende Versicherungsverträge.[105] Nicht betroffen sind auch Leistungen, die aus anderen Gründen als dem Risikoeintritt zu erbringen sind. Hier greift die Besteuerung nach § 20 Abs. 1 Nr. 6 S. 1 oder 4 EStG.[106] 107

e) **Unterschiedsbetrag.** Der **Unterschiedsbetrag** ist nach § 20 Abs. 1 Nr. 6 S. 1 oder 4 EStG zu berechnen. Die Aufwendungen für den Erwerb iSv § 20 Abs. 1 Nr. 6 S. 7 EStG entsprechen den Anschaffungskosten (§ 20 Abs. 1 Nr. 3 S. 3 EStG). Die Aufwendungen für den Erhalt iSv § 20 Abs. 1 Nr. 6 S. 7 EStG entsprechen etwaigen eigenen Beiträgen des Erwerbers.[107] 108

§ 20 Abs. 1 Nr. 6 S. 8 EStG macht davon zwei Ausnahme. Die eine ist, dass die versicherte Person den Versicherungsanspruch selbst erwirbt. Die andere ist, dass aus einem anderen Rechtsverhältnis entstandene Abfindungs- und Ausgleichsansprüche arbeitsrechtlicher, erbrechtlicher oder familienrechtlicher Art durch Übertragung von Ansprüchen aus Versicherungsverträgen erfüllt werden. 109

f) **Unentgeltlicher Erwerb.** Bei einem **unentgeltlichen Erwerb** tritt der Erwerber in die Rechtsstellung des vorherigen Rechtsinhabers ein. Bei Eintritt des Versicherungsfalls unterliegen daher auch die vor dem Erwerb aufgelaufenen Erträge so der Besteuerung, wie sie auch beim vorherigen Rechtsinhaber erfolgt wäre.[108] Damit kein Kapitalertragsteuerabzug erfolgt, muss der Steuerpflichtige – das ist in der Regel der vorherige Rechtsinhaber – der auszahlenden Stelle mitteilen, dass ein unentgeltlicher Erwerb vorliegt (§ 43 Abs. 1 S. 5 EStG). 110

---

[99] Kirchhof/Seer/Bleschick EStG § 20 Rn. 134.
[100] Kirchhof/Seer/Bleschick EStG § 20 Rn. 134.
[101] Handbuch Rn. 64a.
[102] Kirchhof/Seer/Bleschick EStG § 20 Rn. 104; Brandis/Heuermann/Ratschow EStG § 20 Rn. 280.
[103] Brandis/Heuermann/Ratschow EStG § 20 Rn. 281.
[104] Schmidt/Levedag EStG § 20 Rn. 110; Brandis/Heuermann/Ratschow EStG § 20 Rn. 281a.
[105] Herrmann/Heuer/Raupach/Buge EStG § 20 Rn. 271.
[106] Herrmann/Heuer/Raupach/Buge EStG § 20 Rn. 209.
[107] Herrmann/Heuer/Raupach/Buge EStG § 20 Rn. 209.
[108] Brandis/Heuermann/Ratschow EStG § 20 Rn. 281.

7. Besteuerungsverfahren, Kapitalertragsteuer

111 a) **Grundtatbestand des § 20 Abs. 1 Nr. 6 S. 1 EStG.** Die Einkommensteuer beträgt 25 % (§ 32d Abs. 1 S. 1 EStG). Hinzu kommt der Solidaritätszuschlag von 5,5 % der Bemessungsgrundlage (§§ 3 Abs. 1 und 4 SolzG).

112 Die Einkommensteuer wird von den inländischen Versicherern als **Kapitalertragsteuer** auf den Unterschiedsbetrag erhoben (§ 43 Abs. 1 S. 1 S. 1 und Nr. 4 S. 1 EStG). Ihr unterliegen auch Teilleistungen.[109]

113 Der Steuersatz beträgt 25 % (§ 43a Abs. 1 Nr. 1 EStG). Hinzu kommt der Solidaritätszuschlag von 5,5 % der Bemessungsgrundlage (§§ 3 Abs. 1 und 4 SolzG).

114 Nach § 44a EStG ist keine Kapitalertragsteuer einzubehalten, wenn eine Nichtveranlagungsbescheinigung vorgelegt oder ein Freistellungsauftrag erteilt wurde.[110]

115 Bemessungsgrundlage ist der **volle Unterschiedsbetrag.**[111] Bei einem entgeltlichem Erwerb werden die Anschaffungskosten nicht berücksichtigt.

116 Nach § 43 Abs. 5 S. 1 EStG ist die Einkommensteuer auf den Unterschiedsbetrag mit der einbehaltenen Kapitalertragsteuer **abgegolten.** Das gilt auch für den Solidaritätszuschlag (§ 1 Abs. 3 SolzG). Sie müssen in der Einkommensteuererklärung auch nicht angegeben werden (Umkehrschluss aus § 32d Abs. 3 EStG).

117 b) **Altversvorsorgevertrag des § 20 Abs. 1 Nr. 6 S. 2 EStG.** Die Erträge aus diesen Versicherungen sind in der Einkommensteuererklärung anzugeben.[112] Sie werden dann nach den allgemeinen Tarif versteuert (§ 32d Abs. 2 Nr. 2 EStG).

118 Dennoch wird im Vorfeld auch auf diese Erträge nach § 43 Abs. 1 S. 1 Nr. 4 S. 2 EStG Kapitalertragsteuer erhoben. Die hälftige Befreiung bei den Altersvorsorgeverträgen wird nicht berücksichtigt. Deshalb wird auch bei ihnen der volle Unterschiedsbetrag erfasst.

119 Nach § 43 Abs. 5 S. 2 EStG tritt keine abgeltende Wirkung der Kapitalertragsteuer ein.

120 c) **Beschränkte Steuerpflicht.** Der Kapitalertragsteuerabzug erfolgt auch bei beschränkter Steuerpflicht (§ 49 Abs. 1 Nr. 5 EStG).

121 Die Kapitalertragsteuer hat nach § 50 Abs. 2 S. 1 EStG abgeltende Wirkung.

122 Niedrigere Quellensteuerhöchstsätze nach einem Doppelbesteuerungsverfahren sind im Erstattungsverfahren nach § 50d Abs. 1 EStG geltend zu machen.[113]

123 d) **Nachweis der Besteuerungsgrundlagen.** Die Besteuerungsgrundlagen muss der Steuerpflichtige nachweisen.

124 Bei **inländischen Versicherern,** die im Inland Sitz, Geschäftsleitung oder Niederlassung haben, genügt bei positiven Kapitalerträgen die Steuerbescheinigung nach § 45a EStG. Negative Kapitalerträge sind in der Regel durch eine Berechnung des Versicherungsunternehmens zu belegen.[114]

125 Bei **ausländischen Versicherern** hat der Steuerpflichtige alle für die Besteuerung erforderlichen Unterlagen zu beschaffen und seiner Steuererklärung beizufügen (§ 90 Abs. 2 AO).[115]

---

[109] Handbuch Rn. 84.
[110] Handbuch Rn. 86.
[111] Handbuch Rn. 85.
[112] Kirchhof/Kulosa/Ratschow/Schmidt EStG § 20 Rn. 954.
[113] Handbuch Rn. 87.
[114] Handbuch Rn. 82.
[115] Handbuch Rn. 84.

III. Besteuerung der Leibrenten

1. Wiederkehrende Bezüge

Einkünfte aus wiederkehrenden Bezügen, die nicht zu den in § 2 Abs. 1 Nrn. 1 bis 6 EStG genannten Einkunftsarten gehören, werden nach § 22 Nr. 1 S. 1 EStG besteuert. Es handelt sich dabei um Einnahmen in Geld oder Geldeswert, die auf einem einheitlichen Entschluss oder einem einheitlichen Rechtsgrund beruhen und mit einer gewissen Regelmäßigkeit erbracht werden. Sie brauchen nicht stets in derselben Höhe geleistet zu werden.[116] Einmalige Leistungen im Vermögensbereich gehören nicht dazu.[117] 126

2. Leibrenten

a) **Begriff.** Zu den wiederkehrenden Bezügen gehören Leibrenten. Darunter versteht man wiederkehrende gleichmäßige Leistungen, die Geld oder vertretbare Sachen zum Gegenstand haben, auf ein Rentenrecht zurückgeführt werden können, und für die Lebenszeit eines Menschen, meist des Empfängers, gezahlt werden.[118] Die Vereinbarung von Wertsicherungsklauseln, die nur der Anpassung der Kaufkraft an geänderte Verhältnisse dienen sollen, schließen die Annahme einer Leibrente nicht aus. 127

b) **Rentenversicherung.** Zu den Leibrenten iSd § 22 Nr. 1 S. 3 EStG gehören die lebenslänglichen und temporären Renten aufgrund von privaten Versicherungsverträgen.[119] Bei einer Rentenversicherung zahlt der Versicherer eine lebenslange Rente, wenn die versicherte Person den vereinbarten Rentenbeginn erlebt. 128

c) **Leibrentenarten.** § 22 Nr. 1 S. 3 EStG unterscheidet zwei Arten dieser Leibrenten: 129

- Leibrenten iSv **§ 22 Nr. 1 S. 3 Buchst. a Doppelbuchst. aa ESG,** die aus Rentenversicherungen iSv § 10 Abs. 1 Nr. 2 Buchst. a EStG erbracht werden. Sie sind Renten der kapitalgedeckten Altersversorgung (sog. Rürup-Renten) oder Renten, die wegen des Eintritts der Berufsunfähigkeit (Berufsunfähigkeitsrenten), wegen verminderter Erwerbsfähigkeit (Erwerbsunfähigkeitsrenten) und für Hinterbliebene (Hinterbliebenenrenten) gezahlt werden.[120]
- Leibrenten iSv **§ 22 Nr. 1 S. 3 Buchst. a Doppelbuchst. bb EStG,** bei denen in den einzelnen Bezügen Einkünfte aus Erträgen des Rentenrechts enthalten sind.

Die Unterscheidung ist Ausdruck **unterschiedlicher Besteuerungskonzepte.** Die Rente nach Doppelbuchst. aa ergibt eine nachgelagerte Besteuerung. Die Aufwendungen für den Erwerb der Rente sind an sich Werbungskosten, die zu abzugsfähigen Sonderausgaben gemacht wurden, die das zu versteuernde Einkommen mindern. Dem Erwerb der Rente folgt eine stufenweise aufgebaute Besteuerung der Rentenzahlungen, die bei ihrer vollen Besteuerung endet. Im Gegenzug wird die Rente nach Doppelbuchst. bb eingeschränkt nur mit dem Ertragsanteil besteuert. Das wiederum beruht darauf, dass sie durch Einsatz versteuerten Einkommens erworben wurde. Deshalb setzen sich die Rentenzahlungen aus einer Rückzahlung des eingesetzten Kapitals und einem Zinsanteil zusammen.[121] 130

d) **Nachgelagerte Besteuerung.** Für die **Leibrenten nach § 22 Nr. 1 S. 3 Buchst. a Doppelbuchst. aa EStG** werden Beiträge geleistet, die nach § 10 Abs. 1 Nr. 2 EStG als Sonderausgaben abgezogen werden können. Sie unterliegen daher einer **nachgelagerten Besteuerung.** Es geht hier zum einen um Leibrenten aus einer eigenen kapitalgedeckten 131

---

[116] H 22.1 Abs. 1 EStR.
[117] R 22.1 Abs. 1 S. 3 und 3 EStR; Schmidt/Weber-Grellet EStG § 22 Rn. 11, 13 f.
[118] H 22.3 EStR; Schmidt/Weber-Grellet EStG § 22 Rn. 20, 41.
[119] Bandis/Heuermann/Nacke EStG § 20 Rn. 89.
[120] Schmidt/Weber-Grellet EStG § 22 Rn. 91.
[121] Vgl. Kirchhof/Seer/Bleschick EStG § 20 Rn. 3, 36, 46; Brandis/Heuermann/Nacke EStG § 20 Rn. 93.

Altersversorgung nach § 10 Abs. 1 Nr. 2 Buchst. b Doppelbuchst. aa EStG (**Basis-/Rürup-Renten**). Zum anderen geht es um Leibrenten zur **Absicherung gegen Berufsunfähigkeit** und **Erwerbsminderung** nach § 10 Abs. 1 Nr. 2 Buchst. b Doppelbuchst. bb EStG.

132 Der Vertrag über eine **Basisrente** sieht nur die Zahlung einer monatlichen, auf das Leben des Steuerpflichtigen bezogenen lebenslangen Leibrente vor, die nicht vor Vollendung des 62. Lebensjahres des Steuerpflichtigen zu zahlen ist. Zusätzlich können Zahlungen wegen Berufsunfähigkeit, Erwerbsminderung und an Hinterbliebene vereinbart werden.

133 Der Vertrag zur Absicherung gegen **Berufsunfähigkeit** und **Erwerbsminderung** sieht nur die Zahlung einer monatlichen, auf das Leben des Steuerpflichtigen bezogenen lebenslangen Leibrente vor, wenn der Versicherungsfall bis zur Vollendung des 67. Lebensjahres eingetreten ist. Zusätzlich können Anbieter und Steuerpflichtiger nach § 10 Abs. 2 Nr. 2 Buchst. b S. 3 EStG vereinbaren, dass bis zu zwölf Monatsleistungen in einer Auszahlung zusammengefasst werden oder eine Kleinstbetragsrente iSv § 93 Abs. 3 S. 2 und 4 EStG abgefunden wird.

134 Die erworbenen Ansprüche dürfen nicht vererblich, nicht übertragbar, nicht beleihbar, nicht veräußerbar und nicht kapitalisierbar sein und nicht abgetreten werden können; auch eine Beleihung, Veräußerung oder (nachträgliche) Kapitalisierung muss ausgeschlossen sein (§ 10 Abs. 1 Nr. 2 Buchst. b S. 3 EStG).

135 Nach § 10 Abs. 1 Nr. 2 Buchst. b Doppelbuchst. bb S. 2 EStG ist die Vereinbarung der Beendigung der Rentenzahlungen wegen eines medizinisch begründeten Wegfalles der Berufsunfähigkeit oder der verminderten Erwerbsfähigkeit zulässig. Im Übrigen darf die Höhe der zugesagten Rente vom Alter des Steuerpflichtigen bei Eintritt des jeweiligen Versicherungsfalls abhängig gemacht werden, wenn der Steuerpflichtige das 55. Lebensjahr vollendet hat (§ 10 Abs. 1 Nr. 2 S. 1 Buchst. b Doppelbuchst. bb S. 2 und 3 EStG).

136 Der **Besteuerungsanteil** solcher Renten ist in einer Tabelle gesetzlich geregelt. Maßgeblich ist hier nicht das bei Rentenbeginn vollendete Lebensjahr des Steuerpflichtigen, sondern das Kalenderjahr des Rentenbeginns. Der Umfang der Steuerpflicht steigt für die Jahre 2005 (= 50 %) bis 2058 (= 100 %) kontinuierlich, so dass schlussendlich eine vollständige Besteuerung dieser Renten gewährleistet ist.

137 Der Unterschiedsbetrag zwischen dem Jahresbetrag der Rente und dem der Besteuerung der Rente unterliegenden Anteil ist der **steuerfreie Teil** der Rente. Er gilt ab dem Jahr, das dem Jahr des Rentenbeginns folgt, für die gesamte Laufzeit des Rentenbeginns (§ 22 Nr. 1 S. 3 Buchst. a Doppelbuchst. aa S. 4 und S. 5 EStG).

138 Der steuerfreie Teil der Rente ist bei einer Veränderung des Jahresbetrags der Rente in dem Verhältnis anzupassen, in dem der veränderte Jahresbetrag der Rente zum Jahresbetrag der Rente steht, der der Ermittlung des steuerfreien Betrags der Rente zugrunde liegt. Regelmäßige Anpassungen des Jahresbetrags der Rente, zB zum Inflationsausgleich, führen zu keiner Neuberechnung und bleiben bei einer Neuberechnung außer Betracht (§ 22 Nr. 1 S. 3 Buchst. a Doppelbuchst. aa S. 6 und S. 7 EStG).

139 Der **Sonderausgabenabzug** ist auf einen **Höchstbetrag** begrenzt, der an den Höchstbeitrag zur knappschaftlichen Rentenversicherung gekoppelt ist (§ 10 Abs. 3 S. 1 EStG) und sich daher dynamisch entwickelt. Weitere Einschränkungen ergeben sich aus § 10 Abs. 3 S. 4 bis 6 EStG.

140 Der Höchstbetrag nach § 10 Abs. 3 S. 1 EStG für Altersvorsorgebeiträge nach § 10 Abs. 1 Nr. 2 EStG umfasst neben den Beiträgen zu privaten Versicherungen auch die Beiträge zur gesetzlichen Rentenversicherung, zur landwirtschaftlichen Alterskasse sowie zu berufsständischen Versorgungseinrichtungen, so dass im Ergebnis für die Begünstigung der privaten Absicherung nur derjenige Teil des maßgeblichen Betrags zur Verfügung steht, der nicht bereits durch gesetzliche Beiträge verbraucht ist. Außerdem sind von dem effektiven Höchstbetrag auch etwaige steuerfreie Arbeitgeberanteile oder Zuschüsse abzuziehen.

141 Schließlich ist zu beachten, dass der Höchstbetrag nach § 10 Abs. 3 EStG bei bestimmten Steuerpflichtigen, insbesondere bei Beamten, Richtern, Soldaten, Vorstands-

mitgliedern von Aktiengesellschaften und Gesellschafter-Geschäftsführer von GmbH, denen eine Pension zugesagt wurde, sowie bei Abgeordneten gekürzt wird, und zwar um den Betrag, der dem Gesamtbeitrag (Arbeitgeber- und Arbeitnehmeranteile) zur gesetzlichen Rentenversicherung entspricht.

Bei einer **Einmalzahlung** kommt ein Sonderausgabenabzug nicht in Betracht. 142

e) **Ertrag der Rente.** Bei der **Rentenversicherung nach § 22 Nr. 1 S. 3 Buchst. a Doppelbuchst. bb EStG** gilt als Ertrag des Rentenrechts für die gesamte Dauer des Rentenbezugs der Unterschiedsbetrag zwischen dem Jahresbetrag der Rente und dem Betrag, der sich bei gleichmäßiger Verteilung des Kapitalwerts der Rente auf ihre voraussichtliche Laufzeit ergibt; dabei ist der Kapitalwert nach dieser Laufzeit zu berechnen. Diese sicherlich nicht einfache Rechnung nimmt S. 4 ab, der auf eine Tabelle verweist, aus der sich der Ertrag des Rentenrechts (Ertragsanteil) ergibt. 143

Eine Rentenversicherung verlangt, dass ein **Langlebigkeitsrisiko** vom Versicherer übernommen wird. Dies bedeutet, dass bereits bei Vertragsabschluss die Höhe der Leibrente in Form eines **konkreten Geldbetrages** festgelegt werden muss oder ein konkret beziffeter Faktor garantiert werden muss, mit dem die Höhe der garantierten Leibrente durch Multiplikation mit dem am Ende der Anspar- bzw. Aufschubphase vorhandenen Fondsvermögen bzw. Deckungskapital errechnet wird (**Rentenfaktor**). Für einzelne Vermögensteile (zB durch die Kapitalanlage sichergestelltes Mindestvermögen, eventuelle über die gezahlten Beiträge erheblich hinausgehende Wertsteigerungen) können auch unterschiedliche Rentenfaktoren garantiert werden. Bei **Beitragserhöhungen** muss der konkrete Geldbetrag oder der Rentenfaktor spätestens im Erhöhungszeitpunkt garantiert werden. Eine vereinbarte Anpassung des Beitrags oder der Leistung gemäß § 163 VVG ist unschädlich.[122] 144

Ein Vertrag, der keine hinreichend konkreten Berechnungsgrundlagen enthält, sondern lediglich eine Verrentung am Ende der Anspar- bzw. Aufschubphase zu den dann gültigen Bedingungen vorsieht, ist steuerrechtlich keine Rentenversicherung, sondern ein nach den allgemeinen Vorschriften zu besteuernder Sparvorgang mit einer steuerlich unbeachtlichen Verrentungsoption. Wird bei einem derartigen Vertrag während der Anspar- bzw. Aufschubphase ein Todesfallrisiko übernommen, ist von einer Kapitalversicherung und von einem Zufluss der Erträge am Ende der Anspar- bzw. Aufschubphase auszugehen.[123] 145

Eine Rentenversicherung liegt nicht vor, wenn der **Rentenbeginn** so **aufgeschoben** ist, dass die mittlere Lebenserwartung der versicherten Person unter- oder überschritten wird. Es genügt jedoch, dass nach der für den Vertrag maßgebenden Sterbetafel der Zeitraum zwischen dem vereinbarten spätesten Rentenbeginn und der mittleren Lebenserwartung mehr als 10 % der bei Vertragsabschluss verbleibenden Lebenserwartung beträgt. Ist die versicherte Person bei Vertragsbeginn 30 Jahre alt und hat sie eine mittlere Lebenserwartung von 82 Jahren, beträgt ihre Lebenserwartung 52 Jahre. Deshalb kann der Rentenbeginn mit 77 Jahren vereinbart werden.[124] 146

Steht eine Rente **mehreren Personen gemeinsam** zu, ist das Lebensalter der jüngeren Person maßgeblich (§ 55 Abs. 1 Nr. 3 EStDV). Etwas anderes gilt nur dann, wenn (untypisch bei Versicherungsprodukten) die Rente bereits mit dem Tod der älteren Person endet. Hier ist der Ertragsanteil zwischen den Rentenberechtigten nach dem Verhältnis aufzuteilen, in dem ihre Mitberechtigungen an der Rente zueinander stehen. Werden nach dem Tod des zuerst Versterbenden die Rentenzahlungen reduziert, setzt sich die Rente gedanklich aus zwei Teil-Renten zusammen. Zum Zwecke der Ermittlung des Ertragsanteils ist sie in einen Grundbetrag (also den Rentenbetrag, der nach dem ersten Todesfall in jedem Fall weiterzuzahlen ist) und einen darüberhinausgehenden zusätzlichen Rentenanteil aufzuteilen. Der steuerpflichtige Ertragsanteil für den Grundbetrag wird auf Basis des Lebensalters des jüngeren (also statistisch betrachtet länger 148

[122] Handbuch Rn. 3a mit Einzelheiten in Rn. 3b.
[123] Handbuch Rn. 3b.
[124] Handbuch Rn. 3c.

lebenden) Rentenberechtigten ermittelt. Der Ertragsanteil für den darüberhinausgehenden Rentenanteil bestimmt sich hingegen anhand des Lebensalters des älteren Rentenberechtigten.

149 Steht eine Rente mehreren Personen **nacheinander** zu, kommt es nur dann zum Rentenbezug des zweiten Bezugsberechtigten, wenn er den Erstberechtigten überlebt. Deshalb handelt es sich um zwei separate Renten. Die Rente des zweiten Bezugsberechtigten ist aufschiebend bedingt.

150 Ihr Ertragsteil ist auf den Zeitpunkt des Bedingungseintritts, also den Rentenbeginn zu ermitteln und auch erst dann zu versteuern.[125]

151 Eine **Erhöhung der laufenden Rentenzahlungen** während der Laufzeit der Rente stellt grundsätzlich eine eigenständige (neue) Rente dar, die von ihrem Beginn an eigenständig zu behandeln ist. Erhöhungen aufgrund von **Wertsicherungs- und Währungsklauseln** sind keine Erhöhungen in diesem Sinne.[126] Wird neben einem gleich bleibenden oder steigenden **Sockelbetrag** eine **jährlich schwankende Überschussbeteiligung** gewährt, handelt es sich dennoch insgesamt um gleich bleibende oder steigende Bezüge. Sowohl auf den Sockelbetrag als auch auf die Überschussbeteiligung ist die Ertragsanteilbesteuerung anzuwenden.[127]

152 Im **Rückkaufsfall** erfolgt eine Besteuerung nach § 20 Abs. 6 S. 1 EStG. Steuerpflichtig ist der Unterschiedsbetrag zwischen dem realisierten Rückkaufwert und der Summe der eingezahlten Versicherungsbeiträge.

153 Bei einer **Veräußerung,** also der Übertragung des Versicherungsverhältnisses auf einen neuen Versicherungsnehmer gegen Entgelt, besteht Einkommensteuerpflicht nach § 20 Abs. 2 Nr. 6 EStG. Denn bei einer Rentenversicherung ohne Kapitalwahlrecht handelt es sich um eine Versicherung iSv § 20 Abs. 1 Nr. 6 S. 4 EStG, die für den Veräußerungsfall den kapitalbildenden Lebensversicherungen sowie den Rentenversicherungen mit Kapitalwahlrecht gleichgestellt ist.

154 Die **Todesfallleistung einer Rentenversicherung** gehört nicht zu den Einnahmen aus § 20 Abs. 1 Nr. 6 EStG. Wird sie als Rente gezahlt, kann sich jedoch eine Besteuerung aus § 22 Nr. 1 S. 3 Buchst. a Doppelbuchst. bb EStG ergeben.[128]

155 Wird bei einer **Kapitalversicherung mit Rentenwahlrecht** die Rentenzahlung gewählt, fließen die Erträge in dem Zeitpunkt zu, in dem die Kapitalleistung im Erlebensfall zu leisten wäre. Lediglich das nach Abzug von Kapitalertragsteuer vorhandene Kapital steht für die Verrentung zur Verfügung. Die Rentenzahlungen gehören zu den Einnahmen aus § 22 Nr. 1 S. 3 Buchst. a Doppelbuchst. bb EStG.[129]

156 f) **Werbungskosten.** Aufwendungen zum Erwerb und zur Finanzierung von wiederkehrenden Bezügen sind **Werbungskosten.** Bei nachgelagerter Besteuerung (§ 22 Nr. 1 S. 3 Buchst. a Doppelbuchst. aa und § 22 Nr. 5 EStG) hat der Gesetzgeber die Werbungskosten den Sonderausgaben zugeordnet.[130] Rentenversicherungsbeiträge sind daher nicht als Werbungskosten, sondern nach § 10 Abs. 3 EStG begrenzt als Sonderausgaben abziehbar.[131] Finanzierungskosten sind Werbungskosten, soweit sie auf die eigene Rente entfallen. Drittaufwand ist nicht abzugsfähig.[132] Nach § 9a Abs. 1 S. 1 Nr. 3 EStG gibt es einen Werbungskostenpauschbetrag von 102 € pro Person. Ehegatten bekommen ihn jeder, der entsprechende Einkünfte hat.[133]

157 g) **Sonderausgaben.** Einen **Sonderausgabenabzug** gibt es bei den Renten nach § 22 Nr. 1 S. 3 Buchst. a Doppelbuchst. aa EStG nicht.

---

[125] H 22.4 EStR.
[126] H 22.3 EStR.
[127] Handbuch Rn. 21.
[128] Handbuch Rn. 22.
[129] Handbuch Rn. 26.
[130] Schmidt/Weber-Grellet EStG § 22 Rn. 124.
[131] BFH 19.8.2021 – X R 4/19, BStBl. II 2022, 256.
[132] BFH 27.10.2020 – VIII R 30/17, BStBl. II 2021, 927.
[133] Schmidt/Krüger EStG § 9a Rn. 2.

h) **Steuerpflichtiger. Steuerpflichtiger** ist nach § 22 Nr. 1 EStG der Rentenempfänger. 158
Denn die Ausnahmen in S. 2 der Vorschrift sind bei einer Lebensversicherung nicht anwendbar, auch dann nicht, wenn der Bezugsberechtigte nicht der Versicherungsnehmer ist, der die Beiträge bezahlt.

i) **Zufluss.** Der **Zufluss** bestimmt sich nach § 11 EStG. Danach zugeflossen sind die 159
Erträge, wenn sie in das Vermögen des Steuerpflichtigen übergegangen und er wirtschaftlich über sie verfügen kann.[134] Auf eine zeitliche Zuordnung unter wirtschaftlichen Gesichtspunkten kommt es nicht an.

j) **Tarif, Sparerfreibetrag. Besteuert** wird zum progressiven Tarif. Den Sparerfreibe- 160
trag gibt es bei privaten Renten nicht.[135]

k) **Altersvorsorgeverträge.** § 22 Nr. 5 EStG regelt die **Besteuerung von Renten aus** 161
Altersvorsorgeverträgen.[136] Er sieht eine volle, am jeweiligen individuellen Einkommensteuersatz orientierte nachgelagerte Besteuerung bestimmter Renten vor. Der vollen Besteuerung steht spiegelbildlich die grundsätzliche, aber nicht unbeschränkte Abziehbarkeit der geleisteten Beiträge als Sonderausgaben nach § 10a EStG gegenüber.

Da § 22 Nr. 5 EStG als lex specialis den allgemeinen Regelungen der Rentenbesteue- 162
rung vorgeht,[137] unterliegen ihm sämtliche Arten von Renten, die den entsprechenden Tatbestand erfüllen, selbst wenn nach anderen Vorschriften eine günstigere Besteuerung oder eine Steuerfreistellung eingreifen könnte.

Im Anwendungsbereich von § 22 Nr. 5 EStG liegen neben verschiedenen Arten der 163
betrieblichen Altersvorsorge (Pensionsfonds, Direktversicherungen) auch **private (zertifizierte) Altersvorsorgeverträge** iSv § 82 Abs. 1 EStG, bei denen während der Ansparphase keine Besteuerung der Erträge und Wertsicherungen stattfindet. Darunter fallen beispielsweise sog. **Riester-Renten.** Der Zertifizierungsbescheid ist Grundlagenbescheid für den Einkommensteuerbescheid nach § 171 Abs. 10 AO.

Die volle nachgelagerte Besteuerung ist aber nur insoweit gerechtfertigt, als die Bezüge 164
aus den entsprechenden Altersvorsorgeprodukte auch tatsächlich auf steuerlich begünstigten Beitragsleistungen, Erträgen und Wertsteigerung beruhen. Deshalb bestimmt § 22 Nr. 5 S. 2 EStG Ausnahmen, die eine abweichende Besteuerung für diejenigen Leistungen bzw. Leistungsteile vorsehen, die nicht aus privilegierten bzw. geförderten Beiträgen resultieren. Lebenslange Renten, Berufsunfähigkeits-, Erwerbsminderungs- sowie Hinterbliebenenrenten werden, soweit sie auf nicht geförderten Altersvorsorgebeiträgen beruhen, werden lediglich mit ihrem Ertragsanteil nach § 22 Nr. 1 S. 3 Buchst. a Doppelbuchst. bb EStG besteuert.

Den **Sonderausgabenabzug** im Zusammenhang mit Altersvorsorgeverträgen regelt 165
§ 10a EStG ausführlich. Er wird für die tatsächlich geleisteten Beiträge zuzüglich der dem Steuerpflichtigen zustehenden Zulagen bis zu den gesetzlich geltenden Höchstgrenzen gewährt.

Bei der Veranlagung hat das Finanzamt von Amts wegen eine Günstigerprüfung 166
vorzunehmen, ob durch den Sonderausgabenabzug oder die Berücksichtigung der dem Steuerpflichtigen zustehenden Zulagen (Zulage nach § 84 EStG sowie Kinderzulage nach § 85 EStG) ein für ihn besseres Ergebnis eintritt. Wenn die Steuerentlastung durch den Sonderausgabenabzug die Summe der Zulagen nicht übersteigt, verbleibt es im Ergebnis bei der Zulagengewährung. Anderenfalls findet der Sonderausgabenabzug statt, wobei jedoch die tarifliche Einkommensteuer, um den Zulagenanspruch zu erhöhen ist, um eine doppelte Begünstigung zu vermeiden.

---

[134] Schmidt/Krüger EStG § 11 Rn. 15.

[135] BFH 18.5.2010 – X R 32–33/01, BStBl. II 2011, 675.

[136] Dazu BMF 5.10.2023, BStBl. I 2023, 1726, Rn. 128 ff.

[137] Schmidt/Weber-Grellet EStG § 22 Rn. 170.

IV. Besteuerung einzelner Versicherungen

1. Kapitalversicherungen

167 Die Ablaufleistung ist grundsätzlich eine Geldleistung. Sie wird nach § 20 Abs. 1 Nr. 6 EStG besteuert.

168 a) **Vollständige Wahl.** Besteht ein Wahlrecht zwischen Kapital und Leibrente, das vollständig für die Leibrente ausgeübt wird, so dass nur sie erbracht wird, wird nach § 22 Abs. 1 S. 3 EStG besteuert, in der Regel nach Buchst. a Doppelbuchst. bb EStG nach dem Ertragsanteil.

169 b) **Teilweise Wahl.** Besteht ein Wahlrecht, das nur teilweise für die Leibrente ausgeübt wird, wird der Kapitalanteil nach § 20 Abs. 1 Nr. 6 EStG besteuert und der Leibrentenanteil nach § 22 Nr. 1 S. 3 EStG.

2. Leibrenten

170 a) **Abgekürzte Leibrenten. Abgekürzte Leibrenten** sind für die Lebenszeit einer bestimmten Person, begrenzt auf eine Höchstzeit zu zahlen. Sie werden längstens bis zum Ablauf der vereinbarten Laufzeit gewährt, erlöschen aber, wenn die versicherte Person vor Ablauf der zeitlichen Begrenzung stirbt.[138] Diese Leibrenten werden nach § 22 Nr. 1 S. 3 EStG besteuert.[139] Der Ertragsanteil bestimmt sich nach § 55 Abs. 2 EStDV. Maßgebend ist die statistische Lebenserwartung, allerdings unter Berücksichtigung der zeitlichen Begrenzung. Hierzu gibt es eine Tabelle, aus der der Ertragsanteil für die zu erwartende Laufzeit der abgekürzten Leibrente abzulesen ist. Für den Fall, dass sich die Laufzeit nachträglich ändert, ist vom Zeitpunkt der Änderung an der aufgrund der geänderten Laufzeit maßgebliche Ertragsanteil anzuwenden.

171 b) **Verlängerte Leibrenten. Verlängerte Leibrenten** sind Leibrenten, die bis zum Lebensende einer bestimmten Person zu zahlen sind, und eine vertraglich vereinbarte Mindestlaufzeit haben.[140] Wenn der Berechtigte vor Ablauf der Mindestlaufzeit, wird die Rente bis zum Ablauf an den Rechtsnachfolger weitergezahlt. Stirbt der Berechtigte jedoch erst nach Ablauf, erlischt die Rente.[141] Die Dauer einer solchen Leibrente muss aber in dem Sinne unbestimmt sein, dass der Berechtigte den Ablauf der Rente erleben kann. Das ist nicht der Fall, wenn die die Rentengarantiezeit über die auf volle Jahre aufgerundete verbleibende mittlere Lebenserwartung der versicherten Person bei Rentenbeginn hinausgeht. Maßgebend ist die zum Zeitpunkt des Vertragsabschlusses zugrunde gelegte Sterbetafel und das bei Rentenbeginn vollendete Lebensjahr der versicherten Person. Entspricht die Rentengarantiezeit der Lebenserwartung oder ist sie kürzer, erfolgt die Ertragsanteilsbesteuerung nach § 22 Nr. 1 S. 3 Buchst. a Doppelbuchst. bb EStG.[142] Das gilt auch für den Rechtsnachfolger (in der Regel der Erbe); dabei wird der auf den Erblasser angewandte Ertragsanteil fortgeführt. Andernfalls handelt es sich um eine Zeitrente, die nach § 20 Abs. 1 Nr. 6 EStG besteuert wird.

172 c) **Nachfolgende Renten.** Wird eine Rente nach § 22 Nr. 1 S. 3 Buchst. a Doppelbuchst. aa EStG durch eine spätere Rente aus derselben Versicherung oder demselben Vertrag[143] abgelöst, handelt es sich um **nachfolgende Renten.** Für jede von ihnen muss der Besteuerungsanteil nach der Tabelle berechnet werden, die für die Doppelbuchstabe aa-Renten gilt. Nach § 22 Nr. 1 S. 3 Buchst. a Doppelbuchst. aa S. 8 EStG richtet sich für die spätere Rente der Prozentsatz nach dem Jahr, das sich ergibt, wenn die Laufzeit

---

[138] BFH 7.8.1959 – VI 284/58 U, BStBl. III 1959, 463.
[139] H 22.3 EStR, BFH 5.12.1980 – VI R 118/79, BStBl. II 1981, 265.
[140] Handbuch Rn. 20.
[141] Brandis/Heuermann/Nacke EStG § 20 Rn. 104.
[142] Ebenso Kirchhof/Seer/Bleschick EStG § 20 Rn. 100.
[143] Siehe dazu BMF 19.8.2013, BStBl. I 2013, 1087, Rn. 224.

der vorhergehenden Renten von dem Jahr des Beginns der späteren Rente abgezogen wird. Der Prozentsatz darf nicht unter 50 % liegen

3. Zeitrenten

Das sind Renten, die keine Leibrenten sind. Denn sie sind nicht auf die Lebenszeit einer Person zu entrichten, sondern auf eine festgelegte Dauer. Sie werden nach § 20 Abs. 1 Nr. 6 EStG besteuert.[144] 173

4. Kapitalversicherung auf verbundene Leben

Die Erlebensfallleistung ist bei einer Kapitalversicherung auf verbundene Leben zu erbringen, wenn beide/alle versicherten Personen den im Versicherungsschein genannten Ablauftermin erleben. Sofern die Versicherungsleistung beiden oder mehreren Steuerpflichtigen gemeinschaftlich zufließt, ist bei jedem Beteiligten gesondert zu prüfen, inwieweit er in seiner Person den Tatbestand des § 20 Abs. 1 Nr. 6 S. 1 oder S. 2 EStG verwirklicht. Die Aufteilung der Erträge ist dabei nach Köpfen vorzunehmen, soweit kein abweichendes Verhältnis vereinbart ist.[145] Die Leistung im Todesfall unterfällt nicht der Besteuerung nach § 20 Abs. 1 Nr. 6 EStG.[146] 174

5. Unfallversicherungen mit garantierter Beitragsrückzahlung

Unfallversicherungen mit garantierter Beitragsrückzahlung stehen den Lebensversicherungen gleich. Bei ihnen sind das Unfallrisiko oder das Risiko der Beitragsrückzahlung im Todesfall die charakteristischen Hauptrisiken.[147] Neben den Beitragsbestandteilen für die Abdeckung des Unfallrisikos sowie des Risikos der Beitragsrückzahlung im Todesfall und der Verwaltungskosten wird ein Sparanteil erbracht, der verzinslich bzw. rentierlich angelegt wird. Die Versicherungsleistung bei Ablauf der Versicherungslaufzeit gehört zu den Einnahmen aus § 20 Abs. 1 Nr. 6 EStG, nicht aber die Versicherungsleistung bei Eintritt des versicherten Risikos.[148] Reine Unfallversicherungen sind nicht gleichgestellt, auch wenn bei Unfällen mit Todesfolge Leistungen vorgesehen bzw. vereinbart sind. 175

6. Risikoversicherungen[149]

Eine reine Risikoversicherung ist eine Versicherung ohne Sparanteil. Dazu gehören Risikolebensversicherungen, Unfallversicherungen ohne garantierte Beitragsrückzahlung, Berufsunfähigkeitsversicherungen, Erwerbsunfähigkeitsversicherungen, Pflegeversicherungen). Bei ihnen fällt die Versicherungsleistung nicht unter § 20 Abs. 1 Nr. 6 EStG. Das gilt sowohl für die Kapitalauszahlung wie für Rentenzahlungen. Bei einer Rentenzahlung kann sich jedoch eine Steuerpflicht aus § 22 EStG ergeben. Die Barauszahlung von Überschüssen und die Leistung aufgrund einer verzinslichen Ansammlung der Überschüsse ist keine Einnahme nach § 20 Abs. 1 Nr. 6 EStG und auch keine Einnahme aus § 20 Abs. 1 Nr. 7 EStG. 176

Eine Leistung aus einer reinen Risikoversicherung, also einer Versicherung ohne Sparanteil (zB Risikolebensversicherung, Unfallversicherung ohne garantierte Beitragsrückzahlung, Berufsunfähigkeitsversicherung, Erwerbsunfähigkeitsversicherung, Pflegeversicherung), fällt nicht unter § 20 Abs. 1 Nr. 6 EStG. Dies gilt sowohl für Kapitalauszahlungen aus reinen Risikoversicherungen als auch für Rentenzahlungen (zB Unfall-Rente, Invaliditätsrente). Bei einer Rentenzahlung kann sich jedoch eine Besteuerung aus anderen Vorschriften (insbesondere § 22 Nr. 1 S. 1 EStG oder § 22 177

[144] Kirchhof/Kulosa/Ratschow/Hütte EStG § 22 Rn. 90.
[145] Handbuch Rn. 77 mit einem Rechenbeispiel in Rn. 78.
[146] Handbuch Rn. 28.
[147] Handbuch Rn. 2.
[148] Handbuch Rn. 27.
[149] Dazu Handbuch Rn. 7.

Nr. 1 S. 3 Buchst. a Doppelbuchst. bb EStG) ergeben. Die Barauszahlung von Überschüssen (vgl. → Rn. 13 ff.) sowie die Leistung aufgrund einer verzinslichen Ansammlung der Überschüsse (vgl. → Rn. 17 ff.) ist bei einer reinen Risikoversicherung keine Einnahme im Sinne des § 20 Abs. 1 Nr. 6 EStG und auch nicht im Sinne des § 20 Abs. 1 Nr. 7 EStG.[150]

7. Termfixversicherung[151]

178 Bei einer Termfixversicherung wird die Versicherungsleistung nur zu einem festen Zeitpunkt ausgezahlt. Wenn die versicherte Person vor Erreichen dieses festen Zeitpunkts verstirbt, wird die Todesfallsumme in der Regel nicht sofort ausgezahlt, sondern es endet lediglich die Beitragszahlungsdauer. Die Leistung im Todesfall gehört nicht zu den Einnahmen aus § 20 Abs. 1 Nr. 6 EStG.

8. Kapitalversicherung mit lebenslangem Todesfallschutz[152]

179 Bei einer Kapitalversicherung mit lebenslangem Todesfallschutz leistet das Versicherer grundsätzlich nur, wenn die versicherte Person stirbt. Der vornehmliche Zweck eines solchen Versicherungsvertrages ist die Deckung von Kosten und Aufwendungen im Zusammenhang mit dem Todesfall, zB Erbschaftsteuer (Erbschaftsteuerversicherung), zivilrechtlich bedingten Ausgleichszahlungen im Rahmen einer Erbschaftsplanung (Vermögensnachfolgeversicherung) oder Deckung der Bestattungskosten (Sterbegeldversicherung). Die Versicherungsleistung im Todesfall stellt keine Einnahme im Sinne des § 20 Abs. 1 Nr. 6 EStG dar. Manche Kapitalversicherungen mit lebenslangem Todesfallschutz bieten jedoch die Möglichkeit, zu Lebzeiten der versicherten Person eine Versicherungsleistung abzurufen, so dass die Versicherung beendet wird oder mit einer reduzierten Versicherungssumme bestehen bleibt. Eine abgerufene Leistung ist nach § 20 Abs. 1 Nr. 6 EStG zu versteuern.

---

150 Handbuch Rn. 6.
151 Handbuch Rn. 29.
152 Handbuch Rn. 30.

Sachverzeichnis

Fette Zahlen = §§, magere Zahlen = Randnummern